AN EXPOSITION OF THE SERMON ON THE MOUNT

아더 핑크

산상수훈 강해

지상우 옮김

KB199832

아더 핑크
클래식

2

AN EXPOSITION OF THE SERMON ON THE MOUNT

아더 핑크

산상수훈 강해

지상우 옮김

CH북스
크리스천
다이제스트

산상수훈강해

차례

서 론

마태복음은 구약 시대의 마지막 선지자인 말라기의 사역 이후 계속되던 오랜 침묵을 깨뜨렸다. 그 침묵은 400년 동안 계속되었으며 그 기간 동안 하나님께서는 이스라엘을 외면하셨다. 이 시기에는 천사의 현현이나 여호와를 대변하는 선지자도 없었으며 또한 선택받은 백성들이 심하게 압박을 받았음에도 불구하고 그들을 위한 하나님의 중재도 없었다. 4세기 동안 하나님께서는 기록된 말씀 외에는 다른 기록들을 주시지 않았다. 하나님께서는 몇 번이고 메시야를 보내주신다는 약속을 하셨으며 말라기 이후로, 예언된 그분이 나타나기를 간절히 기다리며 믿음을 가진 사람이 있었다. 바로 이 점에서 마태는 구약 시대의 마지막 선지자가 암시해 준 그 실마리를 찾아내었다. 마태복음의 첫 번째 목적은, 이스라엘에게 하신 약속들을 성취하고 메시야와 관련된 예언들을 **성취시키는 자로** 그리스도를 소개하는 것이었다. 이것이 마태복음에서 "성취하다"라는 말이 15차례나 나타나게 된 이유이며, 나머지 세 개의 복음을 합친 것보다도 그의 복음에서 구약성경을 더 많이 인용하고 있는 이유이기도 하다.

마태복음이 정경에서 차지하고 있는 **위치**는 그 복음서의 특성과 범위를 암시해 준다. 그것은 구약에 뒤이어 곧바로 신약의 첫 부분에 놓여 있기 때문에 그 둘 사이를 연결시켜 주는 연계가 되고 있다. 그러므로 그 책은 **과도기적** 성격이 있으며 또한 신약성경의 다른 책보다 더욱 유대적이다. 마태는 하나님을, 구약에서 자기 백성들에게 말씀하시고 다스리시는 자로 설명한다. 성경 가운데 마태복음의 서열이 이것을 확증해 주고 있는데, 그것은 **제40번째** 책으로서 마태복음이 여호와께서 이스라엘 백성들 가운데 임재하사 그들을 **시험**하시는 것을 우리에게 보여주고 있기 때문이다. 마태는 우리 주 예수를 이스라엘의 메시야요 왕이실 뿐 아니라 그의 백성들을 그들의 죄 가운데서 구해주실 분으로서 소개하고 있다. "아브라함과 다윗의 자손 예수 그리스도의 계보라"라는 그 첫 문장은 마태복음의 내용을 푸는 열쇠이다. 이 복음서에서는 그리스도를 7차례 이상 '다윗의 자손' 이라고 소개하고 있는데, 모두 합해 이 칭호가 10번 나타난다. '다윗의 자손' 이라는 칭호는 그리스도의 **보좌**를 연결시켜 주며, '아브라함의 자손' 이라는 칭호는 그리스도와 그 **제단**을 연결시켜 준다.

이 복음서에서는 신약성경에서 이스라엘이 어떻게 하나님으로부터 버림을 받았고, 기독교 사회가 왜 유대 민족의 자리를 대신하게 되었는가 하는 이유를 설명해 주고 있다. 즉 그들이 메시야를 거절하였기 때문이라고 이유를 밝히고 있는 것이다. 이것에 대한 뚜렷한 예표를 제2장에서 찾아볼 수 있는데 거기에는 다른 복음서 기자들이 간과했던 분명한 사건, 즉 아기 그리스도를 경배하기 위하여 동방으로부터 박사들이 방문한 것이 기록되어 있다. 이 부수적인 사건을 통하여 우리는 이 복음서와 신약 전체에 걸쳐 기록되어진 내용의 예언자적인 예견을 알 수 있다. 첫째로, 예루살렘의 **외부에서** 그리스도가 소개되어지고 있다. 이것은 유대인들이 그들의 메시야의 나타나심에 대하여 얼마나 눈멀고 무관심하였는가를 보여준 사건이다. 즉 그분이 바로 그들 가운데 계신 것을 알지 못하였고, 동방 박사들이 따라온 것도 탐탁지 않게 생각한 것이다. 다음으로, 구세주를 사모하는 마음으로 먼 나라에서 그를 찾아내어 그에게 경배하러 온 **이방인들**이 있었다. 끝으로, 우리는 증오로 가득 차서 그리스도를 죽이기로 결심하는 **통치자들**을 보는데, 이것은 그리스도께서 유대인들에 의해 십자가에 못 박히실 것에 대한 하나의 전조가 된다.

제4장의 중간에 이르러서야 마태는 "이 때부터 예수께서 비로소 전파하여 이르시되 회개하라 천국이 가까이 왔느니라 하시더라"(17절)고 우리에게 말해주고 있다. 문맥상으로 보아 여기에는 시기의 표시가 지극히 분명하게 나타나 있으며 2장에서 예시하였던 바와 같은 진리의 엄숙한 국면을 강조하고 있다. 첫째로, 우리는 우리 주님의 선구자가 '잡힘'(12절)을 알 수 있다. 둘째로, 그리스도께서는(그가 오랫동안 사셨던, 2:23) 나사렛 사람들이 공공연히 그를 거절하였기 때문에(눅 4:28-30을 보라) "나사렛을 떠나 가버나움에 가서 사셨다"(13절). 셋째로, 여기에서는 구세주께서 "흑암에 앉은 백성이 큰 빛을 보게 된"(16절) "요단 강 저편 이방의 갈릴리"로 가셨다는 것을 강조하고 있는데 이것은 유대인들이 그를 거절하였으므로 그가 이방인들에게로 향하셨다는 것을 예증해 주는 또 하나의 예견이다.

제4장은 "그의 소문이 온 수리아에 퍼진지라 사람들이 모든 앓는 자 곧 각종 병에 걸려서 고통당하는 자, 귀신 들린 자, 간질하는 자, 중풍병자들을 데려오니 그들을 고치시더라 갈릴리와 데가볼리와 예루살렘과 유대와 요단 강 건너편에서 수많은 무리가 따르니라"(24, 25절)라고 끝을 맺고 있다. 어떤 사람들은 우리 주님께서 사람들의 영혼에 자양분이 되는 그의 위대한 산상설교를 말씀하시기 **전에** 왜 그들의 육체를 고쳐주시는 그 기적들을 행하셨는가에 대해서 의아해하고 있다. 첫째로, 이 병 고치는 기적들은 "그들의 회당에서 가르치시며 천국 복음을 전파하시는"(4:23) 일에 **뒤따르는** 일이라는 것을 주목해야만 한다. 둘째로, 이 병 고치는 기적들은 그가 메시야라는 증거의 본질적인 부분이었다(사 35:4-6). 셋째로, 이 병 고치는 기적들은 사람들로 하여금 그러한 하나님의 능력과 자비를 나타내신 이의 말씀을 경청하게 함으로써 더 완전하게 복음을 전파하시기 위한 방법이었다.

산상설교의 서문은 "예수께서 무리를 보시고 산에 올라가 앉으시니 제자들이 나아온지라 입을 열어 가르쳐 이르시되"(5:1, 2)라는 매우 짧은 문구로 되어 있다. 비록 이 구절들이 짧다 할지라도 그 속에는 몇 가지 주의 깊게 생각해야 할 내용이 들어 있다. 첫째로, 우리는 주님께서 이 설교를 전파하셨던 **그 장소**를 주목해야만 한다. 다른 곳에서와 마찬가지로 여기에서도 우리 주 예수님께서는 오직 불편한 곳에만 계실 뿐이었다. 즉 그에게는 복음을 전파할 곳이나 머리를 두실 만한 편한 곳이 없었다. 반면에 서기관들과 바리새인들에게는 그들이 앉을 수 있는 매우 편하고 영광스럽고 위엄 있는 모세의 자리가 있었으며 그곳에서 그들은 율법을 더럽혔다. 진리의 큰 선생이신 우리 주 예수님께서는 광야로 쫓김을 당하시어 복음을 전파할 수 있는 곳으로서 산보다 더 나은 곳을 찾을 수가 없었다.

"뿐만 아니라 그것은 **거룩한** 산들의 하나도 아니었고 **시온의** 산들의 하나도 아니었으며 단지 평범한 산에 불과하였다. 이로써 그리스도께서는 이제 율법 아래서와 마찬가지로 복음 아래서도 장소의 거룩함을 구별하지 않는다는 것과, 장소가 좋고 편하기만 하면 어느 곳에서든지 기도하고 찬송하는 것이 바로 하나님의 뜻이라는 것을 가르쳐 주시고자 하였다. 산 위에서 율법을 받았기 때문에 그리스도께서도 산 위에서, 율법의 해설이 되는 이 설교를 전파하셨는데 이것은 또한 기독교 율법의 엄숙한 공표이기도 하였다. 그러나 다음과 같은 차이점을 주목해 보자. 율법을 주실 때에 주님께서는 산(시내 산)으로 내려오셨으나 지금은 산으로 '올라가셨고,' 그때에 그는 천둥과 번개 속에서 말씀하셨으나 지금은 작고 고요한 목소리로 말씀하시며, 그때는 사람들이 가까이 가지 못하도록 정해져 있었으나 지금은 가까운 곳으로 초청을 받았다. 이 얼마나 축복된 변화인가!" (매튜 헨리)

그리스도께서 산 위에서 이 설교를 하셨다는 사실에는 훨씬 더 깊은 의미가 있다고 생각된다. 특별한 말씀을 하신 **장소에** 대하여 깊이 생각해 보면 그 말씀을 해석하는 데 열쇠를 얻을 수가 있다. 예를 들어, 마태복음 13:36에서는 그리스도께서 '집에' 들어가시어 그곳에서 그의 왕국에 대한 감추인 비밀들을 공표하신 것을 볼 수 있고, 누가복음에서는 그리스도께서 사람들 가운데 인간(완전한 인간)으로 나타나시어 '평지에서' (6:17) 설교하고 계신 것을 볼 수 있다. 말하자면 일반 사람들의 수준으로 자신을 낮추셨다는 뜻이다. 그러나 마태복음에서는 그의 왕의 권위를 고려하고 있기 때문에 그만큼 높은 곳에 계신 그를 볼 수 있다. 우리는 17장에서 그가 변화산상에서 변모하신 것을 볼 수 있고, 24:3에서는 산 위에서 귀중한 예언자로서의 말씀을 하고 계신 것을 볼 수 있다. 그리고 28:6에서는 산 위에서 그의 제자들에게 임무를 맡기시고 있는 죽음의 정복자를 볼 수 있다. 그와 같이 여기 5:1에서도 그는 그의 나라를 선언하시기 위하여 산으로 올라가신 것이다.

다음으로, 우리는 우리 주님께서 이 산상설교를 말씀하셨을 때에 **앉으신** 상태였다는 것을 주목해야 하다. 주님께서 앉으신 상태로 복음을 전하신 것은 그의 일상적인 습관인 것 같다. "내가 날마다 성전에 **앉아** 가르쳤으되"(마 26:55). 이것은 유대 선생들의 관례였다. "서기관들과 바리새인들이 모세의 자리에 **앉았으니**"(마 23:2). 그렇지만 성령께서 이 경우에 우리 주님의 자세에 대해서 주목하신 것은 주님께서 그 시대에 널리 행해지고 있는 방식에 순응하신 것 이상의 더 중요하고 의미 있는 어떤 것을 암시하고 있다고 우리는 확신한다. 이 설교에서 그리스도께서는 그의 나라의 율법을 선포하셨으며 유대의 지도자들을 무한히 능가하는 권위를 가지고 말씀하셨다. 그러므로 여기에서의 그의 자세는 왕의 보좌에 앉으시는 왕과 그리고 의석에 앉으시는 재판장을 상징하는 것으로서 생각되어야 한다.

"입을 열어 가르쳐 가라사대." 여기에서 하나님의 성령은 훌륭한 선지자의 **이**

야기하는 방법을 주목하고 계신다. 첫째로, 그의 모든 종들은 그것을 자연스럽게 생각해야 하며 조심스럽게 본받아야 한다. 공개적으로 이야기하는 모든 사람들의 첫 번째 필수적인 요소는 입을 크게 벌리고 똑똑하게 발음하는 것이다. 그렇지 않으면 그 이야기의 내용이 아무리 훌륭하다 할지라도 그의 청중들에게는 거의 효과가 없을 것이다. 슬프게도 참으로 많은 설교자들이 말을 속삭이듯 하거나 큰 소리로 말하거나, 또는 나이가 많은 사람은 알아들을 수 없는 경건한 듯한 슬픈 목소리로 말하고 있다. 젊은 설교자들은 자유스럽고 명확하며 효과 있는 이야기 투를 습득하는데 있어서, 한편으로는 큰 소리로 말하는 것을 피하고 그 반면에는 목소리를 지나치게 가라앉히지 않도록 하는 데에 수고를 아끼지 말아야 할 것이다.

둘째로, 또한 우리는 여기에서 우리의 축복된 구속자의 완전하심을 볼 수 있다. 성경이 우리에게 알려주는 바로는 그가 12세에서 30세에 이를 때까지 그리스도께서는 계속해서 침묵을 지키셨는데, 그것은 그의 아버지께서 그가 위대한 메시지를 전할 수 있도록 약속하신 시기가 그때는 아직 이르지 않은 상태였기 때문이다. 그를 보내신 이에게 온전히 순종하시는 가운데 주 예수님은 그의 일을 할 수 있는 시기를 **기다리셨다.** "잠잠할 때가 있고 말할 때가 있으며"(전 3:7). 하나님께서는 구약의 선지자들 중 한 사람을 통하여 "내가 네 혀를 네 입천장에 붙게 하여 네가 말 못하는 자가 되어 그들을 꾸짖는 자가 되지 못하게 하리니"(겔 3:26)라고 말씀하셨다. 후에 그는 "저녁에 여호와의 손이 내게 임하여 … 내 입이 열리기로 내가 다시는 잠잠하지 아니하였노라 여호와의 말씀이 내게 임하여 이르시되"(겔 33:22, 23)라고 말씀하셨다. 그러므로 여기 최고의 선지자도 그와 같으신데, 즉 그가 그의 나라의 율법을 선포할 시기가 이른 것이며 하나님의 손이 그에게 임하여 그가 "그의 입을 크게 여신 것이다."

셋째로, 성경과 성경을 비교해 보면 이 표현이 또 다른 의미를 지니고 있다는 것을 발견하게 될 것이다. "여러 성도를 위하여 구하라 또 나를 위하여 구할 것은 내게 말씀을 주사 나로 **입을 열어** 복음의 비밀을 **담대히** 알리게 하옵소서 할 것이니"(엡 6:18, 19). 사도는 그의 평범한 대화 이상으로 훨씬 더 중요한 문제에 대해 특별히 언급하고 있다. 그러므로 우리는 여기에서 그리스도께서 "입을 열어 가르쳐 가라사대"라고 말씀하신 것이라고 생각해야 한다. 그것은 그리스도께서 편벽됨이 없이 결과를 생각지 아니하시고 터놓고 진리를 공표하셨다는 것을 의미한다. 이것은 산상설교의 마지막 부분을 읽음으로써 그 의미가 분명해진다. "무리들이 그의 가르치심에 놀라니 이는 그 가르치시는 것이 **권위 있는 자**와 같고 그들의 서기관들과 같지 아니함일러라"(7:28, 29)

이제 여기에서 우리 주님께서 친히 말씀하신 대상이 된 **사람들**에 대하여 주목해 보자. 이 산상설교가 실제로 누구에게 적용되는가, 구원받은 자들인가, 구원받지 않은 자들인가에 대해 지금까지 많은 의견의 차이가 있어 왔다. 상당수의 불필요한 독단론과 더불어 양 극단의 입장을 취하는 자들이 있다. 개인적으로 나는 이 산상설교를 **그리스도의 모든 말씀 사역의 대요**이며 **예언**으로 생각하고 있으며, 또한 그의 **모든 가르침의 전반적인 대의를 요약**한 것으로 생각하고 있다. 우리는 성장하면 할수록 성경 전체에 엄하고 견고한 한계를 두지 못하는데, 즉 성경의 어떤 부분들은 이러한 부류에만 속한다고 주장하면서 그 말씀이 적용되는 것을 제한하지 않는다. 그리고 성경 말씀을 "올바르게 분류한다"는 구실로 유대인에게만, 이방인에게만, 하나님의 교회에만 해당되는 것이라고 분명하게 구분지을 수는 없는 것이다. 인간은 곧고 바르게 운하(運河)를 만들지만 하나님이 만드신 강은 구불구불하다. 하나님의 계명은 "심히 넓기" 때문에(시 119:96), 우리는 그 말씀을 제한하지 않도록 조심해야만 한다.

4복음서를 주의 깊게 연구해 보면 그리스도의 사역이, 첫째로 특별히 고통을 당하는 하나님의 백성들에게 적용되며, 둘째로 그리스도와 가까운 제자들과 특별한 관계가 있고, 셋째로 그것은 사람들 모두에게 전체적으로 관계가 있다는 것을 알 수 있다. 그리스도의 공적 사역을 다음과 같이 세 가지 특징으로 구체화하고 설명해 주는 산상설교 역시 그러하다. 첫째로, 그 처음 부분은(8복) 분명히 영혼의 고통을 당하는 자들에게, 즉 하나님 앞에서 심히 연단을 받고 있는 자들에게 말씀하신 것이다. 둘째로, 그 다음 부분은 주님의 사역자들과 관계된 것인데 그것에 대해서 앞으로 상세하게 공부하게 될 것이다. 셋째로, 그 설교의 대부분은 율법의 영성을 면밀하게 설명하고 있고, 장로들의 그릇된 가르침을 논박하고 있으며, 모든 사람들을 위해서 말씀하신 것이다.

W. 퍼킨스(Perkins)가 산상설교에 대하여 "그리스도께서는 여기에서 구약과 신약의 대의를 설명하고 계시기 때문에 당연히 그것은 전 성경의 열쇠라고 할 수 있다"라고 말한 것이 지나치다고는 생각하지 않는다. 그것은 성경에 기록된 우리 주님의 말씀 가운데 가장 긴 말씀이다. 그는 회개를 주장하심으로써(마 4:17)

그의 공적 사역을 시작하셨으며, 그리고 여기에서는 실로 회개란 무엇인가, 그리고 그 열매는 무엇인가를 가르쳐 주시면서 여러 가지 방법으로 이 참으로 중요한 주제에 대하여 설명하고 계신다. 산상설교는 전반적으로 강력한 **실천적인** 설교이다. 매튜 헨리는 그것을 다음과 같이 설명하고 있다. "산상설교에서는 기독교의 교리적인 내용이 많지 않다. 즉 여러 가지 믿어야 할 내용보다 오히려 그 전체의 주제가 되는 것은 실천해야 할 일들에 대해서인데 그 이유는 '사람이 하나님의 뜻을 행하려 하면 이 교리를 알게 될 것' 이기 때문이다(요 7:17)."

 5장의 서두에서는 그리스도께서 그의 제자들을 가르치고 있다고 되어 있지만, 7장의 끝 부분에서는 모든 사람이 듣도록 이 설교를 하신 것이라고 분명하게 나타나 있다. 우리는 이 사실을 처음부터 끝까지 확고하게 유념해야만 하는데 그 이유는, 그 속에는 믿는 자들이 선하고 정직하며 축복된 생활을 하는 것과 관련이 있는 그들을 위한 교훈이 많이 포함되어 있기 때문이다. 그러나 그 가운데에는 분명히 믿지 않는 자들을 위해서도 적지 않은 것이 준비되어 있으며, 특히 그 부분에서는 그의 나라의 영적인 본질과, 그 나라에 들어가며 그 나라의 특권을 누리는 자들의 특성에 대해서 지극히 자세하게 설명되어 있다. 가톨릭 교회의 학자들은 지극히 큰 잘못을 범하였는데 그것은 그들이 그리스도께서 모세의 율법보다 훨씬 더 완전한 **새로운** 율법을 여기서 제시하셨고, 또한 그의 제자들에게 율법이나 선지자에게서는 나타나지 않은 **새로운** 계획을 말씀하셨다고 주장하기 때문이다. 그러나 사실은 그의 계획은 유대의 율법사들에 의해 크게 곡해되어 왔던 율법과 선지자에 대한 참 의미를 분명하게 밝히는 것이었다. 이 점에 대해서는 앞으로 상세하게 공부할 것이므로 여기서는 이 정도로 그치겠다.

제1장

팔 복

❶

심령이 가난한 자는 복이 있나니 천국이 그들의 것임이요 애통하는 자는 복이 있나니 그들이 위로를 받을 것임이요 온유한 자는 복이 있나니 그들이 땅을 기업으로 받을 것임이요 의에 주리고 목마른 자는 복이 있나니 그들이 배부를 것임이요 긍휼히 여기는 자는 복이 있나니 그들이 긍휼히 여김을 받을 것임이요 마음이 청결한 자는 복이 있나니 그들이 하나님을 볼 것임이요 화평하게 하는 자는 복이 있나니 그들이 하나님의 아들이라 일컬음을 받을 것임이요 의를 위하여 박해를 받은 자는 복이 있나니 천국이 그들의 것임이라 나로 말미암아 **너희**를 욕하고 박해하고 거짓으로 **너희**를 거슬러 모든 악한 말을 할 때에는 **너희**에게 복이 있나니 기뻐하고 즐거워하라 하늘에서 **너희**의 상이 큼이라 **너희** 전에 있던 선지자들도 이같이 박해하였느니라 (마 5:3-12)

서론의 끝부분에서, 그리스도의 공생애는 첫째로, **고통받고 있는 하나님의 백성들과** 특별한 관계가 있으며, 둘째로, 그의 사도나 사역자로 인정받는 **그의 열두 제자와** 특별한 관계가 있으며, 셋째로, **일반 백성들과** 관계가 있다고 지적하였다. 우리가 이 강해를 진행하는 동안 알게 되겠지만, 주님의 산상설교에서도 이와 같은 내용이 분명하게 적용되었음을 알 수 있다. 여기에서 우리는 그리스도께서 (영감을 받지 않은) 그 어떤 사람과는 다르게 말씀하심으로써, 그의 선지자적 직무를 완성하고 계심을 알게 된다. 이 설교를 주의 깊게 연구해 보면, 길이에 있어서는 상당히 다르지만 12개(하나님의 **통치**의 수)의 구분이 있음을 알 수 있다. 지금 우리가 살펴보려고 하는 내용은 그들 중 첫 번째 부분이다. 여기에서 우리 주님은 중생하지 않는 자들에게 감추어진 비밀을 우리에게 분명히 밝히심으로써, 참된 행복 또는 축복이 어디에 있는가를 알게 해주시고 있다. 그런데 중생하지 않은 자들은 외적인 즐거움과 향락이 정신적인 만족과 인생의 행복을 위해서는 절대 필수불가결하다고 생각한다. 여기에서 주님께서는, 또한 유대인들의 육적 자만심의 근원을 깨뜨리신다. 유대인들은 **표면상의** 평화와 부(富)는 복음을 받아들임으로써 얻게 되는 것이라고 잘못 생각하였다.

이 설교의 서두의 말을 살펴보면 참으로 은혜스럽다는 것을 알 수 있다. 그리스도께서는 사악한 자들을 저주하면서 시작하신 것이 아니라, 그의 백성들을 축복하시면서 말씀을 시작하셨다. 이야말로 '심판'을 좋아하지 아니하는 우리 주님다운 일이다. 그럼에도 불구하고 잠시 후, 우리는 또한 그리스도께서 하나님의 원수에 대하여 노하신 후에 '화'를 선포하시는 것을 보게 된다(마태복음 23장을 보라). 구속자께서 맨 처음으로 말씀하신 것은 일반 백성을 위한 것이 아니라 택함을 받은 자들을 위한 것이었는데, 그들은 아버지께서 사랑으로 말미암아 그에게 주신 자들로서 주님께 대하여 특별한 자격을 가진 자들이다(요 17:9, 10). 주께서 그의 설교를 시작하면서 하신 말씀은 사랑하는 사도들을 위한 것이 아니라 오히려 불쌍한 양의 무리, 고통받는 영혼, 즉 그의 말씀을 진실로 바라는 자들을 위해서 하신 것이다. 거기에서 그는 자기에게 속해 있는 목자들에게 본을 보여주셨다. "너희는 약한 손을 강하게 하며 떨리는 무릎을 굳게 하며", "너희의 하나님이 이르시되 너희는 위로하라 내 백성을 위로하라"(사 35:3; 40:1).

"심령이 가난한 자는 복이 있나니 천국이 그들의 것임이요"(마 5:3). 여기에서 그리스도께서는 하나님의 축복을 받은 자들의 성품을 묘사하기 시작하신다. 이것이 하나의 복합적인 그림으로 각각의 절에서는 어떤 독특한 영적 자질에 대해 강조하고 있다. 그러므로 우리는 정직하고 주의 깊게 그 전체의 모습을 우리 자신과 비교해 보아야 한다. 그리스도께서 말씀하신 내용이야말로 인간들이 흔히 생각하는 견해와는 전적으로 다르다! 일반적인 견해로는, "부유한 자는 복이 있나니 지상의 왕국이 그들의 것이다"고 말하게 된다. 그러나 그리스도께서는 이것과 정반대로 말씀하신다. "심령이 가난한 자는 복이 있나니 천국이 그들의 것임이요." 그런데 이 천국은 지상에 있는 어느 왕국과도 비교할 수 없을 만큼 좋은 곳이다. 그리고 여기서 우리는 하나님께서는 **이 세상의 지혜를 어리석은 것으로** 보신다는 사실을 알 수 있다(고전 1장). 그리스도 이전에 그 누가 심령이 가난한 자를 지상에서 축복받은 자로, 혹은 행복한 자로 생각하였는가? 그리고 오늘날 진실한 그리스도인들 이외에 그 누가 그와 같은 생각을 하겠는가? 이렇게 시작하시는 말씀이야말로 마구간에서 태어나신 분이었던 우리 주님께서 선포하신 모든 계속되는 가르침의 요지라고 볼 수 있다. 즉, 인간이 무엇을 행하느냐가 중요한 것이 아니고 그가 **하나님의 면전에서** 어떠한 존재가 되느냐가 중요한 것이다.

"심령이 가난한 자는 복이 있나니." 이런 사람과 우리들 주변에 있는 궁핍한 자들과는 대단한 차이가 있다. 재정적인 궁핍함은 그 자체로서는 아무런 미덕이 되지 못하며(수치가 아니며), 저절로 겸손한 마음을 갖게 하지도 못한다. 왜냐하면 부유한 자나 가난한 자를 모두 잘 알고 있는 사람은 누구나 부유한 자들만큼 가난한 자들에게도 자만심이 있다는 것을 잘 알기 때문이다. 그런데 이 심령의 가난은 단지 타고난 어떤 행위의 열매는 아니다. 성령으로 새롭게 된 자들 속에서 성령이 역사하신 영적 은혜이다. 우리는 본래 제멋대로 살아가기를 좋아하면서도 하나님으로부터 좋은 것을 받을 가치가 있는 자라고 생각할 만큼 어리석은 자들이다. 인간들로 예의 바른 생활양식으로 점잖게 행동하고 점점 더 커져가는 죄로부터 자신을 지키게 하라. 그러면 그들은 심령이 부유해지고 그들의 마음속에는 자만심이 가득하게 되고 그들은 독선적인 인간이 될 것이다. 그러나 은혜의 기적이 아니면 이런 행동을 변화시킬 수 없다.

오늘날 믿는다고 하는 대다수의 사람들 가운데에서도 이와 같은 참된 심령의 가난은 찾아볼 수가 없다. 오히려 그와는 정반대이다. 우리는 흔히 '더 고상한 삶'을 촉진시키기 위한 모임에 대한 광고를 보게 된다. 그러나 누가 더 겸손한 삶을 위한 모임이 있다는 말을 들어본 적이 있는가? '성령으로 충만하는' 방법을 가르쳐 주는 책은 많이 있지만, 영적으로 마음을 깨끗하게 비우는 방법, 즉 자신감·자만·자기의(自己義)를 비우는 방법에 대해 설명하는 책을 본 적이 있는가? "사람 중에 높임을 받는 그것은 하나님 앞에 미움을 받는 것"(눅 16:15)이 사실이라면, 하나님 보시기에 귀중한 일들은 사람들로부터, 곧 지금 기독교계에서 거의 모든 고위층에 있는 현대적 바리새인들과 같은 사람들로부터는 멸시를 받는다는 것도 사실일 것이다. 오늘날 소위 '성직자'라고 하는 자들의 대부분이 자기를 낮추기보다는 오히려 교만하다. 그리고 그들은 잘못을 지적하는 일이라고 생각되는 것은 무엇이나 강단에서 회피하고, 청중들도 그런 설교를 싫어한다.

"심령이 가난한 자는 복이 있나니." 그러면 심령의 가난은 무엇인가? 그것은 세상 사람들이 몹시 감탄하고 극구 칭찬하는 오만함과 자신감과 자부심이 강한 성격과는 반대이다. 그것은 하나님께 경배하기를 거절하며, 모든 일을 태연히 밀고 나가려고 하며, "여호와가 누구관대 내가 그의 말을 듣겠느냐?"라고 바로 왕처럼 말하는 독단적이고 도전적인 태도와는 반대이다. '심령이 가난하게' 된다는 것은, 나는 가진 것이 아무것도 없으며, 나는 아무것도 아니며, 아무것도 할 수가 없으며, 나는 모든 것을 필요로 한다는 것을 깨닫는 것이다. 심령의 가난은 내부에 있는 성령의 역사하심으로 말미암아 자신의 공허함을 깨닫는 것이다. 그것은 나의 모든 의로움은 누더기에 불과하다는 것을 깨닫는 괴로움에서부터 시작된다. 내가 최선을 다해 행한 일이라 할지라도 받아들여지지 않는다. 즉, 성삼위 하나님께서는 극히 싫어하신다는 사실을 깨닫게 된다. 심령의 가난은, 자기가 하나님 앞에서 흙으로 된 존재라는 것과, 그의 전적인 무용성과 지옥에 가야 마땅할 자라는 것을 깨달음으로써 저절로 나타난다. 그는 궁핍하게 되기 시작했을 때, 먼 나라에서 탕자가 되었음을 처음으로 깨닫게 된다.

하나님의 큰 구원은 '돈 없이 값없이' 무료로 주시는 것이다. 하나님께서 구원을 판매하셨다면, 어떠한 죄인도 그것을 얻을 수 없었을 것이다. 하나님께서는 죄인이 그것을 구입할 수 있는 것은 아무것도 가지고 있지 않다는 것을 아시고서 대단히 자비롭게도 은혜로 이것을 준비해 주신 것이다. 그러나 대다수의 사람들은 이것을 깨닫지 못한다. 그렇다, 성령께서 죄로 어두워진 우리의 눈을 밝게 해주실 때까지는 우리들 중 아무도 이것을 알지 못한다. 오직 죽음을 통과하여 생명을 얻고 자기들이 거지와 같이 가난하다는 것을 깨달은 자만이 하나님의 자비를 기쁘게 받아들이고, 참된 부를 추구하기 시작한다. 이리하여 "가난한 자에게 복음이 전파된다"(마 11:5). 그들의 귓가에 뿐만 아니라 그들의 마음속 깊이 전파된다!

심령의 가난은 신앙의 부정적인 측면을 가리키는 말이기도 하다. 그것은 그리스도를 아는 것과 그의 살을 먹는 것과 그의 잔을 마시는 것보다 먼저 자신의 전적인 무용성을 깨닫는 것이다. 그것은 그리스도께서 그들의 마음을 채울 수 있도록 성령께서 그들의 마음을 깨끗하게 비우는 것이다. 즉 곤궁함과 궁핍함을 깨닫게 해주시는 것이다. 그러므로 이 첫 번째 복은 중생한 모든 영혼에게서 찾아볼 수 있는 근본적인 특징이다. 심령이 가난한 자는 자신을 아무것도 아니라고 생각하며, 자기는 하나님 앞에서 한 줌의 흙에 지나지 않는다고 생각한다. 그가 거짓 가르침이나 세속적인 일로 말미암아 이 위치를 벗어날 수 있다. 그러나 하나님께서는 그를 되돌아오게 하신다. 하나님께서는 그의 신실하심과 사랑으로 그 일을 행하신다. 왜냐하면 그곳이야말로 하나님의 자녀를 위한 축복의 자리이기 때문이다. 이와 같이 하나님을 경외하는 정신을 함양하는 방법은 마태복음 11:29에 잘 나타나 있다.

이와 같은 심령의 가난을 소유한 자를 '복 있는 자' 라고 선언하셨다. 그가 지금은, 본래부터 가지고 있었던 것과는 정반대의 성격을 지니고 있기 때문에, 하나님의 은혜의 사역이 그의 마음속에서 역사하셨다는 처음의 확실한 증거를 가지고 있었기 때문에, 그가 현세에는 은혜의 왕국이며 내세에는 영광의 왕국인 '천국' 의 상속자이기 때문에, 그는 복 있는 자이다. 심령이 가난한 자에게 약속하신 보배로운 약속이 많이 있다 — "나는 가난하고 궁핍하오나 주께서는 나를 생각하시오니 주는 나의 도움이시요 나를 건지시는 이시라"(시 40:17), "여호와는 궁핍한 자의 소리를 들으시며"(시 69:33), "그는 가난한 자와 궁핍한 자를 불쌍히 여기며 궁핍한 자의 생명을 구원하며"(시 72:13), "궁핍한 자는 그의 고통으로부터 건져 주시고"(시 107:41), "내가 … 떡으로 그 빈민을 만족하게 하리로다"(시 132:15), "무릇 마음이 가난하고 심령에 통회하며 내 말을 듣고 떠는 자 그 사람은 내가 돌보려니와"(사 66:2). 이 심령의 가난을 더욱더 풍성하게 하기 위해 열심히 기도하도록 이와 같은 은혜의 말씀으로 우리를 북돋아 주소서.

"애통하는 자는 복이 있나니 그들이 위로를 받을 것임이요"(4절). 애통이란 빈궁한 인간의 본성이 싫어하고 미워하는 것이다. 고통과 슬픔으로 인하여 우리의 영혼은 본능적으로 움츠러드는 것이다. 우리가 쾌적하고 즐거운 사회를 추구하는 것은 당연한 일이다. 여기 본문의 말씀은 중생하지 않은 자들에게는 이상한 말로 들리겠지만, 하나님께서 택하신 자들의 귀에는 달콤한 음악으로 들린다. "만일 그들이 '복 있는 자' 라면 어찌하여 '애통해' 하는가?" 그들이 애통해한다면 어떻게 복이 될 수 있겠는가? 오직 하나님의 자녀만이 이 역설을 설명할 수 있는데, 그 이유는 "슬퍼하는 자가 행복하다" 라는 말은 세상의 논리와는 전연 다르기 때문이다. 어느 곳 어느 세대를 막론하고 사람들은 부유한 자와 명랑한 자를 행복한 사람이라고 생각하지만, 그리스도께서는 심령이 가난한 자와 애통하는 자를 복이 있는 자라고 말씀하신다.

그런데 여기에서는 분명히 모든 종류의 슬픔을 다 말하고 있는 것이 아니다.

오늘날 세상에는, 여기 본문에서 지적하는 영역에 속하지 못하는 애통하는 자들이 많이 있다. 이와 같은 애통은 낙심과 재정적인 실패와 사랑하는 자가 죽었을 때 느끼는 슬픔이다. 그러나 슬프게도 그들 중 대다수는 하나님의 축복을 받게 되기는커녕 오히려 하나님의 책망을 듣게 된다. 하나님께서 이와 같은 일을 ‘위로하신다’고 약속하신 일은 없다. 성경에 나타난 애통에는 세 가지가 있다. 첫째는 방금 말한 것과 같은 **자연적인** 애통이며, 둘째는 **죄로 말미암은** 쓸쓸하고 서글픈 애통으로 유다의 애통처럼 절망적인 후회뿐인 슬픔이며, 셋째로는 **은혜로 말미암은** 애통으로 성령께서 주시는 ‘경건한 슬픔’이다.

　본문에서의 ‘애통’은 **영적인** 애통이다. 이 앞의 구절, 즉 “심령이 가난한 자는 복이 있나니 천국이 저희 것임이요”라는 구절은 분명히 여기에서의 생각과 일치한다. 그렇다. ‘심령이 가난한 자’는 재산이 부족한 자가 아니라 마음이 가난한 자다. 즉 자신은 본래부터 영적 파산자였다는 것과 하나님 앞에서는 번민이라는 것을 깨닫는 자다. 심령의 가난함을 느끼게 된다는 것은 오늘날 세상에 유행하는 라오디게아주의(Laodiceanism), 즉 “나는 부자라 부요하여 부족한 것이 없다”라고 말하는 자기도취를 반대하는 것이다. 이것과 마찬가지로 여기에서 말씀하시는 것도 **영적인 슬픔**이다. 우리는 그리스도께서 애통하는 자는 ‘복이 있는 자’라고 말씀하신 그 사실 속에서 영적 슬픔에 대한 더 많은 증거를 발견하게 된다. 하나님의 영이 그들의 마음속에 은혜의 사역을 이루셨기 때문에, 그들은 복이 있는 자이다. 그리하여 그들은 자신의 잃어버린 바 된 상태를 알고 느낄 수 있도록 깨우침을 받게 되는 것이다. 하나님께서는 그들을 그런 상태에 버려 두지 않을 것이기 때문에, 즉 저희가 위로를 받을 것이기 때문에 그들은 ‘복이 있는 자’이다.

　“애통하는 자는 복이 있나니.” 첫째로 지적한 것은 진실로 회심하기 이전에 먼저 슬퍼하라는 것이다. 왜냐하면 죄에서 구원받기를 바라기보다는 먼저 진실한 마음으로 죄를 뉘우쳐야 하기 때문이다. 수많은 사람들이 자신이 죄인이라는 것을 알고 있으나 그들은 그 사실에 대하여 결코 슬퍼해 본 적이 없다. 누가복음 7장의 여인을 보라. 그 여인은 그녀의 눈물로 주님의 발을 씻었다(눅 7:38). 그런데 우리는 자신의 죄에 대하여 눈물을 흘려본 적이 있는가? 누가복음 15장에 있는 탕자를 보라. 그가 그 먼 나라를 출발하여 아버지께 돌아오기 전에 “내가 일어나 아버지께 가서 이르기를 아버지 내가 하늘과 아버지께 죄를 지었사오니 지금

부터는 아버지의 아들이라 일컬음을 감당하지 못하겠나이다"(눅 15:18)라고 말
하였다. 오늘날 우리는 어디에서 이와 같이 자신의 죄를 뉘우치는 자를 찾아볼
수 있는가? 누가복음 18장에 있는 세리를 보라. 그가 어찌하여 가슴을 치며 가로
되 "하나님이여 불쌍히 여기소서 나는 죄인이로소이다"(눅 18:13)라고 하였는
가? 왜냐하면 그는 자신의 마음속에 있는 죄악을 느꼈기 때문이다. 오순절 날 회
심하였던 3천의 무리도 그렇게 느꼈다. 즉 그들은 "마음에 찔려 부르짖었다"(행
2:37).

이와 같은 '애통'은 죄를 깨닫는 것으로부터 부드러운 양심과 상처받은 마음
으로부터 샘솟아난다. 그것은 하나님과 하나님의 뜻에 대해서 반역하고 원수가
되었던 것에 대하여 경건하게 슬퍼하는 것이다. 어떤 경우에는, 그것은 마음으로
믿고 의지해 왔던 도덕성에 대한 슬픔이기도 하며, 자기 과신의 원인이 되는 독
선적인 태도에 대한 슬픔이기도 하다. 이러한 '애통'은 영광의 주를 십자가에 못
박은 것은 나의 죄 때문이라는 사실을 고통스럽게 깨닫는 것이다. 이스라엘이 믿
음으로 그리스도를 볼 때 "그들이 … 그를 위하여 애통하기를"(슥 12:10). 그것
은 '길르앗의 유향,' 곧 복음의 위로를 진실하게 마음으로 환영하고 받아들일 준
비가 되어 있는 그러한 눈물과 탄식이기도 하다. 또한 그것은 우리의 영적 상태
의 진실한 결핍에 대한 애통이며, 우리와 하나님 사이를 갈라놓는 죄악에 대한
애통이기도 하다. 이러한 애통은 언제나 심령이 가난하다는 것을 느끼는 마음과
같이 생겨난다.

그러나 '애통'은 결코 최초의 뉘우침과 회개를 체험하는 것으로 제한할 수는
없다. 동사의 시제를 주목해 보면, '애통하였던'이 아니라 '애통하는', 즉 현재
의 계속적인 체험을 의미하기 때문이다. 그리스도인들 자신은 애통해야 할 일이
훨씬 더 많이 있다. 그가 지금 저지르는 죄가 고의든 고의가 아니든 간에, 그에게
는 매일의 슬픔이 되는데, 만일 그의 양심이 부드러운 상태에 있다면 마땅히 슬
픔이었으며 슬픔이 되어야 할 것이다. 그의 본성의 부패함과 마음속의 죄악과 마
음속의 부패의 심연에 대한 각성, 즉 그가 항상 부패한 일을 행하고 있음을 깨닫
게 됨으로써 그는 몹시 괴로워한다. 불신앙의 큰 파도, 자만심의 증가, 냉담한 그
의 사랑, 신앙의 열매의 결핍을 깨달음으로써 그는 "나는 참으로 비참한 자다"라
고 부르짖게 된다. 즉 지난날의 죄에 대해 겸손하게 뉘우치게 된다. "그러므로
생각하라 너희는 **그 때에** 육체로는 이방인이요 … 할례를 받지 않은 무리라 칭함

을 받는 자들이라"(엡 2:11)

그렇다, "또한 우리 곧 성령의 처음 익은 열매를 받은 우리까지도 속으로 **탄식한다**"(롬 8:23). 그리스도인들이 아버지의 징계의 채찍을 받고 탄식하지 않겠는가. 즉 "무릇 징계가 당시에는 즐거워 보이지 않고 슬퍼 보인다"(히 12:11). 그리고 그가 모든 사람들이 주 예수께 행하고 있는 심한 모독에 대해서 깊이 탄식하지 않겠는가? 그리스도인은 하나님께 더 가까이 가서 살면 살수록, 하나님을 모독하는 모든 일에 대하여 더욱더 애통할 것이다. 즉, 그는 다윗 왕처럼 말할 것이다. "주의 율법을 버린 악인들로 말미암아 내가 맹렬한 분노에 사로잡혔나이다"(시 119:53). 그리고 예레미야처럼 말할 것이다. "너희가 이를 듣지 아니하면 나의 심령이 너희 교만으로 말미암아 은밀한 곳에서 울 것이며 여호와의 양 떼가 사로잡힘으로 말미암아 눈물을 흘려 통곡하리라"(렘 13:17). 그러나 하나님을 찬송하리로다. 왜냐하면 "너는 예루살렘 성읍 중에 순행하여 그 가운데에서 행하는 모든 가증한 일로 말미암아 탄식하며 우는 자의 이마에 표를 그리라"(겔 9:4)라고 말씀하셨기 때문이다. 그리고 또한 다른 사람들의 고통을 슬퍼하는, 동정심에서 우러나오는 애통이 있다. 즉, "우는 자들과 함께 울라"(롬 12:15).

그렇다면 이 말씀의 근본 사상으로 되돌아가 보기로 하자. "애통하는 자는 복이 있나니"라는 말은, 자신의 죄를 슬퍼하는 회개한 영혼을 가리키는 말이다. 그리고 여기에서 무엇보다 주목해야 할 가장 중요한 일은, 그리스도께서는 그들이 단지 애통하는 자였기 때문에 '복이 있는 자'라고 말씀하신 것이 아니라 그들이 위로를 받게 될 만큼 **그렇게** 애통하는 자였기 때문이라는 것이다. 오늘날 기독교계 내에는, 많은 사람들이 자신의 슬픔을 자랑으로 여기고, 자신의 내적 비참함에서 위로를 받으려고 한다. 참된 위로는 자신의 마음속에 있는 어떤 것, 즉 자신의 수치를 인식함으로 말미암아 얻게 되는 것이 아니라, 오직 그리스도께서 주시는 것이다. 가인의 경우에 분명히 나타난 것처럼 영혼의 고통은 언제나 복음에 의한 회개와 똑같은 것은 아니다(창 4:13). 그러나 성령께서는 그 마음속에 죄에 대한 경건한 슬픔을 갖게 하며, 성령께서 그를 거기에 버려 두시지 아니하시고, 죄에서 떠나 하나님의 어린 양께로 그를 인도하신다. 그때 그는 위로를 받게 된다. 복음은 죄를 버리고 그리스도께 가까이 가는 자들에게 자비가 있다고 약속했다.

"**그들이** 위로를 받을 것임이요." 이 은혜로운 약속은, 첫째로, 하나님의 위로로 말미암아 즉각적으로 뒤따라오는 참된 회심에 의해(즉, 회심보다는 뉘우침과 회개가 먼저이다) 성취된다. 다시 말하면, 양심이 견디어 낼 수 없는 죄책에 대하여 깨닫게 되는 죄의 부담을 벗어 버리는 것이다. 그 약속은 구세주의 도움이 절박하게 필요하다는 것을 깨달은 자들에게 하나님의 은혜의 복음을 성령께서 적용시켜 줌으로써 성취된다. 그때 그리스도께서는 "수고하고 무거운 짐 진 자들아 다 내게로 오라 내가 너희를 쉬게 하리라"(마 11:28)라는 능력의 말씀을 하신다. 그리스도의 이 말씀은 분명히 죄는 짐이라는 생각, 곧 그리스도께 구원해 달라고 간청해야만 할 짐이라는 생각을 전제로 하였음을 주목하라. 그리스도께서 쉬게 하는 자들은 **죄로 병든** 마음을 가진 자들이다. '위로'라는 말은, 그리스도의 속죄의 피의 공로로 말미암아 값없이 완전하게 용서해 주신다는 것을 깨닫게 된다는 의미이다. 이 하나님의 위로는 모든 지각에 뛰어난, 그리고 자기가 '사랑받은 자'라고 확신 가운데 있는 자들의 마음속에 채워지는 하나님의 평화이다. 하나님께서는 먼저 상처를 내시고 그 다음에 치료하신다.

둘째로, 위로자(보혜사)이신 성령으로 말미암아 애통하는 성도들은 **계속적인** '위로를 받는다.' 그리스도로부터 멀리 떠나 있음을 슬퍼하는 자는 "만일 우리가 우리 죄를 자백하면 그는 미쁘시고 의로우사 우리 죄를 사하시며 우리를 모든 불의에서 깨끗하게 하실 것이요"(요일 1:9)라는 말씀을 확신함으로써 위로를 받게 된다. 하나님의 징계의 채찍을 받아 애통하는 자는 "후에 그로 말미암아 연단 받은 자들은 의와 평강의 열매를 맺느니라"(히 12:11)라는 약속으로 위로를 받게 된다. 종교계에서 그의 주님께 행하였던 끔찍한 모독을 탄식하는 자는 사탄의 때는 짧고 곧 그리스도께서 그를 그의 발아래서 상하게 하실 것이라는 사실로 말미암아 위로를 받게 된다.

셋째로, '위로'는 우리가 영원히 이 세상과 죄악에서 떠날 때 받게 되는 **최후의** 위로이다. 그때에는 '슬픔과 한숨이 사라질' 것이다. 아브라함은 지옥에 있는 부자에게 "네 집에서 구걸한 그는 여기서 위로를 받고"(눅 16:25)라고 말했다. 가장 좋은 포도주는 제일 나중에 내놓는 법이다. 천국의 '위로'가 지상에서 '애통'하는 자에게 가장 큰 보상이 될 것이다.

지금까지 살펴본 내용을 통해서 다음과 같은 사실을 알게 된다. 첫째로, 위로를 받기 위하여 죄가 만들어 놓은 상처를 바라본다는 것은 어리석은 일이다. 바라보기보다는 오히려 그리스도의 피로 씻음을 받고 치료를 받아야 한다. 둘째로,

우리가 읽는 책이나 우리가 듣는 말씀의 유용성을 그것들이 우리의 마음속에 전달하여 준 평화와 기쁨의 정도에 따라 측정하려고 하는 것은 잘못이다. 그러나 아직도 우리들이 살고 있는 이 세상이나 가정에는 우리를 비참하게 만드는 일이 아주 많이 있으므로, 위로를 받기 위해 교회에 간다고 말하는 사람들이 참으로 많이 있다. 그러나 복음으로부터 오는 위로를 받아들이려고 하는 자들이 거의 없다는 것은 두려운 일이다. 오히려 그들은 자신을 살피고 죄를 깨닫기 위해 율법을 요구한다. 아, 사랑하는 친구들이여, 대체로 우리에게 많은 유익을 주는 설교나 기사는 우리로 하여금 하나님께 나아가 그의 앞에서 **눈물을 흘리게 하는 것**이라는 사실을 알라. 우리가 세상의 유희에 빠졌거나 육체의 정욕에 빠졌을 때, 성령께서는 우리를 책망하시며 권고하신다. 셋째로 경건한 슬픔과 경건한 기쁨은 불가분의 관계에 있다는 것을 주목하라(시 30:5: 126:5; 잠 14:10; 사 61:3; 고후 6:10; 살전 1:6; 살전 1:6; 약 2:13 참조).

제 2 장

팔 복
❷

"**온유한** 자는 복이 있나니 그들이 땅을 기업으로 받을 것임이요"(마 5:5).
온유가 정확히 무엇을 의미하는가에 대해서는 상당한 견해 차이가 있어 왔다. 우
리가 약 12년 전에 이 말씀을 기록하였을 때에는 온유를 **겸손**(humility)이라고 정
의하였으나, 이제 여기에서 우리는 이 정의는 부적절한 표현이라는 것을 알게 된
다. 왜냐하면 이 미덕이 포함하고 있는 모든 것을 단 한 마디로 충분히 표현할 수
있는 어휘가 없기 때문이다. 성경에서 이 말을 어떻게 사용하였는가를 살펴보기
로 하자. 첫째로, 온유는 **겸손**(lowliness)과는 뗄 수 없는 불가분의 관계이다. "나
는 마음이 온유하고 겸손하니 나의 멍에를 메고 내게 배우라"(마 11:29), "너희가
부르심을 받은 일에 합당하게 행하여 모든 겸손과 온유로 하고"(엡 4:1, 2). 둘째
로, 온유는 **관용**과는 뗄 수 없는 불가분의 관계이다. "나 바울은 이제 그리스도의
온유와 관용으로 친히 너희를 권하고"(고후 10:1), "아무도 비방하지 말며 다투지
말며 관용하며 범사에 온유함을 모든 사람에게 나타낼 것을 기억하게 하라"(딛
3:2). 셋째로, "마음에 심긴 도를 온유함으로 받으라"는 말씀은 "사람이 **성내는
것**이 하나님의 의를 이루지 못함이라"는 말씀과는 반대이다(약 1:20, 21). 넷째
로, "온유한 자를 정의로 지도하심이여 온유한 자에게 그의 도를 가르치시리로
다"(시 25:9)라는 하나님의 약속이 있는데, 이 은혜는 온유한 마음과 뜻으로 이루
어진다는 것이 암시되어 있다.

이제 우리가 앞의 두 구절에 비추어서 이 구절을 충분히 주목해 보면 '온유'라
는 말의 의미와 범위를 결정하는 데 더욱더 많은 도움을 얻게 된다. 우리는 이와
같은 팔복에서 우리 주님께서는 영혼이 체험으로 그것을 깨달음에 따라서 하나
님의 은혜의 사역이 단계적으로 발전한다고 설명하시고 있음을 계속해서 명심해
야 한다. 첫째로, 심령의 가난이 있는데, 이것은 자신의 부족함과 아무것도 가진

것이 없음을 깨닫는 것, 자신의 무가치함과 무익함을 깨닫는 것이다. 둘째로, 자신의 잃어버린 바 된 상태에 대한 애통과 하나님을 대적하는 자신의 죄를 두려워하는 슬픔이 있다. 그리고 여기에 자신을 비우고 낮춤으로 얻어지는 부산물인 온유가 있다. 다시 말하면, 하나님 앞에서 깨어진 의지와 받아들이기 쉬운 마음이 있다. 온유함은 자만심뿐만 아니라 완고함, 사나움, 복수심과는 반대이다. 그것은 사자를 길들이는 것이며 늑대를 새끼 염소처럼 유순하게 만드는 것이다.

토머스 스코트(Thomas Scott)는 다음과 같이 지적하고 있다. "안락함과, 지각과 확신의 부족과, 다른 감정의 탁월성을 좋아하는 마음에서 생겨나는 **자연적인** 심령의 온유함이 있는데, 이것은 복음서의 온유함과는 신중히 구별해야 한다. 그것은 소심하고, 유순하고, 쉽게 선을 단념하고 악마에게 설득당하는 성품이다. 그것은 또 한편으로는 심령의 성급함으로 이끌어가긴 하지만 극단적으로는 범죄 행위로 이끌어가는 것이다. 그것은 때때로 경건치 아니한 사람들에게서 발견된다. 그리고 때로는 엘리와 여호사밧의 경우처럼, 신앙심이 두터운 사람들의 성품 가운데 있는 큰 결점이기도 하다. 하나님은 은혜로 말미암아 반대의 기질을 가진 사람들을 더욱더 순종하고 조용하게 한다. 축복을 동반하는 온유함은 타고난 것이 아니라 **은혜로 말미암은 것**이다. 그리고 매우 격렬하고 과격하며 성미가 급하고 달래기 어려운 기질을 가진 사람들은 하나님의 은혜를 통해 예수님을 바라봄으로써, 그들의 기질을 억제하는 방법과, 노함을 저지하는 방법과, 사나운 언행으로 공격하는 것을 피하는 방법과, 해하는 자를 용서하고 양보하는 방법을 배우게 된다."

온유함은 하나님을 향한 방자함과 인간을 향한 악의와는 반대이다. "온유한 자는 하나님 앞에서 그의 말씀과 그의 징계에 복종하는 사람들이며, 하나님의 길을 따르며, 그의 계획에 동의하며, 인간들에게 관대하게 대하는 사람들이다"(매튜 헨리). 앞에서 지적한 바와 같이 이것은 타고난 것이 아니라 은혜로 말미암은 것이다. 즉 성령께서 역사하심으로 이루어진 귀한 열매이다. 경건한 슬픔은 마음을 누그러지게 하며 하나님의 말씀을 쉽게 받아들이게 한다. 온유함은 온순하고, 유순하고, 순종하며, 가르침을 잘 받아들이는 영혼 속에 존재한다. 구세주께서는 이사야를 통하여 다음과 같이 예언하셨다. "이는 여호와께서 내게 기름을 부으사 **가난한(온유한)** 자에게 아름다운 소식을 전하게 하려 하심이라"(사 61:1). 왜냐하면 **그들이** 율법의 권위에 복종하였기 때문이었다. 또한 "여호와께서는 자기

백성을 기뻐하시며 겸손한 자를 구원으로 아름답게 하심이로다"(시 149:4)라고
말씀하셨다.

그렇다면 온유의 열매에 대하여 한두 가지 살펴보기로 하자. 첫째는 **하나님께
로 향한 것**이다. 이와 같은 은혜가 풍성한 곳에서는, 육적 마음의 원수들이 복종
하게 되고, 그것을 소유한 자는 하나님의 징계하시는 일을 평온과 인내로 견디어
낸다. 이것에 대한 예는 아론(레 10:3)과 엘리(삼하 3:18), 그리고 다윗(시 39:9)의
경우에 나타나 있다. 궁극적으로는 그리스도께서 그것을 예증하셨는데, 그는
"나는 벌레요 사람이 아니다"(시 22:6)라고 선언하셨다. 그리고 이 말은 자신이
흙으로 이루어진 비천한 존재라는 것뿐만 아니라, 하나님의 심판을 거절할 만한
것이 자기 속에는 아무것도 없다는 사실을 나타내는 말이다. 즉 "아버지께서 주
신 잔을 내가 마시지 아니하겠느냐"(요 18:11)라고 말씀하셨다. 주님은 "도살장
으로 가는[끌려가는 것이 아니라] 양과" 같았다. 즉 그는 욕을 받으시되 대신 욕
하지 아니하시고, 고난을 받으시되 위협하지 아니하셨다. 그는 바로 온유의 왕이
셨다.

둘째로, **인간에게 향한 것**이다. 온유함은 훈련과 고통에 의해 그 영혼을 유순
하게 하며, 하나님의 뜻을 즐겁게 감수하게 하므로, 그것은 믿는 자에게 그들의
동료에 의해 받게 되는 모욕과 무례함을 끈기 있게 견디어 내게 하며, 성도들 중
지극히 작은 자로부터의 교훈과 훈계를 기꺼이 받아들이게 하고, 자신보다도 다
른 사람들을 더욱더 높이 평가하게 한다. 온유함은 그리스도인에게 그들을 흥분
시키게 하는 자에 대한 분노를 견디어 낼 수 있게 한다. 즉, 그는 다른 사람들이
흥분하였을 때에 냉정을 유지한다. "형제들아 사람이 만일 무슨 범죄한 일이 드
러나거든 신령한 너희는 온유한 심령으로 그러한 자를 바로잡고 너 자신을 살펴
보아 너도 시험을 받을까 두려워하라"(갈 6:1). 이 말씀은 당당하고 오만한 태도
나, 가혹하고 비판적인 기질이나, 결함을 찾아내기를 좋아하고 교회의 치리를 헐
뜯고자 하는 마음이 아니라 관용과 겸손과 인내를 의미하는 것이다.

그러나 온유함을 약함과 혼동해서는 안 된다. 지금까지 참된 온유는 언제나 하
나님의 뜻에 복종하는 것이었다. 그러나 그것은 의의 원리에 굴복하거나 악과 타
협하지 않는다. 하나님께서 주시는 온유함은 또한 하나님께서 주신 권리를 옹호
할 수 있다. 즉, 하나님의 영광이 모독을 당할 때, 우리는 불같이 뜨거운 열심을
가져야 한다. 모세는 온유함이 지면의 모든 사람보다 더한 자였다(민 12:3). 그러

나 그가 황금 송아지 앞에서 춤추는 이스라엘 백성들을 보았을 때, 여호와의 존귀를 위하여 그는 두 개의 돌판을 깨뜨렸으며 죄 범한 자들에게 맹세를 하였다. 사도들이 얼마나 확실하고 담대하게 그들의 입장을 고수했는가를 사도행전 16:35-37을 주목해 보라. 무엇보다도 그리스도 자신이 그의 아버지의 영광에 관심을 갖고서, 어떻게 채찍을 만드셔서 신성 모독자들을 성전에서 내쫓으셨는가를 주목하라. 온유함은 개인적인 복수심을 억제한 것이다. 그러나 그것은 결코 하나님과 그의 목적과 그의 백성에 대한 필요조건과 서로 충돌하는 것은 아니다.

"저희가 땅 혹은 토지를 기업으로 받을 것임이요." 왜냐하면 히브리어와 헬라어는 둘 다 이와 같은 이중적인 의미를 지니고 있기 때문이다. 이와 같은 약속은 시편 37:11에서도 찾아볼 수 있는데, 세 가지 의미로 이해할 수 있다.

첫째로, 이 말씀의 중반절에서 암시하고 있는 것은 **영적인 의미**이다. 즉, "오직 온유한 자는 땅을 차지하며 풍부와 **화평으로** 즐기리로다." 온유한 심령은 그가 지상에서 소유한 것이 많든 적든지 간에 그것을 더욱더 기쁘게 누릴 수 있다. 탐욕스럽게 욕심을 부리는 기질로부터 구원을 받은 자는 그가 가지고 있는 것만으로 만족한다. "의인의 적은 소유가 악인의 풍부함보다 낫도다"(시 37:16). 마음으로 만족하는 것은 온유함의 열매 중의 하나이다. 오만하고 탐욕스러운 자는, 비록 그들이 많은 토지를 소유할 수 있을지라도, "땅을 기업으로 받지" 못한다. 작은 집에 사는 겸손한 그리스도인들이 궁궐에서 사는 악인들보다도 훨씬 더 행복하다. "가산이 적어도 여호와를 경외하는 것이 크게 부하고 번뇌하는 것보다 나으니라"(잠 15:16).

둘째는, **문자 그대로의 의미**이다. 온유한 자는 만인의 주님이신 그리스도께 속한 자라는 **권리**에 의해서 땅을 기업으로 받게 된다. 그러므로 기록된 바, 바울은 다음과 같이 말하였다. "만물이 다 너희 것임이라 … **세계**나 생명이나 사망이나 지금 것이나 장래 것이나 다 너희의 것이요"(고전 3:21, 22). 땅에 대한 권리나 자격은 두 가지가 있는데, 곧 세상적인 것과 영적인 것이다. 세상적인 권리는 그들의 율법과 관습에 따라 **인간들** 앞에서 유효한 것이며, 그것에 의해서 그들이 그 땅의 주인이 되며 그 뜰에서 살 권리를 요구하게 된다. 영적인 권리는 **하나님** 앞에서 인정받게 된다. 아담은 타락하기 전에는 땅에 대한 영적인 권리를 가지고 있었으나, 하나님께서는 그의 죄로 인하여 그 자신과 그의 후손들이 가지게 될 권리를 몰수하셨다. 그러나 그리스도께서는 택함을 받은 모든 사람들을 위해 그것을 되돌려 주셨다. 그러므로 사도는 "아무 것도 없는 자 같으나 모든 것을 가진 자"라고 말하였다(고후 6:10).

셋째로는 **상징적인 의미**이다. 시편 37:11에 기록되어 있는 구약성경의 약속은 신약성경에서와 마찬가지이다. 즉, 가나안 땅은 천국을 상징하였으며, 온유한 자가 상속자가 된다는 것을 알게 된다. 그것이 근본적인 자격이기 때문이다.

지금까지 살펴본 내용을 통해서 다음과 같은 사실을 알게 된다. 첫째로, 이런 은혜는 중요한 것이다. 따라서 그것을 더욱 풍성하게 하기 위해서는 열심히 기도해야 한다. 즉, "여호와의 규례를 지키는 세상의 모든 겸손한 자들아 너희는 여호와를 찾으며 공의와 겸손을 구하라"(습 2:3). 이 목표를 이루기 위하여 다음과 같은 귀중한 약속을 주목하라. "겸손한 자는 먹고 배부를 것이다"(시 22:26), "여호와께서 겸손한 자들은 붙드신다"(시 147:6), "겸손한 자에게 여호와로 말미암아 기쁨이 더하리라"(사 29:19). 둘째로, 그리스도와는 아무 상관이 없이 땅을 소유하려고 노력하는 자들의 어리석음을 보라. 땅에 대한 모든 권리는 아담에 의해 잃어버렸으며, 오직 구속자에 의해서만 다시 찾을 수 있으므로, 그들이 구속자에게 속하게 될 때까지는 아무도 선한 양심의 위로에 의해서 세속적인 상속을 받지 못하며 그것을 소유할 수도 없다. 셋째로, 온유한 자는 그리스도로 말미암아 땅을 기업으로 받으며, 세상에 대한 지나친 모든 관심에 대한 억제에 만족하게 된다는 사실이다. 왜냐하면 우리는 분명히 필요한 모든 것을 공급해 주시는 그리스도 안에 속한 자이며, 우리에게 속한 것은 시간과 기분에 의해 사라져 버리는 것보다는 무한히 귀중한 것이기 때문이다.

"의에 주리고 목마른 자는 복이 있나니 그들이 배부를 것임이요"(마 5:6). 처음의 세 가지의 복을 설명하면서, 우리는 하나님의 성령에 의해 깨우침을 받은 자들의 마음의 번민을 증거하였다. 첫째는 궁핍함에 대한 의식, 즉 자신의 무익함과 공허함에 대한 깨달음이다. 둘째는, 자신에 대한 심판과 자신의 죄에 대한 자각과 자신의 잃어버린 바 된 상태에 대한 슬픔이다. 셋째는, 하나님 앞에서 자신을 정당화하려는 시도를 단념하고, 개인의 공로에 대한 모든 허영심을 버리고, 자신은 하나님 앞에서는 한 줌 흙에 지나지 않는다는 것을 깨닫는 것이다. 그리고 이제 넷째로, 영혼의 눈을 자아에게서 그리스도께로 향하게 한다. 즉, 그들은 자신이 아무것도 가지지 않았음을 안 후에, 자신에게 긴급하게 필요한 것이 있음을 깨닫고서 그것을 간절히 원한다. 이 말씀에 있는 '의'라는 말의 정확한 의미에 대해서는 많은 논란이 있었는데, 우리는 많은 주석가들이 그것의 분명한 의미를 설명하지 못하였음을 알게 된다.

다음에 나타나는 바와 같이, 구약성경의 여러 말씀 가운데에서 '의'는 '구원'과 같은 의미로 쓰여졌다. "하늘이여 위로부터 **공의**를 뿌리며 구름이여 의를 부을지어다 땅이여 열려서 **구원**을 싹트게 하고 공의도 함께 움돋게 할지어다 나 여호와가 이 일을 창조하였느니라"(사 45:8), "마음이 완악하여 공의에서 멀리 떠난 너희여 내게 들으라 내가 나의 공의를 가깝게 할 것인즉 그것이 멀지 아니하나니 나의 구원이 지체하지 아니할 것이라 내가 … 구원을 시온에 베풀리라"(사 46:12, 13), "내 **공의**가 가깝고 내 구원이 나갔은즉 내 팔이 만민을 심판하리니 섬들이 나를 앙망하여 내 팔에 의지하리라"(사 51:5), "여호와께서 이와 같이 말씀하시기를 너희는 정의를 지키며 의를 행하라 이는 나의 **구원**이 가까이 왔고 나의 **공의**가 나타날 것임이라"(사 56:1), "그가 **구원**의 옷을 내게 입히시며 **공의**의 겉옷을 내게 더하심이라"(사 61:10).

그러나 여기(팔복)에서의 '의'는 성경에서 찾아볼 수 있는 가장 포괄적인 말 가운데 하나인 '구원'과 깊은 관련이 있는 말이라고는 생각하지 않는다. 그렇다면 '의'의 정확한 의미를 좀 더 자세하게 정의해 보기로 하자.

넓은 의미로 살펴보면, "의에 주리고 목마르다"는 것은 하나님의 사랑하심과 그의 형상과 오묘함을 간절히 원한다는 의미이다. '의'란 모든 영적 축복을 의미하는 말이다. 즉, "너희는 먼저 그의 나라와 그의 의를 구하라"(마 6:33). 좀 더 자세하게 살펴보면, 여기 본문에서의 '의'는 첫째로, 믿음의 의와 관계가 있는데, 그것에 의하여 죄인은 그리스도 예수 안에 있는 구속으로 말미암아 하나님의 은혜로 죄를 용서받게 된다. 모든 백성의 죄를 짊어지신 그의 보증인의 순종에 의해 믿는 자들은 하나님 앞에서 **법적으로 의롭게** 된다. 생각이나 말이나 행동에 있어서 계속해서 율법을 어겼던 죄인들과 같이 우리도 전적으로 의에 주린 자들이다. 즉, "의인은 없나니 하나도 없다"(롬 3:10). 그러나 하나님께서는 모든 믿는 자들을 위해 그리스도 안에서 완전한 의를 준비하셨다. 곧 집으로 돌아온 탕자에게 가장 좋은 '옷'을 입혀 주신다. 그리스도께서 율법을 완전히 지키신 공로에 의해 그리스도 안에 안식한 모든 죄인들을 용서하셨다.

둘째로, 깨우침을 받은 죄인들이 간절히 원하는 이와 같은 '의'는 **내적이고 거룩하게 하는** 의라고 생각된다. 우리가 흔히 말하는 바와 같이, 칭의와 성화는 불가분의 관계에 있기 때문이다. 성령께서 그의 마음속에 은혜롭게 역사하시는 자는 **전가되어진** 의뿐만 아니라 **수여되어진** 의까지도 원한다. 즉, 그는 하나님의 사랑하심을 회복하기를 간절히 원할 뿐만 아니라 하나님의 형상이 그의 마음속에서 새롭게 되기를 간절히 원한다. 죄인들이 이와 같은 이중적인 의미의 '의'에 '주리고 목마를' 때에, 그 영혼은 그것을 분명히 깨닫고서 간절히 소망하게 된다. 왜냐하면 육체적으로 주리고 목마를 때 심한 고통을 느끼고 또한 배부르게 되기를 바라는 것처럼 그 영혼에 있어서도 마찬가지이다. 첫째로, 성령께서는 양심 앞에 하나님의 거룩하고 냉혹한 요구를 제시하신다. 다음에, 성령께서는 빈곤하며 죄악 가운데 있는 영혼에게는 소망이 없음을 아시고 그 영혼에게 죄를 깨닫게 하심으로써 그는 그의 빈궁과 잃어버린 바 된 상태를 깨닫게 된다. 그때에 성령께서는 그를 매우 주리고 목마르게 하심으로써 그로 그리스도를 바라보고 그리스도께 구원을 요구하게 한다. 즉 "주님은 우리의 의이시다"라고 부르짖게 한다.

앞의 말씀에서와 같이, 이 네 번째 복(팔복 중)도 **이중적인** 체험이다. 곧 시작하는 동시에 계속되는 체험으로서 회심하지 않은 자에게서 시작되지만, 구원받은 죄인들 속에서 계속되는 것이다. 이와 같은 은혜는 이따금씩 반복되어 나타나는 것처럼 느껴진다. 그리스도에 의해 구원받게 되기를 원하는 자는 이제 그리스도와 같이 되기를 원한다. 이 말을 넓은 의미로 살펴보면 이런 주림과 갈급함은 다시 새로운 마음으로 하나님을 간절히 원하는 것(시 42:1), 하나님께 더욱더 가까이 가기를 간절히 원하는 것, 그의 아들의 형상을 더욱더 완전하게 따르기를 간절히 원한다는 뜻이다. 이 말은 이와 같은 소원을 강하게 하며 유지하며 만족케 하는 하나님의 축복을 받기 위한 새로운 성품을 원한다는 뜻이다. 여기 본문의 말씀에는, 육적인 마음은 영원히 이와 같은 소원을 창조할 수 없음을 증거하는 역설이 있다. 생명의 떡이 되시며, 모든 충만함이 거하시는 분과 생명으로 연합되었던 자가 **아직도** 주리고 목마른 상태로 발견될 수 있겠는가? 그렇다, 이러한 일이 다시 새로운 마음을 가진 자가 체험하는 일이다. 동사의 시제를 주의 깊게 살펴보라. "주리고 **목말랐던** 자는 복이 있다"가 아니라 "주리고 **목마른** 자는 복이 있다"이다. 이것은 하나님을 믿는 성도들이 체험한 적이 있었던 일이다(시 82:4; 빌 3:8, 14).

"저희가 배부를 것임이요." 본문의 첫 부분에서와 같이 이것도 또한 이중으로 이루어지는 일이다. 곧 시작과 동시에 계속되는 것이다. 하나님께서는 그 영혼을 주리고 목마르게 하셨을 때에, 그는 그것을 만족케 하실 것이다. 빈궁한 죄인은 그가 그리스도를 필요로 한다는 것을 느끼게 되었을 때, 그리스도께 이끌려 그를 믿게 될 것이다. 회개하고 아버지께 돌아오는 탕자와 같이, 믿는 죄인들도 이제 '살찐 송아지'로 상징되는 그분을 의지하며 살아간다. 그는 "의는 여호와께만 있나니"라고 외치지 않을 수 없게 된다. 모든 지각에 뛰어난 하나님의 평강으로 말미암아 '저희가 배부를 것이다.' 어떤 슬픔도 더해지지 않은 하나님의 축복으로 말미암아 '배부를 것이다.' 우리 안에 모든 사역을 행하시는 하나님께 대한 존경과 감사로 말미암아 '배부를 것이다.' 이런 빈궁한 세상에서는 줄 수도 받을 수도 없는 것으로 말미암아 '배부를 것이다.' 그들의 잔이 넘쳐흐를 때까지, 하나님의 선하심과 자비에 의해 '배부를 것이다.' 더구나 지금 우리가 누리고 있는 모든 것은 오직 하나님께서 그를 사랑하는 모든 사람들을 위해 준비해 두셨던 것을 약간 맛보는 것뿐이다. 다가올 그 날에 우리는 하나님의 거룩하심으로 '배부를 것이다.' 왜냐하면 우리가 '그와 같이' 될 것이기 때문이다(요일 3:2). 그때에 우리는 영원히 죄를 버리게 될 것이다. 즉 그때에 우리는 "다시는 주리지도 아니하며 목마르지도 아니하고"(계 7:16).

이 네 번째 복(팔복 중)은 시련을 당하고 고통을 받는 많은 믿는 자들에게는 위로의 말씀이 되었으므로, 사탄에 의해 괴로움을 당한 믿는 자들이 그것을 사용할 수 있는 의미에 대하여 생각해 보기로 하자.

첫째로, 믿음이 적고 연약한 자가 그것을 사용할 수 있다. 하나님의 가족 중에는 모든 일에 있어서 진실로 하나님을 기쁘시게 하기를 원하며, 그들의 양심에 반대하는 죄가 없는 곳에서 살기를 원하는 자가 많이 있다. 더구나 그들은 자신의 마음속에는 믿음보다는, 더 많이 의심을 품게 하도록 하며 하나님 앞에서의 자신의 택하심과 상태에 대하여 의심을 하도록 하는 하나님의 자비에 대한 불신과 절망이 많이 있다는 것을 발견하게 된다. 그때 하나님께서는 그들을 위로하신다. 즉, 만일 그들이 진실로 의에 주리고 목마르다면 그리스도께서 친히 그들이 **복이 있는 자**라고 선언하시는 것이다. 자기의 불신앙을 불만스럽게 여기는 자, 진실로 의혹에서 벗어나기를 바라는 자, 믿음과 확신을 강하게 하기를 바라며 간구하는 자, 다시 말하면 합당한 모든 수단을 이용하여 열심히 자신의 진실을 증거하는 자는 하나님께서 인정하시는 종이 된다.

둘째로, 자신의 성화가 대단히 불완전한 자들이 그것을 사용할 수 있다. 많은 사람들이 하나님을 기쁘게 하기를 바라며, 모든 죄를 깨닫게 되기를 바란다. 그러나 그들은 자신 속에는 많은 마음의 악행과 반역하는 부패의 행위와, 감정의 지나침과 고집이 있다는 것을 발견하게 된다. 그렇다. 자신의 마음속에는 계속해서 많은 죄를 범하려는 경향이 있다. 그리고 그와는 반대로, 그들이 때때로 어떤 은혜도 받을 수 없을 것이라고 의심을 하게 될 만큼 성결함의 열매가 없으며, 영적인 삶의 증거도 없고, 그들의 마음속에 역사하시는 하나님의 은혜의 표적이 없다는 것을 발견하게 된다. 이것은 대단히 무거운 짐이며, 그 영혼을 대단히 낙심하게 한다. 그러나 하나님께서는 이런 자를 위로하신다. 그리스도께서는 의로 **충만한** 자가 아니라 의에 '주리고 목마른' 자가 '복 있는 자'라고 선언하신다. 자신의 부패함을 애통하는 자, 자신의 마음의 죄악을 슬퍼하는 자, 끊임없이 은혜의 수단을 사용하여 그리스도를 따르기를 갈망하는 자는 그리스도 안에 거하시는 하나님을 받아들인다.

셋째로, 더욱더 극단적인 경우로서, 슬프게도 하나님으로부터 떠나 오랫동안 배교자가 되었으며 지금은 자신의 사악함을 깨닫고 절망상태에 있는 자들이 그것을 사용할 수 있다. 사탄은 그에게, 그의 상태는 절망적이며, 그는 배교자이며, 그를 위해 지옥이 예비되었으며, 그는 마땅히 정죄를 받아야 한다고 말할 것이다. 그리고 이 가련한 영혼은 자신이 그와 같은 상태에 있다고 믿으려 한다. 그는 평화를 얻지 못하고, 그의 모든 증거는 빛을 잃게 되며, 그는 희망의 빛을 지각할 수가 없다. 그럼에도 불구하고 하나님께서는 이런 상태에 있는 자를 위로하신다. 만일 그가 하나님으로부터 떠난 것을 진실로 애통해한다면, 자신의 타락을 증오한다면, 자신의 죄를 슬퍼하며 진실로 뉘우치기를 바라고 하나님과 화해하기를 바라며 하나님과 교제하기를 바란다면, 그때에 그도 역시 복이 있는 자가 될 것이다. 즉, "의에 주리고 목마른 자는 복이 있나니 저희가 배부를 것임이요."

제3장

팔 복
❸

이 팔복에서 주 예수께서는 '그의 참된 제자'를 구별할 수 있는 특징과 특권, 혹은 그의 나라의 참된 종임을 나타내는 표시에 대해 설명하고 계신다. 이것은, 그의 의도는 하나님의 축복을 받는 자들의 특징을 알리고자 하는 것이었음을, 혹은 누가 진실로 행복한 자인가를 또 다른 방식으로 말씀하신 것일 뿐이다. 이 팔복을 또 다른 관점에서 살펴보면, 우리는 그것들을 참된 행복의 특성에 대한 설명이라고 생각할 수 있으며, 그리고 참된 행복을 얻게 하는 데 필요한 여러 가지 규칙들을 제시한 것이라고도 생각할 수 있다. 여기에서의 그리스도의 가르침은 세속적인 마음으로 얻게 되는 사상이나 이론과는 실로 대단히 다르다. 참된 행복이 외적인 것을 소유하는 것이라고 생각하는 대신에, 그리스도께서는 영적인 은혜를 받고 그것을 더 충만하게 함으로써 얻게 된다고 주장하신다. 인간의 몸으로 이 세상에 오신 하나님께서는 이 세상의 지혜를 몹시 꾸짖으셨으며, 진리에 대한 세상의 개념을 얼마나 철저하게 반대하셨는가를 보여주셨다.

"**긍휼히 여기는 자는 복이 있나니 그들이 긍휼히 여김을 받을 것임이요**"(마 5:7). 이 말씀은 행위로 말미암은 공로를 주장하는 자들에 의해 심하게 곡해되었었다. 성경이 행위에 의한 구원을 가르친다고 주장하는 사람들은, 다른 어떤 구절보다도 이 구절을 내세워서 그들의 치명적인 잘못을 변명한다. 그러나 그들의 실수를 감소시켜 주는 것은 아무것도 없다. 왜냐하면 이 말씀에는 그들의 치명적인 실수를 조금이라도 지지해 주는 말이 없기 때문이다. 여기에서 우리 주께서는 하나님으로부터 긍휼히 여김을 받게 된다는 죄인들의 소망의 근거에 대하여 설명하셨던 것이 아니라, 그의 백성의 영적 자질을 설명하신 것이다. 긍휼은 그리스도 백성의 영적 자질 가운데 특별한 것이다. 그리스도께서 설명하신 의미는 다음과 같다. 즉, 긍휼은 지금이나 장래에나 하나님의 특별한 사랑으로 주시는 행복의 기쁨과는 불가분의 관계에 있는 하나님의 거룩하신 성품에 있어서의 필수 불가결한 특성이다.

이와 같이 특별한 일련의 복이 있는 곳에는 그것을 설명할 수 있는 분명한 열쇠도 있다. 처음의 네 가지 복은 **더불어 일어나는** 열매인 네 가지 위로가 있다는 사실에서 보면, 성령에 의해 깨우침을 받은 자의 마음속에서 **시작되는** 번민을 설명한 것이라고 생각할 수 있다. 앞의 말씀에서, 그리스도에 주리고 목말랐던 영혼이 우리에게 그것의 처음의 결과와 증거를 보여준 사실에서 보면, 주리고 목마른 후에 그리스도에 의해 배부르게 된다. 주님으로부터 긍휼히 여김을 받았으므로, 이제 구원받은 죄인들은 다른 사람들을 긍휼히 여긴다. 그것은 하나님께서 우리에게 하나님의 긍휼을 얻기 위해 긍휼히 여기라고 요구하신 것이 아니다. 다시 말하면, 은혜의 전체적인 계획을 전복시키려는 것이 아니다. 오히려 하나님의 놀라운 은혜를 받는 사람이 되었으므로, 나는 이제 다른 사람에게 관대하게 행동하지 않을 수 없다. "그들이 긍휼히 여김을 받게 될 것임이요"라는 말씀이 의미하는 바가 결국 우리에게 말씀하시고자 하는 주제이다.

"긍휼히 여기는 자는 복이 있나니 그들이 긍휼히 여김을 받을 것임이요." 첫째로, 이 말씀에서의 긍휼의 특성을 정의해 보기로 하자. 하나님께서 허락하신 이런 긍휼은 영혼을 불쌍히 여기는 마음이다. 즉 어떤 사람이 비참한 상태에 있는 또 다른 사람을 불쌍히 여기고 구원하려는 것이다. 긍휼이란 영혼을 불쌍히 여기는 마음이라고 말한 관점에서 보면 긍휼히 여기는 마음은 또한 자신의 마음의 비참한 상태를 느끼게 되어, 그것을 슬퍼한다는 의미이기도 하다. 왜냐하면 우리의 마음이 또 다른 어떤 상태에 의해 영향을 받게 되면 흥분하게 되기 때문이다. "그것은 성급하고, 잔인하고, 압박하고, 해를 끼치는 모든 것과는 반대이다. 즉 인류의 비참한 상태를 애석하게 여기고, 그것을 경감시키고 없애려고 하는 것이며, 다른 사람들을 걱정함으로써 개인적인 이득이나 특권을 증가시키려는 것을 못마땅하게 생각하며, 개인적인 안락을 포기하고 다른 사람들을 편안하고 행복하게 하려는 관심이나 감사의 마음이다"(토머스 스코트).

다음에, 긍휼히 여기는 마음은 우리의 인류와 동료 그리스도인들을 향한 귀중한 성품이다. 그것은 고통을 받는 자의 고난을 슬퍼하는 애정과 호의의 마음으로, 우리는 우는 자들과 함께 운다. 긍휼은 그 소유자를 품위 있게 한다. 그리하여 그는 자비로 공의를 누그러뜨리도록 하며 복수의 마음을 가라앉게 한다. 그러나 그것은, 정의의 요구를 비웃으며, 많은 사람들이 받아 마땅한 비참한 상태의 사람들을 동정하는 어리석은 감상벽과는 현저하게 다른 **거룩한** 기질이다. 어리석은 동정심은 극악무도한 범죄자에게 판결이 내려진, 공정하고 충분히 받을 만한 가치가 있는 선고를 취소하거나 수정하게 할 능력을 간구하는 거짓되고 불경건한 긍휼이다. 그래서 성경에서는 "어떤 의심하는 자들을 긍휼히 여기라"고 말씀하고 있다(유 22절). 그런데 사울 왕은 아각을 살려 주었을 때, 이 원칙을 무시하였다. 또한 긍휼은, 어떤 사람에게는 관대하게 대하며 다른 사람에게는 과격하게 대하는 불공평을 반대하는 것으로, 영혼을 불쌍히 여기는 마음이다.

이와 같이 긍휼히 여기는 마음은 자연인의 마음속에서는 찾아볼 수 없다. 사실 그리스도인이 아닌 자들에게도 때때로 많은 친절한 성품과 고난에 대한 동정심과 그들에게 잘못을 범했던 자들을 용서하는 마음이 있었음을 발견하게 된다. 그러나 그것은 본능적인 것일 뿐이며, 비록 그들이 친절하다 할지라도 그들에게 영적인 것은 아무것도 없다. 다시 말하면, 하나님의 권위에 복종하지도 아니하며 때때로 하나님의 율법에 반대하는 것이다. 그리스도께서 여기에서 가르치시며 권하시는 것은 자연적인 친절과는 대단히 다르며 그보다는 훨씬 더 뛰어난 것이다. 즉 그것은 **하나님**께서 인정하시는 불쌍히 여기는 마음과 같은 것으로, 그의 성령의 열매이며 그의 말씀으로 명하신 것이다. 그것은 우리 안에 살아 계시는 그리스도로 말미암아 나타나는 결과이다. 그리스도께서 긍휼히 여기셨는가? 그리스도께서는 우는 자와 함께 우셨는가? 그리스도께서 어리석은 자의 소행을 참으셨는가? 그리스도께서 내 안에 내재하신다면, 비록 불완전하게 나타날지라도 틀림없이 똑같은 기질이 드러나게 된다.

이와 같은 긍휼은 느끼는 것 이상의 어떤 것이다. 곧 그것은 **행동하는 원리**이다. 그것은 마음을 움직이게 할 뿐만 아니라, 그 손을 움직여 궁핍한 자를 돕게 한다. 왜냐하면 우리는 다른 사람들과 떨어져서는 살 수가 없기 때문이다. 이와 같은 긍휼은 우물을 막거나 샘을 메워 버리기는커녕, 오히려 선행의 풍부한 원천이 되어 거기에서부터 축복이 시작된다. 그것은 무익한 말에 의해 그 자체가 소멸되어 버리는 것이 아니라 도움이 되는 행위를 수반하는 것이다. "누가 이 세상의 재물을 가지고 형제의 궁핍함을 보고도 도와 줄 마음을 닫으면 하나님의 사랑이 어찌 그 속에 거하겠느냐"(요일 3:17). 즉, 가련한 처지에 있는 자들에게 베풀어지는 모든 긍휼의 행동은 내부의 불쌍히 여기는 마음으로부터 나오는 것이라는 사실을 이 구절에서는 분명히 밝히고 있다. 즉, 긍휼은 마음속에 널리 퍼져 있는 하나님에 대한 사랑의 열매로서 선한 일을 행하려고 노력하는 것이다.

이와 같은 긍휼은 육체를 따라 행함으로 말미암아 잠시 동안 억제되고 저지되지만, 그가 그리스도인의 성품의 일반적인 경향과 그의 생활의 주된 성향을 따르게 될 때 그 긍휼은 새로운 사람의 명백한 특징으로 나타나게 됨을 알 수 있다. "악인은 꾸고 갚지 아니하나 의인은 은혜를 베풀고 주는도다"(시 37:21). 아브라함이 그의 조카 롯에 의해 손해를 입은 후에도, 그에게 롯의 구원을 얻기 위해 노력하게 하며 확실하게 하도록 한 것은 아브라함에게 있는 '긍휼' 이었다. 요셉이 그의 형제들로부터 그렇게 가혹하게 학대를 받은 후에도 그들을 아낌없이 용서해 주도록 감동을 주었던 것도 요셉에게 있는 '긍휼' 이었다. 미리암이 모세를 적대하였으며 주께서 문둥병으로 그녀를 치신 후에도 그에게 "하나님이여 원하건대 그를 고쳐 주옵소서"(민 12:13)라고 부르짖도록 감동을 주었던 것도 모세에게 있는 '긍휼' 이었다. 사악한 사울이 다윗의 손에 붙여졌을 때 그의 대적의 목숨을 살려 주도록 한 것도 다윗에게 있는 '긍휼' 이었다. 이와 대조적으로, 가룟 유다에 대해서는 "그가 인자를 베풀 일을 생각하지 아니하고 가난하고 궁핍한 자와 마음이 상한 자를 핍박하여 죽이려 한다"(시 109:16)라고 예언되었음을 볼 수 있다.

우리가 마태복음 5:7에 대하여 설교하게 된다면, 그 다음에는 긍휼의 여러 가지 의무에 대하여 말하게 될 것이다. 그 의무란, 우리가 처한 신분과 환경에 따라 긍휼이 나타나는 형태와 정도가 달라지겠지만, 우리의 도움을 필요로 하는 불쌍한 자들에게 적용되어지는 것을 말한다. 이 긍휼은 인간의 육체뿐만 아니라 그들의 영혼에게까지도 관심을 갖는다. 그리고 그것은 여기에서도 또한, 그들의 영원한 미래에 대해서는 전혀 걱정하지 않으며 불쌍한 자들의 일시적인 궁핍함을 불쌍히 여기고 도와주려고 하는 자연적이며 본능적인 친절과는 분명하게 구별된다. 설교자는 이 다섯 번째 복을 신중하게 다루어야 할 필요가 있다. 또한 같은 원리가 고용주와 상인들에게도 적용된다. 그러나 이 문제에 대해서는 "긍휼을 베푸는 자는 **즐거움으로** 할 것이니라"(롬 12:8)라는 말씀에 주의하는 정도로 그치기로 하자. 이 말씀은 봉사하는 것이 참으로 귀중하다는 것을 가르쳐 주는 말이다. 만일 하나님께서 즐거움으로 베푸는 자를 사랑하신다면, 하나님께서 그의 계명에 순종하는 정신에 대해서도 주목하신다는 것은 분명한 사실이다.

이제 그에 대한 **상급**에 대하여 간단히 살펴보기로 하자. 옛날의 신학자들이 지적했던 바와 같이, 이 말은 당연히 받을 상급이란 뜻이 아니라, 그에 상당하는 상급이란 뜻이다. 이것은 자선의 행위에 의해서 하나님께 자신의 죄에 대한 대가를 치를 수 있다고 주장하는 로마의 끔찍한 과오를 조금도 지지해 주지는 않는다. 우리의 긍휼을 베푸는 행위는 하나님 보시기에 공로가 되지는 못한다. 만일 그렇다면 그리스도께서는 "긍휼히 여기는 자는 복이 있나니 저희가 **공의**를 얻으리라"라고 말씀하셨을 것이다. 왜냐하면 공로가 되는 일은 올바른 행위에 의해 보상받게 될 것이기 때문이다. 여기 본문 말씀은 구원의 문제와는 전혀 관계가 없으며 하나님의 다스리시는 일과 관련된 원리를 설명하는 것인데, 그것에 의하면 우리는 뿌린 대로 거두어들이고, 다른 사람에 대하여 비판한 대로 비판받게 될 것이라는 말씀이다(마 7:2). "공의와 인자를 따라 구하는 자는 생명과 공의와 영광을 얻느니라"(잠 21:21).

"그들이 긍휼히 여김을 받게 될 것임이요." 첫째로, **내적인 은혜**가 있다. 다른 사람을 긍휼히 여기는 자는 그것에 의해 긍휼히 여김을 받는다. 즉 "인자한 자는 자기의 영혼을 이롭게 하고"(잠 11:17). 동정과 자비를 베풂으로 개인적인 만족을 얻게 되는데, 이것은 이기적인 사람이 갖는 가장 큰 만족과는 비교가 되지 않는 것이다. 즉 "빈곤한 자를 불쌍히 여기는 자는 **복이 있는** 자니라"(잠 14:21). 둘째로, 그는 그의 **동료**로부터 긍휼히 여김을 받는다. 즉 하나님께서 다스리시는 섭리에 의해 그가 다른 사람들로부터 긍휼을 입게 되는 것이다. 셋째로, 그는 **하나님**으로부터 긍휼히 여김을 받는다. 즉 "자비로운 자에게는 주의 자비로우심을 나타내시며"(시 18:25)라는 말씀은 "긍휼을 행하지 아니하는 자에게는 긍휼 없는 심판이 있으리라"(약 2:13)는 말씀과는 대조가 된다. 긍휼은 다가올 심판의 날에 긍휼을 베푸는 자에게 나타나게 될 것이다(딤후 1:16, 18; 유 21 참조). 그리고 기도하는 마음으로 로마서 12:10; 갈라디아서 6:2; 골로새서 3:12의 권고를 주의하자.

"마음이 청결한 자는 복이 있나니 그들이 하나님을 볼 것임이요"(마 5:8). 이것은 주를 대적하는 자들에 의해서 대단히 악용되었던 또 다른 복 가운데 하나이다. 그들은 하나님의 참된 백성이라고 고백하는 자들에게, 자기의 선조 바리새인들과 같이 진리의 옹호자인 체하였으며, 우월한 존엄성을 자랑하였었다. 전 기독교 시대를 막론하여 조상들의 완전한 성결을 주장하거나, 혹은 하나님께서 자신을 온전히 새롭게 하셔서 육적인 본성을 근절하셨다고 주장하는 미혹된 가련한 영혼들이 있었다. 그 결과, 그들은 죄가 없다고 고백할 뿐만 아니라 죄스러운 욕망이나 생각조차도 가지지 않는다고 고백한다. 그러나 하나님께서는 "만일 우리가 죄가 없다고 말하면 스스로 속이고 또 진리가 우리 속에 있지 아니할 것이요"(요일 1:8)라고 말씀하신다. 물론 이와 같은 사람들은 자기의 헛된 망상을 지지하기 위해서 성경을 내세우며, 속죄의 법적 유익을 설명하는 구절들을 자기의 체험에 맞게 적용시키거나, 혹은 우리가 지금 살펴보고 있는 것과 같은 구절을 곡해하는 것이다.

마음의 청결이 생활하는 가운데 전혀 죄가 없다는 뜻이 **아니라는** 것은, 모든 하나님의 성도들의 생애에 대한 성경의 기록을 살펴보면 명백하게 드러난다. 노아는 술 취하였으며, 아브라함은 애매모호하게 행동한 적이 있었으며, 모세는 하나님께 불순종하였으며, 욥은 그의 태어난 날을 저주하였으며, 엘리야는 무서워하여 이세벨로부터 도망하였으며, 베드로는 그리스도를 부인하였다. 그렇다, 어쩌면 이 모든 일들은 기독교가 설립되기 이전에 이루어진 일이라고 주장하는 사람들도 있었을 것이다. 그러나 사실은 그때 이후로 또한 똑같은 일이 계속해서 일어나고 있다. 우리가 어디에서 사도 바울의 능력보다 더 우수한 능력을 지닌 그리스도인들을 찾아 볼 수 있겠는가? 그렇다면 **그의** 체험이란 무엇인가? 로마서 7장을 읽어 보면 알게 될 것이다. 그가 선을 행하기를 원할 때 악이 그와 함께 하였다(21절). 그의 지체 속에서 한 법이 그의 마음의 법과 싸워 그를 죄의 법 아래로 사로잡아왔다(23절). 그는 마음으로는 하나님의 법을, 육신으로는 죄의 법을 섬겼다(25절). 그리스도인들이여, 아직도 자기의 마음속에 있는 불순함을 깨닫고 괴로워하는 것이 사실은 우리가 청결한 마음을 소유하고 있다는 가장 분명한 증거가 된다.

"마음이 청결한 자는 복이 있나니." 여기에서 우리는 또다시 주께서 자연인의 사상을 폭로하고 계심을 알게 된다. 자연인은 참된 축복이 어떠한 것인가에 대해서 크게 잘못 생각하고 있다. 이 점에 있어서 주께서는 바리새인들을 반박하셨는데, 그들은 하나님께서는 **"중심에 진실함"**(시 51:6)을 원하신다는 것을 깨닫지 못하게 하는 외적인 형식주의나 단순한 외적인 거룩함에 만족했다. 이 여섯 번째 복은 대단히 엄숙하면서도 우리를 잘 살피게 하는 것이다. 왜냐하면 그것은 지금 기독교계 내에서 참된 신앙으로 인정되고 있는 것들의 대부분을 차별 없이 비난하기 때문이다. 오늘날 참으로 많은 사람들이, 만일 그들의 신조가 건전하다면 모든 것이 잘 이루어진다고 가정하는 **머리로만 아는** 신앙에 만족하고 있다. 그리고 참으로 많은 사람들이 기껏해야 **손으로만 행하는** 신앙을 가졌을 뿐이다. 즉, 그들은 "그리스도의 봉사"라고 하는 이름 하에서 바쁘게 활동하고 있다. 그런데 "나 여호와는 **중심을** 보느니라"(삼상 16:7)라고 말씀하셨는데, 이것은 지성과 양심과 감정과 의지를 다 포함해서 하신 말씀이다.

마음의 청결은 어떻게 이루어지는가? 타락한 인간의 마음은 본래 전적으로 만물보다 부패하고 타락하고 거짓되어 심히 사악하다(렘 17:9). 그렇지 않다면, 우리들 중 각 사람이 어떻게 겸손하게 "내가 죄악 중에서 출생하였음이여 어머니가 죄 중에서 나를 잉태하였나이다"(시 51:5)라고 고백할 수 있겠는가? 이 마음의 청결은 결코 내적인 순결과 단순성(곧 교활함과 속임수가 없는 상태)으로 한정되는 것이 아니다. 오히려 좀 더 포괄적인 의미와 범위를 지닌 말이다. 그리스도인의 마음은 성령께서 사중적인 작용을 하심으로써 청결케 된다. 첫째는, 새롭게 태어날 때 거룩한 성품을 주심으로써. 둘째는, 거룩한 그리스도와 연합할 수 있도록 구원에 이르는 믿음을 주심으로써. 셋째는, 그의 양심을 깨끗하게 해주는 그리스도의 보혈을 그에게 뿌려줌으로써. 넷째는, 성령의 도움으로 우리로 육신을 억제하고 하나님을 향하여 살 수 있도록 성화의 과정을 오래 끌어가심으로써 우리의 마음을 청결하게 하신다. 그 결과로, 믿는 자들은 사상이나 말이나 행위에 있어서 하나님을 대적하는 죄를 범하지 아니하며, 오히려 모든 일에 있어서 하나님을 기쁘시게 하기 위한 진정한 소원과 결심을 갖게 된다.

이제 그리스도인의 마음이 청결하게 되었다는 것을 어떻게 알 수 있는가? 현재의 생활 가운데에서는 단지 부분적으로 알 수 있는데, 그것도 절대적으로가 아니라 상대적으로 알 수 있다. "믿는 자의 깨달음은 어둠으로부터, 그의 판단은 오류로부터, 그의 의지는 반역으로부터, 그의 마음은 증오와 탐욕과 교만과 음란한 마음으로부터 **부분적으로** 청결케 된다"(토머스 스코트). 영혼 속에서의 하나님의 은혜의 사역은 이 땅에서 시작되었지만 오직 하늘나라에서 완전하게 된다(빌 1:6). 우리는 전적으로 온전케 될 수 없다. 오직 "성령의 처음 익은 열매"(롬 8:23)를 받을 뿐이다. 사도행전 15:9에 있는 동사의 시제를 신중하게 주목해 보라. 그것은 "믿음으로 그들의 마음을 깨끗이 하셨다"가 아니라 "믿음으로 그들의 마음을 깨끗이 하고 계신다"라는 진행형으로 계속되는 체험을 의미하고 있다. 그래서 또한 "우리를 구원하시되 중생의 씻음과 성령의 **새롭게 하심으로**(이미 '새롭게 된 것'이 아니라) 하셨다"(딛 3:5)라고 말씀하셨다. 결론적으로, "우리가 다 실수가 많으니"(약 3:2)라고 성경에 기록되어 있다. 그러므로 모든 합법적인 수단을 다 이용하여 청결케 하는 것이 우리의 해야 할 의무이다. 즉, 날마다 자기를 부인하고, 자기의 죄를 진심으로 고백하고, 의의 길을 걷는 것이 우리가 해야 할 의무이다.

이 '마음의 청결은 무엇인가' 라는 질문은 앞에서 설명한 것보다는 약간 더 정확한 대답을 요구한다. 앞에서 우리는 이 여섯 번째 복이 중생할 때 받아들인 새로운 마음과 성품, 그리고 그 영혼 속에 나타나는 하나님의 은혜의 사역의 결과인 성격의 변화를 모두 고려하는 것임을 암시하였다. 영적인 청결은 나누어지지 않은 애정, 성실성, 진실성, 경건한 단순성으로 정의할 수도 있다. 그것은 교활함과 표리부동과는 반대이다. 왜냐하면 진심에서 우러나온 신앙심은 증오와 악의 뿐만 아니라 교활함과 거짓도 버리기 때문이다. 말과 겉으로 나타나는 행동에 있어서 청결케 되는 것으로는 충분치 않다. 소원과 동기와 의도의 청결은 하나님의 자녀의 주된 특성이 되어야 한다. 그런데 여기에 그리스도인이라고 고백하는 각 사람에게 적용시켜 볼 수 있는 대단히 중요한 시험이 있다. 즉, 나는 위선의 지배로부터 벗어났는가? 나의 동기는 순수하고 나의 목적은 진실한가? 나는 위에 있는 것을 사랑하는가? 내가 주님의 백성을 만나는 것은 주님과 친교하기 위해서인가, 아니면 사람들에게 인정받기 위해서인가? '청결한 마음' 이란 '거룩의 아름다움' 에 관심을 가지면서 그 속에 청결한 대상을 모시고 있는 마음이다. 그것은 그 속에 주님에 대한 두려움이 심어져 있고 하나님에 대한 사랑이 가득 차 있는 마음이다. 그러므로 그것은 하나님이 미워하는 것을 미워하며 하나님이 사랑하는 것을 사랑하는 마음이다. 마음이 청결하면 할수록 마음속에 있는 더러움을 더욱더 잘 깨닫게 되며, 그것을 더욱더 슬퍼하게 된다. 청결한 마음은 못된 생각과 비열한 상상력과 사악한 욕망을 깨닫게 하는 마음이다. 그것은 교만과 불만과 불신앙과 감정의 냉담함을 애통해하는 마음이며, 불경건함에 대해서 혼자서 우는 마음이다. 그러나 오늘날 우리는 이 **내적인** 청결을 참으로 과소평가하고 있다. 대다수의 신앙고백자들은 실체의 그림자에 불과한 경건함의 단순한 외적 형식에 만족하고 있다. 청결한 마음의 가장 무거운 짐이 되는 것은, 아직도 그의 마음속에 있는 더러운 물로 가득 찬 바다와 같은 상태가 계속해서 오욕과 더러움과 그가 행하는 모든 못된 것을 드러낸다는 것을 깨닫는 것이다.

이제 그에 따르는 축복에 대하여 살펴보기로 하자. 즉, 마음이 청결한 자는 '하나님을 볼 것이다.' 나는 다시 한 번 독자들에게 이 복에 따르는 약속은 현세에서도 내세에서도 모두 이루어진다는 것을 상기시키는 바이다. 이것은 본문의 경우에도 확실하다. 그리스도인의 마음의 청결은 현세에서는 부분적일 뿐이며 오직 내세에서만 온전케 된다는 말씀대로, "우리가 지금은 거울로 보는 것 같이 희미하나 그 때에는 얼굴과 얼굴을 대하여 볼 것이요 지금은 내가 부분적으로 아나 그 때에는 주께서 나를 아신 것 같이 내가 온전히 알리라"(고전 13:12)라는 말씀을 체험하게 될 것이다. '하나님을 본다'는 것은 하나님께 가까이 나오게 된다는 것이며(왜냐하면 우리에게서 멀리 떨어져 있는 대상은 알 수 없기 때문이다), 하나님과 친밀하게 교제하게 되는 것이다. 그리고 그것은 우리의 허물이 짙은 구름으로 가려진 결과이다. 왜냐하면 우리의 죄악이 하나님과 우리 사이를 갈라놓기 때문이다(사 59:2). 우리는 그것이 육체의 안목이 아니라 영의 안목, 곧 하나님을 마음으로 알고 친밀하게 교제하는 것이라고 말할 수 있다.

마음이 청결한 자는 영적 분별력을 갖게 되고, 자기의 깨닫는 눈으로 하나님의 성품을 분명히 바라보며, 하나님의 속성의 탁월함을 지각한다. 눈이 성하면 온 몸이 밝다. 하나님은 믿음에 의해서만 볼 수 있다. 요한복음 3:36에서와 같이 '하나님을 보는' 것은 또한 하나님을 **즐거워하는** 힘을 가진다는 말이다. 그것을 위해서는 청결한 마음이 필수불가결하다. 왜냐하면 어떤 죄를 받아들이면 하나님과의 친교가 깨어지기 때문이다. 그런데 그 교제는 오직 참된 회개와 숨김없는 신앙고백에 의해서만 회복될 수 있다. 그러므로 하나님을 볼 수 있는 특권은 마음을 청결하게 유지하는 데 있기 때문에 우리는 이사야 1:16; 고린도후서 7:1; 베드로전서 3:15의 권고에 진지하게 주의해야 함이 필요한 것이다. 우리는 "내가 여호와를 항상 내 앞에 모심이여"(시 16:8)라고 말할 수 있게 되도록 해야 한다.

"진리 안에서 마음을 청결케 하는 믿음으로 그들은 '하나님을 볼' 것이다. 왜냐하면 진리란, 곧 하나님의 거룩하심과 하나님의 인자하심이 결합된 광휘가 가장 잘 나타나는 예수 그리스도의 얼굴에 나타나 있는 하나님의 영광의 표현이기 때문이다. … 마음이 청결한 자는 현세에서는 이런 식으로 '하나님을 볼' 것이다. 그리고 내세에는 하나님을 아는 지식이 훨씬 더 많아지며 하나님과의 교제가 훨씬 더 친밀하게 될 것이다. 다윗 왕의 말을 빌리면, 우리는 '의로운 중에 주의 얼굴을 뵈오리니 깰 때에 주의 형상으로 만족'할 것이다(시 17:15). 그리고 그때가 이르기 전에 '마음이 청결한 자는 하나님을 볼 것이라는 말씀의 완전한 의미를 알게 될 것이다'"(존 브라운).

팔 복
❹

"**화평하게** 하는 자는 복이 있나니 그들이 하나님의 아들이라 일컬음을 받을 것임이요"(9절). "일반적으로 유대인들은 이방의 민족들을 극심한 경멸과 증오로 대하였으며, 그들은 메시야의 통치 아래에서는 그 이방의 민족들이 완전히 멸망하거나 하나님께서 택하신 백성들에게 정복될 때까지, 그 민족들에게 끊임없는 일련의 도전적인 공격이 있을 것이라고 생각하였다(의심할 바 없이, 이 생각은 그들이 여호수아서에서 자신의 조상들에 관하여 읽었던 것을 근거로 하였다). 그들은 왕 되신 메시야의 통치 아래에서 이스라엘에게 이 모든 악행을 행하였던 이방의 민족들에게 복수하기 위해 고용된 자들은 분명히 '복이 있는 자' 라는 칭호를 받기에 합당하다고 생각하였다. 이 새로운 시대의 정신은 그와는 참으로 다르다! 새로운 시대의 설립자의 탄생을 축하하는, '지극히 높은 곳에서는 하나님께 영광이요 땅에서는 기뻐하심을 입은 사람들 중에 평화로다!' 라고 한 천사들의 노래에 조화를 이루는 것은 참으로 아름답다"(존 브라운).

이 일곱 번째 복은 성품보다는 행위와 더욱더 밀접한 관계가 있지만 반드시 화평케 하기 위해서 적극적으로 노력하기에 앞서 먼저 화평케 할 수 있는 영이 있어야 한다. 이 산상설교의 첫 부분에서 주 예수께서는 그의 나라의 신하와 백성이 되는 자들의 **성품을 설명하고 계심**을 상기해 보도록 하자. 첫째로 예수께서는 그 속에 하나님의 역사가 이루어진 자들의 맨 처음 체험의 순서대로 그것들을 설명하셨다. 처음의 네 가지 성품은 그들의 마음속에서 부정적인 은혜들로 시작되는 것으로 같은 분류에 속하게 될 것이다. 그것들은 오만이 아니라 마음의 가난을 깨닫게 되는 것이며, 그것들은 자기만족이 아니라 자기의 영적 상태 때문에 애통해하는 것이며, 그것들은 방자함이 아니라 온유이며, 그것들은 독선이 아니라 주님의 의에 주리고 목말라 하는 것이다. 다음에 이어지는 세 가지 성품은 주께서 **적극적인 은혜**라고 명명하신다. 하나님의 긍휼히 여기심을 경험하게 되었으므로 다른 사람들을 긍휼히 여기게 되며, 영적 성품을 받게 됨으로써 그들은 이제 불순함을 증오하고 거룩함을 사랑하며, 그리스도께서 십자가의 피로 이루어 놓으신 화평 안에 들어가게 됨으로써 그들은 이제 모든 것을 사랑하며 살기를 원한다.

"화평하게 하는 자는 복이 있나니." 이것은 죄가 낳고 있는 무서운 싸움과 증오를 주시한다. 왜냐하면 싸움이 없는 곳에는 화평케 하는 자가 필요 없기 때문이다. 이 세상에는 "악독과 투기를 일삼은 자, 가증스러운 자, 피차 미워한 자"가 있다(딛 3:3). 흔히 위선의 가면으로 이것을 감추려고 하였지만 그것은 민족들의 역사가 증명하듯이 곧 또다시 있는 그대로의 끔찍한 모습으로 드러난다. 그러므로 저자와 독자는 이러한 일이 "**우리도** 전에는 그러한 자였다"고 선언하는 디도서 3:3의 말씀에서와 같이, 한때는 우리 자신의 슬픈 상태였다는 엄연한 사실을 잊어서는 안된다. 그러나 한편으로 본문의 말씀은 또한 마귀를 이긴 하나님의 승리를 생각하게 한다. 즉, 그 은혜가 지금은 부분적으로 나타나지만 장래에는 온전케 되어 육체의 악한 일들을 없애버린다는 것이다.

화평을 사랑하는 자, 화평을 따라 행하는 자가 된다는 것은 화평의 왕을 따르는 자의 분명한 표시 중의 하나이다. 그들로 하나님과 더불어 화평케 하는 은혜의 기적은 자기의 동료들에게 현세에도 내세에도 진심에서 우러나온 자비심, 곧 자기의 최대의 관심을 증가시키려는 소망으로 대하게 한다. 그들의 힘이 미치는 한 모든 사람들과 더불어 화평하게 살려고 하는 것이 그들의 관심이며, 그러므로 그들은 다른 사람을 고의적으로 해치려는 생각을 버리게 된다. 그들이 관여하는 모든 관계, 곧 가정과 사회와 교회의 관계에 있어서 분쟁을 막고 가라앉히는 것이 그들의 소원이며 노력이다. 그들은 일치를 사랑하는 자이며, 조화를 촉진하는 자이며, 불화를 화해시키는 자들이다. 그들은 싸움을 가라앉히는 것, 사이가 벌어진 자들을 화해시키는 것, 잘못을 바로잡는 것, 우정의 띠를 튼튼하게 하는 것을 매우 좋아한다. 화평의 아들로서, 그들은 이 세상의 악취를 내뿜는 대기 속에 하늘나라의 맑고 평온한 향기를 불어넣는다. 오직 다가올 심판의 날에야 세상이 그들에게 얼마나 많은 은혜를 입고 있는가를 알게 될 것이다.

이 친절한 그리스도와 같은 기질은 비겁이나 자기 본위일 뿐인 빈둥거리며 지내는 나태한 상태와는 전연 다르다는 사실을 주목해 보기로 하자. 그리스도인은 모든 것을 다 희생하여 평화를 사랑하고 추구하는 것은 아니다. 그것은 실로 거짓된 평화이며, 전혀 평화라고 부를 가치도 없다. "오직 위로부터 난 지혜는 첫째 성결하고 다음에 화평하고 관용하고 양순하며 긍휼과 선한 열매가 가득하고 편견과 거짓이 없나니"(약 3:17). "첫째 성결하고"라는 말을 잘 주목하라. 즉 화평은 의를 희생하여 구하게 되는 것은 아니다. 그러므로 우리는 여기에서의 복과 앞에서 설명한 복 사이에 이어진 관계의 끈을 놓쳐서는 안된다. 즉 "마음의 청결"은 7절의 '긍휼'을 제한하는 것과 같이 또한 9절의 '화평'을 제한하는 것이다. 그것은 하나님께서 친히 인정하신 것과 같은 긍휼과 화평이라야 할 것이다. 똑같은 조건이 또다시 "모든 사람과 더불어 화평함과 거룩함을 따르라"(히 12:14)는 말씀에도 나타난다. 우리는 모든 불필요한 분쟁의 계기를 피해야 한다. 그러나 진리를 희생하거나 원칙을 양보하거나 의무를 저버려서는 안 된다. 그리스도께서도 친히 그렇게 하시지 않으셨다(마 10:34 참조).

"할 수 있거든 너희로서는 모든 사람과 더불어 화목하라"(롬 12:18). 이 권고의 말씀은, 그것이 간단한 일이라기보다는 오히려 부단한 경계와 자기수양과 끝없는 성실한 기도를 요구하는 것임을 나타내고 있다. 인간의 본성의 상태는 이러하다. 즉 죄를 범하지 않을 수 없는 상태이다. 그렇지만 그리스도인의 의무의 일면은 우리가 그렇게 행동하는 것은 우리를 반대하는 불평의 정당한 근거를 없애려는 것이라는 사실을 분명히 아는 것이다. 우리는 자신의 화평을 위해서 그렇게 행동한다. 왜냐하면 싸움과 증오가 있을 때에는 행복하게 되는 것이 불가능하기 때문이다. 어떤 신자에게는 본래부터 다투기 좋아하는 기질이 있다. 그러므로 **그들은** 하나님께서 그의 억제하시며 달래시는 손길로 그들을 붙들어 주실 것을 이중으로 간구해야 할 필요가 있는 것이다. 소동과 소란이 일어날 때면, 우리는 그것의 원인이 우리 안에 있는지 아닌지에 대하여 주님 앞에서 자신을 열심히 살펴보아야 한다. 그리고 만일 **우리 안에** 있다면, 주님께 죄를 고백하고 죄를 범하게 한 자들과 화해하기를 구하라. 만일 결백하다면, 그것을 재난으로 생각하고 온순하게 복종해야만 한다.

만일 "화평하게 하는 자는 복이 있다"라는 말씀이 사실이라면, 당연히 '화평을 깨뜨리는 자는 저주를 받는다'라고 생각할 수 있다. 그러므로 완고한 신앙과 부절제한 열의와 다투기 좋아하는 기질에 대하여 부지런히 경계하도록 하자. 즉, 하나님의 일들은 너무 신성하므로 다투어서는 안된다. 가장 중요한 일은 "평안의 매는 줄로 성령이 하나 되게 하신 것을 힘써 지키라"(엡 4:3)는 권고에 열심히 주의하는 것이다. 앞의 구절에서는 이것에 대한 주요한 **자료들**을 자세히 설명하고 있음을 신중하게 주목해 보기로 하자. 화평케 하는 기질을 발전시키기 위해서 우리는 첫째 '겸손'의 은혜를 구해야 한다. 겸손은 "교만에서는 다툼만 일어날 뿐"이기 때문에(잠 13:10) 교만을 반대한다. 둘째로, 반드시 '온유함'을 구해야 한다. 온유함은, 어떤 희생을 치르더라도 나의 뜻을 주장하려고 하는 자기 주장을 반대하는 것이다. 즉, "유순한 대답은 분노를 쉽게 한다"는 말씀을 기억하라. 셋째로, '오래 참음'의 은혜로, 이것은 성급함과는 반대이다. 끝으로, '모든 것을 참으며'라는 은혜 중의 은혜로, "사랑으로 서로 참는 것"이다.

이제 하나님의 사역자들은 이 복된 일을 위하여 부르심을 받았다는 사실을 알라. 즉 인간들 사이에 화평을 이루기 위해서 뿐만 아니라 하나님과 인간들을 화해시키는 일을 위해 부름을 받은 것이다. 이것은 모세의 지배 아래에 있는 여호수아와 그의 관원들에게 맡겨진 일, 곧 주를 대적하는 자를 죽이기로 맹세한 일과는 참으로 대조를 이루고 있다! 이 은혜의 시대에, 그리스도의 종들은 하나님을 대적하는 자들과 화해를 추구하는 일을 위하여 보냄을 받은 것이다. 십자가의 소식은, 죄인들에게 그들의 전쟁의 무기를 버리고 하나님의 은혜 안으로 들어오라고 전하는 평화의 사신이다. 그들은 사악한 자들에게는 평화가 없음을 알았다. 그러므로 그들에게 하나님과 더불어 화목하고 평안하라고 권고한다(욥 22:21). 그들에 대하여 "아름답도다 좋은 소식을 전하는 자들의 발이여 함과 같으니라"(롬 10:15)라고 기록되어 있다.

그런데 믿는 자들의 거룩한 특권인 화평케 하는 자가 되는 또 다른 길이 있다. 그것은 그들의 **기도**에 의해 죄를 범한 민족으로부터 하나님의 분노를 돌리게 하는 것이다. 주의 분노가 죄 많은 백성들에 의해 격하게 되는 날, 그리고 천재(天災)의 어두운 구름이 심판의 임박한 폭풍우를 위협하는 그 날에, 불화 가운데 서서 그들의 간절한 요청으로 하나님의 손길이 머물게 하여 평안케 하는 것이 하나님께서 택하신 자들의 의무이자 특권이다. 모세가 그렇게 하였으며(출 32:10), 아론도(민 16:47, 48) 다윗도(삼하 24:14) 또한 그렇게 하였다. 무서운 병이 우리나라를 엄습할 때나, 또 다른 나라가 전쟁으로 위협할 때에, 우리는 채찍을 들어 올리는 하나님을 바라보아야 하며 하나님께 긍휼을 베풀어 주실 것을 간청해야만 한다(렘 12:11; 겔 22:30, 31). 이것은 실로 평화의 복된 사역이다. 즉 이것은, 만일 그 성 안에 열 명의 의인이 있다면 하고 바라는 소돔을 위한 아브라함의 기도처럼 주께서 파멸시키는 일을 멈추게 하는 것이다. 다시 말하거니와 오직 다가올 심판의 날이 되어서야 비로소 사악한 자들은 그들 가운데 있는 남은 의로운 자들의 존재가 얼마나 이로운 것인가를 알게 될 것이다.

이제 상급에 대하여 간단히 살펴보기로 하자. 즉, "그들이 하나님의 아들이라 일컬음을 받을 것이다." 이것은, 이 복은 자연인의 도덕적 미덕보다는 오히려 중생한 자의 영적 은혜를 고려하고 있다는 분명한 증거이다. 하나님의 아들이 **된다**는 것은 하나님의 형상과 모양으로 새롭게 된다는 것이다. 또한 **일컬음을 받게 된다**는 것은 그러한 자로 평가되고 간주된다는 것이다. 주는 "평강의 하나님"이시며(히 13:20), 그리고 이 거룩한 성품이 그의 백성에 의해 나타날 때에, 그는 그들을 자기의 아들로 **인정하신다**. 곧 '일컬음을 받다' 라는 의미에 대해서는 히브리서 2:11과 11:16을 비교해 보라. 화평케 하는 거룩한 자들은 그들의 영적 형제들에 의해 하나님의 아들로 인정된다. 진심으로 모든 사람들과 더불어 평안하게 살기를 바라며 노력하도록 하는 이와 같은 성령의 은혜를 받아본 적이 있는가? 그렇다면 그것은 너희가 하나님의 아들이 되었다는 증거, 곧 양자됨의 특권이다. 그것을 유지하도록 노력하라. 결국 하나님께서는 우리가 그의 아들이라는 것을 온 세상에 분명하게 밝히실 것이다(롬 8:19).

"의를 위하여 박해를 받은 자는 복이 있나니 천국이 그들의 것임이라"(마 5:10). 그리스도인의 삶은 인간 이성으로는 분명하게 이해할 수 없는 이상한 역설로 가득 차 있다. 그러나 그것은 영적 지성으로는 쉽게 이해할 수 있다. 하나님의 성도들은 이루 말할 수 없는 기쁨으로 즐거워한다. 그러나 그들은 세속인이 전적으로 이방인이라는 비탄으로 애통해한다. 그리스도를 믿는 자들은 모든 소망을 채워줄 수 있는 생생한 만족의 원천에 접근하게 되지만 그들은 목마른 사슴과 같이 갈급한다. 주를 향한 그의 마음은 노래로 가득 차 있지만 날마다 그는 깊이 비통해한다. 그는 흔히 고통스럽고 당혹한 체험을 하지만, 그가 겪는 체험은 세상에 있는 돈을 위한 것이 아니다. 이 이해하기 어려운 역설은 그가 실로 하나님의 축복을 받은 자가 되었다는 여러 가지 증거 가운데 하나이다. 그러나 그 누가 단지 이성으로써 핍박을 받고 욕을 당한 자는 "복이 있는 자"라고 결론을 내린 적이 있었는가? 그러므로 참된 행복은 현재 생활 가운데 나타나는 여러 가지 비참한 상태와 서로 조화를 이룰 뿐만 아니라 실제로 그것을 수반하기도 한다.

"인간들의 저주와 그리스도의 축복이 같은 사람에게 내려져야 한다는 것은 인간이 타락했다는 강력한 증거이다. 인간이 의를 위하여 핍박을 받고 모든 악한 말로 욕을 먹을 수 있다고 그 누가 생각할 수 있었겠는가? 그런데 사악한 자들은 정말로 공의를 미워하고, 이웃을 속이고 그들에게 악행을 하는 자를 사랑하는가? 아니다. 의가 **그들을** 존중해 줄 때에 그들은 의를 싫어하지 않는다. 곧 그들이 증오하는 것은 오직 하나님과 신앙심을 존중하는 그런 종류의 의이다. 만일 그리스도인들이 공의를 행하고 긍휼을 사랑하는 것으로 만족한다면, 겸손하게 하나님과 동행하지 않게 될 것이며 자유와 칭찬을 찾아 세상으로 나아가게 될 것이다. 그러나 안에서 경건하게 살기를 원하는 자는 핍박을 받을 것이다(딤후 3:12). 그러한 생활은 인간들의 불경건함을 질책하게 된다. 그리하여 그들의 분노를 사게 된다"(앤드류 풀러). 그것은 아벨의 시대 이후로 항상 활동하고 있는(요일 3:12) 거룩한 자손을 대항하는 마귀의 증오이다.

"의를 위하여 박해를 받은 자는 복이 있나니." 이 말씀과 우리가 앞에서 본 말씀의 관계를 반드시 살펴보아야 한다. 고난을 받는 자라고 해서, 신앙을 위하여 고난을 받는 자라고 해서 모두 다 이러한 위로를 받을 자격이 있는 것은 아니다. 이 적의는 범죄 행위에 대한 보복이나 죄를 유발시키는 근거에 대한 응분의 보답은 아니다. 까다롭거나 오만하거나 이기적이거나 악한 말을 하는 자들은 세상 사람들이 그들에게 앙갚음을 할 때에, 그들은 이런 복을 얻을 권리가 없다. 그렇다, 세상은 그리스도와 같은 성품과 행위를 비난하는 곳이며, 그곳에서는 세상적 방법을 정죄함으로써 세상 사람들의 적의를 사게 되는 곳이며, 경건이 결여된 자들은 겸손하지만 활력이 넘치는 경건을 관대하게 여길 수 없는 곳이다. 사악한 자들은 하나님의 거룩한 형상과 그것을 지니고 있는 자를 미워하며, 하나님의 거룩한 진리와 그 속에 거하는 자를 증오한다. 그리스도의 이 선언은 세상 사람들이 싫어하는 영적인 사람이 복이 있다는 의미이다. 곧 개들에게 물림을 당하는 온순한 양이 복이 있다는 의미이다.

자신의 양심에 가책이 되는 것을 거절해 왔던 참으로 많은 그리스도인 고용인들이 불경건한 주인이나 여주인에 의하여 고통을 당해 왔다! 그러나 비록 고통스럽다 할지라도 이러한 박해는 실제에 있어서는 위장된 축복이다. 첫째로, 주의 백성들은 그들이 부딪치는 반대에 의해서 자신의 죄악과 궁핍함을 더욱더 잘 알게 된다. 왜냐하면 그것에 의해 그들은 만일 하나님의 은혜가 그들을 붙들어 주지 않는다면 잠시도 견디어 낼 수 없다는 것을 깨닫게 되기 때문이다. 둘째로, 박해로 말미암아 그들은 흔히 쉽게 빠지게 되며, 사악한 자들이 좋아하는 죄로부터 보호를 받는다. 즉, 그들이 세상 사람들로부터 받는 난폭한 대접은 육체를 갈망하는 그들과의 친교를 불가능하게 한다. 셋째로, 이러한 박해는 믿는 자들에게 있어서 진리에 대한 그의 지조와 용기와 충성으로 하나님을 영화롭게 할 수 있는 기회가 된다.

'의를 위하여'라는 이 말은, 우리가 반대에 부딪치게 될 때 하나님 앞에서 자신을 열심히 살피기를 요구한다. "너희 중에 누구든지 살인이나 도둑질이나 악행이나 남의 일을 간섭하는 자로 고난을 받지 말라"(벧전 4:15). 똑같은 조건이 앞의 인용문의 다음 구절에도 나타나 있다. "만일 그리스도인으로 고난을 받은즉 부끄러워 말고 도리어 그 이름으로 하나님께 영광을 돌리라." 이것은 대단히 귀한 경고이다. 즉, 믿는 자는 자신의 못된 행실과 어리석은 행동 때문이 아니라 **올바른 행동** 때문에 비난을 받는다는 것이다. 박해는 흔히 너무 그럴듯하게 위장되므로 그로 말미암아 어떤 죄를 깨닫지 못하게 한다는 사실을 주의해야 한다. 그렇다, 인간의 마음은 속기 쉬운 것이어서 자신이 하나님께 봉사하고 있는 중이라고 생각하기 쉽다(요 16:2). 그러나 의를 위해 박해받은 자는 복이 있나니 천국이 저희의 것이다(저희의 것이 '될 것이다'가 아니다). 즉, 천국의 특권과 축복들은 현재에도 그들의 것이다(롬 14:17). 비록 세상 사람들에게는 미움을 받을지라도, 그들은 "하나님을 위한 왕과 제사장이다"(계 1:6).

"나로 말미암아 너희를 욕하고 박해하고 거짓으로 너희를 거슬러 모든 악한 말을 할 때에는 너희에게 복이 있나니"(마 5:11). 10절에서, 주께서는 일반적인 원리를 설명하셨으며 여기에서는 그의 종들에게 그것을 특별하게 적용시키신다. 5절로부터 10절에서 '그들'이라는 말이 11절과 12절에서는 '너희'와 '너희의'로 바뀐 것을 주의 깊게 살펴보라. 즉, 하나님의 백성의 일반적인 운명과는 반대이며 오히려 그것은 그의 사역자들에게 특별히 책임지워진 일이다. 만일 자신의 부르심에 충성한다면, 그들은 맹렬한 공격을 받게 된다는 것을 생각해야 한다. 그러한 일은 주의 종들이 체험한 적이 있었던 일이다. 모세는 계속해서 비난을 받았으며(출 5:11; 14:11; 16:2; 17:2), 사무엘은 거절당했다(삼상 8:5). 엘리야는 멸시당하고(왕상 18:17) 핍박을 받았으며(왕상 19:2), 미가야는 미움을 받았다(대하 18:17). 느헤미야는 학대를 받고 업신여김을 당했다(느 4장). 하나님의 충성된 증인인 구세주께서도 친히 그가 도움을 주신 백성들에 의해 죽임을 당하셨다. 스데반은 돌에 맞았고, 베드로와 요한은 감옥에 갇혔으며, 야고보는 참수되었고, 또한 바울의 전 생애는 쓰라리고 냉혹한 박해의 연속이었다.

"나로 말미암아 너희를 욕하고 박해하고 거짓으로 너희를 거슬러 모든 악한 말을 할 때에는 너희에게 복이 있나니 기뻐하고 즐거워하라 하늘에서 너희의 상이 큼이라 너희 전에 있던 선지자들도 이같이 박해하였느니라"(11, 12절). 이 말씀 안에서 주 예수께서는 그의 종들에게 먼저 그들이 마땅히 부딪치게 되리라고 생각되는 일에 대하여 분명하게 경고하셨으며, 다음에는 그들이 그것에 어떻게 응답해야 하는가, 그리고 자기의 적에게 비난을 받을 때 어떻게 행동해야 하는가를 밝히셨다. 세속적인 지도자들이 소중히 하고 바라는 복이란, 자신을 기쁘게 해주고 잔치를 베풀어 주는 것이며, 비위를 맞추어 주고 존중해 주는 것이다. 그러나 그리스도의 종들의 행복과 영광은 "인간들에게 멸시당하고 거절당하셨던" 그들의 구원의 주를 따르게 되는 것이다. 그러나 복음의 사역자들은 적을 만나게 될 때, 굽신거리거나 머뭇거리는 대신에 하나님의 아들의 고난에 동참할 수 있도록 고귀한 명예를 주신 하나님께 감사를 드려야 한다. 육체로 대항하는 것은 심히 어려운 일이기 때문에, 주께서는 여기에서 두 가지의 이유로 용기를 북돋아 주신다.

사실 오늘날 사역자들과 성도들이 받는 박해는 다른 모든 시대에 나타난 것보다는 훨씬 더 부드러운 상태이다. 그렇지만 실제로는 마찬가지이다. 하나님의 선하심으로 말미암아 우리가 오랫동안 법률상의 박해로부터 보호를 받아왔지만, 마귀는 자기의 증오를 다른 방법과 수단을 통해 나타낸다는 사실을 알아야 한다. 요한복음 15장에 있는 그리스도의 말씀은 영원불변하다. "너희가 세상에 속하였으면 세상이 자기의 것을 사랑할 것이나 너희는 세상에 속한 자가 아니요 도리어 내가 너희를 세상에서 택하였기 때문에 세상이 너희를 미워하느니라 내가 너희에게 종이 주인보다 더 크지 못하다 한 말을 기억하라 사람들이 나를 박해하였은즉 너희도 박해할 것이요 내 말을 지켰은즉 너희 말도 지킬 것이라"(19, 20절). 여기에서 그리스도께서 말씀하셨던 것은 불경건한 '세상'에 대해서가 아니라 신앙을 고백하는 자들에 대하여 하신 것이라는 사실을 주목해야 한다. 즉 구속자께서 가장 심한 박해를 받으셨던 것은 자기들이 가장 영적인 자라고 주장하는 자들로부터였다. 오늘날에도 그와 마찬가지이다. '교인들'과 교회 지도자들이 바깥세상 사람들조차 사용하기를 부끄럽게 생각하는 반대의 방법과 수단을 사용하고 있다.

우리가 지금 살펴보고 있는 구절에서, 그리스도께서 인정하시는 자격을 신중하게 주목해 보자. 주님의 이 축복은 **거짓으로** 그들을 거슬러 모든 악한 말을 들은 자들에게만 해당되는 것이다. 즉, 그들은 거짓말로 사람들을 모함하는 일을 저지른 적이 없다. 그렇다, 그들은 양심의 가책을 받을 만한 일을 한 적이 없다. 오직 '나를 위하여,' 즉 그리스도에 대한 그들의 충성과 신실함 때문에, 그가 맡겨 주신 일에 순종한다는 이유 때문에, 그의 거룩한 진리를 양보하기를 거절한다는 이유 때문에 박해를 받은 것이다. '욕하다' 는 것은 인격적인 모독으로 고통을 받는 것이다. 즉 바울은 "우리가 지금까지 세상의 더러운 것과 만물의 찌꺼기 같이 되었도다"고 말하였다(고전 4:13). '박해' 는 능욕이나 추방의 행위를 포함하는 것이다. 우리를 '거슬러 모든 사악한 말을 한다' 는 것은 인격의 훼손으로 고통을 받는다는 의미이다. 이 모든 일은 하나님의 사역자들의 유용성을 없애버리려는 마귀의 노력이다.

여기에서 주 예수께서는 그에게 헌신하는 일로 말미암아 고통을 받는 자가 복이 있는 자, 즉 행복한 자라고 선언하셨다. 그들은 구세주의 고난에 동참하는 이루 말할 수 없는 특권을 받았으므로 '복이 있는 자' 이다. 이러한 고난은 인내를 낳고, 인내는 체험을 낳고, 체험은 소망을 낳으며, 이러한 소망은 결코 부끄러움을 주지 않기 때문에 그들은 '복이 있는 자' 이다. 그들은 다가올 심판의 날에 보상을 받게 될 것이기 때문에 '복이 있는 자' 이다. 여기에 실로 넘치는 위로가 있다. 십자가의 군병은 그에게 사악한 자의 불화살이 쏟아진다고 해서 실망해서는 안 된다. "현재의 고난은 장차 우리에게 나타날 영광과 비교할 수 없음을"(롬 8:18) 기억하라.

"기뻐하고 즐거워하라." 즉 이것도 역시 사역자들에게 특별하게 말씀하신 것이다. 그리스도를 향한 충성으로 인한 고통을 인내로 감수할 뿐만 아니라 감사와 기쁨으로 이겨내라는 것이다. 그리고 3중의 이유로 인해 이겨내는 것이다. 첫째로, 그들은 그리스도를 위해서 그것들에 맞서기 때문이다. 즉, 만일 그리스도께서 그들을 위해 그렇게 많은 고통을 받으셨다면, 그들이 그를 위해 약간의 고통을 받는 일을 기뻐하지 않겠는가? 둘째로, 그들은 내세에 넘치는 상급을 받게 될 것이기 때문이다. 즉, "하늘에서 너희의 상이 큼이라." 다시 말하면, 공로의 상급으로서가 아니라 은혜의 상급으로서이다. 왜냐하면 박해를 받는 일과 상급 사이에는 정해진 비율이 없기 때문이다. 셋째로, 그들은 거룩한 순교의 무리들과 함께 친교하게 될 수 있기 때문이다. 즉 "너희 전에 있던 선지자들을 이같이 박해하였기 때문이다." 다시 말하면, 그들도 역시 교회 밖에 있는 무리들에 의해 능욕을 당했기 때문이다. 거룩한 사람들과 운명을 같이한다는 것이야말로 참으로 큰 영광이 아니겠는가! 싸움이 아무리 격심하다 할지라도 진실로 기뻐할 이유가 있다. 사도행전 5:41과 16:25에 있는 사도들을 열심히 따르도록 하라. 모든 박해받는 하나님의 종들과 성도들이 그리스도의 이 귀중한 말씀을 통하여 위로와 힘을 얻을 수 있기를 바란다.

목자의 직분

너희는 세상의 소금이니 소금이 만일 그 맛을 잃으면 무엇으로 짜게 하리요 후에는 아무 쓸 데 없어 다만 밖에 버려져 사람에게 밟힐 뿐이니라 너희는 세상의 빛이라 산 위에 있는 동네가 숨겨 지지 못할 것이요 사람이 등불을 켜서 말 아래에 두지 아니하고 등경 위에 두나니 이러므로 집 안 모든 사람에게 비치느니라 이 같이 너희 빛이 사람 앞에 비치게 하여 그들로 너희 착한 행실을 보고 하늘에 계신 너희 아버지께 영광을 돌리게 하라 (마 5:13-16)

"너희는 세상의 소금이니." 이 말씀(16절 끝까지의 말씀)은 흔히 하나님의 백성 전체에 대해 이야기되고 있는 것으로 여겨지고 있으나 이렇게 생각하는 것은 잘못이다. 첫째로, 그 이유는 그러한 해석이 이곳의 문맥과 일치 하지 않기 때문이다. 앞 장에서 우리는 1절에서 10절까지의 '그들' 이라는 말에 서부터 11절의 '너희' 라는 말에 이르기까지 우리 주님께서 사용하신 대명사의 변화에 대해 살펴본 바 있다. 10절에서 그리스도께서는 "의를 위하여 박해를 받은 자는 복이 있나니"라는 보편적인 원칙을 말씀하셨고, 11절에서는 자신의 목자들에게 특별히 적용되는 말씀을 하셨다. 즉 박해는 하나님의 백성들이 누구나 겪는 체험이기도 하지만 하나님의 종들의 **특별한** 몫이기도 하다. 12절에서 이 두 종류의 박해의 차이의 명백한 증거를 찾아볼 수 있는데, 거기에서는 중상모략을 받고 있는 그리스도의 목자들에게 "너희 전에 있던 선지자들을 이같이 박해하였으므로" 기뻐하라고 명하고 있다. 즉, 그들은 '일반 성도들' 이 아니라 하나님의 직무를 맡은 종들이었다.

이와 같이 "너희는 세상의 소금이니"라는 말씀은 분명히 구약의 '선지자들'이 행했던 것과 같은 위치에 있는 자들, 즉 하나님의 대변자로 행동하고 하나님의 뜻을 설명하라고 하나님께로부터 부름을 받은 자들에게 관련된 말씀이다. 추가적인 증거가 그 다음 구절에 나타나는데 거기에서는 그들을 가리켜 '세상의 빛'이라고 말하고 있으며, 그리스도께서는 "산 위에 있는 동네가 숨겨지지 못할 것이요"라는 말씀을 덧붙이고 계시는데, 그 말씀은 세상 사람들에게 구경거리가 되고 있는 그리스도의 사역자들에게 적합한 표현이다. 끝으로, 15절에서 이야기되고 있는 것은 분명히 청중들보다는 하나님의 목자들에게 관련된 말씀이다. 왜냐하면 등경 위의 등불은 목자 임무의 위엄에 대해 이야기하는 것이며, "집안 모든 사람에게 비치게" 하는 사람은 분명히 많은 사람들에게 도움을 베풀어 주는 사람이기 때문이다.

매튜 헨리는 다음과 같은 사실을 지적함으로써 이 구절에 대한 그의 주해를 시작한다. 즉, "그리스도께서는 최근에 그의 제자들을 부르셨고 그들에게 '사람을 낚는 어부'(4:19)가 되라고 말씀하셨다. 여기서 그리스도께서는 세상의 소금과 빛이 되라고 명하신 것을 더욱 자세하게 말씀하고 계신다. 즉, 실로 그들이 어떠한 사람이 되어야 하는가를 말씀하신 것이다." 사회주의의 정신이 신앙의 영역에 들어와 이 구절이 그리스도인들에게 무차별하게 적용되어진 것은 극히 최근의 일이다. 그리스도께서는 여기에서 사용하고 계시는 두 가지 상징은 매우 인상적이고 그 순서는 대단히 중요하다. 그리스도께서는 소금이 값싸고, 흔하고, 하찮은 것이기 때문에 그의 목자들을 **낮추시려고** '소금'에 비유하고 계시며, 빛은 빛을 내고 눈에 잘 띄며 고결한 것이기 때문에 그들을 **격려하시려고** '빛'으로 비유하신다.

우리가 지금 살펴보고 있는 말씀은 우리 주님의 산상설교의 두 번째 부분이다. 여기에서 그리스도께서는 사도들의 직무에 대해 말씀하시고, 또한 그의 모든 사역자들의 직무에 대해서도 말씀하고 계신다. 그것은 그리스도의 설교의 명백한 분기점이 되지만 또한 앞 절과 명백한 관계가 있다. 그들의 인격이 1절에서부터 11절까지에서 그리스도께서 말씀하신 인격과 일치하여 주께서 "복이 있나니"라고 말씀하시는 자들만이 주님을 위해 공적으로 증거하라고 부르신 자들이다. 하나님의 목자들은 먼저 말씀에 의하여 단련되어야 한다. 스스로 양심의 가책을 조금도 느끼지 못하는 그들이 어떻게 다른 사람에게 양심의 소금이 될 수 있겠는가? 그러므로 이 말씀의 목적은 그리스도의 종들이 성도와 죄인들에게 똑같이 하나님의 뜻을 나타내는데 있어서 성실하고 근면해야 한다는 것을 자극하기 위한 것이다.

이와 같이 이 산상설교의 초반부의 두 부분은 서로 밀접히 관련되어 있다. 앞부분과 지금 우리가 살펴보고 있는 부분의 통일성은 다음과 같다. 즉, 그리스도 께서는 이 세상에 하나님의 축복을 받는 한 무리가 있다고 선언하신 것이다. 다음과 같은 질문을 기대해 볼 수 있다: 그렇다면 그들에게 합당한 이 축복을 그들은 성령의 은혜로 어떻게 성취하고 유지하고 있는가? 그리스도께서는 하나님의 말씀을 전파하는 것이야말로 참된 행복의 은혜들을 마음속에 사역하게 하는 주된 수단이 된다고 대답하신다. 이것은 사람들을 이러한 상태로 이끌어 주는 고귀하고 거룩한 특권이기 때문에 그리스도께서는 그의 사역자들에게 그들의 임무에 성실할 것을 두 가지의 중요한 이유를 들어 권고하셨다. 그 두 가지 중요한 이유는 그들의 임무의 특성에서 끌어낸 것이고 두 가지 비유를 들어 말씀하신 것이다.

"너희는 세상의 소금이니"(13절). '너희' 라는 말은 그가 사도로 불러 그 임무를 위해 구별해 놓은 자들을 의미한다. "너희는 세상의 소금이니" 라는 말은 문자적인 의미가 아닌 비유적인 의미이다. 이것은 그들의 인격에 대해서가 아닌 그들의 **노력**에 대한 말이다. 그들은 여기에서 '소금' 으로 비유되어 있다. 그들은 자신들을 마음과 생활에서 맛을 내게 함으로써 하나님을 위해 영혼을 단련시켜야 했다. 이 상징을 통하여 목자들과 신도들은 그들 각자의 의무를 배워야 한다. 목자들은 소금의 특성이 나타내는 것과 같은 방법으로 말씀, 곧 율법과 복음을 전파해야 한다. 날고기나 싱싱한 고기에 뿌려진 소금의 특성은 다음과 같다. 첫째로, 소금은 강렬하고 마른 것이기 때문에 고기 속에 침투해 들어가고, 둘째로, 고기를 우리의 입맛에 맞게 해주며, 셋째로, 고기로부터 불필요한 수분을 빼냄으로써 썩지 않게 해준다.

소금은 생활에서 없어서는 안 될 것이다. 소금은 하나님께서 썩어가는 곳에 내려주신 방부제이다. 바위나 흙 속에 스며들어 있는 소금은 물을 걸러 내어 깨끗하게 한다. 또한 소금은 혈액의 필수적인 요소이기 때문에 우리 몸의 생명이 된다. 소금이 자연적인 부패를 막아주는 것과 같이 하나님의 말씀은 도덕적인 부패를 방지해 주기 때문에 영혼을 정결케 하는 수단으로서 참으로 적합하게 소금에 비유되고 있는 것이다. 이러한 소금의 현상은 모든 목자에게 전도의 **방법**에 대한 명백한 방향을 제시해 준다. 말씀만이 주님을 위해 영혼을 단련시키는 맛을 내주는 소금이 되기 때문에 말씀은 순수하게 그리고 신실하게 전파되어야 한다. 소금이 먼지와 쓰레기와 섞일 때 짠 맛과 그 효능을 잃어버리는 것처럼, 말씀을 경망하고 흥미 있는 이야기와 뒤섞어 놓을 때 말씀의 능력은 사라지는 것이다.

이 비유의 말씀은 분명히 목자에게 불굴의 정신이 필요하다는 사실을 경고해 준다. 목자가 사용해야 하는 것은 설탕이 아닌 '소금'이다. 소금은 불경건한 자가 웃으면서 삼키는 것이라기보다는 내뱉는 것이고, 입가에 미소를 짓게 하기보다는 눈물을 흘리게 하는 것이다. 그러므로 목자는 신실한 설교가 사람에게 환영받고 인기 있을 것이라고 생각해서는 안 된다. 양심에 찔림을 받은 자가 그들에게 상처를 준 자들을 기뻐한다는 것은 본성과는 반대되는 일이다. 그리스도의 종들은 자기들의 타락을 밝혀내는 것을 초조해하고 반대하는 청중들에 대비하여야 한다. 그렇게 불쾌해하고 반대하는 것은 그들의 사역이 '소금'이 되었다는 증거이며, 그 소금이 타락한 백성들에게 자극을 가했다는 증거가 된다. 그들은 낙심하고 당황하는 대신에 하나님의 순수한 소금으로 더욱더 자신들의 회중을 단련시키고 노력함으로써 인내해야 한다.

또한 듣는 자도 이 비유의 말씀으로부터 교훈을 받아야 한다. 이렇게 함으로써 각자는 본래의 자신을 볼 수 있다. 즉, 그는 하나님께서 코를 들 수 없을 정도로 냄새 나고 썩어서 **소금**이 필요한 고기와 같이 썩고 부패한 자이다. 참으로 이 말씀은 우리를 낮추게 하며 모든 자만과 독선을 버리게 한다. 또다시 우리는 그의 비밀스런 죄가 알려짐으로써 받게 되는 견책의 말을 감당해야 한다. 우리의 양심이 찔림을 받을 때 소금이 우리의 양심을 문지르도록 기꺼이 놓아두어야 한다. 왜냐하면 구원받기 위해서는 고통이 선행되어야 하기 때문이다. 듣는 자는 그의 마음의 생각과 말과 그의 일상생활의 행동이 하나님께 받아들여지도록(골 4:6) 이 하늘의 소금과 함께 단련받기 위해 근면해야 한다. 우리가 만일 말씀(설교나 책을 통한 말씀)을 들으면서도 단련되지 않는다면 우리는 이중으로 죄를 짓는 것이다(삿 9:45).

"소금이 만일 그 맛을 잃으면 무엇으로 짜게 하리요 후에는 아무 쓸 데 없어 다만 밖에 버려져 사람에게 밟힐 뿐이니라"(13절). 이것은 그리스도께서 그의 종들을 감동시키어 그들이 목자의 임무를 수행할 때 반대자가 있으므로 충성되고 근

면하게 행하도록 격려하신 말씀이다. 목자의 임무를 불충실하게 수행하는 것은
맛을 내지 않는 소금과 같다. 즉, 효력이 없고 무가치하고 비루하여 무서운 저주
를 받게 되는 것이다. 유창한 말을 해 달라는 요구에 굴복하고, 신기한 일로 청중
들의 귀를 즐겁게 해주고, 사람을 기쁘게 해주는 자가 되는 것이야말로 강단에서
의 지극히 큰 위험이다. 그러한 설교자들은 맛이 없는 소금이 되고, 그들의 목회
에 유익을 주지 못하며 영혼들이 하나님께 받아들여지도록 그들을 단련하는데
실패하게 된다. 소금이 제 효능과 자극성을 잃으면 아무 소용이 없게 된다. 사역
자들도 기도와 영적인 지식을 증가시키는 데 게을리하여 계속적인 공부가 부족
할 때 그렇게 되며, 그들이 거짓된 것을 설교하여 거짓 교훈을 채택할 때나, 죄악
을 비판하기를 중지하거나, 그들이 설교한 것을 실천하지 못할 때 그렇게 된다.

그리스도께서는 여기에서 "무엇으로 짜게 하리요"(막 9:50 참조)라는 말씀으
로 불성실하고 유익하지 못하게 된 목자들에게 수반되는 큰 위험에 대해 지적하
신다. 충성을 버린 자들은 큰 어려움을 겪을 뿐이며 결코 회복되거나 소생될 수
없다. 구약에 기록된 거짓 선지자와 신약에 나오는 거짓 사도들의 실례 중 **회개
한** 자가 있는지 살펴보라. 개신교를 저버리고 로마교로 간 모든 설교자들의 경우
에서 그와 같은 엄연한 원리의 예를 볼 수 있다. 그러므로 목자들은, "이 모든 일
에 전심전력하여 너의 성숙함을 모든 사람에게 나타나게 하라 네가 네 자신과 가
르침을 살펴 이 일을 계속하라 이것을 행함으로 네 자신과 네게 듣는 자를 구원
하리라"(딤전 4:15, 16)는 말씀과 "오직 너 하나님의 사람아 이것들을 피하고 의
와 경건과 믿음과 사랑과 인내와 온유를 따르라"(딤전 6:11)는 말씀을 참으로 깊
이 명심해야 할 필요가 있다.

불충실한 목자들의 **무익함**이 "후에는 아무 쓸 데 없어"라는 말씀에 나타나 있
다. 즉, 맛을 잃은 소금이 고기의 맛을 내는 데 불필요하게 되는 것과 같이 불충실
한 목자도 하나님과 사람들에게 아무 쓸모가 없게 된다. 그러한 목자들에게는
"밖에 버려져 사람에게 밟힐 뿐이라"는 저주가 내려진다. 즉, 그러한 설교자들은
주님과 그들의 동료로부터 책망받게 된다. "너희가 내 길을 지키지 아니하고 율
법을 행할 때에 사람에게 치우치게 하였으므로 나도 너희로 하여금 모든 백성 앞
에서 멸시와 천대를 당하게 하였느니라"(말 2:9)는 말씀은 구약의 배신한 제사장
들에게 선포한 말씀이다. 그리스도께서는 여기에서 분명히 그들의 무익함을 확
언하시고 유대교의 임박해 있는 파멸을 선고하심으로써 주님 당시의 서기관과

바리새인들에 대해 간접적으로 언급하고 계신다. 이 구절은 말할 수 없이 엄숙한 말씀이므로 모든 그리스도의 목자들은 마음속 깊이 새겨야 한다.

"**너희는 세상의 빛이라**"(14절). 여기에서 그리스도께서는 그의 목자들을 '빛'으로 비유하고 계시며 그것은 하나님의 뜻을 전파하도록 그들을 자극하기 위한 목적으로 하신 말씀이다. 그것은 "너희의 위치와 상태는 너희의 말과 행위로 드러나므로 너희의 모든 행위로 하나님을 기쁘시게 하라"는 뜻이다. 세상 사람들은 아담 안에서 빛이신 주님을 배반하였기 때문에 영적으로 어둠 속에 있으며(벧후 1:19) 사망의 그늘에 앉아 있다(마 4:16). 그러나 사역자들은 그들에게 진리의 등을 가져다주며 어두운 영혼에 빛을 비추어야 한다. 그들의 설교로 말미암아 무지는 없어지고 그들의 청중들은 "어둠에서 빛으로 돌아설"(행 26:18) 수 있다.

그리스도께서는 이 말씀을 통하여 말씀이 **어떻게 사용되어야 하는가**를 보여주신다. 즉, 말씀은 사람들로 그들의 죄와 비참한 불행을 볼 수 있도록 그들의 지성과 양심에 적용되어야 하며, 그들 앞에 그들의 비참함을 치료해 주는 치료법을 소개해 주어야 한다. 말씀은 곧 주 예수의 인격과 사역이다. 또한 말씀은 주께서 그리스도인의 생활에서 요구하시는 하나님과 사람들에 대한 모든 선한 의무들에 순종하도록 명백하게 길을 보여주는 것이어야 한다. 설교자들은 훌륭한 설교상의 수완을 보여줄 수도 있고 화려한 설교를 할 수도 있으나 마음에 영적인 지식의 빛을 가져다주고 영혼들을 하나님께로 인도하는 것만이 참된 설교이다. 또한 목자들은 세상의 빛이므로 그 빛은 빛을 밝혀 주는 메시지가 바른 입구로 받아들여지도록 세속적인 편견에 사로잡힌 눈 먼 자들을 깨우치게 하고, 그들의 영혼의 창을 열어주는 목자들의 말을 듣는 모든 이들에게 비추어진다.

"**산 위에 있는 동네가 숨겨지지 못할 것이요 사람이 등불을 켜서 말 아래에 두지 아니하고 등경 위에 두나니 이러므로 집 안 모든 사람에게 비치느니라**"(14, 15절). 하나님의 사역자들은 이런 일을 위해 부름받은 것이다. 그리스도께서는 그의 종들을 '세상의 빛'이라고 말씀하셨으며 그들은 자신들을 이름난 사람으로 생각하기 쉽다. 그러므로 주께서는 그들에게 그 말씀 안에서 주님이 의도하신 **의미**를 알려 주신 것이다. 그것은 그들에게 명예나 자만심을 주려고 한 것이 아니고 그들의 임무가 어떠한 것인가를 알려 주시기 위한 것이었다. 즉, 그들이 지고한 부름을 받았기 때문에 그들은 공공연하게 구경거리가 된다. 즉, 그들의 이야기를 들은 사람들은 세밀히 조사를 하는 것이다. 그러므로 그들의 메시지가 하나님께 받아들여지고, 그들의 행동이 사람들 앞에서 비난받지 않아야 할 이중의 의미가 있다. 그 이유는 그들이 만약 그들의 충실함으로 '많은 사람들을 옳은 데로 돌아설' 수 있게 한다면 불충실함은 영혼들을 영원히 파멸시킬 수도 있기 때문이다.

그러므로 하나님의 사역자들은 그들이 하나님의 백성들이 당한 것보다 세상 사람들로부터 더 공공연히 수많은 비난과 욕설을 받고, 또한 그들의 행동이 더욱 경건해질수록 회심하지 않은 자들이 더욱더 싫어하게 된다 할지라도 그것을 이상하게 생각해서는 안된다. 그 다음에는, 하나님의 종들은 말 아래 두어서는 안되는, 빛을 밝히는 등불과 같기 때문에 하나님께서 그들에게 주신 은사와 재능을 숨겨두는 것은 큰 죄라는 말씀이 이어진다. 그 큰 죄는 다음과 같은 여러 가지 방법으로 행해질 수 있다. 즉, 겸손하게 처신하고 지극히 단순한 자의 능력에 맞게 말하기를 거절하고, 하나님의 진리를 말하기를 거절하며, 인간을 두려워하여 그들의 비위를 맞춤으로써 세상 사람들과 부화뇌동하며 그들의 방식을 받아들임으로써 큰 죄를 짓게 되는 것이다.

"이같이 너희 빛을 사람 앞에 비치게 하여 그들로 너희 착한 행실을 보고 하늘에 계신 너희 아버지께 영광을 돌리게 하라"(16절). '비치게' 라는 말은 목회적 가르침을 의미하며 그로 말미암아 하나님의 백성들이 하나님의 뜻과 은혜를 알게 되고 경건한 모범을 보임으로써 그들을 격려하는 것이다. 너희의 부르심을 통하여 너희가 세상에서 빼어난 자라는 것을 알았으므로 너희 생활이 거룩하다는 것과 너희 수고의 열매가 나타나도록 주의하고, 하나님의 백성들이 너희의 가르침을 들을 뿐만 아니라 너희의 착한 행실을 알고 너희를 본받아 행함으로써 하나님께 존귀와 영광을 돌리게 하라는 뜻이다. 이 두 가지 행동은 서로 분리될 수 없다. 즉, 건전한 교리와 거룩한 행실은 항상 목자와 결부되어 있다. 글쓰기를 가르치는 자는 학생들에게 글 쓰는 방법을 가르쳐 줄 것이며 그들이 베낄 수 있는 대본을 제시할 것이다. 하나님께서는 사람들로 하여금 **보고** 듣는(딤전 4:12 참조) 두 가지 방법으로 그의 뜻을 알게 하신 것이다.

모든 사역자에게 부과된 이 두 가지 의무에 대하여 청중들(또는 독자들)은 기도로써 그들의 목자들이 말과 생활로써 그들에게 거룩하게 설교할 수 있게 해 달라고 하나님께 간청하는 것을 잊지 말아야 한다. 바울이 편지를 썼던 교회들에게 얼마나 자주 그의 목자의 의무에 대하여 그를 위하여 **기도해** 달라고 요청했는지

(롬 15:30; 고후 1:11; 엡 6:19 참조) 주목해 보는 것은 중요한 일이다. 사도들의 우두머리가 그를 위해 기도해 주기를 필요로 한다면 하나님의 평범한 목자들은 그 얼마나 많은 기도의 후원이 필요하겠는가! 이와 같이 기도해야 할 큰 이유는 마귀가 그를 대적하기 위해 이스라엘의 대제사장의 우편에 서 있기 때문이다(슥 3:1). 비록 마귀가 모든 그리스도인들을 대적한다 할지라도 그는 특별히 목자로 하여금 실패하도록 그를 겨냥하고 있다. 목자의 가르침에서 실패하게 하지 못하면 그 다음에는 그의 행위에서 실패하게 하려 할 것이다.

"그들로 너희 착한 행실을 보고." 착한 행실이란 우리의 성실함과 충실함과 사랑과 자기 희생과 인내와 열의 등을 의미한다. "하늘에 계신 너희 아버지께 영광을 돌리게 하라." 이것은 착한 행실의 전반적인 목적은 아니라 할지라도 으뜸가는 목적이다. 그것들은 우리 자신을 풍요롭게 해주고 우리의 동료들에게 유익을 준다. 하나님에 대해서 착한 행실은, 첫째로, 우리가 하나님의 명령에 순종함으로써 하나님을 존경한다는 증거를 나타내는 수단이 되고, 둘째로, 우리가 감사할 때 말뿐만 아니라 생활로써 감사를 표현해야 하는 것이기 때문에 착한 행실은 하나님의 모든 은혜에 대하여 감사한다는 표시가 된다. 셋째로, 착한 행실은 우리로 하여금 우리에게 거룩한 자처럼 거룩하게 되라고(벧전 1:16) 명하신 하나님을 따르는 자가 되게 하며, 우리 이웃에 대한 사랑의 의무를 실천하게 한다. 사람들로 하여금 하나님께 영광을 돌리도록 하는 것이 목자의 주된 목적이 되어야 한다. 비록 회심하지 않은 자가 목자의 잘못을 알아차릴 수 있다 할지라도 목자의 영적 은혜와 열매를 알아 볼 수 있는 자는 참된 그리스도인뿐이며, 그와 마찬가지로 참된 그리스도인만이 아버지께 영광을 돌릴 것이다. 그날이 오면 아마도 하나님의 백성들이 돌아와서 꾸준히 그들의 선을 추구해 온 하나님의 종들의 경건함과 고결함과 도움에 대해 감사하는 것이야말로 가장 하나님을 기쁘시게 하는 것이라는 사실이 드러나게 될 것이다.

第6장

그리스도와 율법

❶

> 내가 율법이나 선지자를 폐하러 온 줄로 생각하지 말라 폐하러
> 온 것이 아니요 완전하게 하려 함이라 진실로 너희에게 이르노
> 니 천지가 없어지기 전에는 율법의 일점일획도 결코 없어지지
> 아니하고 다 이루리라(마 5:17, 18)

이스라엘 백성에게 그리스도께서 나타나신 것은 갑작스럽고도 놀라운 일
이었다. 그의 지상 생활 처음 30년 간의 생활은 별로 알려지지 않았으며, 자기의
주변 사람들 외에는 그에 대해 별로 관심을 끌지 않았던 것 같다. 그러나 그가 공
적인 활동 무대에 나타나자마자 상황은 바뀌어졌다. 즉 모든 백성들과 지도자들
이 그를 주목하게 되었다. 그의 온순함과 겸손으로 말미암아 그는 사람들의 칭찬
을 얻고자 하였던 자들과 금방 구분이 되었다. 병을 고치는 그의 여러 가지 기적
에 대한 소문이 곧 널리 퍼지게 되었다. 그가 회개하고 복음을 믿으라고(막 1:15)
부르짖었을 때 사람들은 그의 전도의 진정한 성격과 그 의도가 무엇인가에 대해
서 의아해하였다. 그는 혁명가였는가? 그의 목적은 기존 질서를 전복시키는 것이
었는가? 성경에 대해서, 특별히 모세 율법에 대한 그의 태도는 어떠하였는가? 그
는 성경의 신적 권위를 부인하였는가? 사람들의 마음속에 이러한 의문들이 일어
났으며 거기에 대해서 명확한 답변이 필요하였다.

  그리스도의 설교는 바리새인들과 사두개인들의 설교(구약성경에 근거를 둔 것
으로 생각되는)와는 전적으로 달랐는데, 사람들은 그가 하나님의 말씀의 권위를
전복시키고 그 대신에 자기의 것으로 대치시키려는 의도를 가지고 있다고 생각
하였다. 그리스도가 '장로들의 유전'을 무시하였기 때문에 종교 지도자들은 그

를 경건의 실제적인 기초를 파괴하려는 협잡꾼이라고 생각하였고, 그가 도덕적인 큰 원리들을 의식법보다도 더 강조하였기 때문에 많은 사람들은 그가 레위인들의 모든 체제를 거부한다고 생각하게 된 것이다. 또한 그는 은혜를 선포하는 자였고 자비를 베푸는 자였으며 '세리와 죄인들의 친구'였기 때문에 그가 율법을 반대하고 있다는 생각이 퍼지게 된 것이다. 주 예수님은 진리의 균형을 깨뜨리고 그 시대에 널리 유행되고 있는 신학을 반영하지 아니하셨기 때문에 이단자로 간주되었다. 그리스도께서는 그 당시 존재하였던 어떠한 분파와도 행동을 같이하지 아니하셨고 독립적으로 활동하셨기 때문에 사람들은 율법과 선지자에 대한 그의 진실한 태도가 무엇인가를 의심하였다.

과거 오랜 기간 동안, 메시야가 나타나면, 그가 근본적인 변화를 가져올 것이며 고대의 종교적인 질서를 완전히 폐지할 것이라는 기대가 상당히 지배적이었다. 그러므로 그리스도께서는 여기서 그가 구약성경을 반대하려는 것이 아니라 오히려 그것을 성취하기 위하여 오셨다는 것을 사람들에게 확실하게 말씀하고 계신다. 그는 하나님의 말씀에 관한 모든 적의를 강력하게 부인하셨으며 계속해서 하나님의 말씀의 권위를 굳게 하셨다. 우리가 지금 생각하고 있는 그 구절들은 **산상설교의 세 번째이자 가장 긴 단락**인데 17절에서부터 5장의 끝 절(48절)까지이다. 그리스도께서는 유대 선생들이 대단히 왜곡시킨 가장 중요한 주제인 **도덕법**에 관해서 다루면서 그것의 참된 의미를 설명해 주신다.

첫째로, 그리스도께서는 세 가지 명확한 말씀으로써 사람들이 자신에 대해서 그릇되게 생각한 관념들을 논박하셨는데, 그것이 이제부터 우리가 명백히 밝혀보고자 하는 요점이다.

"내가 율법이나 선지자를 폐하러 온 줄로 생각하지 말라"(17절). 구약성경은 "율법과 선지자"(마 7:12; 눅 16:16)란 제목으로 알기 쉽게 요약되어 있다. 즉 우리 주님 말씀의 주된 의미는 '나의 전도의 사명이 성경의 권위를 부인하는 것이라고는 생각지 말라. 오히려 그 권위를 세우고 굳게 하려는 것이다'라는 의미이다. 이것은 바로 그 다음에 계속되어지는 구절들을 조사해 보면 더욱 분명하게 알 수 있다. 그의 복음 사역에 대한 모든 기록은 이 경우에 그가 주장하였던 것에 대한 분명한 증거를 제공해주고 있다. 그리스도께서는 성경을 존중하셨으며, 그의 모든 행동을 성경에 따라 행하셨고, 성경이 영감된 책이라는 것을 분명히 인정하셨다. 그리스도가 하나님의 명령에 반대하다거나 또는 불경하다고 비난하는 것이야말로 그리스도의 임무에 대해 가장 악독하게 비난하는 것이 된다.

둘째로, 그리스도께서는 여기에서 '율법**과** 선지자'가 아니라 '율법**이나** 선지자'라고 말씀하셨는데 우리는 그것이 전혀 다른 개념을 제시하기 때문에 그 구분을 중요하게 생각하고 이해해야 한다. 여기서는 율법과 선지자를 하나의 통일체로 묘사하고 있지 않으며, 또한 율법의 정신을 다른 말로써 묘사하려고 하는 것도 아니다. 그렇다. 여기서의 그 두 개의 용어는 이접사(離接辭)인 '이나'라는 말로 연결되고 있으며, 따라서 그것들은 각각 유대인들이 잘 알고 있는 별개의 개념을 나타내고 있는 것이다. 그리스도께서는 여기서 선지자들이란 율법을 주석하는 자들이 아니고 오히려 그의 인격과 사역과 나라를 예언하였던 자들이라고 말씀하고 계신다. 그러므로 그는 윤리적인 것이든 서술적인 것이든 간에 모든 부분과 요소에서 구약성경이 자신과 관련이 있으며, 자기 안에서 그것이 성취된다는 것을 알리는 것이 그의 분명한 의도였다.

셋째로, 이 설교 전반에 걸쳐 선지자에 대해서는 더 이상 언급하지 않고 있다는 것과 (예언에 대해 관심을 가지고 있는 자는 주의하라) 18절 이후로 그리스도께서는 율법을 다루고 계신다는 것을 주목해야만 하겠다. 앞으로 나아가기에 앞서, 우리는 다음으로 그리스도께서는 여기에서 '율법'이라는 말로써 정확하게 무엇을 나타내셨는가 하는 질문을 해보아야만 한다. 우리는 주저하지 아니하고 유대인들의 모든 율법은 3중으로 되어 있다고 대답할 수 있다. 즉 의식법과 재판법과 도덕법으로 되어 있다. 의식법에서는 하나님께 경배 드리는 데에 있어서 준수해야 할 규칙과 법령들을 설명하였고, 재판법에서는 유대 국가를 통치하고 범죄자들을 벌하기 위한 법령을 설명해 놓은 것인데, 즉 전자는 유대인들만을 위한 것이고, 후자는 주로 그들을 위한 것이긴 하지만 그것이 도덕법을 세우는 데에 이바지하였기 때문에 모든 시대의 모든 사람들과도 관계가 있다. 그리고 도덕법은 십계명에 포함되어 있다.

유대인의 모든 율법이 우리 주님께서 표현하신 '율법'이란 것에 포함되어 있지만 산상설교의 뒷부분이 직접적으로, 그리고 주로 도덕법에 대해서 언급하고 있기 때문에 주님께서는 주로 그것에 대해서 언급하셨던 것이 분명하다. 그러나 우리는 또한 여기에서 이 용어는 여러 가지 상징들과 희생의 법규와 특별히 속죄제를 포함하였다는 것을 부언해야만 한다. 왜냐하면 만일 희생의 상징들이 실제로 완성되지 않았다고 한다면 화해의 제물과 모든 상징적인 방법에 대해서 모세가 언급한 모든 것은 어떻게 되었을까? 하는 문제가 당연히 제기될 것이기 때문이다. 만일 그리스도께서 그 상징들로 예시하였던 그 실체를 하나님께 바침으로 말미암아 그것을 완성하지 아니하셨다면 그들은 성취되지 않은 예언과 상징을 갖게 되었을 것이다. 왜냐하면 그것들은 명백히 그리스도를 가리키기 때문이다. 그러므로 그리스도께서는 그 상징들로 약속하였던 그 본체를 바치기 위해 오신 것이다.

"폐하러 온 것이 아니요 완전하게 하려 함이라"(17절). 이제 우리는 주님께서 '완전하게 하려 한다' 라는 말로 무엇을 나타내시고자 하는가를 주의 깊게 질문해 보아야만 한다. 도덕법을 취소하는 것이 그의 목적이 아니라 특히 그것의 거룩한 요구를 만족시키고 그것이 정당하게 요구하는 것을 하나님께 바치며 생각과 말과 행동으로 그것에 온전히 복종함으로써 그것을 찬미하기 위해 그가 오셨다는 것을 나타내고 계시며, 또한 선지자들을 무시하는 것이 아니라 그의 임무는 그가 해야만 한다고 그들이 공표하였던 바로 그 일을 이루는 것과 관련된 그들의 예언을 이루기 위함이었다고 나타내고 계신다. 한 마디로 말해서, 우리는 그리스도의 이 말씀이 그가 그의 모든 믿는 사람들에게 전가될 온전한 의를 가져오려는 목적으로 이 세상에 들어오셨다는 것을 분명하게 선포하는 것이라고 생각할 수 있다. 그러나 이제 자기를 정통이라고 생각하는 어떤 사람들은 이 중요하고 영광스러운 진리를 전적으로 부인하며 이 구절을 왜곡하고 있다.

그리스도께서 그의 백성들을 위하여 율법에 대신 순종하였다는 것을 인정하지 않는 소치니주의자들은 이 구절에서의 '완전하게 하려 함' 이라는 말이 단순히 '메우다' 또는 '가득 채우다' 라는 뜻을 의미한다고 주장하고 있다. 그들은 그리스도께서는 이 장의 나머지 부분에서 부분적으로는 도덕법을 취소하시며, 부분적으로는 도덕법을 첨가하고 계신다고 생각한다. 그랜트(Grant)는 그의 「숫자로 나타낸 성경」이란 책에서 그것을 '완성하다' 라고 번역했으며 그의 주석에서 그는 "신약이 없이 어떻게 구약이 있을 수 있겠는가? 그것은 마치 빈 공간을 가리키는 손가락과 꼭 같은 것이다" 라고 말하고 있다. 상당히 많은 독자들이 이 잘못된 영향을 받고 있기 때문에 우리는 당연히 그러한 궤변을 드러내고 그리스도께서 선포하신 것의 참된 의미를 확립해야 한다. 이와 같이 하기 위해서 우리는 조지 스미턴(George Smeaton)이 주장한 것을 요약해 보는 것이 가장 좋을 것 같다.

첫째로, "여기에서 사용된 단어의 용법이 완전하게 한다는 것보다는 '채운다'

라는 번역을 우선적으로 채택하고 있는 그 같은 해석과는 반대이다. 동사가 율법이나 율법의 정신에 포함되어 있는 특별한 요구에 사용되어질 때에는 그러한 어법을 인용할 수 없다. 즉, 그러한 경우 그것은 획일적으로 '완전하게 하다' 라는 의미를 나타낸다. 이와 같이 그 말은 '남을 사랑하는 자는 율법을 다 이루었느니라' (롬 13:8)라고 사용되고 있다. 그 확고한 언어 사용법은 그리스도께서 율법에 다른 요소들을 추가함으로써 율법을 채우거나 보태기 위해 오신 것이 아니라 율법에 복종하고 그 아래 계심으로써 그것을 **완전하게 하기** 위하여 오셨다고 말씀하신 것을 알아야 한다는 뜻으로 그 의미를 규정하고 있다."

둘째로, '채운다' 라는 말이 그 동사의 2차원적인 의미나 그 대상에 포함되어 있다는 것은 인정할 수 없다. 즉, 그리스도께서는 예언을 채우거나 해석하기 위하여 오신 것이 아니라 단순히 그들의 예언을 **완전하게 하기** 위하여 오셨다. 여기서 사용되고 있는 그 말이 어떠한 예언적인 것에서 사용될 때는 언제든지 오직 '완전하게 하다' 라는 의미로서만 사용된다는 것을 항상 찾아볼 수 있다. 그러므로 우리는 그것의 일정한 의미를 벗어나지 말아야 한다.

셋째로, 18절은 17절에 쓰여진 말씀에 대한 이유로 간주해야 한다. 그러나 우리가 이 관련 구절을 "나는 율법을 채우거나 보충하러 왔다. 진실로 너희에게 이르노니 천지가 없어지기 전에는 율법의 일점일획이라도 결코 없어지지 아니하고 다 **이루리라**" 라고 번역한다면 여기에 어떤 이유가 제시되어 있다고 보겠는가?

이러한 주장에 대해 우리는 다음과 같이 강력하고 결정적인 의견을 첨가해야 할 것이다. 즉 그리스도께서는 여기에서 '폐하다' 라는 말과 정반대가 되는 '완전하게 하다' 라는 말을 사용하셨는데, 그 말은 그 범위와 의미를 분명하게 확정시키고 있다. 율법을 '폐하다' 는 것은 그것을 무의미하게 한다는 것이 아니라 그것을 무효로 하거나 폐기하거나 또는 취소한다는 것을 뜻한다. 그러나 율법을 '채운다' 거나 완성한다는 말은 분명히 '폐하다' 나 무효로 만든다는 말과 적절한 대조를 이루지 않는다. 그러므로 '완전하게 하다' 라는 말에는 그들(율법과 선지자)이 요구하는 것을 실행하고 구체화하며, 그들이 요구하고 공표한 것을 이행한다는 뜻을 그 말의 근본적이고 당연한 의미로 받아들여야만 한다. 유대인들의 부패한 의식으로부터 율법을 건져내고 율법의 좀 더 숭고한 의미를 설명하는 것은 사도들이 해낼 수 있는 임무였다. 그러나 '영원한 의' 를 가져오는 것은 단순한 피조물로서는 할 수 없는 일이다. 율법은 오직 완전한 순종으로 말미암아서만 '완전하게' 될 수 있는 것이다.

만일 우리가 여기서 '완전하게 하다' 라는 말을 그 넓은 의미에서 해석해 본다면, 퍼킨스(W. Perkins)의 복합적인 정의를 이용하는 것이 좋을 것이다. 첫째로, 그리스도께서는 자신의 **교훈**으로 말미암아 율법을 완전하게 하셨다. 즉 율법의 적절한 의미와 참된 용도를 회복하고 율법이 완전하게 될 올바른 길을 나타내심으로써 그렇게 하신 것이다. 둘째로, 그는 그의 **인격** 안에서 율법을 완전하게 하셨다. 즉 율법의 계율에 온전하고 영속적인 순종을 행하시고 율법의 형벌을 당하시며 그의 백성을 위하여 십자가 위의 죽음을 참으심으로 말미암아 그렇게 하셨다. 셋째로, 그는 **사람들** 안에서 율법을 완전하게 하셨다. 즉 그는 그의 택한 백성 안에서 그들의 마음에 믿음을 나누어 주심으로 말미암아 그들이 자기들을 위하여 율법을 완전하게 하신 그리스도를 붙잡게 되고, 또한 그들에게 자신의 영을 주심으로 말미암아 그들로 하여금 율법을 사랑하게 하고 율법에 복종하게 하신다. 또한 버림을 받은 사람들 안에서 그는 그들에게 율법의 저주를 행하신다.

이 구절들을 전체적으로 해석해 볼 때 우리는 율법과 복음이 여러 가지 면에서 매우 다름에도 불구하고 어떻게 그들 사이에 완전한 일치와 화합이 존재하는가를 깨달아야만 한다. 오늘날 많은 사람들이 율법은 복음의 공공연한 적이 된다고 생각하고 있다. 그러나 그렇지가 않다. 그리스도께서는 율법을 완전하게 하기 위하여 오신 분이시며 복음의 본질이 되시기 때문에 율법과 복음 사이에 아름다운 일치성이 존재한다. 그러므로 "우리가 믿음으로 말미암아 율법을 굳게 세운다" (롬 3:31)는 것과 또한 모세가 이스라엘 백성들에게 율법을 주었을 때에 그가 희생제물을 드려 그 피를 책과 그 백성에게 뿌렸다는 것을(히 9:19, 20) 주님의 사도를 통하여 알게 되었는데, 즉 그것은 그리스도의 피 흘림을 예표하는 것이며 율법과 복음의 완전한 조화를 알려 주는 것이다.

중생한 영혼이 율법과 복음 사이에 복된 조화가 있다는 것을 깨닫는 데에는 아무런 어려움이 없을 것이다. 그것을 다음과 같이 간략하게 표현해 보자. 율법은 완전한 순종을 요구하며 그것을 조금이라도 위반하였을 때에는 죽음을 공표한다. 또한 율법은 우리의 인격 안에서 그것을 이행할 수 있는 아무런 방법도 제시해 주지 않는다. 그러나 복음은 우리로 하여금 믿는 자들을 위한 율법을 완전하게 하시는, 믿는 자의 보증인이신 그리스도께로 향하게 한다. 이러한 이유 때문에 그리스도를 "모든 믿는 자에게 의를 이루기 위하여 율법의 마침이 되시니라"

(롬 10:4)라고 일컫고 있다. 또한 그리스도를 통하여 "육신을 따르지 않고 그 영을 따라 행하는 우리에게 율법의 요구가 이루어지게 하려 하심이니라"(롬 8:4)

"진실로 너희에게 이르노니 천지가 없어지기 전에는 율법의 일점일획도 결코 없어지지 아니하고 다 이루리라"(18절). 이 말씀에서 우리 주님께서는 그 첫머리의 "진실로 너희에게 이르노니"(17절에 이어지는 주님의 말씀)라는 말에서 분명하게 가르쳐 주는 바와 같이, 그가 율법을 폐하러 오셨다고 하는 그릇된 비난에 대해 자신의 결백함을 증명하는 단호한 주장을 제시하고 계신다. 그의 주장은 바로 율법의 변치 않는 본질에서 나온 것이다. 율법은 변치 아니하는 고로 그 창조자의 정당함이 인정되어야만 하며 그는 영광을 받으셔야만 한다. 또한 타락한 인간은 율법에 완전하게 복종할 수 없는 고로 필연적으로 그리스도께서 친히 하나님께서 요구하시는 그 영원한 의를 성취하시고 그 의를 가져오셔야만 한다. 그러므로 그리스도께서 주장하시는 것을 다음과 같이 진술할 수가 있겠다. 율법은 불가침의 것이며 영원한 순종을 요구하기 때문에 나는 그것을 폐하러 오지 아니하였다. 즉, 율법은 변치 아니하며 영원하기 때문에 필연적으로 그리스도께서 그것을 취소하기 위해서가 아닌 그것을 **완성하기** 위해서 오셨던 것이다. "진실로 너희에게 이르노니"라는 말은 구세주께서 자신의 이름으로 어떤 중요한 진리를 제시하시면서, 그것을 엄숙하게 공언하실 때에 사용하셨던 표현 양식이다. 여기서 그는 자신이 가장 훌륭한 '아멘'이며 '신실하고 진실하신 증인'이요 참 선지자이고 그의 교회의 거룩하신 선생이 되심을 입증하고 계시는데, 그는 거짓말하지 아니하시는 분이시므로 우리는 모든 일에 있어서 그의 말씀에 귀를 기울여야만 한다. 그리스도께서는 창조되어진 모든 사물 가운데에서 가장 견고한 물체인 '천지가 없어지기 전에는'이란 말 속에 율법의 불변성을 확언하셨고, 히브리 문자의 가장 작은 부분을 예로 들어, 즉 문자의 가장 작은 부분인 '점'과 문자의 가장 작은 선인 '획'을 예로 들어 말씀하심으로써 율법의 지극히 작은 부분도 간과해서는 안 된다는 것을 확언하신 것이다.

그리스도께서는 의식법을 폐하신 것이 아니라 그것의 그림자 대신 그 본체로 채우신 것이다. 뿐만 아니라 재판법 또한 폐지하신 것이 아니다. 그것이 유대인들에게 있어서만 특별하였고 우리에게는 무효가 되었다 할지라도 그것은 시민적 공의와 자비의 필요조건과 일치가 되며, 도덕법의 계율을 확립하는데 이바지하고 있고, 또한 영속적인 것이다. 여기서 우리는, '정경'에서 레위기 18장에 있는 친족 간의 율법의 일부를 감히 폐지하였던 로마 교황들의 불경함을 볼 수 있다. 한편 우리가 이상 여러 페이지에서 자주 보여주었던 바와 같이 도덕법은 하나님의 모든 자녀들이 순종해야 할 규칙으로서 영원히 지속될 것이다.

그리스도께서 율법의 불변성에 대해 선포하신 것으로부터 다음과 같은 것을 배우도록 하자. 첫째로, 성경은 바로 하나님의 말씀인고로 우리 마음의 확실한 안식처이다. 그리스도인들은 시험과 환난을 당할 때에 하나님의 약속들의 진리를 의심하는 경우가 대단히 많다. 그러나 모든 것이 다 이루어질 때까지 일점일획이라도 없어지지 않는다는 것을 기억해야만 한다. 둘째로, 영감을 받아 기록한 성경의 어떠한 부분도 없어지지 않는데 하물며 성경 전체가 어떻게 없어지겠는가. 즉 인간이든지 마귀든지 성경의 일점도 폐할 수 없다. 셋째로, 이 율법의 불변성은 그들에 대항하여 영원히 서 있게 될 것이다. 넷째로, 그리스도께서는 율법의 불가침의 권위를 확언하심으로써 그의 완전성을 나타내신다. 즉 율법의 모든 부분들은 우리에게 다 적용되는 것이며, 모든 문장은 하나님께서 그것을 만드셨다는 것을 증거해 주고 있고, 모든 계율은 우리로 신실하게 순종하기를 요구한다.

그리스도와 율법
❷

내가 율법이나 선지자를 폐하러 온 줄로 생각하지 말라 폐하러 온 것이 아니요 완전하게 하려 함이라 진실로 너희에게 이르노니 천지가 없어지기 전에는 율법의 일점일획도 결코 없어지지 아니하고 다 이루리라 그러므로 누구든지 이 계명 중의 지극히 작은 것 하나라도 버리고 또 그같이 사람을 가르치는 자는 천국에서 지극히 작다 일컬음을 받을 것이요 누구든지 이를 행하며 가르치는 자는 천국에서 크다 일컬음을 받으리라 내가 너희에게 이르노니 너희 의가 서기관과 바리새인보다 더 낫지 못하면 결코 천국에 들어가지 못하리라 (마 5:17-20)

우리는 지금 이 본문이 이 타락한 세대에 신앙을 고백하는 대다수의 그리스도인들의 관심을 거의 끌지 못하고 있다는 사실을 잘 알고 있다. 아마 몇몇 우리 독자들은 그 구절의 중요한 내용을 상세하게 설명하려고 하는 것보다는 표면적으로 그 가르침을 요약해 주는 것을 더 좋아할 것이다. 이 자기 만족과 자기 희열을 좋아하는 시대에는 하나님의 **약속**들이 담겨 있는 그 구절들은 하나님의 **계율**에 우리가 순종할 것을 주장하는 구절보다도 훨씬 더 잘 받아들여지고 있다. 그러나 하나님의 계율이 하나님의 말씀인 것과 같이 하나님의 약속도 실로 하나님의 말씀의 일부분이며 똑같이 우리에게 필요한 것이기 때문에 그렇게 해서는 안 된다. 만일 우리의 현재 상태에 대해 변명하고자 하는 생각이 든다면, 지금 우리가 살펴보고자 하는 말씀이 그리스도 자신의 말씀이며, 그리스도께서는 그의 청중들의 칭송이나 비난을 개의치 아니하시며 하나님의 영광과 많은 영혼의 유익을 구하셨다는 것을 지적하는 것으로 충분할 것이다.

건전한 기독교 신앙은, 친절하게 복음을 전파하고 고통을 당하는 마음에 그 향유를 바름으로 말미암아 하나님의 거룩한 율법의 신실한 해석과 양심에 강요하는 율법의 요구 사이에 적절한 균형이 보존되는 곳에서만 유지될 수 있다. 율법의 요구를 제외한 율법의 해석이 우위를 차지하는 곳에서는 독선적인 바리새주의가 조장되고, 복음의 선포가 율법의 요구를 배제하는 곳에서는 반(反)율법주의의 방종이 발생케 된다. 지난 100여 년 동안 아마 기독교 사회는 복음 선교를 50번 들었다면 율법에 관한 설교는 한 번 정도 들었을 뿐이다. 그리하여 그 결과는 비참하고 가련하게 되었다. 즉, 느슨하고 부주의한 걸음과 동시에 경박하고 뼈가 없는 종교가 된 것이다. 그러므로 하나님의 종은 성경의 어떤 부분을 연속해서 강해하고 그 과정에 있어서 율법에 관한 구절에 이르면 그곳에 머물러 그의 청중들이나 독자들에게 율법의 요구를 제시하는 것이 오늘날(이전보다 더) 그에게 더 필요하다.

우리는 이 본문 말씀을 통하여 우리 모두의 마음을, 특히 주님의 사역을 위해서 주님으로 말미암아 부르심을 받은 우리들의 마음을 살펴야만 한다. 마태복음 5:19을 그 표면적인 의미로 해석한다 할지라도, 그 말씀은 하나님의 계명에 순종하는 것이 참으로 중요하다고 강조하고 있으며 불순종에 대해서는 지극히 엄숙하게 경고해 주고 있다. 그러나 바로 이 점에 있어서 현대 기독교 사회는 지극히 큰 잘못을 범하고 있는데 여기에 대한 책임은 주로 설교자에게 있다. 스스로 그리스도의 사역자라고 자처하는 많은 사람들이 그 계명을 어기고 있을 뿐만 아니라 그들은 그들의 청중들에게 바로 그와 같이 행하라고 공개적으로 가르치고 있다. 그리고 이것은 하나님의 계명 중 '지극히 작은 것'이 아니라 하나님의 율법의 가장 근본적인 것이다. 그러한 사람들이 이 구절을 깨닫게 된다면 자기들의 죄악의 극악성을 인식하고 주님을 기쁘시게 하리라고 생각한다.

우리 주님께서는 그 당시 유대인들 사이에 행해지고 있던 율법에 대해 여러 가지 면에서 곡해된 것을 고치려고 하셨고, 그들에게 그의 의도를 오해하지 않도록 경고함으로써 그가 이야기해야만 했던 것을 서두로 말씀하셨다. 비록 그가 모세나 선지자들을 반대한 것처럼 보였다 할지라도 그들의 기록들 중 그 어느 것도 그가 세우시기 위하여 오신 그 나라와 모순되지 않는다. 그는 모세를 대항한 것이 아니라 오히려 가장 엄숙한 말씀으로 율법은 영원토록 순종해야 될 것이라고 선포하셨으며(18절), 만일 그의 나라 안에 있는 어떠한 사역자가 율법의 계율 중 지극히 작은 것이라도 어기거나 그것을 멸시하도록 다른 사람들을 가르친다면, 그의 눈에 그 계율이 작게 보였던 것과 같이 주님의 눈에도 그가 작게 보일 것이라고(19절) 가르치셨다. 그와 같이 율법을 실천하고 가르치는 것이 그의 최상의 관심이었다.

본문은 5:17에서부터 시작되는데 거기에서 우리 주님께서는 하나님의 율법에 대한 그의 태도를 확실하게 알려 주셨다. 그의 복음 사역의 참된 의도에 대해서 그릇된 관념이 형성되어 그에 대해 악의를 가진 자들은 예수님이 혁명가이고 그의 목적이 유대교의 기초를 전복시키려는 것이라고 사람들로 믿게 하려 하였다. 그러므로 그리스도께서는 첫 번째 공식 설교에서 즉시 이러한 사악한 비방이 거짓임을 밝히시고 시내 산에서의 하나님의 계시와 완전히 일치한다는 것을 선포하셨다. 그리스도와 모세 사이에 아무런 적의도 없을 뿐 아니라 그는 하나님의 이름 안에서 요구되었던, 모든 것을 성취하려는 분명한 목적을 가지고 이 땅에 오셨다. 거룩한 율법을 거절하는 것이 그의 의도가 아니라 오히려 율법이 요구하는 바로 그 의를 성취하고 레위의 제사 제도가 예표하였던 것을 이루며, 이스라엘 예언자들의 메시야 예언을 완성하기 위해서 그는 성육신하신 것이다.

"내가 율법이나 선지자를 폐하러 온 줄로 생각하지 말라 폐하러 온 것이 아니요 완전하게 하려 함이라"(마 5:17). 베자(Beza)는 이 구절에 대해 다음과 같이 말하고 있다. "그리스도께서는 이 세상에 의와 구원에 대한 어떠한 새로운 길을 가져오신 것이 아니라 은혜로 말미암아 율법의 저주로부터 인간들을 구원하심으로써 율법의 상징들로 예표하였던 것을 참으로 완전하게 하기 위해 오셨다. 그리고 더욱이 율법이 명하였던 순종의 참된 길을 가르치고 그 순종의 능력을 우리 마음속에 새기기 위해서 오신 것이다." '완전하게 하려 하다' 라는 중심적인 예언에 대해서 매튜 헨리는 "복음 시대는 '개혁할 때' (히 9:10)이다. 즉 율법을 폐기하는 것이 아니라 율법을 수정하는 것이며(율법의 바리새주의적인 와전으로부터), 결과적으로 율법의 **재 설립**을 의미한다"라고 적절하게 지적하였다.

"진실로 너희에게 이르노니 천지가 없어지기 전에는 율법의 일점일획도 결코 없어지지 아니하고 다 이루리라"(18절). 이 말씀에서 우리 주님께서는 율법은 결코 폐기되지 않는다는 것을 주장하시면서 율법의 영속성을 단언하셨다. 풀은 마르고 꽃은 시들어 버리지만 하나님의 말씀은 영원히 지속된다. 신약이 영원하듯이 구약도 영원하며, 복음이 영원하듯이 율법도 영원하다. "진실로 너희에게 이르노니"라는 말씀은 '아멘'의 엄숙한 확언이요 신실하고 진실한 증언이다. 율법 안에 있는 모든 것이 완전하게 될 것이다. 즉, 율법의 예표와 예언뿐 아니라 그 계율과 형벌도 완전하게 될 것이다. 첫째, 인격으로 그리고 대리적으로 보증인에 의해서, 그리고 그로 말미암아 완전하게 된다. 둘째, 복음적으로 그의 백성들 안에서 그들로 말미암아 완전하게 된다. 셋째, 율법의 무서운 저주를 영원토록 경험하게 될 사악한 자에 대한 심판 안에서 완전하게 된다. 그리스도께서는 하나님의 율법에 반대하지 아니하시고 그것을 크게 하며 존귀하게 하려 이 땅에 오셨다(사 42:21). 또한 그의 교훈이 그것에 의해 파괴를 당하는 것이 아니라 오히려 그것은 율법을 견고하게 하고 강화한다.

"그러므로 누구든지 이 계명 중에 지극히 작은 것 하나라도 버리고 또 그같이 가르치는 자는 천국에서 지극히 작다 일컬음을 받을 것이요 누구든지 이를 행하며 가르치는 자는 천국에서 크다 일컬음을 받으리라"(19절). 이 말씀은 그리스도께서 17절과 18절에서 선포하신 것에 대한 증거를 제시해 주는데 이는 그가 여기서 사용한 언어는 천국의 전 과정에 걸쳐, 즉 이 기독교 시대 전체에 걸쳐 율법에 영속적이고 확고하게 복종해야 한다는 뜻을 분명하게 내포하고 있기 때문이다. 뿐만 아니라 이 구절에 있는 그리스도의 말씀은, 그가 하나님의 계명에 부여한 측량하지 못할 가치와, 자기의 이름으로 가르쳤던 모든 사람들에게 그가 엄격하게 요구하고 강요하였던 판단을 명백하게 입증해 주고 있다. 즉 그는 율법의 요구 중 지극히 작은 것 하나라도 경시하는 자를 비난하시며, 모범과 가르침으로써 율법의 요구를 존귀케 하는 자를 인정하고 계신 것이다.

"그러므로 누구든지 이 계명 중에서 지극히 작은 것 하나라도 버리는 자는" 이라는 말은 이 구절 앞 구절에서의 '일점일획', 즉 율법 중의 지극히 작은 부분이라도 버리는 자를 의미한다. **'그러므로'** 라는 단어를 잘 생각해 보라. 그것은 두 가지 일을 의미하고 있다. 첫째로, 그리스도께서는 여기서 앞 구절에서 지극히 분명하게 말씀하셨던 것을 설명하고 계시며, 그를 따르는 자들에게 하나님의 율법을 무시할 것을 조장하는 대신에 그는 가장 확실한 방법으로 그 요구를 지지하고 계신다. 왜냐하면 왕 자신도 그의 사역자들 중 누구라 할지라도 감히 율법의 지극히 작은 요구라도 그것을 무시하는 자에게 비난을 가할 것이기 때문이다. 둘째로, 그리스도께서는 그가 앞에서 주장하셨던 것으로부터 명백한 결론을 이끌어 내셨다. 만일 주님께서 친히 율법을 폐하러 오신 것이 아니라 완전하게 하러 오셨다면 그의 종들도 역시 계명들을 지키고 다른 사람들에게도 그것을 행하라고 가르쳐야만 한다는 것을 의미한다. 이 방법으로 그리스도의 사역자들도 그가 그들에게 남겨 주신 본을 따름으로 말미암아 그와 동일하게 되어야만 한다.

'폐하다' 라는 말에 대한 우리의 해석과 또한 우리가 단순히 17절의 '완전하게 하려 하다' 라는 말만을 논쟁했던 것을 '그러므로' 바로 다음에 계속되는 말씀에서 어떻게 결론을 맺고 있는가를 주목해 보자. 선지자를 '폐한다' 는 것은 그들의 타당성을 부인하는 것이며 그들의 영감을 거부하는 것이고 그들의 권위를 취소하는 것이기 때문에, 그들은 하나님의 백성에게 의무를 지우는 능력을 소유하지 못하게 될 것이다. 이와 같이 율법을 '폐한다' 는 말도 범죄함으로 말미암아 그것을 버린다는 것일 뿐 아니라 그것을 폐기한다는 뜻이 된다. 즉 그것은 율법으로부터 모든 효력과 능력을 빼앗는 것과 같은 파괴적인 일이며, 따라서 법은 전혀 존재하지 않게 될 것이다. 이것이 주님께서 "이 계명 중에 지극히 작은 것 하나라도 버리고 또 그같이 **가르치는** 자는" 이라는 말씀을 더하신 이유이다. "폐하러 … 완전하게 하려"(17절)와 "버리고 … 이를 행하며 가르치는"(19절) 이 두 구절에서 순서가 같다는 것은 의미 있는 일이다.

우리가 이 앞 구절에서 세운 '율법' 에 대한 정의를 이 구절의 내용에서는 어떻게 그 정의를 내리는가에 대해 좀 더 깊이 알아보자. 여러 주석가들 사이에 이 문제에 대해서 약간의 의견 차이가 있어 왔다. 우리는, 그리스도께서 주로 도덕법에 대해 언급하셨다는 것이 산상설교의 뒷부분에서 입증되고 있긴 하지만 이 말씀을 전파하셨던 상황과 그리스도께서 율법의 '일점일획' 이라는 말을 언급하신 것을 볼 때 의식법과 재판법의 측면이 배제되지 않은 것이 분명하다고 지적했다. 이 구절의 전체에 걸쳐 '율법' 은 모세 율법을 포함한 것으로서 지극히 넓은 범위에서 그것을 이해해야만 한다. 이것은 "이 계명 중에 지극히 작은 것 하나라도" 라고 우리 주님께서 언급하신 내용에서 분명히 입증되는데, 왜냐하면 우리는 결코 십계명을 그렇게 생각할 수 없으며, 또한 그 계명들은 하나같이 모두가 왕국의 근본적인 법령에 속해 있기 때문이다.

어떤 사람은 지금까지 말한 내용을 모두 반대하면서 '율법' 이란 여기에서 십계명만을 언급하고 있는 것으로 이해해야 한다고 주장하고 있는데 그것에 대해서 그와 논쟁할 필요는 없다. 하나님의 십계명은 전체가 하나이기 때문에 그 모든 명령은 동등한 권위를 소유하고 있으며, 그것의 어떠한 부분도 순종하기를 소홀히 할 수 없다는 것을 지적해야만 할 것이다. 그러나 상대적으로 그 계명의 어떤 부분들은 다른 부분보다도 더 중요한 문제로 생각되고 있다. 첫째 돌판의 계명을 어기는 것은 둘째 돌판의 계명을 어긴 것보다 더 흉악한 죄라는 것이다. 즉 주님의 이름을 헛되이 부르는 것은 이웃 것을 훔치는 것보다 훨씬 더 죄가 크다. 그러므로 둘째 돌판의 계명들을 어기는 범죄에 있어서도 범죄성의 정도 차가 있는 것이다. 즉 살인하는 것은 이웃에게 거짓 증언을 하는 것보다 더 무거운 죄가 되는 것이다. 이와 같이 십계명 중 어느 한 가지도 가벼운 것이 없음에도 불구하고 어떤 것은 다른 것보다 더 중요한 대상으로 생각하고 있다. 그렇다 할지라도 "누구든지 온 율법을 지키다가 그 **하나**를 범하면 **모두** 범한 자가 된다"(약 2:10)는 엄숙한 사실을 잊지 말아야 하겠다.

앞으로 더 나아가기에 앞서 지금 우리 앞에 있는 구절이 13절에서 16절에 있는 '너희' 라는 말에 대한 우리의 설명을 확증해 주고 있다는 것을 지적해야만 하는데, 그 문제는 많은 현대 신학자들에 의해서 논쟁이 되고 있다. 그 구절을 논할 때 우리는 우리 주님께서 그의 산상설교의 두 번째 부분에서 대명사를 바꾼 것에 관심을 가졌었다. 3절에서 10절까지 구세주께서는 모두 '그들의 것,' '그들이' 라는 대명사를 사용하셨는데, 11절에서 16절 사이에는 '너희' , '너희는' 이라는 말을 사용하셨다. 우리는 이 두 번째 부분에서 오직 그리스도의 사역자들, 곧 신약 시대의 '선지자' 의 계승자들(12절)에 대해서만 언급하는 것이라고 주장하는데, 그 이유는 그들은 목자로서 세상의 소금이요 세상의 빛이기 때문이다. 그리스도께서는 계속해서 같은 부류의 사람들을 생각하고 계시며, 그의 백성에게 말씀하신 것이 아니라 그의 사역자들에게 말씀하셨다는 것이 "누구든지 이를 행하며 **가르치는** 자는"이라는 말씀을 하신 것을 볼 때 분명하게 입증된다.

"그러므로 누구든지 이 계명 중에 지극히 작은 것 하나라도 버리고 또 그같이 가르치는 자는 천국에서 지극히 작다 일컬음을 받을 것이요." 공간의 거의 대부분을 점하고 있는 '천국' 이라는 말은 여기에서 신앙고백 영역과 관계되는 말이다. 그것은 그리스도의 몸인 교회보다도 범위가 더 넓은데 이는 하나님의 선택된 백성들을 제외하고는 아무도 교회의 지체가 되지 못하기 때문이다. 천국은 그리스도의 왕권을 승인하는 모든 사람들을 받아들이므로 그것은 진실한 자뿐만 아니라 거짓된 자를 포함하며, 이 사실은 우리 주님의 비유에서 분명하게 알 수 있다. 즉, 밀이 들에서 자라는 것과 마찬가지로 가라지도 들에서 자라나며, 좋은 물고기가 그물에 걸리는 것과 마찬가지로 나쁜 물고기도 그물에 걸린다. 그러나 최후에 가서 이들은 서로 분리될 것이다. 이 사실은 다른 사람들에게 하나님의 명령을 어기라고 가르치는 사역자들에게도 천국에서 있을 자리가 있겠는가 라고 생각하게 되는 의혹을 제거해 준다. 이 왕국은 그리스도의 선구자에(3:2) 의해서 공표되었으며, 그 이후로도 전파되어지고 있다(11:12).

"천국에서 지극히 작다 일컬음을 받을 것이요"라는 말씀의 의미에 대해서 주석가들은 두 가지 다른 설명을 제시하였다. 첫째, 그 사람은 그리스도와 하나님의 왕국에서 참된 기업이나 어떤 역할을 담당할 가치가 없다고 생각되기 때문에 그를 '지극히 작은 자'라고 부르게 되는 것이다. 이것은 주님의 말씀에 의해서 부정되고 있다. 둘째, 대다수의 저술가들에 의해서 채택된 의견이라 말할 수는 없으나, 이 사람은 왕국에서 **그의 동료들에 의해** 지극히 작은 자라고 불리는 그러한 낮은 평가를 받게 된다는 뜻이다. 그러나 우리는 인간의 심판에 대해서 언급하고 있는 이 구절 속에서 그러한 사실에 대해 아무것도 찾아볼 수 없다. 내가 생각하기로는 지금 생각하고 있는 **그것**보다 훨씬 더 엄숙한 의미가 있다고 생각한다. 즉, 사악한 사역자는 왕에 의해서 '지극히 작은 자'라고 심판을 받게 된다는 뜻이다. 우리는 "머리는 곧 장로와 존귀한 자요 그 **꼬리**는 곧 거짓말을 가르치는 선지자라"(사 9:15)라는 말씀을 회고해 볼 수 있는데, 그것은 그리스도께서 불충실한 종을 비난하신 말씀이었다.

이 구절은 세대주의자들(하나님의 모든 계명 중에서 지극히 큰 계명의 하나인 안식일에 관한 율법을 거부하는 자들)을 엄숙하게 정죄하고 있을 뿐 아니라 또 다른 부류의 오류를 범하는 자들에 대한 그리스도의 비난을 공표하고 있다. 많은 칼빈주의자들이 복음과 율법을 서로 대립시키고 있는데, 그들은 복음을 율법의 보조적인 성질을 지닌 것으로 설명하는 대신 그들을 융화할 수 없는 적으로 표현하고 있다. 이 사람들은 하나님의 은혜를 모독한 것이다. 왜냐하면 은혜가 의를 통하여 역사하고, 은혜로 말미암아 그리스도인들이 그들의 생활에 대한 자기 계율에서 벗어나게 된다는 사실을 가르쳐 주지 못하고 있기 때문이다. 그들은 신자가 십계명에 순종하여 행해야 하는 하나님의 속박 아래에 있다는 사실을 부인함으로써 그리스도인의 자유가 과연 어떠한 것인가에 대해 그들은 전적으로 그릇된 주장을 하고 있는 것이다. 그들은 로마서 6:14이 우리의 성화에 대해서가 아니라 우리의 칭의에 대해서 언급하고 있다는 것을 알지 못하기 때문에 도덕법을 거부하고 있고, 어떠한 점에서도 우리가 그 권위 하에 들어 있지 않다고 가르치고 있다. 그러나 그러한 사람들이 많은 교회들에 의해서 높이 평가를 받는다 할지라도 그들은 그리스도께서 보시기에 '지극히 작은 자'이며, 그들은 그리스도께서 여기에서 공표하신 바로 그것을 실행할 수 있도록 그를 따라야만 한다.

반(反)율법주의(antinomianism: 그리스도인의 생활의 계율로서 도덕법을 거부하는)는 가톨릭교의 방종과 마찬가지로 비난을 받을 만하며 위험한 것이다. 만일 한편으로 우리에게 법을 어기지 않도록 경계하는 일이 필요하다면(하나님의 손에서 어떤 좋은 상을 얻기 위해서 율법을 지키려고 하면서), 또 다른 한편으로는 틀림없이 오직 복음의 은혜 안에서만 거하려는 위험이 있으므로 우리는 우리에게 요구되어지는 거룩한 생활을 하지 못하게 된다. "그러므로 반(反)율법주의의 방종과 바리새주의적인 자기 의를 똑같이 경계하도록 하자. 이것들은 치명적인 암초와 소용돌이이다. 그 속에 빠지지 않도록 하려는 대부분의 사람들과 우리는 그들 사이에서 우리를 인도해 주실 주님과 성령이 필요하다. 그러나 하나님의 거룩한 율법의 분명하고 완전한 해석과, 마음과 양심에 그것을 성경적으로 적용하는 것은 이러한 치명적인 극단의 상황으로부터 한 가지 가장 중요한 예방법을 제공한다"(토머스 스코트).

"누구든지 이를 행하며 가르치는 자는 천국에서 크다 일컬음을 받으리라." 여기에서 말의 순서를 주목해 보면 '행하며 가르치는'이라고 되어 있다. 바울이 믿음 안에서 그의 아들에게 "네가 네 자신과 가르침을 살펴라"(딤전 4:16)고 권고한 것과 같이 그리스도께서도 그의 종들에게 생활의 고결함과 교리의 건전함을 요구하고 계신다. 행하는 것과 가르치는 것이 서로 다른 사역자들은 주님을 조롱하며 심히 모욕하는 것이 된다. 만일 우리의 생활이 우리의 설교와 반대가 된다면 복음 전파하는 일을 전적으로 그만두는 것이 훨씬 더 나을 것이다. 더욱이 자신의 길과 자신의 말이 조화가 되지 않는 사람의 설교에는 **능력이 없을** 것이다. 그의 말은 그의 청중들의 마음에 확신을 가져다주지 못할 것이다. 이것은 어떤 사람이 자기 목사에게 의아해하면서 심각하게 "나는 당신의 행동을 본 후로부터 당신이 하는 말을 들을 수가 없소"라고 말하는 경우와 같다. 끝으로, 사역자는 먼저 자기가 설교한 것을 실천하지 아니하고는 양심의 깨끗함과 마음의 기쁨을 가지고 다른 사람들에게 그들의 의무를 가르칠 수 없다.

제 8 장

그리스도와 율법

❸

"**내가 너희에게** 이르노니 너희 의가 서기관과 바리새인보다 더 낫지 **못하면 결코 천국에 들어가지 못하리라**"(20절). 다음과 같은 질문들에 대해 대답을 제시함으로써 이 구절을 설명하고자 한다. 첫째, 서기관과 바리새인들이란 누구이며, 또 무엇을 하는 사람들인가? 둘째, 그들의 의의 특성은 무엇이었는가? 셋째, 그리스도께서 그의 백성들에게 요구하고 계시는 더 나은 그 의의 본질은 무엇인가? 넷째, 그 의는 어떻게 얻어지는가? 다섯째, 그 의는 어떻게 나타나는가? 여섯째, 그 의는 어떠한 점에서 서기관과 바리새인들의 의보다 더 나은가? 일곱째, "결단코 천국에 들어가지 못하리라"라는 말씀은 무엇을 의미하고 있는가? 여덟째, 20절과 전후 문장 사이에는 어떠한 관련이 있는가?

이상의 문제들에 대한 그 대답을 찾기에 앞서, 그리스도의 이 말씀은 그의 청중들에게 참으로 놀라운 반응을 가져왔다는 사실을 지적해야겠다. 서기관들은 가장 유명한 율법 선생들이었고 바리새인들은 가장 모범적인 유대교의 표본으로 평판이 나 있었다. 그러므로 주님께서 세우기 위해 오셨던 그 왕국에 들어갈 수 있는 특권을 얻는 데에 그들이 갖고 있는 것이 부적당한 것이라고 우리 주님께서 엄숙하게 확언하신 것은 참으로 과격하고 놀랄 만한 선포라고 생각되었을 것이다. 바리새인들은 개인적 경건의 극점에 도달한 사람들로서 존경을 받았으며, 평범한 사람들은 자기들은 그와 같은 높은 영성에 도달할 수 없다고 생각하였다. 사람들은 일반적으로 자기들은 **그들의** 경지에 똑같이 도달할 수 없다고 생각하였다. "단지 두 사람만이 천국에 들어가게 된다면 한 사람은 서기관이고 또 한 사람은 바리새인일 것이다"라고 하는 속담이 유대인들 사이에 퍼져 있을 정도였다.

첫째, 서기관들과 바리새인들이란 누구인가? '서기관'이라는 말은 **직책**의 명칭인데 유대인들에게는 두 종류의 서기관, 즉 국가의 서기관과 교회의 서기관이 있었다. 국가의 서기관이란 나라의 일들을 기록하는 공증인이었는데 심새와 같은 사람이고(스 4:8), 교회의 서기관이란 성경을 해석하는 일에 종사하는 사람으로서 에스라와 같은 사람이다(스 7:1, 5, 6). 그리스도께서는 이 복음서의 13:52과 23:2에서 바로 후자를 가리켜 모세 율법을 해석하는 자들이라고 언급하셨으며, 그들은 레위지파였다. '바리새인'이라는 이름은 직책을 나타내는 말이 아니고 한 **분파**를 나타내는 말이다. 그들은 모세 율법이 명하는 것보다 더 엄격하며 조상들의 유전에 기초를 둔 도덕법과 의식법을 만든 사람들이기 때문에 서기관들과는 달랐으며 유대인들 사이에서 가장 높은 평가를 받았다(행 23:6; 26:5 참조). 그러므로 서기관들은 **율법 학자**라 할 수 있고 신앙을 고백하는 바리새인들은 가장 고결하게 **율법을 실행하는 자들**이라고 할 수 있다.

둘째, 그들의 의의 특성은 무엇이었으며 그 결점은 어디에 있었는가? 첫째로, 서기관과 바리새인들의 의는 단지 **형식적인** 것이었으며 외면적으로 율법을 준수하는 것에 불과했다. 그들은 간음, 도둑질, 살인, 그리고 우상 숭배와 같은 큰 죄를 저지르지 않도록 삼가는 데에는 엄격하였으나 더러운 생각과 탐욕과 미움과 하나님께 대한 냉담한 마음에는 양심에 거리낌이 없었다. 그러므로 그리스도께서는 "화 있을진저 외식하는 서기관들과 바리새인들이여 잔과 대접의 겉은 깨끗이 하되 그 안에는 탐욕과 방탕으로 가득하게 하는도다"(마 23:25, 27, 28)라고 그들에게 말씀하셨다. 둘째로, 그들은 **편파적으로만** 하나님의 율법을 준수하였다. 즉, 그들은 율법의 도덕적인 요구보다 의식적인 계율을 훨씬 더 강조하고 있다. 그러므로 그리스도께서는 "너희가 박하와 회향과 근채의 십일조는 드리되 율법의 더 중한 바 정의와 긍휼과 믿음은 버렸도다"(마 23:23)라고 그들에게 말씀하셨다. 셋째로, 그들의 행위는 건전치 못한 원리에서 나온 것이었다. 즉, 그들에게는 하나님의 영광보다도 **자기 유익**이 그들을 지배하는 동기였다. 그들은 금식하고 길모퉁이에서 기도하며 허식으로 자선을 베푸는 일에는 앞섰으나 그것은 모두 사람들 가운데 이름을 높이기 위해서 행한 것이었다(마 23:5-7).

서기관과 바리새인들은 영혼의 의와 마음의 순결함에 관심을 갖지 않았다. 그들의 신앙에서 우리는 이 세상 전체에 퍼져 있는 사람들의 본래의 신앙에 대한 실례를 찾아볼 수 있는데, 즉 그것은 외면적 행위의 신앙이 복되고 영원한 세계를 충분히 확보할 수 있을 것이라는 신앙이다. 사실상, 많은 사람들이 말로는 이 사실을 부인하지만 행동에 있어서는 그것을 실제로 행하고 있다. 그들은 그들의 육체만을 가지고 기도하는 집에 오는 것이지 그들의 영혼조차 오는 것이 아니며, 또한 그들은 그들의 입만 가지고 예배를 드리는 것이지 '영과 진리'로 예배드리는 것이 아니다. 그들은 몰두하는 일이나 새벽기도회에는 꼼꼼한 사람들이지만 전력을 다해 자기 마음을 지키는 데에는(잠 4:23) 관심을 두지 않는다. 대부분의 신앙을 고백하는 그리스도인들은 외적으로 강포한 행위를 삼가지만 그들의 이웃에게는 그들에 대한 나쁜 소문을 퍼뜨림으로써 그들로 하여금 좋은 평판을 잃게 하는 데에 주저하지 않는다. 수많은 사람들이 공공연하게 도둑질하는 것은 감히 생각하지 않으나 자기들의 선을 거짓 선전하며 자기들의 고객들을 속이고 있다. 이것은 그들이 하나님의 율법을 어기는 것보다는 사람의 율법을 어기는 것을 더 두려워한다는 것을 나타낸다.

셋째, 그리스도께서 그의 제자들에게 요구하고 계시는 그 의의 본질은 무엇인가? 성경에서는 세 가지 의에 대하여 말하고 있다. 첫째로, 아담이 그의 창조주의 손을 떠나기 전에 갖고 있었던(전 7:29) **원래의** 의가 있는데 오늘날은 날 때부터 그 의를 소유하고 있는 사람이 아무도 없다. 둘째로, **전가된** 의(롬 4:6)인데, 그것은 하나님 앞에서 우리가 얻는 칭의의 전체를 가리킨다. 셋째로, 성령 하나님께서 우리를 새로운 피조물로 만드실 때 우리에게 **부여해 주시는** 의이다(엡 4:24). 옛날 해석가들의 대부분은 그리스도께서 마태복음 5:20에서 언급하신 의는 이들 가운데 두 번째 의를 가리킨다고 결론지었으나 우리는 이것은 잘못된 견해라고 생각한다. 실제로 하늘에서의 죄인의 자격은 그의 믿음에 따라 그에게 전가된 그리스도의 온전한 의에만 존재하는 것이다. 빛 가운데에는 법적 권리뿐 아니라 성도들의 기업에 대한 경험적인 만족이 있을 것이며 우리는 중생과 성화를 통하여 이것을 얻을 수 있는 것이다.

우리는 필포트(J. C. Philpot)가 마태복음 5:20에 대해서 다음과 같이 지적한 것에 대해 전적으로 동의한다. "그리스도께서는 그가 그들을 **위해서** 율법에 순종하심으로 말미암아 세우신 외면적인 의를 의미하신 것이 아니라 그들 **안에서** 성령으로 말미암아 세우신 내면적인 의를 말씀하신 것이다. 우리는 교회의 외적인 예복에서 뿐만 아니라 내적인 것에 대해서도 기록한 것을 볼 수 있다. '왕의 딸은 궁중에서 모든 영화를 누리니 그의 옷은 금으로 수 놓았도다'(시 45:13). 여왕에게는 두 종류의 의가 있다. 즉, 그녀에게 전가된 의는 그녀의 외적인 예복인 '금으로 수놓은' 옷이며, 부여받은 의는 그녀로 하여금 '모든 영화를 누리게' 하는 내적인 장식이다. 이 내적인 영광은 모든 선물과 은혜를 갖춘 마음속에 있는 새 사람이다." 만일 교회가 그 머리를 따른다면 그 머리는 외적으로 '점도 없고' 내적으로 '흠도 없으신' 분이시기 때문에 꼭 그와 같이 될 것이다.

이것은 많은 논쟁이 되고 있는 문제이기 때문에 좀 더 자세히 그 문제에 대해 알아보아야 하겠다. 사람들을 천국으로 이끌어 줄 그 의는 단순히 전가된 의가 아니라 부여된 의를 수반하는 전가된 의이다. 칭의와 성화는 결코 분리되지 않으며 칭의가 공표되는 곳은 어디든지 이미 성화(근본적인 면에서)를 부여받은 것이다. 칭의는 우리가 하나님 앞에 서게 되는 것과 관계가 있고 성화는 우리 자신 안에 있는 우리의 상태와 관계된 것이다. 로마서 5장과 마찬가지로 로마서 8장도 중요하고 복된 복음의 일부분이며, 만일 실질상으로 성화가 배제된 것으로서 칭의를 강조한다면 그것은 성도에게 있어서 회복할 수 없는 손실이다. 오직 의(義)만이 우리가 하나님 앞에 서게 되는 것을 분명하게 보증해 주며, 복음적 의만이 그것의 확실한 증거가 된다. 나무가 그 열매에 의해서 구별되는 것과 마찬가지로 전가된 의(義)도 생활 속에 나타나는 그 의의 효험과 더불어 내적인 의로 말미암아 인정을 받는 길 외에는 다른 방법이 없다.

그리스도께서 그의 영원한 왕국에 참여하게 될 모든 사람들에게 요구하고 계시는 그 의의 본질을, 가장 단순하고 결정적으로 확인하는 방법은 서기관과 바리새인들의 의와 정반대의 입장에 서는 것임을 아는 것이다. 지금 우리가 지적한 바와 같이 서기관과 바리새인들의 의의 결점은 주로 세 가지에 있다고 볼 수 있다. 첫째, 그들의 의는 전적으로 외면적인 것이었다. 그러나 하나님께서는 **내적인** 면에서의 진실을 요구하신다. "사람은 외모를 보거니와 나 여호와는 중심을 보느니라"(삼상 16:7). 둘째, 그들의 의는 편파적인 것이었다. 그들은 율법 가운데 자기들의 기호에 맞는 어떤 부분만을 강조하는 반면 율법의 다른 중요한 점은 전적으로 무시하고 폐기해 버렸다. 하나님께서 요구하시는 의는 전체적인 순종, 곧 그의 입에서 나오는 **모든** 말씀을 따라 사는 것이다. 셋째, 그들의 의는 더러운 샘에서 나오는 것이다. 즉 율법을 주신 이를 기쁘시게 하고 영광스럽게 하기 위해 율법을 지키는 대신에 그들은 단지 사람들 가운데 자신의 이름을 높이기 위해서 율법을 준수하였던 것이다.

그러므로 이보다 나은 의는 거룩하고 자비로우신 하나님께서 만족하실 수 있도록 하나님의 율법에 순종하는 것이다. 그러나 순종은 반드시 하나님을 두려워 하며 하나님을 사랑하는 데서 나오는 것이어야만 한다. 그것은 그의 권위를 진심 으로 공경하며 참으로 그를 기쁘시게 하고자 하는 데서 나온다. 그것은 하나님께 서 계시해 주신 뜻에 전혀 자신을 꾸며 넣거나 부과하지 아니하고 그 뜻에 완전 히 일치하는 것을 의미한다. 그것은 '율법의 더 중한 바', 즉 의(義)와 인(仁)과 신(信)에 대해 특별한 관심을 갖는 것이다. 그것은 거짓 순종이 아닌 진실한 순종 이어야 하며, 노예적 순종이 아닌 자식으로서의 순종이어야 하고, 이기적인 순종 이 아닌 사심 없는 순종이어야 한다. 그것은 하나님의 모든 명령에 균형 있고 완 전하게 순종하는 것이다. 그러한 순종은 자기의 의를 높이거나 과장함이 없이 주 님 앞에서 진지하게 그 목표를 향하여 걸어 나가는 자가 되고 겸손하며 자기를 부인하는 자가 되고자 하는 것이다.

넷째로, 이보다 나은 의는 어떻게 얻어지는가? 그것은 타락한 피조물의 노력에 의해 얻어지는 것이 아니라 하나님의 은혜의 효과적인 사역으로 말미암아 얻어 지는 것이다. 우리가 위에서 서술한 그러한 순종은 오직 하나님과 화해한 마음에 서만 생기는데, 왜냐하면, "육신의 생각은 하나님과 원수가 되나니 이는 하나님 의 법에 굴복하지 아니할 뿐 아니라 할 수도 없음"(롬 8:7)이기 때문이다. 이에 대 하여는 고린도후서 5:17, 18에서도 우리에게 분명하게 가르쳐 주고 있다. 하나님 께서 예수 그리스도로 말미암아 친히 우리와 화해를 이루시는 것은 우리가 그리 스도 안에서 새로운 피조물이 되는 직접적인 결과이다. **그 시작은** 곧 우리는 거 듭나게 될 때에 즉 거룩한 본성이 성령으로 말미암아 전달되어질 때에 이 의에 참예하게 되는데 지금 우리 안에는 "하나님의 법을 즐거워하며"(롬 7:22) 그것을 "섬기게"(롬 7:25) 하는 도가 있는 것이다. **점진적인 발전은** 곧 우리가 "우리 주 곧 구주 예수 그리스도의 은혜와 그를 아는 지식 안에서 자랄" 때에 이 내적인 의 가 발전되는데, 그것은 우리가 그 정해진 수단을 이용하고 주님으로부터 힘을 얻 는 것을 배움으로 말미암는 것이다. 그리고 **완성은** 오직 우리가 영화되어질 때, 곧 우리가 하나님의 모든 풍성하심으로 충만케 될 때에만 이 내적인 의가 완성되 는 것이다.

다섯째로, 이 복음적 의는 어떻게 나타나는가? 이 내적인 의는 거룩함으로 새 롭게 된 피조물에게 있는 것이며 그로부터 나오는 것이기 때문에, 그것은 그것이 만들어 내는 그 열매에 의해서 구별이 된다. 이 내적인 의를 가지고 있는 자의 기질과 생활 속에는 근본적인 변화가 생기기 때문에 이제부터 그는 이전에 그가 즐거워하던 것을 싫어하고 전에 싫어하던 것들을 좋아하고 추구하게 된다. 그것은 죄에 대한 진정한 미움과 하나님께 대한 거짓되지 않은 사랑으로써 입증된다. 그것은 신자들 속에 있는 두 가지 본성 사이의 적대감을 깨달음으로써 구별된다. 그의 내재하고 있는 부패성은 계속해서 이 의의 원리에 대항하여 싸우기 때문에 종종 그가 이행하기를 원하고 노력하는 선을 행하지 못하도록 방해한다. 이 육체와의 갈등은 그리스도인을 낮추게 하고 그의 슬픈 실패를 탄식하게 하며 그로, 단지 무익한 종일 뿐이라고 고백하게 한다. 그럼에도 불구하고 그는 계속해서 옛 사람을 억제하고 새 사람에게 생기를 주려고 노력하고 있는 것이다. 내재하는 의의 또 다른 증거는 그 의를 가지고 있는 사람은 하나님의 용서에 대하여 감사하는 마음이 항상 깊어지고 있으며, 그리스도의 보혈을 소중히 여기는 마음이 날로 더해가고 있다는 사실이다.

여섯째로, 이 의는 어떠한 점에서 서기관과 바리새인들의 의보다 더 나은가? 그리스도인의 의의 우월성은 이미 자세하게 설명하였으나 그것과 관련해서 두 가지를 지적하고자 한다. 그리스도인의 의는 사랑과 믿음에서 나오지만, 반면에 서기관과 바리새인들의 의는 불신앙의 악한 마음에서 나오는 것이다. 그리스도인의 의는 결과적으로 하나님의 성품에 참예하는 자가 되게 하지만(벧후 1:4) 그들의 의는 전체가 인간의 성품이다. 그리스도인의 의의 결점은 그리스도의 무한한 공로로 말미암아 감추어지지만 그들의 의의 결점은 하나님께 칭찬을 얻을 만한 것이 아무것도 없다는 것이다. 새 언약의 조건에 따른 복음적 의는 하나님께서 인정하시지만 시내 산의 계약 안에는 지존자께서 율법적인 의를 받아들이신다는 조항이 없다. 그리스도인의 의는 천국에 들어가는 것을 보장하지만 서기관과 바리새인들의 의는 오히려 그들을 그곳에서 쫓아낼 것이다.

일곱째로, 우리 주님께서 이 의를 가지고 있지 않은 사람들에게 내리신 "결단코 천국에 들어가지 못하리라"라는 판결은 무엇을 의미하고 있는가? 19절에 대한 주석의 내용에서 우리는 이 '천국'이라는 표현이 그리스도의 몸인 교회보다 더 넓은 범위를 나타내며 신앙고백의 영역, 곧 기독교 사회 전체를 포함한다고 지적하였다. 즉 이것은 진실된 자뿐 아니라 거짓된 자도 포함하고 있는 것이다. 그러나 우리는 그 의미가 '대단히 많은 경우'에 적용된다는 것을 말함으로써 그 의미를 조심스럽게 제한하였다. 한두 가지 현저한 예외가 있는데, 예를 들어 "진실로 너희에게 이르노니 너희가 돌이켜 어린 아이들과 같이 되지 아니하면 결단코 천국에 들어가지 못하리라"(18:3). 이 말씀에서 천국은 영광의 나라라고 언급해야만 하는 것이다. 또한 지금 우리가 공부하고 있는 구절도 그와 같은 경우인데, 즉 그리스도께서는 **참된** 의에 대해 말씀하신 것이며 오직 그 의만이 천국에 들어가는 것을 보장해 줄 것이다.

여덟째, 지금 이 구절과 그 문맥과는 어떠한 관련이 있는가? 이 구절 전체에서 우리 주님께서는 그의 복음사역에 대한 그릇된 개념을 논박하고 계신다는 것을 생각해 보자. 주님께서 그 시대의 종교적 지도자들과 독립적으로 활동하셨고 '장로들의 유전'을 무시하셨으며 나사렛의 공회에서 **은혜**를 선포하셨기 때문에 (눅 4:16-22) 많은 사람들이 그를 모세를 반대하는 자라고 생각하게 되었다. 사실상 그는 그 당시 이스라엘에서 행해지고 있던 것보다 훨씬 더 낫고 새로운 어떤 것을 가져오시기 위해서 오셨음에도 불구하고 기독교 신앙과 유대교 사이에는 실제로 아무런 모순이 없었다. 즉 부수적인 것들은 서로 많은 것이 달랐을지라도 근본적인 것들은 사실상 서로 완전히 일치하였다. 그런데 슬프게도 오늘날은 그 두 가지 섭리의 영적인 통일성을 거의 깨닫지 못하고 있으며, 지나치게 유명하게 된 대부분의 '성경교사'들에 의해 강력하게 거절되고 있다. 첫째, 그리스도께서는 율법이나 선지자나 폐하러 오신 것이 아니라 그들을 '완전하게 하려' 오셨다고 분명하게 그리고 강조하여 말씀하셨다(17절). 즉 우리는 지금 그가 어떤 방법으로 그것을 성취하시는가에 대해 알아보려 하고 있는 것이다. 둘째, 그는 율법의 영원성과 불변성을 엄숙하게 확언하셨으며(18절), 율법의 지극히 작은 부분이라도 반드시 없어지지 아니하고 다 이루리라고 말씀하셨다. 셋째, 그는 그의 종들이 그것을 행하고 가르침으로써 율법의 완전성을 보존해야만 한다고 주장하셨으며(19절), 만일 그렇게 하지 않는다면 그들은 그의 인정을 받지 못할 것이다. 넷째, 그는 모세와 반대가 되기는커녕 도리어 서기관과 바리새인들의 의를 능가하는 의를 그의 제자들에게 요구하셨다. 그 후로는 그의 청중들 중에서 하나님의 율법에 대한 그리스도의 태도를 의심하는 자가 아무도 없었다.

20절에 나타난 우리 주님의 뜻을 분명하게 깨닫는 것은 참으로 중요한 일이다. 그리스도께서는 거기에서 사람들이 하나님의 은혜를 얻게 되는 조건에 대해 말씀하시고자 하신 것이 아니라, 그는 그것을 이미 소유한 자들의 특성에 대해서 설명하시고자 하신 것이다. 주님의 주변에 모여든 군중들의 대부분은 틀림없이 그들의 욕망대로 할 수 있는 한 더 큰 자유를 얻을 수 있을 것이라고 생각하였을 것이다(이것이 가련한 인간 본성이다). 그런데 주님의 왕국의 진실한 백성들을 구별하는 도덕성과 영성이 서기관들이 가르치고 바리새인들이 예시하였던 것보다 훨씬 더 고귀하다는 사실은 그들에게 실로 큰 충격이었을 것이다. 그는 **그의 제자의** 의가 **그들의** 의보다 더 낫지 않으면 어느 누구라도 그를 자기의 제자라고 생각지 아니하셨다. 이와 같이 그의 나라의 본질과 요구는 그가 율법을 존귀케 하고 보존하셨다는 분명한 증거였다.

이 구절과 전후 문맥상의 관계와 관련해서, 우리는 산상설교 전체를 통한 그리스도의 주된 의도 중 하나가 그의 청중들로 하여금 거룩하신 하나님의 요구를 만족시킬 수 있는, 그 의의 깊은 필요성을 느끼도록 일깨우는 것이었다는 사실에 주목해야 할 것이다. 바리새주의를 번성하게 만든 것은 율법에 대한 무지였는데, 그들은 외적으로 문자적인 면에서만 그것을 완전하게 하기를 요구하였기 때문에 결과적으로 그리스도께서는 여기에서 그것의 참된 의미와 요구를 강조하심으로써 양심을 일깨우고자 하셨다. 이 산상설교는 하나의 주된 사상을 중심으로 계속 반복되어지고 있는 것을 알 수 있는데, 그것은 사람들로 하여금 그들의 불행을 깨닫게 해주고 그들을 하나님의 의 안에 들어오도록 하는 것이다. 이 목적은 오직 영적으로 율법을 적용시키고 또한 율법의 침범할 수 없는 요구를 강조함으로써만 이룰 수 있으며, 오직 그로 말미암아 그들은 복음을 알고 깨달을 수 있는 준비가 되는 것이다.

제9장

율법과 살인
❶

옛 사람에게 말한 바 살인하지 말라 누구든지 살인하면 심판을
받게 되리라 하였다는 것을 너희가 들었으나 나는 너희에게 이
르노니 형제에게 노하는 자마다 심판을 받게 되고 형제를 대하
여 라가라 하는 자는 공회에 잡혀가게 되고 미련한 놈이라 하는
자는 지옥 불에 들어가게 되리라 그러므로 예물을 제단에 드리
려다가 거기서 네 형제에게 원망들을 만한 일이 있는 것이 생각
나거든 예물을 제단 앞에 두고 먼저 가서 형제와 화목하고 그 후
에 와서 예물을 드리라 너를 고발하는 자와 함께 길에 있을 때에
급히 사화하라 그 고발하는 자가 너를 재판관에게 내어 주고 재
판관이 옥리에게 내어 주어 옥에 가둘까 염려하라 진실로 네게
이르노니 네가 한 푼이라도 남김이 없이 다 갚기 전에는 결코 거
기서 나오지 못하리라(마 5:21-26)

예수께서 여기서 하신 말씀은 하나님의 섭리의 역사 가운데 나타난 새 시
대와 완전히 부합한다. 시내 산에서 내려주신 계시는 비록 그것이 은혜의 언약
위에 덧붙여지고(아브라함에게 내려주신 언약, 갈라디아서에서는 '더한 것'으로
묘사됨, 갈 3:19), 이스라엘의 구속자이신 하나님께서 말씀하신 것이기도 하지만
분명히 율법을 선포하신 것이다. 이 율법의 직접적이고 표면적인 목적은 하나님
의 의의 요구를 높이고 억압적이고 단호한 힘으로 인간 본성의 부패 성향에 대항
하게 하기 위한 것이었다. 반면에 산상설교는 축복으로 시작된다. 이 산상설교는
은혜의 충만한 샘에서 쏟아져 나오는 것 같은 계속적인 축복, 곧 팔복과 선에 대

한 다양하고 풍부한 설명을 통해 인간의 깊은 소원과 간절한 욕구 중 그 어느 것도 채워지지 않는 상태로 남아 있지 않게 되기를 바라는 내용으로 시작되고 있다. 그러나 여기에서도 다른 곳에서와 마찬가지로 구약과 신약 사이의 차이점은 상대적일 뿐이지 절대적인 것은 아니다. 양편에는 근본적으로 같은 요소도 있지만 이들은 서로 다르게 적용되어 각각이 맡고 있는 목적이나 속하는 시대에 꼭 맞게 적용된다.

"율법의 계시에는 십계명의 서문에 나오는 말에서 알 수 있는 바와 같이 은혜의 토대가 있다. 즉 십계명에서 말하는 엄격한 금지와 명령과 함께 섞여 있는, 축복 속에 포함되어 있는 은혜의 약속들이 들어 있다. 그와는 반대로 산상설교에서는 은혜에 우선권과 탁월성을 부여해 주고 있긴 하지만 그렇다고 하나님의 성품과 통치의 엄격한 면을 결코 배제하고 있는 것은 아니다. 실로 은혜가 팔복에 주어지자마자 의와 율법(그것은 시내 산에서 선포된 바로 그 율법이다)의 엄격한 요구가 뒤따른다. 율법이 그와 같이 명백하고 강제적인 성격을 띠고 있기 때문에 마음속의 계획과 생활 속에서의 행위까지도 완전히 지배한다. 그리고 그 율법에 대하여 인간이 어떤 관계를 가지고 있느냐에 따라 메시야 왕국에서의 그들의 위치와 운명이 결정되는 것이다"(P. 페어벤 Fairbairn).

지금 우리가 살펴보고 있는 것은 바로 이 엄격한 '의의 요구' 이다. 앞에서 우리 주님께서 그의 종의 임무를 자연과 '소금' 의 행위에 비유함으로써 앞으로 행해야 할 것에 대한 성격을 암시하고 있기는 하지만 17절이 이 내용의 전환점이다. 17절에서 20절까지의 내용은 5장 마지막 부분까지의 서문이 된다. 율법을 '완성' 하러 왔다고 확언하시는 가운데 주님은 첫째로, 하나님의 신실한 증인이요 교회의 선생으로서 순수하게 그리고 영적으로 율법을 해석하고 그 당시의 거짓 선생들의 부패로부터 율법을 보호하는 것, 둘째로, 생각과 말과 행동에서 인격적이고 완전하고 영원하게 율법에 복종함으로써 자기 자신의 행위로 율법의 의를 나타내시는 것, 셋째로, 자기 백성들을 위하여 율법의 저주를 담당하시는 것, 이것들이 자기의 임무라고 암시해 주셨다.

어떤 말을 이해하기 위해서는 그 목적과 의도를 명확히 파악하는 것이 가장 중요하다. 만일 이것을 명확히 이해하지 못하면 아무리 분명한 말도 불명료하게 보일 수 있고 아무리 확실한 논리도 불만족스럽게, 아무리 적합한 예도 무관하게 보일 수 있다. 많은 사람들이 성경의 여러 구절에 대해 모호하게 생각하고 있는 것도 바로 이런 원리로 설명할 수 있다. 그들은 영감받은 저자의 **의도**를 명확하게 파악하지 못하거나 완전히 오해하여 저자의 주장과 진정한 의미를 이해하지 못하게 된다. **목적**이나 의도를 잘못 이해한 결과 생기는 상당한 오해가 우리가 앞으로 생각해 보고자 하는 우리 주님의 설교에서도 발생하고 있다. 그러나 이러한 오해에 대해서는 변명의 여지가 없다. 우리가 17절에서 20절의 말씀을 생각해 본다면 그 다음의 내용을 명백하게 알 수 있다.

그리스도께서는 17절에서 자기가 하나님의 율법에 반대하거나 무효화시키기 위해 오지 않았음을 명백히 밝히고, 또한 그의 의도가 하나님의 율법을 새 율법과 바꾸려 하지도 않는다는 것을 밝히고 있다. 설교의 대강을 설명한 후 다비(Darby)가 (그의 개관에서) 17절에서 48절에 대해 각주를 덧붙이고 있음을 발견하는 것은 이상할 것이 없다. 각주에서 그는 "이 율법의 명령과 그리스도께서 요구하는 것 사이에는 큰 대조가 있다." 즉 마치 아버지와 아들이 서로 싸우고 있는 것 같다고 말하고 있다. 20절에서 주 예수는 일반 원리를 선언하였고, 21절 이하에서는 그의 왕국의 신하로서 그가 다스리고 있는 사람들의 의가 서기관과 바리새인의 의를 어떻게, 어떤 점에서 능가하고 있는가를 여러 가지 예를 들어 설명하고 있다.

도덕과 종교적 의무의 어떤 점에 대해 옛 사람들이 말한 것과 그리스도께서 친히 엄숙하게 선언한 것과의 차이점은 율법과 선지자의 실제 가르침에 의해서가 아니라 주님 당시에 널리 퍼져 있던 율법과 선지자에 대한 잘못된 해석과 거기에 기초를 둔 잘못된 신앙에 의한 것이라는 사실은 자명하다. 이 경우 주님께서 일관성이 없이 모순되게 말한다고 생각하는 것은 불경스러운 일이다. 우리는 앞에서 주님께서 율법과 선지자와 완전히 일치하며 그것들에 의존한다는 사실을 확인하였었다. 그런데 이제 주께서 그것들과 반대 입장을 취한다고는 잠시라도 생각할 수 없다. 다음의 말을 숙고해 보면 이 문제는 쉽게 해결될 것이다.

"그 당시 서기관과 바리새인들은 일의 순서를 완전히 바꾸어놓고 있었다. 그들의 세속성과 독선은 의식의 준수를 최고의 위치로 부각시킨 반면 십계명에서 가르친 의무는 뒤로 제쳐 놓았다. 그리하여 언약의 기초와 근거보다 단순히 부수적인 것에 불과한 것을 더 중요하게 다루었다"(P. 페어벤). 그러므로 주님께서 '서기관과 바리새인의 의'의 부당성과 불성실성을 폭로하려 할 때 두 개의 돌판에 새겨진 증거에 호소하였고, 특히 그 중 보편적으로 두 번째 돌판의 가르침에 호소하였다. 그 이유는 위선자들의 결점이 두 번째 돌판의 의무와 관련시켜 볼 때 쉽게 드러나기 때문이다(마 19:16; 눅 10:25; 18:18 참조).

여기에서 그리스도께서 공표하신 첫 번째 계명은 십계명 중 여섯 번째인 "살인하지 말라"였다. 바리새인들은 이 말 뜻을 살인 행위를 금한다는 것으로만 이해하였다. 그러나 주님께서는 이 계명의 진정한 의미를 외적 행위뿐만 아니라, 부당한 노여움이나 경멸적이며 자극적인 언어 등과 같은 살인으로 이르게 하는 마음과 생각 속에 내재한 사악함까지도 금하는 것이라고 주장하셨다. 이러한 해석에는 어떤 논쟁도 있을 수 없다. 영적인 마음을 가진 자라면 그런 율법으로부터 정확한 판단을 끌어낼 수 있을 것이다. 즉 내면에 진실을 원하는 자가(시 51편) 살인을 규탄한다면 극단적인 사악한 행위를 저지를 가능성이 있는 행위까지도 금해야 한다. 또한 "살인하지 말라"란 말도 실지로 '미워하지 말라'란 의미까지도 포함한다는 사실을 알 수 있다.

"옛 사람에게 말한 바 살인하지 말라 누구든지 살인하면 심판을 받게 되리라 하였다는 것을 너희가 들었으나"(마 5:21). 주님께서는 '옛 사람들'이란 말씀에서 무엇을, 아니면 어떤 사람을 지칭하고 계신 것일까? '사람들'이란 복수 형태가 명확하게 보여주듯이 분명히 그것은 모세도 그의 아버지 하나님도 아닌 것이다. 그렇다면 누구를 말하는 것일까? 이 문제의 해답을 구하면서 그리스도께서 율법을 설명하고 강조해야 할 특별한 이유가 어디에 있는지도 밝혀야겠다. 국가적으로는 불행한 일이지만 서기관과 바리새인들에겐 하나님의 율법을 타락시키기에 충분한 기회가 있었다. 일반 민중이 모국어로 된 성경을 읽을 수 없었기 때문이다. 유대인들이 바벨론 유수로부터 돌아왔을 때 그들은 모국어를 거의 잊고 있었으므로 히브리어 성경을 읽을 수가 없었던 것이다.

하나님의 말씀을 갈대아어나 아람어로 쉽고 단순하게 번역하여 국민에게 제공하는 일은 분명히 학식 있는 자들의 임무였다. 그러나 거만하고 이기적인 랍비들은 하나님의 영광과 국민의 유익에 관심이 있는 것이 아니라 그들 자신의 지위를 높이는 데만 관심이 있었다. 따라서 일반 대중이 읽을 수 있는 번역서를 준비하는 대신 성경의(원본보다 더 간단하고 추정된) 일부분에다 자기들의 해석을 곁들여 만든 조잡한 번역물을 회당에서 큰 소리로 낭독하는 데에만 급급하였다. 서기관과 바리새인들이 반복하고, 주님께서 '옛 사람들'을 언급할 때 지칭하고 있는 것이 랍비들이 고대에 자기들 해석을 곁들여 만들어 놓은 바로 이것이다.

"살인하지 말라"란 하나님의 계명은 가장 넓은 영적 의미로 동료에 대한 미움까지도 금하고 있는 것으로 확대 해석할 수 있다. 서기관과 바리새인들은 이 말을 외적 범죄로서의 살인 행위에다만 한정시키고 있다. 그러나 이는 지상의 법정을 고려해서 범죄라고 지칭했을 뿐, 외적 범죄만을 지칭하고 있지 않은 다음 절과는 그 해석이 전혀 다르다. 그렇게 하여 그들은 하나님의 계명의 적용 범위를 제한시킨 죄를 범했으며, 다만 그 말을 지상의 법정에 연관지어 청중에게 오직 외적 행위만이 죄라고 가르침으로써 그들로 하여금 사악한 마음을 가진 죄로 앞으로 온당히 받아야 할 하나님의 심판을 전혀 두려워하지 않게 만들었다. 그러나 하나님께서는 인간의 실제 행위뿐만 아니라 마음속 깊이 품은 생각까지도 드러내시고, 살인하고 싶은 욕망과 의도 또한 실제로 동료를 살인한 것과 같은 죄과라고 심판하신다.

이 내용을 마치기 전에 다음 세 가지 점에 유의하자. 첫째, 만일 이스라엘의 종교 지도자들이 히브리어 성경을 바벨론 유수로부터 탈출시의 사람들이 사용한 언어로 쉽게 번역하지 않았다면, 그리하여 하나님의 고결한 말씀을 모른 채 모든 일을 자신의 손으로 처리하며 자신의 지위만 높이려 들었다면, 교황이 (로마 황제에 의해 초창기 교회가 가혹한 박해를 받은 뒤) 하나님의 계시를 나름대로 추가, 제한, 변경하여 어리석은 자들을 타락시키기만 일삼을 뿐 성경을 정확하게 번역하지 않았다면, (대신 불가타 역본의 틀린 번역에나 의존하면서) 현재의 고위 성직자들이 '옛날' 선배들의 말만 되풀이하고 있다면 역사는 우습게도 옛 모습 그대로를 반복하고 있었을 것이다.

둘째, 다음과 같은 고대란 얼마나 무가치한가? 과거의 것은 모두 경멸해 버리고 현대의 것만을 숭배하는 계층의 사람이 있듯이 고대에 강한 매력을 느껴 고색창연한 전통을 존경하는 유의 사람도 있다. 그러나 고대의 것이라 해서 모두 틀림없는 진짜 교리는 아니다. 여섯 번째 계명에 대한 이 해석도 과거 몇백년 전 유대인들 사이에 통용되던 것인데 교회의 위대한 의사인 그리스도께서는 그 해석을 틀렸다 하여 거부하셨다. 그러므로 로마교도들이 그들의 교리와 실천 세목의 확립을 위해 고대로부터 끌어들인 논증도 무효인 것이다. 마찬가지로 자신의 가르침이 "주께서 이렇게 말씀하셨다"고 분명히 근거를 댈 수 없는 것이라면 개신교도들이 종교개혁자나 청교도에게 어떤 호소를 한들 무가치한 것이다.

셋째, 순수한 하나님의 말씀이 우리의 모국어로 믿을 만하게 번역되어 있다는 데 대해 우리는 무한히 감사해야 한다. 주님께서 주님 시대의 군중에게 "옛 사람에게 말한 바 … **들었다**" 고 하였으나 오늘날 우리에게는 "너희는 하나님께서 말씀하신 것을 **읽어야 한다**" 는 말씀으로 들어야 한다. 이제 성경이 더 이상 지식인이나 수도원장에게만 한정된 것이 아니라는 사실은 경이롭고 무한한 특권이다(많은 선조들의 피 흘린 대가로 얻어진 특권). 이제 성경은 쉬운 우리말로 되어 있어서 어느 곳에서든 못 배운 사람이나 가난한 사람도 구입하여 읽을 수 있게 되었다. 그러나 그 특권은 독자에게 엄숙한 책임감을 부여한다. 이 귀중한 보물을 어떻게 이용할 것인가? 신사적인 베뢰아 사람들(행 17:11)이 한 것처럼 우리도 매일 성경을 탐구해야 하는 것인가? 그렇게 함으로써 우리 영혼이 살찌워지는가? 우리의 행위가 성경의 가르침에 의해 지배받아야 하는가? 이러한 반성이 없다면 우리는 이중으로 죄를 짓게 되는 것이다.

"나는 너희에게 이르노니 형제에게 노하는 자마다 심판을 받게 되고 형제를 대하여 라가라 하는 자는 공회에 잡혀가게 되고 미련한 놈이라 하는 자는 지옥 불에 들어가게 되리라" (22절). 마태복음 5장 가운데 이 절이 결코 가장 쉽게 해석될 수 있는 절은 아니다. 주석자들도 이 구절의 세목의 해석에 있어서 서로 의견을 달리하고 있다. 그러나 그 일반적인 의미는 명백하다. 주 예수께서는 "내가 너희에게 이르노니" 라는 권위 있는 말로써 랍비들의 부질없는 생각을 걷어치우고 그의 청중 앞에 장엄하고 신성하게 하나님의 율법을 설명하고 여섯 번째 계명의 진정한 해석을 제시하셨다. 비록 서기관들과 바리새인들의 가르침을 들었다 하더라도(그들에게서든, 옛 사람들에게서든) 그것은 하나님의 엄한 계율을 벗어난 어리석은 것에 불과하다. 아버지의 영광과 영혼의 유익을 추구하는, 육신을 입은 하나님의 아들인 내가 너희에게 이르노니 실제 살인 행위를 저지르기에 족한 미움에도 세 등급이 있다. 그들 또한 여섯 번째의 계명을 어긴 자로서 하나님의 심판을 받게 되리라.

첫째, "형제에게 노하는 자마다" 에서 형제란 유대인 사이의 다른 유대인을 가리키는 말이지만, 우리에겐 동료 그리스도인을 가리키는 말로서 생각해야 한다. 그러나 넓은 의미로는 모든 사람은 한 형제로 창조되었으므로 모든 인간을 가리키는 말이라고 볼 수 있다. 여기에서 그리스도께서 나무라시는 것은 단순한 노여움만이 아니라 부당하고 무절제한 노여움을 말씀하신 것이다. 예수님의 모범과(막 3:5) 사도적 계율 "분을 내어도 죄를 짓지 말며" (엡 4:26)에서 볼 수 있는 바와 같이 거룩한 분노도 있는 것이다. 경건한 분노와 부당한 노여움을 어떻게 구별할 수 있겠는가? 경건한 분노란 사랑이나 의에서 출발하여 상대편을 선으로 이끌게 함을 목표로 하며 하나님의 영광을 기대하는 반면, 부당한 노여움이란 자만으로 출발하여 상대에게 상처를 입히고 싶어한다. 노여움이란 죄악에 대항하여 불타오를 때만 정당하며, 이것은 마치 하나님의 명예를 위한 열정과도 같은 것이다.

그리스도께서는 여섯 번째 계명을 해석할 때 부당한 노여움을 첫 번째로 꼽으시면서 그 뜻의 일반적인 의미를 우리에게 가르쳐 주셨다. 그 의미는 하나님께서 죄를 금한다 하실 때는 어떤 원인에 의한 죄든 같은 종류의 죄 또한 금하시고 계시며, 특히 대부분의 살인을 저지르게 되는 특별한 분노를 금하신다는 뜻이다. 부당하고 무절제한 노여움은 신의 벌을 받을 만한 십계명의 파괴에 해당하므로 이 방자한 감정이 폭발하여 은혜의 기회를 놓치게 되지 않기 위해 우리는 부지런하고 꾸준하게 우리 자신을 경계해야 한다. 우리는 마음속에 숨겨져 있는 이 욕망을 억누르기 위해 무절제한 노여움을 금하고 있는 이 계명을 가슴에 새겨야 한다. 또한 하나님께서는 무한한 인내와 자비로써 매일 우리를 대하시고 계시므로 우리도 우리의 형제에게 그러한 마음으로 대해야 한다는 것을 자주 상기하여야 한다(엡 4:31, 32).

여기에서 정죄하고 있는 두 번째 죄는 "형제를 대하여 라가라 또는 무익한 녀석이라 하는"자이다. 여기에서 금하고 있는 것은 자제되지 않은 기질로부터 나온 경멸적인 조소이다. 여섯 번째 계명에서는 모든 욕지거리와 약한 마음에서 나온 악의 있는 표현을 금지한다. 매튜 헨리가 정확하게 지적했듯이 "악의 있는 비방과 비평은 모두 '그 입술 아래에 있는 독사의 독'(시 140:3)으로서 은밀하게 그리고 서서히 죽여간다"고 말하였다. 하나님의 성령은 이스마엘이 이삭에게 한 야유를 '박해'(갈 4:29)라 칭하셨고, 모든 잔혹한 말 또는 그런 식으로 부르셨다. 뿐만 아니라 그 금지는 우리의 몸짓, 냉소나 머리 흔드는 행위에까지도(마 27:29) 적용된다. 그러므로 우리는 모든 격정적 언어뿐만 아니라 몸짓과 눈의 움직임(창 4:6)까지도 신경을 쓰도록 요구받고 있는 것이다.

그리스도께서 말씀하신 세 번째 등급의 살인은 우리의 형제를 비방하거나 '미련한 놈'이라고 부르는 것이다. 누가복음 24:25과 고린도전서 15:36에서 명백히 알 수 있듯이 우리를 정죄하는 것은 단순히 한 마디의 욕설을 사용하는 것 그 자체는 아니다. 인간으로 하여금 그의 어리석음을 깨닫게 하기 위해 한 자비로운 열망은 좋은 일이지만, 절제할 수 없는 분노로 어리석음을 비방하는 것은 악한 일이다. '미련한 놈'이란 유대인에게는 하나님을 거스른 반역자, 즉 배교자를 의미한다. 그러므로 이 말을 사용하는 것은 그의 친구를 지옥 갈 자로 선고받은 녀석이라고 욕하는 것이 된다. 이것은 민수기 20:10에서 모세가 (복수 형태로) 사용한 바로 그 말이며, 그 이유로 그는 가나안에 들어가지 못하게 되었다. 주님께서는 자기 백성에게 '반역자들'이라 칭한 적이 단 한 번도 없음을 관찰할 수 있다. 몇 번 그들에게 반항적이라고 나무랐을 따름이다.

나머지 한 경우를 살펴보자. 그리스도께서는 여러 정도의 형벌에 대해 언급하시는 가운데 당시 유대인들 사이에서 형벌을 가하기 위해 자주 열었던 여러 가지 법정을 빗대어 말씀하신 것이며, 나아가서 주님께서 정죄한 죄를 범한 죄인들에게 내리실 하나님의 최후의 심판을 암시하신 것이다. 결론적으로 말하자면, 하나님 앞에 스스로 겸손하고, 마음속에 사리고 있는 살인하고 싶은 감정을 고백하며, 말과 행동의 잘못을 회개하는것 외에는 이러한 죄로 인한 하나님의 저주를 피할 길이 없다. 그리스도의 속죄의 피를 통해 주님의 용서를 비는 것 외에는 달리 저주를 피할 길이 없는 것이다.

제10장

율법과 살인
❷

"그러므로 예물을 제단에 드리려다가 거기서 네 형제에게 원망들을 만한 일이 있는 것이 생각나거든 예물을 제단 앞에 두고 먼저 가서 형제와 화목하고 그 후에 와서 예물을 드리라"(마 5:23, 24). 여기에서 그리스도께서는 앞에서 선포하신 내용에 대해 실질적인 결론을 내리셨다. 그리스도께서는 형제 사이에 그리스도인의 사랑과 평화를 간직해야 할 의무를 강조하신다. 첫째로, 그는 고대 랍비들이 가르치고 서기관들과 바리새인들이 지속시켜온 제6계명의 해석이 잘못되었다고 주장하신다(21절). 둘째로, 그리스도께서는 제6계명의 참된 의미를 깨우쳐 주셨다(22절). 그리고 셋째로, 여기서 그는 불화하는 사람들 사이에 화해해야 할 몇 가지 규칙을 제안하셨다. 은밀한 분노의 감정과 한층 더 나아가 경멸하고 저주하는 욕설까지도 하나님이 보시기에는 율법을 범하는 것이 되며, 따라서 그러한 죄를 지은 자들의 예배는 하나님께서 받지 않으실 것이다. 그러므로 우리는 치명적인 결과를 낳을지도 모르는 신랄한 모든 감정들을 지체 없이 뿌리째 제거해야만 한다.

우리 주님께서는 여기서 무엇이 하나님의 뜻인가를 강조하여 말씀하셨다. 그러나 이때 주께서 선포하신 여러 가지 원리는 그리스도인의 의식(儀式), 특히 성찬식에 적용된다. 의롭게 살며 서로 다른 사람들과 친교를 유지하며 사는 것은 성삼위 하나님과의 친교에 필수불가결한 일이다. "분노, 증오, 그리고 이러한 감정들의 표현이 폭력의 외적 행위로까지 취해지지만 않는다면 이것들은 작은 허물들에 속하며, 단지 규칙적으로 희생 제물을 바치고 다른 종교적인 외적 의무들을 이행하기만 하면 하나님은 이 작은 허물들에 대하여는 준엄하게 심판하시지 않으리라는 생각은 바로 서기관들의 교훈이며 그에 따르는 바리새인들의 행실이다. 그와 반대로, 우리 주님께서는 하늘나라의 의로움에 따라, 공의와 사랑의 법에 복종하지 않는 마음으로 드리는 모든 외적인 종교적 예배는 하나님께서 받지 않으실 것이라고 가르치신다"(존 브라운).

모세의 율법에 따라 다양한 예물과 희생 제물이, 어떤 것들은 절대적인 의무수 행으로서, 다른 것들은 임의로, 즉 '낙헌제'로서 여호와께 봉헌되었다. 넓은 의 미로 말하면 이 예물들은 '화목제'와 '감사제' 두 종류였다. 전자는 하나님의 용 서를 구하기 위하여 봉헌하는 것이고, 후자는 감사의 표현으로서 드리는 것이다. 그리스도께서는 여기에서 감사제에 대하여만 언급하신다. 그러나 그는 율법적이 든 복음적이든 참된 외적인 예배의 모든 방법을 포괄적으로 말씀하신 것이다. 주 예수께서는 위대한 원형적 제물로서 자신을 아직은 하나님께 바치지 않으셨다. 그래서 그리스도께서는 의식법의 용어를 사용하여 자신의 교훈을 말씀하셨다. 그러나 우리는 그때 주님께서 우리에게 가르치신 말씀의 의미를 이해하는 데 어 려움을 느끼지 않는다. 주께서는 다음과 같은 뜻으로 말씀하신 것이다. 즉 기도 하거나, 말씀을 듣거나, 찬미의 제사를 드리거나, 성찬식을 거행하거나, 그 어떠 한 방법으로든지 하나님께 나올 때에 여러분은 형제와 화목해야 한다. 그렇지 않 으면 그 예배는 거절될 것이다.

여기에서 우리 주께서 선포하신 중요한 실제적인 원리를 숙고하는 것은 대단 히 중요하고 엄숙한 일이다. 인간의 마음은 참으로 속이기 쉬운 경향을 가졌고 그래서 대단히 많은 사람들이 이 문제에서 자기 자신을 속인다. 그러나 모든 것 을 벗겨서 드러나게 하시는 분 앞에서는 속일 수 없다. 그 옛날 유대인들은 이 문 제에서 죄를 범했었다. "너희의 무수한 제물이 내게 무엇이 유익하뇨 나는 숫양 의 번제와 살진 짐승의 기름에 배불렀고 나는 수송아지나 어린 양이나 숫염소의 피를 기뻐하지 아니하노라 … 너희가 손을 펼 때에 내가 내 눈을 너희에게서 가 리고 너희가 많이 기도할지라도 내가 듣지 아니하리니"(사 1:11, 15). 그 이유는 무엇인가? "이는 너희의 손에 피가 가득함이니라." 그들이 형제를 잔인하게 압박 하는 동안 하나님께 드린 예배는 하나님이 몹시 싫어하셨다. 또한 이사야 58:5, 6 을 보면 여호와께서 이스라엘 민족의 종교적인 금식을 경멸하셨음이 발견된다. 왜냐하면 그들은 하나님께서 바라시는 자선은 행하지 않고 대신 그들의 동료들 을 악하게 대우하는 죄를 범하였기 때문이다.

주께서는 예레미야 시대에 똑같은 죄를 범한 사람들을 책망하셨다. "너희가 도 둑질하며 살인하며 간음하며 거짓 맹세하며 … 내 이름으로 일컬음을 받는 이 집에 들어와서 내 앞에 서서 말하기를" (렘 7:9, 10). 이 밖에 여러 구절들을 인용할 수도 있다. 그러나 우리가 이 말을 제대로 명심한다면 이것으로써 충분할 것이다. 어떠한 외적인 예배 행위라도 형제를 참으로 사랑하지 않는다면 하나님을 진노하게 해드린다는 것을 배워야 한다. 하나님이 받으실 만한 예배를 드리기 위하여 첫 번째 돌판에 나타난 의무뿐만 아니라 두 번째 돌판에 나타난 의무도 수행해야 한다. 독자들이여, 형제들과 평화로이 지내고자 양심껏 노력하지 않는 자들의 불경스러운 모든 고백을 하나님이 몹시 싫어하신다는 사실에 오해 없기 바란다.

"그러므로 예물을 제단에 드리려다가 거기서 네 형제에게 원망들을 만한 일이 있는 것이 생각나거든 예물을 제단 앞에 두고" (마 5:23, 24). "네 형제에게 원망들을 만한 일" 이라는 말은 '만일 당신이 형제에게 어떤 해를 끼쳤거든' 이라든가, 혹은 '형제가 네게 (실제적이든 공상적이든) 불평할 이유를 가지고 있다면' 의 뜻이다. 만일 당신이 형제 관계에 어울리지 않는 방법으로 형제를 대우했다든가, 당신이 부당하게 대했다고 어느 형제가 생각한다면, 비록 당신의 긍지와 이익에 어떠한 희생이 치러지더라도 즉시로 가서 그 부당함을 바로잡아야 한다. '단지 화를 냈을 뿐' 이라고 가볍게 처리해 버린 그 일로 말미암아, 나중에 그 화낸 것을 후회는 하겠지만, 당신은 죄를 범했을 수도 있다. 그런다 해도 평화는 이미 깨어진 것이다. 그래서 하나님은 합법적으로 평화를 회복하기 위하여 전력을 다해 모든 일을 행하라고 요구하신다.

이 규칙에 주의한다면 수많은 하나님의 백성의 간구가 왜 응답되지 않는지를 잘 알 수 있을 것이다. 수많은 사람들은 규칙적으로 예배당에 출석하여 그 안에서 경건하게 행하기만 하면, 비록 형제들 중 어떤 사람과 반목한다 할지라도 그들의 간구가 응답될 것이라고 생각하기를 좋아한다. 그런데 그렇지가 않다. 여기에 대해 다윗은 오해의 여지 없이 아주 명백하게 지적해 주고 있다. "내가 나의 마음에 죄악을 품었더라면 주께서 듣지 아니하시리라" (시 66:18). 무릎 꿇고 기도하기 전에 하나님이 우리의 아버지이신 것같이 나를 성나게 한 형제의 아버지이기도 하다는 사실을 기억하며 하나님께 나아가라. 그리고 다른 사람의 길에 걸림돌을 계속하여 놓아둔다면 하나님께서는 우리를 용납하지 않으실 것이다. 우리가 악한 생각을 품고 있는 한 하나님은 어떤 예배도 의식도 받지 않으실 것이다.

"예물을 제단 앞에 두고 먼저 가서 형제와 화목하고 그 후에 와서 예물을 드리라"(마 5:24). 이것은 범죄한 것을 회개한다고 진지하게 자백하고, 끼친 손해에 대해서는 적절히 보상해야 한다는 뜻이다. 그래서 적합한 모든 수단을 취하고 합리적으로 손해배상을 함으로써 손해를 입은 자에게 용서를 구한다는 것이다. "이때 그 사람은 예물을 드리는 대신에 즉시 그 형제에게 가서 화해해야만 한다. 그 형제의 마음에서 모든 악감을 없애고 그에게 끼친 손해를 배상해야 한다. 만일 형제의 재산을 빼앗았으면 원래대로 반환해야 한다. 형제를 중상하였다면 그 중상 때문에 입는 나쁜 영향이 없도록 힘닿는 모든 일을 해야 하며, 형제답지 않게 행동한 일을 회개하고 자인해야 한다. 이렇게 하여 그는 형제와 화해하게 된다. 다시 말하면 형제의 사랑을 회복하게 된다"(존 브라운).

내가 손해를 끼친 사람이 먼 곳으로 이사를 했거나 하여 도저히 그에게 가지 못할 경우에는 어떻게 해야 하는가 의문이 생길 것이다. 그 대답은 그의 주소를 알려고 모든 노력을 다하라는 것이다. 그리고 잘못을 고백하고, 그 일을 참회한다고 마치 형제에게 말을 하듯이 편지를 쓰라. 주소를 알 수 없다면 어떻게 해야 하는가? 그때는 하나님이 섭리하셔서 저지하시는 것이니, 그 잘못을 바로잡기 위하여 당신이 할 수 있는 모든 일을 기꺼운 마음으로 다하고, 하나님께 그 잘못을 겸손하게 고백하여 하나님의 용서하심을 청한다면, 하나님께서는 그러한 행동을 하는 당신의 뜻을 받아들이실 것이다.

고통을 당한 형제와 화해하라는 이 규칙에서 주님은 하나님의 계명을 세 가지로 설명하신다. 첫째로, 주님께서는 하나님이 어떤 죄 **한** 가지를 계명에서 금하시면 그와 유사한 **모든** 죄뿐만 아니라 그 원인들까지도 금하신다고 말씀하신다(22절). 둘째로, 어떤 계명을 위반할 때에는 특별히 지적하여 표현이 되었든 안 되었든 그에 따른 **벌이 부과된다**(22절). 셋째로, 어떤 악을 금지한 곳에서는 그와 반대되는 덕이 요구되어지고 있으며, 이와 반대로 어떤 덕을 명령한 곳에서는 그 반대되는 악이 책망을 받는다. 여기에서 하나님의 법이 인간의 법보다 우월함이 입증된다. 왜냐하면 인간의 법은 죄를 범하지만 않으면 그 반대의 덕을 실행하지 않더라도 충족된다. 다시 말하면, 살인을 하지만 않으면 형제를 사랑하지 않더라도 문제가 되지 않는다. 그러나 하나님께서는 악을 피할 뿐 아니라 선을 행하라고 요구하신다.

또 하나의 일반적인 원리가 본문에 나타나 있다. 그 원리는 신약성경의 많은 구절들을 정확히 해석하는 데 대단히 중요하다. 다른 사람과 '화해하라' 는 구절에 담긴 의미는 우리의 감정을 상하게 한 사람에 대해 상냥한 감정을 품으라는 뜻이기보다는 오히려 우리가 감정을 상하게 한 사람으로부터 사랑을 회복해야 한다는 뜻이다. 이 말은 다음과 같은 말씀을 설명하는 데 큰 도움이 된다. "우리가 원수되었을 때에 그의 아들의 죽으심으로 말미암아 하나님과 화목하게 되었은즉 화목하게 된 자로서는 더욱 그의 살아나심으로 말미암아 구원을 받을 것이니라" (롬 5:10). 이것은 구속자께서 하나님과 화해하시고 우리를 위하여 그의 축복을 구하여 주신 것과 관계가 있는 말씀이다. 에베소서 2:16과 골로새서 1:21도 같은 사상을 담고 있다. 이와 마찬가지로 "너희는 하나님과 화목하라" (고후 5:20)는 말씀의 의미도 하나님을 대항하여 싸우는 무기를 버릴 뿐만 아니라 무엇보다도 먼저 하나님의 은총을 회복해야 한다는 뜻이다.

본문에서 그리스도께서 강조하신 또 하나의 다른 원리는, 하나님께 드리는 예배의 몇 가지 의무에는 그 가치에 있어 각기 다른 등급이 있다는 것이다. 즉, 모든 의무들이 다 동일한 것이 아니라 어떤 것들은 더 필요하고, 어떤 것들은 덜 필요하다는 것이다. 거룩한 예배의 최고 수준은 제1계명에 규정되어 있다. 그것은 무엇보다도 하나님을 사랑하고 경외하며 즐거워하고 그와 그의 약속을 신뢰하는 것이다. 두 번째 수준의 예배는 이웃을 자기 자신처럼 사랑하며 화합하여 살고 어떠한 분열이 있을 때에는 화해를 구하는 것이다. 하나님께 드리는 세 번째 수준의 예배는 외적인 의식(儀式)의 의무들이다. 이 의무들은 그리스도께서 **먼저 가서** 네 형제와 화목하고"라고 말씀하신 것으로 미루어 볼 때 더 하급의 예배임이 명백하다. 안식일을 지키는 일에 있어서도 그 외적인 의식보다는 사랑을 실천하는 일이 우선되어야 한다. 하나님께서는 희생 제물보다는 자비를 더 높이 평가하신다. 아, 오늘날 세례와 성찬식의 세세한 것까지 지나치게 따져 어떤 형제들에게는 말조차 건네지 않는 편협한 사람이 얼마나 많은가!

"먼저 가서 형제와 화목하고 그 후에 와서 예물을 드리라" (22절). 이 말은 형제와의 사랑을 회복하는 것이 하나님의 은총을 받을 자격을 갖추는 선한 일이라는 뜻이 결코 아니다. 전혀 그렇지 않다. 형제가 자기에게 원한을 품을 만한 일이 하나도 없다는 생각을 근거로 하여 하나님이 그의 종교적인 예배를 받으시리라는 희망을 두는 사람은 부러진 갈대에 기대려는 것과 같다. 우리 자신이나 우리의 예배를 받아 주시기를 희망할 수 있는 단 하나의 유효한 근거는 하나님께서 값없이 주시는 은총뿐이다. 그러나 이 말씀은 평화가 회복되었을 때에 돌아와서 예물을 드려야 함을 잊지 말아야 한다는 뜻을 내포하고 있다. 왜냐하면 이웃과 사랑하는 관계를 이루어 살지 않으면 하나님은 우리의 예배를 받지 않으시지만, 우리가 이웃에게 해야 할 의무를 다한다고 해서 하나님께 직접 드려야 할 예배의 의무가 조금도 면제되는 것은 아니기 때문이다.

"너를 고발하는 자와 함께 길에 있을 때에 급히 사화하라 그 고발하는 자가 너를 재판관에게 내어 주고 재판관이 옥리에게 내어 주어 옥에 가둘까 염려하라 진실로 네게 이르노니 네가 한 푼이라도 남김이 없이 다 갚기 전에는 결코 거기서 나오지 못하리라" (마 5:25, 26). 이것은 로마 가톨릭교도들이 좋아하는, 그리스도를 모욕하는 연옥이란 교리를 입증할 때 사용하는 구절 중 하나이다. 그들이 그들의 잘못된 교리를 뒷받침하기 위해 이와 같은 구절을 적용해야만 했다는 것은, 그들의 잘못된 교리를 유리하게 보이게 하는 어떤 구절이라도 성경에서 찾아내려고 그들이 얼마나 고심하였는가를 보여준다.

로마 가톨릭교의 주석가들 사이에서조차도 서로 견해의 일치를 보지 못하고 있다. 어떤 학자들은 '송사하는 자' 는 악마로, '재판관' 은 하나님 자신으로 해석한다. 다른 학자들은 '송사하는 자' 는 자신의 율법을 집행하시는 하나님으로, '재판관' 은 그리스도로, '옥리' 는 천사로, '옥' 은 연옥으로, '길' 은 지상에서의 일생으로 간주하고 있다. 그대가 지상에 사는 동안 하나님과 화해하라. 그대가 그리스도 앞에 재판받으러 나아갈 때 천사들로 하여금 너를 연옥으로 던지게 하여 네가 모든 가벼운 죄들을 완전히 속죄할 때까지 거기에 머무르게 될까 두렵다. 그러나 그러한 개념은 그리스도께서 하나님과 인간 사이의 화해가 아니라 사람과 사람 사이에서 이루어야 할 화해의 규칙을 규정하신 문맥을 극단적으로 무시한 것이다. 더구나 그러한 해석은 아버지와 아들을 서로 대적하게 하는 것이다. 결국 그것은 죄인 자신이 가벼운 죄들에 대한 속죄를 치른 자들로 되는데, 그리스도의 속죄하심으로 충분하다는 사실을 부인하는 것이다.

많은 개신교 주석가들은 25절과 26절이 죄인이 처한 심각한 위태로움과 복음을 믿어야 하는 절박한 필요성을 극적으로 묘사한 비유라고 간주한다. 동료에게 손상을 입힌 행동은 하나님이 진노하실 때 우리에게 해로운 영향을 끼친다. 하나님은 율법으로 송사하는 분이기 때문이다. 우리는 심판대를 향해 가는 도정에 있으며 이 세상에서의 우리의 시간은 짧을 뿐이다. 그러나 화해의 길이 복음 가운데 드러나 있고 우리는 즉시 이것을 유용하게 사용해야 한다. 그것을 소홀히 하거나 무시하면 우리는 우리가 받을 수 있는 은총을 저버리는 것이며 우리 앞에 놓여 있는 희망의 문을 닫는 것이다. 우리가 죄를 용서받지 못한 채 죽는다면, 그때는 어떤 심판이 우리를 기다릴 뿐이며 지옥의 감옥에 던져지게 될 것이다. 우리는 하나님의 공의에 대해 어떠한 만족할 만한 보상도 치를 수 없는 자이기 때문에 우리는 거기에서 우리의 허물로 인하여 영원히 고통받아야만 할 것이다. 그러한 개념은 주석가의 독창력을 입증할는지는 모른다. 그러나 그리스도께서 비유적으로 말씀하셨다는 암시를 어디에서 찾아볼 수 있겠는가?

내가 생각하기에는 주님의 이 말씀을 **문자 그대로** 이해해서는 안 될 이유가 아무것도 없다. 그리스도께서는 잘못을 행한 쪽에서 자기가 감정을 상하게 한 것을 인정하고, 입힌 손상에 따라 알맞은 보상을 함으로써 형제에게 화해를 구하라고 권고하신다. 한 걸음 나아가 그리스도께서는 형제와 화해를 이룰 때까지는 하나님과의 친교도 깨어져 있는 것이며 우리가 드리는 예배도 용납될 수 없다고 엄숙하게 말씀하신다. 여기에서 그리스도께서는 (인간의 마음이 얼마나 오만하고 완고하며, 화해의 의무에 굴복하여 복종하기까지는 얼마나 더딘지를 아시면서도) 더 낮은 수준으로 내려오셔서, 해를 입힌 사람이 손해를 입은 사람과의 문제를 바로잡는 일이 왜 유리한가 하는 이유를 지적하신다. 말하자면 고통을 받은 사람이 상대방을 고소하여 비용이 드는 소송에 연루시키거나 혹은 투옥당하게까지 할는지도 모르기 때문에 이 모든 일이 일어나기 전에 화해가 이루어져야 한다고 말씀하시는 것이다.

"너를 고발하는 자와 사화하라"는 말씀은 곧 '형제와 화목하라'는 말씀과 같다. 여기에서 '고발하는 자'라는 말은 서로 논쟁하고 반목하는 모든 사람들에게 일반적으로 해당되는 이름이다. 당신이 노하게 만든 사람과 '사화하라.' 그에게 끼친 손해를 보상함으로써 그의 사랑을 회복하라. 손해를 입은 사람이나 채권자가 치안판사가 있는 법정에서 그 소송사건을 재판하려고 당신을 고발할는지도 모른다. 법정으로 가는 동안은 아직 서로 간에 타협하여 협정을 이룰 시간이 있다. 그러나 일단 판사 앞에 나가면 그 일은 이미 당사자들이 처리할 수 있는 범위에서 벗어나 법정의 판결에 맡겨진다. 법정은 준엄한 정의에 따라 공정히 판결함으로써 그들의 임무를 다할 것이다.

위에 계시된 견해는 유명한 칼빈이 주장한 것이다. "만일 이 경우에 재판관은 하나님을, 송사하는 자란 악마를, 옥리란 천사를, 옥이란 연옥을 의미하는 것이라면 나는 기꺼이 로마교도들에게 동조하겠다. 그러나 그리스도께서 본문을 통하여 말씀하시려는 의도가, 공정과 친절의 원리를 좇아 행동하기보다는 엄격한 율법을 완고하게 고집하는 것을 더 좋아하는 사람들도 사실은 수많은 위험과 재난에 부딪칠 가능성이 있다는 것을 알려 주시는 것으로서, 제자들에게 형제와 공정한 화해를 이룰 것을 더욱 진지하게 권고하시려고 본문의 말씀을 하셨음이 분명하다고 해석한다면, 도대체 본문의 어디에서 연옥이 존재한다는 근거를 찾아볼 수 있겠는가?'

25절과 26절의 말씀의 뜻은 23절과 24절 말씀에서 주신 명령에 유의하지 않는 사람에게 들이닥칠지도 모르는 일을 경고하시는 것으로 간주되어야 한다. 우리가 자신을 낮추어 평화를 유지하려고 노력하지 않는다면, 다른 사람들이 우리를 가혹하게 대우하여 고소한다 할지라도 놀라서는 안 된다. 끝으로, 그리스도께서는, 여기에서 범죄한 자를 고소하시고 투옥시킬 수 있는 자신의 위엄 있는 직책을 인정하고 있다는 것을 알 수 있다.

율법과 간음

❶

또 간음하지 말라 하였다는 것을 너희가 들었으나 나는 너희에게 이르노니 음욕을 품고 여자를 보는 자마다 마음에 이미 간음하였느니라 만일 네 오른 눈이 너로 실족하게 하거든 빼어 내버리라 네 백체 중 하나가 없어지고 온 몸이 지옥에 던져지지 않는 것이 유익하며 또한 만일 네 오른손이 너로 실족하게 하거든 찍어 내버리라 네 백체 중 하나가 없어지고 온 몸이 지옥에 던져지지 않는 것이 유익하니라 또 일렀으되 누구든지 아내를 버리려거든 이혼 증서를 줄 것이라 하였으나 나는 너희에게 이르노니 누구든지 음행한 이유 없이 아내를 버리면 이는 그로 간음하게 함이요 또 누구든지 버림받은 여자에게 장가드는 자도 간음함이니라(마 5:27-32)

우리는 여기에서 그리스도께서 말씀하신 여러 가지 차이점, 즉 도덕적이고 종교적인 여러 가지 의무의 문제에 대해 고대로부터 내려오는 견해와, 여기에서 주께서 말씀하신 몇 가지 차이점에 대해 다시 한 번 생각해 보자. 그리스도께서 확언하신 것은 율법의 참된 가르침과 선지자에 대해서가 아니라 랍비들이 율법과 선지자들의 교훈을 잘못 해석하고 있고 또 그것들에 기초한 잘못된 사상에 대하여 말씀하신 것으로 보아야 한다. 주님께서 자기가 율법과 선지자들과 온전한 조화(마 5:17-20)를 이루고 있다는 것을 명백하게 선포하신 후 곧바로 모세가 가르친 것과 자기가 가르친 것이 서로 다르다고 말씀하신 것을, 우리는 그리스도께서 율법 및 선지자와 서로 다투고 있다고 생각할 수는 없다. 그렇다. 계명을 인용하신 앞의 모든 경우를 살펴보면, 그렇게 생각하는 것은, 주께서 권위 있게 설명하신 것과는 반대로 이해하고 있는 것이 된다. 우리가 살펴보고 있는 것은 율법의 **본질**에 대해서가 아니라 바리새인들이 지어낸 세속적인 해석에 대해서이다.

독자들이 산상설교 제3부의 본문으로서 마태복음 5:20의 말씀과, 그것을 확대해서 말하고 있는 5장의 후반부의 말씀을 살펴본다면 자신에게 참된 도움이 될 것이 분명하다. 그 구절은 지극히 중요한 실제적인 진리를 이야기하고 있으며, 그 다음에 이어지는 말씀들에서는 하늘나라의 시민들의 의로움이 얼마나, 그리고 어떠한 점에서 서기관들과 바리새인들의 의로움을 능가하고 있는지에 대한 일련의 실례들을 설명하고 있다. 첫째로, 입법자이신 주님께서는 제6계명을 세속적인 사람들이 그 위에 쌓아올리고 있는 쓰레기로부터 해방시키시고(21-26절), 이번에는 유대인들의 잘못된 해석으로부터 제7계명을 깨끗하게 하심으로써 그것의 참된 의미와 그에 따른 타당한 적용 범위를 말씀하고 계신다. 이와 같이 우리가 지금 살펴보고 있는 구절에서, 우리는 가장 중요한 순결의 문제에 대하여 그 당시 종교 지도자들의 의와 주님 나라의 의를 대조시키는 주님을 볼 수 있다.

"또 간음하지 말라 하였다는 것을 너희가 들었으나"(27절). 우리는 다시 그리스도께서, "하나님께서 시내 산에서 하신 말씀을 너희가 아나니" 라고 말씀하시지 않고 "옛 사람으로부터 간음하지 말라 하였다는 것을 너희가 들었으나" 라고 말씀하신 것을 주목해 보아야 한다. 이 말씀은 주께서 유대인들이 그들의 조상으로부터 이어받은 해로운 유전에 대해 계속 논박하고 계시다는 것을 분명히 해준다. '옛 사람' 이라는 말은 옛 선생이란 말인데, 여기에서는 21절의 말씀을 참조해 보라. "간음하지 말라"는 이 말은 성령이 실제로 하시는 말씀이다. 그러나 그 앞부분은 우리 주님께서 서기관과 바리새인들이 그 말씀을 어떻게 이해하고 있었는가에 대해 암시해 주시는 말씀이다. 그들은 제7계명을 "누구도 남의 아내와 잠자리를 같이 해서는 안 된다" 는 명령으로 생각하여 사람들이 그와 같은 특정한 죄를 범하지 않는 한 그들은 이 계명의 요구를 만족시키고 있다고 생각하였다.

고대의 랍비들을 본받은 바리새인들은 제7계명의 범위를 결혼한 여자와의 불법적인 성관계에만 한정시켰다. 그러나 그들은 제6계명의 경우에서와 마찬가지로 제7계명에서도 양심의 소리를 저버리는 것을 최고의 죄로 규정하고 있으며, 간음하려고 하는 생각이나 그것을 행동으로 옮기려고 하는 것을 금하고 있으며 마음속의 은밀한 음욕까지도 금하고 있다는 사실을 알아야 했다. 그 다음 절에서의 우리 주님의 대조되는 말씀을 통하여 바리새인들이 제7계명의 의미를 단순히 외적으로 음란한 행위로 좁히고 있음을 분명히 알 수 있다. 거기에서 주님께서는 간음의 진짜 의미는 내적인 감정에 이르기까지, 그리고 모든 음란한 생각과 마음의 욕망을 금하는 한층 넓은 범위까지를 포함한다고 말씀하셨다.

우리는 다시 한 번 거룩하신 하나님의 영적인 요구와, 그의 타락한 피조물들이 충분하다고 생각하는 저급한 규범 사이에는 굉장한 차이가 있음을 알 수 있다. 육체적이고 세속적인 사람들의 신앙은 단지 **정치적일** 뿐이다. 즉, 선과 악이 사회에 영향을 끼치는 한 그들은 작은 일에도 관심을 갖는다. 그러나 하나님의 존귀와 영광에 대해서는 관심이 없다. 잔과 대접의 겉이 깨끗하기만 하면 그들은 그 안에 부정한 것으로 가득 차 있다 할지라도 개의치 않는다(마 23:25, 26). 시민들이 외적으로 법을 준수하기만 하면 그들의 마음속에 죄악이 들끓는다 할지라도 그 나라는 만족한다. 이것은 온 세상의 심판자이신 주님의 판단과는 전적으로 다르다. "내가 보는 것은 사람과 같지 아니하니 사람은 외모를 보거니와 나 여호와는 중심을 보느니라"(삼상 16:7). '생명의 근원이 마음에서' 나오는 것이기 때문에(잠 4:23) 하나님께서는 세상 사람들이 관심을 가지지 아니하는 것을 제일 귀중히 여기신다. 하나님을 보는 자, 곧 하나님과 친교를 이루고 영원히 하나님을 누리는 자는 오직 "마음이 청결한 자" 뿐이다(마 5:8).

우리는 여기에서 많은 범죄자들의 도피처가 되고 있는, 비굴한 문자주의에 대한 실감나는 경고를 볼 수 있다. 이 경우에 바리새인들은 말씀의 문자에는 접근하였으나 슬프게도 말씀의 **영적인 의미는** 이해하지 못했다. 가톨릭교인들은 그리스도의 말씀의 문자적인 의미를 고집함으로써 "이것은 나의 몸이다"라는 그리스도의 말씀에 대해 그들의 잘못된 화체설의 교리를 정당화시키려고 노력한다. 유니테리언들은 "아버지는 나보다 크심이니라"(요 14:18)는 그리스도의 말씀을 근거로 하여 아들이 본질적으로 열등하다는 것을 주장하고 있다. 이처럼 고대의 랍비들은 제7계명의 영적인 충만한 의미를 이해하지 못함으로써 말씀의 외적인 가치로만 제7계명을 해석하였다. 전천년주의자들은 말씀의 의미를 확실히 하는 대신에 비굴한 문자주의나 말씀의 단순한 뜻으로 기만당하는 일이 없도록 주의를 기울이라.

여기에서 교회의 위대한 선생은 우리에게 하나님의 계명은 "심히 넓다"는 것과(시 119:96), 인간의 말이 입술 위에 있는 것보다 하나님에 의해 이용되어질 때 그 의미가 훨씬 더 충만하고 풍요롭게 된다는 사실을 가르쳐 주심으로써 성경 해석의 귀중한 기준이나 규칙을 제시해 주셨다. 이 사실만으로도, 하나님의 종들이 구약성경의 예언들을 말하고 영적으로 해석할 때 그들이 구약성경에 없는 예언들을 말하고 있으며, 그 예언들의 분명한 의미에서 부당하게 벗어나고 있다고 반대하면서 비난하는 자들을 침묵시키기에 충분하다. 주 예수께서 "나는 너희에게 이르노니 여자를 보고 음욕을 품는 자마다 마음에 이미 간음하였느니라"고 단언하셨을 때, 바리새인들은 "제7계명은 음란한 눈빛에 대해 말하고 있는 것이 아니다. 그런데 당신은 거기에 나와 있지 않은 것을 말하고 있다"고 항의하였다.

다음으로 넘어가기 전에 이 특정한 죄가 특별히 가증한 죄라는 사실에 대해 몇 마디 짚고 넘어가야 할 필요가 있다. 간음은 혼인을 깨는 것이다. 부모에 대한 불순종을 가볍게 생각했던 바리새인들까지도 간음죄를 정죄하여 간음하다 잡힌 여자에 대해서는 죽이라고 소리쳤다(마 15:4-6; 요 8:4, 5). 이 죄악이 중한 것은 그것이 남편과 아내와 하나님 사이에 세워진 엄숙한 언약을 깨뜨리는 것이며, 귀중한 정결을 강탈하는 것이며, 몸을 더럽히고 영혼을 파괴시키며, 후손에게까지 하나님의 벌을 받게 하는 일이기 때문이다. 욥은 이 죄악에 대하여 "멸망하도록 사르는 불"(욥 31:12)이라고 말하였다. "미혹을 받지 말라 음행하는 자나 우상 숭배하는 자나 간음하는 자나 … 하는 자들은 하나님의 나라를 유업으로 받지 못하리라"(고전 6:9, 10). "음행하는 자들과 간음하는 자들을 하나님이 심판하시리라"(히 13:4)

"나는 너희에게 이르노니 음욕을 품고 여자를 보는 자마다 마음에 이미 간음하였느니라"(28절). 여기에서 우리는 하나님의 최고의 선지자로부터 제7계명에 대한 설명을 듣고 있다. 여기에서 주님께서는 하나님의 율법의 영성의 높이와 깊이와 그 넓이를 드러내신다. 제7계명은 모든 부정한 행위를 금할 뿐 아니라 그러한 욕망도 금하고 있다. 바리새인들은 만일 부정한 행위가 마음으로 제한되어 있다면 하나님께서 그것에 개의치 않으실 것이라고 생각했기 때문에, 외적인 육체의 행위 이외의 것은 간음의 범주에 넣지 않았다. 그러나 성경은 "내가 나의 마음에 죄악을 품었더라면 주께서 듣지 아니하시리라"(시 66:18)라고 선언하고 있으며, 그리스도께서도 여기에서 만약 한 남자가 그의 성욕이 자극을 받아 음란한 생각이 생길 때까지 한 여자를 쳐다보고 있다면 하나님의 거룩한 율법이 그를 간음죄로 심판하시고 저주 아래 두신다는 사실을 알게 하셨다. 또한 그가 자신을 만족시키는 방법을 강구하기 위하여 음란한 생각에 빠진다면 비록 하나님께서 그의 계획을 실행하지 못하게 할지라도 그의 죗값은 더욱 커지게 된다. 우리 주님께서는 여기에서 그 욕구가 밖으로 나타나지 않는 비밀스런 생각이라 할지라도 제7계명을 어기는 행위라고 말씀하셨다. 그런데 **마음의 간음**과 같은 행위는 슬프게도 오늘날의 도덕의식으로는 전혀 문제가 되지 않고 있다. 결단코 극도의 행위로 문제시되고 있지 않는 불순한 생각과 부정한 망상은 하나님의 율법을 어기는 것이며, 금해진 대상에게 품는 모든 음욕은 정죄를 받게 된다. 음욕이 마음 속에 자리 잡고 있는 한 그것은 행동으로 범한 것과 똑같이 간음죄를 범한 것이다. 왜냐하면 범죄하기에 좋은 기회만 부족할 뿐이지 이미 마음에 간음하였기 때문이다. 영혼을 감찰하시는 이는 마음에서부터 나오는 죄악을 판단하신다. 그러므로 부정한 욕망을 품는 자들은 간음에 대한 율법을 범하는 것이다.

"나는 너희에게 이르노니 여자를 보고 음욕을 품는 자마다 마음에 이미 간음하였느니라." 죄를 짓게 되는 때는 무의식중에 얼핏 보는 때가 아니라 우리의 타락한 본성으로 말미암아 악한 생각이 부추겨질 때이다. 간음죄의 첫 번째 단계와 정도는 음욕이 우리 안에서 움직이기 시작할 때이다. 그 두 번째 단계와 정도는 우리가 계획적으로 다가가는 것, 즉 금단의 과실을 보고 눈요기하는 것인데 거기에서는 더 이상의 만족을 얻을 수 없다. 그때에 이 음욕을 단호하게 억제하지 못한다면 영혼은 사탄의 완전한 속박 아래에 있게 된다. 그러므로 영혼은 인간의 능력으로는 끊어버릴 수 없는 사슬에 묶이게 되는 것이다. 그러한 경우는 사도가 "음심이 가득한 눈을 가지고 범죄하기를 그치지 아니하고"(벧후 2:14)라고 이야기한 통탄할 상태인 것이다.

매튜 헨리는 다음과 같이 잘 지적하였다. 즉, "그 음심이 가득한 눈은 다음과 같은 종류의 큰 악으로 들어가는 자와 나오는 자 둘 다의 눈이다. 요셉의 안주인(창 39:7)과 삼손(삿 16:1)과 다윗(삼하 11:2)의 경우가 바로 그러한 증거이다. 그러므로 우리에게 필요한 것은 거룩한 욥과 같이 '우리 눈과 언약을 세우는 것'(욥 31:1), 즉 자기 눈에게 약속을 맺는 것이다. 눈이 결코 음란한 생각이나 욕망을 불러일으키는 어떤 것에 눈독을 들인다거나 머물러 있지 않는다면 눈은 태양의 빛과 하나님의 창조물을 보고 기뻐할 것이며, 눈이 만약 그렇게 행했다면 이 같은 형벌 아래에서 참회의 눈물로 그에 대한 벌을 받아야 한다. 우리가 부정한 눈빛을 삼가고 부정한 생각을 못하게 하는 것 외에는 우리의 눈을 가릴 필요가 없다." 그러한 유익한 권고를 마땅히 마음에 아로새기고 실행에 옮긴다면 참으로 많은 슬픔과 굴욕을 피할 수 있을 것이다.

그리스도께서는 여기에서 분명하고도 필수적인 말씀을 통하여 음욕을 자극하는 우리의 감각이나 신체의 어떠한 부분도 사용하는 것을 금하셨다. 유혹하는 시선이 비난받을 일이라면 부정한 대화나 음란한 희롱은 그보다 훨씬 더한 것이다. 그러므로 이것들은 음란한 마음을 부채질하는 것이 된다. 얼굴에 화장을 하고 머리를 꾸미고 창에서 바라보던 이세벨과(왕하 9:30) 같이 욕망의 옷을 입고 바라보며 음욕을 품는 자들은 죄가 줄어들지 않고 더욱더 많은 죄를 짓게 되는 것이다. 이 문제에 있어서 남자들이 그러한 경우의 죄를 너무도 자주 범하고 있으나 여자들은 그들로 하여금 그렇게 하도록 유혹하고 있다. 그러므로 고의적으로 젊은 남자들의 성적인 열정을 자극하려고 노력하는 현대의 대부분의 여자들은 지극히 큰 죄를 범하고 있음에 틀림없다. 또한 그녀들로 유혹하는 여자가 되도록 묵인하는 어머니들의 죄야말로 그보다 훨씬 더 큰 것이다.

여기에서 음욕을 품고 바라보는 것이 금해져 있는 것과 같이 간음하게 하는 그와 같은 다른 모든 행위도 마찬가지로 금지되어 있다. 그래서 추잡함과 음란한 짓을 가볍게 생각하고, 선정적이고 도발적인 책들은 읽지 못하도록 금하고 있는 것이다. 또한 경박하고 음란한 말의 사용과 문란한 품행에 대한 시시덕거림도 금지되어 있다. "음행과 온갖 더러운 것과 탐욕은 너희 중에서 그 이름조차도 부르지 말라 이는 성도에게 마땅한 바니라 누추함과 어리석은 말이나 희롱의 말이 마땅치 아니하니 오히려 감사하는 말을 하라"(엡 5:3, 4). 이와 같이 행하는 많은 사람들이 그것을 사소한 문제라고 생각하지만, 그들은 음란한 눈뿐만 아니라 부정한 혀까지 가지고 있으므로 이중으로 죄 짓는 자들이다. 마찬가지로, 난잡한 춤과 혼성목욕은 음욕을 추가시켜 자극하는 것이기 때문에 제7계명에 의해 가장 확실하게 정죄받는다.

마태복음 5:28에서 그리스도의 이 말씀은 지극히 엄숙하게 우리를 견책하신다. 왜냐하면 비록 우리의 육체가 외적인 간음의 행위로 말미암아 더럽혀지지 않았다 할지라도 (보호해 주시는 은혜로 말미암아) 아무도 "나의 **마음**은 깨끗하다"라고 말할 수 없기 때문이다. 그 누가 음란한 눈과 악한 욕망과 부정한 생각으로부터 자유로울 수 있겠는가? 그 누가 진실로 호기심을 자극하는 말로써 시시덕거리고 부정한 이야기로 죄 짓지 않았다고 확언할 수 있겠는가? 우리 모두는 입을

다물고 하나님이 보시는 앞에서 죄 지은 자로서 우리 자신을 견책해야 하지 않겠
는가? 우리는 하나님의 능하신 손 아래에서 제7계명을 어긴 것을 인정하고 겸손
하게 처신해야 할 충분한 이유를 가지고 있다. 또한 우리의 회개와 고백이 신실
하게 이루어진다면 우리는 유혹을 피하려고 노력하고 우리를 선동할 수 있는 모
든 경우에 조심함으로써 이러한 죄를 반복해서 짓지 않도록 이중으로 경계해야
되지 않겠는가? 하나님 앞에서 우리의 마음이 성실하다면 우리는 그 이상의 일을
행해야 함이 분명하다. 그렇다, 우리는 "내 눈을 돌이켜 허탄한 것을 보지 말게
하시고 주의 길에서 나를 살아나게 하소서"(시 119:37)라고 더욱 열심히 기도해
야 하지 않겠는가?

또다시, 마음의 음욕이 하나님이 보시는 앞에서 간음한다면, 우리는 "사랑하는
자들아 이 약속을 가진 우리는 하나님을 두려워하는 가운데서 거룩함을 온전히
이루어 육과 영의 온갖 더러운 것에서 자신을 깨끗하게 하자"(고후 7:1)고 한 명
령에 근면하고 조심스럽게 순응해야 할 것이다. 즉 우리의 지성과 마음도 우리의
몸과 같이 깨끗하게 지키기 위해 노력해야 한다. 그들이 그렇게 행하지 않으면
그리스도인들은 개인적으로 하나님의 사랑을 받고 있다는 위로가 되는 확신을
상실하게 될 것이다. 왜냐하면 그들이 부정한 생각을 품음으로써 그들의 마음이
더럽혀질 때에 성령은 탄식하게 되고 우리를 아들이라고 증거하시는 것을 보류
해 두기 때문이다. 그렇다, 우리가 만일 거룩한 분께서 우리 마음속에 거주하고
계신다는 사실을 진정으로 깨닫는다면 우리는 손님의 방을 깨끗하게 하기 위해
모든 노력을 기울여야 하지 않겠는가? 잡초를 자라지 못하게 하는 가장 좋은 방
법이 채소와 꽃들과 함께 정원을 일구는 것인 것과 같이 마음속으로부터 부정한
공상들을 없애는 가장 효과적인 방법은 마음속에 영적인 일에 대한 생각을 가득
차게 하고, 우리의 사랑을 그와 같은 일에 쏟게 하는 것이다. 우리가 만일 우리 안
에다 하나님께 적당한 자리를 드린다면 사탄은 쫓겨나게 될 것이다.

우리는 여기서 다음과 같은 또 하나의 유익한 권고를 인용함으로써 이 장을 끝
맺는 것이 좋겠다. 즉, "우리는 대개 간음의 형태 중 몇 가지의 부정함의 유혹을
받고 있다. 그러므로 간음에 빠지지 않도록 끊임없는 경계가 필요하게 된다. 이
주제에 대해 내가 애정을 갖고 젊은이들의 주의를 환기시키기 위해 몇 가지 충고
를 하겠다. 품행이 방정하지 못한 여러분의 친구를 경계하라. 기만당하지 말라.
나쁜 교제는 선한 행실을 타락케 한다. 위험이 없이 방탕아와 친밀하게 사귀기는

불가능한 일이다. 마음을 더럽히는 책 읽기를 삼가라. 이러한 책들은 사악한 친구 못지않게 해로운 것들이다. 많은 경우에 그것들은 사악한 친구 이상으로 해를 끼친다. 그러한 책들을 심취하여 탐독하는 것은 그 마음과 양심이 이미 심하게 타락한 상태에 있다는 명백한 증거이다. 음탕하고 호기심을 자극하는 오락물을 멀리하라. 나는 주로 극장의 오락들을 가리켜 이야기한 것인데 많은 경우 그러한 곳에서 마음이, 부패한 사회와 방종한 작품들의 죄악에 물들기 쉽다. 여러분의 감정이 '보이지 아니하는 영원한 일'에 속해 있도록 노력하라. 부정한 것을 보기보다는, 늘 깨끗한 눈을 가지고 계시는 하나님의 친밀한 모습을 깨닫도록 하라. 하나님의 눈이 여러분의 마음속에 있다는 것과 '만물이 하나님께 벌거벗고 드러나 있다'는 사실을 잊지 말라. 또한 세상에 있는 여러분의 신체를 억제하는(즉, 지체의 애정과 음욕과 함께 육체를 억누르는) 가장 효과적인 방법 중의 하나로서 '하나님의 오른손에 있는 것들을 구하라.' 결코 유혹에 빠지지 말고 혈기 왕성한 육욕을 멀리하라"(존 브라운).

제12장

율법과 간음
❷

우리가 살펴본 마태복음 5장 21절에서 26절까지의 말씀과, 28절에서의 그리스도의 엄격하고 자만심을 꺾는 말씀을 통하여 우리는 다시 율법을 올바로 이해하는 것이 참으로 중요하다는 것과 율법에 대한 불충분하고 잘못된 견해로 말미암아 불가피하게 치명적인 결과가 따를 것이라는 사실을 알 수 있다. 다른 어떠한 설교에서보다도 여기에서 설교자의 정통성과 유용성을 시험해 볼 수 있다. 왜냐하면 그가 만일 여기에서, 즉 그가 십계명의 엄격함과 영성에 대해 해석하고 주장하는 데 있어서 오류를 범한다면 그의 가르침 전부는 근본적으로 잘못된 것이며 남을 그릇된 길로 인도하는 것임에 틀림없기 때문이다. 이것은 주님의 첫번째 공적인 설교에서 그리스도께서 취하고 계신 방법을 통하여 명백히 드러난다. 현대의 강단의 과오가 비록 통탄할 일이고 또한 보편적인 일이라 할지라도 우리 모두는 하나님의 거룩한 율법에 의해 속박되어 있으며, 여전히 하나님의 율법에 의해 심판받아야 하며, 율법을 부인하거나 불성실한 설교자에 의해 율법의 지고한 요구가 일부 변경되는 것은 결코 하나님의 명령에 대한 우리의 불순종을 정당화시킬 수 없다는 사실을 강조하지 않을 수 없다.

"그러므로 우리는 우리의 거룩한 선생께서 설명한 바와 같이, 우리가 읽어 온 교훈의 엄격함과 영성과 온당함을 살펴보는 것과 동시에, 우리의 과거와 현재의 생활과 우리의 기질과 감정, 생각과 말과 행위를 이 완전한 규칙과 공평하게 비교해 보자. 그리하면 우리는 자신을 과신하는 모든 희망이 없어지고 또한 '율법의 행위로는 어떤 육체도 하나님의 눈 앞에서 의롭게 되지 못한다'는 사실을 명백히 깨닫게 될 것이며, 그때에 그리스도와 그의 구원이 우리 영혼에게 소중한 것이 될 것이다. 우리가 우리에게 해를 끼친 자들에 대한 우리의 행위나 우리가 손해를 가한 자들에 대한 우리의 행위를 관찰해 보거나, 우리의 윗사람이나 아랫

사람이나 친척이나 친구나 종들에 대한 행위를 관찰해 보거나 우리의 마음의 상태나 우리의 열정을 지배하는 것이나 우리가 행한 일이나 행하지 않은 일을 관찰해 본다면, 우리는 치욕의 원인과 용서의 필요성을 깨닫게 될 것이며, 우리가 그러한 사실을 숙고할 때 우리는 이 기준에 따라서 거룩하게 되고 하나님과 천국을 누리기에 적합하게 될 것이다. 또한 우리는 성령의 강력한 감화력을 필요로 하고 있다는 사실을 분명히 알게 될 것이며, 이 성령의 도움으로 말미암아 하나님의 율법이 얼마나 소중한가를 배울 것이다"(토머스 스코트).

"만일 네 오른 눈이 너로 실족하게 하거든 빼어 내버리라 네 백체 중 하나가 없어지고 온 몸이 지옥에 던져지지 않는 것이 유익하며"(마 5:29). 이 절과 그 다음 절에서 우리 주님께서는 그가 방금 말씀하신 것에 반대되는, 그러한 죄들을 피하라는 하늘의 가르침을 제시하고 계신다. 그것은 제7계명에 대한 주님의 설명을 마음속으로 반대하는 자들에 대해 대답하실 뜻으로 주님께서 하신 말씀인데 여기에서 주께서는 마음의 간음을 정죄하셨다. "타락한 인간의 본성이 그와 같이 엄한 율법의 지배를 받는다는 것은 불가능한 일이며 누가 그것을 지킬 수 있다고 말할 수 있겠는가?"라고 불평하기 쉽다. 혈과 육은 아름다운 여자를 황홀하게 바라볼 수밖에 없으며 매혹적인 대상을 좇아 음욕을 품는 것은 불가피한 일이다. 음란하게 쳐다보는 것이 그같이 죄가 되고 또한 그토록 치명적인 것이라면, 우리는 우리의 눈을 어떻게 해야 할 것인가? 그리스도께서 여기에서 대답하신 말씀은, 거룩한 하나님의 영적인 요구들에 반대되는 타락한 마음이 증대되고 있음에 대해서만 하신 말씀들이다.

"만일 네 오른 눈이 너로 실족케 하거든 빼어 내버리라." 여기에서의 그리스도의 말씀은 문자 그대로 이해해서는 안 된다. 성경을 해석하는 한 가지 규칙은, 어떤 구절의 문자적 의미가 율법의 계명의 의미와 반대가 된다면 그 구절은 상징적으로 해석되어야 한다는 것이다. 왜냐하면 말씀의 일부분이 다른 부분과 반대가 되어서는 안 되기 때문이다. 제7계명이 외적인 행위의 간음뿐 아니라 마음의 모든 음욕도 금하고 있는 것과 마찬가지로 제6계명도 목숨을 죽이는 것뿐만 아니라 우리 자신의 몸이나 우리 이웃을 계획적으로 상하게 하는 것을 금하고 있다. 그러므로 자기의 눈을 빼어버리거나 자기 손을 자르는 것은 죄를 짓는 일이다.

우리는 '눈'이라는 말을 첫째로, 몸의 눈으로 이해할 수 있으나 단지 그 눈뿐 아니라 우리에게 귀중한 다른 어떤 것, 즉 우리 지체의 가장 소중한 것 중의 하나인 '눈' 으로 생각해야 한다. '실족케 하다' 라는 말은 여기에서 성나게 한다는 뜻이 아니라 방해한다는 뜻이다. 그것은 우리로 하여금 이 죄를 범하게 하는 어떤 것, 즉 우리로 하여금 죄 짓게 하는 것 모두를 말한다. 이렇게 생각한다면 이 말씀은 쉽게 해석된다. 우리의 행동이나 행하는 방식에 있어서 영혼을 불경건한 욕망의 늪으로 던져버리는 것이면 무엇이나 다 제거해야 된다. 오른 눈을 빼어 내버린다는 뜻은 그렇게 하는 것이 비록 현재 방해가 되고 경제적인 손해를 주고 개인적인 고통을 준다 할지라도 우리가 우리의 감각과 신체를 엄격하게 억제하고 다스리며 우리 자신을 부인한다는 것을 의미한다. 어떤 것들의 존재와 효용이 아무리 우리에게 즐거운 것이 되고 소중한 것이라 할지라도 그것들이 죄의 근원이라면 우리는 그것들을 버리고 없애야 한다.

　주 예수께서 불법적인 욕망과 음란한 생각의 실행을 신랄하게 비난하셨으므로 그것들을 억제하고 금하고 그와 같은 것들을 열심히 반대하며, 그것들로 말미암아 생기는 음욕을 정복하는 것은 우리의 필수적인 의무이다. 비록 우리 몸의 감각과 지체들이 죄의 도구가 된다 할지라도 죄 자체는 우리 마음의 음욕으로부터 비롯되며, **그것들이** 정복되고, 모든 우상화된 대상이 그 안에서 근절된다면 우리의 몸을 채찍질하거나 끊어버릴 필요는 추호도 없게 될 것이다. 반면에 우리가 몸의 감정과 육욕으로 음욕을 억누르지 못한다면, 단순히 눈을 빼어 내버리거나 손을 자르는 것은 영혼에 아무런 유익도 주지 못할 것이다. 죄의 뿌리는 육체적인 것보다 훨씬 더 깊이 뿌리박혀 있다. "먼저 안을 깨끗이 하라 그리하면 겉도 깨끗하리라"(마 23:26). "나무도 좋고 열매도 좋게 하라"(마 12:33).

　"그러므로 땅에 있는 지체를 죽이라 곧 음란과 부정과 사욕과 악한 정욕과 탐심이니"(골 3:5)라는 말은 우리의 육체의 '지체' 를 죽이라는 것이 아니라 영혼의 욕망과 격정을 죽이라는 것이다. 이것은 우리 주께서 하신 말씀과 같은 표현이다. 그러나 성욕을 억제하고 마음의 그러한 강한 욕망을 지배하여 승리를 얻는다는 것은 쉬운 일이 아니다. 특히 본성과 습관 둘 다가 이러한 죄에 사로잡혀 있는 경우에는 더욱 그러하다. 그렇다. 그러한 정욕을 억제하는 데에는 지극히 고통스런 훈련과, 즐거워하고 소중히 여기던 것을 희생하는 마음이 수반되어야 한다. 그러나 음욕을 억제하는 일이 눈을 빼어 내는 것과 같이 고통스러운 것이라 할지라도 그것은 반드시 행해야 할 일이다. 우리는 정욕의 억제와 저주 둘 중 하나를 선택해야 한다. 그러므로 우리 안에 있는 모든 것을 우리 영혼의 영원한 행복을 위하여 굴복시켜야 한다.

우리는 이 말씀이 우리로 하여금 하나님의 아들이 미래의 상태를 명확히 언급하고 계시다는 것을 알게 해주는 많은 성경구절 가운데 하나라는 사실에 주목해야 한다. 주께서는 육신의 부활에 대한 말씀과 사악한 자는 지옥에 던져질 것이라는 말씀을 자주 언급하셨다. 주께서는 계속하여 사람들로 하여금 이러한 사실들에 주의를 기울이게 하시고, 신중하고 엄숙하게 살펴보라고 강조하셨다. 주님은 육체를 즐겁게 하는 아첨꾼이 아니시다. 하나님을 영광되게 하고 사람들을 추켜올리지 않는 것이 항상 주님의 목적이었다. 여기에서 주님께서는 그의 나라의 사역자로 부르셨던 모든 이들이 본받아야 할 실례를 보여주셨다. '부드러운 말'로 안심시켜서 재우는 것이 아니라 "하나님의 진노가 불의로 진리를 막는 사람들의 모든 경건하지 않음과 불의에 대하여 하늘로부터 나타난다"(롬 1:18)고 선언하고 계신다. 사람들이 영생의 소중함과 영원함과, 현세의 짧음과 불확실성을 신중하게 비교해 본다면, 그들은 빨리 지나가버리는 시간의 대부분을 하는 일 없이 소일하기를 그치고 하나님을 만나기 위해 준비할 것이다.

"네 백체 중 하나가 없어지고 온 몸이 지옥에 던져지지 않는 것이 유익하니라." 그리스도께서는 여기에서 음란한 시선과 부정한 희롱은 영혼을 비참하게 하고 파멸시키는 것이어서 한 눈을 잃는 것이, 이러한 죄악에 굴복하여 그 안에서 영원히 멸망하는 것보다 낫다는 사실을 강조하고 계신다. 우리가 지적한 바와 같이 이 말씀은, 마음의 간음이란 아무도 손쓸 수 없는 것이며, 또한 매혹적인 여자를 갈망하는 눈으로 바라보게 하는 유혹을 거절하는 것은 사람의 능력을 초월한 것이라는 반론에 대한 답변이기도 하다. 매튜 헨리는 다음과 같이 잘 지적해 주고 있다. 즉, "이와 같은 핑계들은 이성으로는 결코 압도시킬 수 없으므로 주님의 무서운 말씀으로 공격해야 하며, 그래서 주님께서는 여기에서 그와 같은 말씀을 하고 계시는 것이다." 슬프게도 이 죄악에 대한 이 강력한 저지력과 신성함에 대한 자극은 강단으로부터 듣기에 좋은 말만 흘러나오고 있는 우리의 타락한 시대에서는 거의 찾아볼 수 없다.

바울 사도가 취했던 방법은 그와는 너무도 달랐다. 바울이 벨릭스 앞에 섰을 때 그는 "의와 절제와 장차 오는 심판을 강론하였으며" 우리는 그 때 지배자가 "두려워하였다"(행 24:25)는 말씀을 보게 된다. 그러나 오늘날의 설교에서 죄악으로 냉담해진 영혼을 두려워하게 하는 설교는 없으며 '칼빈파'에서조차도 찾아보기 힘들다. 자라나는 세대의 윗사람들이 내세의 공포에 제지받지 않을 때 그들이 자신의 부모를 무례하게 무시하는 것도 무리는 아니다. 사도는 "우리는 주의 두려우심을 알므로 사람들을 권면하거니와"(고후 5:11)라고 이야기하였으며[앞 절에서 바울은 그리스도의 심판에 대해 이야기하였다], 오늘날의 하나님의 신실한 모든 종들도 그렇게 할 것이다. 복음의 사역자들은 자신들의 청중들을 골고다로 인도하기에 앞서 그들을 시내 산으로 인도하고, 또한 하나님의 선하심뿐만 아니라 "하나님의 엄위"(롬 11:22)도 알게 하고 천국의 축복뿐 아니라 지옥의 실체와 무시무시함을 선포하여야 한다. 그들이 그렇게 하지 않는다면 그들은 청중들의 신뢰에 대해 불성실하게 행하는 것이 되며, 하나님께서는 그들의 청중들의 피를 사역자들의 손에서 찾으실 것이다(겔 33:6; 행 20:26).

"또한 만일 네 오른손이 너로 실족케 하거든 찍어 내버리라 네 백체 중 하나가 없어지고 온 몸이 지옥에 던지우지 않는 것이 유익하니라" (30절). 이것은 우리가 앞 절에서 살펴본 권고의 말씀과 똑같은 말씀이며, 우리로 하여금 마음으로 간음하지 못하게 하는 준엄하고 놀라운 이야기이다. 성경에서 반복되어 나오는 말씀은 특별히 적용할 곳이 있기 때문이다. 즉, 이와 같이 반복되어 이야기된 것들은 특별히 중요하고 우리가 주의 깊게 생각하고 순종할 가치가 있다는 사실을 나타내는 것이기 때문에 필요 없이 늘어놓는 말이라고 생각해서는 안 된다. 그러나 반복되어지는 말씀이라 해도 실제로는 근소한 차이가 있으며 의도적인 내용의 변화가 있다(주석가들은 흔히 그것을 간과하는 것 같다). '눈' 이 가장 소중하고 또한 우리가 지극히 아끼는 것의 상징인 것과 같이 '손' 은 가장 유용하고 유익한 것으로 이해해야 한다. 많은 사람들은 두 가지를 잃어버리는 것 중에서 눈을 빼어 내버리는 것이 더 가혹한 것이라고 주님께서 왜 말씀하시지 않았는가에 대해 의아해한다. 그러나 여기에서는 부유하고 학식이 있는 무리에게 말씀하고 계신 것이 아니라 보통 사람들에게 말씀하신 것이며, 일하는 사람에게 있어서 오른손을 잃는 것은 한 눈을 잃는 것보다 훨씬 비참한 손실이 된다는 사실을 간과해서는 안 된다.

또한 우리는 여기에서 그리스도께서 그의 제자들에게 좀 더 직접적으로 말씀하셨다는 사실을 간과해서도 안 된다. 이 사실은 오늘날 몇몇 사람들을 놀라게 할 수도 있으나 앤드류 풀러는 다음과 같이 잘 지적해 주고 있다. 즉, "주님께서 구원의 후사들이라고 알고 계시는 자들이 어떤 상황에서 죄악으로부터 그들을 지키는 한 방편으로서 저주의 위협을 받는다는 것도 필요한 일이다." 로마서 11:18-20까지의 말씀과 갈라디아서 6:7, 8; 히브리서 10:26-30까지의 말씀들은 신자들에게 들려주는 말씀이다.

"이 세상에서 우리가 처한 상황에 대해 성숙하게 명상함으로써 우리는 자기를 부정하고 죄에 대해 고통스럽게 억제할 수 있게 될 것이다. 우리는 바로 이런 일들을 위하여 부름받은 자들이다. 우리는 그러한 요구가 겉으로는 가혹한 것이지만 그 내면에는 온유한 자비가 숨어 있다는 사실을 알게 될 것이다. 거기에는 우리의 안전과 유익과 축복이 고려되어지고 있으며, 또한 성령의 은혜와 위로들은 그것을 실천할 수 있게 해주며 위로해 주기도 한다. 그리하여 우리는 심한 허물로부터 보호받기를 원한다면 우리의 마음을 부지런히 지켜야 하며, 우리의 눈과 우리의 모든 감각과 기능으로 하여금 범죄하게 하는 것들에 미혹되지 않도록 해야 한다. 그렇게 하면 순결과 자기 부정의 지극히 엄격한 규칙들이 이 세상에 살아갈 동안 참되고 견고한 위로에 도움이 되는 것을 체험에 의하여 깨닫게 될 것이다"(토머스 스코트).

이 권고들을 통하여 주 예수께서는 우리에게 우리가 우리 몸의 감각과 지체, 특히 눈과 손을 하나님을 배반하는 죄를 짓지 못하도록 엄하게 감시해야 한다고 가르치신다. "또한 너희 지체를 불의의 무기로 죄에게 내주지 말고 오직 너희 자신을 죽은 자 가운데서 다시 살아난 자 같이 하나님께 드리라"(롬 6:13). 우리는 우리의 눈을 하나님께 순종하는 데 사용해야 한다. "네 눈은 바로 보며 네 눈꺼풀은 네 앞을 곧게 살펴"(잠 4:25). 이 말씀은 우리가 우리의 눈을 말씀의 규율에 따라 명령받아야 한다는 말인데, 그것은 우리가 걸어 나아가야 하는 길이기 때문이다. 많은 엄숙한 실례들을 통하여 이 규율에 주의해야 할 필요성을 알 수 있다. 하와가 하나님의 계명을 어기고 금단의 실과를 쳐다본 것은 그녀의 마음에 죄를 짓게 한 문이 되었다. 함은 벌거벗은 아버지를 쳐다보았기 때문에 저주받았고(창 9장), 롯의 아내는 뒤를 돌아 소돔을 보았기 때문에 소금 기둥이 되었으며(창 19장), 벧세메스 사람들은 주님의 계시하신 뜻을 거역하고 주님의 궤를 들여다보았기 때문에 오만 명이 넘는 사람이 죽었다(삼상 6장). 이러한 경우들은 우리가 어떤 것을 바라보기 전에 일을 멈추고 하나님의 영광과 우리의 유익에 둘 다 합당한 것인지 아닌지를 자문해 보아야 한다는 사실을 명백히 말해준다.

다시, 그리스도의 이 같은 권고들은 비록 그렇게 하는 것이 우리 자신에게 지극히 고통을 주고, 또한 일시적으로 큰 손실을 가져다준다 할지라도 모든 죄악의 기회를 피하여 노력해야 한다고 분명하게 가르치고 있다. 그것에 대해 어떤 사람은 다음과 같이 설명하고 있다. 즉, 인간의 타락한 본성은 마른 나무나 삼과 같은 것이어서 불이 닿자마자 타버릴 것이다. 선원들이 바다에서 암초와 모래톱을 피하기 위해 계속 감시하고 있듯이 우리도 죄를 짓게 하는 모든 기회를 조심하여 피해야 한다. 우리는 어떠한 희생을 치르고라도 자아를 부인해야 하며, 끊임없이 경계함으로써 마음을 지켜야 하며, 마음속에서 죄가 싹트기 시작할 때 잘라버려야 하며, 죄를 짓게 하는 유혹은 피해야 하며, 우리를 함정에 빠뜨리려 하는 친구를 멀리해야 한다. 그러므로 우리는 성령 안에서 정욕을 채우지 않는 생활을 할 수 있도록 하나님께 끊임없이 은혜를 구해야 한다.

여기에서 주 예수께서 우리에게 일깨워 주고 계시는 임무는 **억제**하는 일, 곧 우리의 악한 정욕을 **죽이는 것**이다. 예수께서는 비유를 통하여 이렇게 하는 것이 지극히 싫고 고통스러운 일이라고 경고하고 계신다. 그리스도께서는 불법적인 음란한 생각으로부터 해방하여 자기들의 마음을 지키는 것이 전적으로 그들의 능력을 초월한 일이라고 반론을 제기하는 자들에게 다음과 같이 말씀하신다. 즉, 너희 말대로 그것이 불가능하고 너희 정욕을 다스릴 다른 방법이 없다면 [하나님을 찬송하리로다. 오직 하나님의 은혜로써만 우리의 정욕을 다스릴 수 있다] 죄를 범하는 너희 지체를 잘라 버리는 것이 너희 영혼을 영원히 타락케 하는 지체를 사용하는 것보다 나을 것이다. 수술이 비록 고통스럽고 잘려 나가는 것이 슬픈 일이라 할지라도 이 일이 생명을 보존하기 위해 긴급한 일이라고 믿게 된다면, 썩은 다리를 절단하는 데 동의하지 않을 사람이 우리 중 누가 있겠는가? 그런데도 영혼의 구원에 필수가 되는 억제하는 일은 어찌하여 거절하고 있는가? 그러한 것을 피하라고 시험받게 될 때에는, 피하지 않을 경우 몸과 영혼 둘 다 지옥에서 영원히 고통받을 것이라는 사실을 진지하게 생각해야 한다.

우리는 죄가 되는 모든 것을 단호히 피하고 거절해야 할 뿐만 아니라 그것들이 우리를 유혹하려 한다는 사실을 알게 된다면 본래 합법적인 것이라 할지라도 전적으로 삼가야 한다. "우리가 잘 알고 있는 예를 들어 보자. 어떤 사람이 술을 좋아한다고 하자. 그것은 그의 입맛에 맞으며 그가 중노동을 한 후에 그를 유쾌하게 해준다. 그러나 그는 이 맛이 그를 방종으로 가도록 부추겨 왔으며 술을 계속해서 마시다 보면 항상 위험이 있다는 사실을 알고 있다. 그는 계속해서 유혹에 굴복해 왔다. 그러한 사람의 의무는 무엇인가? 우리 주님에 의하면 그의 의무는 분명히 술을 완전히 끊어 버리는 것이다. 즉, 이 명백한 원칙에 의하면 아무리 고통스럽게 생각된다 할지라도 그가 술을 끊음으로써 입는 손해는 과음으로 말미암아 그가 예속되어 있는 죄에 비할 바가 아니며, 심지어는 지옥에서 받을 영원한 형벌에도 비할 바가 아니다. 이와 같이 그가 그의 의무로서 술을 끊는다면 그는 유혹 앞에 넘어지지 않게 될 것이다. 그렇지 않으면, 그가 반복하여 그 유혹 앞에 넘어져 온 것과 같이 또다시 유혹에 굴복할지도 모른다는 사실을 아는 것으로 충분할 것이다"(존 브라운).

제13장

율법과 간음
❸

대부분의 저작자들은 마태복음 5장 31절과 32절을 별개의 단락으로 구분 짓는다. 그러나 서로 다른 면을 취급하고 있긴 하지만 똑같은 주제를 다루고 있고 똑같은 죄를 견책하고 있으므로 그 말씀은 27-32절로 이루어지는 단락에 속한 것으로 보아야 한다. 간음의 일반적인 제목으로 또 다른 죄가 생각나는데, 그것은 곧 모세의 율법을 심하게 왜곡시켜 함부로 이혼하는 죄이다. 제7계명의 엄격함과 영성을 보여주신 뒤에 그리스도께서는 여기에서 기회를 타서 당시에 행해지던 방종한 행동과 생각들을 혼인의 취소와 관련시켜 정죄하셨다. 유대인들은 율법의 정치적인 법규 중 하나를 역이용하여 지극히 사소한 이유를 핑계 삼아 이혼하는 것을 묵인하였는데 주님께서는 이것을 견책하셨다. 이와 같이 하여 주님께서는 실제로 제7계명을 그 본래의 위치로 되돌려 놓으시고 완전하게 하신 것이다.

우리가 살펴보고 있는 말씀에서, 우리는 서기관들과 바리새인들의 의를 능가하는 그리스도 왕국의 의의 큰 탁월성에 대한 세밀한 실례를 본다. 영성이 약해지는 곳에서 도덕성 또한 타락한다는 것은 불변의 원칙이다. 모든 역사는, 경건이 사라질 때 신성한 혼인의 법규가 경시된다는 사실을 입증하고 있다. 우리의 시대에도 그와 같은 예를 보는 것은 심각하고도 슬픈 일이다. 신분의 고하를 막론하고 사람들이 한결같이 하나님의 요구에 점점 무관심해지기 때문에 혼인에 대한 신성한 의무를 점점 과소평가하게 되고 등한시하게 된다. 어떤 기독교 국가에서 혼인의 법규를 함부로 고치기 시작하고 이혼법을 좀 더 신축성 있게 만들 때 그러한 현상은 그 나라가 도덕적으로 타락했다는 확실한 증거가 된다.

고대 역사를 살펴보면 그리스와 로마 제국이 붕괴되기 이전의 수십 년 동안 혼인이 중요시되지 않았으며, 여자들이 그들의 손가락에 낀 반지의 숫자로 이혼한 횟수를 세는 일이 예사였다는 사실을 알 수 있다. 그들은 **이교도**들이었기 때문에 그러했다고 생각할 수 있다. 사실이다. 그러나 '고도로 문명화되었다고' 자처하는 우리 현대인들은 어떠한가? 인성은 세상 어디에서나 똑같으며 하나님에 대한 두려움이 없어질 때 도덕적 타락은 쉽게 범람하게 된다. 선지서들을 보면 하나님의 사랑을 받은 이스라엘 민족이라 해서 예외가 아니라는 사실을 알 수 있다. 우리 주님께서 요한복음 4장에 나오는 그 여자에게 "너에게 남편 **다섯**이 있었고 지금 있는 자도 네 남편이 아니니"(요 4:18)라고 말씀하신 것을 예외라고 생각해서는 안 되며, 오히려 나라에 두루 퍼져 있던 병폐를 나타내는 이야기로 생각해야 한다.

　　"또 일렀으되 누구든지 아내를 버리려거든 이혼 증서를 줄 것이라"(마 5:31). 이혼에 관한 원리의 법규는 신명기 24:1-4까지의 말씀에 나와 있다. 신학의 주류를 이루던 학파들 가운데 한 학파(힐렐 학파)는 남자가 어떤 이유로든지 그의 아내를 쫓아낼 수 있다고 가르쳤다. 외경의 기록에서는 "시락의 아들의 말이다: 네가 아내를 버리고자 할 때 그녀가 나가려고 하지 않거든 이혼 증서를 주어 내어보내라"고 하였다(집회서 25:26). 이것은 외경이 성령에 의해 영감받지 않았다는 명백한 표시 중 하나이다. 요세푸스도 다음과 같이 기록하였다. "율법은 다음과 같이 말한다. 자기 아내와 이혼하려 하는 자는 어떤 이유로든 간에 거기에는 많은 이유가 있을 것이므로 아내에게 이혼증서를 주도록 하라." 또한 그는 아내가 세 아이를 낳은 후에 자신이 그녀의 행실을 기쁘게 생각하지 않았기 때문에 자기 아내를 쫓아냈다고 고백했다.

　　모세는 실제로 하나님의 뜻에 따라 부정한 경우에는 더 사악한 범죄를 예방하기 위해 이혼을 허락하도록 명령받았다. 그러나 임시로 묵인해 주었던 이혼은 바리새인들에 의해 계율로 변화되었으며, 그렇게 하는 것은 사람들로 하여금 죄악과 자기 본위의 욕망에 빠지도록 승낙하는 것과 같다. 그러나 그들은 위선자들이었기 때문에 '이혼 증서'와 관련하여 모세에게 순종하는 것을 크게 자랑하였다. 탈무드의 기록들은, 비록 그것들이 이혼의 정당함을 묘사하는 데 어려움이 없었다 할지라도, 이혼증서는 반드시 그 이상도 그 이하도 아닌 열두 줄로 기록해야 한다고 주장함으로써 **증서의 형식**을 엄격히 제한하였다. 그러한 것은 하루살이는 걸러 내고 약대는 삼키는 것과 같은 어리석은 일이다.

　　이제 우리는 신명기 24:1-4까지의 말씀 가운데에서 몇 가지 자세한 사항을 살펴보도록 하자. 첫째로 우리가 살펴볼 것은 거기에 씌어진 법규의 **종류**이다. 그것은 도덕적인 것이 아니라 나라의 건실한 질서를 위한 정치법적인 것이거나 시민법적인 것이었다. 그러한 율법 가운데에는 관용이나 허용에 대한 율법이 있었는데, 그것들은 악한 일들을 승인하는 것이 아니라 단지 죄가 더 커질 것을 방지하기 위해 그들에게 허용되었던 것이다. 즉, 바다가 뭍으로 파도를 밀려 보낼 때 그 파도를 멈추게 하는 것이 불가능하다면, 가장 좋은 방법은 될 수 있는 한 파도를 작게 만드는 것이다. 그러한 것은 형제에게 이자 받는 것을 허용하지 않고, 이방인에게는 이자 받는 것을 허용하는 이자에 관한 율법이었다(신 23:20). 그와 아주 비슷한 경우로 일부다처를 규정하고 있는 율법이 있었다(신 21:15). 이러한 율법들은 하나님께서 정죄하신 것을 묵인하였으며, 더 큰 죄악을 예방하는 것이 그 목적이었다.

이혼에 대한 모세의 율법이 그러한 경우인데, 그것은 모든 사소한 이유에 의해 이혼증서를 주는 것을 인정한 것이 아니라 더 큰 불행과 죄를 예방하기 위하여 이혼증서를 허용하였던 것이다. 예를 들어, 한 남자가 자기 아내를 죽도록 싫어하여 그녀가 없어져 주기를 바란다면 그는 아내가 죽을 지경에 이르기까지 학대할 것이다. 그러므로 이 이혼의 율법은 사악한 남편이 그 아내를 죽이려 하는 충동을 없애기 위하여 허락되었던 것이다. 이혼은 모두 본래의 결혼제도에서 벗어난 것이며 인간의 타락의 결과인 것이다. 이와 같은 실례에서 한 남자가 자기 아내에게서 그녀를 쫓아내게 하는 간음과 같은 죄를 발견하게 된다면, 그것은 죽음으로써 형벌을 받아야 할 것이기 때문에 그는 그녀와 이혼하도록 허락받게 된다. 그러나 이것은 말로 성급히, 그리고 홧김에 행해져서는 안 되며 심사숙고한 뒤에 행해져야 한다. '이혼증서'는 엄숙하고 최종적인 것을 처리하는 것이기 때문에 법적으로 작성되고 서명되어야 한다.

둘째로, 우리는 이 율법의 **엄격함**에 대해 살펴보기로 하자. 남자에게만 이 이혼증서를 줄 수 있도록 허락되었다. 즉 여기에서도, 구약의 다른 어느 곳에서도 여자에게는 이러한 자유가 허락되지 않았다. 이러한 처사를 부당하고 매우 가혹한 것이라고 놀라워한다면 다음과 같은 두 가지 사실을 고려해 보아야 할 것이다. 첫째로, 남편이 부정한 죄를 범한 경우에 그 아내는 그 일을 판사에게 알릴 수 있으며 그녀의 부정한 배우자가 죽음의 형벌을 받음으로써 그녀는 위로받게 된다. 둘째로, 이 법규는 폭력과 유혈을 방지하고 연약한 여자를 보호하기 위해 특별히 마련되었다. 그러므로 이 법은 아내가 남편을 공격할 때 그 남편이 자신을 보호하는 것도 당연한 일로 생각하는 것이다.

셋째로, 이 율법의 **힘**과 그 효력에 대해 간단히 살펴보기로 하자. 이 율법에서는 사람들 앞에서 정당하고, 그 후의 인간의 법정에서 합법적인 결혼을 할 수 있도록 조건이 될 만한 이유가 기록되어진 이혼증서를 써주라고 명하고 있다. 그렇게 이혼한 상황 하에서 죄를 범한 배우자가 다시 결혼하는 것은 간음하는 것이다(마 19:9). 바리새인들은 이 율법을 심하게 악용하였다. 그들은 그것을 '계명'이라고 가르쳤으나(마 19:7) 신명기 24:1의 말씀에서 분명히 나타나고 있는 바와 같이 모세는 단지 그것을 허락하였을 뿐이다. 그들은 또 **아무** 이유를 막론하고(마 19:3) 남자가 자기 아내를 내어버릴 수 있으며, 그로 말미암아 하나님 앞에서 그녀로부터 해방될 수 있으며 또 다른 여자와 자유로이 결혼할 수 있다고 가르쳤다.

"나는 너희에게 이르노니 누구든지 음행한 연고 없이 아내를 버리면 이는 그로 간음하게 함이요 또 누구든지 버림받은 여자에게 장가드는 자도 간음함이니라"(32절). 그리스도께서는 여기에서 서기관들과 바리새인들의 잘못된 해석을 지적하시며, 이혼은 하나님이 보시는 앞에서 혼인 언약을 취소할 만한 죄를 지은 경우에만 허락되며, 꼭 그러한 경우에만 허락되어진 것이지 그것이 율법에 명해져 있는 것은 아니라고 단호하게 말씀하셨다. 많은 사람들은 결혼한 사람만이 '간음' 죄를 지을 수 있다고 논쟁함으로써 "음행한 연고 없이"라는 말은 결혼 **전**에 범하여 결혼 후에도 계속 숨겨온 죄에 대한 말이라고 이해하였다. 이것은 우리로 하여금 다음과 같은 문제를 제기하게 한다. 즉, 성경은 음행과 간음이란 말의 차이를 실제로 명확히 구별하고 있는가? 우리는 그렇지 않다고 대답하게 된다. 사실, 마태복음 15:19과 갈라디아서 5:19에서 이 두 가지 말은 서로 다르게 이야기되고 있으나, 요한계시록 2:20, 22에서는 분명히 서로 바뀌어 이야기되고 있다. 반면 에스겔 16:25-28까지의 말씀에 나오는 음부는 이 **두 가지** 죄를 모두 범했다고 나와 있다.

"나는 너희에게 이르노니 누구든지 음행한 연고 없이 아내를 버리면 이는 그로 간음하게 함이요 또 누구든지 버림받은 여자에게 장가드는 자도 간음함이니라." 사람들이 우리 주님의 이 말씀을 잘못 해석하고 있음이 너무도 분명하다. "이 율법에 따르면 간음은 이혼하기에 유일한 충분한 이유가 된다. 음행 이외의 다른 연고로 자기 아내를 버린 자가 다른 여자와 결혼하게 되면 그는 간음한 자가 되며 또한 그와 결혼한 여자도 그와 결혼함으로써 간음한 것이 된다. 또 한편으로는 그 남자의 아내였던 여자가 다른 남자와 결혼하게 되면 그 여자에게 장가든 남자도 간음죄를 짓게 된다. 왜냐하면 이 경우에 그 여자는 전 남편이 다른 여자와 결혼하여 간음죄를 지은 것과 똑같이 간음하였기 때문이다"(존 브라운). 우리가 살고 있는 세상의 율법이 아무리 비성경적이고 또한 오늘날의 대중의 마음과 행동을 방종하게 하는 것이라 할지라도 마태복음 19:9에서 반복되고 있는 하나님의 아들의 이 명백한 선언을 정면에서 피하는 자는 그 누구도 용서받을 수 없다.

인간들의 법보다 더 지고한 것이라면 그것은 하나님을 두려워하는 자들을 다스리고 통제해야 한다. 모든 '문명' 국들의 법률은 고리대금업을 인가하고 있으나 하나님의 말씀은 그것을 정죄한다. 세상의 법은 모든 사소한 경우에까지 합의해 보려고 하지 않고 법정에 제소하는 것이 허용되어 있다. 그러나 그러한 자들은 세상의 정치적인 법규로는 자유가 주어지지만 하나님 앞에서는 죄인들인 것이다. 마찬가지로, 인간의 법은 성격이 '상반' 되는 경우와 '정신적으로 학대받는' 경우, 그리고 다른 여러 가지 일들에 대해 이혼을 허락하고 있으나 하나님의 율법은 그러한 방종들을 정죄한다. 가톨릭교인들은 "내 이름을 위하여 집이나 형제나 자매나 부모나 자식이나 전토를 버린 자마다 여러 배를 받고 또 영생을 상속하리라"(마 19:29)는 말씀에 호소함으로써 종교적인 이유에 대해서는 이혼을 허락하고 있으나 거기에서 그리스도께서는 이혼에 대해 말씀하신 것이 아니라 옥에 갇히거나 추방당하거나 사망으로 인해 서로 떨어지는 것을 말씀하고 계신 것이다.

혼인은 단순히 인위적인 일이 아니라 부분적으로는 영적인 일이며 하나님의 일이다. 그러므로 하나님만이 혼인의 시작과 그 과정과 끝을 명하실 권한을 가지고 계신다. 여기에서 사람들은 다음과 같이 질문할 수 있다. 즉, 이혼할 경우 순결한 쪽은 누구인가? 그리고 그 순결한 쪽은 하나님의 승인을 받고 다시 결혼할 수 있는가? 내가 보기에는 이것이 아주 분명한 사실인데도 모든 그리스도인들이 이 문제에 대해 하나가 되고 있지 않는다는 사실이 이상하게 느껴진다. 이 문제에 대해 성경적인 대답을 구하면서 우리는 남편이나 아내 어느 한편을 배신하는 것은 혼인 언약을 깨뜨리는 것이며, 그 둘 중 한 사람이 다른 사람과 결합하여 간음했을 때 남편과 아내는 이제 더 이상 '한 몸'이 아니라는 사실을 명심해야 한다. 이혼은 그 이상의 것이다. 왜냐하면 그것은 법적으로 혼인관계를 취소하고 말살하는 것이기 때문이다. 그러므로 우리는 다음과 같이 선언하는 웨스트민스터 신앙고백과 충심으로 일치해야 할 것이다. 즉, "결혼 후에 범한 간음의 경우 순결한 편에서 이혼소송을 제기해도 합법적이며 이혼 후에 마치 불결했던 자가 죽은 것처럼 다른 사람과 결혼해도 합법적이다"(24장 5항).

존 오웬은 그의 "간음으로 인하여 이혼한 후의 결혼에 관하여"(of Marriage after Divorce in Case of Adultery)란 훌륭한 글에서, 이혼이란 단순히 법적인 분리를 확실하게 하는 것이지 사람들에게 해를 끼치는 상황을 초래하는, 혼인 관계를 깨뜨리는 것은 아니라고 지적하고 있다. 하나님께서는 절제하지 못하는 것을 구제하려고 혼인을 명하셨다(고전 7:2). 그러나 법적으로 이혼했을 때 순결한 편에서 다시 결혼할 수 없다면 그들은 이러한 구제 수단을 빼앗긴 것이며 이러한 혜택으로부터 제외된 것이다. 이혼한 사람이 절제의 은사를 가지고 있지 않다면 그가 자신의 구원을 위해 결혼해야 한다는 것이 하나님의 명백한 뜻이다. 그러나 그와는 반대로 자신이 죄를 지은 입장에서 그가 다시 결혼한다면 그것은 물론 무서운 간음죄를 짓는 것이다. 이것은 그러한 죄를 절제할 수 없다는 사실을 명백하게 드러내는 행위에 불과하다.

다시, 우리는 순결한 사람이 배우자의 배신 때문에 그의 여생 동안 형벌받게 된다면 그것이 의로우신 하나님의 뜻이라고 생각할 수 있겠는가? 그러한 생각은 분명히 하나님의 선하심과 자비하심을 진정으로 알고 있는 모든 사람에게 실망을 안겨 준다. 만일 이혼한 순결한 남자가 자유로이 다시 결혼할 수 없다면 그는 무엇 때문에 배우자의 죄로 말미암아 자기의 권리를 빼앗겨야 하는가? 그러한 것은 자연법에 반대되는 것이다. 그러한 가정 하에서 보면 이혼할 권리는 남편으로부터 그의 본연적인 권리를 빼앗는 모든 사악한 여자들의 손아귀에 있다는 말이다. 그리스도께서 지적하신 간음한 경우의 이혼의 권리, 즉 순결한 편이 이용할 이혼의 권리는 분명히 그의 해방과 구제를 위해 마련된 것이다. 그러나 그가 다시 결혼할 수 없다는 생각은 그를 함정에 빠지게 하고 그에게 멍에를 지게 하는 것이다. 왜냐하면 그에게 절제의 은사가 주어지지 않았을 경우 그는 죄를 짓게 되어 심판받게 될 것이기 때문이다.

그러나 이러한 납득할 만한 이유는 별개로 하고라도 하나님의 말씀은 그 문제에 대해 분명하고 단호하게 대답해 주신다. 마태복음 5:32에서 그리스도께서는 그 보편적인 규칙을 말씀하고 계시며, 그 다음에는 그 보편적인 규칙에서 제외된 예외의 경우를 말씀하시는데, 그 예외의 특성은 반드시 보편적인 규칙에 반대되는 것을 뜻한다. 그 보편적인 규칙은 다음과 같다. 즉, 누구든지 자기 아내를 버리는 자는 그녀로 하여금 간음하게 하는 것이며 그 여자에게 장가드는 자도 간음한 것이다. '예외'의 경우는 그와는 반대가 된다. 즉, 이혼한 순결한 편은 법적으로 다시 결혼할 수 있으며 그와 같이 순결한 남자나 여자와 결혼해도 간음죄가 되지 않는다는 것이다. 그러나 그것은 **유일한** 예외인 것이다. 어떤 사람들은 완전하게 이혼에 합의한 경우에는 재혼해도 좋다는 것을 고린도전서 7:15의 말씀을 들어 주장하고 있다. 그러나 그 구절은 그러한 사실과는 전혀 무관한 가르침이다. 그 구절은 믿는 아내를 버리는, 믿지 않는 남편에 대한 말씀이다. 그러한 경우에 그 여자는 남편에게 매여 있지 않으며 부양하라는 요구도 할 수 없고 그 문제로 소송할 수도 없다. 오히려 그녀는 '화평의' 방향으로 나아가야 한다. 또한 그 구절은 그녀에게 다시 결혼할 수 있는 자유가 주어졌는지의 여부에 대하여 말하지도 않았다. 오히려 고린도전서 7:39에서는 "아내가 그 남편이 살아 있는 동안에 매여 있다"고 말하고 있다.

마태복음 19:9에서 그리스도께서는 "누구든지 음행한 연고 **외에** 아내를 내어버리고 다른 데 장가드는 자는 간음함이니라 또 누구든지 버림받은 여자에게 장가드는 자도 간음함이니라"고 선언하셨다. 여기에서 우리는 다시 이러한 말씀이 분명한 의미가 있음을 명백히 알 수 있다. 음행한 연고로 자기 아내를 내어버리고 다른 여자와 결혼하는 자는 간음죄를 범하지 않은 것이다. 그러한 경우 혼인의 계약은 이미 깨어진 것이며, 죄 지은 자기 아내를 내쫓은 남편은 다시 자유롭게 결혼할 수 있다. 우리 주님께서 음행한 연고 이외의 다른 모든 연고로 자기 아내를 내어버리고 다시 결혼하는 것을 정죄하셨을 때, 주께서 예외라고 말씀하신 경우에는 분명히 이혼과 재혼이 허락되고 있다. 왜냐하면 예외는 항상 규칙에서 거부된 것에 반대하여 확언하고, 규칙에서 확언된 것을 거부하는 것이기 때문이다. (오웬의 작품 중에서, 그는 "이것은 이 세상의 모든 개신교회가 계속 실천하여야 할 것이다"라고 말함으로써 이 책을 마치고 있다)

예방이 치료보다 더 낫다. 잠시 동안의 별거일지라도 그것은 최후로 강구되어야 할 수단이어야 하며, 가능한 한 모든 노력을 동원해서 그러한 비극을 막아야 한다. 혼인은 경솔하고 서둘러서 행해져서는 안 되며, 일단 매어진 매듭이므로 각자는 혼인에 이르게 된 관계와 그 의무의 중요성을 생각해야 한다. 사랑으로 다스려지는 곳에서는 모든 일이 다 잘 될 것이다. 즉, 서로 간에 헌신과 인내로써 생활해야 할 것이다. 만약 남편이 그의 아내를 "연약한 그릇"(벧전 3:7)으로 알아 귀히 여긴다면 그 아내는 반드시 남편에 대한 의무를 다할 것이며(고전 7:3), 그리하여 필요 없는 불화가 없어질 것이다. 그들은 서로의 허물을 감싸주어야 하며, 상대방의 성질을 파악해야 하며, 서로의 결점을 고쳐주려고 노력해야 한다. 그러므로 그들은 함께 자주 은혜의 보좌 앞에 나아와야 하며 그들의 결혼 생활에 하나님의 축복이 내리시기를 구해야 한다. 그들의 생활이 신성하면 할수록 그들은 더욱더 행복할 것이다. 하나님의 은혜의 충만함을 증거하고 그리스도와 그의 교회 사이에 존재하는 연합을 나타내는 가정이야말로 하나님을 가장 존귀케 하는 것이다.

제14장

율법과 맹세

❶

또 옛 사람에게 말한 바 헛 맹세를 하지 말고 네 맹세한 것을 주께 지키라 하였다는 것을 너희가 들었으나 나는 너희에게 이르노니 도무지 맹세하지 말지니 하늘로도 하지 말라 이는 하나님의 보좌임이요 땅으로도 하지 말라 이는 하나님의 발등상임이요 예루살렘으로도 하지 말라 이는 큰 임금의 성임이요 네 머리로도 하지 말라 이는 네가 한 터럭도 희고 검게 할 수 없음이라 오직 너희 말은 옳다 옳다, 아니라 아니라 하라 이에서 지나는 것은 악으로부터 나느니라(마 5:33-37)

이제 우리가 다루게 될 이 주제는 일반 독자들의 관심을 별로 끌지 못하는 것 같다. 그 이유는 아마도 이 주제가 마음을 사로잡기 어려운 문제들이기 때문일 것이다. 그러나 주 예수께서 그의 첫 공식적인 설교에서 이를 소홀히 다루지 않으셨다는 사실은 이 주제가 결코 무시해 버릴 수 없는 것임을 가르쳐 준다. 하나님의 아들은 하찮은 일에 시간을 낭비하지 않으셨으며 또한 실제 가치가 전혀 없는 전문적인 것에 대하여 공개적으로 말씀하신 적이 없다. 오히려 그는 하나님의 영광에 직접적으로 영향을 끼치며 불멸의 영혼들의 영원한 행복에 관계가 있는, 지극히 중요한 문제들에 관심을 가지셨다. 그러므로 우리가 맹세라는 주제에 관한 그리스도의 가르침을 주의 깊게 숙고하고, 기도하는 마음으로 고려해 보지 않는다면, 그것은 그의 명예를 대수롭지 않게 여기고, 그의 지혜를 비난하는 것이 된다. 또한 주님께서 이 주제에 대하여 회중들에게 주목케 하신 것은 이번뿐만이 아니었다. 우리가 잘 알고 있는 바와 같이, 마태복음 23장에서 주님은 이 주제를 다시 다루시며 아주 상세하게 말씀하셨다.

어떤 사람은 "모르는 것을 약으로 생각하는 곳에서는 현명하게 된다는 것이 오히려 어리석은 일이다"고 말하였지만, 이처럼 어리석은 진술은 명석하고 신중하기보다는 우매한 것으로 생각된다. 모르는 것을 축복으로 생각하는 것은 때로 크게 위험한 짓이 되며 특히 하나님과 관계된 일에 있어서는 치명적이다. "내 백성이 지식이 없으므로 **망하는도다**"(호 4:6)라고 구약의 여호와께서 말씀하셨다. 사실 지식 그 자체는 언제나 죄를 막지 못하나 때로는 유익한 억제 역할을 한다. 오늘날 수많은 사람들이 그리스도께서 여기에서 정죄하신 죄를 범하고도 이 문제에 있어서의 자기의 사악함을 전혀 모르고 있다는 사실은 참으로 두려운 일이다. 오늘날 모든 계층 간에 저주하고 맹세하는 것보다 더 성행하는 일은 없으며, 지금은 바로 설교와 글로써 이 점에 대하여 소리 높여 경고해야 할 때이다.

이 주제가 참으로 중요하다는 것은 이것이 십계명 중 세 번째 계명에 대한 올바른 이해와 준수에 근본적으로 밀접한 관계가 있다는 것을 지적함으로써 더 잘 알 수 있을 것이다. 하나님의 율법을 범한 모든 죄인들에게는 하나님의 저주가 내려져 있으므로, 이 주제는 기초적이고 매우 중요한 것이다. 만일 독자가 '맹세', '맹세하다', '서약하다' 등의 단어에 관한 성구사전을 찾는 수고를 아끼지 않는다면, 그는 이에 관하여 말하는 구절들이 참으로 많다는 것을 발견하고 놀라게 될 것이다. 끝으로, 올바르게 맹세하는 일은 **예배의 한 행위**임을 알게 될 때 우리는 좀 더 명백하게 우리가 지금 다루는 주제의 중요성과 가치를 깨닫게 될 것이다. 왜냐하면 하나님께 드리는 예배와 관계가 있는 일에 성경적으로 규정을 내리는 일은 우리 모두에게 중요한 일이며, 우리는 하나님께서 승인하고 받아주시기에 합당한 방식으로 예배를 드릴 수 있도록 노력을 아끼지 말아야 하기 때문이다.

"또 옛 사람에게 말한 바 헛 맹세를 하지 말고 네 맹세한 것을 주께 지키라 하였다는 것을 너희가 들었으나 나는 너희에게 이르노니 도무지 맹세하지 말지니 하늘로도 하지 말라 이는 하나님의 보좌임이요 땅으로도 하지 말라 이는 하나님의 발등상임이요 예루살렘으로도 하지 말라 이는 큰 임금의 성임이요 네 머리로도 하지 말라 이는 네가 한 터럭도 희고 검게 할 수 없음이라 오직 너희 말은 옳다 옳다, 아니라 아니라 하라 이에서 지나는 것은 악으로부터 나느니라"(마 5:33-37). 여기에서 우리는 이 구절에 대하여 몇 가지 강해적이고 해설적인 논평만을 할 것이며, 그 다음에는 전체 주제에 대하여 세부적으로 다루게 될 것이다.

"또 옛 사람에게 말한 바 헛 맹세를 하지 말고 네 맹세한 것을 주께 지키라 하
였다는 것을 너희가 들었으나"(33절). 우스꽝스럽게도 많은 주석가들은 그리스
도의 이 말씀을 모세의 율법 중의 하나로 간주하려고 애썼으나, 결국은 그리스도
께서 실제로 하신 이 말씀은 구약 성경 어디에도 나와 있지 않다는 고백을 하고,
그리스도께서는 여기에서 이 문제에 관한 율법의 가르침을 요약하신 것으로 가
정하고 말았다. 이러한 혼동이 있어서는 안되며 이러한 설명은 받아들일 수 없
다. 실상, 우리 주님은 여기에서 하나님의 계율들을 언급하신 것이 아니라 하나
님의 계율들에 대해서 유대인들이 곡해하고 있다는 것을 말씀하고 계신다. 주님
께서는 여기에서도 바로 앞의 구절들에서 하셨던 것과 똑같은 순서를 취하신다.
즉, 먼저 주님께서는 하나님의 율법에 대한 바리새인들의 오해를 언급하시고, 그
다음에는, 토론 중에 있는 문제들에 관하여 그가 자기 왕국의 시민들에게 요구하
는 의의 특성에 대하여 설명하신다.

"너는 네 하나님 여호와의 이름을 망령되게 부르지 말라 여호와는 그의 이름을
망령되게 부르는 자를 죄 없다 하지 아니하리라"(출 20:7). 여기에 맹세에 관한
본래적이고 근본적인 율법이 있으며, 우리는 이것을 "네 하나님 여호와를 경외하
며 그를 섬기며 그의 이름으로 맹세할 것이니라"(신 6:13)는 말씀과 연결시켜 볼
수 있다. 그러므로 맹세는 여호와라는 두려운 이름에 호소하는 것이었으며, 이것
은 맹세하는 자의 영이 두려워하는 마음으로 하나님의 임재를 의식하고 지존자
(至尊者)를 인식하도록 각성시킴으로써 그 맹세에 신성함과 능력을 부여해 주었
다. 그러므로 어떤 사람이 이렇게 맹세**하였을** 때에는, 여호와께서 그의 이름을
망령되이 일컫는 자를 죄 없다 하지 아니하리라는 엄숙한 경고가 있는 것이다.
이렇게 이스라엘 사람들이 여호와의 이름으로 맹세하는 것은 허락되어져 있었음
이 매우 분명하지만, 일단 이렇게 하였을 때에 맹세한 사람들은 그들의 마음을
바꾸어서는 안되었으며, 또한 그들의 약속을 조금이라도 깨뜨려서는 안되었다.

시편 기자가 "여호와의 장막에 유하고 그의 성산에 거하기에"(즉 하나님과의
친교를 나누고 그의 임재하심을 영원히 즐거워하기에) 합당한 자의 성격을 묘사
할 때 상술된 특징 중의 하나는 "그의 마음에 서원한 것은 해로울지라도 변하지
아니하는 자"(시 15:4), 즉 그가 맹세한 말을 절대로 취소하지 않는 자라는 것은
주목해 볼 가치가 있다. 그러므로 모세의 율법은 맹세하는 일을 엄격히 억제하
고, 이것을 엄숙한 경우에만 하도록 제지하였다는 것을 명백히 알 수 있다. 이 문

제에 관심 있는 독자는 또한 출애굽기 22:11, 12; 레위기 5:1; 19:12; 민수기 5:19-21과 같은 구절들을 참조하라.

그러나 유대의 율법사들은 하나님의 율법들을 곡해하게 되었고, 바리새인들은 그 변조시킨 것을 계승하였고, 그것에 덧붙였다. 그리스도께서 이 경우에 하신 말씀으로 보아 우리는 쉽게 이들의 잘못과 악습의 실상을 확인할 수 있다.

첫째로, 33절에서 그들은 부당하게도 맹세에 관한 모세의 계율들을 거짓맹세를 금하는 것으로만 **제한시켜 버렸음**을 분명히 알 수 있다. 그들은 어떤 사람이 거짓맹세만 하지 않는다면 모든 맹세가 아무 때든지 악하지 않다는 위험한 추론을 하였다. 그래서 그들은 사람들이 모든 문제에 있어서, 그리고 사소한 모든 경우에 있어서까지 맹세를 남발하게끔 유도하였다.

모세의 율법은 거짓맹세를 엄중히 정죄하였을 뿐만 아니라 일상 대화에 있어서 하나님의 이름을 망령되이, 그리고 **쓸데없이** 일컫는 것을 엄격히 금지하였다. 어느 누구도 그것이 논쟁거리가 되는 문제로서, 맹세가 없이는 그 논쟁이 해결될 수 없는 경우가 아니라면 임의로 맹세해서는 안 되었다. "사람들은 자기보다 더 큰 자를 가리켜 맹세하나니 맹세는 그들이 다투는 모든 일의 최후 확정이니라"(히 6:16). 그러나 바리새인들은 율법을 왜곡하여, 사람들이 사소한 일에 관하여서도 참되게 맹세하고 그 맹세가 약속인 경우 그것을 실행하기만 한다면 모든 것이 다 좋다고 가르쳤다. 그들은 **함부로** 맹세하고 있다는 것을 깨닫지 못하였던 듯하다. 맹세가 정당하기 위해서는 참되게 확언을 하고 맹세를 해야 할 뿐만 아니라 그렇게 확언을 하고 맹세를 하는 형식도 **필요**하다.

둘째로, 34-36절에 나타난 그리스도의 말씀을 통해 우리는 또한 유대인들이 **피조물**로 맹세하는 방법을 생각해냄으로써 제3계명을 왜곡하였음을 분명히 알 수 있다. 인간들의 타락한 본성에 영합하여 그들의 비위를 맞추려는 목적으로(거짓 선생들은 언제나 그들에게 잘 속는 사람들의 맹목성과 탐욕에 진리를 교묘히 적용시켜 왔다), 서기관들은 비록 사람들이 거짓맹세를 하지 않았다 할지라도 그 맹세를 깨뜨리는 죄를 범하지 않을 수 있는 방법을 고안해 내었다. 즉, 하나님의 이름으로써가 아니라 하늘이나 땅이나 예루살렘이나 성전으로 맹세하였던 것이다. 그들은 맹세에 여러 가지 차이를 두었다. 그들에 따르면, 어떤 맹세는 구속력이 있었지만 다른 맹세는 그렇지 아니하였다. 즉, 어떤 맹세를 지키는 일은 사람이 맹세한 대상의 성격에 따라 좌우되었다(마 23:16).

왜 지도자들이 이러한 수단에 의지하게 되고 그들의 추종자들이 왜 그처럼 그러한 수단을 좋아하였는가는 쉽게 알 수 있다. 율법은 매우 명확하다. "네 하나님 여호와를 경외하며 그를 섬기며 그의 이름으로 맹세할 것이니라"(신 6:13). 여호와의 이름으로 맹세하게 한 것은 거짓말을 하기 쉬운 타락한 인간들에게 엄숙한 굴레를 씌우기 위해서 일 뿐만 아니라 또한 진지한 문제들과 중요한 경우에만 맹세를 하도록 제한하기 위해서였다. 그러므로 몇 가지 생명이 없는 대상으로 맹세를 하게 하는 이 권고는 맹세가 지녀야 할 경외심을 제거해 버렸다. 그러나 사람들은 이 위선자들이 자기의 사악함을 참으로 쉽게 가려 버렸음을 즉시 깨달을 수 있다. 즉, 그들은 하나님에 대한 존경심을 표하기 위해서는 하나님의 이름을 사용해서는 안 된다는 핑계를 대었다. 필로(Philo)는 "하나님 곧 만물의 창조주께로 곧장 달려가서 **그를 두고** 맹세하는 것은 죄이며 무익한 일이다. 그러므로 부모나 하늘이나 별들을 두고 맹세하는 것이 타당하다"고 가르쳤다.

셋째로, 37절의 주님의 말씀을 통하여 우리는 또한 유대인들이 일상 대화에 있어서 **가볍고도** 평범하게 맹세를 하도록 부추기고 허락하였음을 분명히 알 수 있다. 그러므로 이것은 논리적이고 필연적으로 우리가 이제 이야기한 두 번째 악이 될 수밖에 없다. 왜냐하면 그러한 방법을 고안해 낸 것은 그 자체가 정직하지 못하고 타락한 것일 뿐만 아니라 (하나님의 이름이 빠진) 맹세는 가볍게 여김을 받아 사람들이 아무 문제에 대해서나 아무 때든지 맹세를 하게 되기 때문에, 이것은 자연히 제3계명을 무시하는 결과를 초래하게 되기 때문이다. "성전의 금과 제단의 희생물로 하는 맹세는 예외로 하고(이것은 이기적이거나 미신적인 이유에서 구속력이 있다고 생각되었다), 사람들은 피조물로 맹세를 하는 것은 조금도 중요하지 않으며 아무 책임이 없다고 생각하고 죄의식 없이도 일상 대화에서 맹세를 하였던 듯하다"(존 브라운).

"나는 너희에게 이르노니 도무지 맹세하지 말지니 하늘로도 말라 … 이는 하나님의 발등상임이요 예루살렘으로도 말라 이는 큰 임금의 성임이요"(34, 35절). 이 구절들과 그 다음의 두 구절에서 우리 주님은 서기관들과 바리새인들의 잘못된 가르침과 타락한 행위에 대하여 통렬히 비난하고 계신다. 이 설교에서, 우리 구세주께서 금지하신 일들은 모두 원래가 그리고 그 이전의 하나님의 율법의 효력에 의해서도 **악하고** 불법적인 것이었음을 분명히 이해해야 한다. 주님은 분명히 여기에서 모세의 율법들과 적대하고 있는 것이 아니라 오히려 그것들을 본래의 위치와 순수성과 권능으로 회복시키고 계신다. 그리스도께서는 그들의 전통의 왜곡성을 드러내시고 당시 아주 많은 사람들이 빠져 있었던, 영혼을 파멸시키는 죄들을 꾸짖으시면서 바리새인들의 종교적 위선의 베일을 벗기셨다.

이 설교의 바로 앞 부분들을 살펴본다면, 우리는 그리스도께서 그것에서 언급하신 사항들은 원래 그 자체가 악한 것이었을 뿐만 아니라 하나님의 긍정적인 율법으로도 악하다고 선포되어 있는 것들임을 즉시 발견하게 될 것이다. 형제에게 아무 이유 없이 노하고, 그를 '라가 곧 바보'라고 부르는 것은 엄청난 악이 아닌가? 여자를 보고 음욕을 품는 것은 큰 죄가 아닌가? 이와 마찬가지로 그리스도께서는 여기에서 "도무지 맹세하지 말지니"라는 말로써 법정에서나 사람들 사이에서의 논쟁을 끝맺기 위하여 정당하게 맹세하는 것을 금하신 것이 아니라, 모세의 율법들에 직접적으로 반대가 되면서도 바리새인들의 율법에 대한 잘못된 해석에 따라 실행되고 지지를 받았던 것을 금하신 것이다.

"나는 너희에게 이르노니 도무지 맹세하지 말지니." 그리스도의 이 권고는 성경 말씀을 신중히 해석해야 할 필요가 있음을 보여주는 실례가 된다. 많은 사람들이 여기에서 이 말씀의 참된 의미를 깨닫지 못하고 단순히 문자 그대로 해석하여 오해하였다. 이 금지를 상대적으로가 아니라 절대적으로 받아들였기 때문에 그들은 분명히 잘못을 범한 것이다. 이 구절은 또한 우리에게 성경을 서로 비교하는 것이 중요함을 가르쳐 준다. 왜냐하면 구약성경뿐만 아니라 신약성경의 많은 구절들을 통해서도 어떤 환경에서는 곧 하나님의 말씀의 규칙들이 명령하는 경우에서의 맹세는 **정당**하고 필연적임이 명백하기 때문이다. 우리는 이것에 대하여 다음 장(15장)에서 좀 더 상세히 다루게 될 것이다. 그러나 우리는 그리스도가 아무 제한 없이 금지하신 것이 아니라는 것을 찾아내기 위하여 이 구절의 범위를 벗어날 필요는 없다. 그리스도 자신이, 첫째로, 피조물로 맹세하지 않도록 금하심으로써, 둘째로, 우리의 일상 대화에서의 모든 맹세를 꾸짖으심으로써 그것을 제한하셨다.

"도무지 맹세하지 말지니"라는 그리스도의 말씀이 어떤 형태로든 어떤 상황에서든 모든 맹세를 금하심을 뜻하였다면 더 이상 덧붙일 필요가 없으며, 그것이 사실이라면 그 다음 두 구절에 나타나 있는 것은 쓸데없이 말을 늘려 놓은 것밖에 되지 않는다. 그러나 그리스도께서는 그가 금지하신 것을 부연 설명하셨으며 동시에 바리새인들이 고안해 낸 것의 궤변성을 드러내시고, 그 안에 담긴 죄성을 드러내셨다. 그들은 맹세하는 자들이 제3계명을 깨뜨리는 죄를 짓지 않도록 해 주리라 생각되는 방법을 궁리해 내었는데, 그것은 여호와 하나님의 거룩한 이름 으로 맹세를 하는 대신 어떤 피조물로써 맹세를 하는 것이었다. 그리스도께서 여 기서 비난하고 계신 것은 아마도 **이것**이었으며, 이렇게 하심으로써 그리스도께 서는 즉시 우리에게 하나님의 계명이 심히 '넓음' 을 깨닫게 해주신다(시 119:96).

"도무지 맹세하지 말지니 하늘로도 말라 이는 하나님의 보좌임이요 땅으로도 말라 이는 하나님의 발등상임이요 예루살렘으로도 말라 이는 큰 임금의 성임이 요." 여기에서 그리스도께서는 인간들은 교묘한 핑계로써도 맹세의 엄숙한 책임 을 조금도 회피할 수 없음을 분명히 나타내신다. 사람들이 하나님의 두려운 이름 을 언급하지 않는다 할지라도, 그 이름은 만물의 창조주요 소유자의 이름이므로 하나님의 손으로 만드신 모든 일에 그의 이름이 담겨 있음을 그들은 알아야 한 다. 사람들이 바리새인들이 권하였던 대로 '하늘' 로 맹세를 한다 할지라도 그들 은 **그것이** 하나님의 '보좌' 이므로, 그들이 자기의 정직성에 대한 증인으로서 불 렀던 것은 바로 하나님 자신이었음을 충분히 깨달아야 한다. 만일 사람이 '땅' 으 로 맹세한다면 그것은 하나님의 '발등상' 이므로 그것으로 맹세하는 사람은 그것 을 발등상으로 삼으시는 하나님으로 맹세하는 것이 된다. 또한 '예루살렘' 으로 맹세를 하면, 그것은 성읍 곧 하나님에 대한 예배의 처소로 맹세한 것이 된다.

"네 머리로도 하지 말라 이는 네가 한 터럭도 회고 검게 할 수 없음이라" (36 절). 피조물로 맹세하는 것은 그 피조물의 하나님에 대한 관계 때문에 필연적으 로 하나님 자신에게 호소함을 의미한다. 우주 전체는 여호와의 것이며, 그러므로 그 우주의 어느 한 부분으로 맹세를 하는 것은 그 우주의 존엄한 창조주이시자 통치자이신 분을 언급하는 것이 된다. 만일 우리가 우리의 '머리' 로 맹세를 한다 면, 그것 역시 하나님께서 우리에게 주셨으므로 그것은 우리의 것이라기보다는 오히려 **하나님의 것**이 된다. 하나님이 그것을 만드셨으며 그것을 처분하실 수 있 는 유일한 분이시다. 이것을 증명하기는 쉬운 일이다. 왜냐하면 우리는 머리카락 하나라도 그 색깔을 변화시킬 수 없기 때문이다. 머리로 하는 맹세는 만일 그것 에 조금이라도 의미가 있다면 우주의 소유자로 하는 맹세가 된다. 모든 맹세는 그것이 맹세이기 때문에 하나님께 궁극적으로 위탁하는 것이 된다. 사람이 그의 머리털의 색깔을 조금이라도 변화시킬 수 없다는 것을 들어 그리스도께서는 사람에게는 자기의 머리를 다스릴 권능이 없음을 설명하신다. 만일 사람에게 아주 하찮은 피조물이라도(즉 머리털 하나라도) 다스릴 권능이 있다면, 그가 피조물로 맹세를 하는 것은 참으로 부당하고 우스운 일이다.

"오직 너희 말은 옳다 옳다, 아니라 아니라 하라 이에서 지나는 것은 악으로부터 나느니라"(37절). 이 말씀을 통하여 그리스도께서는 "도무지 맹세하지 말지니"라는 자신의 말을 더욱 부연 설명하시며, 모든 것을 구속할 수 있는 한 가지 중요한 규칙을 내세우신다. '너희 말'은 우리 동료들과의 매일의 교제, 특히 우리 자신의 일상적인 말이나 대화를 의미한다. 일상생활의 사실들을 맹세한다는 것은 하나님의 이름을 모독하는 것이 될 것이다. 그리스도께서는 여기에서 재판상의 과정을 언급하고 계신 것이 아니라 사람들 서로 간의 일상적인 교제를 말씀하고 계신다. "그는 그의 추종자들이 재판관 앞에서 말한 것에 대해서가 아니라 그들의 일상적인 대화에 대하여, 즉 경솔하고 불필요한 맹세에 대하여 나무라셨다. 이것은 유대인들 사이에 널리 퍼져 있었던 죄였으므로 그들 가운데에서 부름 받았던 그리스도인들조차도 그에 대하여 경고받아야 할 상태에 있었다 (약 5:12)"(앤드류 풀러).

"도무지 맹세하지 말지니 … 오직 너희 말은 옳다 옳다, 아니라 아니라 하라." 이것을 그 자신의 백성에게 특별히 적용하여 그리스도께서는 그를 따르는 자들에게 모든 말에 정직할 것을 요구하면서, 그가 지금 정죄하고 있는 특별한 악한 일들의 근원을 공격하신다. 그리스도께서는 다음과 같이 말씀하시는 듯하다. 즉, 나는 너희가 거짓되이 맹세하는 것을 금할 뿐만 아니라 일상 대화에서는 전혀 맹세를 하지 말라고 말한다. 그러한 경우 네가 맹세할 필요가 있겠느냐? 너희는 '진리'이신 분의 제자가 아니냐! 거룩하신 분을 따르는 자들로서 너희는 너희의 입에서 나오는 **모든** 말을 진실되이 해야 한다. 너희의 성품과 행동은, 너희를 아는 모든 사람이 너희 말이 너희 보증금임을 확신하도록 되어야 한다. 만일 너희의 말이 약속과 실행에 있어서 '옳다'가 된다면 너희는 너희의 진실성에 대한 증거로서 하나님께 호소할 필요가 없게 될 것이다. 그러나 슬프게도 대다수의 신앙을 고백하는 그리스도인들이 세운 표준은 이것보다 훨씬 낮아서 그들 중의 많은 사람들은 흔히 신앙을 고백하지 않은 사람들보다 훨씬 더 무가치한 말을 한다. "이에서 지나는 것은 악으로부터 나느니라." 즉 맹세의 기미가 있는 말이나, 일상 대화에 있어서 지나친 공언은 하나님 보시기에 죄가 된다.

제15장

율법과 맹세

❷

"**또 옛 사람에게** 말한 바 헛 맹세를 하지 말고 네 맹세한 것을 주께 지키라 하였다는 것을 너희가 들었으나 나는 너희에게 이르노니 도무지 맹세하지 말지니 하늘로도 하지 말라 이는 하나님의 보좌임이요 땅으로도 하지 말라 이는 하나님의 발등상임이요 예루살렘으로도 하지 말라 이는 큰 임금의 성임이요 네 머리로도 하지 말라 이는 네가 한 터럭도 희고 검게 할 수 없음이라 오직 너희 말은 옳다 옳다, 아니라 아니라 하라 이에서 지나는 것은 악으로부터 나느니라"(마 5:33-37). 앞 장에서 우리는 이 구절들에 대하여 설명하였는데 거기에서 우리는 주님께서 어떻게 서기관들의 악한 꾀와, 바리새인들과 그들을 따르는 자들의 악한 행위에 대하여 정죄하셨는가를 살펴보았다. 이제는 그 주제를 총괄적으로 살펴보려 하는데, 왜냐하면 오늘날은 이 주제 전체에 대하여 성경적으로 강조해야 할 필요가 있기 때문이다.

"너는 네 하나님 여호와의 이름을 망령되게 부르지 말라 여호와는 그의 이름을 망령되게 부르는 자를 죄 없다 하지 아니하리라"(출 20:7). 이것은 맹세라는 문제에 대한 하나님의 기본적인 계율이며 이 맹세의 금지의 범위와 그것의 의미의 한계는 지금 우리가 일반적으로 생각하는 것보다 훨씬 광범위하다. "주의 계명들은 심히 넓으니이다"(시 119:96)라고 구약시대의 다윗이 말하였는데, 그리스도의 가르침은 이것을 명백하게 나타내 준다. 앞 장을 주의 깊게 읽은 사람들은 이 설교를 통하여, 구세주께서는 우리에게 십계명을 해석하는 데 있어서 지극히 중요하고 귀중한 몇 가지 규칙들을 마련해 주셨음을 기억할 것이다.

첫째로, 하나님께서 어떤 한 가지 죄를 금하실 때에는 그것은 그와 같은 종류의 모든 죄의 원인과 그 상황을 금하는 것이다. 둘째로, 어떤 계명을 깨뜨리든지 거기에는 저주가 따르며 이 저주는 정확하게 표현되어 있기도 하고 그렇지 않기도 하다. 셋째로, 어떤 악이 정죄되어진 곳에서는 그와 반대되는 선이 명령되어 진 것이다.

하나님께서 "살인하지 말라"고 말씀하셨을 때, 하나님은 살인의 명백한 행위를 금하신 것뿐만 아니라 살인을 일으킬 수 있는 마음과 생각의 모든 악한 작용 곧 모든 증오, 분노, 도발적인 말, 또는 몸짓까지도 정죄하셨다. 하나님께서 "간음하지 말라"고 말씀하셨을 때, 하나님은 부도덕한 실제 행위를 금하신 것뿐만 아니라 모든 부당한 정욕과 욕망들, 불순한 모든 생각과 상상 또한 금하셨다. 이와 마찬가지로 하나님이 "너의 하나님 여호와의 이름을 망령되이 일컫지 말라"고 말씀하셨을 때, 그는 하나님의 거룩한 칭호를 저주하는 데에 사용하는 악한 죄를 꾸짖으시고 거짓 맹세의 죄를 범치 말게 금하신 것뿐만 아니라, 그의 피조물 중 어떤 것으로도 맹세하지 말고 또한 모든 터무니없는 빈 말을 정죄하시고 불필요한 맹세를 하지 말도록 하셨다.

학자들은 히브리어로 맹세라는 말은 **셰브아**(Shebuah)로서 이것은 두 가지 의미가 있다고 말한다. 첫째로, '맹세하다'는 동사는 오직 니팔(niphal), 즉 수동형으로만 쓰여졌는데 이것은 우리가 맹세할 때에는 수동적이어야 한다. 즉 맹세하지 않으면 안 될 때에, 또는 최소한 어쩔 수 없이 그렇게 하도록 하는 상태에서만 맹세해야 한다는 것을 의미한다. 즉 맹세하지 않으면 안 될 때에, 또는 최소한 어쩔 수 없이 그렇게 하도록 하는 상태에서만 맹세해야 한다는 것을 의미한다. 의미심장하게도 이 히브리말은 '일곱'을 뜻하는 어근에서 취해졌는데, 이것은 아마도 많은 증인들 앞에서 맹세를 해야 한다는 것을 뜻할 것이며, 일곱이라는 숫자는 신성하고 완전함을 뜻하므로 맹세의 명사형이 이것에서 유래되었을 것이다. 왜냐하면 그것은 여러 의견 차이에 대한 완전한 결말을 가져오는 것으로 정해져 있기 때문이다. 헬라어로는 **호르코스**라고 불리어졌는데, 이것은 아마도 '묶다' 혹은 '강화하다'는 뜻의 어근에서 취해진 것으로 보인다. 왜냐하면 맹세로써 사람은 자기 영혼에 대해 쉽게 풀리지 않는 증거의 띠를 매는 것이기 때문이다. 라틴어의 juro와 jus jurandum은 분명히 jus에서 유래되었는데 이것은 '권리와 법률'이라는 뜻이다.

첫째로, 맹세의 **본질**에 대하여 살펴보자. 맹세는 진리의 증인과 거짓말의 복수자이신 하나님을 부름으로써 의심스러운 일들에 대하여 종교적이고 필연적인 확정을 하는 것이다. 맹세가 확정이라는 것은 히브리서 6:16에서 분명히 알 수 있는

데, 그곳에서 성령께서는 같은 내용을 확증하고 계신다. 또 맹세가 종교적인 확정이라는 것은 이것이 하나님에 대한 예배의 일부분이 되며, 맹세를 통하여 하나님께 호소한다는 사실을 통해 알 수 있다. 즉 이사야서 19:18에서 "만군의 여호와를 가리켜 맹세하는 것" 이라는 말은 하나님께 대한 예배 전체를 나타내고 있다. 그것은 필연적인 확정이어야 한다. 왜냐하면 엄숙한 해결이 필요 없는 사소한 문제나 일들에 관계되는 맹세는 부당하기 때문이다. 하나님께서 증인과 복수자로 불리어지는 것은 자명한 사실이다. 왜냐하면 거기에 맹세의 형식과 모든 능력이 있기 때문이다. 이렇게 맹세하는 사람은 진리의 하나님과, 거짓말을 증오하시는 자로서의 하나님께 호소하면서 그의 완전하심을 인정한다.

정확하게 말하면 맹세에는 다음과 같은 네 가지 요소가 있다. 첫째는 진리에 대한 외적인 **증언**인데, 이것에 대해서는 맹세를 하지 않더라도 언제나 말해야 한다. 둘째는 거룩하신 삼위일체 하나님의 전능하신 임재에 대한 **고백**. 이로 말미암아 우리는 하나님이 증인, 심판자, 거짓의 복수자이심을 지극히 엄숙하게 인정한다. 셋째는, 우리의 양심 곧 우리가 맹세한 것이 진실이라는 것을 하나님께서 입증해 주시기를 바라며 드리는 **기원**. 넷째는, **저주**. 이를 통하여 맹세한 자는 그가 거짓 맹세를 하였다면 하나님의 형벌이 자기에게 임할 것을 바라면서 하나님께서 모든 거짓의 복수자가 되기를 원한다. 그러므로 분명히 맹세는 경솔히 해서는 안 되며, 정말로 중요한 문제에 있어서만 맹세를 해야 되며, 아주 엄숙하게 해야 한다는 것을 알 수 있다. 그렇지 않으면 우리는 제3계명을 거스르는 것이 되며, 여호와 하나님의 거룩한 이름을 망령되이 부르는 두려운 죄를 범하게 된다.

둘째로, 맹세의 **의도**는 진리를 알고 소유하신 분으로서의 하나님의 이름을 신앙적으로 부름으로써 우리가 확증하거나 부인한 것을 엄숙하게 확정하는 데 있다. 우리가 맹세를 할 때에 하나님의 이름을 부르는 한, 이것은 그가 요구하고 그에게 영광을 돌리는 그에 대한 예배의 한 부분이 된다. 어떤 사람이 맹세를 통하여 인정되었을 때, 그는 그 문제에 있어서 유일한 재판관으로서의 주님께 호소하였으므로 지상의 법정에서 책임이 면제된다. 어떤 특별한 표현 방식에 의해서 하나님에 대한 호소와 그에 대한 기원을 한다는 것이 맹세의 성격을 결정하는 데 필요한 것은 아니다. 거기에서 사용된 표현 방식들이 그 문제와 관련된 사람들 사이에서 그것이 기원이요 호소의 표시로서 인정되고 받아들여진다면 그것으로 충분하다. 맹세하고 있는 동안 하나님의 거룩한 말씀이 적힌 책에 한 손을 놓고,

다른 손은 하늘로 향하도록 드는 것은 아주 바람직한 것 같다. 그러나 증언한 후에 성경책에 입 맞추는 것은 필요 없고 적당치 못한 방법으로 생각된다.

셋째로, 정당한 맹세들의 **조건들** 혹은 특징들에 대한 것을 살펴보자. 이것들에 대하여는 선지자들이 명백하게 표현하고 있으므로 이것들에 덧붙이거나 이것들에서 빼어낼 필요는 없다. "진실과 정의와 공의로 여호와의 삶을 두고 맹세하면" (렘 4:2). 거짓말과 허언(虛言) 대신 '진실'이 요구된다. 왜냐하면 이 진실을 담고 있지 않다면 하나님을 거짓말에 대한 증인이 되시도록 부르고 있으며, 이것은 그의 존재 자체를 부인하는 것이 되기 때문이다. 그것은 '공정(정의)'해야 한다. 우리는 경솔하고 성급하게 또는 공정하고 충분한 근거가 없이 맹세해서는 안 된다. 확정되어야 할 의심스러운 문제와 맹세의 엄숙한 성격, 그리고 맹세를 말하는 것과 관계하여 실제로 맹세할 때에는 식별력과 신중한 사려분별이 있어야 한다. '공의'로 맹세해야 한다. 즉 하나님의 영광과 우리의 동료들의 유익을 위하여 우리가 확정하고자 하는 것은 의로워야 한다.

위에 있는 조건들이 이루어지고 있는 때와, 사람들 사이에 논쟁이 되고 있는 문제들이 있는 곳에서와, 또한 크든 작든 인간 사회의 평화가 이 문제들의 올바른 결정에 좌우된다면, 정당하게 부름을 받은 신자가 이 논쟁을 끝맺기 위하여 하나님의 이름을 부름으로써 그가 알고 있는 진리를 확정하는 것은 합당하고 적당한 일이다. 맹세하는 것은 하나님에 대한 자연스러운 예배의 일부분이며 우리의 본성도 그것을 가르쳐 준다. 이것은 하나님 자신의 모범을 통하여 분명히 알 수 있다. 즉 여호와 하나님께서도 모세의 율법(창 22:16) 이전과 이후에도 여러 번 맹세를 하셨었다. 그러므로 사람들이 자기 본성으로부터 맹세의 합법성과 책임을 이해하지 못하였더라면 분명히 그들에게 이것은 조금도 중요하지 않았을 것이며 아무 소용도 없는 것이었다.

옛적에도 하나님은 자신의 모범을 통하여 사람들에게 빛을 비추어 주셨고 더욱 상세하게 가르쳐 주셨다. 따라서 우리는 시내 산에서 율법이 주어지기 훨씬 전에 하나님과 아주 가까이서 동행하였던 자들이 이 경우에 따라, 또는 합법적으로 그렇게 해야 할 근거가 있을 때에는 서로 엄숙하게 맹세하였음을 알 수 있다. 그러므로 아브라함은 아비멜렉에게 맹세하였고(창 21:23, 24), 자기 하인에게도 맹세하도록 하였다(창 24:8, 9). 이와 마찬가지로 야곱은 라반과 맹세하였다(창 31:53). 또 요셉 역시 그의 아버지에게 맹세하였다(창 47:31). 그러나 이러한 실례들이 모세의 율법적인 제도들과 아무 관계가 없으므로 오늘날에도 이와 같이 행하는 것을 복음이 정죄한다고 생각할 만한 근거는 없다.

어떤 사람은 앞의 내용이 너무도 단순하고 명백한 사실이라고 생각할지도 모른다. 그러나 슬프게도 그러한 사람은 아무 어려움도 없는 곳에서 어려움을 느끼게 될 것이고 명백한 진술을 왜곡시키게 될 것이다. 비록 신앙을 고백하는 대다수의 그리스도인들이 이 주제에 대한 성경의 가르침을 올바르게 이해하고 그에 따라 행동하였다 할지라도, 그 점에 대하여 잘못을 범한 사람들이 있었다. 퀘이커파와 그 밖의 소수의 사람들은 신약성경이 맹세하는 것을 분명히 금하고 있다고 생각한다. 그들은 "도무지 맹세하지 말지니"라는 그리스도의 말씀과 "내 형제들아 무엇보다도 맹세하지 말지니 하늘로나 땅으로나 아무 다른 것으로도 맹세하지 말고 오직 너희가 그렇다고 생각하는 것은 그렇다 하고 아니라고 생각하는 것은 아니라 하여 정죄 받음을 면하라"(약 5:12)는 말씀에 호소한다. 그들은 이러한 구절들이 어떤 환경에서든지 전혀 맹세하지 말라는 것으로 생각하고, 그 땅의 군주들이 명령하였을 때조차도 맹세에 대한 증인이 되기를 거절하였다.

야고보서에서 인용한 말씀은 마태복음 5:33-37에서의 우리 구세주의 말씀에서 비롯되었으며, 그와 관계가 있고 또한 그것은 똑같은 문제에 대한 주님의 훈계와 가르침을 되풀이하여 가르치는 권고임을 분명히 알 수 있다. 그러므로 그 두 가지 경우에 같은 대답을 할 수 있으며 그 말씀을 근거로 한 잘못을 드러내고 **논박**하는 데에는 전혀 어려움이 없다.

첫째로, 맹세는 본질상 죄가 되지 않으며 또한 하나님의 권위로써도 결코 금지된 것이 아니라는 것(신 6:13)을 지적해야 한다. 맹세는 단순히 우리의 증거의 참됨과 우리의 약속들의 진실성에 관하여 전지하신 분(즉 마음을 살피시며 이 세상의 위대한 통치자이시고 속임수와 거짓을 벌하시는 분)에게 호소하는 것이다. 이것은 우리의 본성이 가르쳐 주기 때문에, 단순히 시대가 바뀌었다고 하여 올바른 일이 그른 일이 될 수는 없다.

둘째로, 이사야서 45:23의 예언은 신약성경의 신자들에게 속하며, 또한 그들에게 분명히 적용이 된다. "내가 나를 두고 맹세하기를 나의 입에서 의로운 말이 나갔은즉 돌아오지 아니하나니 내게 모든 무릎이 꿇겠고 모든 혀가 맹약하리라 하였노라." 로마서 14:11을 보라. 이것은 하나님께서 구약시대에 규정하셨던 일과 관계가 있다(신 6:13). 선지자는 복음의 날에도 온 세상이 이것을 지킬 것이라고 말하고 있는데, 어떠한 환경에서든 거룩하신 이름으로 맹세하는 것이 부당하다면 분명히 이것은 이루어질 수 없을 것이다. 이와 마찬가지로 예레미야는 새 언약을 통하여 이방인들을 부르는 것과 그들의 회심에 대하여 예언하였다. "그들이 내 백성의 도를 부지런히 배우며 사는 여호와 내 이름으로 맹세하기를 … 그들이 내 백성 중에 세움을 입으려니와"(12:16). 그러나 그들이 맹세를 하는 것이 부당하고 또한 그들이 정당하게 명령을 받았을 때에 그렇게 하는 것이 그들의 의무가 아니라면, 이것은 이방인들 가운데 회심한 자들을 향한 명령이나 격려가 될 수 없었을 것이다.

셋째로, (앞 장에서) 마태복음 5:33-37을 설명하며 상세히 밝힌 바와 같이, 그리스도께서는 그 말씀을 통하여 율법에 반대가 되는 맹세만을 정죄하고 또 그 자체가 근본적으로 악한 일들을 금하고 계셨을 뿐이다. 그는 단지 유대인들의 잘못을 드러내고 계셨을 뿐이며 또한 바리새인들의 악한 곡해를 논박하셨을 뿐이다. 이것이 바로 이 구절에서의 주님의 가르침을 우리가 올바로 이해하는 방법이 **되어야** 하는데, 이것은 산상수훈 중 이 부분을 시작하면서 그리스도께서 크게 강조하며 제시하신 원칙들을 통하여 분명히 알 수 있다. "내가 율법이나 선지자나 폐하러 온 줄로 생각지 말라 폐하러 온 것이 아니요 완전하게 하려 함이라 진실로 너희에게 이르노니 천지가 없어지기 전에는 율법의 일점 일획도 결코 없어지지 아니하고 다 이루리라"(17, 18절). 맹세가 '율법'이나 '선지자'에 속한다면(또 실제로 그러하였다), 그리스도의 목적은 그것들을 폐지하려는 것이 아니었음이 확실하다. 율법을 주시고 완성하시는 분이 그것을 파괴하는 자일 수는 없다.

넷째로, 재판상의 맹세에 관하여 그리스도 자신이 (우리가 본받아야 할 — 벧전 2:21) 한 가지 실례를 남겨 주셨다. 왜냐하면 그리스도께서 산헤드린 공회 앞에 서 계셨을 때에, 그는 전에는 그를 고소한 자들이나 대제사장에게 대답하기를 거절하였던 것과는 반대로 가야바가 그에게 "내가 너로 살아 계신 하나님께 맹세하게 하노니"라고 말하였을 때 그에게 즉시 대답하셨다(마 26:63, 64).

다섯째로, 위대한 사도인 바울은 증인으로서 하나님을 부르며 자기의 증거를 거듭 확정하였다(고후 1:23; 갈 1:20; 빌 1:8 등). 이러한 구절들을 통하여 그는 지극히 엄숙하게 자기 자신과 자기의 진실성에 대한 자신의 주장이 참됨을 맹세하였다(롬 9:1 참조). 그가 맹세하였던 것은 그가 가르친 교훈에 관해서가 아니었다. 왜냐하면 그 교훈은 하나님의 계시로부터 그 교훈의 권위와 확신을 받았기 때문에 맹세를 통한 확정을 필요로 하지 않았기 때문이다. 그가 맹세하였던 것은 바로 그 자신의 마음과 목적에 관해서였는데 그것이 무엇이었는지에 대하여는 확실하지 않다. 그러나 그가 맹세를 하여 진리를 강조한 것은 그것이 교회의 유익과 관계가 있기 때문이다.

여섯째로, 히브리서 6:16은 "사람들은 자기보다 더 큰 자를 가리켜 맹세하나니 맹세는 그들이 다투는 모든 일의 최후 확정이니라"고 말한다. 이 구절을 통하여 이방인들의 사도였던 바울은 "하늘의 부르심을 입은"(3:1) 거룩한 형제들에게 인간들이 보편적으로 사용하는 용례를 말하고 있을 뿐만 아니라 한 가지 금언, 곧 자연 법칙의 원리를 제시하고 있다. 그런데 이것은 실제적으로 모든 사람들에게 입증되어야 했다. 그리고 사도의 편지를 받은 자들, 즉 복음에 순종하는 그리스도인들이 그것을 실천하는 것이 타당성이 없었더라면, 그리고 그들이 그것을 실천하거나 그 실천한 결과가 부당한 것이어서 그들에게 효력이 없는 것이었다면, 그의 말은 이 경우에만 한정되는 것으로서 하나님의 맹세에 대해 설명하려는 그의 전반적인 의도가 심히 약화되고 말았을 것이다.

끝으로, 신약 아래에서 맹세가 부당한 것이라면 하나님은 어떠한 형태로든 그 맹세가 지속되지 못하도록 하여 자기 백성이 그 명령과는 반대로 행동하지 못하게 하셨을 것이다. 그러나 하나님께서는 천사들에게 "세세토록 살아계신 자를 가리켜 맹세"(계 10:4-6)하도록 하시면서, 맹세를 지속시키셨다.

마태복음 5장에 나타나 있는 것들을 통하여 우리는 성경을 해석할 때 두 가지 특별히 중요한 규칙들이 있으며, 그것들에 주의할 필요가 있음을 깨달을 수 있다.

첫째로, 보편적인 단언과 부정을 언제나 보편적으로 이해해서는 안 되며 그 경우와 상황과 다루고 있는 주제에 따라 제한해야 한다는 것이다. 보편적인 말로써 표현되어 있는 것들은 반드시 그 문맥에 따라 살펴보아야 한다. 그러므로 사도가 "**여러** 사람에게 **여러** 모습이 된 것은 아무쪼록 몇 사람이라도 구원하고자 함이니"(고전 9:22)라고 말하였을 때, 그의 말을 아무 제한 없이 받아들이면 그가 신성모독자에게는 신성모독자가 되었다는 뜻이 되고 만다. 그러므로 그가 다른 사람들의 약함에 참여한 것은 대수롭지 않고 죄와 상관 없는 일이라고 제한적으로 생각해야 한다. 이와 마찬가지로 그리스도께서 "도무지 맹세하지 말지니"라고 말씀하셨을 때, 이것은 그가, 신성모독적으로 쓸데없이 또는 피조물로 맹세하지 말라는 것을 의미하신 것임을 (그 다음 말씀으로 보아) 분명히 알 수 있다.

둘째로, 이것은 성경을 해석할 때 실제로 사용되는 규칙인데, 어떤 내용을 어느 한 구절에서는 금하였으나 다른 구절에서는 허용하고 있을 때는 그것이 두 경우에만 말해진 것으로 생각하지 말고, 어떤 특별한 형식이나 원인, 목적, 이유가 포함되어 있는 것으로 생각해야 한다. 그러므로 여기 마태복음 5:34에서는 맹세하는 것이 금해져 있지만 다른 구절들에서는 허락되어 있고 그에 대한 실례들이 또한 우리에게 제시되어 있음을 보게 된다. 그러므로 여기에 담긴 의미는 절대적으로 맹세를 하지 말라는 것이 아니라 악하고 쓸모없는 맹세는 정죄되지만 올바른 이유나 정당한 목적에서 맹세하는 것은 인정된다는 것이다.

맹세를 하는 것은 법정의 경우에만 제한되어 있는 것이 아님을(출 22:11) 바울의 실례들과 그의 편지들이 다른 방법으로 입증해 주고 있다. 어떤 경우에 있어서는 사람과 사람 사이의 **사적인** 맹세들도 완전히 정당하다. "보아스는 개인 자격으로서 룻과 결혼하겠다는 그의 약속을 맹세로써 확정하였다(룻 3:13). 오바댜는 일개인으로서 의로운 자였고 여호와를 두려워하였는데 그는 엘리야에게 확신시키기를 원하였던 사실을 맹세하며 말하였다(왕상 18:10). 그러므로 나는 우리가 성급하고 무분별하고 제멋대로 또는 하찮게 맹세를 해서는 안 되며 필연적인 경우에만 하도록 규정하는 것이 가장 훌륭한 규칙이라고 생각한다" (요한 칼빈).

열왕기상 8:31, 32에는 맹세의 두려운 엄숙성이 잘 나타나 있다. 또한 우리는 이스라엘 사람들이 제3계명을 범하였을 때 그들에게 내린 하나님의 두려운 심판을 깊이 명심해야 한다(렘 5:7-9; 슥 5:4).

율법과 보복
❶

또 눈은 눈으로, 이는 이로 갚으라 하였다는 것을 너희가 들었으
나 나는 너희에게 이르노니 악한 자를 대적하지 말라 누구든지
네 오른편 뺨을 치거든 왼편도 돌려 대며 또 너를 고발하여 속옷
을 가지고자 하는 자에게 겉옷까지도 가지게 하며 또 누구든지
너로 억지로 오 리를 가게 하거든 그 사람과 십 리를 동행하고 네
게 구하는 자에게 주며 네게 꾸고자 하는 자에게 거절하지 말라
(마 5:38-42)

이제 우리는 문구 해석을 시작하기 전에 설교자 내지 저자의 의도를 살펴보고
그 문맥의 의미와 연관성을 확인해 보는 일이 얼마나 중요한지 다시 한 번 알게
될 것이다. 여기에 대해서는 이미 앞 장들의 일부 도입 부분에서 밝힌 바 있기에
더 이상 상술하지 않기로 한다. 그런데 바로 이 점에 있어 우리의 그러한 견해의
강조점을 아주 간과하고 있는 몇몇 명성 있는 주석가들의 결론은 실수를 범하고
있다. 그들은 주님이 이 말씀에서 모세가 일찍이 제시했던 것보다 더 높은 영적
인 표준을 세우셨다고, 즉 구약세계에서 요구되었던 것보다 더 자비로운 행동 규
약을 소개하셨다고 생각한다. 그러나 거짓말같이 들릴지 모르지만, 이 같은 주석
가들이 한편으로는 바로 이 장의 다른 절들은 전혀 우리에게 해당되지 않으며 단
지 미래의 일부 '유대인의 남은 자'에게만 속하는 것이라고 주장하고 있다.

성경의 자구에 대해 잘 알고 있는 사람들이 그처럼 크게 잘못 판단하다니 이상
하지 않은가. 그러나 편견보다 더 눈을 멀게 하는 것은 없다. 그리고 자기가 좋아
하는 이론이 마음을 지배하게 되면 모든 것을 왜곡하여 생각하게 되고, 또한 그

왜곡시킨 사상에 순응하게 된다. 확실히 구약과 신약의 저자는 동일한 하나님으로서 그 사이에는 어떠한 결정적인 모순도 있을 수 없다는 것, 그리고 그 양 계약의 근본적인 원칙은 완전히 일치되어야만 하고 또한 실제로 일치하고 있다는 것은 모든 편견 없는 정신으로 보면 전적으로 자명하다. 만일 "진리의 말씀을 올바르게 분별하는" 자로 존중되기 원하는 사람이면, 그들이 가정하는 바 '세대주의적 구별'을 설명하려는 기괴한 노력을 중지하고, 오히려 신·구약 성경의 불가사의할 만큼 신성한 일치를 추적해 보는 편이 더 유익한 일이며 하나님께 더욱 영광 돌리는 일이 되겠다.

독자 중 어떤 이는 신·구약 전 성경은 교리적으로나 실제적으로나 일치된다는 우리의 주장에 대해, 우리가 거기에서 주요한 객체와 주체를 상호 혼동하고 있다고 생각한다. 그리하여 그들은 율법과 복음 사이에는 어떠한 근본적인 차이가 있다고 말한다. 이것은 전혀 받아들일 수 없는 결론이다. 그러한 실수는 복음이 신약에 국한된다는 가정에 근거를 두었기 때문이 아닌가? 구약은 의식적 율법에서 복음의 예표를, 그리고 이사야의 예언서에서 그 예시를 보여주고 있지 않은가? 확실히 그렇다. 갈라디아서 3:8은 이미 복음이 아브라함에게 전해졌음을 분명히 말해주고, 히브리서 4:2은 복음이 광야에서 이스라엘 백성에게 선포되었음을 증거한다. 그리고 히브리서 11장 전체는 구약의 성도들이 우리와 똑같은 방법으로, 그리고 정확히 같은 근거로 구원받았음을 확언하고 있지 않은가? 의심할 수 없이 그렇다.

"또 눈은 눈으로, 이는 이로 갚으라 하였다는 것을 너희가 들었으나 나는 너희에게 이르노니 악한 자를 대적하지 말라 누구든지 네 오른편 뺨을 치거든 왼편도 돌려 대며 또 너를 고발하여 속옷을 가지고자 하는 자에게 겉옷까지도 가지게 하며 또 누구든지 너로 억지로 오 리를 가게 하거든 그 사람과 십 리를 동행하고 네게 구하는 자에게 주며 네게 꾸고자 하는 자에게 거절하지 말라"(마 5:38-42). 그리스도는 이 말씀에서 스스로 모세의 율법에 대항하신 것도, 한층 지고한 영성을 가르치신 것도 아니다. 오히려 그리스도는 그 문맥에서 말씀하신 것과 같은 논조로 계속, 서기관들과 바리새인들에게서 배우고 실천하는 자들보다 훨씬 탁월한 그의 제자들에게 요구되는 의가 무엇인가를 규정하신다. 그런데 주님께서는 서기관들과 바리새인들의 잘못을 지적하고 도덕법의 영적 의미를 설명하심으로써 그렇게 하시는 것이다.

"또 눈은 눈으로, 이는 이로 갚으라 하였다는 것을 너희가 들었으나"(38절). 이는 모세오경에 세 번 나타난다. 우선 출애굽기 21장에 처음 나온다. "네가 백성 앞에 세울 율례는 이러하니라"로 시작되는 장인데 여기에서 '율례'란 재판법을 가리킨다. 거기에 기록된 법규들은 많은 법조항들로 되었는데 이스라엘 법정에서 **재판관**들이 범죄자를 심리할 때 이에 따라 처리하도록 한 것이었다. 이러한 법규들의 집행은 각 사람들이 자신이 받은 손해를 자유롭게 보복하도록 사적인 개인에게 허락되어진 것이 아니라 공적인 법 집행자의 손에 붙여졌다. 이 사실은 나아가서 신명기 19장에 나오는 본문의 세 번째 반복에서 입증된다. "**재판장은** 자세히 조사하여 … 네 눈이 긍휼히 여기지 말라 생명에는 생명으로, 눈에는 눈으로, 이에는 이로, 손에는 손으로, 발에는 발로니라"(18, 21절).

한 세기 전에 이러한 구절들은 무신론자나 이교도들의 신랄한 공격 대상이 되었다. 그러나 오늘날에는 기독교인이라 칭하는 상당수의 사람들도 이 구절을 비인간적이라는 이유로 공공연하게 비난하고 있다. 이 무기력한 시대에서 감정이 원칙을 지배할 때, "눈에는 눈으로, 이에는 이로"라는 교리는 잔인하고 야만적인 것으로 받아들여지고 있다. 우리는 그러한 반론자들에게 대응하는 데 시간을 소비할 수는 없다. 머지않아 주께서 친히 이를 처리하시고 그의 영예를 스스로 옹호하시리라. 그의 말씀 중에서 우리에게 어떤 변호를 요구하는 것은 전혀 없다. 오히려 우리가 성경의 내용에서 많은 트집을 발견하면 할수록 우리의 신앙은 더 강화되는 것이 아닌가. 그럼에도 불구하고 이 트집을 잡는 자들의 소리에 일부 성도들이 혼란될 수 있다. 그래서 우리는 몇 가지 사실에 주의를 기울여 볼 필요가 있다.

첫째로, 하나님께서 명령하신 이 규칙은 **공정한** 것이다. "사람이 만일 그의 이웃에게 상해를 입혔으면 그가 행한 대로 그에게 행할 것이니 상처에는 상처로, 눈에는 눈으로, 이에는 이로 갚을지라 남에게 상해를 입힌 그대로 그에게 그렇게 할 것이며"(레 24:19, 20). 정확한 응분의 보복보다 더 적절한 것이 어디 있겠는가? 확실히 징벌은 그 죄에 상응하게, 더 무겁지도 가볍지도 않게 내려져야 된다는 것이 올바른 법률학의 가장 근본적인 불변의 원칙이다. 이 점에서 고대인들이 우리 현대 사람들보다 앞서 있었으니, 그러한 법규의 정당한 보응을 받고 있는 한 이방인을 보자. "아도니 베섹이 도망하는지라 그를 쫓아가서 잡아 그의 엄지손가락과 엄지발가락을 자르매 아도니 베섹이 이르되 옛적에 칠십 명의 왕들이 그들의 엄지손가락과 엄지발가락이 잘리고 내 상 아래에서 먹을 것을 줍더니 하나님이 내가 행한 대로 내게 갚으심이로다 하니라"(삿 1:6, 7). 만일 누군가 신약시대의 정의가 구약시대의 경우보다 훨씬 더 자비로운 성격을 띠고 있다고 항의한다면 우리는 그 항의자에게 신약성경에 나오는 "사람이 무엇으로 심든지 그대로 거두리라"(갈 6:7)는 말씀을 상기시키고자 한다. "너희가 헤아리는 그 헤아림으로 너희가 헤아림을 받을 것이니라"(마 7:2)라는 말씀은 그리스도께서 친히 하신 것이었다.

둘째로, 이 모세의 법규는 가장 **자비로운** 것이다. 출애굽기 21:23-25까지 기록되어 있는 법규 전후 문맥에서 확인해 볼 수 있다. '종,' 문자 그대로의 실제 의미상 '노예'의 권리에 대한 법규가 제시되고 있다. 만일 주인이 무자비하거나 혹은 격노하여 종을 불구가 되게 하였다면, 재판관들은 주인이 치료를 하지 않을 수 없도록 확인해 보아야 할 의무가 있었다. 이같이 법이 주인의 감정에 대해 자비로운 제지를 하고 있고, 그 종들에 대해 보호한다는 것을 알지 못할 사람이 누가 있겠는가? 게다가 이 법규는 또한 종이 잔인하게 상해 입은 것에 대해 정의롭게 분노한 재판관이 주인에게 너무 가혹한 징벌을 가하는 것도 억제하고 있다. 그리하여 눈에 대해 **생명**으로, 이에 대해 수족으로 갚는 것은 허락되지 않았다.

셋째로, 그러한 협정은 전체 사회에 **유익한** 것으로서, 이 법규는 단지 주인과 종들에게 뿐만 아니라 일반적으로 모든 이스라엘인들에게 적용되었다. 그것은 강자로부터 약자를, 폭력주의자로부터 평화주의자를 보호하기 위해 고안되어졌다. 이는 공동체에서 법과 질서를 보존하기 위한 현명하고 필요불가결한 수단이었다. 신명기 19장 마지막 절들을 볼 때 분명해진다. "그가 그의 형제에게 행하려고 꾀한 그대로 그에게 행하여 너희 중에서 악을 제하라 그리하면 그 남은 자들이 듣고 두려워하여 다시는 그런 악을 너희 중에서 행하지 아니하리라"(19, 20절). 징벌이 가혹하게 즉석에서 시행될 것에 대한 두려움이 성 잘 내는 것과 사악한 것을 제지하게 된다. 이와 같이 잔인하고 야만적인 존재로서의 법은 여기에 이르러서 가장 공정하고 자비로우며, '악'을 제거하고 선을 행하도록 고안되어진 유익한 것이 되었다.

다음으로 넘어가기 전에, 이 보복 재판법은 오늘날 우리의 법률서에 있어서도 틀림없이 사실이어야 하며, 공평하고 확고하게 우리 재판관들에 의해서 시행되어야 함을 지적해 두자. 어떠한 것도 폭력 죄가 급속히 증가되는 경향을 그렇게 효과적으로 저지할 수 없으리라. 그러나 불행히도 참으로 어리석고 나약한 것이 현 세대여서, 치명적인 징벌의 폐지와 신체적 징벌의 철폐로 범죄가 증가일로에 있다. 이와 같이 치명적인 징벌이 대부분 느슨하게 집행되고 있는 국가들에서는 가장 높은 살인율에 직면하고 있고, 신체적 징벌이 완화됨으로써 잔인한 폭력 죄가 크게 늘어나고 있다. 다른 사람들에 대해서는 전혀 주의하지 않는 이들이 그들 자신의 몸은 몹시도 아까워 한다. 그러므로 최상의 억제 법은 법이 그들에게서 눈에는 눈으로, 이에는 이로 호되게 거두어들일 것이라고 말하는 일이다.

"어떠한 사람도 하나님보다 더 자비로울 필요는 없다. 이 율법의 가혹함이 대중에게 끼칠 이익은 그 가혹성을 충분히 보상하고도 남는다. 그 본보기적인 징벌은 다른 사람들이 그와 같은 악행을 시도하지 않도록 경고하게 될 것이다"(신 19:19-21에 대한 매튜 헨리의 주석에서). 재판관들은 결코 사악한 자를 개선시키거나 혹은 타락한 자를 방치해도 좋다는 명령을 하나님께로부터 받은 일이 없다. "악한 일에 대하여 **두려움**이 되는"(롬 13:3) 존재로서 그는 법과 질서를 보존하는 하나님의 도구가 되어야 하는 것이다. 재판관들은 악을 조장하려는 자가 아니라 "악을 행하는 자에게 **진노하심**을 위하여 보응하는 자"(롬 13:4)가 되는 '하나님의 사자'이다. 그리스도께서는 가련한 과부의 원한을 보응해 주기를 거절한 재판관을 "하나님을 두려워 아니하고 사람을 무시하는"(눅 18:2) 자로 친히 증언하셨음을 잊지 않아야 한다.

물론 나는 모든 독자들이 다 동조해 주리라고 기대하지 않으며, 호된 비난도 각오하고 있다. 그러나 요즈음 널리 퍼져가고 있는 도덕적인 방종과 부도덕한 감상의 요인에 대해 확신하고 있는 바를 지적해야만 하겠다. 나는 서글픈 현 사태의 원인은 **설교자**에게 있다고 주저하지 않고 비난한다. 설교자의 불성실이야말로 전 기독교 세계에 현재 만연되고 있는 무법성을 책임져야 할 가장 큰 요인이다. 지난 두세 세대 동안 수많은 성직자들은 이 은혜의 세대에 더 이상 하나님의 율법이 차지할 자리는 없다고 말하면서 이를 집어던져 왔다. 이와 같이 하여 모든 **제지책** 중에서 가장 영향력 있는 것이 제거되었고, 육체의 욕망대로 방종하는 것을 묵인하게 되었다.

비단 하나님의 율법이 거부되어졌을 뿐만 아니라 하나님의 신성도 전반적으로 오도되어져 왔다. 하나님의 속성에 대해서도 일방적으로 소개함으로써 곡해시켜 왔다. 하나님의 공의와 거룩함, 그리고 진노는 소개되지 않았고 모든 사람을 사랑하는 하나님만이 강조되었다. 그 결과로 교회에 나가는 무리들이 **더 이상 하나님을 두려워하지 않게 되었다.** 과거 오십 년 동안 수많은 성직자들은 이제는 하나님의 진노하심에 대한 어떠한 두려움도 우리를 사로잡지 못하도록 영원한 징벌에 대해서 침묵하는 죄를 범해왔다. 그것은 사랑의 하나님만을 강조한 결과이다. 왜냐하면 그 누구도 자기를 사랑하는 자 앞에서 두려워할 필요가 없기 때문이다. 이러한 현상은 만연되어져 왔는데 그것은 대단히 비극적이다. 병적인 감상이 성직자의 마음을 사로잡아 전 교인들에게 전염되었고, 이렇게 뿌려진 악은 이제 전 국가적으로 퍼지게 되었다.

양심은 마비되고, 정의에 대한 요구는 질식되었으며, 감상적인 개념이 이제 만연되었다. 영원한 징벌에 대해서 무시하였기 때문에(암암리에, 혹은 많은 경우에 공개적으로), 교회적 권징도 사라지게 되었다. 교회들은 치리의 시행을 거부하고, 가공할 만한 범죄에 추파를 던졌다. 필연적인 결과로 가정에서의 규율은 파기되고, 몹시 감상적이고 줏대 없는 '여론' 이 발생되었다. 학교 교사들은 어리석은 학부모에게 위협당하여 자라나는 세대들이 점점 어떠한 결말이 나올지 우려하지 않고 제각기 마음대로 하는 것을 내버려 두었다. 만일 어떤 판사가 소신 있는 용기를 가지고, 노파에게 위해를 가한 자에게 짐승 같은 놈이라고 말한다면 강력한 항의에 부딪치게 될 것이다. 이 정도로 충분하다. 대부분의 독자들은 더 이상 설명하지 않더라도 이 모든 것을 분명히 알아차리고 있다. 그러나 그들 중 누구도 여기까지 사태를 진전시킨 **요인들**, 즉 불성실한 성직자, 영원한 징벌에 대한 부정, 하나님의 성품에 대한 그릇된 제시, 그의 율법에 대한 거부, 교회가 성경적 권징을 행하지 않는 것, 어버이다운 권위의 파기 등에 대해서는 실감하지 않고 있다.

"또 눈은 눈으로, 이는 이로 갚으라 하였다는 것을 너희가 들었으나." 앞에서 설명한 바와 같이 이 하나님의 법규는 서기관들과 바리새인들에 의해 몹시 곡해되었다. 그들은 **그릇된 적용**을 함으로써 그 요지와 의도를 왜곡하였다. 이 법규를 법정의 재판관들에게 한정하지 않고 무차별적인 규례로 만들었던 것이다. 유대인 지도자들은 하나님께서 그 법을 각 개인의 수중에 두셨고, 각자의 손해를 보복하도록 허용하셨다고 해석하였다. 그리하여 이 법규가 각 사람이 적에게 개인적으로 보복하는 것을 인가한다고 공표하였다. 만일 이웃이 너희를 치고, 네 한 눈을 멀게 하거든 그에게 가서 똑같이 행하라. 이와 같은 저항의 정신이 마음에 품어졌고 보복 행위가 용납되었다.

　다음과 같은 의문을 가질 수 있으리라. 분명히 재판관의 판결을 위해 세워진 이 법을 어떻게 서기관들과 바리새인들이 눈에 띄게 왜곡하기에 이르렀는가? 이에 대해서, 첫째로, 사람은 사적으로 손해를 입었을 때 자신이 개인적으로 보복하고자 함이 자연스러운 발상임을 지적하겠다. 둘째로, 그에 대한 대답으로, 모든 사람의 마음에는 본성적으로 대단히 강한 보복욕이 있다는 것, 그리고 유대인의 지도자들은 하나님을 기쁘시게 하기보다는 오히려 사람의 비위를 맞추고자 애쓰며 이 악한 욕구에 영합하였다는 것이다. 여기에서 우리는 마귀의 사역을 볼 수 있다. 모든 시대에 걸쳐 마귀의 정책은 하나님의 질서를 전복하려는 것이었다. 하나님과 인간의 큰 원수인 마귀는 세속적으로나 종교적으로나 진실한 경건이 무너지도록 사람들의 여론과 타락한 경향을 조절하기 위해 타락한 지도자를 물색해 왔다.

　유대인들의 물질주의적인 사고방식과 세속적인 정신자세를 알아챔으로써, 마귀는 유대인의 교사들로 하여금 영적 축복보다는 오히려 현세적인 것을 베풀어 줄 메시야를 꿈꾸게 하였다. 그리하여 그리스도께서 죄로부터의 구속을 설교하고 하늘에 보물을 쌓아 두라고 권면하였을 때 그들은 그리스도를 경멸하고 거부하였다. 이탈리아인들은 고대의 기자가 증언하였듯이, 일찍이 마술과 우상 숭배에 집착하고 있었다. 비록 하나님께서는 그들에게 신약시대의 여명기에 참된 복음을 허용하셨건만, 미신에 대한 그들의 본성적인 기질을 알아챈 마귀는 이내 그들 사이에서 진리를 타락시켰다. 그리하여 짧은 기간 내에 그곳 교회는 그들이 이교도였을 때만큼이나 많은 우상 숭배로 가득 차게 되었던 것이다. 이와 유사한 간악한 전술을 마귀는 프로테스탄트들에게도 사용하여 왔다. 그 지도자들의 입에서 교리를 타락시키는 데 실패한 마귀는 일반 대중들의 마음을 단지 악한 성향을 따라 응하도록 함으로써 그들 사이에서 교리를 크게 약화시켰다.

　바로 이 점에서 하나님의 진정한 사역자들은 마귀의 수하들과 뚜렷한 대조를 보여준다. 마귀의 수하들은 그들의 중심에 하나님에 대한 두려움이 없는, 거듭나지 않은 사람들이다. "그들은 세상에 속한 고로 … 세상이 그들의 말을 듣느니라"(요일 4:5). 그들은 여론이라는 바람에 자신들의 돛을 조절한다. 그들의 설교는 청중의 타락한 취향에 맞춰진다. 그들의 발언은 단순한 동기에 따라서, 즉 자신의 봉급을 지불하는 이들을 기쁘게 해주기 위해 조절된다. 그러나 그리스도의 종들은 하나님의 모든 권고를 선포하기를 피하지 않는다. 그것이 자연인의 취향에 맞지 않든, 싫어하는 것이든 상관하지 않는다. 그들은 감히 진리를 왜곡시키지 않으며, 하나님께서 주신 메시지 중 어떠한 부분도 철회하기를 거부한다. 주인을 영화롭게 하는 것, 그리고 그분께서 위임하신 신임에 충성하는 것이야말로 유일한 관심사이다. 결과적으로 그들은 자신들의 헤아림대로, 그분께 측정함받은 대로 대접받게 될 것이다.

"나는 너희에게 이르노니 악한 자를 대적하지 말라 누구든지 네 오른편 뺨을 치거든 왼편도 돌려 대며"(39절). 이 절과 이하 세 절에서 그리스도는 서기관들이 모세의 법규를 그릇되게 적용한 사실을 논박하고 계신다. 주님의 이 권고들은 **이러한** 견지에서 이해되어야만 한다. 그분께서 제자들에게 사악하고 부당한 사람들이 가하는 어떠한, 아니 모든 피해에 대해 수동적으로 감내(堪耐)하라고 전적으로 권고하고 계신다고 말한다면, 우리 주님의 말씀에 그 문맥이 맞지 않는, 그리고 다른 구절이나 여러 중요한 고려사항들과는 너무나도 다른 의미로 해석하는 것이다. 그분이 논박하시는 것은 우리에게 손해를 입힌 사람들에게 **개인적으로** 복수하는 그 방법이다. 이 해석을 뒷받침해 주는 다른 증거들을 다음 장에서 다루어 보기로 한다.

제17장

율법과 보복
❷

"나는 너희에게 이르노니 악한 자를 대적하지 말라 누구든지 네 오른 편 뺨을 치거든 왼편도 돌려대며"(39절). 이 훈계를 제대로 이해하고 올바르게 적용하기 위해서는 그 문맥에 대해서, 그리고 신앙의 일반적 유추와 조화가 이루 어지도록 마땅히 고려해 보아야만 한다. 그렇지 않는다면 우리는 성경을 모순 그 자체로 만드는 즉각적인 위험에 처하게 된다. 우리가 계속하여 살펴온 바대로 그 리스도는 여기에서 중요한 모세의 법규를 반박하신 것도, 그리고 그 자리를 제자 들이 지켜야 할 좀 더 완화되고 자비로워진 규칙으로 대치하는 것도 아니었다. 그것은 (그의 산상 설교의 이전 부분에서와 마찬가지로) 서기관들의 잘못을 힐책 하고, 바리새인들의 악한 행위를 꾸짖으신 것이었다. 그들은 재판관들의 권한인 재판법, 즉 신체 상해죄들에 대해 해당되는 징벌을 가하도록 엄격하게 고수되는 법을 아무데나 적용하였다.

단지 재판관들의 소임인 이 법이 일반적으로 적용되어졌고, 그리하여 사람들 은 자기 마음대로 법을 다루도록 허용되었다. 각 개인은 사적으로 자신의 손해를 보복하였는데, 악의와 복수의 정신이 용서받았을 뿐만 아니라 부추겨졌다. 주님 께서 "악을 대적하지 말라"고 말씀하신 것은 하나님의 율법을 이와 같이 사악하 게 악용하지 말라는 뜻이었다. 좀 더 문자 그대로 말하자면 "악한 자를 대적하지 말라"이다. 즉, 우리에게 위해를 가한 악한 개인을 의미한다. 대적하지 말라, 다 시 말하여 너희에게 행한 대로 적에게 보복함으로써 너희의 손으로 법을 다루려 고 생각하지 말라. 적에 대하여 복수심을 품지 말고 좀 더 고귀한 원칙, 좀 더 영 적인 면을 고려하여 행동하라. 이러한 것이 분명히 이 교훈의 취지이다. 그러면 이제 이 교훈에 담겨진 특별한 암시에 대해 생각해 보기로 한다.

F. W. 그랜트(F. W. Grant: 플리머스 형제단의 지도자) 같은 이도 다음과 같이

동의하였다. "물론 율법의 의도 여전히 의이다. 그러나 그 의가 사람들이 개인적인 잘못에 대해서 강제로 어떤 일을 해도 좋다고 허락하는 것은 아니다. 그렇다고 해서 율법이나 그 형벌이 폐지된다고 생각할 여지는 없다. 세상의 정부는 논외의 일이고 여기에서는 제자들의 길에 대해 말하고 있는 것이다. 그들이 율법 아래 있다면 그들은 구속(속박)되어 있는 것이며, 어떠한 특권도 누리지 못한다. 그들은 또한 하나님께서 영구히 명하신 대로, **율법이 일반적으로 미치는 범위 안에서 그 율법을 지켜야 할 의무**가 있다. 이러한 제한 속에서도 여전히 여기에서 명해진 것을 얼마든지 실천할 수 있다. 우리는 여전히 오른편 뺨을 치는 자에게 겉옷마저도 가져가게 할 수 있다. 왜냐하면 분명히 그것은 우리의 권한 내에 속한 일이기 때문이다. 만일 그 동기가 다른 경우에는, 우리는 이런 종류의 권한을 가지지 못할 것이다. 또한 일반적으로 공의를 피하거나, 혹은 공의를 경시하는 자를 도울 권한은 없다. 하나님은 결코 그의 성도들이 무법함을 허용받거나 다른 사람의 권리에 대해 무관심할 수 있는 일반 규칙을 정하시지 않는다"(「숫자로 나타낸 성경」 중에서).

"악한 자를 대적하지 말라." 그리스도께서는 이 말씀에서 법적인 절차를 밟아서 악한 자를 대적하는 일을 금하신 것이 아니라 **개인적인 복수**를 금하시고 있다. 공적 배상은 재판관이 하나님의 법의 공의와 자비에 따라 이웃을 상해한 범죄자에게 판결을 언도하는 일이다. 사적 보복은 재판관이 아닌 사람이 마음대로 문제를 처리하여 자기에게 피해를 입힌 자에게 보복하는 일이다. 공적 배상은 확실히 허용되어졌다. 그렇기 때문에 바울 사도는 보복에 대해서는 분명히 "아무에게도 악을 악으로 갚지 말고"(롬 12:17)라고 명하고 있으면서, 동시에 재판관에 대해서는 행악자를 심판하는 '하나님의 사자'라고 부르고 있는 것이다.

"나는 너희에게 이르노니 악한 자를 대적하지 말라." 이 같은 교훈은 신약에 국한되는 것이라는 생각으로 판단을 그르치는 사람들이 많이 있다. 그렇지만 신약과 구약을 비교해 보면 양쪽 다 같은 의무 규율이 적용되고 있음을 알 수 있다. "네 원수가 배고파하거든 음식을 먹이고 목말라하거든 물을 마시게 하라 그리 하는 것은 핀 숯을 그의 머리에 놓는 것과 일반이요"(잠 25:21, 22). "네 원수가 주리거든 먹이고 목마르거든 마시게 하라 그리함으로 네가 숯불을 그 머리에 쌓아 놓으리라"(롬 12:20). 잠언 25장에 나와 있는 이 구절을 언급하면서 오래 전 한 저술가는 다음과 같이 올바르게 지적한 바 있다. "사랑의 법이 이 권고에서보다도 그리스도나 사도들의 어떤 교훈에서 더 영적으로 설명되어진 것은 아니다." 그 명백한 의미는 이러하다. 즉, 너희를 미워하는 자에게 친절을 베풀 수 있는 기회를 놓치지 말라.

죄 많은 세상에 살면서 우리는 불의 내지 정당한 이유 없는 위해와 부딪치게 될 각오를 해야만 한다. 그렇다면 우리는 그러한 경우에 처하여 스스로 어떻게 행동할 것인가. 그 대답은 첫째로, 하나님께서는 악에 대하여 악으로 갚는 것을 율법에서나 복음에서나 우리에게 금하셨다는 점이다. 사적으로 보복하는 행위는 내적으로나 외적으로나 분명히 금지되어 있다. "너는 악을 악으로 갚겠다 말하지 말고"(절대로, 생각으로조차도 ; 잠 20:22). 어느 날 이를 위반할 기회를 가지리라는 생각조차 허용하지 않아야 한다. 그것을 바라면 안 되며, 더군다나 그와 같은 것을 결심해서는 안 된다. 기독교인은 신앙 안에서 하나님께 도움을 요청할 수 없는 어떤 일을 위해서도, 결심해서도 안 된다. 분명히 악의에 찬 복수를 하는 데 있어서 주님께 도와 달라고 기대할 만한 아무런 근거도 없는 것이다.

우리는 우리에게 악행한 자에게 생각으로나 말로나 혹은 행위로나 악을 악으로 갚아서는 안 되며, 차라리 피해를 감수하고 모든 현세의 심판자이신 그분께 맡겨야 한다. 이 의무가 우리의 타고난 성향과는 어긋나는 것이기 때문에 거기에 대해서 몇 가지 설득력 있는 이유를 들어보기로 하자. 첫째로, 그것이 우리를 위하여 하나님께서 명백히 드러내신 뜻이며 하나님의 명령들은 무거운 것이 아니다. 둘째로, 복수는 하나님의 권한이며 만일 우리가 받은 바 피해를 개인적으로 보복하고자 한다면, 그것은 하나님의 권리를 탈취하는 것이다. 셋째로, 그리스도는 우리가 그의 발자취를 따를 수 있도록 한 본보기를 남겨 두셨다. 곧 "욕을 당하시되 맞대어 욕하지 아니하시고 고난을 당하시되 위협하지 아니하시고 오직 공의로 심판하시는 이에게 부탁하시며"(벧전 2:23)라는 말씀이다. 그렇다, 그는 잔인하고 부당하게 십자가에 못 박히셨을 때 박해자들을 위하여 기도하셨다. 마지막으로, 그리스도는 "만일 우리가 과실을 용서하지 아니하면 분명히 아버지께서도 우리의 과실을 용서하지 아니하시리라"(마 6:15)고 경고하셨다.

그렇다면 우리는 "악한 자를 대적하지 말라"는 이 교훈이 **어느 범위에까지** 적용되는가 하는 물음에 부딪치게 된다. 그 말씀은 절대적으로 고려되어야 할 것인가? 어떠한 제한 범위도 인정되지 않고 어떤 예외도 허용되지 않는가? 기독교인은 모든 피해를 수동적으로 감수해야만 하는가? 여기에서 우리는 신앙의 유추로부터 지침을 찾아보아야만 한다. 다시 말하여, 부수적인 구절들에 나타난 가르침을 확인해 보아야 된다. 만일 이와 같이 해 본다면, 그 구절이 대체적인 적용의 원리를 나타내는 것이지, 보편적인 것이 아님을 알 수 있다. 그 구절에서 악한 자에 대한 제한 없는 무저항의 교리를 추론해 낸다면 그 가르침을 곡해하는 것이며, 참뜻보다 자구 그 자체를 더 중히 여기는 일이다. 즉 실족케 하는 오른 눈을 빼어 내버리라는, 그리고 실족케 하는 오른손을 찍어 내버리라는 말씀(마 5:29, 30)을 받아들여 문자 그대로 순종해야 한다고 주장한다면, 그 구절에 담겨진 주님의 의도를 전적으로 그르치게 될 것이다.

첫째로, 다른 구절에서의 주님의 가르침은 우리가 "악한 자를 대적하지 말라"는 말씀을 무조건적이고 보편타당한 의미로 이해하는 것을 분명히 금하고 있다. 주님은 사도들에게 해를 가하는 사람들에게 어떻게 대해야 할지 그 방법을 설명하셨다. "네 형제가 죄를 범하거든 가서 너와 그 사람과만 상대하여 권고하라 만일 들으면 네가 네 형제를 얻은 것이요 만일 듣지 않거든 한두 사람을 데리고 가서 두세 증인의 입으로 말마다 확증하게 하라 만일 그들의 말도 듣지 않거든 교회에 말하고 교회의 말도 듣지 않거든 이방인과 세리와 같이 여기라"(마 18:15-17). 이 말씀은 곧 악한 자에 대한 분명한 대항이다. 이는 그릇된 행위에 대해 도전하고, 범죄를 심리하며 범죄자를 징벌하고 있다. 악에 대항하는 길에는 신체적인 힘의 응징 이상의 다른 방법들이 있는 것이다.

둘째로, 악한 자에 대한 무조건적인 무저항의 개념은 그리스도의 모범과도 어긋난다. 주님은 악한 자를 대적하고, 범죄자를 공격하셨다. 그리고 한쪽 뺨을 맞았을 때 다른 편을 돌려대지도 않으셨다. 예루살렘에 올라가셨을 때, 아버지의 집이 장사하는 집과 강도의 굴혈로 변한 것을 보시고는 노끈으로 채찍을 만드셔서 양이나 소를 다 성전에서 내어 쫓으셨다. 돈 바꾸는 사람들의 돈을 쏟으시며 상을 엎으셨다(요 2:13-17). 또 다른 기록에, 그리스도는 그들을 내어 쫓으셔서 그 일을 중지시키시고 아무나 기구를 가지고 성전 안으로 지나다님을 허락하지 않으셨다(막 11:15-17). 그것은 수동적인 저항이 아니라 맹렬한 공격이었다. 대제사장 가야바의 집에서 신문을 받으시던 중 하속 하나가 손으로 주님을 쳤을 때, 다른 편 뺨을 돌려대는 대신 그리스도는 그 하속에게 항의하셨다(요 18:22, 23). 주님은 힘에 힘으로, 매에 매로 응하지는 않으셨다. 하지만 잘못된 것은 지적하고 책망하셨다.

셋째로, 우리에게 가해진 위해가 무엇이든지, 그것이 어떠한 성격의 것이든, 그 가해자가 누구이든 아무런 저항도 하지 않아야 하는가? 그렇다면 하나님으로부터 받은 재판관의 법령을 지지하고 협조하지 않는 것이며, 행악자를 부추기는 죄를 짓는 셈이다. 재판관은 하나님의 대리이며, 범죄자를 압제하고 처벌하는 하나님의 사자이다. 어떤 상황에서는 법을 담당하는 관원들을 보호하고 돕는 것이 우리의 필수적인 의무일 수 있다. 왜냐하면 그들은 공동사회에서 질서를 지속하는 하나님의 도구 중 하나이기 때문이다. 만일 우리가 범죄한 형제를 교회 앞에 데려가는 것이 옳다면(만일 그가 반항한다면 그를 추방하는 것이 교회를 위해서 유익하다), 우리가 공동사회의 공익이 명백히 요구하는 경우에 범죄자를 재판관에게 소환시키는 행위가 어떠한 원칙에 의해서 그릇된 일일 수 있겠는가?

"주님께서 앞서 보여주신 모범에 의해 제시된 이 명령은 분명히 우리가 위험에 처했을 때 스스로 방어하는 것을 금하지 않는다. 그렇게 하는 것이 우리의 천성 가운데 가장 강한 성향 중의 하나, 즉 우리 마음에 새겨진 하나님의 법이다. 그러나 개인적인 피해에 대해 생각해 보자면 구체적인 경우에 있어, 생명의 위험이 없을 때에는 원한을 억제하고 폭력을 삼가는 것이 우리의 임무이다. 마찬가지로 법이 정당하게 부여하는 보호를 이용하는 것이 의무일 수도 있다. 우리의 채권자에 대한 공의, 일반 공중 내지 우리의 가족에 대한 공의가 비록 사적인 보복의 충동에서 행하지 않는 경우에 한하지만, 우리로 하여금 재산을 보호하도록 요구할 수 있다. 그러나 우리는 단지 중요하고 긴급한 경우에만 공의의 심판에 호소해야 한다. 우리는 각자의 요구를 박애정신과 온화한 마음과 그리고 평화의 정신으로 수행하는 것이다. 우리는 거기에서 적당한 배상으로 만족해야 한다"(존 브라운).

받은 바 손해가 사적인 일일 때는 온유의 정신으로 견디어 내는 것이 기독교인의 임무이다. 단, 그렇게 하는 것이 행악자를 부추기는 것이 아니고 또한 그들이 다른 사람들을 위협하게 하는 것이 아닌 경우에만 그렇게 하는 것이 옳다. 만일 내가 인도 위로 가고 있는데 한 술 취한 사람이 모는 차가 인도로 뛰어들어 나를 쓰러뜨리고는 사라진다고 하자. 그때에는 그 차의 번호를 기억하여 경찰에 그 위반행위를 알리는 것이 확실한 나의 임무이다. 필요할 경우에는 법정에서 증인으로 서야 할 것이다. 그러하지 않기 때문에 해가 다른 사람에게 미친다면 그 사람들에 대해 우리는 책임이 있으며 이는 의무를 소홀히 하는 일이다. 만일 어떤 사람의 어린 아이가 악마처럼 잔인한 사람의 수중에서 위험에 처해 있다면, 방관하고 서서 그 아이가 학대되고 살해되기까지 지켜보아야 하는가? 하나님의 친구이며 '믿음의 조상' 이었던 아브라함은 그렇게 하지 않았다. 하속들을 무장시키고, 그의 조카를 사로잡은 자들을 쳐서 구해내지 않았던가? (창 14:14-6)

이제까지 지적해온 대로 성경의 모든 진리는 다 조화를 이루고 있으며, 이를 주목함으로써 우리는 용납할 수 없는 극단에 치우치는 것을 방지할 수 있다. 한쪽으로 치달은 잘못들의 예는 교리에서 뿐만 아니라 실천에 있어서도 상당하다. 그 가운데는 그리스도의 "도무지 맹세하지 말지니" (34절)란 말씀을 잘못 사용한 사람들이 있는 것과 같이 "악한 자를 대적하지 말라"는 말씀에 대해 부적당한 해석을 하는 사람들도 적지 않다. 그들은, 이 은혜의 세대에는 하나님의 자녀들이 모든 행동들을 은혜의 원칙에 따라 행하도록 하나님께서 뜻하셨다고 생각한다. 그러나 은혜의 원칙이 모든 다른 행동 원칙들을 압도하고 삼켜버리게 됨은 확실히 하나님의 뜻이 아니다. 공의의 필요성, 성결(거룩함)에 대한 요구도 또한 기독교인들에 의해 존중되어야 한다. 이러할 때 은혜는 "의로 말미암아" (롬 5:21) 왕노릇하며, 의를 희생시키지 않게 된다.

같은 규칙이 다른 문제들에도 적용된다. 법에 의지하기를 삼가는 것은 인생의 건전한 규칙이다. 소송에 매이지 않고 자유롭게 사는 것은 일반적으로 말해서 인간의 지혜이다. 사도는 고린도 교인들이 그들의 논쟁을 시민 법정으로 가져갔다 하여 꾸짖었다. 그렇다면 그리스도인은 결코 법에 호소하지 않아야 하는가? 만일 우리가 사회적 의무를 무시한다면 무슨 권리로 공동체의 사회적 · 시민적 특권을 누릴 수 있겠는가? 우리가 자신의 재산에 손해를 끼친 자를 용서해 준다면 우리의 이웃에게 아무런 책임이 없는 것인가? 만일 내가 내 집에서 강도를 붙잡았을 때, 나는 사회의 재산을 약탈하고 그 안전을 위협한 그를 놓아줄 자유가 있는가? 범법자를 법에 맡기는 것이 기독교인의 명백한 임무일 경우가 있는 것이다.

그러나 예외는 규칙을 무효화하지 않으며 오히려 규칙을 입증하는 것이다. 주의를 집중하라. 그렇게 하여 우리는 문자적 의미에서 벗어남으로써 그 교훈의 정신을 잃어버리는 일이 없도록 조심해야 한다. "악한 자를 대적하지 말라"는 말씀은 그리스도의 분명한 명령이며, 또한 그의 명령은 우리를 구속(속박)하고 있다. 그의 제자는 화평과 온유의 사람이어야 하며, 과실을 견디고 손해를 참으며 고난을 감수하는 자인 동시에 동정심과 순전한 신앙심으로 가득 찬 사람이어야 한다. 다투기를 좋아하는 정신은 악이다. 즉, 항상 말다툼하며 언제나 방어적인(화를 잘 내는) 사람은 기독교인이 아니다. 법에 의지하는 행위는 대개 적절하지도 현명하지도 않다. 그 모든 것은 **부정적인** 측면에 속한다. 동시에 우리가 살펴보아 온 대로 긍정적인 면도 역시 있다. 선은, 단지 그것에 의해 악이 극복되어질 수 있을 경우에만 악에 대해서 응대해야 한다. 우리의 임무는 죄인을 징벌하는 일이 아니라 그들의 구원을 바라고 찾는 일이다. 그것이 우리 주님의 삶이셨거니와 또한 우리의 생활이어야 할 것이다. 예수께서 본문에서 행악자를 '악한 자'라고 부르셨다는 바로 그 사실은 악한 자의 속성이 다른 사람에게 위해를 가하는 것임을 뚜렷하게 가르쳐 준다. 가해자에게 이러한 호칭을 붙였음은 만일 우리도 이같이 악한 정신에서 보복한다면, 반드시 상대방이 속한 그 부류에 자신도 끼게 된다는 것을 깨닫게 해준다. 그러므로 우리는 인내심 있게 상대방의 과실을 견디어야 한다. 이 세상에는 오직 선한 자와 악한 자, 두 부류가 있으며 모든 일에 선으로 행하는 것이 전자의 표지이다. 악을 행하는 사람들은 자기가 악한 자를 닮았다는 것을 나타내는 것이고, 반면에 선을 행하는 사람들은 하나님과 닮았다는 것을 나타내는 것이다. 말로나 행위로나 우리가 다른 사람에게 손해를 끼친다면 우리는 하나님 보시기에 악한 자인 것이다. 고리대금업자와 착취자, 모리배, 사기꾼, 도덕을 파괴하는 계획에 동참한 사람들이 그러하며, 사회의 안정을 해치는 자들과 안식일을 지키지 않는 사람들이 그러하다. 그러므로 그리스도인은 이 모든 일로부터 자신을 구별지어야 하며, 하나님을 기쁘시게 하는 일(비록 적은 수입을 얻게 된다 해도)에 종사해야 한다.

본래 타락한 인생은 야생 짐승이나 사나운 동물과 유사해져서 '들나귀 새끼'(욥 11:12)나 사자, 표범, 이리, 독사(사 11:6-8)로, 다른 생물들을 해하고 삼키는 본성을 가진 것들에 비유되기도 한다. 그러나 무한히 자비로우신 하나님께서 그들에게 은혜의 기적으로 역사하시기를 기뻐하시고, 영적 생명을 주사 그들을 자신과 화해하도록 하셨을 때 그들은 적의와 사나움을 내버리고 서로 평화롭게 사는 것이다. 그리하여 옛 말씀이 성취되었다. "내 거룩한 산 모든 곳에서 해 됨도 없고 상함도 없을 것이니"(사 11:9). 그의 백성들이 "그 칼을 쳐서 보습을 만들고 창을 쳐서 낫을 만들 것이며"(미 4:3), 즉 피 흘리는 무기를 유용한 도구로 바꾸는 것, 이것이 곧 그리스도의 왕국의 특성이다. 사람이 진실로 거듭났을 때 그들은 악의와 분노를 버리고 선을 행하고 지지하게 된다. 잔인한 집행자로부터 평화의 복음 설교자로 변신하였던 바울 사도의 경우가 특히 그 좋은 본보기이다.

제18장

율법과 보복
❸

주님의 산상 설교 중에서 이 부분은, 여기에 다른 구절들과는 완전히 어긋나는 의미를 붙이는 상당수의 맹신자들에 의해 오해 내지 왜곡되어져 왔다. 그렇기 때문에 이 구절들은 상세히 검토해 볼 필요가 있다고 생각되었다. 우리는 이미 이에 대해 두 장을 할애하였는데, 1939년 도 「성서연구」에서 게재된 내용을 새로운 독자들이 좀 더 잘 파악할 수 있도록 잠깐 요약해 보고자 한다. 첫째로, 그리스도는 본문에서 모세의 법규를 폐지하고 대신 더욱 자비롭고 영적인 법칙으로 대치하신 것이 아니다. 주님은 (산상 설교의 앞 부분에서도 그러했듯이) 서기관들과 바리새인들의 중대한 잘못을 비난하고, 율법의 높은 수준의 요구를 제시하셨던 것이다.

"눈은 눈으로, 이는 이로"(38절)란 말씀은 모세 오경에서 세 번 되풀이된다. 이 말씀은 하나님께서 이스라엘 백성들에게 주신 재판법 중 하나로 공표되었다. 그 법은 **오직 재판관들을 위한 지침**과 사용을 위해 규정되었다. 그리고 동시에 다음 세 가지 의도를 지니고 있었다. 강자로부터 약자를 보호하고자 하는 목적, 행악자에 대한 유익한 경고의 목적, 그리고 다른 사람을 상해한 자에 대해 너무 가혹하게 응징하는 판결을 막는다는 목적이다. 그것은 그 자체로서 공정하고, 자비롭고, 유익한 것이었다. 만일 폭행죄를 범한 자에게는 신체적인 징벌로 처벌한다는 이 법규의 원칙이 오늘날에도 보편타당하고 엄격하게 시행된다면 이 세상은 좀 더 살기 안전한 장소가 되었을 것이다. 그러나 이 법은 유대인 지도자들에 의해 크게 왜곡되었다. 그들은 이 법을 재판관들에게 한정시키는 대신에 일반적으로 적용시켜 각 사람은 자신이 받은 손해를 개인적으로 보복할 권리가 있다고 가르쳤으며, 그에 따라 악의의 정신이 길러지고 폭력 행위가 용납되었던 것이다.

"나는 너희에게 이르노니 악한 자를 대적하지 말라"(39절). 이 말씀은 우리가 마음대로 이 법을 다루거나, 우리에게 행한 대로 원수에게 보복하는 것이 금해져 있음을 뜻한다. 우리는 좀 더 고귀한 원리와 영적인 면을 생각하여 행동해야 하는 것이다. 이 교훈은 신약에만 국한되어 있지 않다. 잠언 20:22; 24:29; 25:21, 22의 말씀에서도 분명히 사적인 보복은 금지되고 있다. 게다가 주님은 도덕법에 대한 강력한 요구를 강조하고 계신다. 그러나 율법도 복음도 우리에게 악한 자에 대해서 무조건적이고 보편적으로 저항하지 말라고 요구하지는 않는다는 점을 특히 주의하자. 우리에게 가해진 잘못이나 우리에게 끼쳐진 위해에 대해 무시하는 것이 곧 우리의 임무와 명백히 어긋나는 경우들이 있다. 절대로 공의를 피하거나, 혹은 공의를 무시함으로써 죄에 동참하는 일이 있어서는 안 된다. 우리의 모든 길에서 우리는 의를 주목해야 한다.

관용과 무법은 아주 다른 것이다. 비록 기꺼이 자기 자신의 권리는 포기할지라도, 사회의 안전을 위협할 자를 방치함으로써 다른 사람의 권리를 무시해서는 안 된다. 어느 형제가 우리를 침해했을 때, 그는 징계받아야만 하며 눈감아져서는 안 된다. 만일 그가 사리에 어긋나고 회개하지 않는다면 그 문제를 교회로 가져가야 한다. 그래도 여전히 반항적이고 방약무인하다면 사귈 수 없는 자로 여겨 벌해야 한다(마 18:15-17). 그리스도께서도 성전에서 아버지의 집이 장사하는 집과 강도의 굴혈로 변한 것을 보셨을 때 악에 대항하셨다(요 2:13-17). 재판관의 직무는 하나님의 위임하신 바이며, 우리는 그것을 지지하고 협조하도록 도덕적으로 매여져 있다. 그럼에도 불구하고, 우리는 결코 악의와 보복의 정신에서 법에 호소해서는 아니되며, 하나님께서 명하셨고 사회의 이익이 이를 요구할 때에만 법에 의지해야 한다.

그러나 다른 한편으로, 예외란 규칙을 무효화하는 것이 아니라 오히려 규칙을 입증하는 것이다. 이 교훈의 엄밀한 문자적인 의미에서 벗어나 그 정신을 잃는 일이 없도록 주의해야만 한다. 평화의 왕 그리스도의 제자는 화평의 사람이어야 하며, 온유하게 과실을 견디고, 참을성 있게 손해를 감수하며, 관대하게 고통을 감당하는 사람이어야 한다. 우리는 보복 행위가 금해졌을 뿐만 아니라 그에 대한 바람 그 자체도 허용되지 않았음에 틀림없다. 왜냐하면 하나님께서는 생활의 거룩함뿐만 아니라 마음의 거룩함도 원하시기 때문이다. 모든 악의와 원한, 분노와 불평, 악한 말과 몰인정한 태도들을 버려야 할 것이다. 그리고 자비심과 동정심, 오래 참음으로 옷 입어야 한다. 이에서 모자람은 그리스도인의 자격에 미달하는 것이다. 우리는 악에 대하여 악으로 갚는 것이 금해졌을 뿐만 아니라, 우리를 저주하는 자를 축복하고, 우리에게 악의로 행하는 자를 위해 기도하면서 악에 대해 선으로 대응해야 할 의무가 있다.

바로 다음 구절들에서 그리스도는 "악한 자를 대적하지 말라"는 말씀에 덧붙여서 세 가지 예를 들어, 우리가 해를 입었을 때 어떻게 대처해야 할지 그 방법을 보여주신다. 첫째로, **"누구든지 네 오른편 뺨을 치거든 왼편도 돌려 대며"**(39절). 이 말씀에는 사람들의 **몸**에 가해진 모든 위해가 표현되어 있는데 여기에는 말이나 행위로 뿐만 아니라 '오른편 뺨'이라는 말에서 암시되는 바, 인격에 대한 모욕까지도 포함된다. 보통 사람들은 오른손으로 치며 그러면 왼편 뺨이 맞게 된다. 그래서 오른편 뺨을 맞았다는 것은 의례히 손등으로 친 경우가 된다. 즉, 화가 나서 때린 것보다도 더 보복을 유발시키는 모욕적인 일격이다. 그럼에도 불구하고 그리스도는 그 일격에 대응해서는 안 된다고 말씀하신다. 사적인 보복은 엄격하게 금지되어 있기 때문이다. 옛 격언이 생각난다. 손바닥도 마주쳐야 소리가 난다. 다시 말해서, 이 말은 비록 공격자에게 싸움을 유발한 죄가 있다 할지라도, 만일 상대방이 등을 쳐온다면 싸움에 승인을 한 것은 그 사람이라는 뜻이다.

"누구든지 네 오른편 뺨을 치거든 왼편도 돌려대며." 이 말씀을 문자 그대로 생각하여야 하는지의 여부에 관해서 어떤 진영들에서는 일부 논란이 있어왔다. 이 질문을 다음과 같이 바꾸어 물으면 좀 더 답변하기 쉬워질 것이다. 즉, 이 말씀은 절대적으로 고려되어야 할 것인가? 아니면 상대적으로 받아들여야 할 것인가? 명백하게 후자임에 틀림없다. 첫째로, 만일 우리가 우리를 친 사람에게 다른 편 뺨도 돌려댄다면, 분명히 그릇된 범죄를 **되풀이하도록** 유발시켜 그 사람을 죄로 유혹하는 일일 것이다. 둘째로, 그리스도 자신이 행하신 모범이 그러한 해석을 반박한다. 그는 뺨을 맞았을 때 상대방에게 다른 편을 돌려 대지 않으셨기 때문이다. 셋째로, 이 절의 하반절은 상반절과 분리되는 것일 리가 없다. 악한 자를 대적하지 말라. 비록 상황이 아무리 화나게 할지라도 너희가 스스로 원수를 갚지 말고 "진노하심에 맡기라"(롬 12:19). 악의와 폭력의 죄를 짓기보다는 오히려 모욕을 감수하도록 하라.

확실히 주님은 "누구든지 네 오른편 뺨을 치거든 왼편도 돌려 대며"란 말씀에서, 우리가 그 이상의 피해를 **자초해야** 한다거나, 모든 경우에 있어 어떠한 저항도 없이 그러한 일들을 감수해야 한다고 의도하지 않으셨다. 대제사장 앞에서 맞

으셨을 때, 주님은 매에 매로 대응하지는 않으셨지만 그에 대해 질책하셨다. 그
렇게 함에 있어, 그리스도는 보복의 정신으로 행하신 것이 아니라 그분 자신의
성품대로 공의의 정신에 따른 것이었다. 주님이 말한 것은 범죄자와 그 회중들에
게 죄를 깨닫게 하고자 하는 의도에서였다. 이 교훈은 우리에게 악을 악으로 대
해서는 안 되며 오히려 손해를 견디고, 스스로 원수를 갚으려 하느니 되풀이되는
위해를 감수해야 한다는 가르침을, 더 이상 그럴 수 없을 만큼 강하게 표현하고
있다. 여기에서 가르치는 바는 그 행동 방법이라기보다는 원칙이다. 그렇지만 어
떤 상황에서는 문자 그대로의 복종이 옳을 수 있는데 그것은 우리의 면목을 손상
시키는 대신에 경건한 자들은 오히려 우리를 높이 평가해 줄 것이다.

이 말씀에서 그리스도는 일상적인 다툼이나 논쟁을 질책하셨다. 비록 전적으
로 상대방이 화를 돋우는 경우라 할지라도 주님은 우리가 그 등을 치는 것을 허
락하지 않으실 것이다. 주님이 사도들에게 자기방어를 위해 칼을 지녀서는 안 된
다고 공표하신 일은 없다. 그러나 베드로가 겟세마네 동산에서 주님을 잡으러 온
무리들에게 **대항**하고자 칼을 뺏을 때 주님은 다시 칼집에 꽂도록 명하셨다. 이러
한 방식으로, 이 교훈은 싸움에 응전하거나 또한 이를 승인하는 것을 힐책하고
있다. 하나님을 거역하고 노엽게 하느니 차라리 동료들 사이에서 겁쟁이라 불리
는 편이 나을 것이다. 겁에 질린 티를 보이는 것은 품위를 손상시킨다고 누가 말
한다면, 죄 짓기를 자제하는 일이야말로 진정한 품위라고 대답할 수 있다. 얼굴
을 얻어 맞는 일은 생명 그 자체가 위험에 빠지는 일과는 크게 다르다는 사실을
명심해야 한다. 즉, (후자의) 그런 경우에는 도망치든지, 법의 도움을 요청하는
것이 우리의 할 일이다. 그렇다. 우리는 죽임을 당하기보다는 스스로를 방어할
방도를 찾아야만 한다.

"또 너를 고발하여 속옷을 가지고자 하는 자에게 겉옷까지도 가지게 하며"(40
절). 그리스도께서 드신 세 가지 예 중 그 첫 번째는 우리 **인격**에 가해지는 모욕
에 관해서였다. 그런데 이 일은 우리의 **소유물**에 대한 부당한 침해와 더불어 행
해지기 마련이다. 그것은 행악자의 성격의 또 다른 일면을 보여준다. 즉 사사로
이 혹은 법의 엄호 아래 동료들의 재물을 빼앗고자 하는 것이다. 그러한 예가 삭
개오였다. 회개 전에 그는 그릇된, 즉 토색하는 방법으로 부자가 되었다(눅 19:8).
하지만 알다시피 '속임수로 사고파는' 수단을 쓰는 사람들, 부정한 책략으로 동
료들의 무지를 이용하는 사람들, 교활한 법률가들을 고용하여 법정에서 승소하

는 사람들 모두가 비록 세상에서는 약삭빠름으로 명성을 얻는다 할지라도 하나님의 목전에서는 악한 자들이다. 그러므로 그리스도인들은 그러한 사람들과 교제해서는 안 된다.

이 두 번째 예가 **하찮은 성격**의 일에 관한 것이라는 사실을 주목해야 하겠다. 바로 그 앞의 예가 칼로 수족을 잘리는 가혹한 일이 아니라 얼굴을 얻어맞는 일을 언급하였듯이, 이 예도 우리의 재산에 대한 포획이 아니라 단지 겉옷을 잃는 것에 관해서 다루고 있다. 이 사실을 충분히 주의하지 않는다면 우리는 주님의 권고가 강조하는 점을 놓치기 쉽고 전적으로 어긋나는 적용을 하게 된다. 그리스도가 본문에서 비난하신 것은 법정의 합법적인 이용에 대해서가 아니라 지나치게 사소한 일을 법적으로 해결하는 방법에 대해서이다. 그와 같은 행동은 경쟁적인 정신 내지 복수욕으로 가득 찬 마음을 증거하는데, 이는 고린도전서 6:1-8까지의 말씀이 지적하는 바와 같이 그리스도인에게 어울리지 않는 것이다. 그런데도 일반적으로 사람들 사이에 그러한 일이 너무도 자주 일어나고 있다. 외투 하나 잃었다 하여 소송을 제기하느니, 사실 그 과정에서 드는 경비가 종종 새 외투를 마련하는 것보다 더 들기도 하므로 그 외투를 손해 보는 편이 훨씬 낫다.

"아주 중요한 일일 경우에 다른 의무들이 그 사람에게 법의 보호를 이용하도록 요구하기도 한다. 다시 말하여, 그의 채권자들에 대한 공의, 공중에 대한, 또는 그의 가족에 대한 공의가 그 사람에게 재산을 보호하고, 사리에 어긋난 상대방의 부당한 행위에 제재를 가하도록 요구할 수 있다. 그리고 그리스도인은 비록 사적인 보복에서가 아니라도, 공중의 정의에 대한 사랑에서 범죄자를 기소할 수 있다. 하지만 일반적으로 이 세상에는 그러한 타락자들을 다루기에 충분한 많은 사람들이 있다. 그리하여 그리스도의 제자들에게는 그들에 대한 일로 시간을 소비할, 혹은 울화통을 터뜨릴 기회가 거의 주어지지 않을 것이다"(토머스 스코트). 따라서 우리는 한편으로는 사악한 자에게 악을 조장해 줄 어떠한 것에 대해서도 경계해야만 하며, 그리고 다른 한편으로는 위에 있는 것들에 애정을 품는 사람으로 행동해야만 한다. 만일 우리가 여기에서 적절하게 조화를 유지하려면 하나님의 지혜와 은혜가 반드시 필요하다.

우리 자신의 정신을 다스리는 일이 우리가 입은 옷보다 훨씬 더 중요하다. 내적인 평정의 유지는 겉옷이나 속옷이나 더욱 가치가 있다. 여기에서 주님은 우리에게 현세의 재물을 경히 여기고, 우리의 시간과 정력을 영원에 대한 관심사에 쏟도록 가르치신다. 확실히, 거룩함을 추구하는 일에 있어 다른 사람에 대한 원한이나 경쟁심보다 더 우리를 적합하지 않게 하는 것은 없다. 성난 감정이나 보복정신에서 한 일은 우리에게서 하나님을 경배할 자격을 박탈한다. 마음의 온유함과 겸손함이야말로 우리가 특별히 그리스도에게서 배울 필요가 있는 미덕이다. 비록 의무가 우리를 속인 자에게 법적 행동을 취하도록 우리에게 요구하는 경우도 있지만, 그것은 최후에 의지할 방법이어야 한다. 왜냐하면 우리의 외투를 더럽히는 일 없이 오물을 다루기란 너무나 어렵기 때문이다.

"또 누구든지 너를 억지로 오 리를 가게 하거든 그 사람과 십 리를 동행하고" (41절). 이 구절은 실제로 공공 수송 업무에 관한 일이다. 로마 군대는 신체 건강한 남자들을 징발할 권력을 가지고 있었다. 지역을 행군하면서 군대는 그 사람들에게 특정 지구나 구역 내에서 운반인이나 안내인으로 일하도록 강요할 수 있었다. 그리스도의 십자가를 강제로 메게 되었던 구레네 사람 시몬의 경우에서 우리는 그 한 예를 본다(막 15:21). 그러한 일은 달가운 것이 아니었다. 종종 그와 같은 요구는 고된 동시에 불편한 것이었고, 마지못해서 불평하는 정신으로 응해지기 마련이었다. 그리스도의 명령은 그러한 일이 강제적이고 사리에 어긋난 경우일지라도 결코 불평하거나 노예정신으로 행하지 말고, 요구보다 초과하여 기쁘게 응해 주라는 것이다. 다행히도 우리가 국가의 업무에 강제되어질 경우는 아주 적다. 그렇지만 일상생활에서는 반갑지 않은 일을 억지로 해야 하는 상황들이 있다. 모든 사람은 선택의 여지 없이 필수적으로 수행해야 하는 의무들을 가지고 있는데, 이러한 일들을 우리는 기꺼이 즐거운 마음으로 이행해야 한다.

그리스도가 우리에게 악에 대항하는 것을 금하신 이 세 번째 예는 우리의 인격적인 **자유**를 박탈당하거나 삭감당한 채 해야 하는 일이다. 그것은 지배자가 아랫사람들에게 부당하게 행하여 죄를 범하였어도 피해자가 사적인 보복 방법으로 대항하는 것이 금해진 경우이다. 여기에서는 권세의 남용과, 그리고 어떻게 범죄자가 그 권세의 남용 아래서 행동하는지에 대해 알게 하고 있다. 쓰디쓴 원한에 몸을 맡기느니보다 우리는 참을성 있게 불의를 견디고 그 되풀이되는 일을 감수할 준비가 되어 있어야만 한다. 이 말씀에서 그리스도가 금하신 바에 의하면, 이 땅의 법에 대한 사적인 비방(욕)과, 주인에게 부당하게 취급받았다고 생각한 종들의 불평, 그리고 우리의 마땅한 세금납부에 대한 거부의 행동들 모두가 책망받는다.

이제까지 살펴본 예에서 우리는 행악자들에게 있는 사악성의 세 번째 유형을 주목하여 보았다. 이들은, 즉 아랫사람들의 인격적인 권리를 침해하고 그들의 자유를 부당하게 빼앗음으로써 범죄하는, 권세와 권위를 가진 자들이다. 터무니없는 임대료를 부과하고, 고용인들을 혹사시키며, 그들에게서 안식일의 휴식을 빼앗고, 가난한 자의 얼굴에 맷돌질하는 죄를 지은 자들이다. 그들은 이 세상에서의 지위와 부, 그리고 명예가 어떻든 관계없이 하나님의 목전에서는 **악한 자**들이다. 그리고 그 자체만으로도 그들은 다가올 그날에 죄악에 대한 마땅한 보상을 받게 될 것이다. 이러한 까닭에 다른 사람들 사이에서 우리가 대적하거나 보복하는 행위가 금해진 것이다. 즉, 멀지 않아 모든 것에 대한 심판의 때가 오면 모든 그릇된 일이 바로잡혀질 것이며 "악인의 승리는 잠시뿐이다"는 말이 온 세상에 선언될 것이다.

"인격적인 자유에 관해 말하자면, 선한 양심이라는 축복과 영생에의 소망 다음으로 그것은 가장 값진 특혜 중 하나임을 의심할 여지가 없다. 모든 그리스도인과 모든 사람은 자신과 이웃을 위해 그 자유를 획득하고 그대로 지키기 위해서는 많이 행하고 많이 견딜 준비가 되어 있어야만 한다. 그렇지만 동시에 그들은 모든 필요한 짐과 법적인 속박을 참을성 있게 견디어내야 할 뿐만 아니라, 주님의 교훈에 순종하여, 보잘것없는 일시적인 권세로 옷 입은 사람들의 많은 일들을 참아야 할 것이다. 그리고 권세의 많은 남용을 너그러이 눈감아 주며, 심지어 폭력과 소동에 의지하기보다 여러 압제 행위들을 감수해야 할 것이다"(존 브라운).

"네게 구하는 자에게 주며 네게 꾸고자 하는 자에게 거절하지 말라"(42절). 이 말씀은 그리스도의 왕국의 의가 그 주인들에게 요구하는 저 고귀하고 관대한 정신에 대해 한층 밝혀준다. 그 의는 그들에게 개인적인 권리에 대한 모든 주장을 단념시킬 뿐만 아니라 다른 선을 행하도록 끌어당길 것이다. 그와 같은 견지에서 해석해 보자면, 이 교훈은 우리 의무의 적극적인 측면을 말해주고 있다. 즉, 그리스도는 사람들에게 악에 대하여 악으로 보복하는 것을 금하셨을 뿐만 아니라 악을 선으로 갚도록 명하고 계신다. 이기주의나 퉁명스러운 거절에 의해 싸움을 야기시키느니보다는 우리에게 아무런 요구도 하지 않는 사람들에게 내주고, 친절을 베풀어 주기를 구하는 사람들에게 꾸어 주는 편이 낫다. 우리는 하나님의 청지기로서 우리의 소유물을 간직하고 있을 뿐이며, 우리에게 속한 자들의 필요에 따라서 나누어 주어야 한다.

다른 교훈들에서 우리가 제한 범위를 설정하거나 예외 사항을 지적해 온 것에 대해 반박하는 사람들에게 나는 이 교훈을 면밀히 주의해 볼 것을 요청하는 바이다. 확실히 그 특별한 권고는 **엄격하게 조건부로** 적용되어야 함이 자명하다. 성경을 참으로 알고 있는 사람이면 그 누구도 그리스도가 이 말씀에서 무분별한 자선을 그리스도인의 의무로 부과하고 있다고 생각할 수는 없다. 즉, 우리가 요청하는 모든 사람들에게 거저 주거나 꾸어 주어야 한다는 뜻은 아니다. 현대생활에서 늘어나고 있는 불행 중의 하나가 자신의 동정심이 그들에게 이끌리는 대로 허용하는 사람들의 잘못 생각된 자선이다. 꾸어주는 일은 '공의로' 행해져야 한다(시 112:5). 사도들의 원칙은 "누구든지 일하기 싫어하거든 먹지도 말게 하라"(살후 3:10)는 것이었다. 일하기에 너무 게으른 사람을 계속 무위도식하도록 해주어야 할 의무는 개인적으로나 국가적으로나 없다. 다음 열거한 구절들을 주의 깊게 살펴본다면, 이 문제에 있어 우리에 대한 하나님의 뜻을 쉽게 알 수 있을 것이다: 잠 3:27; 고전 16:2,3; 고후 8:13, 14; 엡 4:28; 요일 3:17.

제19장

율법과 사랑

❶

또 네 이웃을 사랑하고 네 원수를 미워하라 하였다는 것을 너희
가 들었으나 나는 너희에게 이르노니 너희 원수를 사랑하며 너
희를 박해하는 자를 위하여 기도하라 이같이 한즉 하늘에 계신
너희 아버지의 아들이 되리니 이는 하나님이 그 해를 악인과 선
인에게 비추시며 비를 의로운 자와 불의한 자에게 내려주심이라
너희가 너희를 사랑하는 자를 사랑하면 무슨 상이 있으리요 세
리도 이같이 아니하느냐 또 너희가 너희 형제에게만 문안하면
남보다 더하는 것이 무엇이냐 이방인들도 이같이 아니하느냐 그
러므로 하늘에 계신 너희 아버지의 온전하심과 같이 너희도 온
전하라(마 5:43-48)

"네 이웃을 사랑하고 네 원수를 미워하라 하였다는 것을 너희가 들었으나
나는 너희에게 이르노니 너희 원수를 사랑하며 너희를 박해하는 자를 위하여 기
도하라"(43, 44절). 산상 설교의 이 구절만큼 주석가들에 의해 수난을 당한 구절
은 없을 것이다. 대부분의 주석가들은 전 문맥을 주의 깊게 음미하지 못하거나
정확하게 이해하지 못해 문장의 의도를 완전히 곡해하고 말았다. 그러한 잘못의
결과로 말미암아 이 구절에서 말하고자 한 주님의 의도는 오해를 받게 된 것이
다. 즉 새 언약의 도덕적 기준이 유대교의 그것보다 월등히 우수하다고 설명하게
됨으로써 잘못된 생각이 널리 퍼지게 된 것이다. 많은 주석가들이 주요 용어인
'이웃'과 '사랑'에 너무 제한된 의미를 부여하여 정의를 내렸다. 이 구절의 해석
을 그들이 주장하고 있는 신학적 체계와 일치시키기 위해 몇 주석가들이 만든 임

시변통은 실로 우습기 짝이 없다.

주석가들 사이에도 의견이 크게 다르고, 그들의 설명이 얼마나 모호하고 불만족스러운 것인가는 "원수를 사랑하라"는 말에 대한 그들의 주석에서 발췌한 다음의 인용문에서 알 수 있다.

"우리는 공공연하게 악하고 불경한 자를 좋아하지도 아니하고, 사기꾼이라 알고 있는 자를 믿을 수도 없다. 그러나 모든 인간을 존경해야 한다면 우리는 그 인간의 본성에게는 경의를 표해야 할 것이다. 왜냐하면 **우리는 모든 사람을 한결같이 사랑해야 하기 때문이다.** 우리는 원수의 인간성까지도 상냥하고 칭찬할 만한 것으로 기꺼이 후대하여야 한다. 원수의 인간성에도 현명함, 선량한 기질, 학식, 도덕적 미덕, 다른 사람에 대한 친절, 신앙고백 등이 있고 그들이 비록 우리의 원수이긴 하나 우리의 그런 본성을 사랑하기 때문이다. 우리는 그들을 불쌍히 여겨야 하며 선의로 대해야 한다"(매튜 헨리).

이 말은 우리에게 아주 불명료하게 보인다. 첫째, 이 저명한 저자는 실제로는 우리가 원수를 사랑할 수 없다는 점을 말하고 있다. 즉, 그는 인간성 가운데서도 선량한 자질로 분별되는 것만을 존경해야 하며, 원수에 대해서는 우리가 그들의 행복을 빌어 주어야 한다는 말로 끝맺고 있다.

토머스 스코트(Thomas Scott)의 견해도 이와 같다. 비록 그는 원수를 사랑하고, "그들을 자비로 바라보며, 그들의 비방과 저주를 착한 행위와 친절한 행실로써 대하고, 그들이 끼치는 손해에 대해서 자비로운 행위로 대하는 것"이 기독교인의 의무라는 주장으로 시작하고는 있지만, 다음을 덧붙임으로써 그 의미를 손상시켰다. "주께서 여러 가지 은혜를 그의 백성에게만 그토록 많이 베풀어 주셨듯이 우리의 특별한 우정, 친절, 즐거움 또한 **의로운 사람에게만 제한되어져야** 한다. 은혜를 베푸는 자에 대한 감사나 특별한 친구에 대해 편애는 원수와 박해자에게 향한 일반적인 선의나 선행과 잘 조화를 이룬다." 이 말 또한 우리에게 '원수를 사랑하라' 는 하나님의 명령이 진정으로 무엇을 의미하는가에 대해 의아심을 품게 만든다.

앤드류 풀러(Andrew Fuller)는 스콜라 철학자의 난해한 이론에 의존하여 실마리를 풀고자 하였다. 그런데 스콜라 철학자들은 하나님에게나 인간에게는 모두 두 가지 다른 종류의 사랑이 있다고 주장한다. 그의 주장으로 인해 사람들은 사랑과 단순한 친절을 혼돈하게 되었다. 이 저술가는 "박애와 친절을 구분하지 못한 이유로 이 주제에 대해 많은 혼란이 발생하고 있다. 박애란 인간이 하나님의 친구가 될 가능성이나 희망이 조금이라도 있을 때 그들의 성품에 관계없이 마땅히 받아야 하는 것이고, 친절이란 성품이라고 하는 토대 위에서만 요구할 수 있는 것이다"(「원수에 대한 사랑」 중에서)고 말했다. 이 말의 요점은 우리가 하나님의 원수에 대해 실행한 사랑은 하나님께서 자기 백성에게 품는 사랑과는 완전히 다른 종류라는 것이다.

우리가 원수를 사랑해야 한다는 그리스도의 명령을 교묘하게 설명하려고 노력한 유명한 존 길(John Gill)의 방법은 한층 더 이상하다. "나는 그리스도께서 '원수를 사랑하라' 고 명령하신 그 사랑이 사랑의 내적 감정에 대한 말로 이해되어서는 안 된다고 생각한다. 즉 나는 그리스도께서 나에게 내 아내를, 자식을, 진정한 친구를, 그리스도 안의 형제를 사랑하는 것처럼 핍박자를 박애하라고 요구하신다고는 믿을 수가 없다. 그러나 결과적으로 인간이 사랑하는 이웃에게 하듯이 독자적인 방법으로 능력껏 이러한 일들을 하도록 나에게 요구하신다. 즉 이웃이 배가 고플 때 먹여주고, 목이 마를 때 음료수를 주는 것과 같다"(「진리의 옹호」로부터).

길(Gill)의 설명은 그 모든 설명 중 가장 나쁘다. 왜냐하면 그의 설명에 의하면, 모든 행위의 동기가 비록 활기가 없는 데서 시작된다 하더라도, 하나님의 요구에 외견상으로 응하는 것이 하나님에 의해 받아들여질 것이라는 매우 심각한 실수를 범하고 있기 때문이다. 그러나 하나님께서 고찰하시는 것은 외양이 아니라 마음이다. "사랑은 율법의 완성"(롬 13:10)이며 사랑은 본질상 마음에서 시작되는 것이다. 율법이 요구하는 바가 하나님과 인간에 대한 사랑이기 때문에 사랑은 곧 율법의 완성이다. 진실한 복종은 사랑을 실천하는 것이며, 하나님께서 명령하신 지시대로 따르는 것이다. 엄격히 말해, 내적 복종과 외적 복종 사이에 보편적인 차이점이 있다는 근거는 없다. 즉 진정한 복종이란 모두 사랑의 실천으로 이루어진 내적인 것이며, 외적인 복종은 단순히 사랑의 표현일 뿐이다. 결론적으로 사랑(거룩한 감정)에서 출발하지 아니하고 하나님의 명령에 외적으로 순종하는 것은 무가치한 일, 곧 '죽은 행동' 일 뿐이다.

"네 이웃을 사랑하고 네 원수를 미워하라 하였다는 것을 너희가 들었으나"(43절). 마태복음 5장의 부분 부분을 읽어나가면서 우리는 널리 퍼져 있는 오해 ─ 즉 그리스도께서는 여기에서 시내 산에서 하였던 것보다 더 영적이며 자비로운 율법을 제안하고 계시다는 오해 — 를 경고하며 부인하려고 노력하였다. 우리는 주님께서 모세의 율법에 대항하고 계신 것이 아니라 유대인의 치명적인 잘못을 반박, 거부하고 계시다는 명백하고 결정적인 특별 증거를 바로 이 인용구절에서 찾을 수 있다. 모세 오경을 아무리 찾아보아도 이스라엘 사람들에게 원수에 대해 원한을 품도록 지시한 계명은 없을 것이다. "네 원수를 미워하라"는 말은 순전히 랍비들의 날조에 불과하다.

"원수를 갚지 말며 동포를 원망하지 말며 네 이웃 사랑하기를 네 자신과 같이 사랑하라 나는 여호와이니라"(레 19:18). 이것이 바로 원래 계명이다. 주님께서 여기서 말씀하고 계신 것은 바로 이 하나님의 율법 자체가 아니라 하나님 율법을 바리새인들이 악용하고 있다는 점에 대해서이다. 그들도 "이웃 사랑하기를 네 몸과 같이 하라"란 말을 인용하고 있는 것은 사실이나 그 말을 잘못 이해하고, 잘못 적용하고 있는 것이다. 어떤 율법사가 '자신은 외롭다' 하기 위하여 그리스도 에게 던진 "내 이웃이 누구니이까?"(눅 10:29)란 질문은 오히려 그가 소속되어 있는 무리의 잘못을 여실히 드러낸다. 그 질문에 대한 주님의 대답을 통해 그들이 그 말의 의미를 혼동하고 있음을 명백히 알 수 있다. 유대인의 랍비들은 '이웃' 이란 말을 자기들과 밀접한 관계에 있는 사람이나 친구, 즉 자기 동족이나 특히 자기 당파에게만 한정시켰던 것이다.

'이웃' 이란 용어는 구약성경에 넓은 의미와 좁은 의미의 두 가지로 사용된다. 넓은 의미에서는 우리가 동료라 생각하면서 접촉한 모든 사람을 의미하며, 좁게 는 혈연이나 지연 관계에 있는 사람을 의미한다. 그러나 성경을 찾아 본 사람이 라면 누구나 성령께서 말씀하시는 의미를 모두 분명하게 알아야 할 필요가 있다. "백성에게 말하여 사람들에게 각기 이웃들에게 은금 패물을 구하게 하라 하시더 니"(출 11:2)에서의 이웃은 이스라엘이 함께 지냈던 이집트인들을 지칭한 것이 다. '이웃' 과 마찬가지로 '타국인' 도 자신을 사랑하는 만큼의 사랑을 받을 만한 합당한 대상이 된다. 이웃을 사랑하라는 계명이 적힌, 바로 그 장에 적힌 다음 구 절이 그 증거이다. "거류민이 너희의 땅에 거류하여 함께 있거든 너희는 그를 학 대하지 말고 너희와 함께 있는 **거류민**을 너희 중에서 낳은 자 같이 여기며 자기 같이 **사랑하라** 너희도 애굽 땅에서 거류민이 되었었느니라 나는 너희의 하나님 여호와이니라"(레 19:33, 34).

"이웃 사랑하기를 네 몸같이 하라"는 하나님의 권유를 우리에게 친절하고 상냥한 사람에게만 한정시키기는커녕, 율법의 여러 구절에서는 오히려 소송 중에 있는 원수까지도 이웃으로 묘사된다. 그 대표적인 구절은 다음과 같다. "그들이 일이 있으면 내게로 오나니 내가 그 양쪽(그와 이웃)을 재판하여"(출 18:16). 그러므로 하나님의 율법으로부터 끌어낸 바리새인들의 결론은 "너희는 모든 사람을 사랑해야 하고, 너에게 해를 끼치는 자들까지 사랑해야 한다"로 고쳐져야 할 것이다. 하나님이 이웃에 대해 거짓 증거하지 말라 하시고, 이웃의 아내를 탐내지 말라 하실 때도(출 20:16, 17) 반드시 그 금지사항에 한계를 두어 생각해서는 안 된다. 그리하여 그들의 이웃을 사랑하라는 계명은 곧 모든 인류를 사랑하라는 명령으로 이해하는 것이 타당하다.

이스라엘 사람들에게 모든 인간을 사랑하라는 이 하나님의 계명은 어떤 사람에 대해서 악의를 품는 행위까지도 분명히 금하고 계심을 의미한다. 그러나 유대인의 랍비들은 이웃을 사랑하라는 명령을 부당하게 제한시켜 해석했을 뿐 아니라, 그로부터 "네 원수를 미워하라"는 거짓되고 악한 결론을 끌어냈다. "원수를 갚지 말며 **동포를 원망하지 말며**"(레 19:18)란 금지가 이웃을 사랑하라는 계명 바로 앞에 나와 있는데도 그러한 결론을 끌어냈다는 점은 참으로 용납할 수 없는 일이다. 더군다나 34절에서는 그들과 함께 사는 거류민 모두를 자기 몸처럼 사랑하라고 명령하고 있다. 원수에 대해 악의를 품는다는 것은 율법의 문자와 도덕성에 직접적으로 대립된다. 그런 악의의 감정은 어떤 형태의 말로도 표현되어 있지 않다.

랍비들의 그릇된 결론이 율법 그 자체와 완전히 대립된다는 사실은 다음 성경 구절들을 봄으로써 알 수 있다. "네가 만일 네 원수의 길 잃은 소나 나귀를 보거든 반드시 그 사람에게로 돌릴지며 네가 만일 너를 미워하는 자의 나귀가 짐을 싣고 엎드러짐을 보거든 그것을 버려두지 말고 그것을 도와 그 짐을 부릴지니라"(출 23:4, 5). "네 원수가 넘어질 때에 즐거워하지 말며 그가 엎드러질 때에 마음에 기뻐하지 말라 여호와께서 이것을 보시고 기뻐하지 아니하사"(잠 24:17, 18). "네 원수가 배고파하거든 음식을 먹이고 목말라하거든 물을 마시게 하라"(잠 25:21). 이스라엘이 모세와 여호와를 통하여 사악한 가나안 족속들을 멸망시키라는 특별한 명령을 받았다 할지라도 이 절대적인 계명이 폐지된 것은 아니다. 왜냐하면 그렇게 함으로써 그들은 타락하고 야비하여 대중의 위협이 되는 자에게 하나님의 의의 심판을 집행하는 자로 행할 수 있었기 때문이다. 그럼에도 불구하고 그들은 그 비열한 사람들을 증오하라는 명령을 받은 적은 없다. 가나안 사람들에게 내려진 그 특별한 심판에 있어서도 원수를 미워하는 것이 합법적이라는 것을 보편원리로 내세울 만한 근거는 아무것도 없다.

우리의 논의와 반대되는 것처럼 보이는 구절들이 있다는 것을 위에서 지적한 데 대해 이의를 제기할 수도 있을 것이다. 예를 들면, 다윗은 다음과 같이 말했다. "여호와여 내가 주를 미워하는 자들을 미워하지 아니하오며 주를 치러 일어나는 자들을 미워하지 아니하나이까 내가 그들을 심히 미워하니 그들은 나의 원수들이니이다"(시 139:21, 22). 이 구절에 대해서 우리는 우선 개인적인 원수와 공적인 원수를 명확히 구분해야 한다. 개인적인 원수는 우리에게 개인적인 해를 입힌 자이나 그를 미워하거나 보복해서는 안 된다. 공적인 원수란 하나님께 공공연하게 고질적으로 대항하고, 하나님의 대의와 백성에게 위협이 되는 사람이지만 우리는 그의 악이나 죄를 의롭게 미워할 수는 있으나 그 개인을 미워해서는 안 된다. 윗 구절의 설명대로 다윗이 미워하는 것은 하나님과 이스라엘의 공적인 원수인 것이다.

앞에서 우리는 랍비들이 성경을 악용하고 있는 두 경우를 보았다. 그 중 하나는 그릇된 해석이며, 다른 하나는 논리적으로는 그럴듯하게 보이나 그릇된 결론을 끌어내는 두 경우로 이 악용은 위험하고 피해가 크다. 따라서 말씀을 가르치는 선생들은 이 점을 부지런히 경계해야만 한다. 성경에 쓰이는 용어들이 올바르게 정의되어야 하는 것은 필수적이며, 그러기 위해서는 선생들이 많은 노력을 기울여야 한다(성령이 어떻게 해서 이 특수 용어를 사용하게 되었는가를 알기 위해 가끔 수많은 구절들을 끈질기게 관찰해야만 한다). 그렇게 하지 않으면 진리를 간과해 버리는 실수를 저지르게 되기 때문이다. 이런 의미에서 "내 형제들아 너희는 선생된 우리가 더 큰 심판을 받을 줄 알고 선생이 많이 되지 말라"(약 3:1)란 명령은 한층 더 엄숙하게 들린다.

또한 앞에서 우리는 **거짓 선생**에 대한 뚜렷한 증거를 찾을 수 있다. 거짓 선생들은 하나님의 말씀을 나쁜 쪽으로 적용시켜 청중을 의도적으로 타락하도록 방조하며 청중의 찬동을 얻기 위해 성경을 왜곡한다. 서기관과 바리새인들은 유대인들에게 육체를 따라 형제가 된 자들에게는 사랑과 선행을 베풀도록 한다. 그러나 한편으로는 이방인에 대해 적대감을 품는 것을 그들의 본분이라고 가르친다. 그러한 교훈은 타락한 인간 본성의 악의적이고 이기적인 원리에 들어맞는 것으로 유대인들이 보편적으로 그러한 교훈의 영향을 받아 행동하고 있음을 볼 수 있다. 즉 "그들은 자기들의 동포에게는 쉽게 동정을 표시하나 다른 모든 사람들에게는 적대감을 갖는다"(타키투스). 한편 바울은 그들을 "모든 사람에게 대적이 되어 우리가 이방인에게 말하여 구원받게 함을 그들이 금하여"(살전 2:15, 16)라고 묘사하고 있다.

끝으로, 우리는 **그릇된 교훈의 열매**, 즉 선한 행실을 타락시키는 악의 전파에 대해 살펴보기로 한다. 유대인들은 지금까지 강렬한 감정의 소유자로, 친구를 열정적으로 사랑하고 원수를 강렬하게 미워하였다. 즉 바리새인들은 하나님의 율법을 자기들이 가르친 제자들의 편견과 일치하게 곡해시킴으로써 최악의 결과를 초래하였다. "사람이 어떠하면 그의 생각도 그러하기" 때문에 그릇된 생각을 가진 자는 필연적으로 그릇된 행동을 낳게 되는 것이다. 이 원리에 대한 두드러진 예를 로마교에서 찾아볼 수 있다. 곧 그들의 잘못된 유전으로부터 비롯된 나쁜 습관이 그것이다. 그리하여 그들은 '예배 처소'를 다른 건물보다 더 거룩하게 여겼다. 그 결과 많은 미혹된 신도들은 '교회'나 '성당'에 들어갈 때 외에는 기도를 하지 않는다.

"나는 너희에게 이르노니 너희 원수를 사랑하며"란 주님의 말씀에는 모세의 가르침에 반대한다는 것도, 다른 어떤 의미를 첨가시키고 있지 않다는 것도, 지금까지 살펴본 내용으로 보아 명백하다. 오히려 그는 하나님의 율법을 서기관과 바리새인의 타락으로부터 구하고 하나님의 가르침의 높은 정신과 뜻을 밝혀주고 있다. 하나님의 율법이 요구하는 사랑은 소위 우리가 '자연적 애정'이라 부르는 것을 훨씬 능가한 것이다. 친족에게 베푸는 사랑은 이교도나, 더 낮게는 동물에게서도 발견할 수 있는 단순한 자연적 본능이나 감정에 불과하다. 하나님의 율법이 요구하는 사랑은 거룩하고, 공평하고, 영적인 것이다. 이것은 "네 마음을 다하여 주 너의 하나님을 사랑하라"와 "네 이웃을 네 몸과 같이 사랑하라"(마 22:37, 39)의 두 구절을 분리할 수 없게 연결해 놓은 사실에서 명확해진다. 즉 우리는 하나님을 사랑할 때와 같은 사랑을 이웃에게 베풀어야 한다.

"나는(성육신하신 하나님, 곧 최초에 율법을 주신 자) 너희에게 이르노니 너희 원수를 사랑하며 너희를 핍박하는 자를 위해 기도하라"(44절). 이 말씀에서 그리스도께서는 세 가지 내용을 말씀하신다. 첫째, 그는 분명하게 '이웃'을 친구와 아는 사람에게 한정시킨 서기관과 바리새인의 실수를 반박했으며, 그 말이 원수까지도 포함한 포용력이 있는 말임을 입증했다. 즉 진실로 하나님의 계명은 "심히 넓은 것이다"(시 119:96). 둘째, 그는 진리와 정반대인, 원수를 미워하라는 악한 가르침을 솔직하게 거부하고, 하나님께서는 우리를 미워하고 상처를 입힌 자까지도 사랑하라 명하셨다고 주장하셨다. 셋째, 그는 '사랑'이 무엇을 의미하는지를 명확히 밝힌다. 즉 사랑은 거룩하고 내적이고 영적인 애정으로서, 그것은 경건하고 친절한 행위로 표현된다고 밝히셨다. 이제 우리는 의혹의 그림자에서 완전히 벗어나 도덕적 율법이란 하나님께서 명령한 도덕법임을 확신하게 된다. 인간 중 그 누구도 "원수를 사랑하라"는 것과 같은 교훈을 일찍이 생각할 수가 없었기 때문이다.

제20장

율법과 사랑
❷

엄격히 말해서 마태복음 5장 중 마지막 여섯 절은 바로 앞선 절(38-42절)에서 다루었던 것과 같은 주제를 내용으로 하고 있다. 거기에서 우리는 주님께서 율법과 보복의 중요한 문제를 다루셨음을 보았다. 그런데 여기에서 주님께서는 조금 다른 각도이긴 하나 같은 주제를 다루고 계신다. 거기에서 그는 인간적인 모욕과 개인적인 상처를 받아 화가 났을 때, 그의 왕국의 백성으로서 해서는 안 될 일을 밝히시면서 특히 부정적인 면, 즉 악에 대항해서는 안 된다는 쪽에서 다루었다. 그러나 여기에서는 긍정적인 면을 택하여 그의 추종자들이, 자기를 미워하고 핍박하는 자들에게 어떻게 해야 하는가를 말씀하고 계신다. 즉, 악을 선으로, 미움을 사랑으로 보답하라는 것이다. 그리스도인은 악에게 지는 것이 아니라 오히려 선으로 악을 이겨야 한다(롬 12:20).

그러므로 주님께서 도덕 율법을 설명하신 이 결론 부분에서 그의 제자들에게 요구하시는 거룩함이 서기관과 바리새인의 의를 훨씬 능가한다고 말씀하심으로써 끝을 맺고 있음을 볼 수 있다. 그리스도께서는 계명을 하나하나 차례로 설명하시면서 그 계명들 사이의 큰 차이점을 명확히 밝히셨다. 그들은 인간의 이웃 관계에 대한 모든 교훈을 조직적으로 왜곡시켰다. 즉 하나님의 기준을 깎아내리고 그 의미를 축소시켜, 타락한 그들의 추종자의 기준과 일치시키려 하였다. 구세주께서 그들보다 우월했던 점을 하나하나 생각해 보자. 구세주께서 하나님의 계명의 고귀하고 냉엄한 정신을 실천에 옮기신 것을 그들과 비교해 하나하나 생각해 보자. 거짓과 진실, 어둠과 빛, 부패와 거룩함 사이의 대조이기 때문에 그 대조는 급진적이고 혁명적이었다.

첫째, 그리스도께서는 "살인하지 말라"란 하나님의 법령을 그들이 곡해하였음을 폭로하셨고, 그 계명은 문자 그대로의 의미보다도 훨씬 넓은 의미를 내포하고 있음을 밝히셨다(21-26절). 둘째, 그는 "간음하지 말라"란 계명을 그들이 부당하게 깎아내리고 있음을 비난하고, 마음속에 품은 생각과 의도에까지도 그 계명이 적용됨을 보이셨다(27-32절). 셋째, "헛맹세를 하지 말라"란 권고를 그들이 함부로 변조하고 있음을 비난하고, 어떤 종류의 맹세든 불필요한 맹세는 금한다고 확언하셨다(33-37절). 넷째, 그는 그들이 "눈은 눈으로"란 공정한 법칙을 얼마나 왜곡시켰는지를 보인다(38-42절). 끝으로, 그는 "이웃 사랑하기를 네 몸과 같이 하라"란 계명을 그들이 대단히 왜곡시킨 것에 대해 말씀하셨다(43-48절).

앞 장에서 우리는 주석가들이 "나는 너희에게 말하노니 너희 원수를 사랑하라"는 그리스도의 말씀을 올바로 이해하고 있지 못함을 살펴본 바 있다. 즉 그들은 그리스도께서 도덕법의 요구를 재강화시키는 것을 목표로 하고 있음을 깨닫지 못했다. '도덕법'이란 모세의 율법일 뿐만 아니라 본래 하나님께서 인간의 삶의 규칙으로서 인간의 본성 속에 심어 주신 법이기도 하다. (시내 산에서 갱신된) 원래의 도덕법이 요구하는 것은 두 가지로 요약해 볼 수 있다.

첫째, "네 마음을 다하고 목숨을 다하고 뜻을 다하여 주 너의 하나님을 사랑하라"(마 22:37)이다. 즉 하나님을 지극히 존경하고 숭배하며, 하나님의 탁월하심 안에서 기쁨을 누리고, 끊임없이 그를 영화롭게 하라는 말이다.

"둘째도 그와 같으니 네 이웃을 네 자신 같이 사랑하라"(마 22:39)이다. 여기에서도 세 가지 의미가 있다. 첫째, '사랑하라'고 명령하셨다. 둘째, 사랑해야 할 근거 또는 이유를 밝히셨다. 그가 '네 이웃'이기 때문에, 그가 당신 자신과 같은 사람이며 당신과 같은 피를 나눈 동료이기 때문이다. 셋째, 이웃에 대한 사랑의 표준은 '네 몸과 같이'이다. 이 기준은 사랑의 성격과 크기를 밝혀 주는 말이다. 이러한 요구는 우리가 올바른 마음을 가진 사람이어야 함을 전제로 한다. 즉 한 점의 흠도 없이 완벽에 가깝게 곧고, 공정하고, 자비로운 마음을 가진 사람이어야 한다고 전제한다. 이 말이 자명할 수밖에 없는 이유는, 그러한 사랑이 없다면 우리는 우리의 이웃을 진정한 의미로 사랑할 수 없으며, 우리가 배운 가르침대로 그를 생각할 수도, 판단할 수도, 느낄 수도 없기 때문이다. 나쁜 기질을 갖거나, 이기적이며 솔직하지 못하고 까다롭고 가혹한 정신의 소유자는 반드시 이웃에 대한 생각과 감정도 나쁜 방향으로 흐르기 마련이다.

우리의 이웃을 우리의 몸과 같이 사랑한다는 것은 무엇인가? 자기 자신을 향한 사랑은 거짓이 없고, 열정적, 적극적, 지속적이며 영원하다. 우리 이웃에 대한 사

랑도 그러해야 한다. 참된 자기애(self-love)란 모든 우리의 이익을 소중히 여기는
것이다. 특히 우리의 영적인, 영원한 이익을 소중히 여긴다. 우리 이웃에 대한 사
랑도 그러해야 한다. 참된 자기애란 우리의 행복에 세심하게 관심을 기울이는 것
이다. 자기의 행복을 부지런히, 신중하게 추구하고 마음껏 향유하는 것이며, 재
난에 대해서는 진지하게 마음 아파하는 것이다. 마찬가지로 우리의 이웃에 대한
사랑도 이웃의 행복에 대해 자기 일처럼 느끼고 행복할 수 있는 것이어야 한다.
자기애란 우리의 행복을 추구하기를 거짓 없이 즐기는 것이다. 우리가 우리 자신
의 일을 그 만큼 할 수 있음을 어렵게 생각하지 않듯이 우리의 이웃에 대해서도
진실한 사랑을 베풀어야 하며 그렇게 함으로써 "받는 것보다 주는 것이 더 복된
일"임을 입증해야 한다.

그러므로 하나님께서 우리에게 우리의 이웃에게 베풀라고 요구하신 사랑의 종
류는 일반적으로 인간의 **연민**(compassion)이라 불리는 것을 훨씬 능가한 것이
다. 왜냐하면 이 연민이라는 것은 가끔 인간 가운데에서 지극히 흉악한 자에게서
도 발견할 수 있는 것이기 때문이다. 또한 그것은 하나님의 권위를 존경하는 마
음에서 싹튼 것도 아니며, 우리의 동료 안에서의 하나님의 형상을 중시하는 마음
에서 싹튼 것도 아니고, 단순히 우리의 동물적 성격에서 비롯된 것이기 때문이
다. 인간들이 **선한 본성**(good nature)이라 칭한 것에 대해서도 마찬가지로 설명
할 수 있다. 어떤 짐승들이 다른 짐승들보다 더 좋은 본성을 가지듯이 어떤 인간
들은 그의 동료들보다 더 온화하고, 더 상냥하고, 더 겸손하다. 그러나 그들의 그
러한 온유함도 하나님의 명령에 의해 영향을 받은 것은 아니다. **자연적 애정**
(natural affection) 또한 마찬가지로 설명된다. 전혀 신앙심이 없는 사람 가운데
어떤 이들은 그들의 아내와 자식에게 애정을 가지며, 심지어는 하나님이나 자기
자신의 영혼은 무시한 채 그들을 우상처럼 섬겨 그들을 위해 밤낮으로 일한다.
그러나 그들의 자녀에 대한 모든 이러한 애정으로는 그들의 영적이며 영원한 행
복을 추구하지 못한다. 그것은 자연적인 맹목적 사랑에 불과할 뿐이며 거룩한 사
랑은 아니다.

마태복음 5장 마지막 여섯 절에서의 주님의 의도가 두 번째 돌판에 새겨진 위
대하고 보편적인 율법 계명 "이웃 사랑하기를 네 몸과 같이 하라"를 유대인 선생
들의 그릇된 해석으로부터 구하고 그것의 진정하고 합당한 의미를 되찾자는 것
임을 명확히 파악해야 한다. 앞 부분에서 행했던 방법대로 그리스도께서는 여기

에서도 먼저 랍비들의 잘못을 하나하나 지적한 다음 하나님의 교훈을 올바르게 적용시켜야 한다고 강조하고 계신다. 그들은 이중의 잘못을 저지르고 있다. 하나는 그들에게 친절한 자만을 '이웃'이라고 부당하게 제한시킨 잘못이다. 다른 하나는 원수를 미워하는 것이 합법적이라는 그릇되고 악한 결론을 끌어냈다는 점이다. 이 점에서 현대 기독교계가 타락한 유대교와 얼마나 유사하게 가까워지고 있는지 독자는 스스로 판단해야 할 것이다.

우리는 지금까지 주님께서 그의 설교의 이 부분 전반에 걸쳐(17-48절) 무엇을 말씀하고 계신가에 대해 하나하나 생각해 보았다. 그런데 이제는 이 설교에서 주님께서 말씀하시고자 하는 명백한 **의도**가 무엇인지를 생각해 보기로 하자. 좀 더 확실히 하기 위해 이 기회에 독자들은 자기가 그리스도의 청중 가운데 있고 그러한 가르침을 처음 듣는 것으로 상상하도록 하자. 독자가 그리스도의 강하고 엄격한 말씀인 "내가 너희에게 이르노니 너희 의가 서기관과 바리새인보다 더 낫지 못하면 결코 천국에 들어가지 못하리라"(20절)를 주의 깊게 들었을 때, "나는 너희에게 이르노니 형제에게 노하는 자마다 심판을 받게 되리라"(22절)는 말씀을 숙고해 들었을 때, "나는 너희에게 이르노니 여자를 보고 음욕을 품는 자마다 마음에 이미 간음하였느니라"(28절)를 고려해 보았을 때, 과연 그는 어떤 영향을 받을 것인가?

독자들은 공정하고 정직하게 이 질문을 대해야 한다. 당신이 그 산 중턱에 서서 결코 인간이 말하고 있지 않은 것처럼 말씀하고 계신 그를 대한다고 생각해 보라(그는 육신을 입은 하나님이기 때문이다). 즉 율법을 주신 자께서 친히 그의 거룩하고, 공정하고, 영적인 율법의 요구를 설명하고 강조하고 계심을 대하고 있다고 생각해 보라. 그런 순수하고 고귀한 요구에 비추어 당신 스스로를 정직하게 측정해 본다면 당신은 어떠한 반응을 보였을 것인가? 그러한 하늘의 기준에 자신이 훨씬 미치지 못한다고 평가되었을 때, 또 하늘의 저울에 달아 자신이 비참하게도 무게가 부족하고, 어쩌면 공허(空虛)보다 더 가벼운 존재임을 깨달았을 때 부끄러워 고개를 떨구지 않을 수 없을 것이다. 만일 당신이 당신 스스로에게 정직한 사람이라면 그 율법에 비춰 당신은 철두철미 비난받아 마땅하며, 죄책이 있으며, 완전히 파멸한 구제받을 수 없는 죄인이라고 고백할 수밖에 없을 것이다.

또한 지금 이 장에서 다루고 있는, "나는 너희에게 이르노니 너희 원수를 사랑하며 너희를 박해하는 자를 위하여 기도하라"(44절)는 하나님의 아들의 말씀을 들었을 때, 당신은 어떻게 느꼈을까? 당신은 분노에 가득 차 그러한 요구는 실행할 수 없으며 불합리한 것이라고 외칠 것인가? 물론 나는 본능적으로, 자동적으로, 어쩔 수 없이 나를 미워하거나 나에게 해를 끼친 사람들에게 분노하고, 적의를 느끼게 된다. 어쩔 수 없는 일이다. 나의 어떤 노력으로 내 가슴속의 꾸밈없는 감정을 뒤바꿀 수 없으며, 그렇다고 나의 본성을 바꿀 수도 없는 문제가 아니겠는가? 우리가 당신에게 "원수를 사랑하라"는 계명을 주의 깊게 음미해 보라고 한다면, 당신은 또다시 반론을 제기하게 될 것인가? 그러한 요구는 터무니없는 것이며, 불가능한 것이며, 아무도 복종할 수 없는 것이라고 말이다. 당신이 만일 그러한 반응을 보인다면, 당신은 "육신의 생각은 하나님과 원수가 되나니 이는 하나님의 법에 굴복하지 아니할 뿐 아니라 할 수도 없음이라"(롬 8:7)를 그대로 증명하는 하나의 증거밖에는 안되는 것이다.

이와 관련된 그리스도의 마지막 요구인 "너희도 온전하라"는 말씀을 경청해 보라. 조금이라도 불확실하게 느껴서는 안 된다. 그는 "또 그러므로 하늘에 계신 너희 아버지의 온전하심과 같이 너희도 온전하라"(48절)고까지 덧붙이고 있다. 이것은 우리가 도달하기에는 너무 높으며, 그러한 기준은 인간으로서는 미치기 어려운 것이라고 당신은 말할 것인가? 그렇다면 우리는 그것이 하나님께서 친히 우리 모든 인간 앞에 내리신 기준이라고 대답할 수 있을 것이다. 그것은 인간이 타락하기 전의 하나님의 기준이지만 지금도 여전히 하나님의 기준이다. 인간이 그에 순응할 힘을 잃었다 해도 하나님께서는 요구할 당연한 권리를 잃지 않으셨기 때문이다. 왜 인간은 이 의로운 요구를 더 이상 충족시킬 수 없는 것일까? 그의 마음이 부패하였기 때문이다. 즉 인간이 완전히 타락하였기 때문이다. 그러나 어떤 현명한 방법으로도 인간은 용서받을 수 없다. 오히려 스스로를 완전한 죄인으로 인정하고, 그의 죄를 용서받을 수 없는 것으로 인정하는 것이 인간의 할 일이다.

독자는 지금도 하나님의 율법의 고귀한 영성과 그 율법의 요구의 냉혹성과 불변성을 그리스도께서 청중에게 역설하실 때 그리스도께서 무엇을 의도하시는지를 명확히 파악할 수 없는가? 그의 의도는 청중의 헛된 욕망을 깨뜨리고 그들의 자기의(自己義)를 파괴시키는 데에 있다. 구약 가운데 "그가 임하시는 날을 누가 능히 당하며 그가 나타나는 때에 누가 능히 서리요 그는 금을 연단하는 자의 불과 표백하는 자의 잿물과 같을 것이라"(말 3:2)란 말씀이 있다. 이 말씀은 바로 그 앞 절(세례 요한에 관한 말씀)에서 보여주는 바와 같이 그 말씀의 성취로 보아야한다. 만일 타락한 인간의 마음이 너무 부패하여 그의 원수를 사랑할 수 없다면그에게는 새 마음이 절실하게 필요한 것이다. 만일 하늘에 계신 아버지가 온전하듯이 온전하게 되는 것이 인간에게 너무 높아 미치지 못할 것이거나 완전히 상반된 것이라면 **거듭나야 한다**는 것은 자명한 일이다.

지금까지의 내용을 살펴본 사람이라면, 누구나 지난 오십년 동안 주님의 사역에서, 육체로서는 도저히 따를 수 없는 이 가르침을 제거해 버리고자 하는 노력이 강하게 퍼져 있었다는 사실에 대해 놀라지 않을 것이다. 성경을 가르치는 선생들 중 가장 정통파이며 견식 있는 자라고 자칭한 사람들은 떠들썩하게 독단적으로 "산상설교는 우리를 위한 것이 아니라 유대인을 위한 것이다. 그것은 미래의 세대에 대한 것으로 '천년왕국'에서나 통용될 수 있는 의를 설명하고 있다"고주장하였다. 이 사탄의 달콤한 말은 '그리스도의 재림' 집회에 참가한 대중에 의해 열광적으로 받아들여졌고, 그들에 의해 많은 '교회'로 전파되었다. 그들의 목사들은 이 치명적인 오류를 범하고 있는 '세대주의적' 문헌을 비판 없이 받아들였다. 느린 속도이긴 하나 확실하게 정통 기독교로 통용되는 것 가운데 상당한부분이 이러한 악의 누룩에 의해 망가뜨려졌다.

"진리의 말을 옳게 분변하라"고 주장한 사람들(세대주의자들)의 기본적인 실수는 그들이 하나님의 율법에 반대하여 율법을 거부한다는 점이다. 그들은 그 율법을 유대인만을 위한 것이며, 이방인은 그것의 지배를 받지 아니하고, 율법은믿는 자의 생활규칙이 아니라고 주장한다. 마귀는 영혼을 파괴시키는 거짓말을진리라고 속이는 데 있어서 여기에서 가장 성공하였다. 도덕법에 대한 설명도 없고 의의 요구의 강조가 없는 곳, 또한 거짓된 마음에 거룩하고 엄중한 빛이 비추이는 데도 돌아서지 않는 곳에는 어떤 참된 회심이란 있을 수가 없다. 왜냐하면"율법으로는 죄를 깨달음이니라"(롬 3:20). 죄의 본질을 알고, 죄로 인한 무서운결과와 그로 인해 받을 형벌을 알 수 있는 것은 단지 이 율법에 의해서 뿐이다. 그것이 종교적이건 비종교적이건 간에 인간은 하나님의 율법을 싫어한다. 그 이유는 하나님의 율법이, 율법을 내리신 자에게 인간이 반항하고 있음을 정죄하고, 또 드러내 보이기 때문이다.

청중들이 하나님의 율법을 싫어한다는 것을 충분히 파악하고서 성직자를 포함한 많은 사람들을 지난 몇십 년 동안 율법을 고의적으로 추방해 버리고, 대신 '예언의 연구'와 소위 그들이 '하나님의 은혜의 복음'이라 부르는 것으로 대치하였다. 그러나 소경을 인도하는 소경된 지도자들에 의해 전파된 이 '복음'은 '다른 복음'이다(갈 1:6). 거기에는 율법의 요구가 강조되어 있지 않으며, 하나님의 복음의 가르침이 있을 수가 없다. 왜냐하면 율법은 복음과 반대되는 것이 아니라 오히려 복음을 굳게 '세우는' 것이기 때문이다(롬 3:31). 결과적으로 '교회'는 하나님의 율법을 무시하는 그럴듯한 개종자로 가득 차게 되었다. 이 현상은 무엇보다도 교회나 국가 어느 곳에서나 무법이 통용되고 있음을 보여준다.

이방인도 하나님의 율법을 받았다는 사실을 이방인의 사도는 다음과 같이 명백하게 밝히고 있다. "우리가 알거니와 무릇 율법이 말하는 바는 율법 아래에 있는 자들에게 말하는 것이니 이는 모든 입을 막고 온 세상으로 하나님의 심판 아래에 있게 하려 함이라"(롬 3:19). 이보다 더 명백한 말이 있을 수 있는가? 비록 '모든 입'에 예외가 전혀 없다고 말할 수는 없지만 적어도 구별하여 예외를 두지는 않을 것이며, 따라서 유대인이고 이방인이고 똑같이 모두를 포함할 것이다. 그러나 비록 불확실함을 제거하기 위한 것이기는 하지만 또 '온 세상', 즉 모든 불경한 자를 다 포함시키고 있다. 지금 악한 자들이 하나님의 율법에 대해 아무리 불평을 한다 해도 심판의 날에는 모든 사람이 선고를 받고 부끄러워 입을 다물게 될 것이다. 하나님의 심판대 앞에서 모든 죄인은 율법에 의해 정죄받게 되고 완전한 혼돈과 영원한 파멸에 빠지게 될 것이다. 이전에 그들이 동료 앞에서 아무리 스스로를 변호했거나 죄가 없다고 주장했다 하더라도 '하나님 앞'에 섰을 때 그들 자신의 양심이 그들을 철저하게 정죄할 것이다.

그러므로 율법이 분명하고 뚜렷하게 **지금** 강조되어야 한다는 것은 매우 중요하고 필수적인 일이다. 오늘날 산상설교의 말씀을 따르는 것보다 더 절박하게 필요한 것은 없다. 그의 청중에게 하나님의 권위와, 도덕법의 고귀한 정신과, 엄격한 요구를 강조하는 것이 하나님의 종들의 본분이다. 현대 신앙인들의 공허한 신앙고백의 무가치함을 폭로하는 일이야말로 가장 중요하다. 온 마음과 힘을 다하여 하나님을 사랑하고 제 몸처럼 이웃을 사랑하는 것이 요구되고 있음을 그들에게 가르치고, 그 일을 행하는 데 조금이라도 실패한다면, 그것이 죄가 되며 영원한 비애를 느끼게 된다는 것을 가르쳐야 한다. 그리고 하나님의 선고 앞에서 죄를 인정하고 굴복하든지, 본성을 드러내어 하나님의 선고를 조롱하든지 둘 중 하나를 선택하라고 일러주라.

설교자들이여, 매우 신성한 하나님의 불변한 요구를 그대들이 충실하게 설명하도록 하라. 온 마음을 다하여 하나님을 사랑한다는 것이 **무엇을 의미하는지**, 이웃 사랑하기를 네 몸과 같이 한다는 말에 **무엇이 포함되어 있는지**를 회중에게 이해시키는 데 아낌없이 온 노력을 다하라. 그렇게 하지 않으면 그들은 그들의 죄를 알지 못할 것이다. 그들의 타락한 본성이 하나님의 요구와 완전히 반대됨을 그들에게 느끼게 하지 못한다면, 다시 태어나야 한다는 절박한 필요성 또한 그들 스스로 어찌 알겠는가? 실로 그러한 가르침은 인기가 없을 것이며 오히려 반대만 유발할 것이다. 그러나 구세주께서도 친히 복음을 선언하였기 때문이 아니라 율법을 강조하였기에 박해당해 죽었음을 명심하라. **당신은** 박해당한다 할지라도, 당신은 청중들의 피에 책임이 없다는 사실에 당신의 영혼은 만족하게 될 것이다.

제21장

율법과 사랑

❸

"이같이 한즉 하늘에 계신 너희 아버지의 아들이 되리니 이는 하나님이 그 해를 악인과 선인에게 비추시며 비를 의로운 자와 불의한 자에게 내려주심이라" (45절). 가장 중요한 이 절을 올바로 이해하기 위해서는 43절과 44절의 말씀을 필수적으로 함께 생각해야만 한다. 본서 19, 20장에서 충분히 설명한 바와 같이 마태복음 5장의 마지막 여섯 절에서의 주님의 의도는 "이웃 사랑하기를 네 몸과 같이 하라"는 위대하고 보편적인 계명을 유대인 선생의 그릇된 해석으로부터 구하고 그 진정하고 합당한 뜻을 되찾는데 있다. 도덕법이 요구하는 사랑은 '소위 자연적 애정' 이라 부르는 것보다 월등히 우수한 것인데, 그 '자연적 애정' 은 지극히 불경한 자에게서나 좀 더 낮은 정도로는 동물에게서까지도 찾아볼 수 있는 것이다. 하나님의 율법이 요구하는 사랑은 그리스도에 의해 온전하게 모범으로 보여진 거룩하고, 순수하고, 공정하며, 영적인 것이다. 중생하지 않은 자들은 그러한 사랑을 소유하고 있지 않다.

이 주제를 다루면서 우리는 가끔 하나님께서 중생시키시는 목적이 우리를 그의 거룩한 율법에 일치시키는 것이라고 확언하였다. 거기에서 우리는 삼위일체의 삼위가 맡은 각각의 분명한 사역 사이에 아름다운 조화가 이루어져 있음을 알수 있다. 세상의 최고의 통치자이신 아버지는 그의 거룩한 본성과 의로운 의지의 권위 있는 표현의 증거로서 도덕법을 만드셨다. 중보자의 임무를 맡으신 아들은 율법을 확고히 하고 인격적으로 온전하고 영원하게 그것에 복종함으로써, 또한 율법을 어긴 백성을 대신하여 자진해서 저주를 견디어냄으로써 율법을 명예롭게 하셨다. 신성의 집행자이신 성령께서는 도덕 율법에 대해 택한 자들이 갖는 적대감을 타파하고, 그 법을 기뻐하고 준수하는 데 필수적인 요소가 되는 본성 또는 원리를 그들에게 부여해 줌으로써, 택한 자들에게 그들이 도덕법을 심히 어겼음을 깨닫게 해주신다(롬 7:22, 25).

원래 도덕법은 인간의 마음에 새겨져 있다. 아담과 하와가 하나님의 형상과 모양대로 만들어졌음은(창 1:26, 27) 곧 다른 생물체보다도 특히 그들이 도덕적으로 창조주를 닮았다는 것을 의미한다. 결과적으로 타락하기 전의 인간의 본성은 인간으로 하여금 그의 왕에게 사랑과 충성의 봉사를 할 수 있게 해주었다. 그러나 인간이 타락했을 때 상황은 바뀌었다. 비록 완전히 소멸된 것은 아니지만 하나님의 '형상'은 깨어지고 그의 '모양'은 크게 손상되었다. 왜냐하면 사도가 지적하듯이 이방인이 율법 없이 본성으로 율법의 일을 행할 때는 그 양심이 증거가 되어 "그 마음에 새긴 율법의 행위를 나타냈기" 때문이다(롬 2:14, 15). 타락했을 때 하나님의 율법을 사랑하는 마음은 그것을 증오하는 마음으로 대체되었고, 순종과 복종하는 마음은 적의와 반대하는 마음으로 변하였다.

온 세상의 중생하지 않은 모든 사람의 상태가 그러하다. 즉, 그는 하나님의 계명을 무시함으로써 지존자에 대한 반항자이다. 바로 이 이유 때문에 그는 거듭나야 할 필요가 있다. 다시 말해 그의 마음속에서 역사하는 은혜의 기적을 따라 다시 태어나야만 한다. 회심할 때 그는 "하나님과 화해하게 된다." 다시 말하면, 하나님을 향한 그의 적대감은 치명상을 받았으므로 그는 싸우던 무기를 버리게 된다. 신생이란 "자기를 창조하신 자의 **형상을 좇아** 지식에까지 새롭게 되는 것"을 말한다(골 3:10). 곧 그것은 새로운 창조이며 "의와 진리의 거룩함으로 지으심을 받은 것"이다(엡 4:24). 그렇게 하여 새 생명을 얻은 자는 그들이 아담 안에서 잃어버렸던 것, 곧 하나님의 의지에 순종하는 본성을 되찾게 된다. 신생할 때 하나님은 "내 법을 그들의 생각에 두고 그들의 마음에 이것을 기록하리라"(히 8:10)란 약속을 이행하신다. 여기에서 그의 율법을 우리 생각에 둔다는 것은 사실상 그것을 우리에게 적용하시겠다는 의미이며, 그것을 우리 마음에 기록하겠다는 것은 우리가 율법을 사랑하게 된다는 것을 의미한다.

그리스도께서 그의 왕국의 백성들에게 요구하신 의, 곧 서기관과 바리새인이 실천한 의를 훨씬 능가한 의는 어떤 성격의 것일까? 그것은 마음속에서나 생활 속에서나 하나님의 도덕법에 복종하는 것이다. 그리스도인은 자기가 거듭났다는 증거를 어떻게 나타내는가? 바로 그들이 지금 '새 생명 안'에서 살고 있다는 사실로써이다. 그들이 지금 하나님과 화해했다는 증거는 어디에 있는가? 하나님이 계시한 뜻에 진심으로 순응하는 데 있다. 성령에 의해 새로워진 사람을 우리는 어떻게 구별할 수 있는가? 그들 안에서 하나님 형상의 특질이 나타나는 것을 봄으로써 이다. 하나님께서 그의 율법을 우리의 생각에 두고, 마음에 기록하게 한 결과는 무엇인가? 확실히 그것은 우리가 그의 계명이 명령한 대로 따르는 것이다. 우리가 예수 그리스도와 함께 있다는 것을 세상은 무엇에 의해 알 수 있는가? 우리가 성령의 감화를 받고 있다는 것과 단순한 본성 수준 이상의 것을 나타내고 있는 것을 봄으로써 알 수 있다. 그런데 이것은 초자연적인 샘으로부터만 흘러나오는 것이다.

그리스도께서는 마태복음 5:45에서 말씀하고 계신 "하늘에 계신 너희 아버지의 아들이 되리니 이는 하나님이 그 해를 악인과 선인에게 비취게 하시며" 등은 바로 이것에 관한 것이다. 첫째, "너희 아버지의 아들이 **되리니**" 에서 '된다' 는 것은 분명히 앞으로 하나님의 아들이 되리라는 것을 의미하는 것이 아님을 주의해야 한다. 왜냐하면 그리스도께서 그들을 세상과 대조시킨 말씀인 "남보다 더 하는 것이 무엇이냐"(47절)에서 명백히 밝혔듯이 그들은 이미 그의 중생한 백성이기 때문이다. "하늘에 계신 너희 아버지의 아들이 되리니"는 너희 스스로가 하나님의 아들임을 **입증하게 되고** 그러한 사실을 **나타내게 된다**는 뜻이다. 이 해석이 결코 억지가 아니라는 사실을 고린도후서 6장에 나와 있는 병행구를 들어 설명해 보고자 한다. 즉 "너희는 그들 중에서 나와서 따로 있고 부정한 것을 만지지 말라 내가 너희를 영접하여 너희에게 아버지가 **되고** 너희는 내게 자녀가 **되리라**"(17, 18절)가 그 경우이다. 이러한 권고는 '성도들'(고후 1:1)에게 하신 것이며, 그 약속은 그들이 그 말씀에 순종하는 것에 따라 하나님이 그들에게 아버지가 되고 그들이 하나님의 자녀가 된다는 것이 입증될 것이다.

원수를 사랑하는 것이 타락한 인간의 본성과는 반대되는 일이기 때문에 구세주께서는 여기에서 그의 제자들에게 하늘로부터 오는 **유익**을 강조해서 말씀해 주심으로써 거룩한 행위를 실행하도록 권하셨다. 즉, 그렇게 함으로써 그들이 하나님의 자녀임을 증거로 보일 수 있다고 하신 것이다. 주님께서는 그와 유사한 권유를 하신 적이 있다. 즉 그의 왕국의 관원들에게 "너희 빛을 사람 앞에 비취게 하여 너희 착한 행실을 보고 하늘에 계신 너희 아버지께 영광을 돌리게 하라"(16절)고 말씀하실 때 그렇게 하셨다. 우리가 스스로 하나님의 아들이라고 증언하는 것으로는 충분치 못하다. 우리의 행위로 밝혀야만 한다. 우리가 그리스도인임을 나타내기 위해 옷깃에 단추나 배지를 다는 것은 아주 어리석은 방법이다. 우리는

'**착한 행위**' 로써 하나님을 영화롭게 해야 한다(벧전 2:12). 우리는 매일매일의 생활에서 하나님께서 기뻐하시는 일을 **행해야** 한다.

45절 전반부의 의미는 그 다음에 나오는 말씀인 "하나님이 그 해를 악인과 선인에게 비추시며 비를 의로운 자와 불의한 자에게 내려주심이라"에 의해 더욱더 명확해진다. 자녀는 그들의 부모를 닮기 마련이다. 즉 그들에게는 닮은 점이 있다. 이런 관계에서 하나님의 성품과 행위는 잘 알려져 있다. 곧 그의 섭리는 자비를 나타낸다. 하나님께서는 멸하기로 준비된 진노의 그릇을 참으로 오래 참으실 뿐만 아니라 그들에게 많은 은혜를 베푸시기도 하신다. 이 경우 어떤 차별도 두지 않으시고 의로운 자와 불의한 자 모두에게 똑같이 현세적인 축복을 주신다. 누가복음에서도 나타나 있는 바와 같이 "그는 은혜를 모르는 자와 악한 자에게도 인자하시니라"(6:35). 이 점에서 하나님께서는 그의 백성에게 모범을 보이신다. 그래서 사도는 다음과 같이 권고하신 것이다. "그러므로 사랑을 받는 자녀 같이 너희는 하나님을 본받는 자[모방자]가 되고 그리스도께서 너희를 사랑하신 것같이 너희도 사랑 가운데서 행하라 그는 우리를 위하여 자신을 버리셨느니라"(엡 5:1, 2).

그리스도께서 44절에서 말씀하신 권고를 강조하기 위해 여기에서 제시한 이유, 또는 설명을 통하여 우리는 그리스도인들이 주로 실천해야 할 것이 **무엇인가**를 알 수 있다. 다시 말해, 그들이 하나님의 자녀라는 증거를 얻기 위해 실천해야 할 일이 무엇인지 알 수 있는 것이다. 자기에게 그러한 확신이 없음을 한탄하는 그리스도인들이 참으로 많다. 대부분의 경우 그 이유는 명백하다. 그들이 그리스도보다 자기 자신을 더 열심히 섬기며, 또 그들이 세상 사람들이 매혹당하고 있는 일만을 탐욕스럽게 추구하고 있기 때문에 그렇게 되지 않을 수가 없는 것이다. 로마서 8:14, 16은 불가분의 관계에 있다. 즉 우리가 하나님의 자녀임을 우리 영과 더불어 하나님께서 친히 증거하시게 하려면 우리는 성령의 인도를 받아야 한다(또한 그의 감동하심을 거절해서도 안 된다). 우리 안에 초자연적인 뿌리가 내재하고 있다는 더 명확한 증거를 찾으려면 그 초자연적인 열매를 맺는 데 더욱 부지런히 힘써야 한다.

다음으로 나아가기 전에 창조와 섭리 속에 나타난 하나님의 일반적인 선물들에 대해 그리스도께서 여기서 어떻게 말씀하셨는가에 대해 살펴보기로 하자. 즉 "하나님이 그 해를 악인과 선인에게 비추시며"라고 하셨다. 그것은 단순히 '해'

라고 말씀하신 것이 아니다. 즉 그것은 그의 해이지 우리의 해가 아닌 것이다. 그
것은 하나님께서 창조하신 것이며, 또한 조정하시는 것으로 그가 좋으신 대로 앞
으로도 뒤로도 움직이게 한다. 주님만이 이 천체의 유일한 창조주이시며 통치자
이시다. 왜냐하면 하나님께서 해를 계속해서 존재하게 하시며 그 능력과 효력을
결정하시기 때문이다. 하늘, 땅, 바다의 다른 모든 피조물도 마찬가지로 하나님
께서 다스리신다. 같은 방법으로 그는 특별한 사명을 주어 "비를 내리게 하신
다." 그는 언제, 어느 곳에 비가 내리게 될 것인지를 지정하셨고, 그 결과 "땅 한
부분은 비를 얻고 한 부분은 비를 얻지 못하여 마르게" 되었다(암 4:7). 끝으로,
그리스도께서 하나님의 친구, 즉 선인과 의로운 자와, 하나님의 적, 즉 악인과 불
의한 자를 지칭하실 때 사용하신 용어에 대해 살펴보자. 선인과 의로운 자는 인
격과, 악인과 불의한 자는 행위와 관련된 말이다.

  **"너희가 너희를 사랑하는 자를 사랑하면 무슨 상이 있으리요 세리도 이같이 아
니하느냐"**(46절). 이 절과 다음 절을 통해 그리스도께서는 그의 제자와 청중에게
원수를 사랑해야 하는 또 다른 이유를 밝히셨는데, 우리가 '세리' 란 누구를 말하
는가를 이해했을 때만이 그 의미가 명백해진다. '세리' 란 로마 황제를 위해 유대
인으로부터 세금과 공물, 지방세와 임대료를 거두어들이는 관리를 말하는 것으
로 당시 유대인들은 로마 황제에게 예속되어 있었다. 가장 타락한 유대인 중 몇
명이 그러한 일을 함으로써 생기는 돈을 위해 그와 같은 비열한 일을 하였다. 누
가복음 19:8을 보면 세리가 그의 돈주머니를 두둑이 하기 위해 불의와 억압에 의
존하고 있음을 볼 수 있다. 결과적으로 그는 모든 사람으로부터 미움과 경멸을
가장 많이 받는 자였다(마 9:11; 11:9). 그러나 이러한 세리까지도 비록 그들이 양
심은 버렸다 할지라도 자기를 사랑한 사람들을 사랑하지 않았던가? 라고 그리스
도께서는 말씀하신다. **우리가** 그 이상을 하지 않는다면 어찌 그들보다 더 낫다
할 수 있겠는가?

  그렇다고 그리스도께서 우리를 사랑한 자들을 사랑하지 말라고 하신 것은 아
니다. 그저 세속적인 사랑을 정죄하고 계실 뿐이다. 자기가 타인에게 사랑을 받
았기 때문에 그들을 사랑한다는 것은 그 사람을 구실삼아 자기 자신을 사랑하는
것과 다름없기 때문이다. 주님께서 보시기에 합당한 방법으로, 올바르게 이웃을
사랑하기 위해서는 다음 규칙에 주의를 기울여야 한다. 즉 두 번째 돌판에 새겨
진 모든 계명을 첫 번째 돌판에 새겨진 계명, 즉 **하나님에 대한 사랑**을 지키듯 그

대로 지켜야 한다. "자녀들아 **주 안에서** 너희 부모에게 순종하라"(엡 6:1)에서도 말씀하듯 부모는 하나님 안에서 하나님을 위해 공경되어져야 하며, 또한 그가 나의 원수라 할지라도 하나님 안에서, 하나님을 위하여 나의 이웃을 사랑해야만 한다. 무엇 때문일까? 내가 하나님의 창조물이듯 그 또한 진정한 하나님의 창조물이기 때문이며, 하나님께서 그를 사랑하도록 내게 명령하셨기 때문이다. 다른 면에서도 우리의 이웃을 더 사랑해야 할 이유가 많겠지만 **바로 이 점이** 우리가 복종해야 할 근거가 되어야 한다.

"너희가 너희를 사랑하는 자를 사랑하면 무슨 상이 있으리요?" 이 질문에서 그리스도께서는 생활의 순서에 주의를 기울이는 것이 우리가 따라야 할 지혜의 원리라고 강조하고 계신다. 곧 하나님께서 보상의 약속을 주신 것을 행하는 데 특히 열중해야 한다는 원리를 강조하신다. 이 말을 좀 더 설득력 있고 인상 깊게 하기 위해서는 다음 질문이 필요하다. 모세에게 바로의 공주의 아들이라 칭하기를 거절하게 만든 힘은 무엇이었을까? 그 힘으로 모세는 애굽의 보화를 버리고 하나님의 백성과 함께 고난을 이길 수 있었다. 그 힘이 무엇이었을까? 그것은 바로 그가 "상 주심을 바라보았기 때문"(히 11:25, 26)이라고 성령께서는 우리에게 말씀하셨다. 그러나 오늘날 몇 명이나 이 진리를 믿고 그 원리에 의해 행동하며, 또한 왜 우리 시대에는 그 진리가 그렇게 소홀히 다루어지고 있는 것인가? '죄악의 낙'에 굴복한 사람들은 하나님에게서 어떤 보상도 찾을 수 없을 것이다.

"너희가 너희 형제에게만 문안하면 남보다 더 하는 것이 무엇이냐 이방인들도 이같이 아니하느냐"(47절). 이 말씀에서의 주님의 의도는 앞 절에서와 같으며, 말씀을 반복하신 의도는 이 중요한 진리가 우리의 마음속에 더 견고하고 깊게 새겨지길 바라는 마음에서이다. 우리가 사랑의 의무를 행하는 데, 특히 **원수**에 대해 사랑을 행하는 데 더디기 때문에 사랑의 의무가 반복해서 우리에게 강조되어야 하는 것이다. 어떤 인간과도 다르게 말씀하셨던 그분이 그토록 자주 반복하여 말씀하셨다면, 그의 종들은 그 일을 행하는 데 주저해서는 안 될 것이다. 우리는 우리를 미워하고 훼방하는 자를 위해 기도할 뿐만 아니라, 그들이 우리의 길을 방해할 때도 그들에게 인사해야만 한다. 이와 같을진대 길에서 만난 형제를 의도적으로 지나쳐 버리고 완전히 이방인 취급을 하다니 얼마나 나쁜 일인가? "누구든지 이 교훈을 가지지 않고 너희에게 나아가거든 그를 집에 들이지도 말고 인사도 하지 말라"(요이 10절)의 말씀은 주께서 하신 이 말씀과 전연 상반된 말씀은

아니다. 그리스도께서 금하신 것은 개인적이며 사사로운 적이지 요한서 10절
에서 말씀하신 것과 같은 공적인 적은 아니기 때문이다.

"남보다 더 하는 것이 무엇이냐." 이는 얼마나 마음을 살피게 하는 질문인가?
또한 그 말씀의 정확성도 잘 눈여겨 보기 바란다. "남보다 무엇을 더 아느냐?"도
아니요, "남보다 무엇을 더 공언하느냐?"도 아니요, "남보다 더 무엇을 믿느냐?"
도 아니다. 그저 "남보다 더 하는 것이 무엇이냐?"이다. 그러나 이 질문이 곡해되
지 않도록 특별한 주의를 기울여야 한다. 믿음으로 의롭게 된다는 기본적인 진리
를 선포할 때 복음의 나팔이 확실한 소리를 내는 것이 한편으로 가장 중요하다
면, 마찬가지로 구원에 이르는 믿음은 언제나 나타나는 행위에 의해 입증된다는
사실도 필수적으로 명확히 해야 할 일이다. 하나님 앞에서 의롭게 되어지는 것은
오직 믿음에 의해서이지만 홀로 동떨어져 있는 것은 믿음이 아니다. 구원에 이르
는 믿음은 생명력이 없는 것도, 효력이 없는 것도, 메마른 것도 아니다. 오히려 그
것은 생명력이 있고, 적극적이고, 결실을 맺을 수 있는 믿음이다. 공허한 신앙고
백자의 무가치하고 비생산적인 믿음을 구별해 낼 수 있는 것은 바로 이 구원에
이르는 믿음이 맺은 결실에 의해서이다.

구원에 이르는 믿음은 하나님의 선물이다. 그것은 신생할 때에 성령이 안에서
역사하신 초자연적인 원리이다. 그리고 이 믿음은 열매로써 증명된다. 그것은
"사랑으로써 역사하는"(갈 5:6) 믿음이다. 그것은 "마음을 깨끗이 하는" 믿음이
다(행 15:9). 그것은 "세상을 이긴" 믿음이다(요일 5:4). 이 믿음의 선물을 받은 자
들은 남보다 더 많은 것을 **가지고** 있기 때문에 더 많은 것을 **해야만 하고**, 더 많은
것을 **할 수 있다**. 또한 중생하지 않은 자보다 더 많은 것을 **할 것이다**. 무엇보다
도 그리스도의 대의(大義)가 세상의 경멸을 받게 한 것은 그의 추종자라 주장한
수백만 명의 사람들이 추종자라 공언하지 않은 사람들보다 더 많은 것을 **하지 않
기** 때문이며, 오히려 더 조금 행했기 때문이다. 그러한 그들은 정직하지 못하고,
진실하지 못하고, 이기적이며 자비롭지 못하다. 불경건한 자들에게 가장 큰 영향
을 주는 것은 무엇을 말하느냐가 아니라 어떻게 행동하느냐이다.

그리스도께서 사악한 자의 자녀에게보다 그의 제자에게 더 많이 요구하신 데
는 합당한 이유가 있다. 그들은 더 많은 것을 **고백한다**. 그러나 그들의 고백이 사
실로써 행위로써 증명되어 나타나지 않으면 그것은 허황되고 위선적인 것이 된
다. 그렇게 되면 구세주에게 불명예스럽고, 그의 백성에게는 방해가 되고, 그의

원수에게는 모독할 기회를 주게 되기 때문이다. 그들은 다른 사람들보다 더 많이 받은 자들이다. 영원한 사랑을 받고, 무한한 대가를 치러 구속되고, 성령이 내주하신다. 그렇기 때문에 그들은 다른 사람들보다 더 많은 것을 생산해 내야만 한다. "무릇 많이 받은 자에게는 많이 찾을 것이요 많이 맡은 자에게는 많이 달라 할 것이니라." 그리스도인들은 다른 자들보다 더 많은 것을 할 수 있어야 함이 분명하다. 사도는 "내게 능력 주시는 자 안에서 내가 모든 것을 할 수 있느니라"(빌 4:13)고 하였다. 초자연적인 원리가 그들 속에 내재하고, 하나님의 사랑이 그들 마음속에 흘러들어오고, 하나님의 충만한 은총이 그들에게 내려져 믿는 자에게 모든 일을 할 수 있게 한다. "남보다 더 하는 것이 무엇이냐?" 하나님 면전에서 이 질문에 대답해 보라.

"그러므로 하늘에 계신 너희 아버지의 온전하심과 같이 너희도 온전하라"(48절). 이제 그리스도께서는 그의 추종자들에게 사랑의 의무를 완벽하게 이행하라고 권고하시면서 지금까지 하신 말씀의 결론을 맺으신다. "너희도 온전하라"는 말씀은 율법의 불변한 요구이며, "하늘에 계신 너의 아버지의 온전하심과 같이"란 복음이 우리에게 제시해준 숭고한 기준이다. 하나님의 성품의 도덕적 탁월성은 우리에게 제시된 모범이고 규칙일 뿐이며, 우리는 거기에 도달하도록 진지하고, 열성적이고, 끊임없이 노력해야만 한다. 그러한 목표가 비록 이 세상에서는 완전히 실현되지 못한다 해도 우리는 바울처럼 다음과 같이 말해야만 할 것이다. "내가 이미 얻었다 함도 아니요 온전히 이루었다 함도 아니라 오직 내가 그리스도 예수께 잡힌 바 된 그것을 잡으려고 달려가노라"(빌 3:12). 뛰어난 사도가 그와 같은 고백을 했음을 생각해 볼 때 이미 죄가 없는 온전함에 이르렀다고 주장하는 사람들의 과장은 얼마나 황당무계하고 터무니없는 말인지를 알 수 있다. 실제로는 하나님과 더욱 가까이 동행하면 할수록 우리 마음속에서는 자기만족과 교만은 사라지고, 스스로 낮아져 겸손해지게 될 것이다.

제22장

구제에 대한 교훈

사람에게 보이려고 그들 앞에서 너희 의를 행하지 않도록 주의
하라 그리하지 아니하면 하늘에 계신 너희 아버지께 상을 받지
못하느니라 그러므로 구제할 때에 외식하는 자가 사람에게서 영
광을 받으려고 회당과 거리에서 하는 것 같이 너희 앞에 나팔을
불지 말라 진실로 너희에게 이르노니 그들은 자기 상을 이미 받
았느니라 너는 구제할 때에 오른손이 하는 것을 왼손이 모르게
하여 네 구제함을 은밀하게 하라 은밀한 중에 보시는 너의 아버
지께서 갚으시리라(마 6:1-4)

우리는 이제 마태복음 6:1-18까지로 단락이 지어지는 산상설교의 네 번째 부
분으로 들어가는데, 여기에서 다루는 내용은 하나님의 칭찬을 얻기 위하여 선행
을 수행해야 하는 것이 그 주제이다. 앞으로 알게 되겠지만, 그리스도께서는 여
기에서 진리의 아주 다른 면을 보여주신다. 그런데 그것은 이전부터 그리스도께
서 관심을 가지고 계셨던 것과 밀접한 관계가 있다. 앞에서 그리스도께서는 서기
관과 바리새인들의 신앙이 나타냈던 것보다(마 5:20, 47) 더 많은 것을 그의 제자
들에게 요구하신 것이 분명하다. 여기에서 그는 훨씬 더 고차원적인 일이 절대적
으로 필요하다고 주장하신다. 앞에서 그리스도께서는 유대인의 선생들이 가르치
는 그릇된 교훈을 조심하라고 경고하셨고, 여기에서는 그들의 악한 행실, 특히
위선과 세속적인 마음을 경계하라고 말씀하신다.

"사람에게 보이려고 그들 앞에서 너희 구제(alms)를 행치 않도록 주의하라 그
리하지 아니하면 하늘에 계신 너희 아버지께 상을 얻지 못하느니라"(마 6:1, KJV)
이 구절에서 영어 개역성경(RV)이 선택한 표현이 우리 마음에 더 드는 것임은 의

심할 여지가 없다. 영어 개역성경은 그 구절을 이렇게 표현하였다. "사람에게 보이려고 그들 앞에서 너희의 의(Righteousness)를 행치 않도록 주의하라." 비록 영어 개역성경이 2절에서는 정확히 구제(alms)라는 표현을 사용하지만, 1절에서는 **구제**(alms) 대신 **의**(righteousness)라는 표현을 사용하였다. 제1절은 도덕적이고 정신적인 의무에 관한 일반적인 원리를 선포하였고, 그 다음 절에서는 **구제**와 **기도**, 그리고 **금식**이라는 세 가지 특수한 의무를 열거하여 그 원리를 설명하고 강조한다. 그것은 눈에 보이는 의의 **행위들**이다. 이와 같이 의라는 것은 추상적인 명사에 구체적인 의미가 부여된 경우이다. 그러한 예는 마태복음 3:15과 5:20에서도 발견된다. 위의 세 구절 모두에 나타난 의라는 말은 '의'나 '선행'을 행동으로 드러낼 수 있게 하는 힘을 의미하는 말이다.

2-4절까지는 1절에서 주장된 일반적인 원리가 인간을 향한 방향, 하나님을 향한 방향, 그리고 자기 자신을 향한 방향에 맞게 적용되어 있다. 상술된 이들 세 가지 의무는 우리의 재산과 영혼, 그리고 육체와 각각 관계가 있다. 구제, 기도 그리고 금식이라는 세 가지 선행은 세계적으로 손꼽히는 모든 종교적인 제도 가운데 뛰어난 행위로서 그 위치를 차지해 왔으며, 거의 예외 없이 구원을 얻기 위한 주된 수단으로서, 그리고 의로움과 거룩함의 확실한 증거로서 간주되어 왔다. 철저히 자포자기한 사람들을 제외하고는 모든 사람들은 가장 진지한 순간에는 어떤 형태를 취하여 어느 정도의 자기부정을 기꺼이 실행해 왔고, 또한 크신 하나님의 진노를 두려워하여 그 진노하심을 진정시키려는 희망을 품고 기꺼이 헌신의 행위를 이행해 왔다.

코란의 가르침에서도 기도와 금식 그리고 구제는 이슬람교도들에게 요구되는 주요한 의무이다. 기도는 사람을 낙원(paradise)의 중간 지점에까지 데려가고, 금식은 그 문 앞까지 이르게 하며, 구제는 거기에 들어가게 하는 것이라고 말한다. 로마교도들이 구제 ― 특히 그들 교회에 행한 구제 ― 와 무의미한 기도의 반복, 그리고 육체적인 고행에 대단한 탁월함을 부여하는 것은 너무 잘 알려져 있어서 더 설명할 필요가 없다. 다른 종교들, 특히 불교에서도 이와 비슷한 생각을 찾아볼 수 있는데, 회전 기도 기구를 사용하는 라마교도 그 적절한 예이다. 그러나 우리가 읽은 이 구절에서, 그리스도께서는 단지 형식적인 의무이행으로서 행하는 종교적인 행위들은 하나님이 보시기에 가치가 없다고 말씀하신다.

"사람에게 보이려고 그들 앞에서 너희의 의를 행치 않도록 주의하라 그리하지

아니하면 하늘에 계신 너희 아버지께 상을 얻지 못하느니라" (1절). 우리 주님께서는 여기서 구제를 행하는 것 자체를 비난하시는 것이 아니라, 자기선전을 하기 위하여 여보란 듯이 요란하게 행하는 자선을 책망하시는 것이다. 사실 구세주의 이러한 독특한 훈계는 제자들이 가난한 사람을 구제하는 것을 당연히 여기고 있으며, 그럼에도 불구하고 대부분의 제자들은 그날 먹을 양식을 얻기 위하여 당연히 일을 해야 한다고 말씀하신다. 그리스도께서는 우리에게 구제할 때에 필요 없는 선전을 하지 말 것이며, 궁극적으로 사람들의 칭찬을 얻으려 하는 마음으로 해서는 안 된다고 경고하신다. 바리새인들은 바로 이 점에서 매우 악명 높은 잘못을 저질렀다. 에더샤임(Edersheim)은 한 예로서 다음과 같이 말했다. "그가 이르기를 나는 나의 아들들이 살도록 하기 위하여, 그리고 다가올 세상을 마땅히 차지하기 위하여 이 '셀라' (sela)를 주노니 보아라, 이는 완전한 의이니라."

괴로움을 당하는 사람에게 동정을 베푸는 것은 보편적인 인간애일 뿐이다. 자선을 행하는 것이 이 시대의 그리스도인에게만 특별한 일이라고 생각하는 것은 큰 잘못이다. 율법시대에 하나님께서는 그의 백성들에게 다음과 같이 명령하셨다. "네 하나님 여호와께서 네게 주신 땅 어느 성읍에서든지 가난한 형제가 너와 함께 거주하거든 그 가난한 형제에게 네 마음을 완악하게 하지 말며 네 손을 움켜쥐지 말고 반드시 네 손을 그에게 펴서 그에게 필요한 대로 쓸 것을 넉넉히 꾸어주라" (신 15:7, 8). 레위기에도 같은 내용의 말씀이 있다. "네 형제가 가난하게 되어 빈 손으로 네 곁에 있거든 너는 그를 도와 거류민이나 동거인처럼 너와 함께 생활하게 하라" (레 25:35). 또한 욥은 "빈궁한 자의 아버지도 되며" (욥 29:16)라고 선포하였다. 다윗은 "가난한 자를 보살피는 자에게 복이 있음이여 재앙의 날에 여호와께서 그를 건지시리로다" (시 41:1)라고 말했다.

"이웃을 업신여기는 자는 죄를 범하는 자요 빈곤한 자를 불쌍히 여기는 자는 복이 있는 자니라" (잠 14:21). 이 구절을 보면 모세의 율법 아래에서도 완전한 자비를 실행해야 했음을 알 수 있다. "가난한 자를 불쌍히 여기는 것은 여호와께 꾸어 드리는 것이니 그의 선행을 그에게 갚아 주시리라" (잠 19:17). 그렇다. 부자와 마찬가지로 가난한 사람들도 **하나님의** 창조물이다. 그리고 여호와께서는 누구에게라도 빚을 지지 않으실 것이다. "귀를 막고 가난한 자가 부르짖는 소리를 듣지 아니하면 자기가 부르짖을 때에도 들을 자가 없으리라" (잠 21:13). 이 구절의 원리가 여전히 효력이 있다는 사실은 두말할 나위 없이 분명하다. "가난한 자를 구제하는 자는 궁핍하지 아니하려니와 못 본 체하는 자에게는 저주가 크리라" (잠 28:27). 이스라엘 민족이 영적으로 가장 타락해 있을 때 여호와께서는 다음과 같이 책망하셨다. "그들이 은을 받고 의인을 팔며 신 한 켤레를 받고 가난한 자를 팔며 … 너희의 허물이 많고 죄악이 무거움을 내가 아노라 너희는 의인을 학대하며 뇌물을 받고 성문에서 가난한 자를 억울하게 하는 자로다" (암 2:6; 5:12)

그런데 우리 중에는 자기 가족을 부양하는 것으로 충분하다고 논쟁하는 자가 있는데 그것은 대단히 비그리스도인다운 태도이다. 그들은 또한 자선이란 부자들이 행하는 것이지 노동하며 먹고 사는 사람들의 할 일이 아니라고 주장한다. 그러나 하나님의 사랑이 마음속에 넓게 미치어 있다면 우리는 괴로워하는 사람을 동정해 주고 우리의 능력에 따라 궁핍한 사람들, 특히 믿음의 권속 중 가난한 사람들을 기꺼이 도와주어야 한다. 정말 그렇다. 만일 어떠한 상황이 그렇게 하기를 요구한다면 우리는 궁핍한 사람들에게 더 많은 일을 해주기 위하여 자기의 안락을 기꺼이 포기해야만 한다. 또한 그리스도께서 여기에서 구제하는 것이 '의' 라고 지적하신 사실을 놓쳐서는 안 된다. 바울 사도는 그의 청중에게 시편 112:9의 말씀을 강조하여 다음과 같이 지적하셨다. "기록된 바 그가 흩어 가난한 자들에게 주었으니 그의 의가 영원토록 있느니라 함과 같으니라" (고후 9:9). 가난한 자에게 베풀지 않는 사람은 큰 부정을 범하는 것인데, 왜냐하면 그들은 그들이 소유한 재산을 관리하는 청지기이므로 궁핍한 사람에게서 그들이 당연히 받아야 할 몫을 빼앗는 것이 되기 때문이다.

의를 실행하는 데 있어서 구제를 필수적인 요소로 삼으심으로써 우리 주님께서는 가난한 자를 구제하는 일이란 우리의 자유로운 의사에 따라 선택하도록 우리에게 맡겨진 것이 아니라 하나님의 계명으로 명령된 중요한 일이라고 가르치신다. 궁핍한 사람을 도와주는 것이 절대로 우리의 임의에 맡겨진 일이 아니라면 그것은 드러나 있는 공의 중 하나이며, 그 공의를 행하지 않으면 하나님의 법과 자연의 법을 둘 다 위반하는 것이 된다. 그러나 가난한 사람을 구제하는 것은 의로운 행위일 뿐만 아니라 친절한 행동이기도 하다. 여기에서 구제(alms)라고 번역된 말의 헬라어 단어는 동정심을 품는 것, 혹은 자비롭다는 뜻의 어원으로부터 나왔다. 이 사실은 우리로 하여금 행위의 이면에서 그 행위를 하도록 자극한 정신을 살펴보게 한다. 왜냐하면 '구제' 란 단순히 물품이나 돈을 주는 것이 아니라 주는 사람의 자비롭고 동정에 찬 마음으로 이루어지는 것이기 때문이다.

방금 지적한 내용을 통하여 우리는 또한 누가 구제를 받을 자격을 갖춘 사람인가, 어떤 사람이 마땅히 구제를 받아도 좋은 사람들인가를 발견하게 될 것이다. 왜냐하면 우리는 맹목적으로 구제를 행해서는 안 되기 때문이다.

진정으로 우리의 동정심을 일으키는 상황에 처해 있는 사람이 바로 구제를 받아야 할 사람이다. 예를 들면 고아나 나이 많은 과부, 불구자, 병든 자, 그리고 소경과 같은 사람들은 구제를 받아야 한다. 이러한 원리에 충분히 입각한다면 게으름과 무절제를 조장함으로써 이로움보다는 훨씬 더 많은 해로움을 끼치게 되는 무분별한 구제를 행하지 않게 될 것이다. 다른 사람들의 관대함을 악용하는 건강한 거지는 분명히 구제를 받을 자격이 없다. "너희에게 명하기를 누구든지 일하기 싫어하거든 먹지도 말게 하라"(살후 3:10)는 말씀이 성경에 있다. 그러므로 게으른 자들을 선동한다면 하나님의 권능을 모독하는 자와 한패가 되는 것이다.

"사람에게 보이려고 그들 앞에서 너희의 의를 행치 않도록 주의하라." 이 말은 비합법적인 방법으로 행하는 구제를 피하라는 경고이다. 왜냐하면 선행조차도 악한 방식으로 행해질 수가 있기 때문이다. 아, 인간의 마음은 참으로 기만적이고 사악하여서 대부분의 자선의 행위는 타락한 욕망으로부터 나오게 되며, 우리와 관계를 맺고 계시는 하나님이 보시기에는 헛될 뿐만 아니라 악하기까지 한 것이다. 그리스도께서는 '주의하라'고 말씀하심으로써 바로 이 점에서 잘못을 범할 위험이 대단히 크다고 암시하신다. 동료들 사이에 거룩하고 관대하다는 평판을 얻으려는 욕심으로 행하는 자선은 자비로우신 하나님을 특히 더 모욕하는 것이다. 아, 오늘날 종교적인 세계나 세속적인 세계 모두에서 자기가 행한 자선을 불쾌할 정도로 자만스럽게 자랑하는 경우가 얼마나 많은가?

그리스도께서는 여기서 제자들에게, 마음속에 은밀한 **교만**이라도 품지 말라고 경고하신다. 이러한 교만은 이중적이다. 즉 마음과 의지로 범하는 교만이며, 또한 감정으로 범하는 교만이기도 하다. 마음의 교만이란 자기가 마땅히 행해야 하는 의무를 더 중히 여기기보다는 자기 자신을 더 높게 생각하도록 이끌어가는 타락한 성향이다. 이것은 바리새인들이 범한 죄이며(눅 18:12), 라오디게아인들이 범한 죄이다(계 3:16). 이러한 기만은 은총을 구할 때에 특히 더 위험하다. 왜냐하면 그 교만은 대다수의 사람들로 하여금 사실은 허물과 죄 속에 있으면서 자기가 거듭난 것으로 상상하도록 기만하며, 진실한 그리스도인들로 하여금 자기가 실제로 지니고 있는 은총보다 더 많은 은총을 지닌 것으로 상상하도록 자극한다.

의지의 교만이란 인간으로 하여금 하나님이 정해 주신 위치에 불만을 품게 하여 더 나은 위치를 갈망하도록 이끌어가는 내적인 감정이다. 이것은 아담과 하와가 범한 죄이다(창 3:5, 6).

마음의 교만과 의지의 교만이라는 이 타락한 원리들로부터, 자기의 자랑과 영광을 더하려는 생각으로 할 수 있는 것은 무엇이나 다하려고 결심함으로써 우리가 일생 동안 저지르는 교만한 행동이나 활동들이 나오게 되는 것이다. 그러한 교만은 몇 명의 인간에게만 특별히 있는 것이 아니라, 그 본성상 주 예수만을 제외한 모든 인간에게서 발견된다. 그래서 하나님께서 이 교만을 억제시키거나 속박하시지 않는 곳에서는 그 교만의 힘이 너무 강해서 어떤 희생을 치르더라도 말살되지 않고, 오히려 하나님이 자랑으로 여기시는 의지를 방해하여 인간의 의지대로 어떠한 죄를 범하게 한다. "여호와가 누구이기에 내가 그의 목소리를 듣고 이스라엘을 보내겠느냐"(출 5:2)라고 물은 바로 왕처럼, 또는 아버지 다윗을 그의 왕국에서 추방한 압살롬처럼, 그리고 자기의 제안이 거부되자 가서 목을 맨 아히도벨처럼 인간의 교만한 의지는 죄를 범하고 만다. 사탄이 타락하게 된 원인도 바로 이와 같은 교만이었다(사 14장; 딤전 3:6)

그러므로 그리스도께서는 '주의하라' 고 말씀하신다. 이러한 교만의 죄를 범하지 않도록 가능한 한 모든 경계를 다하라. 그렇다면 어떻게 경계하여야 하는가? 첫째로, 엄격한 자기 반성을 함으로써 경계한다. 우리가 마음속의 교만을 더욱 용의주도하게 알아낼수록 우리는 그 교만에 의하여 덜 기만당하게 된다. 둘째로, 진지하게 양심의 가책을 살핌으로써 교만의 죄를 경계한다. 성경에도 "우리가 우리를 살폈으면 판단을 받지 아니하려니와"(고전 11:31)라는 말씀이 있다. 만약에 우리가 하나님 앞에 우리 자신을 낮춘다면 자기의 사악한 교만을 스스로 미워해야만 하며 그 죄를 회개하고 하나님 앞에 고백해야만 한다. 셋째로, 이 죄를 하나님께서 심판하신다는 것을 상기함으로써 교만의 죄를 범하지 않도록 경계한다. 헤롯은 하나님께 돌려야 할 영광을 자기가 차지하였기 때문에 벌레에게 먹힌 바 되었다(행 12:23). 성경에 "하나님은 교만한 자를 대적하시되 겸손한 자들에게는 은혜를 주시느니라"(벧전 5:5)라는 말씀이 있다. 넷째로, 그리스도께서 겟세마네 동산과 골고다 언덕에서 공포에 떨시며 고통을 받으신 것을 묵상함으로써 교만의 죄를 경계할 수 있다. 하나님의 어린 양을 죽게 한 것이 바로 나의 죄라고 자각하는 것이야말로 자기의 교만한 마음을 겸손해지게 하는 데 가장 효과적이다.

"… **그리하지 아니하면 하늘에 계신 너희 아버지께 상을 얻지 못하느니라**"(1 절). 우리가 행하는 행동의 가치는 그 행동이 나오게 된 원리에 의해 결정된다. 가난한 사람을 단순히 습관적으로 도와주는 것은 다른 사람들과 별 차이가 없는 행동이다. 자기의 영향력과 능력을 증대시키려고 궁핍한 사람을 섬긴다면 세속 적인 야망을 과시하는 것이다. 세속적인 이익을 조장하기 위하여 가난한 사람에 게 베푼다면 그것은 탐욕스러운 욕심을 드러내는 것이다. 칭찬을 구하기 위하여 베푼 것이라면 자만심을 만족시키는 것이다. 자기의 동료가 당하는 고통을 덜어 주려고 한 것이라면 그것은 단지 평범한 인정을 베푸는 것에 불과하다. 그러나 하나님의 권능을 존경하여 궁핍한 자를 섬기며 하나님을 기쁘게 해드리려는 마 음으로, 그리고 하나님의 뜻대로 모든 일이 이루어지기를 원하기 때문에 그의 뜻 을 존경하여 궁핍한 자를 돕는 것이라면 그것이야말로 영적인 행위이며 하나님 께서 받으실 만한 일이다(존 브라운).

"**그러므로 구제할 때에 외식하는 자가 사람에게서 영광을 받으려고 회당과 거 리에서 하는 것 같이 너희 앞에 나팔을 불지 말라 진실로 너희에게 이르노니 그 들은 자기 상을 이미 받았느니라**"(2절). '나팔을 불지 말라' 는 말은 다른 사람들 의 관심을 자기에게로 끌려고 하지 말라는 뜻의 상징적인 표현이다. '외식하는 자' 라는 말은 중대한 말인데, 왜냐하면 그 말은 가면을 쓰고 가면 뒤에서 자기의 역할을 하는 배우 같은 사람을 분명히 의미하기 때문이다. 바리새인들은 실제로 는 독선적이고 사람들의 칭찬만을 구하고 있을 때에 자기들이 하나님을 가장 헌 신적으로 섬기는 자들이며, 동료를 가장 사랑하는 사람들이라고 자처했다. 그러 나 그들은 경건하고 관대한 외양의 뒤에 숨어서 세속적이고 이기적인 욕심의 노 예가 된 사람들이었다. 그들은 구경꾼이 가장 많이 모여 있는 곳에서 자선을 행 하였다. 그러므로 그들이 '받을 상' 은 마치 뱀이 '흙' 을 먹고 살듯이 천박한 마 음으로 사는 자들의 칭찬이다.

여기에서 그리스도가 비난하는 죄는 보통 생각하기보다 훨씬 더 중대한 것이 며 훨씬 더 널리 퍼져 있는 것이어서 주님의 많은 백성들이 그 죄를 범하고 있다. 그 죄는, 하나님이 아니라 **인간**으로 하여금 행동을 판단하는 자로 삼고, 승인하 는 자로 여기는 것이다. 그러면 **우리는** 가끔 이러한 유혹에 빠지지 아니하는가? 우리는 하나님을 마음 상하게 해드린 죄로 슬퍼하는 것보다, 옳은 일을 행하여 동료의 불평을 샀을 때에 더 비통해하는 것은 아닌가? 만일 그렇다면 우리의 마음이 주님의 책망보다는 인간의 비난을 더 두려워하고 있다는 사실이 분명히 밝혀지는 셈이 된다. 우리의 동료가 **하나님**을 모욕했을 때 우리는 마음 깊이 상처받지 아니하는가? 우리는 영원하신 하나님의 마음을 상하게 해드리는 것보다 죽어야 할 인간의 감정을 상하게 하는 것을 더 두려워하고 있지는 않은가? 견딜 수 없을 만큼 심한 곤궁에 처해 있을 때 어느 것이 우리에게 더 많은 위안을 주는가? 우리를 구해 주겠다는 친구의 세상적인 보증인가, 아니면 주님이 주신 약속인가?

"**너는 구제할 때에 오른손이 하는 것을 왼손이 모르게 하라**"(3절). 하나님께서는 사람에게서 칭찬받기를 좋아하는, 타락한 마음이 품는 야심을 억제하시기 위하여 이 계율을 제시하셨다. 그것은 2절에서 내리신 명령보다 훨씬 더 가치가 있다. 2절에서 주님은 자기선전과 동료의 칭찬을 얻을 목적으로 요란스러운 구제를 행하지 말라고 하셨다. 한편 3절에서 주님은 이러한 선행을 행할 때에 자기만족이나 안심을 구하지 말라고 하셨다. 성경 주석가들이 3절의 말씀에서 단지 2절에서 발견된 내용을 반복하는 것 이외에 그 이상은 아무런 의미도 찾아내지 못하고 "**너의** 오른손이 하는 것을 **너의** 왼손이 모르게 하라"는 구절에 담긴 의미를 아주 놓치는 것은 참 이상한 일이다. 우리는 하나님만을 기쁘시게 해드리려는 유일한 의도와 희망으로 단순하게 자선을 행해야 한다. 어떤 선행이 끝났을 때에 우리는 그것을 마음으로부터 잊어버리고 자기 스스로 그 선행을 기뻐해서는 안 된다. 오히려 우리 앞에 놓여 있는 것으로 마음을 향해야만 한다.

"**네 구제함을 은밀하게 하라** … "(4절). 이 설교에서 그리스도께서 쓰신 말이 문자 그대로, 그리고 절대적으로 이해되어서는 안 되는 예가 여기에 또 하나 나타난다. 만약 이 설교 말씀을 문자 그대로 이해한다면 동료가 알아버린 범위 내의 구제는 **어떤 것이나** 금지될 것이다. 확실히 초기의 그리스도인들은 사도행전 11:29, 30에 분명히 나타나 있는 것처럼 자기가 기증한 사실을 항상 숨긴 것은 아니다. 비밀 그 자체는 탐욕에 대한 가면이 될 수도 있다. 그리고 선행을 숨기는 체하면서 우리는 자기가 쓸 돈을 감추어 둘 수도 있다. 탁월한 어떤 사람은 자신의 관대함을 모범으로 보여줌으로써 그 뒤에 있는 형제들을 자극하는 수가 있다. 그러므로 그리스도께서 여기에서 눈에 보이는 자비로운 행동들은 모두 다 금하신 것으로 이해해서는 안 된다. 그보다도 그리스도의 이 말씀은 가능한 한 조심스럽게 자선을 행하고, 그 가운데에서 하나님으로부터 받을 칭찬을 주된 목표로 삼아야 한다는 뜻으로 이해하여야 한다.

"네 구제함을 은밀하게 하라 은밀한 중에 보시는 너의 아버지가 갚으시리라"
(4절). 우리가 행한 가장 최선의 행동들이라 할지라도 그것은 하나님 앞에 아무런 공로가 될 수 없다. 그렇다. 우리가 행한 모든 일은 무가치한 일이 될 뿐이다. 그럼에도 불구하고 "하나님은 불의하지 아니하사 너희 행위와 그의 이름을 위하여 나타낸 사랑으로 이미 성도를 섬긴 것과 이제도 섬기고 있는 것을 잊어버리지 아니하시는" 것이다(히 6:10). 무슨 일이나 하나님의 칭찬을 받는 것이 되려면 믿음이 없이는 하나님을 기쁘시게 하지 못하므로 믿음으로 그 일을 해야 하며, 사랑의 수고로 그 일을 해야 한다. 하나님이 통치하시는 나라는 대단히 질서정연하여서 결국 이기적인 사람은 실망하게 되고, 반면에 다른 이의 선을 구하는 사람은 스스로 그 선을 얻는 자가 될 것이다. 우리가 더욱 진실하게 하나님의 칭찬을 지향할수록 우리는 세속적인 칭찬이나 모욕에는 더욱 관심이 없게 될 것이다. 다가오는 재림의 그날에 하나님께서 온 세상이 모여 있는 앞에서 그 상급을 '공공연히' 갚아 주실 것이다. "그러므로 때가 이르기 전 곧 주께서 오시기까지 아무 것도 판단하지 말라 그가 어둠에 감추인 것들을 드러내고 마음의 뜻을 나타내시리니 그 때에 각 사람에게 하나님으로부터 칭찬이 있으리라"(고전 4:5).

제23장

기도
❶

또 너희는 기도할 때에 외식하는 자와 같이 하지 말라 그들은 사람에게 보이려고 회당과 큰 거리 어귀에 서서 기도하기를 좋아하느니라 내가 진실로 너희에게 이르노니 그들은 자기 상을 이미 받았느니라 너는 기도할 때에 네 골방에 들어가 문을 닫고 은밀한 중에 계신 네 아버지께 기도하라 은밀한 중에 보시는 네 아버지께서 갚으시리라 또 기도할 때에 이방인과 같이 중언부언하지 말라 그들은 말을 많이 하여야 들으실 줄 생각하느니라 그러므로 그들을 본받지 말라 구하기 전에 너희에게 있어야 할 것을 하나님 너희 아버지께서 아시느니라(마 6:5-8)

앞장 서두에서 지적하였듯이 우리는 지금 마태복음 6:18까지로 단락이 지어지는 산상설교의 넷째 부분을 다루고 있다. 그 주제는 하나님의 칭찬을 얻기 위하여 선행을 수행하는 것이다. 하나님의 인정을 얻기 위하여 주의 제자들은 서기관과 바리새인들의 그릇된 교리뿐만 아니라 악한 행실도 피해야만 했다. 그 요점은 1절에 나타나 있다. "사람에게 보이려고 그들 앞에서 너희의 의(義)를 행치 않도록 주의하라"(RV). 이 경고를 통해 표현된 일반적인 원리는 세 가지의 구체적인 예에 적용되어 2-18절 사이에 걸쳐 상세히 설명되어 있다. 그 세 가지란 인간에게는 '구제'를 행하는 것, 하나님께는 '기도'를 드리는 것, 그리고 자기 자신을 향해서는 '금식'을 하는 것이다. 구제하는 것에 대해서는 이미 자세히 설명하였으니 이제 여기에서는 그리스도께서 '기도'에 대하여 말씀하신 것을 살펴보자. 이것들의 상호 관련성을 기억함으로써 우리는 그리스도께서 뜻하시는 범위와 의도를 더 잘 알 수 있으며 우리 앞에 전개될 말씀을 잘못 해석하지 않게 될 것이다.

"**또 너희는 기도할 때에 외식하는 자와 같이 하지 말라**"(5절). 기도에 대한 이 첫 말씀은 제자들이 기도하는 것을 그리스도께서 당연히 여기셨음을 밝혀준다. 그 뒤를 이어 하신 말씀에서는 제자들이 하나님께서 받으실 만한 방법으로 기도의 의무를 부지런히 수행해야 할 필요가 있다고 알려 주신다. 주님께서 다소의 사울이 개종한 것을 아나니아에게 알리셨을 때 이렇게 말씀하셨다. "그가 기도하는 중이니라"(행 9:11). '바리새인 중의 바리새인' 이었던 사울은 많은 기도를 하였다. 그러나 은혜의 기적이 그 안에서 역사하게 되었을 때에야 비로소 그가 **기도한 것**이라고 일컬어지게 된 것이다. 소위 기도를 한다는 것과 하나님 앞에서 자기의 마음을 토로하는 것은 전적으로 다른 일이다. 독선적인 바리새인 같은 사람은 소위 기도하는 일에 부지런하지만 오직 거듭난 자만이 하나님 앞에 마음을 토로할 수 있다. 어떤 사람은 그 문제에 대하여 다음과 같이 말했다. "영적인 어린이가 새로운 창조물로서 다시 태어나는 순간 그는 그 탄생의 근원을 향하여 어찌할 수 없는 의탁의 부르짖음을 올리는 것이다."

우리는 이제 그리스도께서 기도를 주제로 하여 말씀하신 최초의 내용을 살펴보게 된다. 여기에서 주님은 기도의 의무를 수행하는 데 있어서 "외식하는 자를 조심해야 한다"는 말씀으로 시작하고 있는데 우리는 이 점을 주목해야 한다. 여기에서 책망을 받고 있는 외식하는 행동의 예를 들면, 사람들에게 들으라는 듯이 큰 소리로 기도하는 태도, 경건함을 과시하는 태도, 그리고 다른 사람의 관심을 끌어서 자기 스스로 대단히 영적이라는 평판을 들으려 하는 태도 등이다. 기도란 피조물이 자기의 필요와 의탁을 표현하는 것이기 때문에 교만이나 자기만족과는 전연 다른 것이다. 그러나 애석하게도 인간은 이와 반대되는 본성을 지니고 있기 때문에 "너희가 기도할 때 외식하는 자와 같이 되지 말라"는 경고를 들어야 할 만큼 대단히 타락한 존재이다. '외식하는 자' 란 그에게 있지도 않은 특성을 있는 것처럼 꾸미는 사람이다. 여기에서 그리스도께서 말씀하시는 '외식하는 자' 란 바리새인들을 일컫는 것인데, 왜냐하면 그들의 '누룩' 은 외식이었기 때문이다 (마 23:13; 눅 12:1).

"**또 너희는 기도할 때에 외식하는 자와 같이 하지 말라 그들은 사람에게 보이려고 회당과 큰 거리 어귀에 서서 기도하기를 좋아하느니라 내가 진실로 너희에게 이르노니 그들은 자기 상을 이미 받았느니라**"(5절). 여기에서 그리스도께서는 서서 기도하는 자세를 책망하신 것이 아니다. 그리스도께서도 서서 기도하셨기 때문이다(요 11:41). 이 말씀은 또한 제자들이 공중 앞에서 기도하는 것을 금하신 것을 뜻하는 것도 아니다. 바울은 배 안의 모든 사람들 앞에서 하나님께 감사의 기도를 드렸으며(행 27:35), 디모데에게 보내는 편지에서도 "각처에서 남자들이 기도하기를 원하노라"(딤전 2:8)고 말하고 있다. 그렇다, 주님께서는 여기서 기도하는 **동기**와 **방법**을 염두에 두고 말씀하신 것이다. 그것은 외식을 꾸미지 말고 동료에게 좋은 인상을 주려고도 하지 말라는 경고이다. 우리는 이러한 경고를 들어야 할 만한 피조물인 것이다. 우리가 **인간**에게 보이려고 **하나님**께 기도한다는 사실을 생각해 보라. 우리 마음속의 악은 아주 많은 방법으로 우리를 단순하고 신실한 상태로부터 벗어나게 한다.

죄는 우리의 참된 경건을 더럽힌다. 그래서 특히 경계하지 않으면 우리의 죄는 기도를 무가치하게 만들 뿐만 아니라 하나님을 진노하시게 만들 것이다. 특히 목회자는 회중 앞에서 기도할 때 하나님이 아니라 회중을 향하여 기도하는 죄를 범하지 않도록 자기 자신을 엄격하게 경계해야 한다. 반드시 '외식하는 자'라고 일컬어질 수 없는 사람들도 강단에서 기도할 때에는 슬며시 외식하려는 마음이 일어나게 되는 것이다. 목회자가 매우 영적인 사람으로 간주되기를 바라는 것은 당연하다. 즉 그는 하나님과 가까이 친교하는 것을 좋아하는 자로서 그 영혼의 호흡이 대단히 숭고하다는 칭찬을 듣고 싶어하는 것이다. 우리의 간구에 귀를 기울이는 비판적인 사람들이 많다는 사실이나, 기도의 내용과 방법에 감화를 받는 사람들이 많다는 사실에 무관심하기란 쉽지 않다. 우리가 하나님하고만 있게 된다면 회중 앞에서 드리는 기도는 때때로 더 단순하고 짧아지게 되지 않겠는가?

그러므로 공중기도를 자주 인도하는 자들은 자기의 마음을 부지런히 성찰하고 그들의 교만함을 꺾어 주시도록 하나님께 진실하게 기도해야 할 필요가 있다. 만일 우리가 주님으로부터 '잘했다'는 칭찬을 듣지 못한다면 동료들이 나에게 좋은 평판을 해주는 것이 무슨 소용이 있겠는가? 사람들을 매혹시킬 좋은 말로 기도를 표현하려 애쓰지 말고 **마음가짐을 참되게** 하여 기도하도록 힘써야 한다. 마음으로 참되고 성실한 것이 좋은 언어를 선택하는 것이나 올바른 기도의 자세를 취하는 것보다 훨씬 더 중요하다. 은혜를 구할 때에 다음과 같은 권고에 주의하여야 한다. "너는 하나님의 집에 들어갈 때에 네 발을 삼갈지어다 … 너는 하나님 앞에서 함부로 입을 열지 말며 급한 마음으로 말을 내지 말라 하나님은 하늘에 계시고 너는 땅에 있음이니라 그런즉 마땅히 말을 적게 할 것이라"(전 5:1, 2). 만일 하나님의 완전하심이 우리의 영혼을 감동시킨다면 그때 우리는 그렇게 어리석은 행동을 하지 않게 될 것이다.

"너는 기도할 때에 네 골방에 들어가 문을 닫고 은밀한 중에 계신 네 아버지께 기도하라"(6절). 주님께서는 5절에서 외식하는 악한 행위를 책망하셨다. 이제 6절에서는 진실의 덕을 수행하라고 명령하시며, 하나님께 올바르게 기도하는 방법을 가르쳐 주신다. 어떤 사람들은 그리스도께서 여기서 말씀하시는 내용의 뜻을 전혀 이해하지 못한다. 그리고 몇몇 극단론자들은 주님께서 회중 앞에서 기도하는 것을 모두 금하신 것으로 생각한다. 그러나 그것은 모두 오해이다. 5절에서 주님이 책망하신 것은 공중기도가 아니라 다른 사람의 관심을 끌 목적으로 드리는 공공연한 개인기도이다. 주 예수께서는 다음과 같이 기억할 만한 선포를 하심으로써 사회적인 기도를 장려하셨다. "두세 사람이 내 이름으로 모인 곳에는 나도 그들 중에 있느니라"(마 18:20). 이 말씀은 성찬식과 관계가 있는 것이 아니라 기도하는 사람에게 해당하는 특별한 약속이다. 초기 그리스도인들이 합심기도를 행하였다는 사실은 사도행전의 많은 구절에 분명히 나타나 있다(행 1:14; 2:42; 6:4; 12:5; 16:13).

"너는 기도할 때에 네 골방에 들어가 문을 닫고 은밀한 중에 계신 네 아버지께 기도하라 은밀한 중에 보시는 네 아버지께서 갚으시리라." 마태복음 5장 강해에서, 주님이 산상설교에서 사용하신 언어를 문자 그대로 이해해서는 안 되는 예를 거듭하여 살펴보았다. 그 원리를 기억한다면 주님께서 6장 6절에서 하신 말씀의 의미를 터무니없이 제한함으로써 잘못 해석하지는 않게 될 것이다. 문맥에 비추어 보면 6절의 말씀은 공중기도를 인도하는 자에게 대단히 필요한 방향을 제시하는 것임을 알 수 있다. 우리는 사람들에게서 좋은 평판을 얻으려고 기도에 열중하는 것이 아니기 때문에, 혼자서 개인적인 기도에 열중하는 것처럼 진실하고 겸손한 마음으로 모든 기도의 의무를 이행해야 한다. 골방으로 들어가서 문을 닫아야 한다는 말은 피조물에 대한 잡념을 마음속에서 모두 없애버리고 오직 하나님만을 경배해야 한다는 뜻의 상징적인 표현이다. 다시 말하면, 그것은 눈에 보이는 존재가 아니라 눈에 보이지 않는 하나님으로 우리의 마음을 채우라는 뜻이다.

6절의 첫 말씀이 공중기도와 관계가 있다고 생각할지라도, 큰 것은 작은 것을 포함하는 것이므로 이 말씀에는 개인적인 기도에 대한 가르침도 포함되어 있다고 보아야 한다. 그 말씀이 내포하고 있는 세 가지 사항을 지적해야 하겠다. 그것은 기도하는 장소, 은밀함, 그리고 기도의 특권에 대한 것이다. "너는 기도할 때네 골방에 들어가서"의 '골방'이라는 말은 한적하게 은거할 수 있는 장소를 뜻하는 것이다. 전지하신 우리 구세주께서는 우리의 마음이 쉽게 산만해지는 경향이 있어서 우리의 생각도 하나님으로부터 쉽사리 벗어나 방황하게 된다는 사실을 잘 아신다. 그리스도께서는 우리의 마음을 어지럽히고 분산시키는 모든 것으로부터 피하여 하나님과의 교제를 방해하는 것이 없는 곳으로 가라고 권고하신다. 개인적인 기도는 가능한 한 은밀히 해야 한다. 그러므로 개인 기도를 할 때에는 격리된 장소, 동료들이 보거나 방해하지 않는 장소로 찾아가야 한다. 그리스도께서도 개인적인 기도를 하실 때에는 군중에게서 떠나 조용한 산으로 들어가셨다.

이 사항의 설명을 마치기 전에 격리된 장소를 찾아가 기도해야 한다는 점에서 터무니없이 극단적인 견해로 치우치지 않도록 주의하라고 지적해야겠다. 만일 그 점에 주의하지 않으면 이 6절의 말씀은 다른 구절의 뜻과 조화를 이루지 못하게 될 것이다. 우리는 외식과 다른 사람들의 칭찬을 얻으려는 태도를 취하지 않도록 조심해야 한다. 그리고 사람에 대한 두려움 때문에 위협을 당하거나 불성실하게 되지 않도록 경계해야만 한다. 다니엘은 자기의 생명이 위험하게 된다는 사실을 알면서도 기도할 때 그 방의 문을 닫지 않았다(단 6:10). 공적인 장소에서 다른 사람에게 경멸받을까 염려되어 식사 때에 머리 숙여 하나님께 감사의 기도를 하지 못하게 되어서는 안 된다. 그리고 다른 사람과 방을 같이 쓸 때에도 무릎꿇고 저녁기도를 드리지 못하게 되어서는 안 된다.

"네 골방에 들어가라"는 말은 조용하고 한적한 장소를 의미할 뿐만 아니라 **정해진** 장소가 있어야 한다는 사실도 암시하고 있다. 비록 거기가 산이든 들이든, 혹은 우리가 거주하는 곳이든 기도를 위해 지정된 장소가 있어야 한다. 다윗은 압살롬이 죽었다는 소식을 듣고 "문 위층으로 올라가서" 울었다고 하였다(삼하 18:33). 그런데 그곳은 다윗이 주님께 자기의 슬픔을 항상 토로하던 장소인 것 같다. 사르밧의 과부가 엘리야에게 그녀의 아들이 죽었다고 알렸을 때 엘리야는 "자기가 거처하는 다락에 올라가서 자기 침상에 누이고 여호와께 부르짖었다"(왕상 17:19, 20). 우리 구세주께서도 그와 비슷한 행동을 하셨다. 그가 "나가셔서 습관을 좇아 (하나님께 간구를 드릴 특별한 목적으로) 감람산에 오르셨다"(눅 22:39)는 성경 말씀을 보면 그 사실을 알 수 있다.

'골방' 에 해당하는 헬라어가 신약성경의 원전에 네 번이나 나타나 있다. 그런데 마태복음 24:26에는 '밀실' 이라고 번역되어 있다. 우리 주님이 사용하신 이 말씀은 아마도 "내 백성아 갈지어다 네 밀실에 들어가서 네 문을 닫고" 라는 이사야 26:20의 구절에서 택해진 것 같다. "골방에 들어가라" 는 말은 유대인에게 무엇을 의미하는 것일까? '골방' 이란 단순히 밀폐된 장소를 뜻한다. 그래서 남의 시선과 참견을 피해 문을 닫아야 한다는 의미이다. 그렇다면 이 말을 듣는 그리스도의 청중에게는 무엇을 암시해 주는 것일까? 유대인의 성전 중심부에는 완전한 '밀실' 이었던 한 장소가 있었다. 그곳은 여호와께서 지성소에 특별히 계실 곳을 마련하신 장소로서 성전의 가장 내부에 위치해 있었다. 그곳이 바로 '골방' 이었는데 거기에는 사람들이 들어오지 못하게 되어 있었다. 그 장소는 조용하고 은밀하며 격리되어 있어 한적한 것이 특징이었다.

그 성막과 성전의 지성소는 독특한 모양이었다. 출입문도 창문도 없었으며 하늘로 개방되어 있던 동방의 밀궁(密宮)과는 달리 이 지성소는 지붕으로 덮여 있었고, 하늘로 난 창문도 두지 않았다. 그리고 민족의 대표자로서 하나님을 만나러 가는 대제사장을 제외하고는 어떤 레위인도 그 안에 들어갈 수가 없었다. 대단히 의미심장해 보이는 사실은 지성소 안에 오직 단 하나의 가구만이 있었다는 점이다. 즉 그것은 속죄소로 덮인 증거궤였다. 그것은 형언할 수 없을 정도로 신성한 것이었다. 그래서 아론은 하나님과 이야기하기 위하여 피를 뿌린 속죄소에 가까이 나아갔다. 그런데 다음 절에서 우리가 반드시 지적해야 할 주목할 만한 예외가 하나 나타난다. "모세가 회막에 들어가서 여호와께 말하려 할 때에 증거궤 위 **속죄소 위의** 두 그룹 사이에서 자기에게 말씀하시는 목소리를 들었으니 여호와께서 그에게 말씀하심이었더라" (민 7:89). 그러므로 거룩한 '골방' 이란 인간이 하나님께 말씀드리고 하나님이 인간에게 말씀하시는 장소이다.

우리가 개인적인 기도를 드릴 때에 **은밀함**을 유지할 것을 강조한 표현이 6절에 두 군데 나와 있다. 하나는 "네 골방에 들어가 문을 닫고" 이며, 또 하나는 "은밀한 중에 계시는 네 아버지께 기도하라" 는 구절이다. 전자는 마음을 소란하게 하고 분산시키는 눈에 보이는 모든 것과 모든 소리를 피하기 위하여 한적하고 고요한 장소가 필요하다는 뜻이다. 후자는 하나님하고만 지내기 위하여 그의 거룩한 성소에 들어가 지성소에서 하나님과 이야기하며 교제해야 한다는 것을 의미한다. 독자들은 "**너는** 기도할 때에 네 골방에 들어가" 라는 구절에서, 2인칭 단수대명사를 특별히 강조하여 지적한 것에 주목하시기 바란다. 이 말씀에는 하나님의 모든 말씀 가운데 가장 특이한 내용을 담고 있다. 즉 이 한 절에서만 2인칭 단수 대명사가 8번이나(영어 성경의 경우) 사용되었다. 하나님하고만 있어야 하는 필연적인 필요성을 이보다 더 두드러지게 표현한 것은 아무데도 없다. 이 필요성 때문에 우리는 세상을 전적으로 피해야 하는 것이다.

"너는 기도할 때에 네 골방에 들어가 문을 닫고 은밀한 중에 계신 네 아버지께 기도하라." 이 말씀은 그 뜻으로나 문자로나, 마치 종교적인 활동을 위하여 따로 지어진 건물이 우리가 사는 곳이나 개방된 야외보다 은총의 보좌에 훨씬 더 가까이 있는 것처럼 생각하여, 누구든지 개인적으로 기도를 드리기 위하여 밤낮으로 교회에 자주 갈 수 있도록 항상 교회를 열어 두어야 한다고 떠들어대는 잘못된 사람들을 책망하는 것이다. 천지의 주이신 하나님께서는 손으로 지은 전에는 계시지 아니하고 우리 각 사람에게서 멀리 떠나 계시지 아니하신다(행 17:24, 27). 그리스도께서 "이 산에서도 말고 예루살렘에서도 말고 너희가 아버지께 예배할 때가 이르리라 … 하나님은 영이시니 예배하는 자가 영과 진리로 예배할지니라" (요 4:21, 24)라고 선포하셨을 때 예배드리는 장소를 한정하던 것을 폐지하셨다. 교회가 집을 떠나 있는 사람들을 위하여 항상 개방되어 있어야 한다고 주장하는 것은 마태복음 6:5, 6의 말씀에 비추어 보면 아무런 중요성이 없다. 그러한 제도는 잘못된 것이다.

"**은밀한 중에 계신 네 아버지께 기도하라 은밀한 중에 보시는 네 아버지께서 갚으시리라**"(6절). 여기에 거룩하고 형언할 수 없는 기도의 특권이 나타나 있다. 우리는 우리를 돌보시는 하나님께 우리의 필요와 걱정을 아시도록 하기 위하여, 그리고 감사의 기도로써 우리의 소청을 알려드리기 위하여 우리의 생각과 마음을 거리낌 없이 열어 놓아야 한다. "은밀한 중에 계신 네 아버지께 기도하라"는 말은 하나님은 세속적인 눈에는 보이지 않으며 육체적인 감각으로도 알아낼 수 없고 오로지 신앙의 눈으로만 보이는 살아계신 존재라는 뜻이다. 그러므로 우리는 하나님의 임재를 느낄 수 있는 곳으로 힘써 나아가야 한다. 그리고 하나님과 친해지기를 애써 구하고, 하나님께서 우리의 영혼에 실재하시도록 해야만 한다. 왜냐하면 하나님은 "자기를 **열렬히** 찾는 자에게 상 주시는 이"이시기 때문이다. 그러므로 골방에 들어가 기도를 드리기 전에 우리는 하나님의 놀라우신 완전하심에 대하여 묵상해야 할 필요가 있다. 즉, 하나님의 신성한 속성을 생각하고, 형언할 수 없는 하나님의 거룩하심과 전능하심, 변함없는 신실하심, 그리고 그의 무한하신 자비에 대하여 깊이 생각해야 한다. 그러나 무엇보다도 하나님이 우리의 **아버지**이심을 알고 기뻐하라.

"은밀한 중에 계신 네 아버지께 기도하라 은밀한 중에 보시는 네 아버지께서 갚으시리라." 이 말씀은 "그들은 자기 상을 이미 받았다"는 5절의 말씀과 대조를 이룬다. 그들이 '받을 상'은 하나님의 칭찬이 아니라 그들의 경건한 외양에 속은 어리석은 사람들이 바치는 무가치한 찬사이다. 그들은 "자기 상을 이미 **받았다**." 왜냐하면 "금생에서 저희 분깃을 받은 세상사람"(시 17:14)이라는 말씀처럼 장래에 그들을 기다리고 있는 것은 쓰라린 비통함뿐이기 때문이다. 그것은 그리스도인의 경우와는 전연 다르다. 그의 기도는 하나님에게 어떤 것을 받을 만한 공로가 되지 못한다. 그러나 만일 그들이 올바른 원리에 의해 올바른 목적으로 하나님을 기쁘시게 해드린다면 현세에서도 하나님의 은혜로 상급을 받게 될 것이며, 최후의 심판 날에 하나님에게 공공연히 인정받게 될 것이다.

"또 기도할 때에 이방인과 같이 중언부언하지 말라 그들은 말을 많이 하여야 들으실 줄 생각하느니라"(7절). 우리 주님께서는 여기에서 우리가 같은 것을 반복해서 구하는 것을 책망하신 것이 아니라 기도의 의무와 특권을 단지 입술로만 구하는 데에서 그치는 행동을 책망하신 것이다. 우리는 시편 119편에서 "우리에게 율례를 가르치소서"라는 다윗의 기도를 7번이나 찾아볼 수 있다. 우리 구세주께서는 겟세마네 동산에서 고난의 잔을 치워 주시기를 반복하여 청하셨으며, 바울은 그의 육체에서 가시가 떠나게 해 달라고 주님께 세 번 간구하였다(고후 12:8). 그러므로 바알의 예언자들이나(왕상 18:26) 아데미를 숭배하는 자들이 사용한 것(행 19:34)과 같은 기도의 공허한 반복을 금지시킨 것이다. 그리고 로마 교도들이 아무런 의미나 신앙도 없이 묵주 알을 굴려 수를 셈으로써 바치도록 배운 '묵주 기도'와 '성모송'도 공허한 반복에 불과한 기도이므로 금지되어야 하는 것이다. 냉담하고 형식적으로 바치는 즉흥적인 기도도 마찬가지로 해서는 안 되는데, 그러한 기도는 단지 입으로만 중얼거리는 말에 불과하기 때문이다.

"그러므로 그들을 본받지 말라 구하기 전에 너희에게 있어야 할 것을 하나님 너희 아버지께서 아시느니라"(8절). 이교도들이 기도에 반박하여 논쟁할 때, 하나님이 전지하시다면 우리가 하나님께 우리의 요구를 알려 드려야 할 필요가 어디 있느냐고 하는데, 그리스도께서는 그것이 바로 기도해야 하는 이유가 된다고

말씀하신다. 우리는 하나님께 우리의 필요를 알리기 위하여 우리의 소청을 말씀
드리는 것이 아니라 하나님께서 우리에게 요구하신 의무의 명령에 복종하는 표
현으로써 기도를 드리는 것이다. 우리는 하나님께 영광을 드리기 위하여 기도하
는 것이다. 또한 하나님이 우리의 마음을 다 아시고 자비를 베풀어 주는 분임을
자인하기 위하여 기도하는 것이다. 기도는 우리가 하늘의 선물을 올바르게 받고
증진시키는 수단이므로 우리의 영혼에 없어서는 안 될 준비인 것이다. 우리 아버
지의 지식은 단순히 우리의 필요를 아시는 것을 훨씬 넘어서는 것임을 이해해야
한다. 기도는 우리의 행복을 위하여 필요한 모든 것을 다 주신다는 것을 확신하
게 해주는 간청인 것이다.

제24장

기도

❷

> 그러므로 너희는 이렇게 기도하라 하늘에 계신 우리 아버지여
> 이름이 거룩히 여김을 받으시오며 나라가 임하시오며 뜻이 하늘
> 에서 이루어진 것 같이 땅에서도 이루어지이다 오늘 우리에게
> 일용할 양식을 주시옵고 우리가 우리에게 죄 지은 자를 사하여
> 준 것 같이 우리 죄를 사하여 주시옵고 우리를 시험에 들게 하지
> 마시옵고 다만 악에서 구하시옵소서 (나라와 권세와 영광이 아
> 버지께 영원히 있사옵나이다 아멘)(마 6:9-13)

우리가 일반적으로 주기도문이라 일컫는 것에 대한 논문을 10여 페이지에
걸쳐 쓴 지 겨우 2년이 지났다. 그래서 이미 자세히 다룬 적이 있기 때문에 여기
에서는 그렇게 상세한 것까지 취급하지는 않겠다. 주기도문의 여러 구절을 살피
기 전에 기도에 대하여 총괄적으로 두어 가지 관찰을 해보자. 첫째로, 우리는 그
리스도께서 "그러므로 너희는 이렇게 기도하라"라고 미리 일러두신 말씀에 주의
해야 하겠다. 이것은 주 예수께서 우리가 모범으로 삼아야 할 기도문의 모형을
제시하고 있음을 암시하는 말이다. 우리는 너무나 무지하여서 "우리는 마땅히
기도할 바를 알지 못하므로"(롬 8:26) 거듭하여 "주여 요한이 자기 제자들에게 기
도를 가르친 것과 같이 우리에게도 가르쳐 주옵소서"(눅 11:1)라고 요청한다. 그
리스도께서는 그에 대한 대답으로서 고맙게도 우리가 절실하게 필요로 하는 가
르침을 주신 것이다. 그는 그리스도인들이 마땅히 하나님께 가까이 나아가는 방
법과 그들이 요청을 내놓아야 할 순서를 주셨으며, 우리가 가장 구할 필요가 있
는 것과 그들이 탄원하고 있는 하나님께 마땅히 찬양을 드려야 할 것을 가르쳐

주셨다.

이 모범이 되는 기도문은 누가복음에서도 요약된 형태로 찾아볼 수 있다. 거기에서는 "너희는 기도할 때에 이렇게 하라"(눅 11:2)라는 말로 시작되고 있다. 이것은 이 기도문이 우리가 모방해야 할 기도의 모형일 뿐만 아니라 또한 말 그대로 사용해야 할 하나의 형식임을 분명히 밝혀 준다. 왜냐하면 그 안에서 복수대명사를 사용한 것으로 보아 이 기도문은 성도들이 함께 모였을 때 집단적으로 사용하기에 적합한 것임을 암시해 주기 때문이다. 주기도문은 하나의 형식으로만 사용해서는 안 되는데, 지금까지는 형식적으로만 사용함으로써 남용되어져 온 것이 사실이다. 진실로 우리는 주기도문을 냉담하고 기계적으로 반복하여 외우지 않도록 대단히 경계해야만 한다. 또한 우리가 판단하기로는 주기도문은 공예배를 볼 때마다 한 번씩, 가정예배에서는 항상 바쳐야 하는데 그때마다 경건하고 실감나게 드릴 수 있도록 열심히 은혜를 구하여야 한다. 그런데 이 글을 읽을 독자의 수준을 고려해 볼 때, 많은 사람들이 주기도문을 마치 마술적인 주문인 양 미신적으로 사용하고 있다는 사실을 덧붙일 필요는 없겠다.

어떤 독자들은 주기도문이 오늘날의 시대에 사용하도록 계획된 것이 아니며 또한 이 시대에 사용하기에는 부적합하다는 어리석고 해로운 잘못된 생각으로 말미암아 혼란을 겪었을지도 모른다. 즉, 그들은 주기도문이 유대인의 것이고, 미래에 있게 될 어떤 '큰 환난의 시기'에 경건한 남은 자들을 위하여 고안된 것이라고 주장한다. 어떤 사람은 주기도문이 영적으로 총명한 사람에게 불합리함을 노출시키기에 충분할 만큼 터무니없는 공상을 진술하는 것이라고 생각하기도 한다. 주님이나 그의 사도들 중 그 누구도 주기도문이 그리스도인들에 의해 사용되어서는 안 된다는 경고를 하지 않으셨으며, 또한 그것이 미래의 세대를 위해 고안된 것이라는 암시도 전혀 하지 않았다. 주기도문이 마태복음에서 뿐만 아니라 누가복음에서도 발견된다는 사실은 유대인이 주기도문을 사용해야 하는 것처럼 이방인 성도들도 마찬가지로 그것을 사용해야 한다는 것을 분명히 암시해 준다. 주기도문 안에 담긴 내용 중 현대의 그리스도인들에게 적합하지 않은 것은 아무것도 없다. 오히려 그들이 필요로 하는 모든 것이 그 안에 들어 있다. 주기도문이 '우리 아버지'에게 드려지는 것이라는 사실은 그리스도인들인 가족 모두가 그것을 사용해야 한다고 주장하는데 충분한 근거가 된다. 그러므로 하나님의 자녀는 그 누구도 사탄으로 하여금 이 귀한 진리를 빼앗아가게 해서는 안 된다.

이 신성하고 놀라운 기도문을 숙고할수록 (그런데 우리들은 개인적으로 이 기도가 '가정 기도문'이라고 생각하기를 좋아한다) 이 기도문의 저자의 완전하신 지혜가 더욱 분명해질 것이다. 여기에서 우리는 **기도하는 방법**과 **기도해야 할 내용** 두 가지를 배울 수 있다. 그리스도께서는 우리의 필요와 하나님이 우리를 향해 품고 계신 선하신 의지를 다 알고 계셨다. 그래서 그는 고맙게도 우리에게 단순하지만 부족함이 없는 기도의 모범을 제시해 주셨다. 그 안에는 기도의 모든 요소가 나타나 있으며, 마지막 절에는 감사의 내용이 있고, 죄의 고백도 포함되어 있다. 이 기도는 7가지 내용으로 구분할 수 있다. 여기에서 우리에게 제시된 기도의 외형적인 완벽성이 드러난다. 그것은 사실상 시편의 축소판이며, 모든 기도문의 가장 탁월한 요약이다. 주기도문 안에 있는 모든 구절들은 구약성서에서 취한 말씀으로서 우리의 기도가 성경에 입각한 것이 아니면 받아들여질 수 없다는 뜻을 나타내주고 있다. "그의 뜻대로 무엇을 구하면 들으심이라"(요일 5:14)라는 말씀이 있는데, 하나님의 뜻은 오로지 하나님의 말씀을 통해서만 배울 수 있는 것이다.

"하늘에 계신 우리 아버지여." 이 첫 절은 우리가 기도해야 할 대상을 제시해 주는 것이며 하나님이 우리와 가장 친밀한 관계를 유지하고 계심을 알려주는 말이다. 우리로 하여금 '하늘에 계신 우리 아버지'이신 크신 하나님께 말씀드리도록 가르쳐 주심으로써 우리는 하나님의 사랑과 능력을 확신하게 된다. 그래서 이 귀중한 명칭은 우리에게 애정을 불러일으켜 주며 경건한 두려움이 일어나도록 자극시켜 주고, 우리로 하여금 기도의 효과를 확고하게 확신하도록 해준다. 우리는 우리를 가장 이롭게 하시려는 뜻을 마음속에 품고 계신 하나님께로 나아가도록 초대받고 있는 것이다. "보라 아버지께서 어떠한 사랑을 우리에게 베푸사 하나님의 자녀라 일컬음을 받게 하셨는가"(요일 3:1). 첫째로, 하나님은 우리를 창조하심으로써 우리의 '아버지'가 되신다(말 2:10). 둘째로, 하나님은 계약의 관계를 맺으심으로써 우리의 아버지가 되신다. 그런데 그 계약관계는 그리스도와의 일체적 연합에 의해 이루어지는 것이다. 즉, 하나님은 그리스도의 아버지이기 때문에 우리의 아버지이신 것이다(요 20:17). 셋째로, 중생(重生)으로 말미암아 하나님은 우리의 아버지가 되신다. 즉, 우리는 거듭나게 될 때 "신성한 성품에 참여하는 자가 되는" 것이다(갈 4:6; 벧후 1:4). 이토록 감미로운 관계를 이끌어 내는 것은 오직 믿음뿐이다.

구약의 성도들이 고난의 때에 어떻게 이 관계를 하나님께 탄원하였는지를 보는 것은 복된 일이다. 그들은 "주께서 두려운 일을 행하사 주의 앞에서 산들이 진동하였사오니"라고 말씀드리고 "대저 우리는 다 부정한 자 같아서 우리의 의는 다 더러운 옷 같다"고 자백한다. 또한 그들은 "주께서 우리에게 얼굴을 숨기시며 우리의 죄악을 인하여 우리로 소멸되게 하셨음이라"고 자인한 후에 "그러나 여호와여 주 **우리 아버지**시니이다"라고 호소한다(사 64:3-8). "우리가 비록 아버지께 불충실하고 배은망덕하게 행동하였을지라도 그러나 우리는 당신의 사랑하는 자녀이옵니다. 비록 아버지께서 우리에게 쓰라린 벌을 내리신다 해도 당신은 여전히 우리의 아버지시옵니다. 그러므로 이제 우리는 아버지께 회개하며 돌아서서 온 마음을 다하여 기도를 드립니다. 과연 당신은 위험에서 우리를 구원하시는 분이시니, 아버지가 아니시면 우리가 누구를 찾겠나이까!" ― 바로 이것이 믿음의 말인 것이다.

"**우리** 아버지여." 이 말은 우리로 하여금 우리가 그리스도로 인해 맺어진 형제임을 인식하게 해준다. 그러므로 우리는 우리 자신만을 위해서가 아니라 그리스도인 가족 전부를 위하여 기도해야 한다고 가르쳐 주는 말이다. 우리는 우리 자신의 필요를 넘어서서 형제의 필요에 대하여 많은 관심을 갖고 그들을 위해 기도함으로써 형제에 대한 우리의 사랑을 표현해야만 한다. '하늘에 계신'이라는 말을 통하여 우리는 하나님의 크심과 하나님의 무한히 높으심을 상기해야 한다. 만일 '우리 아버지'라는 말이 우리에게 신뢰와 사랑을 불러일으켜 주는 말이라면, '하늘에 계신'이라는 말은 우리에게 겸손과 두려움을 가득 채워주는 말이어야 한다. 하나님이 편재하신다는 것은 사실이지만 **특별한** 의미로 말하면 하나님은 하늘에 계신 것이다. 하나님이 '그의 보좌를 마련해 두신 곳'이 바로 하늘이다. 그곳은 하나님의 왕국을 전적으로 통치하는 하나님의 보좌일 뿐만 아니라 우리가 믿음으로 가까이 나아가야만 할 은총의 보좌인 것이다. 우리는 그를 하늘에 계신 하나님으로 보아야만 하는데, 왜냐하면 손으로 만든 성전에 사는 그릇된 신들과는 대조되어야 하기 때문이다.

'하늘에 계신'이라는 말은 우리가 기도할 때에 우리를 이끌어주는 지침이어야 한다. 하늘이란 높고 숭고한 장소이다. 그러므로 우리는 우리보다 무한히 높은 분이신 하나님께 말씀을 드려야만 하는 것이다. 그곳은 모든 것이 다 잘 보이는 장소이다. 그러므로 우리는 하나님의 거룩하신 눈길이 우리를 보고 계신다는 것을 상상해야만 한다. 그곳은 형언할 수 없이 순결한 곳이다. 그러므로 하나님을 모독하는 것이나 거짓이 되는 그 어떤 것도 그곳에 들어가게 해서는 안 된다. 그 곳은 '하나님의 능력의 궁창'이다. 그러므로 우리는 모든 것이 귀속하는 그분께 의지해야만 한다. 주 예수께서는 기도하실 때에 "눈을 들어 하늘을 보셨는데" 이 는 우리에게 하늘로부터 필요한 축복을 구해야 한다고 가르쳐 주는 것이다. 만일 하나님이 하늘에 계신다면 우리의 기도는 마음으로부터 우러나와 바치는 것이어 야 하며, 입술로만 중얼거리는 것이어서는 안 된다. 왜냐하면 땅 위에 있는 어떤 육체적인 목소리도 하늘에 닿을 수 없으며 오직 한숨과 탄식만이 하나님의 귀에 닿을 것이기 때문이다. 만일 우리가 하늘에 계신 하나님께 기도하는 것이라면 그 때 우리의 영혼은 지상의 모든 것으로부터 분리되어야만 한다. 만일 우리가 하늘 에 계신 하나님께 기도한다면 그때는 믿음만이 우리의 탄원의 날개가 되게 해야 한다. 왜냐하면 우리는 하늘에 계신 하나님께 기도하는 것이기 때문에 우리의 욕 망과 호흡은 천상적인 것이어야 하기 때문이다.

"이름이 거룩히 여김을 받으시오며." 여기에서 이 신성한 기도의 기원적인 부 분이 시작된다. 그 요청은 일곱 가지인데 세 가지와 네 가지로 구분하여 분리할 수 있다. 그들 중 처음 세 가지는 하나님에 관한 것이고, 나중 네 가지는(4는 곧 피조물의 수인데) 우리 자신에 관한 것이다. 이것은 마치 십계명이 분리되어 있 는 방식과 비슷하다. 처음 다섯 가지는 우리가 하나님께 지켜야 할 의무를 다루 고 있고(그런데 다섯 번째 계명에서는 부모가 하나님을 대신하는 위치에 있다), 나중의 다섯 가지는 인간이 지켜야 할 의무를 취급하고 있다. 그러나 주기도문이 제시하고 있는 기본적인 의무들은 얼마나 명백한 것인가. 다시 말하면, 자기 자 신을 위해서나 자기의 모든 필요를 구하는 것은 두 번째 순서에 속하는 것이며 오직 주님만이 우리의 생각과 욕망과 탄원에서 탁월한 위치를 자유로이 차지하 는 것이다. 그러므로 이 기도가 무엇보다도 우선되어야 한다. 왜냐하면 하나님의 크신 이름에 영광을 돌리는 것이 모든 일의 궁극적인 목적이기 때문이다. 그러므 로 다른 모든 요청(간구)은 이 하나의 목적에 종속되어야 할 뿐만 아니라 그 목적 과 조화를 이루어 그 목적을 이행하게 하는 것이어야만 한다. 하나님의 영광이 우리의 마음을 지배하시지 아니하면 우리는 올바르게 기도할 수 없다. 만일 우리 가 하나님의 크신 이름에 영광을 돌리려는 소망을 품고 있다면 우리는 하나님의 거룩하심에 어긋나는 것은 그 어떤 것도 구해서는 안 된다.

시편 20:1과 그 밖의 여러 곳에서도 볼 수 있듯이 '이름' 이라는 말은 하나님 자신을 가리키는 말이다. 그러나 좀 더 구체적으로는 그의 '이름' 이라는 말은 **계시되어진** 분으로서의 하나님을 뜻하는 말이다. 천지의 창조주께서는 그가 지은 피조물 속에서 뿐만 아니라 성경 말씀과 특히 그리스도 안에서 우리에게 자신을 알려 주시는 것을 기뻐하셨다. 기록되어진 말씀과 친히 하신 말씀에서 하나님은 자신의 영광스러운 완전하심을 나타내심으로써 우리에게 자신을 드러내 보이셨다. 하나님은 전지전능하시고 무소부재하시는 비길 데 없는 속성을 지닌 분이다. 또한 거룩하시고 의로우시며 선하시고 자비하신 도덕적인 속성을 지니신 완전하신 분이다. 하나님은 또한 이스라엘의 바위, 거짓말을 하실 리 없으신 분, 자비의 아버지, 모든 은총의 하나님이시라는 신성한 이름을 통하여 자신을 계시하신다. 그러므로 우리가 하나님의 이름이 거룩히 여김을 받으시라고 기도할 때 우리는 하나님께 그분 자신이 손수 영광을 나타내 보이시라고 요청하는 것이다. 또한 우리로 하여금 기꺼이 하나님을 귀중히 여기고 찬미할 수 있게 해 달라고 간청하는 것이다.

하나님의 이름이 거룩히 여김을 받으시라고 기도할 때 우리는 피조물로 하여금 하나님께 마땅히 돌려야 할 찬양을 표현할 수 있도록 우리의 마음을 감동시켜 주시라고 요청하는 것이다. 하나님의 이름은 모든 시대를 통하여 그리고 하나님의 섭리와 은총의 다양한 역사하심을 통하여 진실로 드높이 찬양되어져 왔다. 그것에 의하여 하나님의 능력과 지혜와 의와 자비가 천사들과 인간이 보는 앞에서 드러났던 것이다. 그러므로 우리는 하나님께서 이 완전하심을 끊임없이 영화롭게 하시도록 요청한다. 과거에는 하나님께서 그의 이름을 높이실 때에 유한한 지성을 가진 인간들로서는 이해할 수 없는 이상하고 혼란된 수단과 방법을 취하셨다. 즉, 때때로 그의 적들로 하여금 한동안 번창하게 하시고 그의 백성들로 몹시 쓰라린 박해를 받게 하셨다. 그럼에도 불구하고 그들은 "시련 중에도 주님께" 영광의 찬양을 드렸다(사 24:15). 우리는 이제와 장래에는 하나님의 교회가 번창하고 복음이 널리 전파되며 그의 나라가 확장됨으로써 하나님이 영광 받으시기를 청해야 한다. 또한 우리는 우리의 모든 요청을 하나님의 주권에 복종시켜야만 하며, 이러한 일이 언제 어디서, 그리고 어떻게 다가오게 될지는 하나님께 맡겨 드려야 한다.

"이름이 거룩히 여김을 받으시오며." 우리는 이 말씀의 심오하고 거룩한 중요성을 조금도 생각지 않고 얼마나 쉽게 이 말을 입 밖에 내는가. 만일 우리가 진정으로 이 기도를 드리는 것이라면 우리는 우리에 의해 하나님의 이름이 거룩해지기를 소망해야 한다. 동시에 그렇게 하기에는 우리가 부적당한 존재임을 인정하고 우리 스스로는 이 일을 할 능력이 없음을 말씀드려야 한다. 그러한 요청은 하나님이 자신을 알게 해주시는 모든 일을 통해서 우리로 그를 찬미할 수 있게 해 달라고 하는 열렬한 소망을 표현한 것이다. 또한 그것은 우리가 어떠한 상황과 환경에 처하더라도 하나님을 영광스럽게 하고자 하는 열망을 품는다는 뜻이다. 나의 운명이 어떻게 되든지 내가 얼마나 비천하게 되든지 그 깊은 물을 건널 수 있도록 청해야 하며, 나에 의해 내 안에 하나님의 영광이 이르게 하여야 한다. 다행히도 우리의 완전하신 구세주께서는 그 예를 보여주셨다. "지금 내 마음이 괴로우니 무슨 말을 하리요 아버지여 나를 구원하여 이 때를 면하게 하여 주옵소서 그러나 내가 이를 위하여 이 때에 왔나이다 아버지여, 아버지의 이름을 영광스럽게 하옵소서"(요 12:27, 28). 그리스도께서는 수난의 세례를 받으셔야 했음에도 불구하고 "아버지의 이름이 거룩히 여김을 받으소서"라고 기도하신 것이다.

"나라가 임하시오며, 뜻이 하늘에서 이루어진 것 같이 땅에서도 이루어지이다." 여기에서 첫 번째 기도는 하나님의 명예에 관한 것이고, 두 번째와 세 번째 기도는 하나님의 영광이 지상에 드러나게 되는 **방법**을 지시하고 있다. 하나님의 이름은 이 땅에서 그의 '나라'가 우리 마음에 임하는 만큼, 그리고 그의 '뜻'이 우리에 의해 이루어지는 것만큼만 영광을 입으시는 것이다. 우리가 "너희는 먼저 그의 나라와 그의 의를 구하라"(마 6:33)고 권고받는 것도 바로 그 때문이다. "나라가 임하시오며"라고 기도할 때, 우리는 본래 우리가 죄와 사탄의 지배를 당하고 있다는 점을 인정하는 것이다. 그러므로 우리는 좀 더 완전하게 그 지배로부터 해방되어 하나님이 우리 마음을 좀 더 빈틈없이 통치하시라고 간청하는 것이다. 우리는 은혜의 왕국이 확장되어서 영광의 왕국이 시작되기를 갈망한다. 따라서 우리는 하나님의 뜻이 우리에게 더욱 완전하게 알려져서 우리 마음 안에서 작용하여 우리가 그 뜻을 실행할 수 있게 해 달라고 요청하는 것이다. 즉 "뜻이 하늘에서 이루어진 것 같이 땅에서도" 이루어지기를 겸손하고, 즐겁게, 공명정대하고 신속하게, 그리고 끊임없이 이루어지기를 요청하는 것이다.

"오늘 우리에게 일용할 양식을 주시옵고." 이것은 우리의 필요를 채워 주시는 것과 좀 더 직접적으로 관련된 네 가지 탄원 중 첫 번째 것이다. 그런데 우리는 그

기도에서 신성한 삼위의 각 위격과 맺고 있는 함축된 관계를 분명히 찾아볼 수 있다. 우리의 현세적인 필요는 아버지의 호의에 의해서 채워진다. 우리의 죄는 아들의 중보를 통하여 용서받는다. 그리고 성령의 은혜로운 작용으로써 우리는 유혹으로부터 보호를 받으며 악에서 구해지는 것이다. '일용할 양식'을 주시라고 청할 때에 우리는 "아담의 원죄와 우리 자신이 지은 죄들 때문에 이 세상에서 모든 외적인 축복을 받을 권리를 박탈당해야 마땅하며, 그 축복을 사용하는 일에 저주가 내려 있다는 점들을 무언중에 인정하고 있다. 그리고 그 축복들은 그 스스로는 우리를 지탱할 수 없으며, 우리는 그 축복을 받을 만한 공로가 없고, 우리 자신의 수고로써 얻을 수 없다는 점도 인정하는 것이다. 그러나 우리는 그 축복들을 불법적으로 요구하며 얻고 사용하기가 쉽다. 그러므로 우리는 매일 같이 하나님의 섭리를 기다리면서 합법적인 방법을 사용하여 그의 값없이 주시는 선물을 얻게 해 달라고 우리 자신과 다른 이들을 위해 기도하는 것이다. 그렇게 함으로써 우리는 하나님 아버지의 지혜를 최상의 것으로 여기게 될 것이며, 우리의 요구에 알맞은 축복을 누리게 될 것이다. 우리가 그 은혜를 거룩하고 평안한 마음으로 사용하고 그 은혜에 만족할 때 우리에게 계속하여 축복이 내리게 될 것이다"(대요리문답).

"우리가 우리에게 죄 지은 자를 사하여 준 것 같이 우리 죄를 사하여 주시옵고." 죄란 하나님의 거룩하심과 반대되는 것이기 때문에 죄는 우리에게 더러움이요 불명예요 수치이다. 그것은 하나님의 율법을 위반하는 것이기 때문에 범죄이다. 우리가 짓고 있는 죄에 관하여 말하자면 그것은 **빚**이라고 할 수 있다. 우리 피조물은 우리를 지으시고 통치하시는 하나님께 복종해야 할 빚을 졌고, 우리의 지독한 불순종 탓으로 그 빚을 갚지 못하기 때문에 우리는 형벌의 빚을 지게 되었다. 우리는 이 형벌의 빚 때문에 하나님께 죄를 용서해 달라고 간청하는 것이다. 하나님의 용서를 얻기 위하여 우리는 믿음과 기도로써 하나님께 간구해야 한다. 이 탄원과 앞에 나와 있는 것 사이에 들어 있는 의도적인 관계의 의미를 놓쳐서는 안 된다. 그 관계는 "우리에게 주소서 … **그리고** 우리를 용서하소서"라는 형태로 나타난다. 그런데 하나님께서 우리에게 주시는 것은 용서하심이 없이는 우리에게 아무런 이득이 못된다. 우리의 양심이 죄악감에 짓눌리고 있을 때에 어떻게 우리가 외적인 자비들로부터 참된 평안함을 얻을 수 있겠는가? 그러나 그리스도께서는 여기에서 그가 **주시는** 하나님이신 것을 가르쳐 주셨으니, 우리가 그를 **용서하시는** 하나님으로 믿는 데 있어서 참으로 격려가 되는 것이다.

"우리를 시험에 들게 하지 마시옵고." 여기에서 '우리' 라고 하는 말은 지상에 있는 모든 동료 그리스도인들을 일컫는다. 왜냐하면 하나님의 은총이 우리에게 최초로 가르쳐 주는 것들 중의 하나는 이타심이기 때문이다. 즉 우리는 자기 자신의 이익에 대하여 관심을 가지는 것만큼 형제의 이익에 대해서도 관심을 가져야 하는데, 특히 형제의 현세적인 행복뿐만 아니라 영적인 행복에 대해서도 관심을 가져야 한다. 앞의 탄원에서 우리는 과거에 지은 우리 죄를 용서하시라고 기도했었다. 여기에서는 우리가 기운찬 죄의 세력에 짓눌려 새로운 범죄를 하지 않도록 구원해 달라고 간청한다. 이 요청은 하나님의 보편적인 섭리를 인정하는 것이다. 다시 말하면, 모든 피조물은 주권을 가지신 창조주의 처분에 맡겨져 있으며 그는 선을 지배하시는 것과 마찬가지로 악도 또한 절대적으로 지배하시기 때문에 모든 시험을 허락하실 수 있다는 것을 인정하는 것이다. 우리는 시험의 **악**에서 건져 주시라고 요청한다. 하나님께서 우리로 하여금 시험에 들게 하기로 결정하셨다 해도(본질적으로는 선할지라도 그것이 우리 속에 죄를 유발시킬 수도 있는 하나님의 섭리를 통하여) 우리는 그 시험에 굴복해서는 안 된다. 만약 우리가 굴복하게 되면 우리는 그 시험을 전혀 극복해 내지 못할 것이다.

"다만 악에서 구하시옵소서." 환난과 시련을 포함한 모든 유혹들은 그 본성과 의도로 볼 때나 그 결과로 볼 때나 악하지 않다. 구세주 자신께서도 마귀에 의해 시험당하셨는데, 바로 그 목적을 위하여 그는 성령에 의해 광야로 인도되어 나가신 것이었다. 그러므로 우리는 이 마지막 기도문이 지적하고 있는 것처럼 시험의 악에서 구해 주시라고 간청해야만 한다. 우리는 모든 시험을 전적으로 없게 해달라고 기도할 것이 아니라, 시험으로 말미암아 **심판**받지 않게 해달라고 기도해야 한다. 이것은 주께서 몸소 다음과 같이 기도하심으로써 그 모범을 보여주셨다. "내가 비옵는 것은 그들을 세상에서 데려가시기를 위함이 아니요 다만 악에 빠지지 않게 보전하시기를 위함이니이다"(요 17:15). 악한 죄를 짓지 않게 보호받는 것은 시험의 고난을 당하지 않도록 구함받는 것보다 더 큰 은총이다. 그러면 하나님께서는 우리를 악으로부터 구하시기 위하여 어느 정도로 일을 하고 계시는가? 첫째로, 우리의 최상의 이익을 위하여 시험은 우리를 해칠 수 있다. 즉 베드로가 일시적으로 고난을 받고 쓰러진 것은 그의 궁극적인 이익을 위해서였다. 둘째로, 악이 우리를 완전하게 지배하지 못하도록 구해 주심으로써 우리가 전적이고 궁극적인 배교를 하지 않도록 해주신다. 셋째로, 하나님께서 우리를 하늘나라로 데려가실 때 궁극적인 구원을 하심으로써 우리를 구하시는 것이다.

"**나라와 권세와 영광이 아버지께 영원히 있사옵나이다 아멘.**" 그러므로 가정 기도문은 송영이나 또는 하나님께서 마땅히 받으셔야 할 찬미를 그에게 돌림으로써 끝마친다. 그것은 기도와 찬미가 항상 함께 따라다니는 것임을 우리에게 가르쳐 준다. 하나님의 완전하심에 대한 이 송영은 앞에서 드린 탄원들을 강조하기 위한 청원으로써 사용되었다. 우리는 "다만 악에서 구하옵소서 이는 나라와 … 이 아버지께 영원히 있사옵나이다"라고 청원하는데, 이 말은 우리의 간구가 성경적인 근거를 가지고 있다는 것을 가르쳐 주고 있다. 간구자는 하나님의 완전하심으로부터 은혜로운 응답을 들으리라고 기대해야 한다. 우리 안에 있는 것과 우리에게서 나오는 것 중에는 칭찬할 만한 것이라고는 아무것도 없다. 그러므로 우리는, 우리가 기도드리는 하나님의 성품에만 우리의 소망의 근거를 두어야 한다. 하나님의 완전하심은 일시적인 것이 아니라 '영원하시다.' 종결 부분인 '아멘'은 "그렇게 되기를 바랍니다"라는 열렬한 소망과 "그렇게 될 것입니다"라는 믿음을 표명하는 말이다.

제25장

기도
❸

너희가 사람의 잘못을 용서하면 너희 하늘 아버지께서도 너희
잘못을 용서하시려니와 너희가 사람의 잘못을 용서하지 아니하
면 너희 아버지께서도 너희 잘못을 용서하지 아니하시리라(마
6:14, 15)

"너희가 사람의 잘못을 용서하면 너희 하늘 아버지께서도 너희 잘못을 용
서하시려니와 너희가 사람의 잘못을 용서하지 아니하면 너희 아버지께서도 너희
잘못을 용서하지 아니하시리라"(마 6:14, 15). 지금까지 주기도문에 대한 해설을
쓴 대부분의 사람들은 이 구절에 거의 관심을 보이지 않았다. 그런데 그래서는
안 된다. 왜냐하면 이 말씀은 6절에서 시작된 주님의 가르침에 추가되어서 그 가
르침을 잘 마무리지어 주는 대단히 중요한 내용이기 때문이다. 가정 기도문에 있
는 이 다섯 번째 청원은 주님께서 특별히 설명해 주시기 위하여 유일하게 선택하
신 내용이다. 아마도 거기에서 강조된 의무를 실행하는 것이 육체를 가진 인간에
게 있어서는 가장 고통스럽기 때문인 것 같다. 그러나 여기에 담긴 내용이 죄 많
은 우리에게 아무리 싫은 것이라 할지라도 대부분의 주석가들은 사실상 이 구절
을 제외시켜야 할 아무런 이유가 없다.

매튜 헨리는 그 점에 대하여 아주 적절하게 간략한 해석을 했다. "만일 우리가
분노를 품은 채 기도한다면 하나님께서도 분노를 품으신 채 우리에게 응답하실
것이라는 사실을 두려워해야 한다. 만일 우리가 우리에게 죄 지은 형제의 작은
허물을 용서하지 않는다면 하나님께서 우리의 큰 죄를 용서해 주실 리 있겠는가?
그리스도께서는 우리를 하나님과 화해시키고 그뿐만 아니라 형제들 사이에서도

서로 화해를 이루게 하시려고 위대하신 중재자로서 이 세상에 오셨다. 그러므로 우리는 그 점에 있어서 그리스도의 뜻을 따라야만 한다. 누구든지 그리스도께서 크게 강조하신 사실을 소홀히 다룬다면 그것은 대단히 주제넘은 일이며 위험한 결과를 초래하게 될 것이다. 인간의 열정이 하나님의 말씀을 헛되게 해서는 안 된다." 주님이 선포하신 신성하고 엄숙한 이 내용은 간단히 처리해 버리기에는 너무나도 중대한 사실이다.

과거의 기독교 주석가들은 이 구절에 담긴 그리스도의 가르침을 현대의 우리들에게 적절히 설명하는데 있어서 비교적 실패했다. 그러한 사실은 현대의 그릇된 주석가들이 그 점을 사악하게 남용함으로써 배움이 없고 경솔한 사람들을 쉽사리 속이게 만들어 준다. 예를 들어 스코필드 주석 성경에 있는 다음의 각주를 살펴보자. "이것은 합법적인 근거이다. 에베소서 4:32의 자비라는 말씀과 비교해 보라. 율법 아래에서는 용서란 우리가 용서를 받았기 때문이라는 생각을 조건으로 해서 이루어지는 것이었다." 이것은 '세대주의자들'이 따르던 잘못된 방법의 한 예이다. 그들은 "진리의 말씀을 올바르게 분별한다"는 미명 아래 구약의 말씀을 신약의 말씀과 대립시키기를 좋아하였다. 그러나 "의로 말미암아 왕 노릇하게"(롬 5:21) 하지 않고 거짓된 '자비'를 제시함으로써 기독교의 표준을 낮추었다. 그러면 수많은 사람을 그릇되게 이끌어가는 스코필드 주석 성경의 해설을 간략하게 살펴보자.

거기에서는 우리가 하나님의 용서를 받는 것은 우리에게 잘못한 자들을 우리가 용서하는 데 의존하는 것이기 때문에 '합법적인 근거'라고 주장하는데, 그러한 주장은 주님의 적극적인 선포를 무시하는 것이다. 그들은 "에베소서 4:32의 은혜와 비교해 보라"고 덧붙여 설명한다. 이것은 마태복음 6:14, 15 말씀이 이 기독교 시대에는 전적으로 부적합한 것이라고 믿도록 우리에게 요구하는 말이다. 이것은 '유명한 성경 교사'가 율법과 은혜를 대립시킨 데에서 기인된 것이 분명하다. "율법 아래에서의 용서란 우리 안에 있는 똑같은 용서의 정신을 조건으로 해서 이루어지고, 은혜 아래에서는 그리스도로 말미암아 용서를 받는다. 그래서 우리가 용서를 받았으니 우리도 용서하라고 권고받는 것이다." 그러한 주장은 그런 말을 하는 자의 정신적인 혼란을 드러내 준다. 어떤 율법 아래에서도 하나님은 앙심을 품고 있는 자에게 자비를 베푸시지 않으셨다. 또한 현대에 와서도 마찬가지이다. 하나님이 그렇게 하셨다면 그것은 '은혜'가 아니라 하나님의 거

룩하심에 불명예가 되는 것이다. 전체적인 구약의 경륜 아래에서 볼 때 회개하는
자는 이 시대에 진실로 믿는 자들이 그러하듯이 그리스도로 말미암아 용서받는
것이다. 율법과 복음 사이에는 아무런 모순이 없다. 오히려 율법은 복음을 보조
해 주는 것이다.

　"너희가 사람의 과실을 용서하면 너희 하늘 아버지께서도 너희 과실을 용서하
시려니와." 우리가 다른 이를 용서하는 것과 하나님이 우리를 용서하시는 것 사
이에는 어떠한 유비(類比)가 있는 것일까? **부정적인** 측면부터 살펴보기로 하자.

　첫째로, 우리에게 잘못한 이를 우리가 용서하는 것은 어떤 의미로든 혹은 어느
정도로든 하나님에게서 상 받을 만한 **공로가 되는** 행위는 아니다. 하나님께서 우
리의 죄를 용서해 주실 만한 공로가 되는 것은 그리스도의 속죄 단 하나뿐이다.
우리가 최상의 행위를 할지라도 불완전한 것이며 하나님으로부터 자비를 받기에
전적으로 부적합한 것이다. 하나님이 우리를 용서하시는 것과 우리가 다른 이를
용서하는 것 사이에는, 용서하는 행위에 관련된 당사자와 그 내용 그리고 용서를
수행하는 방법이나 혹은 그 행위의 결과에 있어서 어떠한 관계를 이루고 있는 것
일까? 하나님은 우리가 다른 사람을 용서해야만 한다는 율법을 강조하셨다. 그리
고 그 뜻에 따르는 것은 단순히 우리의 의무를 수행하는 것일 뿐 주님으로 하여
금 우리를 용서해야 할 빚을 지게 만드는 그 어떤 것은 아니라고 말씀하신다.

　둘째로, 우리가 다른 이를 용서하는 것은 하나님께서 우리를 용서하는데 있어
서 **모범이 되는 규칙**이 아니다. "뜻이 하늘에서 이루어진 것 같이 땅에서도 이루
어지이다"라는 말은 전자와 후자가 일치한다는 것을 뜻한다. 그러나 "우리가 우
리에게 죄 지은 자를 사하여 준 것같이 우리 죄를 사하여 주시옵고"라는 말은 용
서의 어떤 모범이나 규칙이 아니다. 죄 지은 자를 용서하는 데 있어서 우리는 하
나님을 본받아야 하지만 하나님은 우리가 하는 식대로 하시지는 않는다. 하나님
의 그 하시는 모든 일과 하시는 모든 방식에 있어서 따를 자가 아무도 없다. 하나
님께서 다음과 같이 말씀하신 바에 충실히 주의하자. "이는 내 생각이 너희의 생
각과 다르며 내 길은 너희의 길과 다름이니라 여호와의 말씀이니라 이는 하늘이
땅보다 높음 같이 내 길은 너희의 길보다 높으며 내 생각은 너희의 생각보다 높
음이니라"(사 55:8, 9). 이것은 특히 하나님께서 "널리 용서하시는 것"과 관계가
있는 말이다(7절).

　셋째로, "너희가 사람의 과실을 용서하면 너희 하늘 아버지께서도 너희 과실을

용서하시려니와." 이 말은 우리의 행위가 하나님의 행위보다 선행되어야 한다거나, 하나님이 우리에게 자비를 베푸시기 전에 우리가 다른 이를 진심으로 용서해야 한다는 식의 **순서의 우위성**을 의미하지는 않는다. 사랑의 모든 행위에 있어서 하나님만이 첫째이다. 하나님이 우리에게 보여주시는 자비는 우리가 다른 이에게 자비를 베풀어야 하는 이유가 된다. 용서에 대한 위대한 비유인 마태복음 18:23-35 말씀은 우리 현대인에게 용서에 대한 가장 좋은 해석을 보여주고 있다. 하나님이 우리를 용서하시는 것은 우리가 다른 이를 용서해야 하는 동기가 된다. 즉 "네가 빌기에 내가 네 빚을 전부 탕감하여 주었거늘 내가 너를 불쌍히 여김과 같이 너도 네 동료를 불쌍히 여김이 마땅하지 아니하냐"(마 18:32, 33)라는 말씀을 보면 알 수 있다. 그러므로 용서하는 방법에 있어서 주님의 모범에 따라 "서로 친절하게 하며 불쌍히 여기며 서로 용서하기를 하나님이 그리스도 안에서 너희를 용서하심과 같이 하라"(엡 4:32)

이제 **긍정적인** 면을 다루어 보자. "너희가 사람의 과실을 용서하면 너희 하늘 아버지께서도 너희 과실을 용서하시려니와." 이 엄숙한 말씀은 제자에 대한 엄격한 시험이 된다. 그 시험에서는, 자기를 해친 자를 용서하지 않고 원한과 복수심을 품는 신앙 고백자는 하나님의 자녀라는 지위에서 제외시킨다. 우리가 죄인이라는 것을 깨달음으로써 자기의 교만이 진실로 깨어지지 않는다면 우리는 진심으로 회개한 것이 아니며, 그러므로 용서를 받을 수 없게 될 것이다. 그러나 우리의 교만이 깨어지면 우리는 기꺼이 다른 이를 용서할 수 있게 되며, 우리 자신도 하나님에게서 적절히 받을 필요가 있는 사랑에 찬 친절을 미미하나마 다른 이에게 베풀 수 있을 때 기뻐하게 될 것이다. 우리의 기도가 하나님께서 받으실 만하게 되려면 우리는 "분노와 다툼이 없이 거룩한 손을 들어" 기도해야만 한다(딤전 2:8).

첫째로, 우리가 다른 이를 용서하는 것은 우리가 하나님의 계속적인 용서를 받기 위한 하나의 **조건**이며 필요한 자격이다. "너희가 사람의 과실을 용서하면 너희 하늘 아버지께서도 너희 과실을 용서하려니와." 이 두 가지 사실은 뚜렷이 결합되어져 있으므로 우리가 그것을 갈라 놓아서는 안 된다. 하나님의 용서하심은 항상 우리의 회개를 전제로 한다. 그러나 용서는 우리의 회개 때문에 주어지는 것이 아니라 단지 회개와 분리할 수 없는 관계에 있을 뿐이다. 우리가 우리를 해친 다른 이를 용서하지 않는다면 우리도 하나님의 자비를 받을 만한 도덕적인 자

격을 갖추지 못한 것이다. 우리가 우리에게 과실을 범한 사람을 용서하지 않는
동안에는 성경 말씀을 근거로 할 때 우리도 하나님의 자비를 전혀 기대할 수 없
다. 그러나 하나님이 주시는 용서의 **위안**을 기대할 수 없으리라고 주장함으로써
이 말씀의 뜻을 제한하는 것은 옳지 않다. 우리가 앙심 깊은 원한에 빠져 있는 한
하나님의 자비를 기대한다는 것은 뻔뻔스럽다는 말이다.

둘째로, 위에서 지적하였듯이 우리가 다른 이를 용서하는 것은 우리가 하나님
으로부터 용서를 받았다는 사실의 **표시**이다. 우리는 본래 "가증스러운 자요 피
차 미워하는 자"(딛 3:3)의 상태에 있다. 그러나 만일 우리가 은혜로써 구속자의
신성한 정신을 다 닮는다면 우리도 구속자와 같이(눅 23장) 우리의 적을 위하여
기도하게 될 것이다. 주의 사랑하는 제자는 "그러나 내가 긍휼을 입은 까닭은 예
수 그리스도께서 내게 먼저 일체 오래 참으심을 보이사"(딤전 1:16)라고 말했다.
하나님의 은혜가 사람의 마음속에서 기적을 일으키면 자비로움은 필연적으로 발
생하는 결과이다. 우리가 하나님과 이룬 화해는 우리가 동료에게 베푸는 위로하
는 정신에 의해 구체적으로 드러난다. 하나님께서 우리의 마음을 온화하게 해주
신다면 우리가 어떻게 다른 이를 가혹하고 무자비하게 대할 수가 있겠는가? "하
나님으로부터 스스로 자비를 입은 사람들이야말로 다른 이를 가장 온유하게 대
할 사람이다. 왜냐하면 하나님께서 그들을 얼마나 부드럽게 대해 주셨는지 알기
때문이다"(토머스 맨튼).

셋째로, 우리가 다른 이를 용서하는 것과 하나님이 우리를 용서하는 것을 결합
시켜 놓은 것은 이것이 용서를 입은 사람들에게 부과된 **의무**라는 사실을 알려 주
기 위해서이다. 하나님은 우리에게 이 필요성을 강조하셨다. 우리는 하나님께 용
서를 청할 때마다 매우 중대한 이 의무를 상기해야만 하며, 하나님이 보시는 앞
에서 그 의무에 대하여 맹세해야만 한다. 그러므로 우리는 "우리 죄를 사하여 주
시옵고"라고 기도할 때 "우리가 우리에게 죄 지은 자를 사하여 준 것 같이"라고
덧붙이도록 요청받는다. 그것은 분명히 우리 쪽에서 수행해야 할 의무이며, 우리
가 하나님께 드리는 형식적인 약속이다. 하나님께서는 우리에게 자비를 보여 주
심으로써 우리로 하여금 다른 이에게 자비를 베풀도록 하신다. 그러므로 모든 진
지한 요청을 할 때 우리는 그에 부합하는 의무에 대해서도 맹세해야만 한다. 우
리가 일용한 양식을 주시기를 구할 때에는 일용할 양식을 얻기 위한 수고를 할
것을 약속하는 것이다. 우리가 시험에 들지 않게 해 달라고 요청할 때에는 우리

도 다른 이에게 걸림돌을 놓지 않겠다고 약속하는 것이다.

넷째로, 그것은 하나님의 용서하시는 자비를 확신하도록 **고취**시켜 주는 말이다. 복수라는 고쳐지지 않는 낡은 습관을 우리 안에 여전히 남겨 놓아 둔 우리는 성령의 불꽃을 받음으로써 우리를 해친 사람을 용서할 준비가 마음속에 일어나는 것을 알게 된다. 그렇지 않으면 우리는 하나님으로부터 무엇인가를 받을 기대를 해서는 안 된다. 이 사실은 "우리가 우리에게 죄 지은 모든 사람을 용서하오니 우리 죄도 사하여 주시옵고"(눅 11:4)라는 말씀에 분명히 나타나 있다. 자비를 거의 지니고 있지 않은 우리가 관대함을 베푸는 일이 가능한 일이라면, 하물며 모든 은혜를 가지신 하나님이시니 이 세상의 피조물에게 얼마나 넘치도록 베푸시겠는가! 그리스도께서도 그와 비슷한 종류의 예를 들어 말씀하셨다. "너희가 악한 자라도 좋은 것으로 자식에게 줄 줄 알거든 하물며 하늘에 계신 너희 아버지께서 구하는 자에게 좋은 것으로 주시지 않겠느냐"(마 7:11). 타락한 인간도 연약하고 궁핍한 자식에게 사랑으로 대할진대 자비의 아버지께서 우리의 필요에 무관심할 리가 있겠는가!

다음으로, 우리가 우리에게 과실을 범한 자를 용서하는 것이 무엇을 의미하는지 살펴보아야 한다. 이 물음에 상세히 답변하기 전에 우리는 우리가 당한 손해만을 용서할 수 있을 뿐이라는 점을 지적해야만 하겠다. 왜냐하면 하나님을 제외한 그 누구도 하나님을 거역한 자를 용서할 수는 없기 때문이다. 오직 하나님만이 율법을 어긴 것에 대하여 죄인이 마땅히 받아야 할 벌을 면제해 주실 수 있는 것이다. 인간의 법률을 눈에 띄게 위반함으로써 중대한 죄를 범한 사람이 우리에게 입힌 손해를 용서하는 것은 꼭 필수적인 일이 아니라는 점을 전제해야만 하겠다. 왜냐하면 악행을 묵과하거나 공의의 진로를 방해하는 것이 어느 일개인에 속하는 권한이 아니기 때문이다. 그러나 우리가 손해를 보상받기 위하여 인간의 법정에 의뢰한다 할지라도 앙심에서가 아니라 오로지 하나님의 영광과 공익을 위하는 것이어야 한다.

우리가 다른 이를 용서한다는 것은 무엇을 뜻하는 것일까?

첫째로, 자기 자신을 억제하고 복수를 하지 않는 것이다. "너는 그가 내게 행함 같이 나도 그에게 행하여 그가 행한 대로 그 사람에게 갚겠다 말하지 말지니라"(잠 24:29). 타락한 본성은 보복하기를 갈망하나 은혜로써 그것을 극복해야만 한다. 어떤 이가 우리를 중상하였다 하더라도 그것은 우리가 상대방에 맞서 중상하는 것을 정당화하지는 않는다. "노하기를 더디하는 자는 용사보다 낫고 자기의 마음을 다스리는 자는 성을 빼앗는 자보다 나으니라"(잠 16:32). 우리가 우리의 정욕을 극복할 때 우리는 우리의 정신을 지배하는 것이 된다. "악에게 지지 말고 선으로 악을 이기라"(롬 12:21). 왜냐하면 양심이 극도로 무감각해진 사람이 아니라면 선은 범죄자를 부끄럽게 만들 것이기 때문이다. 다윗은 사울이 불리한 상황에 놓여 있었으나 복수하는 행동을 모두 억제하였다. 그때 사울은 "너는 나보다 의롭도다"라고 인정하였다(삼상 24:17).

둘째로, 그리스도인들은 스스로 복수하지 않도록 억제해야 할 뿐만 아니라 자신에게 잘못을 행한 자를 진실로 용서해야 한다. 본래 나도 범죄한 사람보다 더 나을 것이 없다는 사실을 기억함으로써 분노와 증오를 모두 버리고 이웃에 대한 사랑을 실천해야 한다(갈 6:1). 만일 우리가 우리에게 해를 입힌 자를 순수하게 용서했다면 스데반이 "주여 이 죄를 그들에게 돌리지 마옵소서"(행 7:60)라고 기도한 것처럼 우리도 하나님께서 그를 용서해 주시기를 진실로 바라게 될 것이다. 이러한 용서는 진지해야 하며 마음으로부터 우러나온 것이어야 한다. 요셉의 형제들이 그를 해하려 하였을 때 그는 형제의 죄를 용서하였을 뿐만 아니라 "그들을 간곡한 말로 위로하였다"(창 50:21).

셋째로, 우리는 우리에게 잘못을 행한 사람들에게도 사랑의 모든 수고를 수행할 준비가 되어 있어야 한다. 만일 손해를 입힌 사람이 그리스도인 형제가 아니라 하더라도 그 사람 역시 우리와 똑같은 피조물인 것이다. 우리는 너무 형제의 허물을 들추어내려고만 해서 그것을 보충해 주는 형제의 미덕을 발견하지 못해서는 안 된다. 우리는 우리를 미워하는 자를 선대해야 한다(눅 6:27). 그리고 우리를 악의에 찬 마음으로 이용하며 박해하는 자를 위해서도 기도해야만 한다(마 5:44). 미리암이 모세를 비방했음에도 불구하고 모세는 주님께 그녀를 용서하시고 고쳐 주실 것을 기도드렸다(민 12:13). 우리 자신도 자비를 필요로 하는 사람들이니 우리는 다른 이에게 자비를 베푸는 것이 마땅하다. 우리가 다른 이에게 대접받기를 원하는 대로 남에게 대접하는 것이 일반적인 원칙이다. 우리가 다른 이에게 자비를 베풀려면 **우리는** 참으로 더 많은 자비를 구하기 위하여 기도해야 할 필요가 있는 것이다.

그러나 우리는 죄를 범한 자가 뉘우침을 표현하든지 하지 않든지 간에 절대적이고 무조건적으로 그를 용서해야 하는가? 물론 그렇지 않다. 거룩하신 하나님께서는 우리에게 악행이나 표면적으로 나타난 죄를 묵과하라고 요구하시지는 않는다. 주님께서는 이 점에 대하여 명백하게 가르쳐 주신다. 첫째로, 우리는 죄를 범한 자를 찾아가 그가 주님을 화나게 하였으며 우리에게보다도 그 사람 자신의 영혼에 더 큰 잘못을 범한 것임을 깨닫도록 은밀히, 온화하게 그를 타일러야 한다(마 5:23, 24; 18:15). 둘째로, "만일 네 형제가 죄를 범하거든 경고하고 회개하거든 용서하라 만일 하루에 일곱 번이라도 네게 죄를 짓고 일곱 번 네게 돌아와 내가 회개하노라 하거든 너는 용서하라"(눅 17:3, 4). 그러나 만일 죄를 범한 자가 전혀 회개하지 않는 것이 분명하다면 어떻게 해야 하는가? 그때에도 우리는 어떠한 원한이나 복수심을 품어서는 안된다. 그러나 그 전처럼 거리낌 없고 친밀하게 행동해서는 안 된다. 셋째로, 우리는 그를 위해 기도해야 한다.

"너희가 사람의 잘못을 용서하지 아니하면 너희 아버지께서도 너희 잘못을 용서하지 아니하시리라." 이것은 지극히 엄숙한 말씀이다. 그러므로 우리는 각자 이 말씀에 비추어서 자기의 마음을 부지런히 성찰해야만 한다. 그리스도께서 다음과 같이 선포하신 말씀도 기억해 두자 "너희가 비판하는 그 비판으로 너희가 비판을 받을 것이요 너희가 헤아리는 그 헤아림으로 너희가 헤아림을 받을 것이니라"(마 7:2). 하나님의 통치는 진실하셔서 우리로 뿌리는 대로 거두게 하신다. 원칙적으로 그와 비슷한 진리가 잠언에도 선포되어 있다. "귀를 막고 가난한 자가 부르짖는 소리를 듣지 아니하면 자기가 부르짖을 때에도 들을 자가 없으리라"(잠 21:13). 우리는 하나님의 귀에 결코 닿지 못하는 진지한 기도를 수없이 바치고 있다. "긍휼을 행하지 아니하는 자에게는 긍휼 없는 심판이 있으리라"(약 2:13)와 같은 구절이 오늘날의 설교에서 어찌하여 제자리를 차지하지 못하는 것일까? 육체를 가진 인간에게 싫은 것이 인간을 기쁘게 하는 자들에 의해 얼마나 억압되어져 있는가. 그러한 자들은 주님에게서 "잘했다, 착하고 충성한 **종**아"라는 말을 듣지 못할 것이다.

이제는 우리가 지금까지 살펴온 구절이 제자에게 매우 실제적인 시험이라는 것을 알아야만 하겠다. 한편으로는 우리가 다른 이를 긍휼히 여긴다면 우리 스스로도 긍휼히 여김을 받을 것(마 5:7)이라는 사실을 보여준다. 다른 한편으로는 우리가 우리를 해친 자에 대하여 원한과 증오를 품고 있다면, 그때는 그러한 그리스도인의 고백이 위선이라는 사실이 분명히 드러나게 되리라고 가르쳐 주고 있다. 그러므로 우리는 이 점에 있어서 부지런히 우리 마음을 성찰하고 시험해야 할 필요가 있는 것이다. 그에 대한 지침으로서 하나님 앞에서 다음과 같은 질문을 숙고하여 보라. 나에게 잘못을 행한 자가 재난에 부딪쳐 있다는 말을 들을 때 나는 은밀하게 기뻐하는 것은 아닌가? 만일 그렇다면 나는 그를 분명히 용서한 것이 아니다. 나는 나에게 고통을 준 사람의 잘못을 기억하고, 그 과실을 범한 자를 비난하고 있지는 않는가? 혹은 그가 회개하였다고 가정하였을 때 나는 그를 도와 그의 이익을 증진시키기 위하여 내가 할 수 있는 모든 일을 기꺼이 하고 싶어하는가?

하나님이 우리 죄를 용서하시는 것과 우리 생활이 개혁되는 것이 병행하는 것이라는 사실은 앞서 살펴온 모든 점으로 미루어보아 대단히 분명하다. 하나님의 용서하심은 우리 생활이 개혁되는 것에 의하여 알 수 있게 된다. 우리 마음과 생활이 그리스도를 닮은 정신에 의해 통제될수록 우리가 그리스도 안에서 새로이 탄생했다는 확신은 더욱 분명해질 것이다. 나를 해친 자를 용서하지 못한다면 하나님의 용서하심을 받았다고 믿는 것도 정말 헛된 일이다. 사실 우리는 이미 용서한 잘못을 잊어버리기가 때때로 어려울 때도 있다. 그래서 우리가 받은 손해가 끊임없이 우리 마음을 아프게 할지도 모른다. 인간의 성정(性情)이 아직도 우리 안에 살아 있어서 내재하는 죄가 자비의 행위를 하지 못하도록 방해하는 것이다. 그러나 우리가 진정으로 악한 의지를 소멸시키려고 애쓰고, 적에게 온화한 의향을 품으려고 노력한다면, 우리는 하나님께서 우리를 긍휼히 여기시리라고 스스로 위안해도 좋다. 왜냐하면 하나님의 사랑은 우리의 사랑보다 무한히 월등한 것이기 때문이다. 만일 우리의 마음이 우리를 책망할 것이 없다면 그때 우리는 하나님을 향하여 확신을 가지게 될 것이다.

제26장

금식

❶

금식할 때에 너희는 외식하는 자들과 같이 슬픈 기색을 보이지
말라 그들은 금식하는 것을 사람에게 보이려고 얼굴을 흉하게
하느니라 내가 진실로 너희에게 이르노니 그들은 자기 상을 이
미 받았느니라 너는 금식할 때에 머리에 기름을 바르고 얼굴을
씻으라 이는 금식하는 자로 사람에게 보이지 않고 오직 은밀한
중에 계신 네 아버지께 보이게 하려 함이라 은밀한 중에 보시는
네 아버지께서 갚으시리라(마 6:16-18)

이제 우리가 공부할 본문은 신앙을 고백하는 많은 그리스도인들이 참으로 배
워야 할 필요가 있는 또 하나의 문제를 우리 앞에 제시해 주고 있다. 우리는 금식
에 관한 설교나 '성경해석'을 전혀 듣지 못하였으며, 지난 40년 동안 그 문제에
대해서 기록해 놓은 것을 거의 발견하지 못하였는데, 그 기록이 '거의 없다'는
사실은 매우 유감스러운 일이다. 다른 사람들과 대화를 나누고 교제를 해보면 우
리의 경험은 우리들만의 독특한 경험이 아니라는 사실을 알 수가 있다. 그러므로
위의 두 구절에 대해서 앞으로 두 장에 걸쳐 자세히 설명할 필요가 있다고 본다.
평소에 우리가 했던 대로 먼저 이 주제에 대한 성경의 다른 부분에서의 가르침을
비교하면서 이 구절을 전체적으로, 그리고 총론적으로 다루어 보기로 하자. 그
다음에 이 구절들을 좀 더 자세하게 연구하며 하나하나의 용어들을 설명하고 적
용시켜 보기로 하자.

칼빈은 그의 「기독교 강요」에서 "나는 금식에 대해서 언급해 보고자 한다. 많
은 사람들이 금식의 유익함에 대해 알지 못하기 때문에 그 필요성을 경시하고 있

으며 어떤 사람들은 그것을 전혀 불필요한 것으로 거절하고 있다. 반면에, 금식의 유용성을 잘 이해하지 못하고 있는 곳에서 그것은 미신적인 행위로 쉽게 타락해 버리고 만다"라고 말하였다. 수세기가 경과했음에도 불구하고 이 문제에 대해서는 아무런 개선을 보지 못하고 있는데, 그 이유는 이 훌륭한 종교개혁자가 직면하였던 바로 그 상황이 오늘날에도 널리 퍼져 있기 때문이다. 한편으로 로마 가톨릭교도들이 목적을 위한 수단을 곡해하여 그것을 특별히 그들의 종교적인 예배의 중요한 일부분으로 올려놓았다면, 개신교도들은 극단적인 반대의 입장을 취하여 초대 그리스도인들이 실행하였던 그것을 전체적으로 폐지해 버렸다.

이 종교적 의무를 수행하던 사람들 중 일부에서는 대단히 형식적이고 위선적인 면이 없지는 않았으나 그렇다고 해서 그것이 이 금식을 실천하는 일 자체를 반대하거나 중단시킬 이유는 되지 못한다. 우리 주님의 교훈 가운데는 신앙적인 금식을 하지 못하도록 금하는 부분이 전혀 없고 오히려 권장하는 부분이 더 많다. 우리 앞에 있는 이 구절에서도 그는 분명히 이 관례를 비난하시는 것이 아니라 오히려 그 가운데에서의 위선을 경고하고 계신다. 그가 "너희는 기도할 때에 외식하는 자와 같이 되지 말라"(3절)고 말씀하심으로써 그들이 기도의 사람이라는 사실을 암시하신 것과 마찬가지로 "금식할 때에 너희는 외식하는 자들과 같이 … 말라"고 말씀하심으로써 그는 그의 제자들이 금식하는 것을 당연하게 생각하셨다. 그리스도께서는 여기에서 바리새인들이 금식에 대하여 악하게 곡해한 것을 비난하고 계시며, 또한 이 주제에 대해서 귀중한 교훈을 주고자 하신다.

어떤 심각한 문제에 대해, 특히 엄숙하고 슬픈 문제에 대해 마음이 심히 괴로움을 당할 때에는 음식을 먹고 싶은 마음이 별로 내키지 않게 되며, 음식을 절제하는 일로써 우리의 가치 없음과 또한 비교적으로 이 세상일들의 무가치함을 깨달은 마음과 위의 것들에 관심을 두고자 하는 마음이 자연스럽게 표출된다. 전적인 금식이건 부분적인 금식이건 간에 모든 시대에 있어서 그것이 특별히 엄숙한 헌신의 시기와 관계가 있다고 생각해 왔다. 요나가 범죄한 도시에 대하여 (만일 회개하고 하나님께 돌아서지 아니하면) "사십 일이 지나면 니느웨가 무너지리라"고 외쳤을 때에 "니느웨 사람들이 하나님을 믿고 금식을 선포하고 높고 낮은 자를 막론하고 굵은 베 옷을 입은지라 그 일이 니느웨 왕에게 들리매 왕이 보좌에서 일어나 왕복을 벗고 굵은 베 옷을 입고 재 위에 앉으니라 왕과 그 대신들이 조서를 내려 … 사람이나 짐승이나 … 먹지도 말 것이요 물도 마시지 말 것이며

… 힘써 하나님께 부르짖을 것이며 각기 악한 길과 손으로 행한 강포에서 떠날 것이라 하나님이 뜻을 돌이키시고 그 진노를 그치사 우리로 멸망하지 않게 하시리라 그렇지 않을 줄을 누가 알겠느냐"(욘 3:5-9)라고 하였다는 것을 볼 수 있다.

위의 사건에는 우리가 주의해 보아야 할 많은 중요한 문제가 있다. 왜냐하면 그것들은 지금 우리가 공부하고 있는 이 주제에 여러 가지 면에서 빛을 던져주고 있기 때문이다. 니느웨 사람들이 금식을 하였던 그때는 일상적인 때가 아니라 지극히 중요한 때였다. 즉 하나님의 심판의 먹구름이 그들의 머리 위에 무겁게 드리워져 있던 때였다. 그 금식은 개인적으로 실행한 것이 아니라 온 백성이 다 같이 참여하였던 것이었다. 그것은 하나님 앞에 진심으로 낮아짐을 표현하고자 한 것이었으며 하나님께 '힘써' 부르짖기 위해 취한 방법이었다. 그것은 주님의 어떤 분명한 계명에 응하여 실행한 의무가 아니라 그들이 자발적으로 또한 능동적으로도 행한 것이었다. 요나서 3장의 끝 절에서 "하나님이 그들의 행한 것 곧 그 악한 길에서 돌이켜 떠난 것을 감찰하시고 뜻을 돌이키시고 그들에게 내리리라 말씀하신 재앙을 내리지 아니하시니라(잠정적으로)"라고 우리에게 말해 주고 있는 바와 같이 금식의 목적은 그들에 대한 하늘의 진노를 돌리기 위한 것이었다.

그러면 첫째로, 금식해야 할 **때**는 어떠한 경우인가 생각해 보자. 먼저 지금 우리는 보통 금식과 대조되는 특별 금식에 대해서 생각해 보기로 하자. 앞으로 고찰하게 되겠지만 성경은 음식을 전체적으로 절제하는 금식뿐 아니라 부분적인 금식에 대해서도 언급하고 있다. 모든 사람들에게 특히 성도들에게 요구되는 것은 보통 금식인데, 즉 폭식과 과식을 피하고 우리의 배를 신으로 여기지 않는 것이다(빌 3:19). 이 보통 금식은 절제와 정절(貞節)인데 그로 말미암아 적당한 상태를 초과하지 않을 만큼 음식과 음료를 먹도록 식욕을 억제하는 것이다. 우리는 항상 모든 일에 있어서 절제해야 한다. 경건한 페이슨(Payson)은 다음과 같이 올바르게 지적하고 있다. "금식이란 일상적인 간격을 초월하여 음식을 전반적으로 거르는 것이라기보다는 오히려 식사 **때마다** 자기를 부인하며 항상 소량의 식사를 하는 것이라고 본다. 즉 마음과 몸을 연구와 기도생활을 하기 위한 최선의 상태로 잘 유지하도록 하는 과정이다."

그러므로 **특별한** 신앙적 금식의 시기란 금식을 실행하여야 할 **중요한** 이유가 있을 때를 말한다. 이때는 하나님의 심판, 즉 칼이나 기근이나 유행병 같은 것이 우리 머리 위에 드리워져 있는 때이다. 이스라엘의 경건한 왕들과 선지자들은 지극히 위험한 상황에 처했을 때에 백성들에게 기도뿐만 아니라 금식을 하도록 명하였다. 이에 대한 실례로서 다음의 내용을 인용해 볼 수 있겠다. 하나님의 손이 이스라엘 위에 무겁게 내리우사 수많은 사람들이 베냐민과 싸우다가 그 앞에 쓰러지니 "온 이스라엘 자손 모든 백성이 올라가 벧엘에 이르러 울며 거기서 여호와 앞에 앉아서 그 날이 저물도록 금식하고 번제와 화목제를 여호와 앞에 드렸다"(삿 20:26). 또한 모압 자손과 암몬 자손이 여호사밧을 치려 하였을 때에 "여호사밧이 두려워하여 여호와께로 낯을 향하여 간구하고 온 유다 백성에게 금식하라 공포하매 유다 사람이 여호와께 도우심을 구하려 하여 유다 모든 성읍에서 모여와서 여호와께 간구하더라"(대하 20:3, 4) 하는 말씀을 볼 수 있으며, 요엘이 국가적으로 재난을 당하였을 때에 "금식일을 정하고 성회를 소집하여 장로들과 이 땅의 모든 주민들을 너희 하나님 여호와의 성전으로 모으고 여호와께 부르짖을지어다"(욜 1:14)라고 외쳤던 것을 볼 수 있다.

둘째로, 금식을 하는 일반적인 이유와 그 시기는, 어떤 특별하고 **독특한 축복**이나 지극히 필요한 어떤 것을 제공해 주실 것을 하나님께 진심으로 간구할 때이다. 이와 같이 해마다 그 속죄일에 나라의 죄를 용서받고자 간구할 때에 이스라엘 자손들은 누구든지 아무 일도 하지 못하도록 아주 분명하게 금지되었다. 그런데 이것(일하지 않는 것)은 그들이 거주지에 거하지 않기 때문이 아니라 "스스로 괴롭게(고행) 하기"(레 23:29-32) 위하여 그렇게 한 것이다. 그리고 또한 유대인들이 바벨론을 탈출할 때에 에스라는 "그 때에 내가 아하와 강 가에서 금식을 선포하고 우리 하나님 앞에서 스스로 겸비하여 우리와 우리 어린 아이와 모든 소유를 위하여 평탄한 길을 그에게 간구하였다"(스 8:21)고 말하고 있다.

이러한 공적인 금식에 대한 실례 이외에도 성경은 또한 많은 경건한 사람들의 개인적인 금식에 대해서도 언급하고 있다. 우리아의 처가 다윗에게 낳은 아이가 심히 앓고 있었을 때에 "다윗이 그 아이를 위하여 하나님께 간구하되 다윗이 금식하고 안에 들어가서 밤새도록 땅에 엎드렸다"(삼하 12:16). 또 다른 경우에 다윗이 원수들에게 심히 괴로움을 당하였을 때에 그는 "나는 그들이 병들었을 때에 굵은 베 옷을 입으며 금식하여 내 영혼을 괴롭게 하였더니"(시 35:13)라고 외쳤다. 느헤미야가, 그의 백성들 중에 사로잡힘을 면하고 남은 자가 그 도에서 "큰 환난을 만나고 능욕을 받으며 예루살렘 성은 훼파되고 성문들은 소화되었다" 하는 말을 듣고서 그는 "앉아서 울고 수일 동안 슬퍼하며 하늘의 하나님 앞에 금식하며 기도하였다"(느 1:4). 다니엘이 참으로 바벨론에서 사로잡힌 이스라엘 자손들을 구하고자 하였을 때에 그는 "금식하며 베옷을 입고 재를 덮어쓰고 주 하나님께 기도하며 간구하기를 결심하였다"(단 9:3).

경건한 자의 입장에서 공적인 금식이든 사적인 금식이든 그것은 모두가 구약시대에 국한된 관례라고 생각하는 것은 지극히 큰 잘못이다. 우리는 안나에 대해 "이 사람이 성전을 떠나지 아니하고 주야로 금식하며 기도함으로 섬겼다"(눅 2:37)고 기록되어 있는 것을 볼 수 있다. 경건한 고넬료도 하나님으로부터 메시야에 관해서 많은 빛을 얻고자 하였을 때에 금식하고 기도하였다(행 10:30). 안디옥 교회가 복음 안에서는 하나님의 종들의 성공을 위하여 하나님의 특별한 축복을 구하였을 때에 그들은 "금식하였다"(행 13:3). 이와 같은 방법으로 바울과 실라가 지교회들을 세우려고 하였을 때에도 그들은 '금식기도' 하였는데(행 14:23), 이것은 그들이 그와 같은 중요한 문제에 있어서 하나님의 특별한 지시를 기다리는 것이었다. 고린도전서 7:5에서 사도는, 어떤 특별한 요구를 할 때는 언제나 똑같이 특별한 것이 요구되므로, 그리스도인들이 '기도와 금식' 에 전념하는 것은 그들의 정상적이고 올바른 관습이라는 것을 분명히 암시해 주고 있다.

다음으로 **금식의 방법**에 대해서 생각해 보자. 금식이란 음식과 음료를 절제하는 것이긴 하지만 건강을 손상시키고 몸을 해칠 정도로 절제하는 것은 아니다. 그것은 골로새서 2:23에서 금하고 있으며, 우리가 '일용할 양식' 을 위해서 기도하는 그리스도의 가르침에도 맞지 않는 것이다. 금식은 우리가 중단하지 않고 열심히 하나님을 앙망하는 데에 음식이 방해가 되는 경우에 음식을 절제하는 것이다. 그러한 금식은 다니엘이 "세 이레가 차기까지 좋은 떡을 먹지 아니하며 고기와 포도주를 입에 넣지 아니하며 또 기름을 바르지 아니하였던"(단 10:3) 것처럼 첫째로 모든 맛있는 음식을 자제하는 것이다. 또한 지극히 빈약한 규정 식사를 먹으며, 인간 본성의 모든 즐거움을 삼가야만 한다(욜 2:15, 16 참조). 이 모든 것은 바울이 "내가 내 몸을 쳐 복종하게 한다"(고전 9:27)고 말한 바와 같이 스스로 괴롭게 하려는 의도인 것이다.

앞으로 더 나아가기 전에 그 말에 대한 성경적인 의미는, 오랫동안 음식을 절제한다는 것이지 단식을 한다는 뜻이 아니라는 것을 지적해야만 하겠다. 매주 금식을 지키고, 그것을 엄격하게 준수한다 할지라도, 만일 그것이 영혼의 복음적인 슬픔을 표현하지 않는 것이라면 그것은 금식과는 거리가 멀다. 단순한 입술의 움직임이 기도가 아닌 것과 같이 단순히 음식을 먹지 않는 일도 금식은 아니다. 즉 고기를 삼가면서 동시에 달걀과 물고기로 배고픔을 채우는 것은 아무런 금식도 아니다. 만일 우리의 금식이 죄를 중심으로 깨닫고 하나님께 구하고자 하는 것을 깨달음으로써 그 목적에서 벗어나지 못하게 하지 못하거나, 우리로 하여금 자발적으로 그리고 당분간 다른 모든 것들에 대해서 욕구를 갖지 않도록 감동시키지 못하는 것이라면, 그것은 단지 미신적인 행위일 뿐이며 일종의 불경건한 형식주의에 불과하다.

아무리 엄숙하고 품위 있게 금식을 실행한다 할지라도 어떤 단순하고 외적인 행위로 하나님을 속이지 말아야 한다. 하나님께서는 항상 마음속을 감찰하고 계시며 만일 우리가 금식하는 가운데 우리 **마음**이 같이하지 않는다면 우리는 단지 무의미한 외모로써 지존자를 조롱하는 것이 된다. 하나님께서는 구약의 이스라엘 백성들에게 "너희가 칠십 년 동안 다섯째 달과 일곱째 달에 금식하고 애통하였거니와 그 금식이 나를 위하여, 나를 위하여 한 것이냐"(슥 7:5)고 물으셨다. 또 다른 경우에 하나님께서 백성들이 둘째 돌판의 계율을 아주 무시하였기 때문에 그들의 금식을 받아들이지 아니하였으며 "이것이 어찌 나의 기뻐하는 금식이 되겠으며 이것이 어찌 사람이 그 마음을 괴롭게 하는 날이 되겠느냐 그 머리를 갈대같이 숙이고 굵은 베와 재를 펴는 것을 어찌 금식이라 하겠으며 여호와께 열납될 날이라 하겠느냐 나의 기뻐하는 금식은 흉악의 결박을 풀어 주며 멍에의 줄을 끌러 주며 압제당하는 자를 자유하게 하며 모든 멍에를 꺾는 것이 아니겠느냐"(사 58:5, 6)고 말씀하고 계신다. 훗날에 주님께서는 "너희는 옷을 찢지 말고 마음을 찢고 너희 하나님 여호와께로 돌아올지어다"(욜 2:13)라고 명하셨다.

우리는 금식함으로써 의무를 다 이행한 것처럼 금식의 행위에 마음을 두어서는 안 되는 것이 당연하다. 금식은 단순히 금식을 하기 위해서 하는 것이 아니다. 우리가 음식을 삼간다고 해서 그것이 회개의 행위가 되는 것이 아니며, 또한 그 삼가는 일이 거룩의 한 과정이 되는 것도 아니다. 그러므로 우리는 더욱더 그것을 어떤 방법으로든지 공로적인 행위로 생각하지 말아야 한다. 개인의 금식은 내적인 충동으로부터 나와야만 하는데, 왜냐하면 그것은 외부로부터 부과할 수 없는 것이기 때문이다. 개인의 금식은 자발적이어야 하고, 우리가 영혼의 강한 압박을 받고 있다는 결과이어야 하며, 그것을 조장시키는 마음의 열정으로 인하여 그 행위 자체는 전혀 드러나지 않게 된다. 만일 이러한 간단한 규칙들을 잘 알고 준수하였다면 금식에 대한 주제에 있어서 실제적으로 아무런 어려움이 없었을 것이다.

그러나 우리는 극단으로 나가기 쉽기 때문에 지금까지 위에서 말한 내용을 악용하지 않도록 하기 위해서 이 시점에서 경고를 할 필요가 있다. 즉 나에게 금식을 하고자 하는 내적 충동이 느껴지지 않는 것을 보아 나는 이 의무에서 해방된 것이다 라고 결론을 이끌어 내는 것은 잘못된 일이다. 동시에 그리스도인 독자는 다른 영적인 의무들과 관련시켜 볼 때에 그러한 주장을 뒷받침해 줄 만한 근거가 전혀 없다는 사실을 깨달아야 한다. 만일 우리가 하늘의 만나를 먹고 싶은 욕망과 은혜의 보좌로 가까이 나아가고자 하는 소망이 느껴지지 않는다면, 회개하여 우리의 마음이 냉담함을 하나님께 고백하고 정해진 수단을 건전하게 이용할 수 있도록 우리를 새롭게 감동시켜 주시기를 그에게 간구하는 것이 우리의 의무이다. 같은 원리가 금식에도 아주 분명하게 적용된다고 본다.

금식을 하기 위한 특별한 **시기**는 주로 하나님의 통치하시는 행위에 의해서 결정되어야만 하며, 그러므로 그러한 시기를 이용하고자 하는 사람은 하나님의 섭리의 사역을 주의 깊게 관찰해야만 한다. 그러나 우리가 하나님의 부르심을 듣지 못하고 기쁨과 환락에 빠져 있다면 하나님께서 우리로 하여금 통곡하며 굵은 베를 입지 않으면 안되게끔 하실 것이다(사 22:12, 13).

개인적인 금식이나 공적인 금식을 하는 데에 **소비되는 시간**에 대해서는 그 의무에 따라 곧 상황의 급박한 상태에 따라 시간을 규정하는 것이지 시간이 그 의무를 규정하지는 않는다. 시간의 다양한 길이에 대해서는 다른 곳에서도 언급되어 있다(삼하 12:16; 에 4:16; 단 10:2, 3을 보라). "그러므로 나는 이 일에 얼마만큼의 시간을 소비하였는가에 대해서 아무도 염려하지 않아도 된다고 생각한다. 즉 시간의 길이가 어떤 작용을 하는 것은 아니다. 나는 사람들이 그러한 경우에 시간의 양을 정하는데 대해서 스스로 묶인 채 올무에 걸려 있지나 않을까 매우 염려스럽다"(토머스 보스턴).

이제 **금식의 목적**에 대해서 생각해 보자. 성경에는 여러 가지 목적이 언급되어 있다. 금식하는데 있어서 그 **첫 번째** 목적은 자신을 부인하고 우리의 육체와 육체의 정욕을 하나님의 뜻과 말씀 아래 복종케 하기 위한 것이다. 다윗은 "내가 곡하고 금식하였더니 그것이 도리어 나의 욕이 되었다"(시 69:10)고 말하였다. 물론 그것은 사람 앞에서이지 하나님 앞에서는 그렇지 않다. 우리 주님께서는 "너회는 스스로 조심하라 그렇지 않으면 방탕함과 술 취함과 생활의 염려로 마음이 둔하여지리라"(눅 21:34)고 우리에게 경고하고 계신다. 지나치게 먹고 마심으로써 육체는 둔해지고 육체의 감각은 무디어지며 그 마음은 나태해지고 있고, 그로 말미암아서 전인격이 기도하고 하나님의 말씀을 듣는 의무에 부적합해지고 있다. 우리는 이 부적합함을 피할 수 있고, 육체의 정욕을 억제하며 극복할 수 있도록 당연히 금식을 해야만 한다.

금식의 **두 번째** 목적은 우리의 믿음을 북돋아 주며 말씀을 듣고 기도하는 의무를 잘 수행하기로 결심하기 위한 것이다. 이와 관련하여 생각해 볼 때 금식과 기도는 성경에서 항상 함께 묶여서 쓰여졌다는 사실을 당연히 주목해야 할 것이다. 좀 더 정확하게 말하자면 '금식기도' (마 17:21; 행 13:3; 14:23)라고 해야 할 것이며, 금식은 기도에 부수적으로 따르는 것임을 암시하고 있는데, 주로 음식을 준비하지도 않고 또한 먹지도 않는 데에서 우리가 하나님과 끊임없는 영적 교제를 할 때에 더욱 자유로운 상태를 유지할 수 있다는 것이다. 위가 포화상태가 되면 몸과 마음은 그만큼 영적인 의무들을 이행할 수 없게 되는 것이다. 이러한 이유 때문에 안나가 "기도하고 금식함으로 하나님을 섬겼다"고 한 것을 볼 수 있으며, 성령의 뜻으로 말미암아 우리는 그녀의 영혼의 열심을 주목할 수 있게 되었고 그녀는 이 방법을 입증하였던 것이다.

금식의 **세 번째** 목적은 우리 마음의 굴복과 회개를 입증하기 위함인데, 그것은 인간 본성의 위안을 자제함으로써 우리가 우리의 죄를 깨닫는 데에서 오는 내적인 슬픔과 고통을 올바르게 표현할 수 있기 때문이다. 여호와께서 그의 백성들에게 그들이 회개하였음을 보이라고 명하셨을 때에 "금식을 정할 것"을 요구하셨다(욜 1:14). 동시에 이와 같은 점에서 우리가 하나님 앞에서 슬퍼하고 우리의 회개를 고백할 때에 맛 좋은 음식을 먹으며, 자기 마음대로 행동하는 것은 지극히 부적합한 일이다. 우리가 우리의 허물을 깨달았을 때에 하나님께서는 금식하고 슬퍼하며 마음을 찢고 그에게로 돌아설 것을 요구하신다.

금식의 **네 번째** 목적은 우리에게 우리의 죄와 부정함을 경고해 주고, 우리가 하나님의 섭리의 일반적인 자비를 받기에도 전적으로 가치가 없으며, 그러므로 우리는 음식을 먹고 마실 가치가 없다는 것을 깨닫게 하기 위함이다. 금식은 우리로 하여금 우리의 궁핍함과 우리의 비참함을 깨닫고, 그로 말미암아 우리의 죄를 더 알게 하기 위함이다. 니느웨 사람들이 하나님의 심판의 칼이 그들의 머리 위에 놓여 있었을 때에 음식과 음료를 절제하는 타당함을 알았다면(욘 3장), 더욱 큰 빛과 특권을 가지고 있는 우리는 참으로 그것을 더 잘 알아야 할 것이 아 니겠는가! 만일 우리가 충분하게 "우리의 행위를 살핀다면"(학 1:5) 굵은 베와 재 가 우리에게 합당하다는 것을 어찌 깨닫지 못하겠는가!

제27장

금식
❷

"금식할 때에 너희는 외식하는 자들과 같이 슬픈 기색을 보이지 말라 그들은 금식하는 것을 사람에게 보이려고 얼굴을 흉하게 하느니라 내가 진실로 너희에게 이르노니 그들은 자기 상을 이미 받았느니라 너는 금식할 때에 머리에 기름을 바르고 얼굴을 씻으라 이는 금식하는 자로 사람에게 보이지 않고 오직 은밀한 중에 계신 네 아버지께 보이게 하려 함이라 은밀한 중에 보시는 네 아버지께서 갚으시리라." 이 말씀은 우리 주님의 말씀 중의 네 번째 부분을 끝맺는 구절인데 그(네 번째) 부분은 마태복음 6장 1절에서 18절까지이다. 그 주제는 하나님의 인정을 얻을 수 있는 방법으로 선한 일을 행하라는 것이다. 금식은 세 종류의 실제적인 의 가운데에서 마지막으로 언급되고 있다. 그 이유는 그것이 그 자체를 위한 의무가 아니라 우리로 하여금 다른 의무를 행하도록 하는 수단이기 때문이다.

금식은 신앙적인 목적을 위해서 음식을 삼가는 것이다. 율법이나 복음의 그 어느 곳에도 우리를 속박하는 분명한 계명이 없다 할지라도, 금식이 필요하고 유용할 때가 있다는 것을 신약과 구약에서 모두 계율과 관례로부터 분명하게 입증되고 있다. 비록 금식에는 아무런 공로적인 요소가 없다 할지라도 금식은 타당한 행위가 되며 가치 있는 수단이다. 그것은 내적인 금욕의 외적인 표시이어야 한다. 그것은 기쁨과 환락을 나타내는 잔치와는 반대되는 것이다. 그것은 우리가 흔히 익숙해 있는, 생활에 편리한 것들을 자발적으로 자제하는 것이다. 금식을 올바르게 하면 그것이 기도를 위해서, 그리고 특히 죄에 대한 우리의 슬픔을 표현할 때에 우리 영혼을 스스로 괴롭히는 데에 가치 있는 부가물이라는 것을 깨닫게 된다. 금식의 횟수나 기간에 대해서는 대부분 우리의 일상적인 습관과 우리의 체질과 우리의 직업에 의해서 결정되어야만 한다.

사람은 마음이 지극히 부패한 상태에 있고 또한 외모를 의지하는 경향이 있기 때문에 흔히 목적 자체를 위한 수단이나 표징을 변형시키기도 한다. 그래서 우리는 바리새인들이 "이레에 두 번씩 금식한다"(눅 18:12)고 자랑하는 것을 볼 수 있다. 이와 같이 자기를 낮춤과 회개의 기도에의 열심을 조장시키고 나타내 보이기 위한 단순한 수단으로 생각되었던 금식은 자기만족을 주는 공로적인 행위로 곡해되었다. 그러나 더욱더 나쁜 것은 바리새인들이 이 특별한 경건한 헌신으로써 사람들 가운데 명성을 얻으려고 이 거룩한 일을 연극처럼 만들어 버렸으며, 그 가운데에서 여러 가지 위선적인 책략을 궁리해 내었다는 사실이다. 그들은 자기들의 영혼과 하나님 사이에 비밀이 되어왔던 것을 광고하였고, 거짓 슬픔과 허식적 고통을 꾸며내었으며 그로 말미암아 참으로 성결케 보존되어야 하는 것을 웃음거리와 조롱거리로 만들어 버렸다.

　"금식할 때에 너희는 외식하는 자들과 같이 슬픈 기색을 내지 말라 그들은 금식하는 것을 사람에게 보이려고 얼굴을 흉하게 하느니라." 이것은 금식의 주제에 대한 우리 주님의 첫 번째 말씀이었으며, 기도에 대한 그의 말씀과 마찬가지로 그것은 그 가운데에서의 **위선**을 경고하는 말씀이다. 이것은 매우 엄중하고 우리 모두가 진지하게 명심해야 하는 말씀이다. 교만은 어떠한 형식이든 지극히 어리석은 것이며 주님의 마음을 상하게 하지만, 그 중에서도 가장 나쁜 형태의 교만은 영적인 교만이며 특히 우리 동료들의 칭찬을 얻으려고 하는 그것이다. 금식이 만일 진실하다고 하면 그것은 우리의 완전한 무가치를 깊이 깨닫고, 하나님 앞에서 자기혐오를 표현하고자 하는 데에서 나오는 것이다. 바로 그와 같은 교만을 토대로 우리가 우리의 겸손과 성결을 공포한다는 것은 참으로 빛이 어둠으로 바뀌는 것이라고 볼 수 있다.

　"금식할 때에 너희는 외식하는 자들과 같이 슬픈 기색을 내지 말라 그들은 금식하는 것을 사람에게 보이려고 얼굴을 흉하게 하느니라." 이와 같은 금지 명령과, 하나님께서 유대인들에게 금식할 때에 '슬피 울고' '곡할 것'을 요구하신 요엘 1:13, 14은 어떠한 조화를 이루며, 또한 금식할 때에는 반드시 비통하고 특유한 몸짓이 따라야만 하는가 라는 질문을 하게 될 것이다. 그 대답으로 그리스도께서는 여기에서, 금식을 하는데 있어서 바로 그 기간 동안 슬픈 기색을 하는 것을 정죄하지 아니하셨다는 사실을 말할 수 있는데, 왜냐하면 경건한 느헤미야도 수심을 보였기 때문이다(2:2). 그 대신에 우리 주님께서는 여기에서 바리새인들의 사악한 허식을 비난하고 계시는데, 그들은 사실상 회개하는 마음이 없음에도 불구하고 고의적으로 지극히 슬픈 기색을 가장하였다. 이것은 주님의 다음 말씀에서 입증된다.

"금식할 때에 너희는 외식하는 자들과 같이 슬픈 기색을 내지 말라 그들은 금식하는 것을 사람에게 보이려고 얼굴을 흉하게 하느니라." 그러나 또한 이 말씀에 대해서, 과거에 하나님의 백성들 가운데 몇몇 사람들이 여러 가지 방법으로 그들의 얼굴을 흉하게 하여 하나님의 인정을 받지 않았는가? 하는 질문을 할 수도 있을 것이다. 예를 들어, 우리는 에스라가 머리털과 수염을 뜯었다는 것을 알고 있고(9:3), 또한 여호수아와 그의 친구들은 땅에 엎드려 머리에 티끌을 무릅썼다(7:6). 그러나 이 모든 경우는 마음의 깊은 슬픔을 자발적으로 표현하는 것이었는데, 즉 우리 주님께서 여기에서 비난하고 계시는 것과는 전연 다른 것이다. 그는 바리새인들이 그들의 얼굴을 흉하게 하는 데 대해서 꾸짖고 계시는데, 첫째로, 이것이 그들이 금식하는 주된 목적이었기 때문이다. 즉 그것은 하나님께서 싫어하시는 것인 바 외적으로 나타내 보이려고 하는 일이었다. 둘째로, 여기에서 '흉하게 하다'라는 말은 그들의 단정함을 흐트러뜨린다는 것을 의미하기 때문이다. 그들은 고의적으로 그들이 금식한다는 것을 좀 더 잘 광고하기 위해서 창백하게 보이고 쇠약하게 보이는 수단을 이용한 것이다.

바리새인들은 금식일에 자기들의 가정의 사생활을 지키고, 금식이 그 수단과 표징이 되는 거룩한 일을 수행하면서 시간을 보내는 대신, 그들은 마치 연극배우처럼 밖을 돌아다니며, 그들이 마음속으로 느끼지도 않는 온갖 표적을 자랑해 보였고, 자기들이 금식하고 있는 것을 다른 사람들이 믿어 주기를 바랐으며 슬픈 기색을 가장하였다. "그들은 온갖 통상적인 표현 방법을 이용해서 깊은 고통과 마음의 근심을 나타내 보였다. 그들은 머리를 먼지와 재로 뒤집어쓰고 얼굴을 수 그리고 옷차림을 무시해버린 채 지극히 우울하고 낙심한 모습으로 찌푸림으로써 얼굴을 흉하게 하였다. 그들은 고의적으로 온통 외적인 모습으로만 자기의 낮아짐을 나타내 보였고 그와 동시에 그들의 마음은 영적인 교만으로 가득 차 있었다"(브루스터 Brewster).

다음으로 넘어가기에 앞서, 서기관과 바리새인들은 신앙적인 금식에 알맞은 모든 외적인 의식과 표적들을 준수하는 가운데 많은 형식을 차리면서 금식을 실행하였다는 사실을 당연히 주목해야 한다. 그럼에도 불구하고 그들은 앞에서의 구제하고 기도하는 일에서와 마찬가지로 여기에서도 중요한 일이 결여되어 있다. 즉 **마음의** 진실과 성의가 없었다. 고통을 당하고 있는 듯한 그들의 얼굴은 진정으로 슬퍼하는 마음에서 우러나온 것이 아니었다. 그들은 스스로 교만하면서 완전하고 의롭다고 생각했으며, 영혼의 큰 의사나 중생도 필요치 않다고 느꼈다. 여기에서 우리는 영적으로 중요한 문제에 있어서의 자연인의 특성에 대한 실례를 볼 수 있다. 그들은 그들의 내면에서 진리를 얻는 것보다도 외적인 행위에 더욱더 관심을 갖고 있었다. 그들은 그들의 외적인 행위만으로 만족하였으며 영으로 예배하는 일에는 전혀 관심을 두지 않았다. 이와 마찬가지로 사악한 아합도 형벌을 두려워하여 일부러 외형적으로는 스스로 자신을 낮추었으나 그는 계속해서 죄를 범하였다(왕상 21:27).

이와 같은 일이 구약의 이스라엘 백성에게는 참으로 많았다. 그들은 자신을 낮추고 하나님의 은혜를 구하는 형식만을 취하였다. 이것은 다윗이 "그들이 입으로 그에게 아첨하며 자기 혀로 그에게 거짓을 말하였으니 이는 하나님께 향하는 그들의 마음이 정함이 없으며 그의 언약에 성실하지 아니하였음이로다"(시 78:36, 37)라고 말한 것과 같다. 이와 같은 일은 자연인에게 흔히 있는 일이다. 미혹된 가톨릭교도들의 모든 신앙은 부분적으로는 유대적이고, 부분적으로는 이교도적인 외적이고 의식적인 행위에 참여하는 신앙인데, 그들이 그러한 의식을 준수하는 동안 그들은 그 이상의 것은 보지 못했던 것이다. 또한 교회에 나가고 말씀을 듣고 일 년에 한두 번씩 "성찬에 참여하는" 외적인 행위에서 만족을 얻는 수많은 개신교도들도 더 나을 바가 없다. 그들은 이러한 의무들을 철저하게 지키면서 모든 것이 그들에게 만족스럽다고 생각하며, 충분히 하나님을 섬기고 있다고 생각한다. 그렇다, 만일 어떤 사람이 성삼위일체 하나님의 **참** 요구를 그들 앞에 제시한다면, 그는 당장에 지나치게 엄격하고 정확하며, 청교도적이고 광신적인 사람이라고 그들에게 조롱당하게 될 것이다.

여기에서 우리 주님께서는 바리새인들이 외적인 행위에 따라 금식하고 사람들의 칭찬을 얻기 위해서 허식적으로 금식을 하는 것을 비난하고 계시는데, 가톨릭교도들도 역시 금식을 참으로 남용하고 있으므로 그들의 금식도 하나님께서 보시기에 좋지 않을 것이라는 사실이 분명하게 입증된다. 첫째로, 그들은 고기 대신에 물고기와 달걀을 먹고 있으며, 또한 포도주와 다른 술을 먹는 데에 있어서도 전혀 제한을 두지 않음으로써 금식의 행위를 우스운 광대극으로 만들고 있다. 둘째로, 그들은 본심으로 여러 날 동안 금식하는 것처럼 사람들을 속이고 있으며 금식에 태만한 것을 큰 죄악으로 만듦으로써 그리스도인의 자유를 빼앗아가 버리는데 주님과 그의 사도 중 아무도 어떤 금식 기간을 정한 적이 없다. 셋째로, 그들은 금식을 공로적인 행위로 생각하고 있으며 사람은 그로 말미암아서 자기의 죄에 대하여 하나님의 공의를 만족시킬 수 있다고 가르치고 있다. 그들은 이로써 그리스도의 순종과 희생의 충분한 능력을 불경하게 훼손시키고 있는 것이다. 우리 마음속에 그와 같은 사악한 미신적 행위가 퍼져 있음을 슬퍼하는 자는 참으로 경건한 자이다.

이제 그리스도께서는 여기에서 그와 같은 모든 금식을 금하신 것이 아니라 이 법령을 남용하는 행위를 올바르게 고쳐주고 계신다는 것이 분명해졌다. "금식할 때에 너희는 외식하는 자들과 같이 하지 말라"는 그의 말씀은 그의 제자들이 **금식하는 일**은 당연한 일일 뿐 아니라, 경건한 자는 바로 그 경우에 사적으로나 공적으로 모두 그렇게 **해야만 한다**는 것을 분명하게 의미하고 있다. 만일 그리스도께서 여기에서 은혜의 이 거룩한 수단을 남용하는 바리새인들을 비난하고 계신다면 전혀 금식을 하지 않는 자들은 더욱더 비난을 받아야만 할 것이다. 이 일은 무관심해도 좋거나 우리의 선택에 맡겨진 일도 아니다. 오히려 이 일은 바로 하나님께서 우리에게 요구하고 계시는 일이며, 그것은 때때로 하나님의 심판이 증대되는 것을 억제하기 위한 일이기도 하다(사 22:12-14).

하나님께서 우리에게 많은 권고를 해주시사 이 일을 수행하도록 우리의 마음을 분기시키고 계신다는 사실에 대해 우리는 앞에서 충분히 검토한 바 있다. 과거에는 많은 거룩한 사람들이 기회가 있었을 때에 조심스럽게 이 일을 수행하였던 훌륭한 전례가 있었다. 즉 다윗과 다니엘과 에스라와 느헤미야 등이 그 예이다. 마찬가지로 우리는 신약 성경에서도 주님 자신의 모범(마 4장)과 안나와 고넬료와 여러 교회의 사도들과 장로들의 모범을 볼 수 있다. 더욱이 우리는 우리 가운데에 공적으로나 사적으로 금식을 하지 않으면 안 될 여러 가지 경우가 있다. 이 땅에 대한 하나님의 대의의 현재 상태와, 성령의 기름 부음과 축복의 후퇴와, 생명력 있는 경건의 풍조가 사라짐과, 복음전파로 나타나는 열매의 결핍과, 모든 면에서 만연된 오류와 상승하는 불신앙과 범죄와 부도덕의 풍조와, 무엇보다도 지금 우리 머리 위에 있는 하나님의 국가적인 심판은 참으로 우리의 겸손과 우리 영혼의 고통과 회개를 요구하고 있다.

"너는 금식할 때에 머리에 기름을 바르고 얼굴을 씻으라 이는 금식하는 자로

사람에게 보이지 않고 오직 은밀한 중에 계신 네 아버지께 보이게 하려 함이라"
(17, 18절). 이 말씀은 절대적으로 문자 그대로도 받아들이지 말고 비교적으로 상
징적으로 받아들여야 한다. 그리스도의 이 말씀은 그 말씀의 배경의 빛과 문맥에
서 분명하게 나타나고 있는 그 말씀의 범위의 빛 가운데에서 이해해야만 한다.
공기가 덥고 건조한 동양의 나라에서는 기름과 향유를 머리와 얼굴에 바르는 것
이 그들의 관습이며, 거기에서는 "사람의 얼굴을 윤택하게 하는 기름이"(시
104:15) 흔하고 값이 싸다(룻 3:3; 눅 7:46 등). 여기에서 그리스도께서 하신 말씀
을 문자 그대로 이해해서는 안 된다는 사실은 주님이 말씀하신 뜻에서 분명히 나
타난다. 즉 그는 바리새인들이 그들의 얼굴을 흉하게 하는 행위를 싫어하신 것이
다. 둘째로, 그리스도께서는 여기에서 그 정반대되는 행위를 명령하신 것이 아니
다. 즉 얼굴에 기름을 바르는 것은 즐거움과 기쁨을 나타내는 행위이므로 잔치에
더욱 합당한 일인데도 그와 같은 일을 금식하는데 사용하라고 하신 것이 아니다.

그리스도의 이 말씀은 우리가 사적으로 금식을 할 때에는 그 금식하는 것이 사
람들에게 보이지 않도록 행동하라는 것을 의미한다. 금식은 하나님을 위한 것이
어야 하고, 그를 기쁘시게 할 수 있는 방법으로 이 의무를 실행하는 것이 우리의
유일한 관심사가 되어야 한다. 사람들 앞에서 이 의무를 자랑하기보다는 가능한
한 우리의 사적인 헌신을 그들에게 보이지 않도록 조심해야만 한다. 만일 우리가
사적으로 기도할 때에 골방에 들어가 문을 닫고 한다면 우리의 사적인 금식에 관
해서도 그와 같이 최대한으로 은밀하게 행할 필요가 있다. 교만과 허식의 기미가
있는 모든 것은 엄격하게 삼가야만 한다. 우리가 특별하고 사적인 헌신을 위해서
우리의 시간 중 일부를 바칠 때는 언제든지 우리의 행실이나 전반적인 외모로써
이것을 다른 사람들에게 암시해 주어서는 안된다. 우리는 신앙적인 느낌을 나타
내기는커녕 오히려 할 수 있는 한 다른 사람들의 주목을 끌지 않도록 그것을 감
추어야 한다.

"너는 금식할 때에 머리에 기름을 바르고 얼굴을 씻으라 이는 금식하는 자로
사람에게 보이지 않게 하려 함이라." "이 권고는 이러한 경우에 사람들은 그들이
느끼지도 않는 즐거움을 가장해야 한다는 것을 의미하는 것이 아니라 그들의 옷
이나 외모에 주목을 끌 만한 것이 아무것도 없어야 한다는 의미이다. 즉 깨끗한
외모나 적당한 예복에 대해서 평범한 상태를 벗어나지 않아야 한다. 골방에서 예
배를 엄숙하게 끝까지 마친 후에 세상에 나가서는 그들이 어떻게 행하였는가에

대해서 세상 사람들에게 아무것도 이야기하지 말아야 하는 것이다"(존 브라운). 우리가 기억하고 관심을 가져야만 하는 중요한 것은 금식이 하나님과 관계가 있는 것이지 사람과 관계가 있는 것이 아니라는 사실이다. 우리는 하나님께 우리의 마음을 쏟아야 하며 그를 위해서 기도하고 그를 위해서 금식을 해야 하며 우리 스스로 하나님 앞에 마음의 짐을 내려놓아야 한다. 우리는 바로 그의 용서와 은혜를 간절히 구해야 한다. 하늘에 계신 우리 아버지의 인정과 상급에 비해 사람들의 의견과 평가는 지극히 사소한 것이다.

"너는 금식할 때에 머리에 기름을 바르고 얼굴을 씻으라." 우리는 또한 이 교훈에서 그리스도께서는 적당하게 육체를 돌볼 것을 우리에게 요구하고 계신다는 사실을 배울 수 있다. 반드시 피해야 할 두 가지 극단적인 일이 있다. 즉 육체에 대해서 지나치게 탐닉하는 것과 소홀히 하는 것인데, 이 나약한 시대에 과도한 탐닉은 더욱 위험하다. 폭식과 무절제는 모두가 죄악이다. 왜냐하면 그것은 우리의 마음을 무디게 하고 육욕을 자극하며 우리를 더욱 악한 길로 인도하기 때문이다. "정욕을 위하여 육신의 일을 도모하지 말라"(롬 13:14)는 말씀은 그러한 무절제를 금하고 있다. 반면에 영혼을 영광스럽게 한다는 구실로 "몸을 괴롭게 하는 것"(골 2:23)에 대해서도 우리는 경고를 받고 있다. 연약함과 무능력을 초래하는 것은 무엇이든지 피해야만 한다. 하나님께서 요구하고 계시는 육체의 보호란 육체에 필요한 것들에 대해서 적당한 관심을 가지는 것과, 의무를 이행하기 위해서 육체에 알맞도록 절제하며 음식을 먹는 것을 의미한다.

위에 있는 그리스도의 말씀에서 우리는 또한 즐거운 기색을 항상 유지하는 것이 그리스도인의 의무라는 것을 깨달을 수 있다. 우리는 모든 육체적인 경솔한 언동을 삼가야 하는 한편 언제나 진지하고 침착해야 한다. 그러나 그 반면에 우리는 부자연스러운 엄숙함과 우울함을 나타내는 모든 것을 조심스럽게 피해야 한다는 사실을 알아야만 한다. 외식적으로 허식적인 슬픔을 나타내 보이지 않도록 경계하면서, 본래 우울하게 하는 경향이 있는 이 신앙적인 일을 행하라고 우리에게 명한다면, 우리의 전반적인 태도에서 자연스럽게 즐겁고 만족스러운 마음을 표시하는 것은 분명히 우리의 의무일 것이다.

기독교 신앙이 그 신자들을 행복하게 할 수 없다는 세상 사람들의 거짓말을 논박하는 것 또한 우리의 의무이다. 신앙을 고백하는 많은 부류의 사람들이 비뚤어지고 슬퍼하며 침울해짐으로써 복음의 대의에 참으로 많은 해를 입혀 왔다. 그리스도께서 마음을 통치하시는 곳에 그는 모든 지성을 능가하는 평화와, 말로 할 수 없는 기쁨과, 충만한 영광을 널리 베풀어 주신다. 사실상 우리는 우리가 소유하고 있지도 않은 평화와 기쁨을 꾸밀 필요는 없다. 그러나 우리는 우리가 믿는다고 신앙을 고백하는 그 진리의 효험에 대하여 우리의 마음을 열어 놓는 일에 참으로 근면하여야 한다. 하나님의 계명은 우리를 괴롭게 하려는 것이 아니며 더욱이 그 계명들을 지키는 데에는 크나큰 상급이 있다. 그리스도의 멍에는 쉽고 그의 짐도 무겁지 않다는 것을 우리 주변에 있는 사람들에게 입증해 보일 수 있도록 간구하자. 그 진리는 우리를 노예로 만들지 아니하며 오히려 자유롭게 하고 그 지혜의 길은 기쁨의 길이라는 사실을 입증해 보이자.

"오직 은밀한 중에 계신 네 아버지께 보이게 하려 함이라 은밀한 중에 보시는 네 아버지께서 갚으시리라"(18절). 이 말씀은 그리스도께서만이 **유일한** 심판자시요 상 주시는 이가 되실 것이라는 세대주의자들의 편협된 생각을 경고하시는 말씀이며, 히브리서 12:23과 같은 구절은 이와 같은 생각을 분명하게 논박하고 있다. 창조의 사역에서 성부와 성령을 제외시키는 것이나(욥 33:4 등) 아들의 심판자적인 임무를 제한하는 것은 모두가 똑같이 그릇된 것이다. 실제적으로는 심의하고 판결하고 동의하는 문제와 관련된 최후의 심판은 삼위일체의 하나님께서 정하실 것이며, 직접적으로 집행하시는 일은 그리스도께서 행하실 것이다.

이 주제에 대해 칼빈은 가장 훌륭한 결론을 내리고 있다. "만일 목사들이 지극히 성실한 마음으로 이 교리를 가르치지 아니함으로써 금식을 부지런히 실행하기는 하지만 잘못된 견해로 오염되어서 계속적인 타락이 있게 된다면, 금식을 전혀 하지 않는 편이 차라리 나을 것이다. 우리가 필수적으로 조심해야 할 일은 '너희는 옷을 찢지 말고 마음을 찢으라' (욜 2:13)라는 말씀이다. 즉 하나님께서는 마음을 쏟지 아니하고 죄에 대하여 참으로 슬퍼하지 아니하며 진지한 자기혐오와 참된 겸손과 진정한 슬픔이 수반되지 않는 금식은 귀하게 여기시지 않는다. 금식이 이러한 일들에 대한 부분적이고 보조적인 수단이 아니라면 전혀 쓸모가 없다."

제28장

보물을 하늘에 쌓아 두라
❶

> 너희를 위하여 보물을 땅에 쌓아 두지 말라 거기는 좀과 동록이
> 해하며 도둑이 구멍을 뚫고 도둑질하느니라 오직 너희를 위하여
> 보물을 하늘에 쌓아 두라 거기는 좀이나 동록이 해하지 못하며
> 도둑이 구멍을 뚫지도 못하고 도둑질도 못하느니라 네 보물 있
> 는 그 곳에는 네 마음도 있느니라(마 6:19-21)

우리는 이제 주님의 설교의 다섯 번째 부분을 다루게 되었는데, 여기에서 우리는 주님께서 이 중요한 설교를 하실 때 최우선적이고 기본적으로 두신 목적이 무엇이었는지를 새롭게 상기하는 것이 좋을 것이다. 즉 그것은 청중들의 그릇된 견해를 교정시키고 반박하는 것이었다. 유대인들은 메시야의 인격과 그의 생명의 특성과, 그가 세우게 될 왕국의 본질에 대하여 그릇된 믿음을 가지고 있었다. 중생하지 못하였기 때문에 그들의 생각은 세속적이고 현세적이며 자기중심적이었고, 현세적인 일들에만 한정되어 있었다. 우리는 주 예수께서 이 설교 전체 내용을 통하여 유대인들이 그의 왕국에 관하여 일반적으로 품고 있었던 잘못된 관념들을 직접적으로 언급하고 계셨으며, 이 잘못된 관념에 대조시켜 끊임없이 하나님의 거룩한 요구와, 그의 율법의 의로운 명령과, 그의 백성과 제자가 되기를 원하는 모든 사람들이 거듭나야 할 절박한 필요가 있다고 말씀하신 것을 쉽게 알 수 있다.

방금 지적된 내용을 통하여 우리는 주님께서 왜 팔복에서부터 설교를 시작하셨는가 하는 이유를 알 수 있다. 여기에서 주님은 그의 왕국에 들어가게 될 사람들의 특성을 설명하고, 그들이 갖추어야 할 미덕이 어떠한 것인가를 규정하셨다.

유대인들은 물질적인 부와 축제와 향연을 추구하였으며, 또한 메시야의 통치 아래 높고 명예로운 지위를 차지하게 될 사람은 이스라엘에게 온갖 악한 일을 행한 이방인들에게 복수하여 그들을 모든 압제와 고난에서 자유롭게 해줄 용맹스런 전사일 것이라고 생각하였다. 그러나 그리스도께서는 심령이 가난하고, 애통하는 자, 그리고 의에 주리고 목마른 자, 궁휼히 여기는 자, 마음이 청결한 자, 화평하게 하는 자, 의를 위하여 핍박을 받은 자가 복이 있는 자라고 선포하셨다. 이보다 더 큰 대조는 상상할 수 없을 것이다.

또 설교 두 번째 부분에서도, 그리스도께서는 그의 왕국의 관원들은 사람들의 몸을 파괴하는 자가 아니라 그들의 영혼을 보호하는 자, 곧 '세상의 소금'이 되리라고 말씀하셨다. 또 그들은 이방인들을 억압하는 자가 아니라 '세상의 빛'이 되리라고 말씀하셨다.

이와 마찬가지로 설교 세 번째 부분에서는, 그의 사명은 옛날의 질서를 타도하고 급진적인 변화를 가져오는 것이 아니라고, 즉 그는 율법을 폐하러 온 것이 아니라 완전하게 하려 함이라고 말씀하셨다. 우리가 지금 살펴보게 될 것도 그와 마찬가지이다. "너희를 위하여 보물을 땅에 쌓아 두지 말라 … 오직 너희를 위하여 보물을 하늘에 쌓아 두라." 유대인들은 그들의 메시야가 현세적인 군주일 것이라고 생각하였고, 그의 통치 아래 그들이 누리게 될 행복은, 풍부한 부와 명예와 쾌락을 즐기기 위한 세속적 번영이 되리라고 기대하였다. 그러나 주님은 여기에서 그들의 잘못을 드러내시며, 그는 세속적인 것이 아닌 영적인 행복을 나누어 줄 것이며, 그 행복은 이 땅 위(팔레스타인)에서가 아니라 하늘에서 완전하여질 것이라고 말씀하신다.

이제, 유대인들이 메시야의 왕국에 관하여 일반적으로 품고 있었던 잘못된 생각은, 비록 그들의 특별한 환경에 따라 독특한 색채가 가미되었다 할지라도, 중생하지 않은 인간의 본성의 공통적인 원리들로부터 비롯되었음을 지적해야 한다. 그러므로 이 설교를 통한 그리스도의 가르침들은 모든 시대의 모든 인간과 관계가 있는 것이다. 인간의 본성은 어디에서나 똑같다. 이 세상의 시민들은 언제나 대부분의 시간과 정력을 자기 소유라 할 수 있는 것을 획득하고 축적하는 데 쏟아왔으며, 하나님보다도 이러한 것들에 더 마음을 집착하여 왔다. 이러한 일들이 너무도 널리 퍼져 있었으므로, 그들이 지나치게 법을 무시하며 탐욕을 추구하고 이웃을 해치지만 않는다면 그러한 행위는 비난받기보다는 그런대로 인정을 받았다. "그가 스스로 좋게 함으로 사람들에게 칭찬을 받는다"(시 49:18). 사람들은 사업에 성공한 사람을 빈틈이 없고 유능하다고 말하며, 큰 부를 축적한 사람을, '실업계의 거물,' '금융의 마법사' 등으로 부른다.

"너희를 위하여 보물을 땅에 쌓아 두지 말라"(19절). 마태복음 6장에서 그리스도께서 나타내 보이신 진리의 **순서**는 매우 독특하며 신성한데, 우리는 이것을 주의 깊게 살펴보아야 할 필요가 있다. 1절부터 18절까지는 우리를 성소로 인도하여 비밀한 중에 보시는 분께 마음을 두라고 가르치고 있다. 그러나 19절 이후에서는 이 세상의 유혹과 시험에 직면하게 된다. 이것은 레위기와 민수기에서 살펴볼 수 있는 것과도 일치한다. 전자에서 이스라엘 백성들은 거의 전적으로 장막의 봉사와 특권들과 관계가 있다. 그러나 후자에서는 그들이 광야에 거하며 전쟁을 하였음이 묘사되어 있다. 우리가 이 순서에 주의하는 것은 매우 중요한 일이다. 왜냐하면 우리가 하늘의 가나안을 향하여 여행하는 길에서 부딪치게 될 여러 가지 시험들에 맞서서 이길 수 있는 것은 바로 우리가 은밀한 곳에서 하나님과의 친교를 충분히 유지할 수 있을 때뿐이기 때문이다. 우리의 마음이 약속된 땅을 확고히 붙잡지 못한다면 그 마음은 애굽으로 되돌아가 그곳의 사치를 좇을 것이다.

"너희를 위하여 보물을 땅에 쌓아 두지 말라." 이 절과 이 장 끝까지의 내용을 통하여 그리스도께서는 청중들의 마음을 탐심에서 돌리려고 하셨다. 그리하여 그리스도께서는 먼저 금지 사항을 말씀하시며 그 후에는 여러 가지 설득력 있는 이유를 들어 이것을 부연설명하고 강조하신다. '쌓아 두다' 라고 여기에 번역되어 있는 말의 원문은 여기에서보다 훨씬 더 의미가 깊으며 강조적이다. 즉 첫째로, 이 말은 함께 모으는 것을 의미하고, 둘째로는, 미래를 대비하여 축적하거나 저장하는 것을 의미한다. 로마서 2:5에서처럼 쌓아 올리다 또는 '네게 쌓는도다' 를 뜻한다. '보물' 은 풍부한 부, 재산, 땅, 금, 보석 등과 같이 값비싼 것들을 뜻한다. '땅에' 라는 말은 여기에서 장소보다는 보물들의 **종류**를 가리키고 있다. 왜냐하면 우리가 여기 이 지상에 있는 동안에도 하늘의 보물을 쌓아 둘 수 있기 때문이다. 그러므로 이 문맥에서는 세속적이고 물질적인 보물을 쌓아 두는 것을 말한다.

"너희를 위하여 보물을 땅에 쌓아 두지 말라." 어떤 광신자들은 이 명령을 문자 그대로 해석하여, 이 말씀은 돈을 축적하거나 지상의 소유물에 무엇을 덧붙이는 것을 금하는 것이라고 생각하여 이 말씀에 아무 제한을 두지 말아야 한다고 주장하였다. 그와 같이 철저하게 지키기를 원한다면 그들은 거기에서 멈추어서는 안 되고 "네 소유를 팔아 가난한 자들에게 주라"(마 19:21)는 말씀까지도 실천해야 하는 것이다. 왜냐하면 이것도 전자와 마찬가지로 분명하게 실천을 요구하는 것이기 때문이다. 그러나 이것은 부자와 가난한 자 사이의 모든 차이를 없애고 재산의 소유를 인정치 않는다는 뜻이 되는데, 이것은 성경의 전체적인 흐름과는 분명하게 반대된다.

그러면 **그리스도께서 여기에서 금하지 않으신 것**을 간략히 지적해 보기로 하자. 첫째, 자기의 직업에 부지런히 수고하는 것. 이것으로 말미암아 그는 자기 자신과 부양가족을 위하여 필요한 것들을 얻을 수 있다. "부지런하여 게으르지 말고"(롬 12:11)는 복음의 여러 훈계들 중의 하나이다.

둘째, 그리스도께서는 우리가 정직하게 부를 얻고 올바르게 사용하기만 한다면, 열심히 수고한 열매로 그것들을 소유하는 것을 금하지 않으신다. "네 하나님 여호와를 기억하라 그가 네게 재물 얻을 능력을 주셨음이라"(신 8:18)는 말씀을 잊지 말라. 여호와께서는 은혜롭게도 아브라함과 욥과 다윗을 번영케 하셨다. 그들이 부를 소유하게 된 것은 하나님이 그들을 싫어함을 나타내는 표시가 되는 것이 아니라 오히려 그 반대이다.

셋째로, 그리스도께서는 여기에서 우리가 자신과 가족을 위해 장차 쓸 것을 저축해 두는 것을 금하신 것이 아니다. 게으른 자는, 여름날에도 겨울 양식을 모으는 개미들의 본을 받으라고 충고를 받고 있지 않은가?(잠 6:6-8) 사도 또한 "어린 아이가 부모를 위하여 재물을 저축하는 것이 아니요 부모가 어린 아이를 위하여 하느니라"(고후 12:14)라고 말하지 않았던가? 또한 그는 "누구든지 자기 친족 특히 자기 가족을 돌보지 아니하면 믿음을 배반한 자요 불신자보다 더 악한 자니라"(딤전 5:8)라고 말하였다.

그러면 **그리스도께서는 여기에서 무엇을 금하고 계신가?** 여러 가지 형태의 탐심을 금하신 것이다. 첫째로, 세상적인 부를 과도하게 추구하는 것, 사람들은 이 일에 있어서 절제나 한도를 지키지 못한다. 하나님께서 그들에게 필요한 것보다 훨씬 더 많은 것을 공급해 주실지라도 그들은 만족해하지 않으며 그들의 욕망은 꺼질 줄 모른다. 사람이 지금이나 혹은 장차 쓰기 위해 필요한 것들을 구하는 것은 죄가 아니라는 것을 우리는 위에서 살펴보았다. 그런데 일상생활에 필요한 것

이 무엇이냐에 관해서는 여러 가지 경우에 따라 상당히 다르다. 즉 하나님께서
이 세상에서 정하여 주신 지위에 따라 다르다. 노동자는 연장이 필요하고, 사업
가는 자본이 있어야 하며, 큰 땅을 소유한 사람은 그의 하인들에게 지불할 충분
한 돈이 있어야 한다. 정확한 규칙을 제시할 수는 없지만, 우리는 탐심이 가득 찬
자의 행실이 아니라 피조물을 올바로 사용하는 경건한 자의 판단과 본보기를 따
라야 한다.

둘째로, 그리스도께서는 여기에서 주로 세상적인 이익을 추구하면서 참된 부
는 멸시하고 깔보는 자들을 정죄하신다. 이것은 "너희를 위하여 보물을 땅에 쌓
아 두지 말라"는 말씀에 대신에 "오직 너희를 위하여 보물을 하늘에 쌓아 두라"
고 기록되어 있는 그 다음 절의 반대되는 내용으로부터 분명히 알 수 있다. 한 그
릇 음식을 위하여 장자의 명분을 판 에서의 경우(히 12:16)가 그러하였다. 또한
돼지 떼를 잃고 그리스도께 그들을 떠나가시기를 구하였던 거라사인들도 그러하
였다(눅 8:37). 이와 같이 이 일은 모든 시대에 있어왔고 지금 이 시대에도 그러하
여, 대다수의 사람들은 멸망하지 않을 것을 추구하기보다는 오히려 거의 모든 것
혹은 전부를 구하면서 "배부르게 못할"(사 55:2) 것을 위하여 수고하며 자기의 힘
을 소모해 버린다. 설교를 아무리 많이 해도 아무 유익이 없음은 바로 이런 까닭
이다. 청중의 생각과 욕망은 다른 것들로 채워져 있기 때문이다.

셋째로, 그리스도께서는 여기에서 그들이 쌓아 둔 세상적인 것들에 신뢰와 믿
음을 두는 자들을 정죄하신다. 이것은 마음의 우상이다. 사람이 그의 마음을 두
고 또 도움을 받기 위해 의지하는 것은 모두 그의 하나님이 된다. 그러므로 탐심
은 '우상 숭배'(골 3:5)라고 불린다. 만일 우리가 장차 쓸 것을 위하여 물자를 저
축해 두었는데 이로 말미암아 우리가 매일의 양식을 위하여 하나님께 의지하지
않게 된다면, 우리는 이 죄를 범한 것이다. 그리스도께서 부자가 천국에 들어가
기가 극히 어렵다고 하신 것은 바로 이런 이유 때문이었다(마 19:23, 24). 즉 그는
자기의 재물을 **믿기** 때문이다. 그리고 만일 우리가 주의 깊게 살펴본다면, 우리
는 부자는 거만하고 근심 걱정 없이 지내며 하나님의 심판에 주의를 기울이지도
않고 구원의 수단에 참석하지도 않음을 흔히 발견할 수 있다. 그러므로 다윗의
충고를 생각해 보아야 한다. "재물이 늘어도[그것을 버리라는 것이 아니라] 거기
에 마음을 두지 말지어다"(시 62:10).

넷째로, 여기에서는 이웃의 유익이나 복음을 지지하는 일, 혹은 하나님을 찬양

하기 위해 보물을 사용함이 없이 오직 자기만을 위하여 이기적으로 쌓아 두는 것을 금하고 있다. 이것은 실로 악한 행실이다. 왜냐하면 우리 각자는 청지기에 불과하며 우리의 몫을 하나님의 영광과 이웃의 유익을 위하여 나누어 주어야 하기 때문이다. 가난한 자는 하나님의 가난한 자이며 그의 손으로 빚으신 피조물이기 때문에 하나님께서는 각자의 청지기들이 자기의 몫을 가지고 충실하게 일할 것을 바라신다. 하나님은 언젠가는 부자를 심문하실 것이다. 그러므로 하나님 앞에서 회계(會計)할 그 날을 생각하며 살도록 하자. 자기만을 위해 이기적으로 사용하려고 부를 쌓지 말고, 그것들을 신뢰하지 않고 또 그것을 주된 기쁨으로 삼지 않게 보호해 주시도록 은혜를 구하자.

"너희를 위하여 보물을 땅에 쌓아 두지 말라 거기는 좀과 동록이 해하며 도둑이 구멍을 뚫고 도둑질하느니라." 여기에서 우리 주님은 자기의 훈계를 강조하기 위하여 세 가지 이유를 들고 계신다. 즉 세 가지 본보기를 들어 세속적인 재물의 부패성과 불확실성을 설명하신다. 주님은 이 재물이 좀과 같은 피조물에 의해서, 지상에 있는 모든 것들의 속성인 부패에 의해서, 또 우리가 사기나 폭력으로 말미암아 그것을 잃을 수 있다는 사실을 들어서 그것이 쉽게 파괴될 수 있음을 보여주신다. 우리에게 많은 의복이 들어 있는 훌륭한 옷장이 있는가? 나도 모르는 사이에 좀이 슬지도 모른다. 재산에 투자한 적이 있는가? 세월이 지남에 따라 그것은 없어져 버릴 것이다. 우리가 쌓아 둔 것이 금, 백금, 다이아몬드, 진주인가? 약탈자의 손이 곧 그것들을 움켜 쥘 것이다. 하늘만이 우리의 소유물을 안전하게 맡길 수 있는 유일한 곳이다.

앞에서 지적하였던 대로, 대다수의 우리 이웃은 가능한 한 많은 세속적 부를 얻는 것을 인생의 최고의 목적으로 삼고 있다. 그리스도의 제자들은 주위에서 이러한 실례를 보고 또 그 자신 안에 이와 똑같은 방향으로 치닫는 마음의 흐름이 있기 때문에, 다른 어떤 죄보다도 이 죄에 빠질 위험이 더 큰 상태에 있다. 이 악한 풍조를 없애기 위하여 그리스도는 여기에서 세속적인 것들의 상대적인 무가치함을 강조하신다. "네가 어찌 허무한 것에 주목하겠느냐 정녕히 재물은 스스로 날개를 내어 하늘을 나는 독수리처럼 날아가리라"(잠 23:5). 그러면 부패하기 쉽고 폭력으로 상실되기 쉬운 것들을 소유하는 데에 참 만족이 있을 수 있겠는가? 인간의 부패함과 우리 마음의 병적 상태를 보여주는 가장 강력한 증거들 중의 하나는, 대부분의 우리가 이 사실을 깨닫기는 하되 이 깨달음이 진실로 우리의 행동에까지 영향을 끼치도록 하기가 지극히 어렵다는 일이다.

"**오직 너희를 위하여 보물을 하늘에 쌓아 두라**"(20절). 여기 이 지상에 있는 보물에 관하여 우리가 해서는 **안 될** 일들을 가르쳐 주시고, 또 인간이 자기 보물에 필연적으로 품게 되는 마음의 경향을 아시고서, 그리스도는 여기에서 우리가 우리를 위하여 어떤 보물을 쌓아 **두어도 좋은** 것인지를 알려 주신다. 그러면 우리는 어떻게 하늘에 보물을 쌓아 둘 수 있을까? 왜냐하면 우리는 그곳에 가게 되어 있는 존재가 아니기 때문이다. 어느 누구도 스스로를 구원할 수 없다. 즉 우리의 구원의 처음과 그 과정과 그 끝은 전부 하나님께 속한 것이다. 성경에 자주 나타나 있는 바와 같이, 도구가 그 일을 효과적으로 해내는 것이다(고전 4:15; 딤전 4:16 참조). 다시 말하자면, 하늘의 보물로 우리를 부요케 하는 것은 하나님만이 하시는 일이지만, 우리는 도구가 되어 그의 은혜로 말미암아 이 보물을 얻기 위한 수단으로 사용된다. 그러므로 하나님만이 그 일의 창조주이시면서도 그 일이 전적으로 우리에게 속한 것인 양 이 명령이 우리에게 주어진 것이다.

우리가 참된 행복을 얻기 위해서는 무엇이 필요한가? 즉 그것을 어디에서 찾을 수 있으며 어떻게 그것을 얻을 수 있겠는가에 대하여 참된 판단을 내리는 것은 지극히 중요하다. 왜냐하면 우리 생각의 흐름과 우리 감정의 방향과 힘을 다한 추구는 주로 그것에 의해 규정되기 때문이다. 그러므로 그리스도는 여기에서 우리에게 "오직 너희를 위하여 보물을 하늘에 쌓아 두라 거기는 좀이나 동록이 해하지 못하며 도둑이 구멍을 뚫지도 못하고 도둑질도 못하느니라"고 말씀하신다. 다음의 두 가지 사항을 주의 깊고 경외하는 마음으로 살펴본다면 우리는 이 명령을 더욱 잘 이해하고 실행할 수 있을 것이다. 즉 그것은 이 보물은 무엇이냐 하는 것과, 어떻게 우리는 우리를 위해 그것을 쌓아 둘 수 있는가 하는 것이다. 이것을 실행하는 데에 우리의 구원이 달려 있기 때문에 이것은 지극히 중요한 사항이다. 시간이나 그 어떤 피조물에 의해서도 손상될 수 없는 참된 보물은 바로 참되시며 살아계신 하나님, 곧 만물을 지으시고 다스리시는 삼위일체 여호와이시다. 그분 안에서만 참된 모든 선과 행복을 찾을 수 있다.

이것은 여호와께서 아브라함에게 "나는 네 방패요 너의 지극히 큰 상급이니라"(창 15:1)고 하신 말씀과, 엘리바스가 욥에게 "그리하면 전능자가 네 보화가 되시며 네게 고귀한 은이 되시리니"(욥 22:25)라고 한 말과, 다윗이 "여호와는 나의 산업과 나의 잔의 소득이시니 나의 분깃을 지키시나이다 내게 줄로 재어 준

구역은 아름다운 곳에 있음이여 나의 기업이 실로 아름답도다" 즉 여호와는 나의 보배이다고 한 말(시 16:5, 6)과 같은 성경 말씀에서 분명히 알 수 있다. 그러나 강조적으로 말해 두어야 할 것은 우리의 보배는 바로 **그리스도 안**에 계시되어진 하나님이라는 사실이다. 왜냐하면 하나님은 그리스도를 떠나서는 "소멸하는 불"이시기 때문이다. 성육신하신 하나님이 우리의 참된 보배이시다. 왜냐하면 그분 안에는 "지혜와 지식의 모든 보화"가 감추어져 있으며(골 2:3), 우리의 생명은 "그리스도와 함께 하나님 안에 감추어져" 있기 때문이다(골 3:3).

"하나님이 자기를 사랑하는 자들을 위하여 예비하신 모든 것은 눈으로 보지 못하고 귀로 듣지 못하고 사람의 마음으로 생각하지도 못하였다"(고전 2:9). 여기에서 사도는 무엇을 언급하고 있는가? 물론, 위 구절이 보여주듯이, 하나님이 자기 백성을 위하여 십자가에 못 박히신 그리스도 안에 쌓아 둔 것을 말하고 있다. 즉 주 예수는 하나님께서 성도들에게 전하여 준 모든 참된 축복들의 큰 샘이며 창고이시다. 그러므로 그들은 "우리가 다 그의 충만한 데서[풍성한 부로부터] 받으니 은혜 위에 은혜러라"(요 1:16)라고 외친다. 당신은 죄를 용서받고 하나님의 의를 얻고 싶은가? 그렇다면, 그리스도는 "죄를 알지도 못하신 자로서 우리를 대신하여 죄가 되사 우리로 하여금 그 안에서 하나님의 의가 되게 하려" 하신 것이다(고후 5:21). 당신은 영원한 행복을 얻고 싶은가? 그리스도 자신이 "참 하나님이시요 영생이시라"(요일 5:20). 당신이 필요로 하는 모든 것 ― 즉 지도해 줄 지혜와, 기운을 내게 해줄 힘과, 슬픔을 진정시킬 위로와, 더러움을 씻어주는 것 ― 은 구세주 안에서 찾을 수가 있다.

그러면 우리는 **어떻게** 우리를 위하여 그리스도 안에서 찾을 수 있는 거룩하고 오래 지속되는 보물을 하늘에 쌓아 둘 수 있겠는가? 첫째로, 믿음을 가짐으로써, 즉 '영접'하는 자는 누구나(요 1:12) 그렇게 할 수 있다. 그래서 나는 "내 사랑하는 자는 내게 속하였고 나는 그에게 속하였도다"(아 2:16)라고 말할 수 있다. 우리가 복음을 통하여 우리에게 제시되어 있는 그리스도께 굴복하고 그를 받아들일 때 그리스도 안에 있는 하나님은 우리의 영원한 기업이 되신다. 둘째로, 그리스도의 '측량할 수 없는 풍성'(엡 3:8)을 받아들이면서 그와 매일 교제를 나눔으로써 그렇게 할 수 있다. "마리아는 이 좋은 편을 택하였으니 빼앗기지 아니하리라 하시니라"(눅 10:42). 그러면 이 '좋은 편'은 무엇이었는가? 즉 그것은 주의 발 아래 앉아 그의 말씀을 듣는 것이었다(39절). 셋째로, 그리스도께서 우리에게 남겨주신 모범을 따름으로써 그렇게 할 수 있다. 그러면 그 모범은 무엇이었는가? 그것은 하나님께 완전히 복종하며 사는 완전한 자기 부인이다. 이로 인하여 그리스도는 큰 보상을 받았다(빌 2:5-11 참조). 넷째로, 그리스도의 청지기로서 행동하고 그가 우리에게 맡긴 재물을 그의 영광을 위하여 사용함으로써 그렇게 할 수 있다(눅 12:33; 히 6:10 참조).

대부분의 사람들이 내세에서 하나님으로부터 행복을 얻기를 원한다고 말할 것이다. 그러나 그들은 **지금** 무엇을 자신의 최고의 선으로 여기고 있는가? 그들이 추구하고 즐기는 것은 주로 무엇인가? 바로 이 점에서 우리는 자신을 조사하고 살펴보아야 한다. 나의 영혼은 무엇을 가장 좋아하고 즐기는가? 세상의 것들인가, 아니면 하나님께 속한 것인가?(롬 8:5 참조) 나는 어느 때를 손실의 때로, 혹은 가장 이득이 많은 때로 생각하는가? 어느 때가 가장 풍요로운 수확의 때인가? 악한 자는 안식일에 대하여 "어느 때 끝날꼬?"라고 말한다. 그러나 건전한 성도는 "주의 궁정에서 한 날이 다른 곳에서 천 날보다 나은즉"(시 84:10)이라고 말한다. 왜냐하면 이로부터 영적인 소득이 나기 때문이다. 내 마음에 가장 소중한 것은 무엇인가, 내가 가장 진지하게 생각하는 것은 무엇인가? 이것이, 나는 무엇을 더 귀중하게 여기는가, 세상의 보물인가 아니면 하늘의 보물인가를 결정한다.

제29장

보물을 하늘에 쌓아 두라
❷

"너희를 위하여 보물을 땅에 쌓아 두지 말라 거기는 좀과 동록이 해하며 도둑이 구멍을 뚫고 도둑질하느니라"(19절). 주님께서 이 말씀을 하셨던 당시에는 은행이나 정부 채권 같은 것은 없었으므로 부자인 사람은 주로 값비싼 가구나 귀중한 금속, 혹은 보석을 쌓아 둔 것으로 구별되었다는 것을 기억해 두어야 한다. 그럼에도 불구하고, 현대생활이라고 해서 이러한 것들을 실지로 보호해 줄 수는 없다. "재물은 스스로 날개를 내어 하늘을 나는 독수리처럼 날아가리라"(잠 23:5)는 것은 지금도 맞는 말이다. 세상적인 모든 행복은 덧없는 것이다. 세속적인 모든 향락은 본래가 사라지는 것이며 이 땅의 모든 재물 또한 도둑맞기 쉬운 것이다.

"너희를 위하여 보물을 땅에 쌓아 두지 말라." 이 땅의 모든 보물도 정직하게 얻기만 하였다면 그것을 상당히 소유하고 있다 해도 죄가 되지 않는다는 것을 지적해 두어야겠다. 하나님은 아브라함에게 현세적인 것들에 있어서 크게 번창케 하셨지만 그에게 "나는 네 방패요 너의 지극히 큰 상급이니라"(창 15:1)고 상기시켜 주셨다. 욥 또한 큰 무리의 가축과 양 떼를 소유하였었고 잠시 동안은 그것들을 잃은 적도 있었으나 "여호와께서 욥의 말년에 욥에게 처음보다 더 복을 주시니 그가 양 만 사천과 낙타 육천과 소 천 겨리와 암나귀 천을 두었다"(욥 42:12). 다윗 또한 무한히 큰 물질적 부를 쌓도록 허락되었으나 그는 이 세상에 있는 것을 '보물'로 여기지 않았다. 반면에 그는 "나는 의로운 중에 주의 얼굴을 보리니 깰 때에 주의 형상으로 만족하리이다"라고 말하면서 "금생(今生)에서 그들의 분깃"(시 17:14, 15)을 받은 세상 사람들과 자기를 뚜렷이 구별하였다. 오직 하나님만이 영적으로 영혼을 부요케 하시고, 이와 마찬가지로 여호와께서 "네게 재물 얻을 능력을 주신다"(신 8:18).

그러면 여기서 "너희를 위하여 보물을 땅에 쌓아 두지 말라"고 말씀하실 때에 그리스도께서는 도대체 무엇을 금하고 계신가? 물론 그리스도께서는 우리가 물질적인 것들을 우리의 주요 관심사로 삼아 그것들을 추구하거나 즐기지 말라고 하시는 것이다. 그는 우리로 세상적인 것에서 우리의 궁극적인 행복을 찾거나 기대하지 말기를 바라신다. 또한 일시적이고 눈에 보이는 것들이 우리의 마음을 만족시키리라는 분별없는 상상을 하고 그것들을 사랑하지 않도록 금하신다. 사람이 현재나 미래를 위해 생활필수품을 구하려는 것은 죄가 아니다. 그러나 그가 탐심의 노예가 되어 아무 절제 없이 세상적인 부를 좇는다면 그것은 잘못된 일이다. "그러므로 하늘에 계신 우리 아버지께서 기뻐하며 우리에게 주신 금생의 분깃을 받아들이고 정당하게 즐기도록 하자. 그러나 그것에 애착을 느끼지는 말자"(존 브라운).

위의 명령을 통하여, 그리스도께서는 참된 부를 멸시하고 깔보면서 주로 세상적인 재물만을 구하는 자들을 정죄하셨다. 이것은 다음 구절에 나오는 반대되는 내용을 통하여 분명히 알 수 있다. 즉 "너희를 위하여 보물을 땅에 쌓아 두지 말라"는 말씀 대신에 "오직 너희를 위하여 보물을 하늘에 쌓아 두라"고 기록되어 있다. 팥죽 한 그릇에 장자권을 팔아버렸기 때문에 '망령된 자'라고 불리는 에서의 죄가 그러하였다. 그리스도는 여기에서 자기가 쌓아 두는 세상적인 것들을 믿고 신뢰하는 자들 또한 정죄하셨다. 왜냐하면 이것은 마음의 우상이 되기 때문이다. 이와 마찬가지로 우리의 보물이 있는 곳에는 우리의 마음도 있게 될 것이라고 경고하심으로써, 그리스도는 이 땅의 재물을 최고의 선과 기쁨으로 삼는 것을 꾸짖으셨다. 또한 우리 자신만을 위해 이기적으로 보물을 쌓아 두고 하나님의 영광과 이웃의 유익을 위하여는 조금도 사용하지 않는 행위를 정죄하셨다. 이것은 우리의 청지기 직분을 크게 배신한 것이다. 우리 각자는 언젠가는 하나님 앞에서 회계(會計)해야 할 것이다.

"너희를 위하여 보물을 땅에 쌓아 두지 말라 거기는 좀과 동록이 해하며 도둑이 구멍을 뚫고 도둑질하느니라." 이 구절의 하반절에서 그리스도께서는 세상의 소유물이 부패하기 쉽고 불확실하다는 이유를 들어 그의 명령을 강조하셨다. 여기에서 그는 우리에게 피조물의 본질과 그 남용에 관하여 말씀하심으로써 피조물의 무상함을 가르쳐 주신다. 금과 은, 그리고 모피와 비단이 아무리 순수하고 값비싼 것이라 할지라도 그것들은 녹이 슬거나 좀 먹기 쉽다. 아무리 주의 깊게 간수한다 할지라도 도둑이 와서 그것들을 빼앗아갈 수도 있다. 그러므로 "피조물은 왜 이처럼 무상한가"라고 어느 누가 묻는다면 그 대답은 다음과 같다. 즉 하나님께서 인간의 타락으로 인하여 그렇게 만드신 것인데(롬 8:20) 이렇게 피조물 위에 그의 진노의 인을 찍으심으로써 하나님의 분노가 얼마나 큰지를 알게 하려 하신 것이다. 그러므로 옷에 좀이 슬거나 은이 녹슬어 버린 것을 볼 때에는 우리의 시조의 타락을 생각하고 겸손해지며, 피조물을 소중히 여기지 않는 교훈을 배워야 한다.

"오직 너희를 위하여 보물을 하늘에 쌓아 두라 거기는 좀이나 동록이 해하지 못하며 도둑이 구멍을 뚫지도 못하고 도둑질도 못하느니라"(20절). 이 말씀은 단지 "썩을 양식을 위하여 일하지 말고 영생하도록 있는 양식을 위하여 하라 이 양식은 인자가 너희에게 주리니"(요 6:27)라는 말씀을 달리 표현한 것이다. 일시적이고 감각적인 것들, 곧 덧없는 것들에 애착을 두지 말고 또 그것들을 얻으려고 정력을 낭비하지 말고, 썩지 아니하고 영원한 것 곧 영적이고 거룩한 것들을 바라고 그것들에서 행복을 구해야 한다. 우리의 참된 행복은 하나님을 알고 그의 형상에 일치하며 그와 동행하고 그와 친교를 나누는 데에 있다. 그러면 그 어떤 피조물도 우리에게 전하여 줄 수 없고 또 우리에게서 빼앗아갈 수도 없는 평화와 기쁨을 누리게 될 것이다. 인간은 언제나 자기의 보물을 맡길 수 있는 안전한 장소를 찾고 있으나, 결국은 이 세상에서는 안전한 곳이 없으며 그 어느 것도 안전하지 못하다는 것을 알게 될 뿐이다. 그러므로 아무도 약탈하여 갈 수 없는 곳에 보물을 두고 싶다면 그것은 그리스도와 함께 하나님 안에 감추어져야 한다(골 3:3).

우리를 위하여 보물을 하늘에 쌓아 두는 것과 관련지어 다음의 다섯 가지를 살펴보자. 첫째로, 보물이 어디에 있는지를 **발견**하는 일, 그 위대한 보물이 어디에 있는지를 알아야 비로소 우리는 그것을 얻을 수도 이용할 수도 있다. 이것은 하나님께서 우리에게 그것을 나타내 주실 때에야 가능하다. 왜냐하면 구약시대의 하갈처럼(창 21:19), 하나님께서 우리의 눈을 열어 그것을 보게 하시기 전까지 우리는 그에 대하여는 눈먼 자이기 때문이다. 또한 이것은 하나님께서 우리에게 그것이 크게 필요함을 깨닫게 해주실 때에야 가능하다. 왜냐하면 하나님께서 그렇게 하시기 전까지 우리는 자기만족에 빠져 있기 때문이다. 그리고 이것은 하나님께서 우리에게 그것이 없다면 자신이 가난한 자임을 느끼게 해주실 때에야 가능하다. 왜냐하면 하나님께서 그렇게 해주시기 전에 우리는 라오디게아 교회 사람들처럼 "나는 부자라 부요하여 부족한 것이 없다"라고 말하기 때문이다. 그때가 되어서야 비로소 우리는 전심을 다하여 그리스도 안에 계신 하나님을 찾는다. 바로 여기에서 우리는 각자 자신을 조사하고 살펴보아야 한다. 우리는 자신의 비참함과 결핍을, 즉 자신의 더러움과 죄를 깨닫고, 또 깨끗해지고 용서받아야 할 깊은 필요가 있음을 깨닫게 되었는가? 그렇다면 우리는 진실로 그리스도의 의에 굶주리고 목말라 하고 있는가?

둘째로, 성령의 능력으로 말미암아 복음 안에 나타나 있고 영혼 안에 계시되어 있는 이 위대한 보물을 발견한 후에는, 우리는 이것을 온 세상보다도 훨씬 가치 있는 것으로 여기면서 자신이 소유하고 있거나 바라는 모든 것보다도 이것을 훨씬 **높이 평가하고** 소중히 여겨야 한다. 바울은 이 보물을 다음과 같이 평가하고 있다. "또한 모든 것을 해로 여김은 내 주 그리스도 예수를 아는 지식이 가장 고상함을 인함이라 내가 그를 위하여 모든 것을 잃어버리고 배설물로 여김은 그리스도를 얻기 위함이라"(빌 3:8). 우리가 그리스도를 우리의 보물로서 쌓아 두고자 한다면, 우리는 반드시 그리스도를 그처럼 높이 여겨야 한다. 여기에서도 역시 우리는 정직하고 신실하게 자신을 시험해 보아야 한다. 우리는 다윗처럼 "하늘에서는 주 외에 누가 내게 있으리요 땅에서는 주밖에 내가 사모할 이 없나이다"(시 73:25)라고 진실로 말할 수 있는가? 우리의 일상생활은 우리가 다른 무엇보다도 영적인 것들을 소중히 여긴다는 것을 증거해 주는가? "주의 입의 법이 내게는 천천 금은보다 좋으니이다 … 내가 주의 계명들을 금 곧 순금보다 더 사랑하나이다"(시 119:72, 127)는 말씀은 우리에게도 사실인가?

셋째로, 이 보물을 발견하고 그것이 측량할 수 없이 보배로운 것임을 깨달았다면, 우리는 그것을 얻어 **자신의 것으로 삼기** 위하여 전력을 다해야 한다. 지혜자가 말하였던 것처럼 "지식을 불러 구하며 명철을 얻으려고 소리를 높이며 은을 구하는 것 같이 그것을 구하며 감추어진 보배를 찾는 것 같이 그것을 찾으면 여호와 경외하기를 깨달으며 하나님을 알게 될 것이다"(잠 2:3-5). 하나님은 우리에게 이 목적을 위하여 정해 주신 수단들을 사용하라고 명령하신다. 그것들은 듣고, 읽고, 기도하고 믿음을 행사하는 것이다. 기록된 성경 말씀, 그리고 복음 설교를 통하여 하나님은 두 손을 뻗쳐 우리에게 이 하늘의 보물과 모든 영적 축복들을 내밀고 계신다. 그리고 우리의 믿음은 그것을 받으려고 뻗친 영혼의 손이며, 기도를 통하여 우리는 이 믿음을 증거한다.

넷째로, 이 보물을 얻은 후에는, 그것을 우리의 것으로 **확실히 하기 위하여 노력**해야 한다. 이것을 이루기 위해서는 부자에 대한 바울의 다음 명령을 지켜야 한다. "네가 이 세대에서 부한 자들을 명하여 마음을 높이지 말고 정함이 없는 재물에 소망을 두지 말고 오직 우리에게 모든 것을 후히 주사 누리게 하시는 하나님께 두며 선을 행하고 선한 사업을 많이 하고 나누어 주기를 좋아하며 너그러운 자가 되게 하라 이것이 장래에 자기를 위하여 좋은 터를 쌓아 참된 생명을 취하는 것이니라"(딤전 6:17-19). 살아계시는 하나님을 신뢰하고 궁핍한 자에게 풍부히 나누어 줌으로써 우리는 '좋은 터를 쌓는다.' 그렇다면, 이런 선한 행실로 말미암아 우리가 구원받는가? 아니다. 왜냐하면 하나님을 향한 우리 구원의 기초는 예수 그리스도 안에 있기 때문이다(고전 3:11). 그러나 믿음의 열매와 사랑의 행위는 그리스도에 대한 우리의 관계를 확신하기 위한 양심의 증거가 된다. "우리는 형제를 사랑함으로 사망에서 옮겨 생명으로 들어간 줄을 안다"(요일 3:14). 베드로후서 1:10의 말씀과 비교해 보고, 거기의 '더욱 힘써'라는 말씀을 5-7절의 내용을 가지고 해석해 보라.

다섯째로, 이 보물이 우리의 것임을 확신하였다면, 우리는 이것을 보물로서 **사용**해야 한다. 이 말은, 그리스도께서 하늘에 계시므로 우리의 마음도 역시 그곳에 있어야 하며, 우리의 소망과 기쁨이 그에게 있다면 우리의 행동이 영적이고 하늘에 속하게 될 것이라는 뜻이다. 만일 우리의 영혼이 땅에 고착되어 있고 우리의 애정이 전적으로 또는 대부분이 일시적이고 감각적인 것들을 향해 있다면, 그리스도를 우리의 보물이라고 할 수 없다. 우리의 보물을 올바르게 사용한다는 것은 우리가 세상의 재물을 하늘의 것으로 바꾸는 것을 의미하는데, 우리가 이 일을 하는 때는 바로 진실하게 하나님의 영광과 이웃의 유익을 위하여 그것들을 사용하는 때이다. "가난한 자를 불쌍히 여기는 것은 여호와께 꾸어 드리는 것이니 그의 선행을 그에게 갚아 주시리라"(잠 19:17). 그러므로 여호와께서 자비로운 자에게 빚진 자가 되신다. 왜냐하면 하나님은 가난한 사람을 자기의 사자로 삼아 부자에게 보내어서 그가 필요로 하는 것을 그에게 빌리도록 하시기 때문이다. 그리고 여호와는 하늘에 있는 영적 축복들로써 그에게 갚아 주신다.

"여호와의 이름은 견고한 망대라 의인은 그리로 달려가서 안전함을 얻느니라 부자의 **재물**은 그의 견고한 성이라 그가 [보호를 해주는] 높은 성벽 같이 여기느니라"(잠 18:10, 11). 여기에 나타나 있는 경건한 자와 경건치 못한 자가 그들 각자의 '보물'을 사용하는 데 있어서의 대조는 참으로 크다. 그리고 우리는 이 대조가 성경에 참으로 많이 예시되어 있음을 본다. 에서와 야곱의 경우를 예로 들어보자. 에서가 그의 장자권을 잃고 울부짖었을 때 그는 어떻게 하여 스스로를 위로하려 하였는가? 복수를 꾀하였다(창 27:41). 그러나 야곱은 "심히 두렵고 답답하였을" 때(창 32:7) 무슨 일을 하였는가? 그는 (그의 '보물'인) 하나님께 의지하고 그분 안에 소망을 두었다(9-11절). 또한 바울과 다윗의 경우도 그러하였다. 사울이 그의 왕국(그의 '보물')을 잃어버렸을 때, 그는 사무엘에게 "청하옵나니 내 백성의 장로들 앞과 이스라엘 앞에서 나를 높이사"(삼상 15:30)라고 말하였다. 그러나 다윗이 시글락에서 모든 것을 상실하였을 때에 그는 "그의 하나님 여호와를 힘입고 용기를 얻었다"(삼상 30:6). 그는 훗날에 "주의 법이 나의 즐거움이 되지 아니하였더면 내가 내 고난 중에 멸망하였으리이다"(시 119:92)라고 외쳤다. 곤경에 처했을 때 **당신은** 무엇에 의지하는가? 어디에서 위로를 얻고자 하는가?

"오직 너희를 위하여 보물을 하늘에 쌓아 두라 거기는 좀이나 동록이 해하지 못하며 도둑이 구멍을 뚫지도 못하고 도둑질도 못하느니라"(20절). 앞 구절에서처럼, 그리스도는 한 가지 중대한 근거를 들어 그의 가르침을 지지한다. 즉 그것은 하늘의 보화는 변함이 없고 절대 안전하다는 것이다. 세상 사람들은 그리스도를 따르는 자들이 추구하는 것과 기뻐하는 것이 그들의 것과는 구별되기 때문에 그들을 정신이 이상하고 손해만 보는 자로서 생각할지도 모른다. 그러나 주님은 그들이 영원한 이익을 얻는 자가 될 것이라고 확신시켜 주신다. 우리가 그의 이름으로 그를 위하여 행하는 모든 일이 장차 그날에는 우리의 것으로 계산될 것이다. "또 누구든지 제자의 이름으로 이 작은 자 중 하나에게 냉수 한 그릇이라도 주는 자는 내가 진실로 너희에게 이르노니 그 사람이 결단코 상을 잃지 아니하리라"(마 10:42). 하나님께서는 그리스도를 위하여 자기를 부인한 모든 행위를 후하게 갚아 주실 것이다. "또 내 이름을 위하여 집이나 형제나 자매나 부모나 자식이나 전토를 버린 자마다 여러 배를 받고 또 영생을 상속하리라"(마 19:29). 그러므로 이 세상의 재물을 하늘의 것으로 바꾸고 우리 구세주의 권고에 귀 기울이자. "너희 소유를 팔아 구제하여 낡아지지 아니하는 배낭을 만들라 곧 하늘에 둔 바 다함이 없는 보물이니 거기는 도둑도 가까이 하는 일이 없고 좀도 먹는 일이 없느니라"(눅 12:33)

어느 누가 이보다 더 훌륭한 이익, 즉 일시적이고 불확실한 것을 영원하고 멸망하지 않을 것으로 바꾸는 이익을 바랄 수 있겠는가? 그리스도인들이 그들을 위하여 "하늘에 간직하신 썩지 않고 더럽지 않고 쇠하지 아니하는 유업"(벧전 1:4)

을 잇도록 낳아주신 데 대하여 삼위일체 하나님을 찬미하는 데에는 참으로 풍부한 이유가 있다. 그들이 하나님을 사랑하고 신뢰하고 섬기며 영화롭게 하는 데에는 이유가 있다. 확실히 우리는 이 보물 외의 모든 것, 즉 친구, 재물, 나라, 자유, 그리고 생명까지도 결별해야 한다. 초대교회의 성도들이 그러하였다. 그들이 "저희 소유를 빼앗기는 것도 기쁘게 당한 것은 더 낫고 영구한 소유가 있는 줄 앎"이었다(히 10:34). 그리스도를 자기의 보물로 여기는 사람들은 그리스도로 크게 만족하기 때문에, 번영한다고 하여 뽐내지 아니할 것이고 역경에 처해서도 낙심하지 아니할 것이다.

"네 보물이 있는 그 곳에는 네 마음도 있느니라"(21절). 이 구절은 앞 두 구절에 나타난 명령을 강조하기 위한 차원 높은 이유가 된다. 즉 그 근거는 앞 두 구절에 공통적으로 해당하는 것으로서 각 사람이 순종하도록 설득하려는 것이다. 이 근거의 힘은 다음과 같이 설명될 수 있다. 네 보물이 있는 곳에 네 마음도 있게 될 것이다. 그러나 네 마음은 땅의 것들이 아니라 하늘의 것들과 결합하여야 한다. 그러므로 너를 위하여 보물을 땅이 아니라 하늘에 쌓아 두라. 앞에서 말하였듯이 '보물'이라는 말은 우리가 훌륭하고 소중한 것으로 여기는 것 곧 우리가 신뢰하고 그것에서 특별한 기쁨을 얻는 것으로서 장래를 위해 쌓아 둔 것을 의미하는 것으로 생각해야 한다. 그리고 '마음'이라는 말은 애착뿐만이 아니라 생각이나 상상 그리고 의지까지도 의미하는 것으로서 어떤 의도나 노력과 같은 행동을 낳게 하는 원인이 되는 것임을 생각해야 한다.

21절이 실제로 적용될 수 있는 몇 가지를 찾아 지적해 보자. 첫째로, 이 말씀은 우리가 올바른 종류의 보물을 선택하는 일이 지극히 중요함을 보여준다. 우리가 현명한 선택을 한다는 것은 현재와 영원의 세계의 우리의 이익과 참으로 깊은 관계가 있다. 왜냐하면 우리의 보물이 땅의 것이냐 하늘의 것이냐에 따라 우리 마음의 기질과 우리 생활의 방향이 세속적이냐 아니면 영적이냐가 결정될 것이기 때문이다. "바늘이 자석을 따르듯이 마음은 보물을 따른다"(매튜 헨리). 우리의 깊은 갈망들의 방향이 어떠냐에 따라 우리의 노력도 그 쪽으로 기울 것이다. 이것이 우리 본성의 바탕을 형성한다. 즉 우리가 최고의 선으로 여기는 것이 우리의 주된 생각을 차지하고, 우리의 확고한 소망들을 끌어내어 우리의 전력을 다한 노력을 자극시킬 것이다. 만일 우리가 행복을 이 땅의 것에서 찾을 수 있다고 생각한다면, 우리의 욕망과 추구하는 바는 우리에게 최고의 만족을 주는 대상과 일치하게 될 것이다. 그러나 만일 우리가 참된 행복이 하나님을 알고 사랑하고 섬기며 그와 동행하고 친교를 나누는 데에만 있다고 생각한다면, 우리의 성격은 영적으로 될 것이며 우리의 생각과 욕망과 추구하는 바 또한 그에게 일치할 것이다.

둘째로, 마음과 보물은 함께 있기 때문에, 우리가 자신의 마음 상태를 살피고 시험할 수 있게 되는 것은 참으로 중요하다. 사실, 타락한 인간의 마음은 만물보다 심히 거짓되고 우리들 중의 어느 누구도 그것을 철저히 알 수는 없다. 그럼에도 불구하고 그리스도의 교훈을 자신에게 올바로 적용한다면 우리는 자신의 영적 상태에 대하여 진실한 판단을 내릴 수 있을 것이다. 이 땅의 보물과 세속적 마음, 하늘의 보물과 하늘에 속한 마음을 생각해 보라. 마음과 보물은 서로 분리될 수 없다. 그러므로 우리는 신실하게 물어야 한다. 어디에 내 사랑이 놓여 있으며, 내 마음이 고정되어 있고, 내 관심이 있으며, 내 수고가 이끌어지고, 내 기쁨이 있는가? 만약 세속적인 것에 있다고 정직하게 말하지 않을 수 없다면, 내 마음은 세상에 속한 것이며, 결과적으로는 교회에 참석하고 신앙고백을 하는 것은 다 헛된 일이다(시 10:4; 겔 33:31). 그러나 나의 주된 사랑과 기쁨과 끊임없는 관심이 하나님의 형상에 닮아가는 것이고, 내가 날마다 그를 기쁘게 하고 그에게 순종하려고 노력하고 있다면, 내 마음은 하늘에 속하였다(시 139:17, 18; 사 26:9).

셋째로, 이렇게 마음과 보물을 함께 결부시켜 생각함으로써, 우리는 두 세상의 상대적인 가치(이 세상과 내세)를 알게 되고, 이것들 중의 어느 것을 더 중히 여기고 애써 구하여야 하는지를 알게 된다. 하늘과 비교할 때, 이 땅과 세속적인 삶은 멸시받을 수밖에 없다. 우리는 이 두 세상의 **상대적인** 가치에 대하여 말하고 있다. 그 이유는 우리는 하나님의 손으로 지으신 것들을 감사하지 않거나, 그것들을 경멸해서는 안 되기 때문이다. 지상의 피조물도 하나님이 지으시고 일시적으로나마 그가 축복하여 주신 것이기 때문에, 그것들을 미워해서는 안 되고 감사함으로 받고 하나님의 영광을 위하여 사용해야 한다. 그렇다고 해서 이 땅의 창조주이시며 모든 복을 나누어 주시는 자에게만 합당한 이것들로 우리 마음을 차지하도록 내버려 두어서는 안 된다. 하늘이 이 땅보다 훨씬 위에 있으며, 영원이 시간의 기간을 훨씬 능가하는 것과 같이, 영적인 것들은 물질적인 것들보다 훨씬 더 존중되어야 한다. 그리고 우리의 '보물'이 진실로 하늘에 있으면 있을수록, 더욱더 우리는 세상의 부를 쌓으려 하지 않을 것이고, 시간적이고 감각적인 것들을 우리의 목적에 대한 수단으로 이용하려고 노력할 것이다.

제30장

성한 눈

❶

> 눈은 몸의 등불이니 그러므로 네 눈이 성하면 온 몸이 밝을 것이
> 요 눈이 나쁘면 온 몸이 어두울 것이니 그러므로 네게 있는 빛이
> 어두우면 그 어둠이 얼마나 더하겠느냐(마 6:22, 23)

이 구절들을 해석함에 있어 주석가들은 본질적으로는 일치하고 있지만, 그러나 그 세부 설명에 이르러서는 상당한 차이점을 보이고 있다. 특히 되풀이하여 언급된 '눈', 정확히 거기에 내포되어 있는 의미와 연관된 설명에서 그러하다. 그러므로 우리는 여기에서 주님이 사용하신 여러 용어들을 조심스럽게 검토해 보고자 한다. 그런 다음에 이 구절, 그 문맥 관계의 일관성을 확인하고 또한 우리들 자신에게 실제로 적용시켜 보기로 한다.

"눈은 몸의 빛(the lihgt)이니"란 말씀이 백스터(Bagster)의 「원문 대조성경」이나 미국 개역성경에서 "눈은 몸의 **등불**(the lamp)이니"라고 번역되어졌다. 후자가 더 정확한 번역이라고 생각된다. 헬라어에서 보면 이 구절에 나온 '빛'은 이 절 끝부분, "온 몸이 밝을 것이요"(full of light)에서 쓰여진 것과 아주 다르기 때문이다. 그것은 누가복음 12:35, 36에 나오는 '등불'과 같은 것이다. 그리스도께서 눈을 몸의 '등불'이라고 말씀하신 것은 아주 적절한 비유였다. 왜냐하면 눈이라는 신체 기관은 그 자체로는 어떠한 빛도 가지고 있지 않기 때문이다. 이 세상과 그 모든 만물에 대한 빛의 가장 큰 원천은 태양이지만, 그러나 태양은 눈이라는 매체 없이는 몸을 비출 수 없다. 눈은 그 빛을 받는 용기이며 그 광선이 눈을 통하여 흘러들어와 몸을 비추어 준다. "그러므로 네 눈이 **성하면**(single)"이란 표현은 누가복음 11:34에서 다시 반복될 뿐이지만 고린도후서에서 약간 다른 형식

을 찾아볼 수 있다. "우리가 세상에서 특별히 너희에게 대하여 하나님의 거룩함 [simplicity, **순전함**]과 진실함으로 행하되 육체의 지혜로 하지 아니하고 하나님의 은혜로 행함은 우리 양심이 증언하는 바니 이것이 우리의 자랑이라"(고후 1:12).

이와 같이 하여, 주님의 뜻은 다음과 같은 것으로 드러난다. 즉, 몸의 활동은 눈을 통해 받은 빛에 따라 조절된다. 눈이 성하고 적절하게 기능하여 사물을 참되게 파악할 때는 온 몸이 밝게 된다. 그리고 우리는 자신의 의무를 다할 수 있으며 안전하고 신중하게 행동할 수 있다. 그러나 만일 눈이 잘 안 보이거나 시야가 불완전하다면, 우리는 사물을 혼동하여 분별없이 이해하게 된다. 그리하여 마치 어둠 속에 있는 양 더듬거리며 자칫하면 끝없이 길을 잃어버리고 위험 속에 빠지게 됨으로써 임무나 여정을 올바르게 완수할 수도 없다. 이 모든 것이 단순명료하다. 그러나 과연 그 '눈'이 의미하는 것이 무엇인가? 그리고 여기에서 '온 몸'이란 무엇을 암시하고 있는가? 이것이 설교에서의 비유임은 명백하지만, 그러나 **무엇**에 대한 비유인가? 바로 이 점에서 주석가들이 그렇게도 다양하게 해석하고 있는 것이다.

매튜 헨리는 다음과 같이 해석하고 있다. "눈, 그것은 즉 **마음**이다. 만일 그것이 성하다면 이는 자유롭고 관대하다는(bountiful) 의미로, 그 말은 로마서 12:8; 고린도후서 8:2-9, 11, 13; 야고보서 1:5에서 자주 나오고 있다. 그리고 '선한 눈' [bountiful eye, 관대한 눈](잠 22:9)이란 말씀도 보여진다. 만일 마음을 관대하게 품고 그 중심을 선행과 자선에 쏟는다면 그 사람은 그리스도인의 행실로 이끌려 질 것이다. 모든 행위는 '밝을 것이요.' 참된 기독교 정신, 즉 하나님 아버지 앞에서 정결하고 더러움 없는 경건(약 1:27)의 실례이며 증거가 될 것이다. '밝을 것' (full of light), 혹은 좋은 사역은 사람 앞에서 비추는 우리의 빛이다. 그러나 만일 마음이 '나쁘면', 곧 탐욕스럽고 무정하고 시기심 많으며 괴롭히기 잘하고 인색하면(이러한 마음의 기질은 종종 나쁜 눈으로 표현되고 있다 — 마 20:15; 막 7:22; 잠 23:6,7), 몸은 '어두울 것이니,' 모든 대화가 이교적이며 비기독교적으로 될 것이다. 인색한 자의 도구는 항상 '악하다.' 그러나 관대한(liberal, 존귀한) 자는 관대한 일을 도모한다'(사 32:5-8)."

이러한 해석은 직접적으로 뿐만 아니라 간접적으로도 문맥과 잘 일치된다. 이 책 제28장의 도입 부분에서 지적했던 대로 산상설교의 이 다섯 번째 부분(6:19부터 6장 끝까지 이어지는)에서 그리스도의 의도는 그의 나라의 성격에 대한 유대인들의 그릇된 견해를 바로잡는 것, 그리고 설교를 듣는 자들의 마음을 탐욕스러운 정신으로부터 전환시켜 주는 것이었다. 그리고 이는 여러 가지 수긍할 만한 이유들에서였다. 우리가 가장 큰 보물로 여기는 것에 우리의 품성도 따라감을 그들에게 경고하셨으며, 이제 그리스도는 보물을 선택하는 데 있어서 분별력은 우리의 눈, 혹은 목표의 성한 상태에 따라 결정될 것임을 암시하신다. 그러나 이와 같은 해석에 대해 약간만 생각해 보면 그것은 우리 구절의 범위에 대해 너무나 한정적임이 드러난다. '눈' 은 여기에서 '온 몸' 의 빛으로 일컬어지고 있다. 그러나 분명히 관대한 마음은 우리의 **모든** 감정과 행동의 조정자가 아니며, 그것은 다만 자비롭고 풍성한 일들을 조절할 뿐이다.

매튜 헨리의 언급은 다음과 같이 계속된다. "눈, 그것은 즉 **식별력**이다. 실제적인 판단, 양심은 눈이 몸에 대해서 하듯 영혼의 다른 능력들에 대해 기능하며 그 활동을 이끌고 지시한다. 이제 만일 눈이 '성하면,' 만일 눈이 참되고 올바른 판단을 내린다면, 특히 보물을 쌓아 두는 중요한 일에 있어 올바른 선택을 위해 다른 사물들을 분별한다면, 눈은 감정과 행동을 바르게 인도할 것이요 모든 것은 은혜와 위로로 밝아지게 될 것이다. 그러나 만일 눈이 '나쁘면,' 탁해지고 그리고 저열한 능력들을 이끌어 가는 것이 아니라 오히려 그것들에 의해 이끌리고 매수되고 편견을 갖게 된다면, 즉 만일 눈이 그릇되고 오해하게 된다면, 마음과 생활은 틀림없이 '어두울 것' 이며 모든 행위는 타락할 것이다. 그들은 알지도 못하고 깨닫지도 못하여 흑암 중에 왕래할 것이다(시 82:5). 그것은 '하나님의 촛불' 이어야 하는 인간의 영혼이 도깨비불이 된 때이며, 백성을 인도하는 자가 그들을 미혹케 하여 인도를 받는 자가 멸망을 당하는 때(사 9:16)라고 말해진다. 실제적인 판단에 있어 실수는 치명적인 것이다. 즉 그것은 악을 선하다 하며 선을 악하다 하는(사 5:20) 그 상태이다. 그러므로 사물을 바르게 이해하고 우리 눈에 안약을 발라 깨끗이 하는 일에 우리는 관심을 갖는 것이다."

비록 '눈' 과 '성한' 눈 사이의 어떠한 뚜렷한 구분을 묘사하지 않은데서 명료성을 결여하고 있긴 하지만 이 해석은 좀 더 만족할 만한 것으로 생각된다. 우리는 그리스도의 이 비유에서 '눈' 은 **식별력**을 말하는 것이리라고 믿는다. 왜냐하면 식별력이야말로 건전한 사람이 모든 활동을 하는 데 있어 다른 어떠한 것보다도 더 지시권을 갖는 영혼의 능력이기 때문이다. 사람이 믿는 그대로 자신이 살아가는 방법이 크게 결정되어지기 마련이다. 다시 말하여 "대저 그 마음의 생각이 어떠하면 그 위인도 그러하다." 이와 같은 해석은 우리가 본문 바로 앞 절과 본문 바로 다음 절에서 갖는 차이를 좀 더 명확하게 구별짓는다. 21절 말씀에서는 '마음'은 주로(비록 절대적으로는 아니지만) 감정을 나타낸다. 왜냐하면 **감정**이야말로 우리의 '보물'을 결정하는 것이기 때문이다. 24절(하나님과 재물에 대한 **섬김**)에서 근본적으로 보여지는 것은 **의지**이다. 그러므로 21절에서 24절까지의 말씀에서 우리는 각각 감정과 식별력, 그리고 의지에 대해 생각해 볼 수 있는데, 이것들이 함께 속사람을 구성한다.

"네 눈이 성하면." 바꾸어 말하면 "시각이 온전하면"이란 말이다. 이 말씀과 대조하여 다음 절에서 '나쁜' 눈, 즉 '사악한' 눈을 제시하고 있음으로 보아 '성한' 눈이란 곧 좋은, 혹은 경건한 눈이 된다. 그러면 좋은 '눈'이란 **어떠한** 것인가? 분명히 그것은 새롭게 된 식별력, 깨끗하게 된 눈이며, 그리고 하나님의 영으로 밝게 된 마음, 진리에 의해서 지배되고 조절되는 마음이다. 몸이 눈을 수단으로 하여 그 행동에 빛을 공급하듯이 마음은 그 활동이 오직 성령의 감화에만 응하도록 맞춰져 있다. '성한' 눈의 목적은 오직 하나, 곧 하나님을 기쁘시게 하고 영화롭게 하는 것이다. 이 사실은 이 말이 나와 있는 다른 구절(약간 다른 표현이지만)에서 확인된다. "우리가 세상에서 특별히 너희에 대하여 하나님의 거룩함[Simplicity, **순전함**]과 진실함으로 행하되 육체의 지혜로 하지 아니하고 하나님의 은혜로 행함은 우리 양심이 증언하는 바니 이것이 우리의 자랑이라"(고후 1:12). 사도가 그의 일을 감당하는 데 있어 그를 지탱해 주는 기쁜 확신은 그의 진실함, 즉 '순전함'(불성실과 반대되는 의미에서)에 대한 자각과 영적인 깨달음에서 나온 경건한 진실성으로 이루어져 있다.

"눈, 그것은 즉 **목표**이며 **의도**이다. 눈으로 우리는 자기 앞에 목적지를 정하고 목표하는 표적, 가고자 하는 장소를 정한다. 우리의 목표하는 바를 지속하며 우리의 행동이 따르도록 지시한다. 모든 것에 있어 우리는 우리의 눈에는 우리가 지니고 있는 무엇인가가 있다는 신앙심으로 행한다. 이리하여 만일 우리 눈이 성하면, 우리가 성실하게 목표하고 있고, 올바른 목적지를 맞추고 있으며, 그리고 그 목적지를 향해 바르게 나아가고 있다면, 만일 우리가 오직 하나님의 영광만을 순수하게 추구하며, 그분의 존귀와 은혜를 구하고, 모든 것이 전적으로 그분께로 향하게 한다면, 그렇다면 눈이 성한 것이다. 사도 바울이 '내 안에 그리스도께서 사신 것이요'라고 말했을 때 그의 눈이 그러했었다. 그리고 만일 우리가 이 점에서 틀리지 않다면 '온 몸이 밝을 것이요.' 모든 행동은 조절되고 너그러워져서 하나님을 기쁘시게 하고 우리 자신들을 평안하게 할 것이다. 그러나 만약 눈이 나쁘면, 즉 오직 하나님의 영광과 그분을 기꺼이 맞아들이기를 추구하는 대신에 우리가 사람들의 칭찬에 눈을 돌린다면, 그리고 하나님께 영광 돌리는 체하면서 우리 자신의 영화를 꾀하고 그리스도의 일을 추구한다는 이름 아래 자신들의 일을 모색한다면, 이는 모든 것을 결딴내게 된다. 모든 행위가 잘못되고 미덥지 못하게 될 것이며 그 주추부터 흔들려서 그 위에 지은 집은 온갖 악한 일만이 가득하게 될 것이다"(매튜 헨리).

본문 말씀에 나와 있는 주요한 용어들의 의미는 이처럼 다양하다. 다음에는 문맥과의 **그 연관 관계**를 생각해 보도록 하자. 그 내용은 다음과 같다. 우리의 사물에 대한 분별, 가치에 대한 평가, 땅의 일과 하늘의 일에 대한 실제적인 판단은 우리의 식별력이 하나님의 조명을 받았는지, 아니면 여전히 자연 그대로 어두운 가운데 있는지에 따라 아주 달리 결정된다. 밝은 식별력은 그 참된 성격과 가치에 따라 사물들을 파악하기 때문에 우리에게 진실된 판단을 하게 하며 현명하게 선택하고 그것들에 관해 올바르게 행동하게 한다. 그러나 어두운 식별력은 사물들을 잘못 평가하게 하기 때문에 그릇된 선택과 불행한 결과를 초래한다. 이 후자의 경우에 있어 사람 '안에 있는 빛'은 인간 본래의 이성이다. 그리고 그 이성의 지시에 따라 사람들은 터무니없이 어리석은 경로를 따라 나아가고 있으면서도 자신들이 현명하게 행동하고 있다고 생각하게 된다. 그러니 그들의 어둠이 얼마나 크겠는가!

이상에서 우리는 일반적인 연관 관계에 대해 말하였다. 그러나 거기에는 또한 유대인들과 특별히 관련되는 좀 더 특정적인 연관성도 있다. 19절에서부터 21절까지에서 그리스도는 참된 행복은 육신적인 성격의 것이 아니라 영적인 것이며, 땅에서가 아니라 하늘에서 (온전하게) 찾아지는 것이라고 지적하셨다. 만일 우리의 생각과 갈망, 그리고 추구하는 바들이 진정한 행복을 얻을 수 있는 그 방향을 따르고자 한다면 이 말씀에 대한 굳은 확신이 절대 필요하다. 하지만 대부분의 유대인들은 자신들의 메시야에게서 현세적이고 세속적인 성격의 부(富)를 기대하고 있었다. 그리하여 그들은 주님이 알려주신 영적인 기쁨을 경시하고 거부하였다. 곧, 그들의 보물이 땅에 있었기에(팔레스타인을 수복하는 것) 그들의 마음 역시 그러했던 것이다. 그러면 왜 그러하였는가? 그들에게 있는 빛이 어두웠기 때문이었다. 그들은 그릇되게 배웠으며 거듭나지 않은 사람이었기에 자신들의 잘못을 깨달을 수 없었다. 그들은 하나님의 나라에 '들어갈' 수 있으려면, 아니 '보기'라도 하려면 그 전에 거듭나야만 했다(요 3:3, 5)

유대인들은 그들의 타락한 마음에 있는 세속적인 욕망에 따라 메시야의 왕국에 대해 잘못된 생각을 가지고 있었다. 그리하여 다만 타락한 인간 본성에 공통되는 것은 무엇인지 그 한 실례를 예증하는 데 이바지했을 따름이다. "물에 비치면 얼굴이 서로 같은 것 같이 사람의 마음도 서로 비치느니라"(잠 27:19)라는 말씀대로이다. 유대인이라고 해서 이방인보다 영적인 것들을 더 사랑하거나 갈망한 것도 아니었으며, 또한 자신이 처한 상황의 비참함을 깨달을 수 있었던 바도 아니었다. 왜냐하면 그들에게 있는 빛이 어두웠기에, 너무도 어두웠기 때문이었다. 이에 대한 증거를 그리스도는 지금 우리가 다루고 있는 본문에서 제시하고 계신다. 본문 말씀은 그리스도께서 그가 방금 말씀하신 두 계명에 대하여 사람들이 마음속으로 반대하고 있음을 아시고 답변하신 것으로 생각할 수 있다. 다음과 같이 반문할 수 있겠다. 만일 보물을 하늘에 쌓아 두어야 하고 땅에 쌓아 두지 말아야 한다면, 이 세상에서 가장 교육을 잘 받고 가장 빈틈없는 훌륭한 사람들이 일반적으로 하늘에 속한 것보다 훨씬 땅에 속한 부를 더 추구하고 있는 이유는 무엇인가?

이와 같은 질문이 유사한 형태로 종종 젊은 그리스도인들을 시험하여 그들을 실족케 하곤 한다. 만일 영혼의 참된 부가 일시적이고 감각적인 것들에서 찾아지는 것이 아니라면 우리 동료들이 "배부르게 못할 것"(사 55:2)을 위하여 그토록 고되게 수고하는 이유는 무엇인가? 만일 이 세상이 우리에게 제공하는 최상의 것이 사용하는 동시에 소멸되고 있다면, 왜 대부분의 사람들, 아니 모든 사람들은 그것을 그렇게도 소중하게 여기는 것인가? 그 설명은 다음과 같다. 즉 사람들이 타락한 눈으로 사물을 보기 때문에 진정한 것이 단지 환상으로 보이며, 그 그림자들이 본질로 오해되고 있다는 것이다. 이러한 사실에 놀라지 말라. 그리스도께서 말씀하시지 않았는가. 그들은 성한 눈, 즉 하나님께서 밝혀 주신 식별력을 가지고 있지 못하며, 자연 그대로의 어두운 상태에 있다. 그들은 다른 것들 사이에서 분별하지 못하며, 참된 보물을 올바르게 판단하지 못한다. 그리고 하늘의 것에 대해 무지하여 다만 땅의 것을 추구할 따름이다.

우리가 성한 '눈'이 의미하고 있는 좀 더 나은 개념을 알기 위해서는 **참된 지혜**

가 무엇인지에 대해 열심히 탐구해 볼 필요가 있다. 영적 지혜는 신앙을 고백하는 모든 그리스도인들이 가지고 있는 공통적인 선물이 아니다. 그것은 하나님께서 그리스도 안에서 거듭난 자들에게만 특별히 주시는 것이다. 왜냐하면 그리스도께서 친히 그 사람들에게 지혜가 되셨기 때문이다(고전 1:30). 그리고 이는 다만 그리스도께서 그들의 지혜의 내용(즉 그리스도와 십자가에 못 박히신 그를 알게 되는 것이 참된 지혜이다)이 되실 뿐만 아니라, 또한 그리스도께서 지혜의 근본이 되시기 때문이다. 그리스도 안에는 "지혜와 지식의 모든 보화가 감추어져 있다"(골 2:3). 그리고 믿는 자들은 참으로 그리스도와 연합되어 있을 때에, 마치 원줄기에서 불가분하게 뻗어 나온 가지처럼 그의 덕에 참여케 된다.

이와 같은 하늘의 지혜는 두 가지 활동을 한다. 첫째는, 서로 다른 것들을 **올바르게 분별**하는 일이다. 사도 바울은 다음과 같이 빌립보 교인들을 위해 기도하였다. "너희 사랑을 지식과 모든 총명으로 점점 더 풍성하게 하사 너희로 지극히 선한 것을 분별하며," 혹은 "서로 다른 것을 분별하며"(빌 1:9, 10)라고 하였다. 즉 악으로부터 선을, 땅의 것으로부터 하늘의 것을 분별하는 일이다. 그것으로 하나님의 자녀들은 모든 거짓 목자들의 소리로부터 참된 목자이신 그리스도의 소리를 분별한다. 그것에 의해서 그들은 세례의 물과 모든 다른 물들 간에 차이를 두며, 성찬의 떡과 모든 다른 떡들을 (거기에 있는 주님의 몸을 분별함으로써) 구별짓는다. 그것으로 그들은 그들의 선택과 부르심에 대한 표적을 스스로에게서 얼마간 깨닫게 됨으로써 이를 분별해 낸다. 그것에 의해 이제까지 모든 일이 그 궁극적인 선을 이루도록 섭리하고 계시는 하나님의 손을 알아본다. "신령한 자는 모든 것을 판단하나"(고전 2:15) 자연인은 그렇게 할 수 없다.

이 진정한 하늘의 지혜가 하는 두 번째 활동은, 매사에 있어 무엇은 하여야 하고 무엇은 하지 않아야 되는지, 행동에 있어 선은 무엇이며 악은 무엇인지에 대해 **결정**하고 판정내리는 일이다. 하지만 여기에서 이 지혜의 주요한 작업은 참된 **행복**을 결정하는 것임을 기억해 두어야 한다. 거기에 사람의 전 생활이 맞춰져야 하는데, 그 행복은 그리스도 안에서의 하나님의 사랑이요, 은혜이다. 이 점에서 다윗은 자기 주변의 불경건한 무리들과는 너무도 다른 그의 지혜를 보여주었다. "여러 사람의 말이 우리에게 선을 보일 자 누구뇨(이는 즉 행복에 대한 세상의 헛된 추구이다) 하오니 여호와여 주의 얼굴을 들어 우리에게 비추소서"(시 4:6). 믿는 자의 참된 행복이 여기에 있다. 이 점은 사도 바울의 경우에도 분명하다(빌

3:8). 이와 같은 것이야말로 우리의 지혜임에 틀림없다. 왜냐하면 만일 어떤 사람이 더 이상 이룰 수 없는 가장 높은 단계의 모든 학식과 지성을 갖추었다 하여도, 참된 행복을 올바르게 결정하는 데 있어 실패한다면 그의 총명은 곧 어리석음이기 때문이다. 이 하늘의 지혜의 또 다른 중요한 역할은 우리가 이러한 행복에 도달하는 바로 그 수단을 올바르게 사용하는 일이다.

그리하여 이 성한 눈의 **열매**는 "온 몸을 밝게" 하는 것이다. 즉, 전 생활을 의의 길로 인도하고 선한 사역들로 가득하게 만듦으로써 올바르게 하는 것이다. "나[지혜 — 1, 11절을 참조하라]는 정의로운 길로 행하며 공의로운 길 가운데로 다니나니 이는 나를 사랑하는 자가 재물을 얻어서 그 곳간에 채우게 하려 함이니라"(잠 8:20, 21). 그렇다면 우리가 이 참된 지혜를 소유하여 왔음을 확인하고자 애쓰며 노력하는 것이 얼마나 긴급한 우리의 의무인가. 만일 이와 같이 하여 부여받은 마음이 그러한 분별의 힘을 지니고 있다면, 우리가 그에 대한 참여자가 되는 것이 얼마나 필요한 일인가. 이 일을 위해서 우리는 자신의 심중에 하나님에 대한 두려움을 지니도록 매우 주의해야 함에 틀림없다. 왜냐하면 "여호와를 경외함이 지혜의 근본"(시 111:10)이기 때문이다. 이 두려움은 하나님을 향한 마음의 경건한 경외심이다. 이 마음으로 인해 사람은 범죄하기를 두려워하며 매사에 하나님을 기쁘시게 하고자 염려한다. 그리고 만일 우리가 경외로써 그분의 말씀을 받아들이고, 우리가 읽는 대로 그것을 자신의 영혼에 적용시킨다면, 그 말씀이 우리의 양심을 찾을 때 떨면서 불평 없이 겸손하게 자신을 거기에 복종시킨다면, 우리는 이 참된 지혜를 획득하는 것이다. 다윗은 "주의 말씀은 내 발에 등이요 내 길에 빛이니이다"(시 119:105)라고 하였으며, 그럼으로써 "주의 계명이 항상 나와 함께 하므로 그것이 나로 원수보다 지혜롭게 하나이다"(98절)라고 말할 수 있었다. 만일 우리가 진정으로 현명해지고자 한다면, 우리는 자신의 식별력에 의지하기를 중지하고, 모든 일에 있어 말씀이 명하는 대로 따라야 할 것이다.

성한 눈, 즉 밝게 된 식별력 내지 참된 지혜를 부여받은 마음을 부지런히 추구해야 할 우리의 심각한 필요성은 본래부터 우리 각자가 온 몸을 어둠으로 가득차게 하는 **나쁜** 눈을 소유하고 있다는 엄연한 사실에서 두드러진다. 타락의 결과로 우리는 영적인 것에 있어 올바르게 판단할 힘을 잃었으며, 그리하여 악을 선으로 착각하고, 거부하여야 할 것을 선택하여야 할 것으로 오해한다. 자연인은 하나님의 임재를 깨닫지 못하고 있다. 그렇지 않다면 자기 동료의 눈 앞에서 하기 부끄러워할 일들을 하는 행위를 자제할 것이다. 자연인은 하나님의 충족하심을 알지 못하고 있다. 그렇지 않다면 창조자보다도 그 피조물을 훨씬 더 신뢰하지는 않을 것이다. 자연인은 하나님의 공의에 대해 무감각하다. 그렇지 않다면 그가 아직 죄를 지을지라도 징벌을 피할 수 있으리라고 스스로 확신하지 않을 것이다. 그렇게도 자연인은 스스로에 대해 보는 눈이 없다. 자기 자신의 어두운 상태를 깨닫지 못하며, 자신의 죄 많음과 무력함, 약함, 그리고 참된 행복에 대해 알지 못하고 있다.

이 나쁜 눈은 본래부터 우리 각자에게 있는 것이므로 우리는 끊임없이 스스로에게는 하나님에 대해서건 우리 자신에 대해서건 바르게 판단할 능력이 없음을 상기해야 한다. 왜냐하면 우리 자신의 무지를 깨닫는 일이야말로 참된 지식의 첫 단계이기 때문이다. 우리는 스스로를 가치 없이 판단하고 자신의 비참한 상태를 애통해하면서, 우리의 마음은 너무나 타락하여 모든 행동을 혼란시키고 있으며 이를 극복하기 위해서는 은총을 구해야 한다는 것을 자각해야만 한다. 이 나쁜 눈은 인간에게 보편적인 것이기 때문에 거기에서 우리는 타락자들이 쫓아가는 미친듯한 무모한 과정을 어떻게 설명할지, 왜 그들은 죄에 그렇게도 혹하여 있으며 세상을 그처럼 사랑하는지, 어찌하여 그들은 잘못된 생각에 기만당하고 그릇된 교리에 사로잡히는 심각한 경향이 있는지를 알게 된다. 인간의 이성은 이제 완전히 빛을 잃고 있으므로 우리가 지금 하나님의 말씀의 빛을 받고 있다는 사실에 참으로 감사하지 않을 수 없다. 그렇지만 만일 하나님의 말씀의 빛이 우리를 비출지라도, 그 요구를 누름으로써 우리가 그 빛을 따라 살지 못한다면, 우리의 어둠은 배나 더할 것이다.

제31장

성한 눈
❷

"눈은 몸의 등불이니 그러므로 네 눈이 성하면 온 몸이 밝을 것이요 눈이 나쁘면 온 몸이 어두울 것이니 그러므로 네게 있는 빛이 어두우면 그 어둠이 얼마나 더하겠느냐." 이 말씀에서 그리스도는 산상설교의 이 내용 부분의 처음부터 내내 가르쳐온 원칙을 계속 제시하며 강조하고 계신다. 즉 우리가 하는 모든 일에 있어서 **순수한 동기**와 **올바른 목적**이야말로 참으로 중요하며 절대적으로 필요하다는 것이다. 첫째로, 그리스도는 우리의 '자선' 내지 구제 행위가 하나님의 인정을 받는 문제에 있어 이 원칙을 보여주셨었다(2-4절). 둘째로, 그리스도는 하나님께서 우리의 기도를 받아 주시는 것과 관련하여 이에 대해 주장하셨다(5-15절). 다음으로, 그는 '금식'에 있어서 우리가 외식하는 자보다도 더 많은 상급을 받으려면 어떻게 해야 하는지에 있어서도 그 원칙을 지적하셨다(16-18절). 그런 다음에, 그리스도는 우리의 보물이 있는 곳에 우리 마음도 있음을 가리키면서 부를 쌓아 두는 문제에서도 같은 원칙을 적용하셨다(19-21절). 그러면 우리는 참되고 소멸되지 않는 '보물'은 무엇인지, 그리고 어디에서 그것을 찾을 수 있는지에 대한 바른 견해를 어떻게 얻을 수 있겠는가? 바로 이 질문을 주님은 본문에서 미리 예기하시고 대답하신 것이다.

　두드러지게 인상적인 비유를 사용하심으로써 그리스도는 설교를 듣는 자들에게 그들의 시선을 위에 있는 것에 두어야 한다고 계속하여 권고하셨다. "눈은 몸의 등불이니." 첫 번째 예증에서 이는 이성의 빛을 말한다. 이성의 빛은 인간을 열등한 피조물로부터 구별한다. 동물들은 본능에 따라 행동하지만 인간은 지성에 의해 통제된다. 지성은 인간이 자신의 창조주와 영적으로 교제하는 것을 가능하게 해준다. 그리고 인간이 빛이신 그분과 연합되어 있는 한, 그의 마음은 자신의 모든 길이 하나님의 영광에 맞춰 정해지고 그분의 동의를 얻도록 그렇게 자신의 영혼을 가르치고 다스린다. 그러나 불행히도 인간은 모든 축복의 근원을 저버리고, 의존 상태를 떠나서 변절하였다. 그 결과로 그의 '눈'이 '나쁘게' 되었다. 바꾸어 말하면, 그의 총명[식별력]이 어두워졌다. 자기 가운데 있는 무지함으로 말미암아 하나님의 생명에서 떠나 있는데, 이는 곧 그의 마음의 굳어짐 때문이었다(엡 4:18). 그러므로 그는 오직 심령으로 새롭게 될 절박한 필요에 처해 있다(엡 4:23).

본문 말씀을 깊이 생각해 봄에 있어 다음과 같은 사실에 주의 깊게 유념할 필요가 있다. 즉, 그리스도는 여기에서 이방인이나 세속적인 세상의 편에 속한 자들에게가 아니라 하나님의 백성이라 고백하는 유대인들에게 권면하고 계시다는 점이다. 그들은 절대 무신론자나 이교도들이 아니다. 오히려 지존자이신 하나님을 알고 있고, 비록 대개의 마음은 그에게 멀리 있을지언정 겉으로는 그를 경배하는 이들이다. 그들의 목적과 의도는 분열되어 있다. 그 점이 24절 말씀에서 주님이 그들에게 경고하시는 이유이다. "한 사람이 두 주인을 섬기지 못할 것이니." 바로 이것이야말로 그들이 헛되게 시도하고 있던 일이었다. 그러므로 그리스도께서 여기에서 "만일 네 눈이 **좋으면**"(이 표현이 다음 절에 나와 있는 '나쁜 눈'과 가장 명백하게 반대될 것이다)이라고 말씀하지 않으시고, 네 눈이 **성하면**이라고 하셨다는 점에 유의해야만 한다. 이 말씀은 24절과의 유대를 미리 암시할 뿐만 아니라 또 그렇게 연결되고 있다. 그렇기는 하지만 주님은 병리적으로 가장 적합한 용어를 사용하신 것임을 또한 지적하여야겠다. 왜냐하면 좋은, 혹은 온전한 시각이란 '성한' 것이기 때문이다. 즉, 각 눈이 한 물건을 둘로 본다거나 다른 물건들로 본다면, 혹은 그 물건의 각기 다른 부분들을 본다면 그것은 우리의 시각 기관에 결함이 있다는 증거이며 눈이 멀어가고 있다는 증표이기 때문이다.

이제 거듭남에 있어, 영혼의 눈은 새로워지고 그 시각은 바로잡아진다. 신앙의 눈이 열리며 식별력이 하나님의 빛으로 밝아진다. 그리고 하나님이 그 열중하는 전 대상이 되며 그의 영광이 주요한 관심사가 된다. 결과적으로 온 영혼이 이제 "밝을 것이요," 영혼의 모든 능력은 그 유익한 영향력 아래 놓여지게 된다. 양심이 불어넣어지며 감정이 따뜻해지고 의지는 올바른 지시 아래 행동으로 옮겨진다. 밝아진 식별력과 하나님으로부터 가르침을 받은 양심이 이제 다른 것들의 차이를, 선과 악의 차이, 하늘의 것과 땅의 것의 차이를 구별할 수 있다. 그것에 의해서 하나님의 자녀들이 참된 목자이신 그리스도의 소리와 모든 거짓 목자의 소

리를 분별하며, 참된 행복의 근원과 물을 저장치 못할 터진 웅덩이의 차이를 식
별한다. 따라서 신자들은 자신의 영적 판단(하나님의 말씀에 의해 가르쳐지고 교
육받은)에 의해 매사를, 즉 무엇을 행해야 되고 무엇은 행하지 않아도 되는지 결
정하고 판단한다. 하늘의 지혜를 부여받아 그는 참된 행복과 말로 다할 수 없는
기쁨의 비밀을 배운다.

그러나 믿는 자의 '눈'이 실제적인 과정에 있어 '성한' 상태를 **유지할** 때에 한
해서만 그의 온 몸(영혼)이 '밝을 것'임을 지적해 두어야겠다. 육체의 눈, 시각
기관은 그 자체로는 어떠한 빛도 가지고 있지 않으며 외부로부터 비춰져야만 하
는 것처럼, 새로워진 식별력도 전적으로 하나님에게서 끊임없이 교화를 받아야
된다. 육체의 눈이 빛을 받는 용기이며 그 광선에 의해 몸을 비추어 주듯이, 식별
력과 양심도 매체이며 이를 통하여 영적인 가르침이 영혼에 받아들여진다. 그리
고 눈이 더 이상 빛 가운데 있지 않게 되는 즉시 몸은 어두운 중에 더듬어 나아가
게 되는 것처럼, 하나님과의 사귐이 깨어지자마자 영혼은 전혀 분별이 없게 된
다. 주의 광명[빛] 중에서, 오직 거기에서만 우리는 "빛을 보게 될 것이다"(시
36:9). 하나님의 영광이 진정한 우리 목적이고 그의 말씀이 우리의 법도인 동안은
우리는 '좋은 판단'을 할 수 있을 것이며, 그리하여 자아의지의 함정과 사탄의
함정과 사탄의 마수를 알아채고 피할 수 있다. 그러나 자기만족이 우리의 목표가
되고, 육욕적인 이성이 우리의 통제자가 될 때에는 어리석음과 혼돈과 재난에 스
스로를 내던지게 될 것이다.

"눈이 나쁘면 온 몸이 어두울 것이니"(23절). '나쁜 눈'은 거듭나지 않은 사람
의 마음 내지 식별력이다. 본래부터 그 안에 얼마간의 지성의 빛을 지니고 있는,
그렇기는 하지만 아담의 타락을 통한 죄의 오염으로 인해 무섭게 더럽혀지고 어
두워진 이들이다. 독자는 죄가 우리 안에 만들어온 대파괴에 대해 좀 더 명확한
개념을 가질 수 있다. 즉 인간의 식별력은 영적인 일에 있어 판단과 분별의 능력
을 잃어왔으며, 그리하여 악을 선으로, 땅의 것을 하늘의 것으로, 거부해야 할 것
을 선택해야 하는 것으로 착각하고 있다는 사실이 지적되어야 한다. 이 사실은
자연인이 하나님을 아는 지식에 대해 우매하고 무지하다는 것을 보아 분명하게
알 수 있다. 자연인의 마음이 하나님에 대한 어떤 지식을 지니고 있음은 사실이
다. 즉 그들은 하나님의 존재를 믿으며, 그의 지고성을 인정한다고 고백한다. 그
렇지만 그들이 갖고 있는 그러한 지식은 그들의 조물주에 대해 설명할 수 있게는

할지라도, 그의 영혼과 생명에 어떠한 영적인 감화력을 주지 못한다. 이에 대한 증거가 다음과 같은 사실에서 드러난다.

자연인은 실제 생활에 있어 "여호와의 눈은 어디서든지 악인과 선인을 감찰하시느니라"(잠 15:3)고 하는 저 하나님의 **임재**를 깨닫지도 인정하지도 않고 있다. 만일 그가 그러하다면 그의 동료들의 눈 앞에서는 범하기 두려워하고 부끄러워하는 죄들을 감히 하나님의 목전에서 두려움도 떨림도 없이 저지르지는 않을 것이다. 자연인은 하나님의 **특별한 섭리**를 깨닫지도 시인하지도 않고 있다. 왜냐하면 곤궁하고 고통스러운 시기에 외부적인 원동력이 메말랐을 때, 그의 마음은 자기 안에서 무감각해지며, 인간이 주는 도움의 약속이 하나님 안에서 그가 갖는 어떠한 희망보다도 그를 더 기쁘게 하기 때문이다. 그러니 그가 창조주보다도 피조물을 더욱 신뢰하고 있다는 것이 너무나 자명하다. 또한 자연인은 하나님의 **공의**를 깨닫지도 인정하지도 않고 있다. 왜냐하면 그는 아직 죄를 짓고 있을지라도 징벌을 피할 수 있다고 생각하기 때문이다. 그는 그의 행위로써 다음과 같이 말한다. "내가 내 마음이 완악하여 젖은 것과 마른 것이 멸망할지라도 내게는 평안이 있으리라"(신 29:19). 비록 자연인이 하나님을 경배하여야 함을 알고 있을지라도 그는 경배의 올바른 방법을 전혀 분별할 수 없다. 즉 대다수의 사람들이 우상과 여러 형상들 앞에서 절하고 있으며, 겉으로는 참된 하나님을 존경하는 체하는 사람들도 그러한 의식에 참여하고 있는 동안에는 그들의 마음이 하나님에게서 멀리 있다(마 15:8).

이러한 점들이, 죄가 인간을 타락시켜 왔고 그 존재의 근원을 오염시켜 왔으며 저희의 식별을 어둡게 했다는 통탄할 만한 증거들이다. 이러한 점들이 거듭나지 않은 자의 '눈'은 **나쁜** 눈임을 오해의 여지 없이, 반박할 수 없이 증명한다. 비록 이성적 행동을 축복받았지만, 하나님이 계시며 이를 인정하고 경배하여야 한다는 지각을 부여받았지만, 비록 하나님의 성품과 명령에 대하여 지적인 가르침을 받는 능력이 있지만, 그러나 그러한 지식은 영적인 방도에 있어 그에게 전혀 유용하지 않다. 거듭나지 않은 자는 하나님의 영광에 대해 무감각하며 그분의 위엄에 감동받지 못하고 그분의 존엄하심을 경외하지 않는다. 그분의 선하심에 온화하게 되지 않으며, 그분을 바르게 경배할 수도 없고, 또한 그것이 그분께 받아들여질 수도 없다. "육에 속한 사람은 하나님의 성령의 일들을 받지 아니하나니 이는 그것들이 그에게는 어리석게 보임이요, 또 그는 그것들을 알 수도 없나니 그러한 일은 영적으로 분별되기 때문이라"(고전 2:14)는 말씀이 너무도 자명하다. 그가 영적인 분별력을 갖거나 하나님을 체험적으로 알 수 있기 전에, 하나님에 대해 유효한, 차츰 바꾸어지는 지식을 얻을 수 있기 전에, 그는 거듭나야만 한다 (요일 5:20).

자연인의 우매함은 하나님에 대한 그의 우둔한 무지에서 뿐만 아니라 또한 **자기 자신에 대한** 존중에서도 드러난다. 그의 마음은 전적으로 영적인 분별력을 결여하고 있다. 다음과 같은 사실에서 분명하다. 거듭나지 않은 자는 그의 식별력이 의존하는 무시무시한 어둠을 전혀 의식하지 못하고 있다. 그들은 스스로 현명하다고 생각하는데 하나님의 일에 있어서는 틀림없는 바보들이다. 즉, 그들은 "평강의 길을 알지 못하였다"(롬 3:17). 진정으로 성령에 의해 일깨워졌을 때에 그들은 이를 알아차린다. 그때 그들은 부르짖는다. "구원받기 위하여 나는 무엇을 해야만 하는가"라고. 자연인은 자기 자신의 죄들을 바르게 분별할 수도, 그 죄의 수치스러움을 깨달을 수도 없을 만큼 그렇게 무분별하다. 만일 그가 분별한다면 그가 행하고 있는 대로 그렇게 계속하지 않을 것이다. 그는 자신의 덧없음과 죽음을 면할 수 없는 운명에 대해 잘못 판단하고 있다. 즉 다른 사람들은 젊은 날에 갑자기 죽게 될지라도 자신은 그렇지 않다고 판단한다. 나이가 얼마이든 간에 그는 여전히 여러 해 더 살 것이라고 생각한다. 이것이 바로 우리가 **"우리에게 우리 날 계수함을 가르치사** 지혜로운 마음을 얻게 하소서"(시 90:12)라고 기도하기를 배우는 연유이다.

자연인은 너무도 무지하여서 그의 인생의 범위와 목적을 올바르게 분별할 수 없다. 인생의 목적은 하나님의 영광을 위하고, 그의 동료들에게 도움과 축복이 되어야 하는 것이다. 그러나 이와는 달리 거듭나지 않은 자들은 이러한 일에 대해서는 거의, 아니 전혀 생각하지 않는다. 오직 그들은 자신의 영광을 추구하며 자기 이웃에게 걸림돌이 된다. 자연인은 자신의 참된 행복을 바르게 판단할 수도 없다. 너무도 우둔하고 바보스러워서 그는 부자는 부러워할 것으로, 가난한 자는 가엾게 여겨야 할 것으로 평가하면서 외적인 것으로 행복을 측정한다. 그러한 결과, 그는 환상을 실체로 간주하며, 실체는 환상으로 생각한다. 그리고 본질을 놓치고 있으면서 자기 시간과 정력을 그림자를 좇는 데 소비한다. 이와 같은 것이 바로 우리가 '위의 것'을 사랑하라고 권고받은 이유이다(골 3:2). 왜냐하면 본래부터 그는 땅의 것에 마음을 두고 있었기 때문이다. 이 모든 것을 통하여 자연인의 눈은 '나쁜' 눈이며, 죄가 그의 능력들을 타락시켰고 그의 식별력을 어둡게 하였으며, 그 영적인 지각을 파괴하였다는 것을 오해의 여지가 없을 만큼 명백하게 알 수 있다. 그리고 하나님께서 우리에게 은총의 기적을 수행하시기를 기뻐하시지 않는다면 불가피하게 "캄캄한 흑암"(유 13절)이 영원히 우리의 차지일 것이다.

"눈이 나쁘면 온 몸이 어두울 것이니"(23절). 여기에 나쁜 눈의 결과가 있다. 그의 전 인간이 영향을 받는다. 만일 식별력이 하나님의 빛에 의해 조명되고 목적하는 바가 하나님의 영광이라면, 전 영혼이 올바르게 인도되고 그 활동이 거룩해질 것이다. 그러나 마음이 죄와 사탄으로 인해 어두워진 곳에서는 속사람의 모든 능력들이 더럽혀지며 그의 모든 행동들은 나빠진다. 훼손된 눈은 빛을 지닐 수가 없으며, 이 상태가 곧 거듭나지 않은 자의 끔찍한 영적 상태의 전조가 됨은 자연계에서 뚜렷한 사실이다. 그들은 하나님의 임재를 견딜 수도, 그들을 경책하시는 하나님의 말씀을 참을 수도 없다. 그들의 눈은 나쁘며, 그들의 판단은 세상에 대한 사랑으로 어두워져 있다. 그 결과 그들의 전 생활은 무질서와 불의로 가득 차 있다. 그들의 가장 중요한 능력, 선과 악을 분별하고 거기에 따라서 인도해야 할 능력이 타락하고 무능하게 되었을 때, 그렇지 않고 달리 어떻게 될 수 있겠는가. "악인의 길은 어둠 같아서 그가 걸려 넘어져도 그것이 무엇인지 깨닫지 못하느니라"(잠 4:19).

그러므로 인간이 겸손해야 하고 자기를 성찰해야 할 이유가 바로 이것이다. 즉, 본래부터 우리는 하나님에 대해서건 우리 자신에 대해서건 전혀 올바르게 판단할 능력이 없다는 것, 자신의 전 생활에 있어 무질서 외에는 아무것도 만들어내지 못할 만큼 그렇게 타락한 마음을 지니고 있다는 것이다. 우리는 육체적으로 눈이 멀게 되는 일을 참으로 두려워하고 있다. 즉, 시력을 잃게 될지도 모르는 긴박한 위험에 처해 있다는 사실을 생각할 때 우리는 공포에 휩싸이게 된다. 그런데 하물며 영혼이 하나님을 떠나 사탄의 세력 아래 있게 되는 영적 어둠이야말로 지극히 두려운 일이 아니겠는가! 그러한 상태야말로 이루 말로 형언할 수 없이 두려운 일이다. 그렇지만 우리 동료들의 대다수는 그 상태가 그들에게 선언되었을 때에 자신들의 비참한 곤경의 처지를 전혀 느끼지 못하며 무관심하다. 그렇다면 나와 여러분이 **그들의** 눈먼 상태를 발견할 능력을 가지고 있다는 것은 참으로 감사할 일이 아니겠는가. 그러므로 우리는 저 위대한 의사의 말씀에 크게 주의를 기울여야 한다. 즉 "내가 너를 권하노니 내게서 … 안약을 사서 눈에 발라 보게 하라"(계 3:18)는 말씀이다. 우리는 주님께 말씀을 통한 성령의 조명을 구해야만 한다. 왜냐하면 이것이 "모든 것을 우리에게 가르치는 기름 부음"이기 때문이다 (요일 2:27).

여기에서 우리는 인간의 마음의 상태에 있어서 세상의 길이 참으로 악하다는 사실을 알 수 있다. 왜냐하면 도처에서 우리는 나쁜 눈에 아주 만족하는 자들을 볼 수 있기 때문이다. 하나님이 계시며, 그분을 사랑하고 경배해야 한다는 것을, 그리고 이웃을 내 몸같이 사랑해야 한다는 것을 외적으로 승인하는 자들조차도 그것을 전혀 추구하지 않는다. 그들은 그저 겨우 본래의 빛, 타락 이래로 그들에게 남겨진 지성의 찌꺼기만을 지니고 있을 따름이다. 그들은 여전히 영적인 어둠 가운데 있으며 "세상에서 소망이 없고 하나님도 없는 자"(엡 2:12)이다. 그들의 생활은 어둠으로 가득 차 있으며 하나님께서 그들에게 자비를 베푸시기를 기뻐하시지 않는 한, 멀지 않아 "흑암 중에 던져질" 것이다. 하나님의 일에 대한 본성적인 지식은 어떤 사람도 구원할 수 없다. 우리의 입술로 표하는 경의와 외형적인 개선으로는 하나님의 은총을 확고하게 얻을 수 없다. 오직 우리 심령으로 새롭게 됨으로써, 하나님께서 "우리 마음에" 빛이 비치도록 명하심(고후 4:6)으로써 이루어지는 그리스도 안에서의 새로운 창조만이 영원한 유익이 될 것이다.

이 '나쁜 눈'이 본래부터 우리 각자에게 있는 까닭에 우리는 특히 구원의 문제에 있어 제 딴에는 현명한 줄로 알지 않도록 참으로 주의해야 한다. 여기에서 하나님의 말씀이야말로 우리의 지혜가 되어야 한다. 너희는 모든 사람이 각기 소견대로 옳다고 하는 것을 하지 말며 오직 "나의 명하는 것을 모두" 하라고 하나님께서는 말씀하신다(신 12:8-11). 창조주가 어떻게 경배받아야 할 것인가에 대해서는 피조물이 말한 바가 아니요, 어떻게 구원을 받아야 할 것인가에 대해 죄인이 스스로 결정할 바가 아니다. 그 같은 태도는 사람들이 그러한 일에 있어 그들 자신의 주인이 되려는 어리석은 생각일 따름이다. 유대인, 이슬람교도, 천주교도, 그들 각각은 하나님을 경배하고 구원을 구하는데 있어서 제각기 나름대로의 방식을 갖고 있다. 비록 그들 모두가 진리에서 벗어나 있을지라도, 그들은 각기 **자신의** 경배를 하나님께서 받고 계시며 천국이 그들의 영원한 집이 되리라고 철저히 확신하고 있다. 그 점은 개신교에서 양육받은 대다수의 사람들의 경우에도 마찬가지이다. 즉, 그들은 자기 자신의 공로를 신뢰하고 자신의 신앙을 믿고 있

으며, 혹은 그들이 최후에 회개하고 자신의 영혼을 하나님께 맡기면 모든 것이
잘 될 것이라고 확신하고 있다.

나쁜 눈이 본래부터 우리 각자에게 있는 까닭에 우리는 참으로 성실하게 신앙
의 눈을 위해 기도하고 수고해야 한다. 오직 그 눈에 의해서만 우리는 그리스도
안에서 하나님의 자비를 바라고 (삶에서나 죽음에서나 필요한 모든 것에 대한)
하나님의 약속에 안식한다. 이 눈은 스스로 본래적인 지식으로써는 알 수 없는
은혜의 선물을 찾는다. 믿음의 눈으로 인해 우리는 하나님과 우리 자신들 모두에
대해 바르게 분별할 수 있다. 즉, 하나님의 거룩함과 명령하시는 바에 대해, 그리
고 우리의 추악함과 곤궁함에 대해 구별할 수 있다. 이 눈으로 우리는 멀리 저쪽
에 있는 것을 알 수 있고, 그것들을 확신할 수 있으며 환영할 수 있다(히 11:13).
그렇다, 믿음의 눈에 의해 우리는 보이지 않는 것들을 깨달아 알 수 있다. "믿음
은 바라는 것들의 실상이요 보이지 않는 것들의 증거"(히 11:1)이기 때문이다. 믿
음으로 아브라함은 그리스도의 때를 보고, 그리고 기뻐하였다(요 8:56). 믿음으
로 말미암아 우리는 믿음의 조상들의 발자취를 따라 하늘나라에 이를 수 있다.
그러므로 우리는 하나님께 이 믿음의 눈을 주시기를 열심히 간구하자. 이로 말미
암아 우리는 약속의 자녀가 되고 믿음의 후손으로 간주되는 것이다.

"그러므로 네게 있는 빛이 어두우면 그 어둠이 얼마나 더하겠느냐!"(23절). 이
말씀은 말할 수 없이 엄숙하다. '네게 있는 빛' 이란 본성의 빛이며, 사람이 본래
적으로 부여받은 도덕적이며 지적인 지각의 잔재를 말한다. 그것은 비록 타락으
로 인해 크게 흐려지고 더럽혀지긴 했지만 완전히 소멸되지 않은 하나님에 대한
지식이며, 선과 악에 대한 분별이다. 왜냐하면 진정한 무신론자나 가장 육욕에
빠진 비열한 자일지라도 여전히 그들 안에 약간의 양심의 활동은 남아 있으며,
하나님이 계시고 하나님께 의무가 있다는 것을 어렴풋이 알아채고 있기 때문이
다. 그러나 만일 남아 있는 '빛' 이 억눌려지거나 그것을 전혀 사용하지 않게 된
다면, 그 빛이 비추는 것이 계속하여 방해받고 양심의 소리가 서서히 잠잠하여진
다면, 그리하여 하나님이 부인되고, 그의 말씀은 하나님의 계시임이 거부되기에
이른다면, 그때에는 그 '빛' 이 '어둠' 이 되며 그는 하나님에게서 버림받은 마음
으로 내던져지는 것이다. 그럴 때 "그 어둠이 얼마나 크겠는가." 즉, 양심의 가책
도 없이 게걸스럽게 죄를 범하게 된다. 그리고 그 사람의 생활은 오직 야만적인
혼돈과 극악한 행동들로 가득 차게 된다.

"그러므로 네게 있는 빛이 어두우면 그 어둠이 얼마나 더하겠느냐!" 이 말씀은 또한 종교적인 오류에 미혹되거나 광신에 빠진 자들에게도 올바르게 적용된다. 사람들이 자신은 특별하게 빛의 조명을 받아 왔다고 생각할 때, 하늘로부터 성경의 기준에 어긋나는 어떤 소리나 환상, 혹은 어떤 공상적인 '성령 세례'를 받았다고 생각할 때, 그리고 이 특별한 빛 안에 그들이 필요로 하는 모든 것이 있다고 생각하면서 자신들을 성경으로부터 분리시킬 때, "그 어둠이 얼마나 더하겠느냐." 끝으로, 그리스도의 이 말씀은 건전한 목회자 아래 있던 자들에게 더욱 엄격하게 적용된다. 그들의 마음에 비춰진 진리의 빛이 저항을 받고, 성령이 억눌려질 뿐이라면 그들의 어둠이 얼마나 크겠는가! "만일 그들이 우리 주 되신 구주 예수 그리스도를 앎으로 세상의 더러움을 피한 후에 다시 그 중에 얽매이고 지면 그 나중 형편이 처음보다 더 심하리니"(벧후 2:20).

그리하여 만일 본성의 바로 그 빛이 발휘되고, 복음의 빛이 우리에게서 억눌러진다면, 우리는 참으로 진지하게 자신들의 추악함에 대해 **생각하지** 않을 수 없다. 왜냐하면 **우리**는 자신들 안에, 저지되거나 억눌러지지 않는 한 분명히 우리를 영원히 캄캄한 암흑에 빠지게 할 그러한 야만적인 정욕과 무서운 갈망들을 갖고 있기 때문이다. 이 사실을 깨닫는다면 우리는 참으로 겸손해지지 않을 수 없다. 그리고 여기에서 우리는 자신의 타락한 욕망들과 제멋대로 구는 감정들을 **억제하도록** 권고받는다. 타락 전에는 마음의 의지와 감정을 통제했었다. 그러나 이제는 이들 열등한 기능들이 마음을 지배하며, 그리하여 그것들이 우리의 판단을 흐리게 하여 어리석게 만든다. 우리의 유일한 대책은 자신의 잘못된 의지와 타락한 욕망을 거부하고, 그것들로 하나님의 말씀에 복종하도록 애쓰는 것이다. 그러니 우리는 "형제들아 너희는 삼가 혹 너희 중에 누가 믿지 아니하는 악한 마음을 품고 살아 계신 하나님에게서 떨어질까 조심할 것이요"(히 3:12)라고 권고하신 말씀에 진정 주의해야 할 필요가 있다. 그러므로 우리는 복음을 받아들이고 그 교훈에 따라서 행할 수 있도록 은혜를 구하며, 마음을 다하여 하나님의 이름을 두려워하게 되도록 간구하자.

제32장

하나님을 섬기는 일

한 사람이 두 주인을 섬기지 못할 것이니 혹 이를 미워하고 저를
사랑하거나 혹 이를 중히 여기고 저를 경히 여김이라 **너희가 하
나님과 재물을 겸하여 섬기지 못하느니라**(마 6:24)

이 시리즈의 지난 몇 장(章)을 주의 깊게 읽어온 독자들에게는 이 구절과
문맥의 관계를 지적할 필요가 없겠다. 그 관계는 한 눈으로 보아서도 거의 분명
하다. 이 부분의 설교를 통하여 그리스도께서는 귀중한 것과 무가치한 것 사이를
구별하시고, 참된 것과 거짓된 것 사이에 분명한 경계선을 그으셨다. 그는 두 종
류의 숭배자, 즉 진실한 자와 외식하는 자 사이를 구별하셨다. 그는 두 종류의 보
물, 즉 지상적인 것과 천상적인 것 사이를 구별하셨다. 그는 두 종류의 눈 혹은 지
혜, 다시 말하면 성한 눈과 나쁜 눈 사이를 구별하셨다. 이제 그리스도께서는 하
나님과 재물을 대조시킴으로써 두 주인을 대립시켰다. 여기에서 그는 하나님의
말씀의 사역자들에게 대단히 중요한 교훈을 가르쳐 주신다. 즉 거듭난 자와 거듭
나지 않은 자, 그리고 참된 구원의 소유자와 입술로만 신앙을 고백하는 자 사이
의 경계선을 분명히 가르심으로써 청중들이 각자 자신이 어느 쪽에 속하는지 쉽
사리 알 수 있게 하셨다. 오늘날 형식주의자들을 지지해 주고 많은 사람들로 하
여금 헛된 소망을 품도록 조장시켜 주는 피상적인 일들이 범람하고 있는 것은 참
된 목자가 부족하기 때문이다.

그러나 이 구절과 바로 앞서 나온 구절 사이에는 좀 더 밀접한 관계가 있다. 우
리가 제28장의 서두에서 지적하였듯이, 6장 19절 이하 말씀에서 우리 주님께서
는 청중들로 하여금 탐욕의 정신과, 현세적이고 감각적인 것을 사랑하는 것으로
부터 마음을 돌리게 하고자 하셨다. 먼저, 그리스도께서는 금지사항과 명령을 말

씀하시고 다양한 설득력 있는 이유를 들어 그것을 설명하셨다. 그 이유들을 요약
해 보면 다음과 같다. 물질적인 것을 너희의 주된 목표로 삼지 말라. 왜냐하면 세
상의 보물은 없어질 것이기 때문이다. 즉 좀과 동록이 그것을 해하고, 아무리 모
든 경계를 다하여도 여러 종류의 도둑이 들어 그것을 가져갈 것이다. 왜냐하면
세상의 보물은 인간의 마음을 사로잡기 때문이다. 사람들은 **그렇게 할 것**이라고
선포하신다(21절). 왜냐하면 세상의 보물을 추구하는 것은 어둠으로 끝나기 때
문이다. 사람들은 재물이 빛과 행복을 가져온다고 생각한다. 그러나 그 대신 어
둠과 비참함으로 끝난다(22, 23절). 왜냐하면 그것은 우리를 노예로 만들 것이기
때문이다. 만일 하나님이 우리의 주인이 아니라면 세상과 세상을 대표하는 재물
이 주인이 될 것이다.

더 직접적으로, 19절과 20절에서 말씀하신 명령을 반대하기 좋아하는 것이 인
간의 세속적인 마음이라는 또 하나의 반론을 그리스도께서 24절에 말씀하고 있
다. 그리스도께서는 19절, 20절에서 세상에 보물을 쌓지 말고 하늘의 보물을 구
하라고 말씀하신다. 첫째로, 그는 다음과 같은 이의(異議)를 예상하셨다. 즉 보물
을 땅에 쌓아 두지 말고 하늘에 쌓아두는 일이 그토록 절박하게 필요하다면 어째
서 가장 약삭빠른 자들과 교육받은 자들을 포함한 대다수의 사람들이 하늘의 보
물보다 세상의 보물을 얻으려고 전력을 다하는가? 그리스도께서는 거듭나지 않
은 자들은 건전하고 성한 눈이 없어서 참된 재물에 대하여 올바르게 판단할 능력
이 없다는 사실을 알려주심으로써 그의 청중에게 위와 같은 의견에 흔들리지 말
라고 명령하셨다. 여기 본문에서 그리스도께서는, 우리가 **두 가지**를 추구하는 것
이 가능하며 하늘에 보물을 쌓아 두는 것과 마찬가지로 우리 자신을 위하여 땅에
보물을 쌓아 두는 것이 가능하다고 믿고 있는데, 그것은 잘못이라고 반박하셨다.
사람들은 자기의 사랑과 힘을 하나님과 세상 사이에 분산시킴으로써 하나님과
세상을 타협시키려고 생각한다. 그러나 그리스도께서는 여기에서 그러한 생각이
전적으로 잘못된 것이며, 그러한 방향은 불가능한 것임을 드러내 주셨다.

우리 주님께서는 좀 더 직접적으로 유대인 청중에게 강론하시고, 하늘나라에
대한 그들의 잘못된 생각을 책망하신 사실을 우리는 다시 한 번 기억해야만 하겠
다. 그들은 장래에 메시야가 통치하시는 나라에서 누릴 행복에 대하여 어떤 막연
한 생각을 지니고 있었다. 그러나 세상적인 번영을 기대하는 것과 영적인 행복은
서로 대단히 모순적이라는 사실을 잘 알면서도 그들의 마음은 현세적인 번영을

꿈꾸는데 주로 골몰하고 있었다. 우리 주님께서는 그들이 잘못 생각하고 있음을 알려주셨다. 그들은 이것을 '회개' 하고 또한 근본적으로 마음을 바꾸어야 할 필요가 있었다. 그러나 이러한 망상에 젖어 있는 사람들은 오직 유대인뿐만이 아니다. 이방인들도 마찬가지이다. 모든 시대에 있어서 많은 사람들은 세상적인 것들 속에서 행복을 구하고 있으면서도 동시에 천상적인 복락을 누릴 즐거움을 얻는 것이 가능하리라고 즐거이 소망한다. 외식하는 자들은 하나의 활(弓)에 두 개의 줄을 매는 것이 좋다고 주장해 왔다. 그러나 그리스도께서는 여기에서 이것이 그릇된 것임을 드러내시고, 인간의 마음이 하나님과 세상 사이에 갈려지는 것은 불가능한 일이라고 설명하신다.

한편으로는 하나님께, 다른 한편으로는 자기 자신에게 목표를 두고 두 세계를 다 얻으려고 소망하며 행동하는 자는 자기 자신의 영혼을 속이는 것이다. 그러한 사람은 두 가지를 다 잃을 위험이 있으며, 그렇지 않으면 하나님의 나라를 잃게 될 것이다. 우리의 마음은 그리스도 안에서 하나님을 향하여 최고로 섬겨야 한다. 그러나 세상적인 사람은 오로지 겉으로만 하나님을 구한다. 우리는 우리의 마음을 전적으로 남김없이 주님께 드려야 한다. 우리 영혼의 눈은 주님만을 바라보아야 한다. 우리의 눈이 하늘에 계신 분께 견고하게 고정되어 있지 않으면 필연적인 결과로서 우리는 영적으로 눈멀게 되지 않을 수 없다. 왜냐하면 인간의 사랑은 분리될 수가 없기 때문이다. 만일 하나님을 사랑할 뿐만 아니라 세상적인 것들도 사랑하려고 한다면 그는 틀림없이 하나님을 사랑하는 일에 있어서는 실패할 것이다. 왜냐하면 "그런즉 누구든지 세상과 벗이 되고자 하는 자는 스스로 하나님과 원수 되는 것이니라"(약 4:4). 두 주인을 섬기는 것은 절대적으로 하나만 바라보는 눈과는 반대된다. 왜냐하면 그 눈은 주인의 손을 바라보게 될 것이기 때문이다. "하늘에 계시는 주여 내가 눈을 들어 주께 향하나이다 상전의 손을 바라보는 종들의 눈 같이, 여주인의 손을 바라보는 여종의 눈 같이 우리의 눈이 여호와 우리 하나님을 바라보며 우리에게 은혜 베풀어 주시기를 기다리나이다"(시 123:1, 2).

우리 자신을 위해 하늘에 뿐만 아니라 땅에 보물을 쌓아 두려는 행동은 전적으로 불가능하다. 왜냐하면 "한 사람이 두 주인을 섬길 수 없기 때문이다." 그러나 세상의 재물과 하늘의 재물을 겸하여 구하는 것은 두 주인을 섬기려는 의도이며, 하나님과 재물을 둘 다 알려고 하는 일이다. 그리스도께서는 서로 반대가 되는 사랑과 행동으로 두 주인을 섬기려 할 때 어떠한 **결과**가 초래되는지를 보여주심으로써 그 증거를 삼았다. 왜냐하면 "혹 이를 미워하며 저를 사랑하거나 혹 이를 중히 여기며 저를 경히 여김이라." 그러므로 결론은 오해의 여지 없이 명백하다. "너희가 하나님과 재물을 겸하여 섬기지 못하느니라." '하나님을 섬기는 것'은 '재물을 하늘에 쌓아두는 것'과 같은 일이다. 왜냐하면 하나님이 하신 약속에 의하면 참된 행복은 오직 거기에서만 발견될 수 있기 때문이다. 이 약속을 하신 분께서는 또한 우리로 이 행복에 도달할 수 있도록 어떤 방법도 제정해 주셨다. 지정된 방법으로 이 행복을 달성하는 것을 인생의 주된 목표로 삼는 사람은 하나님의 종이다. 왜냐하면 그는 하나님의 뜻대로 행하기 때문이다. 반대로 '재물을 섬기는 것'은 '보물을 땅에 쌓아 두는 것'과 같은 일이다.

"한 사람이 두 주인을 섬기지 못할 것이니." 주님께서 선포하신 뜻은 영어에서보다는 헬라어에서 더 분명하다. 첫째로, '섬긴다'는 말은 이따금씩 복종하는 행위를 하는 것이 아니라 하나님의 종이며 노예요 주인의 소유물이며 하나님의 뜻에 항구적이고 전적으로 복종하는 것을 의미한다. 그러므로 아무도 두 주인을 '섬기지' 못한다. 그와 똑같은 뜻의 헬라어가 있다. "우리가 알거니와 우리의 옛사람이 예수와 함께 십자가에 못 박힌 것은 죄의 몸이 죽어 다시는 우리가 죄에게 종 노릇 하지 아니하려 함이니"(롬 6:6). 그것은 또한 다음에서도 발견된다. "이제는 우리가 얽매였던 것에 대하여 죽었으므로 [행위계약으로서의] 율법에서 벗어났으니 이러므로 우리가 영의 새로운 것으로 섬길 것이요"(롬 7:6). 둘째로, 헬라어에는 두 개의 다른 단어가 있는데, 둘 다 '다른'이라는 뜻이다. 그러나 하나는 같은 종류의 또 다른 것을 의미하고, 나머지 하나는 전적으로 다른 종류의 또 다른 것을 나타내주고 있다. 그리스도께서 여기에서 "한 사람이 두 주인을 섬기지 못할 것이니 혹 이를 미워하며 저를 사랑하거나"라고 선포하실 때 그는 후자의 용어, 즉 한 주인과 정반대로 대립되는 다른 한 주인을 의미하는 용어를 사용하는 것이다. 그러므로 아무도 서로 다르고 반대되는 두 주인을 섬길 수 없다는 것은 명백하다.

"두 주인이 서로 아주 다르고 직접 대립되는 특성을 가졌다 하더라도 어떤 한 사람은 두 주인에게 연이어 종이 될 수가 있다. 어떤 한 사람은 서로 반대되는 특성을 가진 두 주인, 즉 한 주인은 가식으로, 다른 한 주인은 진실로 섬길 수도 있다. 어떤 한 사람은 두 주인을 불공평하게 섬길 수도 있다. 즉 한 주인은 일상적이고 습관적으로 섬기는 반면, 다른 한 주인에 대해서는 이따금씩 섬기는 행위를 할 수도 있다. 만일 그 주인들이 모두 한 편이고 그들 모두가 서로에게 복종한다면 어떤 한 사람은 둘 이상의 주인을 섬길 수도 있다. 예를 들면, 군인 한 사람은 그의 왕을 섬기고 동시에 그의 지휘관과 그보다 낮은 지위의 상관을 섬길 수 있다. 왜냐하면 그가 상관에게 복종할 때에는 그의 군주에게 복종하는 것이기 때문이다. 그러나 아무도 동시에 두 주인에게 실제적이며 동시에 계속적으로 종이 될 수는 없다. 그 두 주인은 서로 절대적이고 그들의 관심이 전적으로 양립할 수 없기 때문이다. 이러한 의미에서 우리 주님께서는 '너희는 하나님과 재물을 겸하여 섬길 수 없다'고 말씀하신다"(제이 Jay).

"한 사람이 두 주인을 섬기지 못할 것이니 혹 이를 미워하고." 다시 말해, 이 말은 주인이 그에게 명령할 때 그는 그 주인을 싫어하고 명령을 불쾌하게 생각한다는 뜻이다. "저를 사랑하거나." 이 말은 그가 주인을 기쁘게 생각하고 그 주인의 명령도 진정 즐거워한다는 뜻이다. "혹 이를 중히 여기며 저를 경히 여김이라." 이 말은 앞 부분의 말씀을 확충하여 주는 것이며 그것이 적용되어 있는 구절이다. 이 구절은 한 사람의 종이 한 주인은 미워하고, 다른 한 주인은 사랑하는 것을 대단히 명백하게 드러내주는 말이다. 그가 어느 한편으로 달라붙는 것(기울어지는 것)은 그가 그 편을 사랑한다는 것을 나타낸다. 다시 말하면, 그 주인이 즐거워하는 것에 주의를 기울이고 그 주인이 내리는 명령을 실행하려고 노력한다는 뜻이다. "저를 경히 여김이라"는 말은 그가 주인의 뜻을 무시하면서 주인을 증오하는 것이라는 의미를 담고 있다. 그래서 우리 주님께서는 어떤 사람도 서로 반대되는 두 주인을 겸하여 섬기는 것이 불가능하다는 사실을 보여주신다. 왜냐하면 그 종은 두 주인에게 양립할 수 없는 사랑과 행동을 실행해 보여야 하기 때문이다.

"너희가 하나님과 재물을 겸하여 섬기지 못하느니라." 맘몬(재물)이란 아람어인데 부(富)라는 뜻이다. 혹은 사람들이 일컫듯이 이 세상의 좋은 것들이라는 뜻이다. 그러나 그것은 의인화시킨 뜻으로 사용된 것이 분명하다. 왜냐하면 생명이 없는 것을 **섬긴다**고 말할 수는 없기 때문이다. 여기에서 사용한 표현은 '두 주인'에 대한 상징이다. 그런데 여기에서 맘몬(재물)이란 하나님과 반대되는 것이기 때문에 우리는 그 말이 부(富)의 신, 세상의 왕, 그리고 세상에 대한 사랑을 뜻하는 말이라고 이해해야 한다. 다시 말하면, 그것은 이 세상의 보물과 쾌락을 뜻

하는 것인데 그것은 진정 사탄을 숭배하는 일이다. '두 주인'을 섬기는 것이 불
가능한 일이라면 두 신을 섬기는 것은 얼마나 더 불가능하겠는가? "이 세상이나
세상에 있는 것들을 사랑하지 말라 누구든지 세상을 사랑하면 아버지의 사랑이
그 안에 있지 아니하니"(요일 2:15). 물질적인 부가 사람들로 하여금 그 안에서
행복을 찾도록 이끌어가고, 그것을 얻기 위해 시간과 힘을 바치도록 함으로써 인
간의 마음에 영향력을 발휘한다는 사실은, 이 세상의 왕이요 주인으로 행세하는
자의 힘이 두려울 만큼 강력하다는 것을 가르쳐 주고 있다. 그리고 많은 사람들
이 그 영향력에 굴복하는 것은 그들이 사탄에게 '예배'를 표현하는 것이 된다.
그러므로 하늘의 행복 및 그것에 이르는 수단을 취하는 일과, 세상의 행복을 구
하고 그것을 확보하려고 노력을 기울이는 일은 참으로 양립할 수 없는 것이다.

　"그들의 명령은 반대적으로 대립하는 것이다. 하나는 당신에게 믿음으로 걸어
가라고 명령하고, 다른 하나는 눈에 보이는 대로 걸어가라고 한다. 하나는 겸손
하라고 명령하고, 다른 하나는 교만하라고 한다. 하나는 위에 있는 것에 당신의
마음을 두라 하고, 다른 하나는 땅 위에 있는 것에 마음을 두라 한다. 하나는 보이
지 않는 영원한 것을 바라보라 하고, 다른 하나는 눈에 보이는 현세적인 것을 바
라보라 한다. 하나는 당신에게 하늘과 대화를 나누라 하고, 다른 하나는 땅과 결
합하라고 한다. 하나는 아무것도 염려하지 말라고 하고, 다른 하나는 온갖 걱정
을 다하라 한다. 하나는 지금 가지고 있는 것에 만족하라 하고, 다른 하나는 지옥
처럼 욕망을 확장시키라고 한다. 하나는 기꺼이 나누라 하고, 다른 하나는 움켜
쥐라 한다. 하나는 다른 사람의 일을 돌보라 하고, 다른 하나는 자기의 일만 돌보
라 한다. 하나는 창조주 안에서 행복을 구하라 하고, 다른 하나는 피조물 안에서
행복을 찾으라 한다. 그러므로 두 주인을 섬기는 것이 불가능하다는 것이 명백한
일이 아니겠는가? 당신이 하나에 마음을 집착한다면 다른 하나는 경시하게 될 것
이다. 당신은 하나님과 재물을 둘 다 섬길 수는 없는 것이다"(제이).

　본문을 통하여 우리는 하나님을 **섬기는 것**이 무엇인지 분명히 알았을 것이다.
우리는 이 일에 대하여 말은 많이 하지만, 아는 바는 거의 없으며, 행하는 바는 더
더욱 적다. 하나님을 섬기는 것은 그를 '사랑하고' 그를 '가까이 하며' 혹은 그
에게 '붙어 있는 것'이다. 하나님을 섬긴다고 고백하는 현대의 많은 사람들 중
대다수에게서 하나님을 섬기고 있는 표적을 거의 찾아볼 수가 없다. 하나님을 사
랑하는 일은 말과 입술로만 되는 것이 아니라 **행동과 진실**에 있는 것이다. 이 구

절에서 그리스도께서는 하나님이 우리의 아버지로서 뿐만 아니라 주님이고 '주인'으로서, 즉 우리에게 명령하시는 분으로서 사랑받아야 한다고 주장하시는 것이 분명하다. 우리는 하나님의 뜻과 그의 기뻐하시는 것을 하나님의 말씀 안에서, 특히 교훈의 말씀 안에서 알게 된다. 하나님께서 우리에게 요구하시는 예배를 계시해 주신 곳은 바로 거기이다. 만일 우리의 예배가 참되고 진실한 것이라면 비록 하나님이 우리에게 아무런 보상을 주시지 않는다 해도 우리는 명령하시는 권리를 가지고 계신 하나님을 사랑해야만 한다. 주 하나님께서는 다음과 같은 두 가지 일을 손수 명백히 결합시키셨다. "나를 사랑하고 내 계명을 지키는 자에게는 천대까지 은혜를 베푸느니라"(출 20:6). 다윗은 이 원리에 대하여 시편 119편에서 분명히 예증하였다. "나의 사랑하는 바 주의 계명을 스스로 즐거워하며"(47절. 그 외에 16, 54, 97, 127, 140, 159, 167절 참조).

　더욱이 우리 본문을 보면 다음과 같은 사실이 대단히 분명해진다. 즉 만일 우리가 기꺼이 하나님께 예배를 드리는 것이라면 그 예배는 전심을 다하는 것이어야만 한다. 그는 질투하시는 하나님이며 어떤 대적자도 용납하시지 않는 분이시다. 그는 거룩하신 하나님이며 우리 영혼의 밀실에 있는 어떤 우상도 참지 않으시는 분이시다. 그의 요구는 명백한 언어로 표현되어 있다. "너는 마음을 다하고 뜻을 다하고 힘을 다하여 네 하나님 여호와를 사랑하라"(신 6:5). 이에 미치지 못하는 것은 어느 것도 하나님을 만족시킬 수 없다. 주 예수께서 마태복음 22:37에서 같은 내용을 주장하신 것을 주목하는 것이 타당하다. 하나님을 섬기는 사람은 오로지 하나님만을 섬겨야 한다. 그리고 그의 시선은 '순전해야' 된다. 하나님은 우리에게 온 마음을 바칠 것을 요구하시며, 우리 마음이 하나님과 세상 사이에 분산되는 것을 허용하지 않으셨다. 갈렙은 "나는 내 하나님 여호와께 충성하였으므로"(수 14:8)라고 말할 수 있었다. 우리도 그렇게 말할 수 있겠는가? 다윗은 말하였다. "나는 전심으로 주의 법도들을 지키리이다"(시 119:69). 우리의 결심도 그러한가? 그렇지 않으면 주께서 우리에게 이렇게 말씀하실 것이 틀림없다. "그들이 나를 온전히 따르지 아니하였음이니라"(민 32:11).

　나아가 우리의 본문을 보면 다음과 같은 사실이 분명해진다. 만일 우리가 하나님께서 즐겨 받으시도록 '섬긴다'면 우리는 하나님을 '가까이 하고' 혹은 그에게 '붙어 있어야' 한다. 그렇게 함으로써 우리는 우리의 사랑을 '입증하는 것이다.' 하나님에게 붙어 있다는 것은 무엇을 의미하는가? 누가복음 15장이 답해 주고 있다. 거기에서 우리는 탕자가 "가서 그 나라 백성 중 한 사람에게 붙여 사니" (15절)라는 말을 볼 수 있다. 이 말은 그가 그 사람을 섬겼다는 뜻이다. 이와 같이 하나님께 붙어 있다는 것은 사람이 하나님을 예배하며, 그의 모든 명령에 복종하고 그의 약속을 기꺼이 받아들이는 것을 의미한다. 또한 온 세상이 그에게 대항한다 할지라도 불신앙이나 불복종으로 인하여 하나님의 계율로부터 멀어져 스스로 고통당하지 않는다는 것을 의미한다. 이것은 다윗이 취한 방법이었다. "내가 주의 증거들에 매달렸사오니" "내가 주의 모든 계명에 주의할 때에는 부끄럽지 아니하리이다"(시 119:31, 6). 그와 반대로 사람이 자기 지식에 의지하고, 그의 타락한 욕망을 따르며, 자기 자신을 즐겁게 하려 하거나, "여러 나라의 길"(렘 10:2)에 따르면, 그는 주님으로부터 멀어지는 것이며 주님을 미워하는 것이다. 만일 그렇게 하는 것이 그가 취하는 일반적인 경향이라면 그가 입술로는 아무리 그와 반대되는 것을 고백한다 할지라도 그는 분명히 하나님을 미워하는 것이다(딛 1:16 참조).

이상의 내용을 통하여 우리는 세상의 맹목성과 미신적인 무지에 대하여 분명하게 알게 되었다. 소위 기독교 국가, 또는 계몽된 시대에 산다고 하면서도, 주기도문과 사도신경만 반복하여 외우면 하나님을 잘 섬기는 것이며 우리의 생명이 세상적이고 세속적이 되지 않을 것이라고 믿는 사람들이 참으로 많다. 그러나 하나님께서 받으실 수 있도록 섬기기 위해서는, 우리는 마음으로 바치는 사랑에 있어서나 생활을 통한 복종하는 행위에 있어서나 하나님에게 붙어 있어야만 한다고 그리스도께서는 가르쳐 주신다. 모든 믿는 자의 조상인 아브라함은 그렇게 했다. 하나님께서 그에게 그의 고향을 떠나라고 부르셨을 때에 그는 "갈 바를 알지 못하고서 고향을 떠났다." 그리고 주님께서 사랑하는 아들 이삭을 죽이라고 명령하셨을 때에도 그는 즉시 나아가 그렇게 했다. 그런데 슬프게도 기독교 세계에는 무신론자들이 득실거리고 있다. 즉 하나님을 미워하고 경히 여기는 것은 지독한 무신론이기 때문이다. 그리스도께서는, 하나님께 복종하는 것을 소홀히 하고 이 세상의 것들을 구하는 데 마음을 둠으로써 하나님으로부터 마음이 떠난 자는 모두 다 하나님을 경히 여기는 자요 미워하는 자라고 지적하였다. 왜냐하면 그것은 무신론의 가장 나쁜 형태이기 때문이다.

여기에서 하나님과 재물이 두 주인으로서 대립하고 있는 사실로 보아 우리는 지상의 부(富)인 '재물'이 이 세상에서 하나의 큰 주인이라는 것을 알 수 있다.

그러므로 그리스도께서는 재물을 조심하라고 경고하신다. 어떻게 부가 주인이나 혹은 신이 될 수 있는가 하고 질문할 수 있을 것이다. 그 대답은 이렇다. 부란 그 자체로는 주인이 아니고 단지 피조물에 불과하다. 그러나 인간의 타락한 마음은 부를 자기들의 우상으로 삼고, 그것에게 사랑과 기쁨을 바치며, 하나님보다 그것을 더 신뢰하는 것이다. 이 이유 때문에 탐심은 우상 숭배이며(골 3:5) 탐하는 자는 우상 숭배자라고(엡 5:5) 불리어지는 것이다. 사람이 그 마음을 어디에다 두든지 그것이 그의 참된 행복이 되면 **그것은** 그의 주인이요 신이다. 사람이 부(富)를 마음속에 우상으로 두고서 그것을 섬긴다는 증거는 다음의 사실을 보면 알 수 있다. 그들은 재물 때문에 하나님을 섬기는 일을 소홀히 하고, 하늘의 은혜보다는 땅에 속한 것들에게서 더 큰 기쁨을 얻는다. 또한 그들은 하나님의 명령보다는 재물로부터 더 큰 만족을 얻는다. 그들은 하나님의 모든 약속이 주는 위안보다도 지상의 재물을 잃었을 때 더 큰 괴로움과 슬픔을 겪는다.

여기에서 우리는 기독교 세계(국가)가 지극히 타락한 것을 알 수 있다. 왜냐하면 그 나라에 사는 대부분의 사람들이 재물을 숭배하는 자들이기 때문이다. 그들은 그리스도의 모습에 대하여 경건한 마음을 지니고 인격적인 일치를 구하는 것보다는 세상적인 이익을 추구하는 데 훨씬 더 열심이다. 탐심은 국가나 교회를 다같이 지배하고 있다. 한편에는 탐욕스러운 지주(地主)와 이익을 도모하는 상인과 일용품에 대한 염려가 끊이지 않고 있으며, 다른 한편으로는 만족하지 않는 노동자가 있고 더 높은 임금을 요구하고 더욱더 화려한 생활을 끊임없이 요구하는 상황이 벌어져 있다. 부유한 자들은 부를 축적하고, 가난한 자들은 그 부(富)가 분배되어야 한다고 주장하고 있다. 이 현실은 우상 숭배가 사람들의 마음을 최상으로 지배하고 있다는 사실의 슬픈 증거이다. 그리고 하나님께 신앙을 고백하는 사람들도 그와 같은 정신에 물들어 있다. 자기를 부정하고 이 세상에서 이방인과 같이 또는 순례자와 같이 산다는 태도는 과거에나 있었던 일이다. 사치스럽게 꾸며진 집이며 화려하게 차려진 식탁이 그 사실을 명백하게 입증해 주고 있다. 무엇보다도 나쁜 것은, 자동차와 공들여 꾸민 목사관이나 주택을 소유한 목사들이 점증하고 있는데, 그들이 사악한 방종과 재물숭배로 이끌려 들어가고 있다는 사실이다.

진노하신 하나님의 심판이 이제 우리에게 무겁게 내려진다 해도 할 말이 있겠는가. 심판은 하나님의 집에서부터 시작된다. 탄식하는 성령이 물러가고, 성령의 능력과 감동은 말씀을 설교하는 데에서 현저하게 사라져 버렸다. 또한 하나님의 백성은 하나님의 능력의 손 아래 스스로를 겸손히 맡기며 죄를 회개하고 버리는 대신, 그들의 대부분이 "땅에서 사치하고 방종하고" 있는 것이다(약 5:5). 아모스 6장 1, 3-6절을 읽어보라. 그리고 이스라엘의 사치가 기독교 세계에서 똑같이 행해지고 있는 것이 아닌지 살펴보라. 하나님의 진노가 그들에게 쏟아진 것 같이 이제 우리에게도 쏟아지려 하고 있다. 수많은 교회 건물과, 부유한 자든 가난한 자든 그들의 무수한 집들이 자갈과 재로 변해 버렸다. 왜 그렇게 변하였을까? 하나님은 왜 그렇게 우리를 찾아오셨는가? 하나님은 조롱받으시면 반드시 진노를 내리시기 때문이다. 지난 50여 년 동안 기독교 세계는 하나님과 재물을 둘 다 섬기려고 시도해 왔다. 우리는 악한 짓을 하였으니 하나님은 우리에게 몇 갑절의 화를 내리실 것이다. "들을 귀가 있는 자는 들으라."

제33장

염려하지 말라

❶

그러므로 내가 너희에게 이르노니 목숨을 위하여 무엇을 먹을까
무엇을 마실까 몸을 위하여 무엇을 입을까 염려하지 말라 목숨
이 음식보다 중하지 아니하며 몸이 의복보다 중하지 아니하냐
(마 6:25)

이 장의 제목을 통하여 우리는 지금 살펴보고 있는 구절이 실제적인 면에서 중요한 또 하나의 주제를 다루고 있다는 것을 알 수 있다. 그것은 우리 각자에게 직접적으로 관련되어 있는 주제이다. 왜냐하면 여러 가지 면에서 금해진 그러한 일들, 즉 물질적인 것들을 걱정하고 미래의 공급에 대한 근심에 굴복하는 것은 모두 죄를 범하는 일이기 때문이다. 이것은 하나님을 몹시 모독하는 일이며, 수치심을 가지고 그 일을 고백하고 그러한 일을 다시는 반복하지 않도록 은혜를 구함으로써 양심에 가책을 느낄 필요가 있는 죄이다. 여기에서 그러한 염려를 금하고 있는 것은 성경에서 우리에게 명백히 이야기해 주고 있는 경건의 높은 수준을 한 번 더 나타내고 있을 뿐 아니라 성경의 독특성과 그것이 하나님께서 지으신 책이라는 것을 증거하고 있다. 왜냐하면 세상에는 생활에 일시적으로 필요한 것들에 대해 지나치게 염려하는 것을 정죄하는 책이나 종교가 없기 때문이다. 우리는 이 주장에 대한 증거를 자연인은 음식과 의복에 대해 걱정하는 것이 **죄**라는 것을 전혀 깨닫지 못하고 있다는 사실에서 찾아볼 수 있다.

그러한 염려는 그릇된 것일 뿐만 아니라 중대한 죄가 된다. 그것은 단순히 우리가 변명해도 좋을 타고난 연약성, 즉 우리가 관심을 가지지 않아도 좋을 사소한 일이 아니라 오히려 우리가 씻으려고 노력해야 할 가증한 죄악인 것이다. 장

차 필요한 것들의 공급에 대해 두려워하고 현세적으로 필요한 것들이 부족할지도 모른다고 걱정하는 것은 사악한 불신의 죄가 된다. 그것은 창조주의 선하심과 보살핌에 대해 의심을 품는 것이다. 또한 그것은 하나님의 지혜롭고 은혜로우신 섭리를 믿는 마음이 부족하다는 증거이다. 더욱이 우리가 그리스도인이라면 그것은 우리가 아버지의 사랑을 의심하고 있음을 나타내는 것이다. 이러한 것들은 극악한 죄이다. 우리가 차차 알겠지만 그러한 염려와 마음의 혼란은 실제로 탐욕의 결과이다. 즉, 우리가 가지고 있지 않은 것에 대해 열망하는 것이어서 그것은 큰 죄가 된다. 오, 성령이여! 우리로 하여금 이 사악함을 깨닫게 하시고 이 허물을 씻게 하소서.

앞 장에서는 우리 구주의 마태복음 6:19-34의 설교의 주된 의도가 그의 청중들을 타일러 탐욕하는 마음으로부터 그들을 해방시키는 것이라고 지적한 바 있다. 주께서는 그와 같은 행위를 금하시고(19절), 또한 사람의 타락한 마음이 그러한 죄를 범한 자신을 변명할지도 모를 그러한 반대에 대해 결론을 내리신 다음(22-24절), 이제 탐욕의 뿌리를 뽑아내시어 그 근원을 제거하시려고 노력하셨다. 즉, 목숨의 일을 위하여 의심을 품고 지나치게 걱정하는 것에 대해 그 근원을 없애시려고 노력하셨다. 특히 목숨을 유지하기 위해 필요한 것들에 너무 집착하지 말라고 말씀하셨다. 이것은 25절의 그리스도의 말씀에서 명백히 나타나고 있는데, 주의 깊은 독자는 이와 같은 사상이 34절에까지 계속되고 있음을 알 수 있을 것이다. 25절의 "목숨을 위하여 무엇을 먹을까 염려하지 말라"는 말씀과 31절의 "염려하여 이르기를 무엇을 먹을까 하지 말라"는 말씀에서와 같이 특이하게 말씀이 반복되고 있는 것은 이 교훈이 중요하다는 것을 나타내고 있을 뿐 아니라 우리가 하나님의 교훈에 유의하는 일에 더디다는 것을 암시하고 있다.

"그러므로 내가 너희에게 이르노니 목숨을 위하여 무엇을 먹을까 무엇을 마실까 몸을 위하여 무엇을 입을까 염려하지 말라"(25절). 이 앞에서 이야기된 것을 계속하여 더 자세히 설명하기 전에 우리는 이 구절과 앞의 내용 사이에 긴밀한 관계가 있음을 주목하자. 여기에서 우리는 그리스도께서 자기가 주장하신 내용에 대해 더 심한 반대를 받고 있음을 알 수 있다. 주께서는 땅에 보물을 쌓아 두는 것을 금하셨으며, 재물을 신으로 받들지 말라고 경고하셨다. 이러한 주장에 대해 많은 사람들은, 이 세상의 많은 재물들 중 지극히 적은 것도 우리 마음대로 되는 것이 없으며 겨우 연명이나 할 정도의 적은 것도 조달할 수 없기 때문에 우리는 그런 일을 저지를 위험이 없다고 대답할 것이다. 비록 그렇다 할지라도 그리스도 께서는 너희는 심히 위험한 상태에 있다고 말씀하신다. 재물에 대한 사랑이 부자 를 덫에 걸리게 하듯이 가난에 대한 두려움과 미래에 대한 걱정은 가난한 자의 영혼을 함정에 빠뜨린다. 현세에 필요한 것을 공급받는 일에 대해 의심하고 염려 하는 것은 마음이 세상 것들에 쏠려 있다는 표시이다.

"그러므로 내가 너희에게 이르노니 목숨을 위하여 염려하지 말라." 그리스도 께서 하신 이 말씀은 절대적으로 그리고 제한 없이 받아들여서는 안 된다(5:34, 42에 대한 설명과 비교해 보라). 성경을 고찰해보면 '염려' 라는 말이 두 가지 의 미가 있음을 알 수 있을 것이다. 즉, 경건하고 온당한 염려와, 불신으로 말미암은 것, 즉 필요 이상의 염려가 있음을 알 수 있다. 전자는 하나님께서 말씀을 통해 우 리에게 명하신 것이다. 예를 들어, 잠언 6:6에서는 게으른 자에게, 필요한 것을 위 하여 부지런하게 준비하는 개미로부터 근면함과 절약의 지혜를 배우라고 명하신 다. 바울 사도는 부모가 어린 아이를 위하여 재물을 '저축하는 것' 이 그들의 의 무라고 이야기하였으며(고후 12:14), "누구든지 자기 친족 특히 자기 가족을 돌보 지 아니하면 믿음을 배반한 자요 불신자보다 더 악한 자니라" (딤전 5:8)라고 선언 하고 있다. 이 말씀을 통하여 우리는 이 세상 생활에 속한 것들을 보살피는 것이 합법적인 일임을 알 수 있으며, 우리가 살펴보고 있는 구절에서 그리스도의 말씀 은 이 사실과 조금도 모순되지 않는다는 것을 알 수 있다.

세상 사람의 상황이 서로 다르기 때문에 자기의 의무가 되는 현세적인 일에 대 해서는 염려하게 된다. 하나님께서는 인간에게 부지런히 일하고, 일을 처리하는 데 있어서 신중하게 하라고 요구하신다. 인간은 건강이 허용되는 한 부지런히 일 하여 자신과 가족을 돌보아야만 할 의무가 있다. 또한 자신의 수입 한도 내에서 살아야 하고 남에게 빚을 져서도 안 된다. 그는 방탕으로 낭비하면서 하나님의 자비에 반대되는 일을 하지 않도록 조심해야 한다. 앞을 내다보고 장차 자신에게 닥칠 일들에 필요한 것들을 마련하려고 노력하는 것이 그의 할 일이다. 즉, 자신 의 가족을 부양하고, 병들 때와 노후에 대처해야 하는 것이다. 그는 경건과 자비 에 상반되지 않는 한 자기의 부양가족을 위해 준비하려고 노력해야 한다. 그리하 여 그가 먼저 죽게 될 경우 남은 식구들로 남에게 부담되지 않도록 해야 할 것이 다. 부주의로 이끄는 것은 믿음이 아니라 자만(주제넘음)이며, 모든 온당한 수단 들을 소홀히 하도록 가르치는 것은 광신이지 영적인 일이 아니다.

그러나 위에서 말한 의무들이 합당한 범위를 벗어나 확대될 위험이 있다. 그 누구도 현재의 의무를 이행하거나 현재의 특권을 누리는 데 적합하지 않은 미래의 일에 너무 집착해서는 안 된다. 그 누구도 하나님의 섭리를 의심하면서 그러한 일들을 행하려고 해서는 안 된다. 그 누구도 그러한 일에 대한 근심에 싸여서는 안 된다. 그 일에 있어서 우리는 다음과 같은 규칙을 지켜야 한다. 첫째로, 우리는 영혼의 행복을 추구하는 일 다음에 몸에 필요한 것들을 유의해야 한다. 왜냐하면 현세의 일들이 영적이고 영원한 일을 추방해서는 안 되기 때문이다. 둘째로, 우리가 우리의 지상에서의 직분을 부지런히 이행하는데 있어서 꼭 필요하고 정당한 것들만을 얻으려고 하는 가운데 우리의 동료들을 올바르고 정직하게 대하려고 노력해야 한다. 셋째로, 우리는 우리의 모든 수고와 노력의 결과를 **하나님께** 맡겨야 한다. 우리가 할 일은 우리의 능력과 기회를 최대한으로 활용하는 일이고, 하나님이 하시는 일은 가장 좋다고 판단하시는 대로 축복하시고 번영케 하시는 것이다.

그리스도께서 "목숨을 위하여 염려하지 말라"고 명하셨을 때 주님께서는 앞으로의 생활에 대하여 앞을 바라보고 준비하는 것을 금하신 것이 아니라는 사실을 분명하게 이해해야 한다. 예견과 예감은 별개의 것이다. 우리 주님께서는 여기에서 앞으로 다가올 일을 위해 조심스럽게 준비하는 것을 금하고 계신 것이 아니라 앞으로 있지도 않을 일에 집착하여 마음이 혼란스럽게 되는 것을 금하고 계신다. 주님께서는 아직 시간이 남아 있을 때 항해의 제반사항과 폭풍에 대비하여 미리 살펴보는 것을 견책하는 것이 아니라, 우리가 항해를 떠난 후에도 훨씬 중요한 의무들을 불이행한 이유로 행여 자격을 박탈당하지나 않을까 또 그로 말미암아 우리가 약해지지는 않을까 하여 두려움과 불신에 가득 찬 마음으로 한없이 지평선을 바라보고 있는 것을 견책하셨다. 미래에 대한 걱정으로 마음에 고통을 주는 것은 무가치한 일이고, 우리가 하나님의 아들로서는 물론이고 우리의 사람됨으로서도 창조주를 가장 불명예스럽게 하는 일이다.

"그러므로 내가 너희에게 이르노니 목숨을 위하여 염려하지 말라." 처음 서두의 '그러므로' 라고 시작되는 말의 강조하는 바를 살펴보라. 이 말씀은, 세상의 재물에 마음을 두는 자들은, 참된 재물을 소홀히 하고 하늘의 재물을 알아볼 수 있는 영적인 지혜의 바른 눈이 부족하기 때문에 그들은 재물의 노예가 된다는 사실을 알았으므로 너희의 현세적 생명에 필요한 것에 대해 염려하지 말고 또한 그것들에 대해 의심을 품지 말라는 말이다. 여러분이 생각하는 주된 문제인 지상의 것과 하늘의 것 둘 다를 동시에 제일로 생각한다는 것은 불가능한 것이기 때문에 물질적인 것에 대한 모든 염려는 온당치 못하다. 또한 청중들의 주의와 순종을 명하시는 말씀인 "내가 너희에게 이르노니"라는 말씀을 살펴보라. 즉, 이 말씀은 "너희의 주인이며, 너희가 영혼과 육신을 위해 필요한 모든 것을 인도해 달라고 의지하는 내가 너희에게 이르노니"라는 뜻이다. "그분은 그것을 주님으로서 그리고 우리 마음의 주권자로서 말씀하신다. 즉, 그분은 그것을 우리의 위로자요 우리에게 기쁨을 주는 자로서 말씀하고 계신다"(매튜 헨리).

"그러므로 내가 너희에게 이르노니 너희 목숨을 위하여 근심하지 말라." 이 번역이 흠정역 성경보다 더 나은 뜻을 전달해 준다. 여기에서 금하고 있는 '염려'란 마음을 불안하게 하고 어지럽히며 하나님 안에서 우리의 기뻐하는 것을 방해하며 우리의 평화를 깨뜨림으로써 마음에 고통을 주는 것이다. 미래에 대한 걱정이 마음을 하나님께로부터 떠나게 하고 하나님을 불신하게 한다면 그것은 죄를 짓는 것이다. 예견이 예감으로 전락해서는 안 되며, 근면하게 구하는 일이 걱정으로 변해서도 안 된다. 여기에서 책망하고 있는 것은 마음을 괴롭히는 염려와 두려움이다. 즉, 우리에게 조심하라고 말씀하신 것은 바로 의심으로 말미암은 염려이다. 우리가 우리의 세상일에 대해 괴로워할 때 우리는 죄를 범하고 있는 것이다. 즉, 우리가 수단을 이용하고 우리의 의무를 이행할 때 일이 잘 되게 해 달라고 하나님의 섭리에 의탁하는 대신 그 결과를 놓고 애태우는 것은 죄를 범하는 것이다. 세상의 것을 얻는 데에 사람들의 탐욕스러운 마음이 불법적인 수단 ─ 즉 거짓말과 사기와 공갈과 약한 자들에 대한 압박과 같은 ─ 을 동원하는 것이 이와 같이 하나님을 불신하는 행위이다.

"그러므로 내가 너희에게 이르노니 목숨을 위하여 무엇을 먹을까 무엇을 마실까 염려하지 말라." 이 말씀을 최저의 수준으로 생각해 본다 할지라도 음식과 의복과 같은 것들은 걱정할 가치가 없는 것들이다. 기껏해야 몇십 년만 지나면 우리는 우리의 목숨을 지탱하기 위한 지팡이가 더 이상 필요하지 않을 것이며, 훌륭한 의복도 지극히 남루한 옷이나 마찬가지일 것이다. 죽음의 지배를 받는 그러한 것들이 무슨 가치가 있겠는가? 사용함으로써 없어져 버리는 그러한 것들을 걱정하는 것만큼 어리석은 일은 없다. 은혜로우신 하나님께서 우리에게 마련해 주신 것들에 만족하는 대신에 더 좋은 것을 얻으려고 최대한의 노력을 기울인다면 우리는 참으로 악한 죄를 범하고 있는 것이다. 지금부터 백 년 후엔 우리가 호화롭게 살았거나 가난하게 살았거나, 우리가 비단 옷을 입었거나 지극히 남루한 옷을 입었거나 간에 그것이 무슨 상관이 있겠는가? 그러나 문제는 우리가 어린 양을 먹고 살았느냐 살지 않았느냐, 또는 주님의 의의 옷을 입었느냐 입지 않았느냐에 있다.

오히려 우리는 더 높은 곳을 바라보아야 한다. 하나님의 말씀을 전파하는데 있어서 그토록 열매를 맺지 못하는 것은 무엇 때문인가? 이러한 현세적인 근심이 하나님의 말씀을 전파하여 열매 맺는 데 큰 방해물 중의 하나라는 사실을 깨닫는 자가 극히 적다. 이것은 우리 주님의 씨 뿌리는 자의 비유의 교훈에서 분명히 나타나는 경우이다. 거기에서 주님께서는 우리에게 "가시떨기에 뿌려졌다는 것은 말씀을 들으나 세상의 염려와 재물의 유혹에 말씀이 막혀 결실하지 못하는 자"(마 13:22)라고 말씀하셨다. 그러므로 가난에 대해 염려하는 것은 재물에 넋을 잃고 있는 것만큼 영적으로 열매 맺는 데 치명적인 것이다. 슬프게도 우리 회중 가운데는 세속적인 생각과 근심으로 혼란해져 기도도 할 수 없고 말씀도 들을 수 없으며, 그 말씀을 묵상할 수도 없는 사람들이 많이 있다. 우리의 마음은 주님을 향하여 집중하면서 동시에 다가오는 겨울에 입을 새 코트나 모자를 걱정할 수 없는 것이다.

현세적인 것에 대해 걱정하는 것이 죄를 짓는 것임을 알았으므로 우리는 어떻게 하면 걱정을 피할 수 있는지 살펴보기로 하자. 이것은 진리의 말씀으로 우리에게 주어지는 다음과 같은 권고에서 찾아볼 수 있다. 즉, "네 길을 여호와께 맡기라 그를 의지하면 그가 이루시고"(시 37:5), "네 짐을 여호와께 맡기라 그가 너를 붙드시고"(시 55:22), "너의 행사를 여호와께 맡기라 그리하면 네가 경영하는 것이 이루어지리라"(잠 16:3), "너희 염려를 다 주께 맡기라 이는 그가 너희를 돌보심이라"(벧전 5:7). 이 말씀들은 우리가 우리의 직분의 여러 가지 의무를 수행하고 그 의무를 수행하는 데 있어서 모든 합법적인 수단을 이용하는 것을 면제해 준다는 말이 아니라 의무를 수행하고 수단을 이용하는데 있어서 우리의 일을 잘 되게 해 달라고 하나님의 축복에 맡겨야 한다는 것이다. 그러한 과정에는 믿음의 실천과, 우리가 기쁘시게 해드려야 하고, 또 그분만이 증대시킬 수 있는 하나님의 주권에 대한 완전한 복종이 수반된다.

이와 같이 본인의 임무가 사고파는 일이어야 하는 상인은 거짓말과 사기와 부당한 값 매기기를 삼감으로써 그의 사업에 유의하고 부지런해야 된다. 그리하여 자신의 거래의 성공을 하나님의 축복하심의 덕택으로 돌려야 한다. 농부와 소작인도 다음과 같이 행해야 한다. 즉, 그는 밭을 갈고 씨를 뿌릴 때 성실하게 자기의 본분을 다해야 하며 그런 다음 추수는 하나님의 선하신 섭리에 맡겨야 한다. "아무것도 염려하지 말라." 이것이 바로 사도의 권고이다. 즉, 불신과 혼란스러운 염려를 하지 말라는 뜻이다. "다만 모든 일에 기도와 간구로, 너희 구할 것을 감사함으로 하나님께 아뢰라"(빌 4:6). 이와 같이 근심 걱정은 기도와 감사하는 마음에 방해가 됨으로써 그것들에 반대되는 것들임이 분명하다. 우리는 염려하는 대신에 합법적인 수단을 활용하고, 그 후에 그 위에 하나님의 축복이 내리시기를 기도해야 한다. 그리하여 축복이 내려질 때 우리는 하나님께 감사할 수 있게 될 것이다. 그러나 지금도 믿음을 바라보고 감사해야 하는 것이다.

그러나 인간이라면 성공에 대해 근심하지 않을 수 있겠는가? 그렇다면 우리는 어떻게 모든 것을 하나님께 맡길 수 있을까? 하나님의 자비와 선하심에 의지하고 있는 자들에게 하신 하나님의 소중한 약속들을 마음에 새기고 믿음으로 살려고 노력함으로써 그렇게 할 수 있다. "너희가 일찍이 일어나고 늦게 누우며 수고의 떡을 먹음이 헛되도다." 사람들이 자신을 신뢰하거나 수단을 의뢰하는 한 그들이 뼈빠지게 일한다 할지라도 그들의 몫은 초조의 빵뿐이다. 그러나 "그러므로 여호와께서 그의 사랑하시는 자에게는 잠을 주시는도다"(시 127:2)라는 말씀은 이것과는 크게 대조가 된다. 주님을 믿고 주님을 사랑하는 자들은 안달하는 것으로부터 구제되며 영혼의 안식이 주어진다. "젊은 사자는 궁핍하여 주릴지라도 여호와를 찾는 자는 모든 좋은 것에 부족함이 없으리로다"(시 34:10). 우리가 성경에 있는 약속만 가지고서도 그것은 합법적인 수단을 온당하게 사용할 때에 우리를 하나님의 섭리에 의존케 하는 충분한 근거가 된다. "여호와를 의뢰하고 선을 행하라 땅에 머무는 동안 그의 성실을 먹을거리로 삼을지어다"(시 37:3). 우리는 그 이상 무엇을 더 요청할 필요가 있겠는가?

"오직 공의롭게 행하는 자, 정직히 말하는 자, 토색한 재물을 가중히 여기는 자, 손을 흔들어 뇌물을 받지 아니하는 자, 귀를 막아 피 흘리려는 꾀를 듣지 아니하는 자, 눈을 감아 악을 보지 아니하는 자, 그는 높은 곳에 거하리니 견고한 바위가 그의 요새가 되며 그의 양식은 공급되고 그의 물은 끊어지지 아니하리라"(사 33:15, 16). 우리가 살고 있는 시대가 아무리 악하고 세상에 대한 하나님의 심판이 아무리 심하고 가혹한 것이라 할지라도 우리가 하나님께서 말씀하신 조건들을 이행한다면(엘리야 시대에서와 같이 땅이 마르고 기근이 들었다 할지라도) 우리의 양식과 물은 **끊이지 아니한다**. 하나님께서 그의 자녀들에게 맛있는 음식으로 **즐겁게** 해주겠다고 약속하신 적은 없으나 "진실로 내가 너를 먹일 것이다"라고 약속하셨다. "나의 하나님이 그리스도 예수 안에서 영광 가운데 그 풍성한 대로 너희 모든 쓸 것을 채우시리라"(빌 4:19)는 말씀은 사도의 복된 보증이다. 즉, 이 말씀은 우리의 욕망이나 탐욕을 채우신다는 것이 아니라 우리의 **필요한 것**을 채우신다는 말이다. 믿음이 진정으로 이 약속들과 합해질 때 우리는 두려움으로부터 진정되고, 우리의 마음은 평화롭게 유지될 것이다.

우리가 목숨의 일을 하나님의 섭리에 의탁하기를 주저한다면 우리가 죽을 때 어떻게 하나님의 자비에 의존할 것인가? 그러나 막대한 손실이 우리에게 닥치고 모든 것이 우리에게 반대되는 것처럼 여겨질 때 우리는 우리의 노력을 배가하고 점점 더 수단을 강구해야 하지 않겠는가? 아니다. 오히려 그때야말로 우리가 하나님께 더욱 가까이 다가가서 우리의 보증이 되어 달라고 의지해야 할 시기이다. 만일 수단 속에 축복이 있다면 사람들은 그 수단으로 말미암아 방해받지는 않았을 것이다. 하나님께서는, 우리 자신이 우리에게 유익이 되는 것이 무엇인가를 알고 있는 것보다 훨씬 더 잘 알고 계시므로 우리는 하나님께서 비록 현세적인 일에 대한 우리의 기대를 저버리신다 할지라도 그분의 섭리에 만족해야 한다. 궁핍은 흔히 하나님의 자녀에게는 풍요보다 낫고, 가난은 부보다 낫다. 그래서 다윗은 "고난당하기 전에는 내가 그릇 행하였더니 이제는 주의 말씀을 지키나이다"(시 119:67)라고 깨달았으며, 또한 그 후로 많은 성도들이 "고난당한 것이 내게 유익이라"(시 119:71)고 외칠 만한 이유를 가지고 있었다.

"목숨을 위하여 무엇을 마실까 몸을 위하여 무엇을 입을까 염려하지 말라 목숨이 음식보다 중하지 아니하며 몸이 의복보다 중하지 아니하냐." 그리스도께서 여기에서 목숨과 음식, 몸과 의복을 어떻게 구별하고 계신가를 살펴보라. 그리스도께서는 현세의 것의 공급에 대한 염려가 얼마나 지각없는 일인가를 보여주실 목적으로 그렇게 구별하고 계시는 것이다. 우리를 타일러서 그러한 염려를 그만두게 하시려는 주님의 첫 번째 이유는 다음과 같다. 즉, 목숨이 음식보다, 몸이 의복보다 훨씬 귀하며, 창조주께서 목숨과 몸을 주셨으므로 그분은 그들의 생명을 유지시키기 위하여 그 나머지 것들을 공급해 주실 것이다. 거기에서 구주께서는 우리에게 우리의 창조물을 선용하라고 가르치시며, 우리의 일상생활에 필요한 모든 것들을 준비해 주시는 하나님의 섭리를 신뢰하라고 가르치신다. "주의 손으로 나를 빚으셨으며 만드셨는데 이제 나를 멸하시나이다"(욥 10:8). 이와 같이 욥은 하나님께서 자기를 만드셨기 때문에 보존해 주실 것이라고 믿었다. "그러므로 하나님의 뜻대로 고난을 받는 자들은 또한 선을 행하는 가운데에 그 영혼을 미쁘신 창조주께 의탁할지어다"(벧전 4:19). 왜냐하면 하나님께서는 우리의 신실한 창조주이시며 죽을 때에 우리는 그분께 완전히 의탁할 수 있기 때문이다.

그리스도인이 하나님을 신뢰하고 그 의무를 수행하고 있다면, 그는 자신이 하나님께로부터 버림받고 굶게 내버려지지 않을까 하여 두려워할 필요가 없다. 하나님께서 우리를 생기게 하셨고, 우리가 염려하지 않아도 몸을 주셨으니, 주님께서 우리의 생명을 유지하게 하시고 몸에 옷을 입혀 주시지 않겠는가? 우리 인간은 의지할 수밖에 없는 존재이다. 우리는 우리 몸의 크기와 형태와 색깔과 수명을 하나님께 맡겨야 한다. 그 다음에 우리는 하나님께 우리 몸을 지탱해 달라고 의지해야 한다. 하나님께서 우리를 살게 하시려고 작정하시는 한 그분은 우리를 먹이시고 입히실 것이다. 거룩한 손으로 이스라엘을 애굽에서 데리고 나오시고 홍해의 죽음으로부터 그들을 구해주신 그분은 광야에서 먹을 것이 떨어져 죽어가도록 그들을 내버려 두시지 않으셨다. "자기 아들을 아끼지 아니하시고 우리 모든 사람을 위하여 내주신 이가 어찌 그 아들과 함께 모든 것을 우리에게 주시지 아니하겠느냐"(롬 8:32). 그러한 보증은 모든 두려움을 진정시켜 주고, 음식과 의복에 대한 모든 근심을 덜어 주기에 충분하다.

제34장

염려하지 말라

❷

공중의 새를 보라 심지도 않고 거두지도 않고 창고에 모아들이
지도 아니하되 너희 하늘 아버지께서 기르시나니 너희는 이것들
보다 귀하지 아니하냐 너희 중에 누가 염려함으로 그 키를 한 자
라도 더할 수 있겠느냐(마 6:26, 27)

"그러므로 내가 너희에게 이르노니 목숨을 위하여 염려하지 말라"(25절).
우리는 앞 장에서 그리스도께서 우리로 지상의 직분을 수행하는데 있어서 모든
합법적인 수단을 근면히 사용하는 것을 금하시지 않았으며, 미래의 불행에 현명
하게 대비하는 것을 금하시지도 않았다는 사실을 살펴보았다. 즉, 그리스도께서
는 오히려 하나님의 섭리에 대해 불신하고 아버지의 선하심에 대해 의심하고 있
다는 증거인 미래에 대한 근심을 금하고 계신다. 그러나 우리는 너무도 어리석고
불신으로 가득 차 있으며, 또한 이 같은 교훈을 복종하는 데 더디기 때문에 우리
주님께서는 31절에서도 똑같은 말씀을 반복하고 계실 뿐 아니라, 자신을 낮추어
논리적으로 말씀하고 계시며, 납득할 만한 여러 가지의 말씀으로 자신의 명령을
강조하고 계신다. 이것은 곧 우리에게 주님께서는 불신으로 말미암은 근심과 마
음을 어지럽히는 두려움으로부터 해방되는 것에 큰 비중을 두어 말씀하고 계시
며, 또한 그러한 죄는 엄청난 죄임이 분명하다는 사실을 암시해 준다. 그러므로
우리는 이와 관련된 우리 주님의 증거의 말씀에 주의를 집중하도록 은혜를 구하
고, 주께서 말씀하신 여러 가지 논증들을 우리 마음속에 소중히 간직하도록 노력
하자.

"네 목숨을 위하여 염려하지 말라." 매튜 헨리는 이 말씀을 다음과 같이 간결

하게 요약하고 있다. 즉, "(1) 생명이 언제까지 지속될 것인지에 대해 염려하지 말라. 즉 그것이 길거나 짧거나 간에 하나님께서 하시는 대로 그분께 맡기라. (2) 생명을 안락하게 하는 것에 대해 염려하지 말라. 고통스럽거나 즐겁거나 간에 하나님께서 하시는 대로 맡기라." 우리의 생명은 주님의 손 안에 있다. 우리의 육체에 생명을 넣어 주신 분은 변함없이 이 세상에서 우리의 수명을 정하셨다: "그 제한을 정하여 넘어가지 못하게 하셨사온즉"(욥 14:5). 우리의 모든 안달들은 필요 없고 쓸모없는 것이다. 왜냐하면 계획을 세우고 걱정한다고 해서 우리의 본래의 수명을 연장시킬 수는 없기 때문이다. 그러므로 우리가 우리의 의무를 성실하게 수행하고 하나님을 신뢰하는 한 우리는 하나님께서 우리에게 **어떻게** 공급해 주실까 하고 조금도 염려할 필요가 없다. 주님께서는 방법과 수단에 구애받지 않으시며, 공급물 가운데 한 가지가 부족할 때에는 엘리야에게 해주신 것과 같이 또 다른 하나를 열어 주신다.

　"목숨을 위하여 무엇을 먹을까 무엇을 마실까 몸을 위하여 무엇을 입을까 염려하지 말라 목숨이 음식보다 중하지 아니하며 몸이 의복보다 중하지 아니하냐." (25절). 이 말씀은 우리에게 현세에서 필요한 것의 공급에 대한 걱정과, 마음을 어지럽히는 두려움이 얼마나 어리석고 소용없는 짓이며 얼마나 죄를 짓는 일인지를 보여주기 위해 그리스도께서 이용하신 일곱 가지 이유, 또는 논증 가운데 그 첫 번째 것이다. 그것은 큰 것에서부터 시작하여 작은 것에 이르기까지 예를 들어 말씀하신 결론이다. 이러한 논증은 흔히 성경에서 이용되는 방법이다. 그러나 슬프게도 우리는 이 사실을 쉽게 잊어버린다. 로마서 5장 9절과 10, 15절의 '더욱' 이란 말을 보라. 그것은 우리의 창조주의 무한히 선하심과 변치 않는 성실성에 기초를 둔 논증이다. 하나님께서는 친히 우리에게 생명과 육신을 주셨으며, 그것들을 주실 때에 중도에서 멈추지 않으신다. 하나님께서 생명을 넣어 주실 때 그분은 또한 그 생명이 유지되기 위해 필요한 모든 것을 허락하신다. 하나님께서 무엇인가를 주실 때 그분은 왕으로서 후하게 그리고 공정하게, 논리적으로 완전하게 내려주신다. 그러므로 우리는 주님께서 생명을 주실 때 주님은 우리의 행복과 축복을 위해 필요한 것을 보류하심으로써 자신의 선물을 무의미하게 하시지는 않을 것이라고 확신할 수 있다.

　"공중의 새를 보라 심지도 않고 거두지도 않고 창고에 모아들이지도 아니하되 너희 하늘 아버지께서 기르시나니 너희는 이것들보다 귀하지 아니하냐"(26절).

이 말씀에는 필요한 것들에 대해 염려하는 것을 멈추게 하기 위한 그리스도의 두 번째 논증이 들어 있다. 이 말씀으로부터 우리는 우리보다 못한 피조물들을 위해 마련해 주시고 그들에게 필요한 것들을 공급해 주시는 하나님의 배려를 알 수 있다. 여기에서 구속자께서는, 너희는 하나님께서 너희의 모든 현세적인 필요를 위해 마련해 주실 것이라는 더 확실한 보증을 원하고 있느냐? 그렇다면 너희의 눈을 들어, 걱정에서 해방되어 이리저리 날아다니며 항상 즐겁게 노래하는 공중의 새들을 보라고 말씀하신다. 오, 불신하고 의기소침해하는 우리들은 그들에게 참으로 많은 것을 배워야 하며, 자비로우신 하나님의 선하심을 칭송하고 찬양을 돌려야 마땅할 것이다. 우리는 하나님으로부터 지극히 적은 것을 받고도 감사하는 피조물보다 훨씬 더 감사할 줄 모르는 우리 자신을 두려워해야 할 것이다.

"공중의 새를 보라." 즉, 공중의 새를 보고 깊이 살펴보라. 이 말씀을 통하여 우리는 그 안에 들어 있는 하나님의 지혜와 선하심과 권세와 자비와 섭리를 보려고 노력함으로써 하나님이 행하시는 일을 살펴보는 것이 우리의 마땅한 의무라는 사실을 알 수 있다. "하나님께서 행하시는 일을 보라"(전 7:13)는 말씀과 "그대는 하나님께서 하신 일을 기억하고 높이라"(욥 36:24)는 말씀은 솔로몬과 엘리바스가 깨우쳐 준 교훈이다. 하나님께서는 자신의 말씀을 통하여 계시하신 것과 같이 자신이 행하시는 일을 통하여 자신을 드러내신다. 그러므로 우리가 신성의 극치가 나타나 있는 창조물의 경이로움을 주의 깊게 살펴보고 기도하는 마음으로 숙고하지 않는다면 우리는 크게 잃는 자가 되는 것이다. "여호와여 주께서 하신 일이 어찌 그리 많은지요 주께서 지혜로 그들을 다 지으셨으니 주께서 지으신 것들이 땅에 가득하니이다"(시 104:24). "여호와께서 행하시는 일들이 크시오니 이를 즐거워하는 자들이 다 기리는도다 … 그의 기적을 사람이 기억하게 하셨으니 여호와는 은혜로우시고 자비로우시도다"(시 111:2, 4). "주께서 하시는 일이 기이함을 내 영혼이 잘 아나이다"(시 139:14).

주 하나님께서 각자의 피조물들을 엿새 동안 계속하여 만드시고 그것들을 만드신 후에 자신의 손으로 지으신 것들을 기쁘게 보시면서(창 1:31) 그 개개의 것들을 살펴보시고, 그 다음에 안식하기 위하여 일곱째 날을 거룩하게 하신 것은 무엇 때문인가? 다른 많은 이유 중에서, 하나님 자신의 모범을 통하여 우리에게 자신이 지으신 모든 것들을 구별하여 **살펴보라고** 가르치기 위하여, 또한 다른 많은 의무들 가운데 우리가 해야 할 일은 주의 날에 우리 창조주께서 놀랍고 영광스럽게 행하신 일들을 묵상해야 한다는 것을 가르치려고 하신 것이 아니겠는가? "여호와여 주께서 행하신 일로 나를 기쁘게 하셨으니 주의 손이 행하신 일로 말미암아 내가 높이 외치리이다 여호와여 주께서 행하신 일이 어찌 그리 크신지요 주의 생각이 매우 깊으시니이다"(시 92:4, 5)라는 다윗의 안식일의 찬송시로부터 우리가 알 수 있는 것과 같이 이것은 그의 습관이었다. 우리도 그와 같이 "주의 모든 행하신 것을 읊조리며 주의 손이 행하는 일을 생각하나이다"(시 143:5)라고 기도해야 할 것이다. "대대로 주께서 행하시는 일을 크게 찬양하며 주의 능한 일을 선포하리로다 주의 존귀하고 영광스러운 위엄과 주의 기이한 일들을 나는 작은 소리로 읊조리리이다"(시 145:4, 5)는 말씀에서, 우리에게 지워진 의무를 우리는 달리 어떤 방법으로 총명하게 이행할 수 있겠는가?

"공중의 새를 보라." 우리가 특별히 공중의 새와 관련된 교훈을 **배우고** 마음에 새겨야 하는 것은 무엇 때문인가? 그 이유는 다음과 같다. 즉, "그것들은 심지도 않고 거두지도 않고 창고에 모아들이지도 아니하되 너희 하늘 아버지께서 기르시기" 때문이다. 새들은 사람이 사용하는 준비의 수단을 사용하지 않는다. 그러므로 사람이 하는 염려나 근심 같은 것은 하지 않는다. 그것들은 우리에게 요구되는 수고를 하지 않아도 되며, 땀 흘려 일하여 먹으라고 명령받지도 않았다. 그럼에도 불구하고 그것들은 굶어 죽지 않는다. 여기에 숙고해야 할 몇 가지 놀라운 사실이 있다. 하등 동물들과 공중의 새들과 바다의 물고기들이 음식과 의복을 조달하는 방법은 그것이 비록 하나님의 무수한 지혜와 놀라운 섭리와 무한한 선하심과 성실하심과 온유한 보살핌과 "아침마다 새로운" 하나님의 긍휼을 여러 가지 면에서 나타낸다 할지라도, 이 세상을 다스리시는 하나님의 감독권에 대한 가장 그럴듯한 증거를 대준다.

공중의 새들은 씨를 뿌리지도 않고 거두지도 않고 창고에 모아들이지도 아니하는데 "어떻게 그들은 필요한 것을 공급받는가?"라고 질문한다면 그 대답은 그들은 하나님의 손으로부터 자신들의 음식을 기다린다는 것이다. "까마귀 새끼가 하나님을 향하여 부르짖으며 먹을 것이 없어서 허우적거릴 때에 그것을 위하여 먹이를 마련하는 이가 누구냐"(욥 38:41). "거기에는 크고 넓은 바다가 있고 그 속에는 생물 곧 크고 작은 동물들이 무수하니이다 … 이것들은 다 주께서 때를 따라 먹을 것을 주시기를 바라나이다"(시 104:25, 27). "모든 사람의 눈이 **주를 앙망하오니** 주는 때를 따라 그들에게 먹을 것을 주시며"(시 145:15). "들짐승과 우는 까마귀 새끼에게 먹을 것을 주시는도다"(시 147:9). 그러나 이성이 없는 피조물들이 하나님께 부르짖는다고 어떻게 말할 수 있겠는가? 그것들은 사람처럼 기도하지는 못하나 타고난 본능으로 말미암아 하나님께서 자신들에게 내려주신 음식을 구하고 또 그 음식으로 만족하기 때문에 "하나님을 앙망하오니"라고 이야기할 수 있는 것이다. 주님께서는 "까마귀 새끼가 하나님을 향하여 부르짖으며"와 같은 말씀으로, 그것들은 하나님의 섭리에 온전하게 의탁하였으며 그것으로 만족하였다고 가르치신다.

여기에서 우리는, 인간의 타락으로 말미암아 무가치하게 된 동물들이 어떻게 그들의 원래의 상태에 인간보다 빨리 접근하게 되며 자연의 질서에 더 쉽사리 순응하게 되는가를 깨닫게 된다. 왜냐하면 동물들은 하나님이 그들에게 주신 것만을 구하고, 또 그것을 받았을 때는 쉽게 만족하기 때문이다. 반면에 인간은 현세적인 것들을 위하여 하나님의 섭리에 의존하는 일에 관해서는 본연의 상태로부터 심하게 타락하였다. 비록 인간이 이성을 부여받았고 또 하늘의 새들이 가지지 못한 수단들을 이용한다고는 하지만, 현세적인 것들을 얻는 것에 관심을 두거나, 그것을 이용하는 일에 관심을 두어 그의 마음은 근심으로 가득 차 있다. 이 사실은 사람이 동물들보다 더 타락하였고 포악하고 비열하다는 것을 여실히 보여주고 있다. 우리는 이 사실을 통하여, 우리의 본성이 너무도 타락했기 때문에 동물들보다 생존의 법칙을 더욱더 많이 거역하고 하나님의 섭리를 믿지 못하고 있는 우리의 죄성에 대해 깊이 생각함으로 겸손해지지 않으면 안 된다.

"공중의 새를 보라 심지도 않고 거두지도 않고 창고에 모아들이지도 아니하되 너희 하늘 아버지께서 기르시나니." 이 진리를 살펴봄으로써 참으로 우리는 우리의 지각없는 무용한 근심으로부터 벗어나야 한다. 공중의 깃털 달린 피조물들은 수단을 이용하지 않으나 먹이를 얻을 수 있다. 그런데 사람은 그 수단을 이용해야 한다. 왜냐하면 하나님께서 인간에게는 식량을 위해 필요한 수단을 명령하셨기 때문이다. 우리가 하나님께 복종하고 그분을 신뢰하는 가운데 충실하게 그 수단을 이용하는데도 하나님께서는 우리를 궁핍하게 있도록 내버려 두시겠는가? 새들은 스스로 먹이를 준비할 수도 없고 겨울의 눈이나 추위에 대비하여 음식을 쌓아 둘 수도 없다. 그러나 그들에게 필요한 것은 공급되고 있다. **우리**는 만일의 경우를 대비하여 예견(豫見)과 그에 필요한 수단을 부여받았다. 우리가 그러한 가운데 신실하게 사는데도 하나님께서는 우리의 노력을 헛되게 하시겠는가? 분명히 그렇지 않다. 우리가 근심으로 괴로워하고 마음을 혼란하게 하며 안달하는 것이야말로 무익한 일이며, 하나님을 불명예스럽게 하는 일이다.

"너희 하늘 아버지께서 기르시나니." 여기에서 우리는 하나님의 특별하고 독특한 섭리를 볼 수 있다. 우리의 이성은, 추운 날씨에 양식이 산출되지 않을 때나 땅이 눈으로 덮여 있을 때, 스스로 먹이를 마련할 수 없는 피조물들은 굶어 죽게 된다는 결론을 내린다. 그러나 실제로는 그렇게 되지 않는다. 그렇다. 새들은 대개 여름보다는 인간이 움츠러드는 겨울에 더욱 살찌고 살기에 적합하다는 것을 경험으로 알 수 있다. 다음과 같은 사실은 놀랍고 축복된 하나님의 섭리를 나타내고 있다. 즉, 하나님께서는 자신의 깃털 달린 피조물들의 궁핍에 유의하시고 그 궁핍을 해결해 주시며, 겨울에 대비하여 그들을 먹여 살리신다. 이것은 하나님의 섭리를 의심하는 우리를 참으로 견책하며, 불신이 근거 없고 사악하다는 사실을 폭로한다. 사랑하는 독자여, 그러므로 여러분은 미래에 필요한 것들에 대해 걱정하고, 그러한 것들을 어디로부터 공급받게 될까 하는 생각이 들거든 공중의 새들을 생각하고 창조주께서 겨울에도 그들을 먹여 살리신다는 것을 기억하라.

"너희 하늘 아버지께서 기르시나니." 주님께서는 여기에서 우리에게 우리의 본받아야 할 모범을 보여주고 계신 것이 아니겠는가? "그러므로 사랑을 받는 자녀 같이 너희는 하나님을 본받는 자가 되라"(엡 5:1). 만일 하나님께서 하늘의 새에게 그토록 자비로우시다면, 주님의 자녀 된 자들은 하나님의 모든 피조물들에게 자비를 베풀어 줌으로써 자신들이 아버지를 닮았다는 것을 증거해야 하지 않겠는가? 그렇다. 주님은 **우리의** 도움에 의존하시지는 않으나 기꺼이 여러 가지 수단을 활용하신다. 땅이 눈으로 덮이고, 정원이나 뒷마당에 빵 껍질이나 고깃덩어리가 놓여 있지 아니하고 연못이 얼었을 때, 깃털 달린 친구들의 손이 닿는 곳에 따뜻한 물 한 컵을 놓아두라. 여러분의 친절을 새에게만 국한시키지 말고 동물들이나 가난한 사람들, 특히 믿음의 권속 중 가난한 지체들에게까지 베풀도록 하라. 박해와 곤궁의 때에 가난한 자들에게 폭리를 취하거나 그들을 학대하지 말라.

"너희는 이것들보다 귀하지 아니하냐"(26절). 여기에서 그리스도께서는 주님의 두 번째 논증을 적용하고 계신다. 단순히 우리가 인간이라는 사실 하나만을 생각해 본다 할지라도 우리는 공중의 새보다 훨씬 더 차원이 높은 피조물이다. 왜냐하면 우리에게는 이성과 생명이 있기 때문이다. 그러므로 하나님께서 공중의 새들을 먹여 살리신다면 자신의 모습대로 창조해 내신 사람들을 위해 공급해 주시지 않겠는가? 그러나 우리가 전능자의 자녀이며, 하나님의 특별한 사랑과 구원해 주시는 은혜와 성령의 소생시키시는 사역의 대상이고, 또한 "우리를 위하여 하늘에 간직된 썩지 않고 더럽지 않고 쇠하지 아니하는 기업을 잇게" 되는 자라는 사실을 생각해 본다면, 하늘 아버지께서 우리가 이 죄악의 광야를 지나갈 동안 **우리**를 굶어 죽도록 내버려 두실 것이라고 생각할 수 있겠는가? 하나님께서 겨울의 죽음에 대비하여 새들에게 공급하여 주신다면 여러분이 병들 때나 노후에 필요한 것들을 베풀어 주시지 않겠는가? 우리가 앞으로 먹을 빵이나 입을 옷이 어디에 있나 하고 염려하고 있다면, 그것은 하나님의 선하심과 성실하심과 친절하신 보살핌을 믿는 우리의 믿음이 지극히 적다는 증거이다.

"**너희 중에 누가 염려함으로 그 키를 한 자라도 더할 수 있겠느냐**" (27절). 여기에 주님께서 현세적인 것에 대한 근심에 대하여 말씀하신 세 번째 이유가 있다. 이 말씀은 질문의 형식으로 되어 있다. 그런데 이 형식은 말하고 있는 내용을 더 강력하게 확언하거나 부인하는 의미가 내포되어 있다. 여기에서 이 말씀은 강한 부정의 의미가 있다. 그리스도께서, 너희 중에 그 누구도 염려함으로 자신의 키를 단 한 자도 더할 수 없다고 분명하게 말씀하신 것이다. 이 반박할 수 없는 논증은 인간의 무력함을 드러내고 있다. 즉, 아무리 큰 야망을 가지고 있고, 또한 강력하고 지혜롭다 할지라도 그러한 일을 할 수 없다는 것이다. 우리가 현재의 몸무게나 키에 이른 것은 우리 자신의 노력으로 말미암은 것이 아니라 오직 하나님의 섭리로 말미암은 것이다. "어린 유아가 180cm나 되는 성인으로 자라난다. 그런데 그는 어떻게 한 자 한 자 자라서 성인이 되는가? 그 자신의 예견이나 계획으로 된 것이 아니다. 그가 자란 것은 오직 하나님의 능력과 선하심으로 말미암은 것이다. 그는 자라는 방법을 알지 못한 채 자라났다" (매튜 헨리).

한 '자' (규빗)라 함은 팔꿈치에서 가운데 손가락 끝까지의 길이를 잰 치수로 18인치에서부터 21인치까지 다양하다. 그런데 사람의 몸의 구조에 있어서 하나님께서는 자신이 계획하신 키에 도달할 때까지 한 자 한 자 더하여 주심으로써 어머니의 태 속에 있을 때의 작은 키에서 점점 크게 하여 주신다. 하나님께서는 각각의 사람이 이르게 될 정확한 키를 명하셨으며, 그 누구도 자신의 기술이나 염려나 노력으로 하나님께서 자신에게 정해 주신 키의 한계를 초과할 수 없다. 그것은 창조주의 사역이다. 즉, 육체를 주신 창조주께서 키를 명하시며 자신의 섭리로 매일매일 자라게 함으로써 그 키에 이르게 하신다. 그러므로 인간이 여러 가지 수단을 부지런히 사용한다 할지라도 자신의 키를 한 자라도 늘릴 수 없기 때문에, 그러한 것들로 우리의 마음을 애태우는 것은 불필요하고 소용없는 일이다.

"우리는 우리가 원한다 해도 자신의 키를 변하게 할 수 없다. 키가 작은 사람이 자신을 괴롭히고 잠을 자지 않고 그것에 대한 생각으로 괴로워하며 늘 어떻게 하면 한 자의 키라도 더 자라게 할 수 있을까 하는 생각에 사로잡혀 있다면 그것이야말로 지극히 어리석은 일이다. 결국 그는 자신이 키에 어떠한 영향도 미칠 수 없음을 알게 될 것이므로 자신의 현재의 키에 만족하는 편이 더 나을 것이다. 우리는 우리의 육적인 재산에 대해 다음과 같이 행해야 한다. 즉, (1) 우리는 이 세상의 풍부한 재물을 탐내지 말아야 한다. (2) 우리는 우리의 키에 만족해야 하듯이 우리의 상태에 만족해야 한다. 즉, 우리는 편리한 것과 불편한 것을 비교해 보아야 하며, 정해진 운명을 즐겁게 받아들여야 한다. 다시 말하면, 고칠 수 없는 것은 최대한으로 활용해야 한다. 우리는 섭리의 처분을 변화시킬 수 없다. 그러므로 그 섭리에 묵묵히 따르고 순응해야 한다"(매튜 헨리).

하나님의 섭리의 축복이 없는 사람의 노력과 염려와 근면은 모두 헛된 일임이 분명하다. "여호와께서 집을 세우지 아니하시면 세우는 자의 수고가 헛되며 여호와께서 성을 지키지 아니하시면 파수꾼의 깨어 있음이 헛되도다 너희가 일찍이 일어나고 늦게 누우며 수고의 떡을 먹음이 헛되도다 그러므로 여호와께서 그의 사랑하시는 자에게는 잠을 주시는도다"(시 127: 1, 2). "나는 심었고 아볼로는 물을 주었으되 오직 하나님께서 자라나게 하셨나니 그런즉 심는 이나 물 주는 이는 아무 것도 아니로되 오직 자라게 하시는 이는 하나님뿐이니라"(고전 3:6, 7). 즉 여기에서와 같이 바울과 아볼로가 스스로 아무 것도 할 수 없었다면 우리가 무엇을 할 수 있다고 생각할 수 있겠는가? 오늘날 많은 사람들이 잊고 있는 이와 같은 진리가 다음의 말씀에서 다시 나타난다. "너희가 많이 뿌릴지라도 수확이 적으며 먹을지라도 배부르지 못하며 마실지라도 흡족하지 못하며 입어도 따뜻하지 못하며 일꾼이 삯을 받아도 그것을 구멍 뚫어진 전대에 넣음이 되느니라 … 너희가 많은 것을 바랐으나 도리어 적었고 너희가 그것을 집으로 가져갔으나 내가 불어 버렸느니라 나 만군의 여호와가 말하노라 이것이 무슨 까닭이냐 내 집은 황폐하였으되 너희는 각각 자기의 집을 짓기 위하여 빨랐음이라"(학 1:6, 9). 이 말씀은 우리의 정당한 직업에 대한 건전한 염려와 모든 수고에 하나님께서 축복해 주셨을 때 감사하기를 잊지 말라고 가르친다.

그 누구도 부나 출세를 위하여 염려하고 애씀으로써 하나님께서 그가 도달하도록 정하신 상태를 초월하여 자신의 본래의 상태를 더 나아지게 할 수는 없다. 창조주께서 인간마다 한 자라도 더할 수 없는 각자의 키를 정해 놓으신 것과 같이, 부유하거나 가난하거나 그 신분이 높거나 낮거나 간에 각자의 상태를 미리 정해 놓으셨으며 피조물의 능력으로는 그와 같은 것을 변화시킬 수 없다. "너희 뿔을 높이 들지 말며 교만한 목으로 말하지 말지어다 무릇 높이는 일이 동쪽에서나 서쪽에서 말미암지 아니하며 남쪽에서도 말미암지 아니하고 오직 재판장이신 하나님이 이를 낮추시고 저를 높이시느니라"(시 75:5-7). "여호와는 가난하게도 하시고 부하게도 하시며 낮추기도 하시고 높이기도 하시는도다"(삼상 2:7). 이 말씀은 육체적인 일이나 영적인 일이나 똑같이 해당된다. 이러한 모든 말씀으로부터 얻을 수 있는 큰 교훈은, 우리가 합법적인 여러 가지 수단들을 온전하게 이용하는 가운데 하나님께 의존해야 하며, 하나님께서 축복해 주시기를 겸손하게 구해야 하며, 그것이 많이 내려지거나 적게 내려지거나 간에 하나님께서 기뻐하신 대로 우리에게 분배해 주신 몫을 감사하게 받아들임으로써 그것에 만족해야 한다는 것이다. 우리는 우리의 키를 하나님께 완전히 맡겨야 하는 것과 같이 **모든** 것을 그분께 맡겨야 하지 않겠는가!

제35장

염려하지 말라
❸

또 너희가 어찌 의복을 위하여 염려하느냐 들의 백합화가 어떻
게 자라는가 생각하여 보라 수고도 아니하고 길쌈도 아니하느
라 그러나 내가 너희에게 말하노니 솔로몬의 모든 영광으로도
입은 것이 이 꽃 하나만 같지 못하였느니라(마 6:28, 29)

"또 너희가 어찌 의복을 위하여 염려하느냐"(28절). 주님은 이 말씀에서,
25절에서 주신 바 있는 계율을 다시 언급하고 계신다. "그러므로 내가 너희에게
이르노니 목숨을 위하여 무엇을 먹을까 무엇을 마실까 몸을 위하여 무엇을 입을
까 염려하지 말라 목숨이 음식보다 중하지 아니하며 몸이 의복보다 중하지 아니
하냐." 본문 말씀에 주님은 '의복'의 문제에만 제한하여 말씀하고 계신다. 그리
고 31절에서는 다시 음식의 문제가 거론된다.

"또 너희가 어찌 의복을 위하여 염려하느냐." 비록 이 구절은 질문의 형태(우
리의 양심을 자극하기 위해)로 되어 있지만 금지의 효력을 지니고 있다. 앞의 교
훈을 반복하고 있는 것은 그러한 까닭에서이다. 이 말씀은 매우 엄격하면서도 겸
허한 태도를 취하고 있다. 그것은 우리가 하나님의 소리에 얼마만큼이나 반응이
느린가를 증거하고 있다. 즉, 우리는 무엇을 해야 하고 무엇을 하지 않아야 되는
지 되풀이하여 들어야만 한다. 우리 안에는 너무도 강한 자아 의지가 자리잡고
있으며 하나님을 거역하는 요소들로 가득하다. 그리하여 하나님께서 한 번 내리
신 명령으로는 충분하지 않다. 우리는 너무도 사악하고 다루기 힘든 피조물이다.
비록 거듭났을지라도 여전히 그렇다.

그러면 교회의 최고의 선생이 되신 분께서 취하신 방법과 그분이 하늘의 교리

를 제시하신 방식을 살펴보기로 하자. 주님은 교리를 제시하고, 그러고 나서 강력하고 설득력 있는 이유를 들어 그것을 권면하셨을 뿐만 아니라, 그에 대하여 반복하여 말씀하시고 차근차근 그것을 권고해 나가셨다. 중요한 진리에 대해 다루실 때마다 타락한 인간이 받아들여 실행하려고 하지 않기 때문에 그리스도께서는 그것을 제시하고 확증하심에 덧붙여, 우리에게 되풀이하여 강조하시면서 일일이 그 내용을 손에 쥐어주셨다. 그러한 방법은 말씀이 우리의 심중에 더 잘 받아들여지게 하며, 우리의 생활에 순종을 낳게 하는 데 있어 더 효과적일 것이다. 이 방법에서 우리의 은혜 많으신 구세주께서는 하나님의 말씀을 다른 사람들에게 가르치는 모든 자들이 본받을 모범을 남겨 두고 계신다. 이것은 목회자들뿐만 아니라 부모들에게도 해당된다. "네 자녀에게 부지런히 가르치라"(신 6:7)고 말씀하셨던 것이다. '부지런히 가르치라' 는 말은 히브리어에서 둔탁한 도구나 칼을 날카롭게 함을 뜻하기 때문에, 곧 갈거나 연마한다는 의미를 지니고 있다. 그렇게 하여 말씀은 마음에 더욱 깊숙이 파고들게 될 것이다.

"또 너희가 어찌 의복을 위하여 염려하느냐." 이 말씀이 의복에 대한 모든 염려를 다 금하고 있는 것은 아니다. 거기에는 정당하며 경건한 염려도 있다. 그 염려에 의하여 우리는 하나님의 섭리가 우리에게 정해 주신 삶의 처소에 알맞는 그러한 의복을 위해 건전한 방법으로 정직하게 일할 수 있다. 그러한 것이 우리 몸의 건강과 안위를 위해 필요하다. 본문에서 금하고 있는 바는 의복에 대한 세속적이고도 과도한 염려이다. 즉 알맞게 필요한 정도의 의복에 대한 불만과, 오만에서 비롯된, 혹은 부족하지 않을까 하는 의혹과 두려움에서 나온 그러한 염려이다. 그것은 우리 시대의 심각한 죄 중의 하나이다. 즉, 이 시대에는 이상야릇하고 사치스러운 의복에 대한 욕망이 있다. 해마다 외관을 꾸미는 일에 대단히 많은 액수가 소비되고 있으며 유행을 '하나님' 으로 삼고 있다. 하녀들은 저희 여주인들의 장신구를 탐내고, 여주인들은 더 유익한 임무에 종사해야 할 많은 시간을 자신들의 몸을 꾸미는 데 소모하고 있다. 이 모든 것들이 바로 "너희가 **어찌** 의복을 위하여 염려하느냐" 는 말씀에 심각하게 부딪치게 된다.

그런데 성직자는 이 극심한 죄를 질책하는 대신에, 침묵하는 죄를 왜 그토록 오랫동안 지속해 왔는가를 묻고 싶다. 단지 몇몇 사람뿐만 아니라 나이를 불문하고 모든 계층이 공통적으로 그 죄를 범하고 있다. 설교자들은 자신들의 회중 가운데 많은 사람들이 "최신 유행의 스타일을 유지하기" 위하여(이 스타일은 종종 도덕이 극도로 타락한 나라들에서 도입된다) 부정한 돈을 써왔다는 것을 알고 있다. 그렇다면 왜 설교자들은 그러한 허영과 낭비를 비난하지 않는가? 그것은 사람들에 대한 두려움, 인기가 없게 되지나 않을까 하는 염려 때문이 아닌가? 그것은 실크 스타킹을 신고 모피 코트를 걸치고 얼굴을 감춰주는 값비싼 모자를 쓰고 있는 **그들 자신의** 아내와 딸들을 바라보기 때문이 아닌가? 불행히도 성직자들의 가족은 절제와 검약, 그리고 정숙의 모범이 되는 대신에 흔히들 대중을 세속주의와 소비주의로 이끌어가고 있다. 교회는 많은 다른 문제들에서 그러했던 것처럼 이 문제에 있어 비참할 정도로 실패하고 있다.

이 글을 읽는 어떤 설교자들은 아마도 다음과 같이 대답하려 할 것이다. 즉 "우리는 그러한 일에 관심을 갖기보다도 더 잘 해야 할 다른 일들이 있으며, 몸에 걸치는 의복에 관한 것보다도 전해줄 훨씬 더 중요한 메시지들이 있다"는 것이다. 하지만 그러한 대답은 하나님을 만족시켜 드리지 못할 것이다. 하나님께서는 자신의 종들이 그의 모든 권고를 선포하고, 유익한 어떠한 말씀도 숨기지 않기를 원하신다. 만일 성경을 주의 깊게 읽는다면, 우리의 첫 조상이 만든 무화과 잎사귀로 된 치마로부터 요한계시록 17장에 나오는 "자줏빛과 붉은빛 옷을 입고 금과 보석과 진주로 꾸민" 음녀들의 어미에 이르기까지 의복에 관한 말씀이 적지 않게 나옴을 알게 될 것이다. 지존자께서 말씀하시지 않았던가? "여자는 남자의 의복을 입지 말 것이요 남자는 여자의 의복을 입지 말 것이라 이같이 하는 자는 네 하나님 여호와께 **가증한** 자이니라"(신 22:5). 우리의 거리가 바지를 입은 무분별한 여자들로 가득 차게 될 때 우리에 대한 그분의 진노하심은 당연하다. 우리 성직자들이 그리도 오랫동안 불충실해 온 마당에 그 많은 교회들이 파괴되고 있는 것은 놀라울 것 없다.

"또 너희가 어찌 의복을 위하여 염려하느냐 들의 백합화가 어떻게 자라는가 생각하여 보라 수고도 아니하고 길쌈도 아니하느니라"(28절). 이 말씀의 의미는 첫눈에 언뜻 보았을 때 드러나는 것보다 더 광범위하다. 우리가 '백합화'란 표현에서 배우듯이 '의복'에는 몸을 감싸는 피복은 물론 장식에 사용하는 모든 것까지도 포함되어지며, 이 말씀은 우리의 의복에 관하여 범할 수 있는 모든 양상의 죄들에 대해 나무라고 있다. 즉 하나님께서 우리가 필요로 하는 것을 우리에게 주심을 불신하는 일뿐만 아니라, 세상의 악한 풍조를 좇거나 하나님께서 금지하시는 바를 무시하면서 그러한 하찮은 일에 마음을 쏟아 그를 거스르는 모든 죄들을

꾸짖는다. 들에 핀 꽃들에게서 배우도록 우리에게 권면하심으로써 그리스도는
우리의 오만한 마음을 낮추게 하신다. 왜냐하면 우리는 지성이 있음에도 불구하
고 비천하고 비이성적인 피조물에게조차도 단지 우리가 그들이 말하는 바를 들
을 귀만 있다면, 배울 만한 중요하고 가치 있는 많은 교훈들이 있기 때문이다.

"들의 백합화가 어떻게 자라는가 생각하여 보라." 본문의 이 말씀은 남녀 불문
하고 의복에 대해 갖는 지나친 염려와 무절제한 욕망을 나무라기 위해 씌어졌다.
여기에서 주님이 의도하신 뜻의 일부가 일반적으로 간과되어 왔으며, 이로 인해
다음 말씀의 의미를 파악하는 데 실패한 것으로 보여진다. "오늘 있다가 내일 아
궁이에 던져지는 들풀도 하나님이 이렇게 입히시거든 하물며 너희일까보냐"(30
절). 즉 백합화가 아무리 아름다운 꽃일지라도 그것은 한낱 '들의 풀'에 지나지
않는다는 것이다. 그 아름다움과 우아함에도 불구하고 백합화는 시들어 죽으며,
그리하여 땔감으로 사용되는 (석탄이 없는 동양에서) 보통 풀들과 같은 부류, 같
은 처지에 속한다. 그러므로 도대체 백합화가 자랑하고 우쭐댈 만한 어떤 근거나
상황이 있을 수 있겠는가? 전혀 있을 수 없다. 그것은 창조에 있어서 대단히 낮은
서열에 속하고, 그 아름다움은 빠르게 사라지며 그 숙명은 아궁이 신세일 뿐이
다.

이상의 내용을 통하여 우리는 어찌해서 외모나 의복에 대해 지나치게 관심을
쏟지 않아야 하는지 그 설득력 있는 이유를 찾아볼 수 있다. 백합화 같이 우아한
신체와 아름다운 생김새를 가지고 있어 그들을 바라보는 이들에게서 많은 흠모
를 받는 사람들이 있다. 그렇기는 하지만 그러한 사람들도 자신보다 덜 아름다운
용모를 타고난 동료들과 같은 족속으로 태어났음을, 같은 신체구조로 되어 있으
며 같은 체험을 겪도록 되어 있음을 유념할 필요가 있다. 육체적인 미모란 단지
가죽 한 꺼풀에 지나지 않을 뿐이며, 아름다운 용모는 기껏해야 짧은 몇 년 동안
에만 꽃을 피울 따름이다. 질병의 침해와 슬픔으로 인해 밝디밝은 눈동자는 흐려
지고, 갸름한 턱은 보기 싫게 되며, 이내 주름살이 전에 그렇게도 매력적이던 모
습을 뒤덮게 된다. "그러므로 **모든** 육체는 풀과 같고 그 모든 영광은 풀의 꽃과
같으니 풀은 마르고 꽃은 떨어지되"(벧전 1:24)란 말씀대로 가장 아름다운 것도
가장 추한 것과 마찬가지로 **무덤**이라고 하는 아궁이를 향해 서둘러 가고 있다.

인생의 짧음과 육체적인 매력의 덧없음을 볼 때, 아름다운 신체에 대한 자만은
얼마나 허무맹랑하고 어리석은가! 우리가 자신의 마음을 두어야 할 아름다움, 우

리의 정력을 쏟아야 할 아름다움은 거룩함의 미(대상 16:29)이다. 왜냐하면 그 미야말로 쇠하여지지 않으며, 찰나적이지도 기대에 어긋나지도 않고, 죽음으로 훼손되지 않는 영원히 지속되는 아름다움이기 때문이다. 그러면 거룩함의 미란 과연 무엇인가? 그것은 마귀를 닮은 죄의 가증함과 반대되는 것이다. 거룩함의 미는 "그의 형통함과 그의 아름다움이 어찌 그리 큰지"(슥 9:17)라고 찬미된 하나님을 닮는 것이다. 이것은 피조물의 아름다움이 아니라 하나님의 아름다움이다. 그렇기는 하지만 그것은 하나님의 택함 받은 자에게 나누어진다. "왕의 딸은 궁중에서 모든 영화를 누리니"(시 45:13)라고 기록된 바와 같다. 진정 우리는 "주 우리 하나님의 은총[아름다움]을 우리에게 임하게 하사"(시 90:17), 거룩한 천사들에게 흠모되어지기를 기도해야 한다.

백합화의 덧없는 아름다움은 자신들의 육체적 아름다움을 자랑하는 자들을 나무랄 뿐만 아니라 사치스럽고 화려한 의복을 우상시하는 모든 자들을 꾸짖고 있다. 불행히도 먹을 것이 보장되어 있을 때일지라도(현재에, 어느 정도로) 의복의 문제로, 단순히 그 보온과 안위를 위해서가 아니라 전시효과를 위해, 공작 같은 허영심을 만족시키고자 스스로를 괴롭히는 그러한 서글픈 비참한 상태가 타락한 인간이다. 가난한 자에게 있어 음식이 걱정을 주는 것과 마찬가지로 이것은 부자에게 염려를 준다. 이제 "들의 백합화를 생각하여 보라." 그것들은 참으로 아름다움으로 옷 입고 있다. 그렇지만 그것은 너무도 쉽게 사라진다. 그리고 **아궁이**가 그들을 기다리고 있는 것이다! 그런데 너희들은 그것들과 같아지기 바라며 그들과 같은 운명을 겪고자 한다는 것이 아니냐? 참으로 다음 말씀에 주의하자. "너희의 단장은 머리를 꾸미고 금을 차고 아름다운 옷을 입는 외모로 하지 말고 오직 마음에 숨은 사람을 온유하고 안정한 심령의 썩지 아니할 것으로 하라 이는 하나님 앞에 값진 것이니라"(벧전 3:3, 4)

그러나 또 다른 측면을 생각해 보기로 하자. "들의 백합화가 어떻게 자라는가 생각하여 보라 수고도 아니하고 길쌈도 아니하느니라." 이 말씀에서 구주께서는 우리에게 들에 있는 비이성적인 피조물들이 사람들보다도 그들 나름대로의 방식으로 하나님께 더 순종하고 있음을, 우리는 그것들보다 더 거역하고 있음을 가르치신다. 이사야 선지자는 하늘과 땅에게 유대인들의 배은망덕에 대한 질책을 들어보도록 불렀었다(1:2). 또 다른 선지자는 우상 숭배에 대하여 여로보암 왕을 경책하면서, "단아 단아 여호와께서 말씀하시었다"라고 외쳤다(왕상 13:2). 예레미야 선지자는 유다의 왕을 경책할 때에 "땅이여, 땅이여, 땅이여, 여호와의 말을 들을지니라"라고 부르짖었다(22:29). 에스겔 선지자는 이스라엘의 산들을 향해 예언하기를 명령받았다(6:3). 이 모든 예들은 만일 지각이 없는 피조물들이 사람이 가지고 있는 지성을 부여받았더라면 사람들보다도 그들의 창조주의 뜻에 훨씬 순종하였을 것임을 보여준다.

또한 들풀을 생각하여 보도록 우리에게 명하심에 있어 우리의 선생 되시는 그리스도는 다음과 같은 사항을 암시하고자 하셨다. 즉 비록 우리가 그들 피조물들을 바라보고 사용하면서 매일 눈앞에 두고 있을지라도, 얼마간은 우리의 무지함으로 인해, 또 얼마간은 무관심과 부주의로 말미암아 우리가 그들에게서 취할 것을 분별하지 못하며, 그들이 우리에게 가르치고자 하는 가치 있는 교훈들을 배우지도 못함을 암시하신다. "이는 하나님을 알 만한 것이 그들 속에 보임이라 하나님께서 이를 그들에게 보이셨느니라 창세로부터 그의 보이지 아니하는 것들 곧 그의 영원하신 능력과 신성이 그가 만드신 만물에 분명히 보여 알려졌나니 그러므로 그들이 핑계하지 못할지니라"(롬 1:19, 20). 그리하여 예수께서는 본문 말씀에서, 하나님의 창조물들을 고찰해 보는 일에 있어서 우리의 둔감함과 무관심을 지적하셨던 것이다. 그러니 만일 우리가 자신의 일시적인 행복에 필요한 것들을 배우는 일에 있어 이처럼 둔하다면, 자신의 영원한 구원에 관한 일에 있어서는 무엇을 할 수 있겠는가!

그러면 우리는 저 백합화들에게서 과연 **무엇을** 배워야 하는가? "그것들이 어떻게 자라는지." 하나님의 모든 사역들과 마찬가지로 이것 역시 놀랄 만큼 우리의 경탄을 불러일으킨다. 겨울철에 그것들은 비록 실제로는 죽지 않았을지라도 대지에 죽은 듯이 누워 있다. 그것들은 서리와 눈으로 덮여 있다. 그렇지만 봄이 되면 그들은 줄기와 잎들, 그리고 왕좌에 있는 솔로몬의 모든 영광을 능가할 만큼 아름답고 우아한 꽃들로 다시 살아난다. 그러면 이것은 어디에서 왔는가? 그들 스스로, 혹은 사람의 힘으로 살아났는가? 결코 그렇지 않다. 왜냐하면 주님이 말씀하시는 것은 '들'의, 혹은 '야생'의 백합화이기 때문이다. 그러면 어디로부터 나왔는가? 하나님께서 그들 피조물들을 만드셨을 때 말씀하셨던 그 본래적인 창조 명령으로부터이다. 즉 "땅은 풀과 씨 맺는 채소를 내라"(창 1:11)는 말씀이다. 그것은 전능하신 창조주께서, 아름다운 백합화와 모든 다른 초목을 내는 힘과 덕을 가지도록 땅에 이르신 저 영원히 지속되는 말씀으로부터이다. 그리고 권

능의 말씀에 의해 들에 백합을 내도록 하신 바로 그 하나님께서 만일 우리가 그
분을 신뢰하기만 한다면, 온당하게 적합한 수단을 사용함으로써 우리는 인생에
필요한 충분한 의복과 모든 다른 것들을 가지게 되리라는 섭리의 말씀도 주신 바
있다.

"수고도 아니하고 길쌈도 아니하느니라." 이 말씀에서 구주께서는 우리에게
백합화들이 염려로부터 얼마나 자유로운가를 주목하게 하신다. 그것들은 우리가
해야만 하는, 옷을 입기 위한 어떠한 수고도 하지 않는다. 이것은 하나님께서 친
히 그들을 위해 예비하시고 그들을 그토록 매혹적으로 꾸미고 계신다는 증거이
다. 그리고 그 사실은 우리에게 마음 산란한 염려 없이 하나님의 은혜로우신 섭
리에 응하는 만족의 의무를 매우 힘 있게 강조한다. 우리는 확실히 하나님의 섭
리에 대해 들풀이 소유하고 있는 것에 비하여 뒤지지 않는 자격을 가지고 있을
뿐 아니라, 또한 하나님께서는 우리가 의복을 위해 들풀에게는 없는 수단을 사용
하는 것을 허용하셨다. 비록 어떠한 사람도 필요한 것들을 획득하기 위한 합당한
수단을 무시하면서 하나님의 섭리에 의지한다는 구실로 빈둥거리며 살 수는 없
지만, 그러나 그리스도께서는 본문 말씀에서 그를 신뢰하고 섬기는 모든 자들에
게 혹 그들이 온갖 수단에서 실패할지라도 하나님께서는 그들에게 필요한 것들
을 주시리라고 확신시키고 있다. 만일 질병이나 상처로, 혹은 노쇠하여 우리가
더 이상 수고도 길쌈도 할 수 없다면 하나님께서는 우리로 충분한 의복을 얻지
못하는 것을 내버려 두지 않으실 것이다.

**"그러나 내가 너희에게 말하노니 솔로몬의 모든 영광으로도 입은 것이 이 꽃
하나만 같지 못하였느니라"**(29절). 이 말씀에서 그리스도는 일신상의 꾸밈을 우
상시하여 그렇게도 바삐 움직이는 헛된 어리석음을 경책하신다. 본문에서 주께
서 말씀하시는 뜻을 살펴보기 전에 먼저, 솔로몬의 왕복의 화려함에 대해 언급하
심에 있어 주님은 이를 나무라지 않으셨음을 지적해야겠다. 즉 솔로몬의 '영광'
이라는 말씀 대신에 혹 '허식적인 과시'나 '겉보기를 꾸미는 어리석음'이라고
불러서 공격하지 않으셨다. 하나님의 말씀은 옷차림새에 있어서 자만과 사치를
책망하시지만 그러나 왕족과 높은 신분의 관원들이 화려하고 값비싼 의복을 입
는 것을 허용하고 있다. 요셉은 존귀한 지위에 임명받았을 때, '세마포 옷'을 입
고 '반지를 손에 끼고 금 사슬을 목에 거는 것'을 거절하지 않았다(창 41:42). 사
도 바울도 아그립바와 버니게가 "크게 위엄을 갖추고" 그의 말을 들으러 온 것을

비난하지 않았다(행 25:23).

화려한 복장에 대해 자랑하고, 자신의 일신상의 외모에 대하여 그처럼 걱정하는 것은 너무도 지각없는 짓이다. 왜냐하면 우리가 스스로를 화려하고 매력 있게 꾸미고자 온갖 수고를 다하였을 때라도 우리는 들에 핀 꽃들의 그 영광스러운 차림새에 이르기에는 너무도 모자라기 때문이다. 백합화처럼 그렇게 흰 옷이나 실크가 어디 있는가? 바이올렛과 대등한 자줏빛이 어디 있으며, 장미나 그 빛깔의 다른 꽃들과 비교될 만한 주홍색과 심홍색이 어디 있겠는가? 직공들의 기술은 참으로 발달하였지만, 그러나 그것이 자연의 아름다움과 같을 수는 없다. 그렇다면 만일 우리가 발 아래 밟고 아궁이에 던지는 들풀과도 겨룰 수 없다면 어떻게 우리가 의복의 외양을 뽐낼 수 있겠는가? 세상의 온갖 화려함은 헛될 뿐이다. 영광과 아름다움에 있어 그것은 꽃들보다도 뒤지는데, 들의 꽃보다 더 약하고 덧없는 것이 어디 있겠는가!

참으로 겸양과 겸손의 요인이 되어야 할 것을 허영과 자기과시의 기회로 삼는 사람의 비행과 심술궂음은 너무도 크다. 만일 우리가 의복의 올바른 주요한 목적을 충분히 생각한다면, 번지르르하게 꾸민 복장에 만족해하기보다는 그것을 입었을 때 오히려 겸손해하고 자신을 낮춰야 할 것이다. 몸에 입는 옷은 우리가 죄를 범하였을 때 벌거벗은 부끄러움을 가리기 위한 것이다. 따라서 우리의 첫 조상이 타락하기 전에는 입은 적이 없다고 기록되어 있다. "아담과 그의 아내 두 사람이 벌거벗었으나 부끄러워하지 아니하니라"(창 2:25). 그렇다면 의복은 우리의 부끄러움을 가리는 것이며, 우리의 죄의 표지이다. 그리고 우리는 죄수가 수갑을 차고 있거나 미치광이가 구속복을 입고 있는 것 이상으로 자신의 의복에 대해 자만할 만한 하등의 이유를 가지고 있지 않다. 수갑이나 구속복이 범죄행위나 정신이상의 휘장인 것처럼 의복은 우리 죄의 상징에 지나지 않는다.

"솔로몬의 모든 영광으로 입은 것이 이 꽃 하나만 같지 못하였느니라." 솔로몬의 복장은 참으로 훌륭했을 것임에 틀림없다. 무한정한 부의 소유자, 수많은 외국 나라들의 산물을 가져오는 배의 함대를 가진 주인, 그는 탁월하게 화려하고 장려한 자신의 궁정을 만드는데 있어 부족한 것이 전혀 없었다. 의심할 여지 없이 그는 가장 부요하고 가장 훌륭한 옷을 입은 것으로 보여진다. 그러나 할 수 있는 한 그렇게 훌륭하게 스스로를 꾸몄던 그가 백합화의 아름다움에 훨씬 못 미쳤다. 매튜 헨리가 옳게 지적하였다. "그러므로 우리는 백합화에도 못 미친 솔로몬의 **영광**보다는 그 누구도 능가할 수 없는 솔로몬의 **지혜**(우리의 위치에서 우리 임무를 수행할 지혜)에 대해 한층 더 열망하자. 아름다움, 하물며 훌륭한 의복 따위가 아니라 지식과 품위야말로 인간의 온전함이다." 이에 덧붙여 우리는 공작 깃털을 갈망하기보다는 "겸손으로 허리를 동이자"(벧전 5:5).

제36장

염려하지 말라
❹

오늘 있다가 내일 아궁이에 던져지는 들풀도 하나님이 이렇게
입히시거든 하물며 너희일까보냐 믿음이 작은 자들아 그러므로
염려하여 이르기를 무엇을 먹을까 무엇을 마실까 무엇을 입을까
하지 말라(마 6:30, 31)

"또 너희가 어찌 의복을 위하여 염려하느냐"(28절). 앞 장에서 지적했던
대로 그리스도의 이 말씀은 비록 질문의 형태로 되어 있긴 하지만(우리의 정신을
자극하고 마음을 살피게 하려고), 금지의 표현이다. 그 금지는 이중적 의미가 있
다. 즉 과도한 염려에 대한 것과 무절제한 욕망에 대한 것이다. "들의 백합화가
어떻게 자라는가 생각하여 보라 수고도 아니하고 길쌈도 아니하느니라"(28절).
여기에서 그리스도는 한편으로는 우리의 죄 많은 불신을 책망하시고, 다른 한편
으로는 화려한 의상을 갈망하는 우리의 어리석음을 드러내시면서 우리로 경작되
지 않은 꽃에게서 배울 것을 명하신다. 그 첫 번째 교훈은, 그것은 의복을 벌기 위
하여 어떠한 수고도 하지 않는다는 그 사실에서 가르쳐진다. 그렇다면 만일 하나
님께서 그것을 위하여 자비롭게 제공하고 계신다면, 그분은 알맞게 필요한 물건
들을 획득하도록 자신이 약속하신 수단을 충실하게 사용하는 자들을 위해서는
더 많은 것을 주실 것이다. 두 번째 교훈은, "그러나 내가 너희에게 말하노니 솔
로몬의 모든 영광으로도 입은 것이 이 꽃 하나만 같지 못하였느니라"(29절)는 말
씀에서 나타나고 있다. 우리의 모든 수고와 경비를 쏟은 의복이 꽃들보다도 덜
아름답다면, 그렇다면 우리의 허장성세는 어리석다는 것이다.
　"그러나 내가 너희에게 말하노니 솔로몬의 모든 영광으로도 입은 것이 이 꽃

하나만 같지 못하였느니라." 이 말씀의 대조점이 있는가? 그것은 단지 백합화가 어떠한 인간이 만든 직물보다도 더 우아한 짜임새와 더 훌륭한 아름다움으로 옷 입고 있다는 것인가? 우리는 이 말씀에는 어떤 다른 것, 우리의 마음에 더 중요한 어떤 것이 있다고, 즉 거기에 예시된 더 깊은 진리가 있다고 믿는다. 솔로몬의 모든 위엄 있는 영광도 외부로부터 취한 한낱 **피상적인** 것에 지나지 않았다. 반면에 꽃의 치장은 **내부로부터** 우러나온 것이다. 그것의 꾸밈은 외래의 피류이 아니라 그것 자신의 근본적인 부분이다. 즉, 그것이 실제로 지니고 있는 것의 개발이며 결과이다. 그리스도인들도 역시 그러하며, 틀림없이 그러해야 한다. 하나님께서 그들의 마음에 조용하게 전해 주신, 그렇지만 확실하게 그들의 마음을 비추어 주는 생명과 빛이 그들의 감정을 정화시키며, 의의 열매를 맺게 한다. 부활 시에 영혼에 있는 하나님의 생명은 육체를 헤치고 나아가 온 몸을 광휘로 감쌀 것이다. "그때에 의인들은 자기 아버지 나라에서 해와 같이 빛나리라"(마 13:43).

독자들이여, "들의 백합화를 생각해 보는 것"은 대단히 유익한 과제이다. 그에 대한 영적인 고찰은 반드시 도움이 될 것이다. 왜냐하면 그것은 "모략은 기묘하며 지혜는 광대하신" 하나님의 창조물이기 때문이다. 만일 우리가 "백합화가 **어떻게** 자라는지" 마음에 "생각해 보고" 명심한다면 그 일이 우리를 겸허하게 하는 동시에 용기를 북돋아 줌을 깨닫게 될 것이다. 백합화는 순서를 밟아 서서히 피어난다. 처음에는 잎이, 다음에는 봉오리가 나오고, 그 다음에는 꽃이 핀다. 그 과정은 **점점 강해지는 아름다움**을 드러낸다. 우리도 그러한가? 우리도 점진적으로 더욱더 그리스도를 닮아가고 있는가? 좀 더 온유하고 겸허해지며 좀 더 너그러워지고 자기 유익을 구하지 않게 되는가? 우리는 진정 "힘을 얻고 더 얻어"(시 84:7) 나아가고 있으며, 주님과 같은 형상으로 화하여 "영광으로 영광에"(고후 3:18) 이르고 있는가? 그러한 성숙은 점진적으로 전개해 나아가며 하나님께서 그들에게 주신 **생명을 발휘**하는 데 있다. 우리는 그렇게 성숙해 나아가고 있는가? 성령께서 우리 심령에 전해 주신 바 은혜의 원리를 갈수록 명백히 증거하며, 우리를 "어두운 데서 불러내어 그의 기이한 빛에 들어가게 하신 자의 아름다운 덕을 선전"하고 있는가?

"오늘 있다가 내일 아궁이에 던져지는 들풀도 하나님이 이렇게 입히시거든 하물며 너희일까보냐 믿음이 적은 자들아"(30절). 이 말씀은 들꽃에게서 취할 만한 또 다른 교훈을 담고 있다. 즉, 그 목숨의 연약함과 단명함이다. 만일 이 점을 우리 마음에 충분히 새겨둔다면 멋진 옷에 대한 세속적인 욕망을 바로잡게 될 것이다. 왜 우리는 결국에는 들에 핀 꽃들에도 견줄 수 없을 터인데 그러한 사치스러운 의상에 마음을 쏟고 자신의 의복을 자랑하며, 우리의 '단장'을 아름다운 옷을 입는 외모로 하는가? 그러한 어리석은 허식은 그와 같은 과시가 부질없는 것임을 우리 스스로 깨닫게 될 때 한층 더 나쁘게 나타난다. 꽃들의 아름다움은 불과 몇 시간 지속될 뿐이다. 다음 날이면 그것들은 시들어서 다른 잡동사니들과 함께 아궁이에 던져진다. 그리고 우리가 세상에 머무는 날 수도 기껏해야 한순간에 불과하다. 그렇다면 왜 그렇게도 우리는 곧 그 빛깔과 모양새가 변하고 이내 낡아버리는, 그러한 옷에 대해 자랑하며 스스로 죽음을 향해 나아가고 있는가?

본문에서 질책하고 있는 것은 화려한 의복에 대한 욕망뿐만 아니라 또한 필요한 옷의 공급에 대한 염려이다. 30절 말씀에서 그리스도는 제자들과 설교를 들으러 모인 자들에게 그의 논증을 적용하신다. 주님은 여기에서 들풀과 사람을 대조하심으로써 28절에서 이미 언급하셨던 바, 염려에 대한 금지를 강조하신다. 들풀보다 사람이 더 탁월한 존재임은 다음과 같은 점에서 드러난다. 첫째로, 들풀이 사람의 유익을 위해 만들어졌지, 사람이 들풀을 위해 만들어지지 않았다. 게다가 다른 유익한 용도들 외에도, 그것들은 땔감으로 쓰여지는 것이다. 둘째로, 들풀은 오늘 있다가 내일에는 없는 것이다. 즉, 소멸되는 존재이기 때문에 그것들은 사라지기 마련이다. 사람은 전연 다르다. 왜냐하면 비록 육체는 재로 화할지라도 그러나 그 존재는 불멸의 영혼, 즉 시작은 있으나 절대로 종말은 있을 수 없는 영혼으로 인해 소멸되지 않기 때문이다. 바로 이러한 점에서 사람은 들풀보다 훨씬 탁월한 것이다. 들풀의 생명은 그것을 이루는 그 물질로부터 생겨나 그 물질과 더불어 사라진다. 하지만 사람의 영혼은 그의 육체와는 다른 본질로서 육체가 죽을지라도 소멸되지 않는다.

사람과 그 외의 모든 다른 열등한 피조물들 사이의 커다란 차이를 하나님께서는 그들 각각의 창조에 관련해서 분명히 암시하고 있다. 즉 하나님께서는 "풀과 씨 맺는 채소와 각기 종류대로 씨 가진 열매 맺는 나무를 내라"(창 1:11)고 땅에게 명하셨다. 그러나 사람을 지으셨을 때에는 비록 그 육체는 흙으로 만드셨지만 그의 영과 혼은 "생기를 그 코에 불어 넣으시니 사람이 생령이 된지라"(창 2:7)라는 말씀대로 하나님께서 친히 주신 것이었다. 사람의 이 탁월성에 대하여 그리스도는 의심 많고 물질주의적인 사두개인들을 책망하실 때 강조하셨다. 즉, 하나님을 그 육신이 이미 오래 전 흙으로 돌아갔을 '아브라함의 하나님' 이라고 말씀하시는 동시에 "하나님은 죽은 자곧 전혀 생명을 가지고 있지 않은 자의 하나님이 아니요 살아 있는 자의 하나님이시니라"(마 22:32)고 말씀하셨던 것이다. 그리하여 사람의 이 같은 우월성은 마음을 산란케 하는 염려 없이 하나님의 보호와 섭리를 의존할 그의 의무를 강하게 주장한다. 왜냐하면 만약 창조주께서 한낱 초목을 위해 그토록 영광스러운 차림새를 주시고 있다면 분명히 그의 가장 귀중한 피조물이 벌거벗게 되는 것을 내버려 두지 않으실 것이기 때문이다. 이것이 바로 본문 말씀에서 그리스도께서 이끌어내신 결론이다.

"오늘 있다가 내일 아궁이에 던져지는 들풀도 하나님이 이렇게 입히시거든 하물며 너희일까보냐 믿음이 적은 자들아"(30절). 첫째로, 우선 구주께서 본문에서 어떻게 **하나님께** 그 합당한 자리와 명예를 드렸는지 살펴보기로 하자. 그는 백합의 아름다움을 비인격적인 '자연' 이나 그 존재법칙의 산물로 돌리지 않았다. 오직 명백하게 그것을 조물주에게서 비롯된 것으로 간주하셨다. "피조물의 모든 탁월한 미는 그들의 원천이자 근원인 하나님에게서 나온다"(매튜 헨리). 둘째로, '하물며' 란 말을 신중하게 생각해 보자. 만일 '여호와 이레' 가 들풀과 같이 얼마 살지 못하는 비교적 쓸모없는 피조물들을 위해서도 그같이 아름다운 차림새를 베풀어 주고 있다면, 틀림없이 하나님께서는 자신의 소중한 자녀로 어떠한 유익한 것을 갖지 못한 채 지내도록 내버려 두지 않으실 것이다. 그렇다면 하나님께서 그들을 돌보고 계심을 알고, 그들의 염려를 그에게 맡겨버리는 일이야말로 그들의 의무임은 너무도 자명하다(벧전 5:7). 우리는 그것들보다 한층 탁월한 존재이다. 즉, 우리는 영원한 존재로 지음받았으며, 그것들은 단지 몇 날을 위해 지어졌다. 우리는 하나님과 좀 더 밀접하고 귀중한 관계를 맺고 있는 그의 사랑받는 백성이다. 셋째로, 주님께서 말씀하신 '믿음이 적은 자들아' 라는 힐책을 잘 생각해 보자. 그 힐책은 우리의 지나친 염려의 밑바닥에 있는 것, 곧 불신을 드러내 보인다.

"믿음이 적은 자들아." 주님은 이 말씀을 통해 그의 제자들을 질책하셨다. 그가 그들을 나무라신 것은 전혀 믿음이 없다는 이유에서가 아니라 믿음의 분량이 적다는 것, 즉 하나님의 섭리에 대한 확신보다도 불신이 더 강하다는 것 때문이었다. 여기에서 우리는 그리스도인들이 너무도 서로 다름을(그리고 동일한 신자의 체험도 때에 따라 다양하게 달라진다) 알 수 있다. 그 중에는 아브라함과 같이, 외적인 상황이 완전히 그에게 불리할 때에도 전혀 의심하지 않으며 하나님의 약속을 전적으로 신뢰하는 사람들이 있다(롬 4:20). 반면에 그런 때 믿음이 너무나 약하고 의심으로 뒤범벅된, 같은 상황에 처하여 저 제자들과 같이 처신하는 자들도 있다. 하지만 아무리 그처럼 믿음이 약하다 해도, 아무리 변명의 여지 없이 비난받을 만하다 해도 그 제자들의 경우에서 분명히 보여지듯이 믿음 그 자체는 참으로 구원하는 것이다. 왜냐하면 26절에서 그리스도는 하나님을 **그들의** '하늘 아버지'라고 부르심으로써 염려하는 제자들을 그의 자녀로 인정하셨기 때문이다.

여기서 한숨 돌리어, 그와 같은 믿음의 연약함이 결코 우리의 구원을 위태롭게 하는 것은 아님을 짚고 넘어가야 되겠다. 그렇지 않다면 우리의 불신이 믿음보다 더 강하기 때문에 믿음이 우리를 구원하는 것보다 불신이 우리를 정죄하는 것이 더 크다는 논리가 된다. 그렇지 않다. 왜냐하면 우리가 비록 믿음 없이는 구원될 수 없다 해도, 그렇다고 자신의 믿음 때문에 구원받는 것도 아니기 때문이다. 우리를 구원하는 것은 믿음의 성숙단계나 강한 정도가 아니라 **의로운 대상**에 매달리는 것이다. 믿음은 (도구가 되어) 그리스도 안에서 하나님의 자비를 붙들 때에 구원해 주며, 연약한 믿음도 비록 강한 믿음과 같은 그러한 확신과 위안은 없다 할지라도 참된 구원을 베풀어 줄 수 있다. '믿음이 적은' 것에 있는 의심과 연약함은 만일 우리가 그것에 대해 몹시 슬퍼하고 신앙을 강화시키는 수단으로 삼는다면 우리를 파멸시키지 않는다. 하나님의 자녀들 중 그 누구도 온전한 신앙을 가지지 못하며, 그들 가운데서 아브라함이 이르렀던 완전한 확신을 얻는 자는 거의 없다. 믿음이 적은 자들에게 우리는 다음과 같이 말할 수 있다: 비록 너희의 불신이 너희에게 짐이 되고 슬픔이 될지라도 그리스도께서는 상한 갈대를 꺾지 아니하며 꺼져가는 등불을 끄지 아니하신다는 그 은혜로운 사실로 위로를 얻으라 (사 42:3).

그리스도께서 제자들을 믿음이 적다고 책망하셨던 이유는 그들의 의복에 대해 하나님을 불신했기 때문이었다. 그들은 이 일로 비난받아 마땅했다. 그들의 하늘 아버지께서 자신의 피조물 가운데 가장 미미한 것에게 주신 배려가 그들에게 더 나은 것을 가르치고 있기 때문이다. 여기에서 우리는 구원에 이르는 믿음의 한 속성을 알 수 있다. 즉, 그리스도 안에서 죄의 용서와 영생에 대한 하나님의 자비를 붙들 뿐 아니라 이 인생에서의 일시적인 축복에 대한 그의 약속도 신뢰하는 것이다. 더 큰 것은 작은 것도 포함하고 있지 않겠는가? 만일 하나님께서 믿는 자들에게 자기 아들을 내어 주셨다면 어찌 그들에게 그 아들과 함께 모든 것을 은사로 주지 아니하시겠는가(롬 8:32)? 하나님의 모든 약속은 그것이 영생에 대한 것이든, 아니면 일시적인 인생에 대한 것이든 얼마든지 그리스도 안에서 예, 그리고 아멘이 된다(고후 1:20). 그러므로 하나님께서 그리스도를 보아 나의 죄를 용서하시고 내 영혼을 구원해 주시리라고 말하는 것 같은 믿음으로, 또한 내가 여기 이 땅에 남아 있는 동안 하나님께서 음식과 의복을 제공하심을 신뢰해야 할 것이다.

그 같은 믿음을 좇아 노아의 마음은 방주 안에서 그를 보호하시리라는 하나님의 약속을 붙들었고, 그로써 의의 후사가 되었다(히 11:7). 노년에 아들을 얻으리라는 하나님의 약속을 믿은 아브라함 역시 같은 믿음으로 말미암아 의롭다 여김을 받게 되었다(롬 4:18). 그렇다면 이 점을 고찰하여 보고 거기에서 믿음이 하나님의 약속을 붙드는 순서를 유념해 두어야겠다. 그 믿음은 처음에 그리스도 안에서의 하나님의 자비를 파악하고, 그 다음에 우리에 대한 그의 섭리적인 보호를 붙잡는다. 그 과정에 있어 어떠한 수고도 필요하지 않다는 것은 너무도 단순명료하다. 그리스도인이 죽은 후에 믿음으로 말미암아 구원되기를 바라듯이 그는 이 세상에서 믿음을 좇아 살아야만 한다. 다시 말해, 만일 우리가 우리의 영혼에 대한 하나님의 자비를 신뢰한다면, 또한 하나님께서 우리의 육신을 위해서 공급해 주심도 믿을 것이다. 우리가 하나님께서 우리를 땅에 두신 동안 음식과 의복에 대한 그의 자비를 믿을 수 없다면, 하늘의 것에 대한 그의 은혜에 어떻게 자신을 내맡길 수 있겠는가?

우리가 자신의 믿음을 **시험**해 보아야 하는 것은 바로 이 지점에서이다. 즉 자신의 믿음이 어떠한 부류에 속하는지, 진실인지 거짓인지에 대해, 그리고 그 믿음의 정도가 어떠한지, 약한지 강한지에 대한 시험이다. 그리스도께서는 여기에서, 우리가 세상적인 염려로 마음을 흐트러트릴수록 하나님에 대한 우리의 믿음과 신뢰가 더욱 적어짐을 분명히 암시하신다. 왜냐하면 일시적인 것에 대하여 믿지 못하는 염려는 하나님의 섭리에 대한 불신에서 비롯되기 때문이다. 따라서 우리가 일시적인(현세적인) 것에 대해 하나님을 덜 신뢰할수록 그의 영원한 자비에 대한 참된 믿음도 적어지게 된다. 이는 같은 믿음이 그 양쪽을 다 붙들고 있기 때문이다. 만일 우리가 정당한 수단을 건전하게 사용하면서 육신적인 축복을 하나님께서 주심을 참으로 믿는다면, 그때 비로소 우리는 영혼의 구원에 대해서도 그를 신뢰할 수 있는 것이다. 그러한 시험은 우리가 부요할 때에는 거의 충분하게 실행해 볼 수 없다. 그러나 역경에 처해서도 하나님을 신뢰한다면 우리의 믿음은 진정한 것이다. 하지만 그렇지 않고 만일 우리가 굶주릴 때 궁핍을 채우기 위하여 훔치기를 주저하지 않으리라고 생각한다면, 그 때는 우리의 신앙이 거짓이 아닌지 의심할 수 있는 큰 근거가 된다.

"그러므로 염려하여 이르기를 무엇을 먹을까 무엇을 마실까 무엇을 입을까 하지 말라"(31절). 그리스도는 25절에서 불신적인 염려에 대해 주셨던 계율을 반복하고 계신다. 이렇게 반복하는 것은 다음과 같은 까닭에서이다. 첫째로, 전에 지적했듯이 계율을 강조하심으로써 우리 심중에 좀 더 날카롭게 깊숙이 박혀지도록 한 것이다. 둘째로, 제자들을 믿음의 훈련에서 더욱 진전시키기 위한 것이다. 왜냐하면 이렇게 반복함으로써 그리스도는 그들에게 이 의무를 좀 더 자주 고찰하고 숙고해 볼 기회를 주시는 것이며, 그에 의해서 그들의 믿음은 더욱 확실해질 필요가 있기 때문이다. 우리의 심중에 믿음을 가지거나 강화시키기 위해서는 단순히 수동적인 환자가 되어서는 안 되며, 믿음을 맞아들이거나 개발시켜야 함을 인지하고 파악해 내는 것이 매우 중요한 일이다. 믿음의 성장은, 환상이 밤에 꿈을 통하여 예언자에게 보여지듯이, 혹은 인장의 자국이 봉인되어지듯이 그렇게 하나님으로부터 우리에게 나아오는 것이 아니다. 하나님은 자신의 백성들 가운데서 이 은혜를 평범한 수단을 사용하여 역사하신다.

그리스도인이라 고백하는 자들 가운데 이 문제에 있어 자신들은 어떠한 책임도 지지 않는다는 태도를 고수하는 이들이 있다. 즉, 신앙이란 초자연적인 원리, 다시 말하여 하나님의 선물인 까닭에 그것을 증진시키기 위해서 어떤 일을 한다는 것은 전적으로 자신들의 권리와 영역 밖이라는 것이다. 그와 같은 운명론적인 무관심, 그러한 무감각한 타성은 하나님께 영광을 돌리지도, 자신들에게 도움이 되지도 않는다. 사용하지 않는 근육들은 무기력해진다. 결코 쓰여지지 않는 능력들은 이내 가진 바 힘을 잃어버리게 된다. 믿음을 증진시키는 방법은 우리가 이미 가지고 있는 믿음의 분량대로 일하며, 하나님께서 정해 주신 수단을 사용하는 것이다. 우리의 의무는 매일같이 하나님의 말씀을 읽으며, 그에 대해 묵상하고 우리의 심중에 하나님의 약속을 새겨두고자 노력하는 것이다. 그리고 우리의 영혼으로 믿기를 촉구하며, 의심과 불신에 대항해 싸우고, 우리 안에서 성령께서 역사하시기를 성실히 기도하는 것이다.

불신적인 염려를 금하는 그리스도의 명령과 관련하여, 우리는 생활에 필요한 것에 대해 근심하지 않는 문제에 있어 우리 의무가 어느 정도까지 적용되는지, 어느 정도의 범위에서 선을 그어야 하는지 알아야겠다. 그것은 필요한 것들을 조달하는 통상적인 정당한 수단을 근면하게 사용하는 범위까지 적용되며 그 범위에서 선이 그어진다. 거기에는 계속하여 주의할 필요가 있는 두 가지 위험성이 있다. 한편은 무신론이며, 다른 한편은 광신주의이다. 우리는 극단으로 치우치기 쉬운 경향이 있으므로 중용에 이르기 위해서 세심한 주의가 필요하다. 우리가 부지런히 수단들을 사용하면서도 하나님을 신뢰해야지 수단들을 신뢰해서는 안 된다. 그 점에서 하나님의 약속을 인식해야 하며, 그 수단들에 대한 하나님의 축복을 틀림없이, 그리고 겸손하게 추구해야 한다. 왜냐하면 하나님께서 번영시키기를 기뻐하시는 것 외에 다른 어떠한 수단도 우리에게 유용하지 않을 것이기 때문이다. 농부가 아무리 부지런히 수고해도 하나님께서 햇빛과 비를 주시지 않는다면 아무런 수확을 거두지 못할 것이다. 성경을 아무리 면밀히 연구해도 성령께서 우리에게 그에 대해 거룩하게 적용시켜 주시지 않는다면 영혼에 아무런 유익도 없게 된다.

반대로 하나님을 좀 더 온전히 신뢰한다는 구실 아래 어떠한 수단을 경시하는 일이 있어서는 안 된다. 나태함은 곧 불순종이다. 성경은 "누구든지 일하기 싫어하거든 먹지도 말게 하라"(살후 3:10)고 말하고 있다. 농부가 그의 밭을 갈지도 씨를 뿌리지도 않으면서 하나님께 훌륭한 수확을 주시기를 기도하고 기대하는 것은 가장 커다란 광신의 죄를 범하는 것이다. 고용되지 않은 신체 건강한 사람이 일자리를 찾아보러 나가는 대신 그의 필요한 바를 공급해 주신다는 하나님의 약속을 간청하면서 게으르게 주저앉아 있는 것은, 하나님을 시험하면서 그를 신뢰하지 않고 있는 것이다. 몸이 아팠을 때 위대한 의사 앞에서 자신의 병증을 펴보이는 것은 그리스도인의 의무이자 특권이다. 그렇기는 하지만 만일 그가 하나님의 섭리로 자기 앞에 보여주는 도움과 치료를 사용하기를 경시한다면 그는 주제넘게 행동하는 것이며, 신앙 안에 있지 않은 것이다. 자기 자녀를 구원하실 하나님의 선택을 믿으며, 말씀이 명하신 대로 자녀를 훈련시키고 가르치는 데 실패한 부모는 귀중한 진리를 악용하고 있는 것이다.

현세의 양식을 조달하는 일에 관한 우리의 의무는, 우리가 정직한 노력을 부지런히 행하며, 정당한 수단을 사용하고, 겸손하게 그에 대한 하나님의 축복을 구할 때 충분히 이행된다. 그 때에 자기 노력이란 믿음을 연단할 기회를 받아들이는 것이며, 하나님의 섭리가 우리의 노력을 성공시키기를 믿음으로 기다리는 것이다. 그리스도께서 본문 말씀에서 금하고 계신 것은 마음을 산란케 하는 근심과 불신적인 염려로, 그것은 우리 동료들의 대다수의 영혼을 감염시키고 있는 영적 질병이다. 어쩌면 이러한 악에 감염되었을지도 모르는 독자들이 이 점에 대해 스스로를 진지하게 시험해 본다면 대체 어느 정도나 확인될 수 있을는지: 당신이 평화롭게 잠들지 못하도록 종종 수면을 깨뜨리는 것은 무엇인가? 당신이 잠자리에서 깨어났을 때 맨 처음 마음에 떠오르는 생각은 무엇인가? 하루 내내 당신의 상념에서 주요한 부분을 차지하는 것은 무엇인가? 당신이 성공했을 때 무엇이 당신을 가장 고통스럽게 하며, 또한 무엇이 가장 큰 기쁨을 주는가? 만일 그것이 이 세상의 것들이라면, 불신적인 염려가 당신의 영혼에 감염되어 있다는 징표이며, 그에 대항하여 싸워야만 한다.

끝으로, 그리스도께서 본문 말씀에서 이 같은 온당하지 못한 염려가 불신적인 사람에게서 만들어내는 효력에 대해 어떻게 묘사하셨는지 살펴보기로 하자. 하나님을 불명예스럽게 하고 영혼을 마비시키는 이 질병은 간과될 수 없는 것으로, 위대한 의사가 그 징후를 명백하게 설명하시고 있다. 그 염려는 환자에게 다음과 같이 묻게 한다. "무엇을 먹을까? 무엇을 마실까? 무엇을 입을까?" 이러한 말들이 바로 그들이 손해를 당했을 때, 재난에 처했을 때, 양식이 명백히 중단되었을 때 내뱉는 불평들이다. 살아 계신 하나님 안에서 확신하고 신뢰하지 않는 자들은 그들의 직업을 잃었을 때, 그들의 투자가 실패한다든가, 그들의 육신이 일할 수 없게 질병에 걸렸을 때, 즉시 울부짖는다. 우리는 어찌 될 것인가? 우리는 어떻게 살아간단 말인가? **이것**이 바로 그리스도께서 본문에서 책망하시는 점이다. 즉, 우리가 하나님의 자비에 대한 신뢰를 가지고 있지 않으며, 우리에 대한 그의 돌보심을 불신하고 있음을 나타내는 믿음 없는 발언(그 마음에 가득한 것을 내뱉고 있는 것이다!)에 대한 책망이다. 그리스도인은 하나님의 약속을 새롭게 붙들고, "하나님께서 **주시리라**"는 것을 스스로 확신하면서 그와 같은 악한 상념과 중얼거리는 불평에 맞서 싸워야만 한다.

제37장

염려하지 말라
❺

이는 다 이방인들이 구하는 것이라 너희 하늘 아버지께서 이 모
든 것이 너희에게 있어야 할 줄을 아시느니라 그런즉 너희는 먼
저 그의 나라와 그의 의를 구하라 그리하면 이 모든 것을 너희에
게 더하시리라 그러므로 내일 일을 위하여 염려하지 말라 내일
일은 내일이 염려할 것이요 한 날의 괴로움은 그 날로 족하니라
(마 6:32-34)

먼저 마태복음 6장의 끝 절로 완결되는 본 주제에 대한 주님의 설교 가운데 앞
에서 이미 살펴본 구절들을 요약해 보기로 한다. 19절에서 24절까지의 말씀에서
그리스도는 탐욕을 금하셨다. 그리고 이어서 주님은 죄가 시작되는 근원, 즉 불
신과 이 세상의 것에 대한 지나친 염려를 지적하셨다. 첫째로, 그는 우리에게 그
러한 걱정은 **불필요한** 것이라고 말씀하신다. 즉 하나님의 관대하심이 필요한 것
의 공급을 보증하고 계신다(25절). 창조는 우리의 보호에 대한 약속이다. 생명을
주신 자가 또한 그것을 유지하실 것이며, 육신을 제공하신 그분께서 음식과 의복
을 부인하지 않으실 것이다. 둘째로, 그는 우리에게 그러한 걱정은 **분별 없는** 것
임을 보여주신다. 즉 열등한 피조물들에 대한 하나님의 섭리가 그 사실을 증거
해 준다(26절). 만일 하나님께서 공중의 새를 위하여 필요한 것을 주고 계신다면
자신의 자녀들이 굶주리는 것을 내버려 두시겠는가? 셋째로, 그는 그러한 걱정이
무익한 것임을 증거하신다. 즉, 인간의 무능력이 그것을 증명해 주고 있다(27절).
우리의 어떠한 염려나 수고로도 자신의 키를 늘일 수 없는 터에, 더군다나 염려
가 우리의 세상에서의 재산을 불려 줄 수는 없다. 넷째로, 그는 걱정이란 **믿음 없**

는 것이라고 말씀하신다(28-30절). 하나님께서 들풀도 입히시거든 하물며 그의 귀중한 자녀들이 적절한 의복도 없이 지내는 것을 내버려 두시겠는가?

하늘의 의사 외에는 그 누구도 이러한 질병의 숨겨진 성격을 그렇게 인상적으로 파헤칠 수 없다. 하나님께서 내리신 저 진단으로 우리는 이러한 죄의 평계치 못할 가증스러움이 그리스도인이라 고백하는 자들 가운데 너무도 만연되어 있음을 바라보게 된다. 미래의 양식을 얻는 일로 스스로를 괴롭히는 것, 일시적인 인생의 필요한 것들을 확보하는 문제에 대한 지나친 근심, 그러한 것은 우리의 마음에 심각하게 다룰 필요가 없는 하찮은 약점에 지나지 않기는커녕, 하나님 앞에서 우리를 한낱 티끌처럼 낮추지 않으면 안 될 가장 극악한 죄이다. 내일 쓸 음식과 의복에 대한 걱정은 불필요하고 무익하며 분별없고 믿음 없는 것이다. 그리고 따라서 그것은 전혀 변명할 여지가 없다. 그렇다면 우리는 확실하게 그것을 자각하고, 하나님 앞에서 그 죄를 깊이 뉘우침을 고백하며 그것을 극복할 은혜를 주시기를 구해야 한다. 산상설교에서 그리스도께서 말씀하신 바는 오늘날 우리에게도 적용된다. 우리가 들을 귀만 가지고 있다면, 그것을 개선시킬 마음만 가지고 있다면 그러하다.

"이는 다 이방인들이 구하는 것이라 너희 하늘 아버지께서 이 모든 것이 너희에게 있어야 할 줄을 아시느니라"(32절). 이 말씀에서 주님은 왜 그의 사람들은 일시적인 필요물에 대하여 부적절한 근심을 해서는 안 되는지 두 가지 이유를 덧붙이셨다. 첫째로, 그러한 염려는 **이교도적인** 것이기 때문이다. 이것이 본문 말씀에서 '이방인' 이라고 기록된 헬라어가 사도행전 4:25; 갈라디아서 1:16에서 '열방' 내지 '이방' 으로 번역되어졌음을 지적할 때 독자들에게 더 분명하게 보여질 것이다. 동시에 그리스도는 '이방인' 이란 하나님으로부터 어떠한 계시도 받은 바 없는 완전한 영적 어둠에 있는 자들로 말씀하셨다. 그 결과 그들은 하나님의 성품과 그의 통치에 대하여 가장 그릇된 생각을 가지고 있다. 그들 가운데 대다수는 모든 것은 맹목적이며 무정한 운명에 의해 정해져 있다고 믿는 반면에, 또 다른 이들은 정반대의 극단으로 나아가서, 어떠한 것도 예정되어 있지 않으며, 모든 것은 변하기 쉬운 우연일 뿐이라고 생각한다. 그러한 것이 바로 진리의 영에 의해 조명되지 않았을 때 인간의 철학적인 해석이 많이 자랑하는 근거이다.

'이방인들' 이 그들의 '신들' 을 생각하는 개념은 그들이 신뢰할 수 없는 그러한 것이다. 열심히 섬기는 신자들을 불쌍히 여기는 마음으로 바라보는 그러한 자비심 많은 존재로서 그들의 '신들'을 간주하기는커녕, 단지 가장 값비싼 헌물(사제들에 의해 착복되는)을 바쳤을 때에만 그 사랑을 구할 수 있는, 그리고 인간을 희생 제물로 드림으로써 그 분노를 풀 수 있는, 두려운 대상으로서 생각한다. 이 눈물의 골짜기 너머의 내세의 생활에 대해서, 이교도들은 가장 모호하고 비관적인 생각들을 가지고 있다. 결과적으로 그들에게는 이 세상이 곧 전부를 의미한다. 따라서 그들의 모든 생각과 정력은 그 필수품과 안락을 얻는 데 쏟아지고 있으며, 그러한 것들이 그들의 주된 행복을 이룬다. 그들은 먹고 마시는 것, 충분한 물질을 갖는 것, 그리고 그로 인해 기쁨을 얻는 것을 최고로 열망한다. 이 세상의 것을 적게 소유한 자들은(많이 소유한 자들은 극히 적을 뿐이다) 이내 그들의 빈약한 밑천이 자신들을 완전히 실패하게 하지 않을까 하는 근심으로 무겁게 짓눌려 있다.

"이는 다 이방인들이 구하는 것이라." 근본적으로 이 말씀에 의해 그리스도께서 묘사하시는 바 이교도들의 행동은 우리의 번역문이 암시하는 것보다 더 강한 성격으로서 그들이 '헌신적으로 구하고 있음' 내지 '전력을 다하여 구하고 있음'을 의미한다. 이는 상당히 중요한 사항이다. 즉, 단순히 우리의 행복을 위해 필요한 것들을 구하는 일은 **의무**이지만, 우리가 그것을 구하고자 **완전히** 자신을 내던지는 일은 **죄**라는 것이다. 왜냐하면 그러한 행동은 하나님에 대한 불신에서 기인하기 때문이다. 그리고 이것이 바로 그 당시의 이방인들의 실정이었다. 그들은 참된 하나님에 대한 지식을 가지지 못했다. 그의 말씀을 알지 못했으며, 그의 섭리에 대하여도 무지하였다. 그리스도인의 입장과는 너무도 크게, 너무도 근본적으로 다르다. 그들은 그리스도인이라는 명분에서 너무도 멀리 벗어나 있었다. 하나님은 그리스도 안에 있는 자에게 자신을 계시하셨으며, 기록된 말씀의 계시로 말미암아 그는 그의 모든 필요를 공급받을 수 있다. 그런데 하나님의 자녀가 이교도의 위치로 떨어지다니 이 얼마나 부끄럽고 악한 일인가! 이교도들은 마음에 근심 걱정이 있으면 서슴지 않고 하나님을 불신할 수 있는 자들이었다.

주님의 논증(이것은 논증이라고 할 수 있다. 즉 서두의 '이는'이라는 말에 분명히 드러나는 단념시키고자 하는 의도를 볼 때 그러하다)의 힘은 다음과 같이 말을 바꿔서 설명해 보면 더 분명해질 것이다. 즉, **세상 사람들**은 이러한 것들에 그들의 마음을 두고 있기 때문이다. 이 구절의 병행구에서는 "이 모든 것은 세상 백성들이 구하는 것이라"(눅 12:30)고 되어 있다. 그리스도인이 믿음이 없는 자들을 지배하는 그러한 사고 내지 행동양식에 의하여 다스려진다는 것, 거듭나지 않은 자들의 수준으로 떨어진다는 것은 아주 부끄러운 일이다. 그렇지만 불행히도 요즈음 그리스도의 이름을 지니고 있는 너무도 많은 사람들이 바로 이 일을 행하고 있다. 이 20세기는 진정 허식적이며 물질주의적이다. 사람들이 '기독교 문명'이라고 부르는 것과 고대의 그리스나 로마의 타락한 제국에서 이루어진 상황은 너무도 흡사하다. 인간 본성은 언제 어디서나 동일하다. 그리고 그것은 성령이 그의 변화시키는 힘으로 역사하기를 기뻐하시는 곳 외에는 불가피하게 그렇게 지속될 것이다.

"장래에 대한 근심의 밑바닥에는 **세속적인 명리를 좇는 마음**이 있다. 우리 안에 있는 이교도적인 경향은 모든 것에 있어 물질적인 이익에 대해 과대평가하게 한다. 그리고 그것은 세상의 보물을 축적하는 데 있어 그런 경향을 보여주든지, 아니면 불안한 염려에서 보여주든지의 상황 문제일 따름이다. 결국에 그것은 같은 초목으로서, 단지 하나는 햇빛이 풍부한 열대지방에서 자라고 있으며, 다른 하나는 차가운 빈곤의 북극대에서 자라는 것일 뿐이다. 하나는 세속적인 명리를 좇는 부요한 자의 죄이며, 다른 하나는 세속적인 마음을 가진 가난한 자의 죄이다. 그 속성은 같은 내면을 뒤집은 것이다. 따라서 '너희가 하나님과 재물을 겸하여 섬기지 못하느니라'는 말씀이 이 장에서 땅에 보물을 쌓아 두는 것에 대한 주님의 경고와, 세상의 것에 대한 염려로 휩싸이는 것에 대한 경고 사이에 있는 것이다. 그에 의하여 주님은 이들 마음의 정반대되는 상태로 보여지는 두 속성이 실제로는 한 뿌리에서 기인한 것임을, 그리고 비록 다른 방법으로 '재물을 섬기는' 것이긴 할지라도 결국에는 같은 것임을 증거하신다. 우리는 그 점에 대해 충분히 숙고하지 않고 있다"(알렉산더 맥클라렌).

자신들의 염려와 근심을 기질 내지 환경의 결과로 돌림으로써 변명을 하는 자들이 있다. 비록 그러할지라도 그들의 죄가 가벼워지지는 않는다. 하나님의 은혜는 그 은혜를 받은 자들에게 경건치 않은 것과 이 세상 정욕을 다 버리라고 가르치시며(딛 2:12), 어떠한 형편에 처하든지 자족하게 하신다(빌 4:11). 그 사실은, 하나님의 자애로우심을 신뢰하지 않고 그들이 필요로 하는 모든 것을 주시는 그분의 신실하심에 의뢰하지 않는 자들은, 그들이 스스로 무엇이라 고백하든지 간에 모두 이교도임을 뜻한다. 이교도들은 하나님의 섭리를 믿지 않으며 수고와 노력을 전적으로 신뢰하면서, 그 수단에 의지하는 동시에 그들 스스로를 자신의 신으로 섬긴다. 헛된 신앙 고백자들이 이 세상의 것에 대해 그렇게도 염려하고 앞날의 필요물들에 대하여 걱정하는 진정한 이유는 그들의 마음이 땅에 속하여 있으며 그들의 갈망이 이교도적인 것이기 때문이다. 세상적인 사람이란 물질적이고 가시적인 좁은 영역 내에서 염려와 기쁨, 둘 다를 찾는 자들이며, 그에게서 그것을 빼면 아무것도 남지 않게 된다.

그러면 이제 이 논증의 근거 내지 토대를 살펴보기로 하자. 진정한 그리스도인들은 이교도들이 알지 못하는 참된 하나님을 알고 있다. 따라서 그리스도인들의 행동은 그들과 달라야만 한다. 하나님은 들풀을 입히시는 분이다(30절). 그렇다. 솔로몬의 왕복을 능가하는 신선함과 아름다움으로 입히셨다. "**그러므로** 염려하여 이르기를 [믿지 못하여 성급하게] 무엇을 먹을까 무엇을 마실까 무엇을 입을까 하지말라"(31절). "이는 다 **이방인들**이 구하는 것이라." 그리고 너희는 그들과 같아서는 안 된다. 모든 것에 있어 하나님의 자녀들은 이교도들과 달라야 한다. "내가 세상에 속하지 아니함 같이 그들도 세상에 속하지 아니한다"(요 17:14). 그리고 그가 자신이 세상으로부터 분리되셨음을, 세상과 닮지 않았음을 증거하신 대로 우리도 그래야만 한다. "너희는 이 세대를 본받지 말고 오직 마음을 새롭게 함으로 변화를 받으라"(롬 12:2). 하늘의 왕의 아들들은 스스로 마귀에게 속한 자같이 처신해서는 안 된다.

"너희 하늘 아버지께서 이 모든 것이 너희에게 있어야 할 줄을 아시느니라"(32절). 이 말씀에는 장래의 양식에 대한 마음을 괴롭히는 두려움 내지 하나님을 불명예스럽게 하는 염려로부터 왜 믿는 자들이 해방되어야 하는지 그 무엇보다도 강력한 또 다른 이유가 담겨 있다. 즉, '너희 하늘 아버지' 께서는 생명이 없고 무능한 이방신들과는 다르다. 다시 말하면, 하늘에 계신 아버지의 전지하심과 근심을 완화시켜 주심은 이방신들의 무지함, 그리고 무관심과는 전연 다르다. 가련한 이교도들은 다음과 같이 말할 것이다. "만일 우리가 인생의 필요물과 안락을 구하며 전적으로 애쓰지 않는다면, 누구에게 그것들을 제공해 주십사 간구하겠는가?" 하지만 그리스도인의 경우에는 그렇지 않다. 하늘과 땅을 지으신 분이 **그에게** 하늘 아버지가 되신다. "아버지가 자식을 긍휼히 여김 같이 여호와께서는 자기를 경외하는 자를 긍휼히 여기신다"(시 103:13). 그는 내게 있어야 할 것을 알고 있으며 나에게 그것을 거절하시지 않을 것이다. "너희가 악한 자라도 좋은 것으로 자식에게 줄 줄 알거든 하물며 하늘에 계신 너희 아버지께서 구하는 자에게 좋은 것으로 주시지 않겠느냐"(마 7:11). 믿는 자는 모든 정당한 수단의 건전한 사용 내에서, 그러한 것을 축복해 주시도록 하나님께 조용히 확신을 가지고 의뢰하는 것을 벗어나지 않는 범위 내에서, 염려하여 스스로 애써 수고하는 것이 필요하다. 하나님께서 그에게 있어야 할 것을 **주실** 것이며, 따라서 그는 그것으로 인해 마음을 괴롭힐 필요가 없다.

그리스도께서 여기에서 26절에서 하셨던 말씀을 반복하고 계심을 충분히 주목하여야 한다. "**너희 하늘 아버지**께서 [그들을] 기르시나니." 만일 그가 공중의 새와 같이 그렇게 열등한 피조물들을 위해 제공하고 계신다면, 자신의 가족 구성원들이 곤궁한 것을 내버려 두시겠는가? 그는 저 피조물들의 창조주이시며 그것들의 필요한 바를 그렇게도 풍부하게 채워주신다. 그렇지만 그는 또한 그리스도인의 아버지이시며 그 자신의 자녀들을 잊지 않으실 것이다. 여기에 근심이라는 화살에 대항하는, 이중으로 된 갑옷이 있다. 크신 하나님께서 자신의 백성들과 지속하시는 친밀한 관계, 그리고 그 백성들에 대한 그의 지식은 그들에 대한 그의 사랑과 나란히 있다는 확증이다. 이 세상에 속한 자녀들은 실로 내일의 양식을 어떻게 얻을지에 대한 염려로 고통받고 있으며, 그러한 걱정으로 그들의 허리가 굽어지는 것은 전연 이상한 일이 아니다. 왜냐하면 그들은 그 무한한 사랑과 충실함에 스스로를 맡길 수 있는 그런 하나님을 가지지 못하였기 때문이다. 결과적으로 이 논증에서 그리스도는 그의 제자들에게 하나님께서 그들과 지속하시는 관계가 실제적이며 중요한 것인지, 아니면 그것이 한낱 이론에 불과하며 입에 발린 고백인지의 여부에 대해 시험하고 계신다.

필요한 것들의 공급에 대한 모든 불신적인 염려는 하나님께서 우리의 결핍을 알지 못하고 있다거나, 그가 우리를 돌보시지 않는다는 추정에서 이루어진다. 그것은 분명히 세상 사람의 태도이다. 그리스도인의 자세는 아주 다르다. 그는 "자기 아들을 아끼지 아니하시고 우리 모든 사람을 위하여 내주신 이가 어찌 그 아들과 함께 모든 것을 우리에게 주시지 아니하겠느냐"(롬 8:32)란 말씀을 깨닫고 있다. 그는, 하나님의 그에 대한 특별한 섭리가 자신이 어떠한 처지에 처하여 있는지 아시며, 모든 것이 합력하여 선을 이루심을 성경으로부터 보장받고 있다. 이러한 보증으로부터는 그는 **자족**하기를 배워야 한다. 즉 소박한 믿음으로 하나님을 의지하며, 그의 은혜의 손 안에 자기 자신과 자신의 모든 관심사를 신뢰로써 내맡겨야 한다. 우리는 어떠한 형편에 처하든지 그 권세와 지혜가 무궁하신 하늘에 계신 우리 아버지의 선하신 기쁨을 좇아야 함을 깨달아, 하나님의 뜻에 대한 이러한 자족과 동의를, 건강할 때나 아플 때나 즐거운 일에서나 사소한 일에서나 성공할 때나 불행할 때에나 마찬가지로 실천하여야 한다.

"**너희는 먼저 그의 나라와 그의 의를 구하라 그리하면 이 모든 것을 너희에게 더하시리라**"(33절). 이 말씀에서 그리스도는 탐욕을 치료할 훌륭한 반대 동인을 알려 주신다. 앞 절들에서 죄가 시작되는 근거, 즉 하나님에 대한 불신과 인생의 것들에 대한 지나친 염려를 지적하였으므로 여기에서 주님은 그 특효적인 처방을 보여주고 계신다. 즉 **하나님**의 것을 우리의 영원한 관심사로 삼는 것이다. "단지 사람들에게 공중의 새들이 그들에게 믿도록 가르치는 대로, 들의 꽃들이 걱정을 포기하고 하나님을 신뢰하라고 깨우쳐 주는 대로 믿어야 한다고 말하는 것은 소용없는 것이다. 사람들에게 불신은 이교도적인 것이라고 말하며 믿음을 갖도록 그들을 꾸짖고자 시도하는 일은 무익하다. 우리는 지고한 한 대상을 향한 궁극적이며 탁월한 갈망으로 마음을 채워야만 한다. 그렇게 할 때, 열등한 것에 대한 불안한 염려가 차지할 자리 내지 여유가 남지 않을 것이다. 땅의 것에 대해 지나치게 존중하는 이교도들과 반대로, 우리의 존재에 그리스도의 사람이 형성되게 하라"(알렉산더 맥클라렌).

토머스 찰머스(Thomas Chalmers)는 「새로운 감정의 충동적인 힘」(*The impulsive power of a new affection*)이라는 인상적인 표현의 저술로 유명하다. 하나님과 세상, 그리스도와 벨리알이 한 사람의 영혼을 같이 소유할 수는 없다. 하나님에 대한 사랑이 마음에 가득 퍼질 때, 세상에 대한 사랑은 내쫓겨지게 된다. "그런즉 누구든지 그리스도 안에 있으면 새로운 피조물이라 이전 것은 지나갔으니 보라 새 것이 되었도다"(고후 5:17). 사람은 동시에 다른 두 가지 내지 여러 대상들에 전념할 수 없는 구조를 지니고 있다. 그가 두 주인, 즉 하나님과 재물을 섬기는 것은 전연 불가능하다. 그는 자신의 애정을 위의 것에 두며, 땅의 것에서 분리시켜야 한다. 전자가 참되고 거룩한 것(신앙의 훈련에 의해)이 될수록, 관심을 끄는 것이 후자로 나타나는 경우는 더 적어지며, 그것들이 발붙일 데도 적어질 것이다. 어린 아이를 더럽고 위험스러운 대상에서 떼어 놓는 최상의 방법은 더 만족시키는 다른 것을 주는 일이다. 만일 말을 속보로 달리게 할 수 없다면 말 머리를 집으로 돌려보라. 그러면 곧 그 속도가 빨라질 것이다.

한 논증에 이어 또 다른 논증을 들어 제자들에게 불신적인 염려를 단념하게 하신 그리스도는 이제 그들에게 염려가 그들의 마음에 항상 가득해야 한다고 말씀하신다. 즉, 하나님의 나라와 그의 의에 대한 염려이다. 여기에서 세 가지 의문점이 즉시 우리에게 제시된다. 첫째로, 저 특별한 용어가 의미하는 바는 무엇인가? 둘째로, 하나님의 나라와 그의 의를 우리가 '구한다'는 것에 내포되고 포함된 뜻은 무엇인가? 셋째로, '먼저'라는 단어가 뜻하는 바는 무엇인가? 대부분의 주석가들은 '하나님의 나라와 그의 의'를 일반적으로 하나님의 것에 대한 포괄적인 표현으로 간주한다. 매튜 헨리는 "그것은 우리의 전 의무의 총체이자 본질이다"고 말한다. 토머스 스코트는 다음과 같이 해석하였다. "메시야의 나라의 축복들, 그 의로써 그의 대상들은 의롭다 여김을 받으며, 그 은혜에 의해 정화되고, 그 선한 사역들 안에서 걸어가는 것이다." 이와 같은 정의들은 어떠한 분명한 개념을 전달하기에는 너무나 간단하고 모호한 듯하다. 따라서 우리는 그에 대해 좀 더 자세히 살펴보아야겠다.

세대주의자들 간에는 '나라'에 대한 가장 조악(粗惡)한 개념이 통용되었다. 그들은 비유적인 것을 글자 그대로 해석하며 영적인 것을 세속적으로 만들었다. 엄밀하게 말하여 헬라어 **바실레이아**는 영토보다는 주권을, 지리적인 영역보다는 통치권을 가리킨다. '하나님의 나라'는 **하나님의 통치**를 암시하고 있으며, 따라서 가장 넓은 범위에서는 전 우주에 적용된다. 왜냐하면 하늘과 땅의 통치자는 모든 피조물들과 사물들을 다스리기 때문이다. 즉, 천사들과 악마들, 선택받은 자들과 버림받은 자들, 동물들과 물고기들, 행성들과 자연력을 지배하신다. "여호와여 위대하심과 권능과 영광과 승리와 위엄이 다 주께 속하였사오니 천지에 있는 것이 다 주의 것이로소이다 여호와여 주권도 주께 속하였사오니 주는 높으사 만물의 머리이심이니이다"(대상 29:11). "여호와께서 그의 보좌를 하늘에 세우시고 그의 왕권으로 만유를 다스리시도다"(시 103:19). 청교도들 중 한 사람이 옳게 확신하였다. 즉 "왕국의 크기로나 권세의 절대성으로나 왕위의 장엄함으로나 하나님과 같은 그러한 군주는 없다"는 것이다. 어떤 사람들은 그 나라의 이러한 면을 섭리의 왕국으로 부른다.

좀 더 좁은 의미에서 '하나님의 나라'는 사람들, 즉 하나님의 통치 아래 속하여 있다고 고백하며, 그에게 충성을 맹세하는 사람들의 어떤 일정한 상태 내지 위치와 관계가 있다. 사탄의 '나라'(마 12:26)가 우리가 공중의 권세 잡은 자가 '역사하는'(엡 2:2) 사람들과 만나는 곳마다 세워지듯이, 하나님의 나라는 그의 마음을 하나님께서 다스리시는 사람들이 있는 곳마다 성립된다. 그 나라의 이러한 측면은 '은혜의 왕국'으로 일컬어진다. 이 은혜의 나라에 대해서 두 가지 면을 생각해 볼 수 있다. 즉, 외적인 통치와 내적인 수용이다. 그 외적인 통치는 은혜의 수단과 의식(성찬식), 그리고 사람들이 그에 대하여 말하는 외적인 고백으로 이루어진다. 그리스도께서 왕국에 대한 비유에서 곡식과 마찬가지로 가라지에 대해서도 말씀하시며, 좋은 생선과 함께 거기에 같이 있는 나쁜 생선에 대해서도 언급하시는 것은 바로 이러한 점에서이다. 주님이 유대인들에게 "하나님의 나라를 너희는 빼앗기고 그 나라의 열매 맺는 백성이 받으리라"(마 21:43)고 말씀하셨을 때, 그는 은혜의 수단들 중 외적인 여러 가지 특권들을 가리키신 것이었다. 하나님의 나라를 내적으로 받아들이는 것은, 자신이 선택하신 자의 마음을 다스리는 하나님의 은혜로 이루어지는 것으로, 그들은 그리스도의 지배에 스스로를 복종시킨다. 마태복음 6:33에서 보여지는 것은 하나님 나라의 바로 **이러한** 측면이다.

제38장

염려하지 말라
❻

"**너희는** 먼저 그의 나라와 그의 의를 구하라 그리하면 이 모든 것을 너희에게 더하시리라"(33절). 이교도들은 그들의 마음을 물질적인 필요와 안락에 둔다. 너희는 그들과 같아져서는 안 된다고 그리스도께서 말씀하고 계신다. 더 고귀하고, 더 근본적이며, 더 무한하게 만족시켜 주는 대상에 **너희의** 관심과 정력을 쏟으라는 것이다. 만일 우리가 자신의 마음과 생활 속에 하나님께서 계시기에 합당한 자리를 드린다면, 우리는 이 세상에서도 실패자가 되지 않을 것이다. 그렇다. 이렇게 함으로써만이 우리가 일시적이고 감각적인 것들에 대해 참된 평가를 할 수 있게 될 것이다. 독자들이여, 하나님을 우리로 하여금 많은 일들에 대하여 괴로움을 주는 분으로 보는 것은 잘못이다. 하나님께서는 우리를 위한 분이시고, 그는 아주 충만하신 분이며, 만족과 안식하는 마음을 영혼에 쏟아 부어 주시는 분이라고 깨닫는 것이야말로 복되다. 하나님께서 성령으로 말미암아 우리의 마음속에 쏟아주시는 사랑만이 오직 어둠과 불길한 예감을 몰아낸다. 믿음이 역사하는 곳, 하나님과의 의식 있는 교제가 이루어지는 거기에서 염려가 우리를 짓누를 수 없게 된다.

본문 말씀에서 '하나님의 나라'는 이러한 생활을 하는 상태와 상황을 의미한다. 즉 그들이 그리스도를 통하여 하나님의 은혜, 그리고 영원한 행복과 영광에 대한 권리를 즐기고 있는 상태이다. 왕이 자신의 왕국을 다스리는 것처럼 하나님께서는 그들을 통치하고 계시기 때문에 이와 같이 불리어진다. '그리고 그의 의'라는 말은 우리가 이 큰 대상을 획득했을 때 스스로 알 수 있도록 하기 위하여 설명의 방법으로 덧붙여진 것이다. 다시 말하여, 하나님의 나라는 의에 서 있다. 즉, "하나님의 나라는 먹는 것과 마시는 것이 아니요 오직 성령 안에 있는 의와 평강과 희락이라"(롬 14:17)라고 기록되어 있는 그대로이다. 이제 '하나님의 의'

라는 말에서 우리는 두 가지 성격을 이해하여야 한다. 곧 전가된 의와 분여된 의
이다. 하나는 우리에 대한 평가에 기초를 두고 있는 것이며, 다른 하나는 우리의
영혼에 전달되어지는 것이다. 전자, 곧 전가된 의는 그리스도께서 하나님의 율법
에 표한 완전한 복종으로, 그것은 그리스도를 믿는 각 사람들에게마다 합법적으
로 적용된다. "곧 예수 그리스도를 믿음으로 말미암아 모든 믿는 자에게 미치는
하나님의 의"이며, "곧 예수 그리스도를 믿음으로 말미암아 모든 믿는 자에게 미
치는 하나님의 의"이며, "한 사람의 범죄로 말미암아 사망이 그 한 사람을 통하
여 왕 노릇 하였은즉 더욱 은혜와 **의의 선물**을 넘치게 받는 자들은 한 분 예수 그
리스도를 통하여 생명 안에서 왕 노릇 하리로다"(롬 3:22; 5:17)라고 기록된 대로
이다. 그로 말미암아 그리스도인들은 다음과 같이 소리 높여 외칠 수 있다. "내가
여호와로 말미암아 크게 기뻐하며 내 영혼이 나의 하나님으로 말미암아 즐거워
하리니 이는 그가 구원의 옷을 내게 입히시며 공의의 겉옷을 내게 더하심이라"
(사 61:10)

　그러면 그리스도의 완전한 복종이 그들에게 전가되고, 그래서 그들이 하나님
앞에서 의롭다 여김을 받으며, 율법이 더 이상 그들에 대해 일방적인 의무를 제
기할 수 없음을 어떻게 알 수 있는가? 다음의 내용이 그에 대한 대답이 될 것이
다. 즉, 분여된 의로 말미암아 전가된 의를 알 수 있다. 칭의는 결코 성화와 분리
될 수 없으며, 이는 둘 다 거듭남에서 비롯되어진다. 그리스도의 복종으로 말미
암아 의롭다 여김을 받은 모든 자들은 이후부터는 선한 행실을 할 수 있도록 성
령께서 거룩하게 하신다. "하나님을 따라 의와 진리의 거룩함으로 지으심을 받
은 새 사람을 입으라"(엡 4:24). 이 말씀은 거듭남에 대한 것이다. 즉, 거듭남에
의해 새로운 본성과 원리가 초자연적으로 영혼에 전해지게 되는데, 그 원리의 성
격은, 타락한 원리, 혹은 육체의 특성인 죄와 사악함과는 대조되는 의와 진정한
거룩함이다. 믿는 자들은 이 의로 지으심 받은 (하나님에 의해) 새 사람을 '입으
라'고, 즉 세상 앞에 분명하게 드러내 보이라고 권고되고 있다. 다시 말하여, 우
리의 성품과 행실로 하나님의 자녀들임을 나타내라는 것이다. 이런 까닭에 우리
는 다음과 같은 말씀을 접하게 된다. "의를 행하는 자마다 그에게서 난 줄을 알리
라"(요일 2:29).

　이제 그리스도는 본문 말씀에서 이와 같은 하나님의 나라와 의를 '구하라'고
사람들에게 요구하신다. 앞에서 지적했던 대로 이 말은 '헌신적으로 구하라' 혹

은 '전력을 다해 구하라'는 뜻을 암시하는, 매우 강조적인 성격의 것이다. 세상 사람들이 일시(현세)적이고 감각적인 것들을 어떻게 구하는지 우리 모두가 알고 있다. 마지못해서가 아니라 충심으로, 형식적으로가 아니라 성실하게, 어쩌다가가 아니라 계속적으로, 적당하게가 아니라 부지런히 구하고 있다. 그러한 방법과 정신은 우리의 영원한 행복을 찾는 일에 속하는 것이다. 하나님께서는 대수롭지 않게, 게으르게 그를 찾는 자들이 그를 발견하게 되리라고 아무 데서도 약속하지 않으셨다. 오히려 그는 단언하고 계신다. "너희가 온 마음으로 나를 구하면 나를 찾을 것이요 나를 만나리라"(렘 29:13). 그리스도는 자신이 의미하시는 바에 대하여 어떠한 오해가 없도록 "너희는 **먼저** 그의 나라와 그의 의를 구하라"고 덧붙여 말씀하셨다. 이는 세상에 있는 다른 무엇보다도 주로 우선적으로 구하라는 의미이다. 곧 너희의 주요한 관심을, 너희가 그리스도로 인하여 하나님의 은혜를 누릴 수 있는, 즉 그의 복종에 의해 의롭다 여김을 받으며, 성령에 의해 거룩하게 하심을 입는 거기에 두라.

그리스도의 이 명령으로 보아 우리는 모두 하나님의 나라 **밖에** 있으며 그의 은혜를 받지 못하고 있다는 것이 분명하다. 그렇지 않다면 우리는 그것들을 구하라고 명해지지 않았을 것이다. 우리는 실상 거듭나지 않은 상태에 있는 동안에는 사탄의 권세 아래, 그의 흑암의 나라에 있었다. 마귀는 '이 세상 임금'(요 12:31) 내지 '이 세상 신'(고후 4:4)으로 불리고 있다. 이는 온 세상이 죄의 행적 가운데서 그에게 경의를 표하는 그의 종자(신하)들인 까닭이며, 따라서 그는 또한 "공중의 권세 잡은 자 곧 지금 불순종의 아들들 가운데서 역사하는 영"(엡 2:2)이라고 일컬어진다. 그리고 인간이 이러한 비참한 처지에 놓여지게 된 것은 너무도 당연하다. 즉 그들이 하나님의 왕권에 복종하기를 거부한 이상, 그들은 당연하게 마귀의 권세 아래 놓여져 그의 노예 내지 종자가 되는 것이다. 하나님의 나라 **밖에 있는** 거듭나지 않은 자들은 그들 삶의 경로를 볼 때 아주 분명하게 드러난다. 왜냐하면 그들은 전능자에게 "우리를 떠나소서 우리가 주의 도리 알기를 바라지 아니하나이다"(욥 21:14)라고 말하기 때문이다.

그러나 중요한 의문점이 대두된다. 본래부터 하나님의 나라 밖에 있으며 그의 의를 갖지 못한 자들이 어떻게 그 나라에 들어가는 것을, 그리고 그 의에 대한 관심을 구할 수 있겠는가? 이에 대해 세 가지 답변으로 응할 수 있다. 첫째로, 우리는 하나님의 나라가 발견되는 곳으로 가야만 한다. 둘째로, 그런 다음에 그곳으로 들어가야 한다. 셋째로, 그 나라를 완전히 소유할 때까지 기다려야 한다.

우선 첫 번째 답변에 있어, 이 하나님의 나라는 어느 곳에서나 찾아지는 것이 아니라 단지 하나님께서 인자들에게 그것을 나타내고 드러내 보이기 기뻐하시는 곳에서만 발견된다. 그것은 성경에 공표되어 있으며, 그런 까닭에 '천국 말씀'(마 13:19)이라고 불리어진다. 그러므로 지금부터 우리는 겸손하게 성령께 가르침을 구하면서 그 영감의 책으로 향해야 하겠다. 하지만 그의 말씀을 설명해 주기 위해 자신의 종들을 불러 준비시키는 일은 하나님을 기쁘시게 하는 까닭에 우리는 그의 성도들의 집회(그와 같은 것이 발견되는 곳)에 항상 참석해야겠다. 왜냐하면 거기에서 (정규적으로) 그의 구원의 복음이 선포되기 때문이다. 그리고 그 복음은 '천국복음'(마 4:23;참조. 행 28:31)이라고 불리어진다.

둘째로, 우리가 이 나라를 발견했을 때, 즉 그 나라가 진리의 말씀에 공표된 대로 확실하게 보여졌을 때(설교자의 힘을 빌려서건 아니건) 우리는 **그곳으로 들어가기를** 구해야 한다. 우리가 그 나라가 있는 곳, 혹은 눈앞에 보이는 곳에 서 있는 것으로는 충분하지가 않다. 그리스도께서는 바리새인들에게 "하나님의 나라가 이미 너희에게 임하였느니라"(눅 11:20)고 말씀하신 반면에, "너희도 들어가지 않고 들어가려 하는 자도 들어가지 못하게 하는도다"(마 23:13)라고 단언하셨던 것이다. 여기에서 그 누구도 성령의 특별한 역사하심 없이 스스로 하나님의 나라에 들어갈 수는 없음을 지적해야겠다. 이 사실은 그리스도의 다음 말씀을 살펴볼 때 분명해진다. "너희가 돌이켜 어린 아이들과 같이 되지 아니하면 결단코 천국에 들어가지 못하리라"(마 18:3). 회심(방향 전환, 마음과 생활이 세상으로부터 하나님께로 돌려지는 것)은 거듭남의 열매 내지 결과인 까닭에 우리는 우선 성령으로 거듭나야만 한다. "사람이 물과 성령으로 나지 아니하면 하나님의 나라에 들어갈 수 없느니라"(요 3:5). 이 사실은 오늘날에는 거의 주장되지 않고 있다. 그렇다, 그 정반대가 가르쳐지고 있다. 죄인들은 구원이 전적으로 그들 자신의 능력에 달려 있고, 자신들이 그렇게 하고 싶을 때에는 언제든지 하나님께 나아갈 수 있다고 생각하고 있다.

거듭남은 영혼이 새롭게 되는 것이며, 그 능력을 바로잡는 것이다. 그 다음에 은혜의 역사가 시작되어 성화의 전 과정을 통하여 지속되는데, 이 과정은 영광으로 끝을 맺는다. 회심은 거듭남에 이어서 계속되며, 거듭남의 반사행동이라고 일컬어질 수 있다. 죄와 타락 가운데 있는 사탄의 형상은 부서지며(추방되는 것은 아니며, 더군다나 전멸되지는 않는다) 하나님의 형상이 영혼 안에서, 지식과 의, 그리고 진리의 거룩함에서 새롭게 된다. 회심할 때에 사람의 오만한 마음은 겸손해지며, 그리하여 스스로 '신' 으로, 즉 독자적으로 자부심 강하게 처신하기를 계속하는 대신에 '어린아이' 같이 되어 유순하고 온유해지며 자기를 낮추게 된다. 회심에 있어 우리는 우리 자신의 주권을 포기하고 스스로를 하나님의 거룩한 뜻에 맡기면서 그의 통치에 자원하여 기쁘게 복종한다. 회심함에 있어 우리는 자신의 독선으로 된 더러운 누더기 옷을 거부하고, 그리스도의 완전한 복종과 피에 대한 신뢰로 옷 입는다. 이와 같이 하여 우리는 회개와 믿음에 의해, 그리고 죄와 세상을 저버림으로써, 그리스도의 멍에와 그의 지식을 배우고, 그가 우리에게 남겨주신 모범을 좇으려 애씀으로써 획득되는 하나님의 은혜와 나라, 그리고 그의 의에 대한 관심에 체험적으로 들어가게 된다.

셋째로, 우리는 그 다음에 그 나라를 온전히 성취하고 소유하기까지 기다려야 한다. 앞 장에서 우리는 하나님의 섭리의 왕국과 은혜의 왕국 사이에 있는 차이점을 지적했었다. 즉 전자는 전 우주에 미치며, 후자는 단지 하나님께서 그 마음과 생활을 성령으로 다스리시는 선택된 자들에게만 내적으로 받아들여지는 것이다. 우리는 이제 은혜의 왕국과 영광의 왕국의 차이에, 그리고 이 영광의 왕국은 두 단계로 이루어졌다는 것에 주의를 기울여야 한다. 은혜의 왕국은 영혼이 거듭나는 그 순간에 임한다. 영광의 왕국은 죽음의 순간에 믿는 자가 하늘로 옮겨감에 의해 시작된다. 바울 사도의 다음 말씀은 바로 이러한 면에 대한 것이었다. "주께서 나를 모든 악한 일에서 건져내시고 또 그의 천국에 들어가도록 구원하시리니"(딤후 4:18). 하늘나라는 은혜의 왕국의 상부 구획이다. 왜냐하면 그리스도께서 거기에서 온전케 된 의로운 사람들, 즉 비록 몸은 구원을 기다리며 무덤 속에 남아 있을지라도, 죄로부터 온전히 자유로워져 하나님의 흠 없고 광활하신 목전에서 인정된 사람들의 영을 통치하고 계시기 때문이다.

그러나 죽는 순간에 믿는 자가 천국에 들어갈 때에는(복된, 이루 말할 수 없이 복된 순간이다!) 단지 영광의 나라만이 시작된다. 그것은 이상적이고 궁극적인 상태가 아니다. 이는 그가 영광을 입은 몸을 가지고 있지 않기 때문만이 아니라, 교회가 아직 완성되지 않고 있기 때문이다. 그리스도께서는 자신의 원수들이 발등상 되기까지 여전히 기다리시며, 자신의 영혼의 수고의 결과를 보는 것을 기다리고 계신다. 부활의 아침이 밝았을 때, 저 '구름 없는 아침' 에 최후의 원수는 멸해지며, 죽음은 생명에게 삼킨 바 될 것이다. 그리고 그리스도는 "만물을 자기에게 복종하게 하실 수 있는 자의 역사로 우리의 낮은 몸을 자기 영광의 몸의 형체와 같이 변하게 하시리라"(빌 3:21). 그때에 구세주께서 구속받은 자 모두에게 "내 아버지께 복 받을 자들이여 나아와 창세로부터 너희를 위하여 예비된 나라를 상속받으라"(마 25:34)고 이르시게 된다. 다음 말씀은 그 나라의 마지막 국면에 대해 가리키고 있다. "더욱 힘써 너희 부르심과 택하심을 굳게 하라 너희가 이것을 행한즉 언제든지 실족하지 아니하리라 이같이 하면 우리 주 곧 구주 예수 그리스도의 영원한 나라에 들어감을 넉넉히 너희에게 주시리라"(벧후 1:10, 11).

한편으로 은혜의 나라에 들어온 자는 이 세상에 남아서 하나님의 주권적인 자비의 기념이 될 수 있으며, 하나님의 은혜가 지닌 변화시키는 능력의 증거를 나타낼 수 있고, 거듭남의 열매를 맺을 수 있다. 그는 여전히 원수의 나라에 남겨져 자신의 파멸을 모색하는 자, 자신의 흉중에 배반자를 들여보내는 자들로 둘러싸여 있다. 따라서 그는 은혜의 모든 약속된 수단들을 사용하면서 극도로 조심하고 주의하면서 나아갈 필요가 있다. 그는 하나님 앞에서 의와 진리의 거룩한 길로 다니며, 자신의 동료들에게 사랑과 정직, 그리고 자비를 행하며, 믿음과 선한 양심을 지키기 위한 모든 수고를 아끼지 않아야 한다. "여호와여, 주의 장막에 유할 자 누구며 주의 성산에 거할 자 누구오니이까?" 라고 물을 때, 즉 누가 하늘나라에 들어갈 수 있는지 물을 때 성령의 감동하심을 입은 대답은 "정직하게 행하며 공의를 실천하며 그의 마음에 진실을 말하는 자"(시 15:2)라고 말한다. 이러한 점에서 우리는 자신이 '의'에 세워진 은혜의 왕국에 들어왔음을, 그리고 영광의 왕국으로 가는 길목에 있음을 입증한다.

이제 우리는 "너희는 **먼저** 그의 나라와 그의 의를 구하라"는 말씀에 대하여 몇 마디 말할 것이 있다. 이 말씀은, 하나님의 영광과 우리 자신의 영적 축복을 가장 큰 관심사로 삼으면서, 하나님의 것과 우리의 영원한 권익으로 자신의 생각과 소원에 있어 **주요한 자리를** 차지하게 하라는 의미이다. 이는 우리가 현세적인 의무와 책임은 무시하면서 오로지 전심을 다해 그것만을 구해야 한다는 뜻이 아니다. 주요한 것들을 맨 앞에 두어야 하며, 그것들이 훨씬 덜 중요한 문제들로 인해 밀쳐지지 않도록 하라는 의미이다. 그것들을 때를 맞춰 먼저 구하라. 왜냐하면 하나님은 "나를 간절히[**일찍이**] 찾는 자가 나를 만날 것이니라"(잠 8:17)고 약속하고 계시기 때문이다. 그것들을 매일 우선적으로 구하라. 이는 우리의 추구하는 바가 거룩한 행복일 때에만 오직 육신적인 시련과 고난을 견딜 만하게 되기 때문이다. 우리가 회개의 믿음에 '의해' 하나님의 권위에 대한 완전한 복종에 의해 그의 은혜와 의의 나라로 들어간 후에 우리는 자신의 거듭남에 대한 증거를 계속 구하게 되고, 그리스도의 형상과 우리에게 남겨두신 모범에 더 가까워지려 애쓰며, 더 많은 열매를 거두려 노력하게 된다. 그의 말씀, 즉 하나님께서 그의 포도원에 더 많은 품꾼을 얻어 들여보내리라고 하신 말씀에 대한 축복을 위해 기도함으로써 그 나라가 확장되기를 간청하자. 그리고 저 나라에서 우리와 동일한 시민들의 용기를 북돋아 주시고 도와 주시기를 간구하자.

그러면 이제 그리스도께서 그러한 것에 의해 자신의 명령을 강조하신 근거를 살펴보기로 하자. "그리하면 이 모든 것을 너희에게 더하시리라." 이 말씀에 크고도 영광스러운 약속이 있다. 앞 절들에서 주님은 마음을 괴롭히는 염려에 대하여 갖가지 사실들에 주의를 환기시키고, 그 사실들로부터 하나님을 불신하는 죄임을 증명하는 반박할 수 없는 결론을 이끌어 내심으로써 그 염려의 불필요함과 어리석음을 드러내 보여주는 한 논증을 사용하셨다. 그러나 본문 말씀에서 주님은 우리가 진실로 하나님의 이익에 대해 관심을 가진다면 그는 우리를 돌보실 것임을, 그리고 하나님의 영광이 우리의 주요한 목적이 된다면 우리는 현세적으로도 패자가 되지 않을 것임을 확증해 주는 명확하고도 단정적인 선언을 하고 계신다. 만일 하나님께서 우리를 하늘나라로 인도해 가고 있다면, 그는 확실히 우리에게 육신의 먹을 것이나 의복과 같은 것들을 부인하지 않으시리라. "여호와 하나님은 해요 방패이시라 여호와께서 은혜와 영화를 주시며 정직하게 행하는 자에게 좋은 것을 아끼지 아니하실 것임이니이다"(시 84:11)라는 말씀대로이다. 하나님께서 '은혜와 영광'을 주시는 곳에서 이 인생의 좋은 것을 허락하지 않고 보류해 두시지는 않을 것이다. "경건은 범사에 유익하니 **금생과** 내생에 약속이 있느니라"(딤전 4:8)

"그리하면 이 모든 것을 너희에게 더하시리라." 이 구절은 원문을 볼 때, 매우 함축적인 의미를 지니고 있다. 그것은 물건을 계량하여 팔았을 때 사고파는 사람들 사이에 이루어진 관습에서 나온 것이다. 즉, 파는 사람은 사는 사람에게 후한 분량을 주었다는 것을 확실히 하여 만족시키고자 우수리를 덤으로 준다. 바로 그대로 하나님께서도 그의 나라와 의를 진실로 구하는 자들에게 그에 대한 복된 성취 외에도 인생에 필요한 모든 물질적인 것들을 덤으로 주시며, 후한 분량으로 더하여 주시리라는 것이다. 우리는 "여호와의 궤가 가드 사람 오벧에돔의 집에 석 달을 있었는데 여호와께서 오벧에돔과 그의 온 집에 복을 주시니라"(삼하 6:11)는 말씀을 읽을 수 있다. 그런데 자기의 마음을 다스리시도록 성령을 받아들이는 자들에게 하나님은 얼마나 더 후히 축복하시겠는가! 그렇다면 왜 하나님의 자녀들은 빈궁하게 되는 것인지 의문을 가질 수 있겠다. 때때로 그것은 그들의 죄를 바로잡기 위해서이다. 때때로는 그들의 믿음을 인내의 시련 가운데서 연단하기 위해서이다. 현세의 축복에 대한 모든 약속은 항상 이같이 조건부로 이해되어야만 한다. 즉, 하나님께서 그러한 축복이 하나님의 영광이 되고, 우리에게 궁극적인 선이 되리라고 보시는 한에서 그러하다는 것이다.

그리하여 위와 같은 보증이 항상 그 조건이 일치되는 자들에게만 주어지는 것임을 잊지 말아야 한다. 그렇다면 **우리는** 어느 것을 먼저 구하고 있는가? 땅의 것인가, 하늘의 것인가? 자신의 것인가, 하나님의 것인가? 이 세상에서 유익한 것인가, 아니면 하늘나라에 들어가는 것을 확실히 해주는 것인가?

"거의 모든 곳에서 그리스도인들 사이에 세속주의의 조류가 급속히 일어나고 있으며 그에 상응하여 영적인 부요에 대한 갈망은 썰물처럼 밀려나가고 있음을 보게 됨은 깜짝 놀랄 만한 일이다. 도처에서 영적인 부패의 많은 징후들이 보이고 있는데, 두려워해야 할 그것이 육신의 유익에 대한 날로 증가되는 열망에 의해 추구될 것이다. 주께서 묻는 말씀이 오늘날 우리의 귀와 양심에도 잘 울려야 하리라. '너희가 다른 사람들보다도 더 잘 **하는** 것은 무엇이냐? 너희가 다른 사람들보다도 더 **아는** 것은 무엇이냐가 아니다. 우리는 하나님의 것을 안다는 사실에 대해 스스로 긍지를 가질 수 있다. 그것은 가련한 세상 사람은 파악할 수 없는 것이다. 그러나 만일 우리가 현재의 세상적인 유익에 대해 자신의 모든 정력을 소비하고 우리의 마음을 그것으로 빽빽이 채운다면, 우리의 애정을 거기에 두고 그러한 일에 우리의 온갖 지혜를 쏟는다면, 이 세상의 사람들과 같지 않겠는가? 우리가 주일의 예배 의식과 모임이라는 그 자체에 만족한다면 종교적인 세상 사람들과 같지 않겠는가? 우리가 경건하게 세상을 살아감에 있어, 신실한 증언에서, 그리고 헌신하고 있는 일에서 성령의 열매를 맺지 않는다면, 다른 사람들보다 더 나은 것이 무엇이겠는가? 세상 사람들에게 가장 설득력 있는 책은 우리의 삶의 방식이다. 하지만 만일 한편으로 우리가 가장 빈틈없는 세상 사람처럼 그렇게 우리의 태도에 있어 무정하고, 이기적인 이득에 예민하다면, 거래를 할 때 다른 사람들의 권익에 대해 그처럼 헤아려 살피지 않고, 우리의 사업을 수행해 나가는 데 있어 그같이 약삭빠르고 교활하다면, 그는 그 책을 믿지 않을 것이다. 그 저자가 살아 있는 모순덩어리인 까닭이다"(E. 벤, 1901).

33절에서 그리스도께서 말씀하신 것을 고려해 보면 우리는 우리의 동포들 중 대다수가 좇고 있는, 앞뒤를 헤아리지 않는 미친 듯한 과정을 파악해 낼 수 있다. 이는 그들이 이 세상의 것에 주로 열중하면서 하나님의 것에 대해서는 아주 무시하거나, 아니면 내키지 않아 하며 마지못해 마음을 두기 때문이다. 그들은 자기 영혼의 영원한 상태에 대해서는 거의, 혹은 전혀 진지하게 생각하지 않으며 오직 그의 육신을 부양하는 데 시간과 정력을 소모한다. 그것은 본질을 간과하고 그 그림자를 붙잡는 행위이다. 이 구절은 또한 그리스도인들이 현세적인 축복을 추구하는 데 있어서 갖추어야 할 마음 내지 정신이 어떠한 것인지를 가르치고 있다. 즉, 하나님의 나라를 구하는 그러한 정직한 마음과 기도하는 마음으로 현세의 축복을 구해야 한다는 것이다. 이는 그러한 것들은 하나님의 나라에 대한 부속물 내지 거기에 의존하고 있는 것에 지나지 않기 때문이며, 따라서 올바른 마음으로 우리는 그것들을 얻기 위해서 오직 정당한 수단을 적당하게 사용해야 한다. 또한 이 구절은 우리가 현세적인 자비를 베풀어야 할 올바른 목적이 무엇인가를 가르치고 있다. 다시 말하여, 하나님의 나라로 향하는 우리 자신과 다른 사람들을 촉진시키기 위해 현세적인 자비를 사용해야 한다는 것이다. 현세적인 축복은 하나님의 나라에 종속되어 있는 까닭에 우리는 모든 현세적인 손실에서 자족하기를 배워야 한다. 하나님의 은혜는 비록 세상의 재산이 사라질지라도 여전히 지속된다.

"그러므로 내일 일을 위하여 염려하지 말라 내일 일은 내일이 염려할 것이요 한 날의 괴로움은 그 날로 족하니라"(34절). 이 말씀에서 '내일'은 장래를 뜻한다. 이 절 하반부에서 그리스도는 상반부에서 그가 금지하신 것에 대해 야기될 반문, 즉 만일 우리가 걱정하며 앞을 내다보지 않는다면 장래에 어떻게 지내겠는가 라는 물음에 답하고 계신다.

첫째로, 너희는 결코 알 수 없을 내일에 대하여 초조해하면서 땅에서의 너희 마지막 시간을 보내 버릴 수도 있다. 둘째로, 너희가 만일 내일 보전된다면, 그 날에 대한 하나님의 돌보심 또한 그때와 더불어 오게 될 것이다. 그렇게 하나님께서는 약속하고 계신다!(고전 10:13) 셋째로, 너희 염려로 무슨 좋은 일을 할 수 있는가? 그 염려는 내일의 시련을 없애주지 않으며 오히려 오늘의 정력과 안락을 앗아간다. 그 염려가 너희로 하여금 장래의 근심거리를 피할 수 있게 하는 것이 아니라, 그 날이 이를 때 거기에 적절하게 대처하지 못하게 만들고 있다. 넷째로, 빌립보서 4:6, 7의 말씀에 나오는 정신으로 장래의 괴로움을 미리 염려하며 기다리는 대신에 오늘의 의무를 이행하라. 너희의 다리[橋]에 채 이르기도 전에 건너려 하지 말며, 오직 기쁘게 오늘의 짐을 짊어지고, 장래 일은 믿음으로 하나님께 맡기라.

제39장

부당한 비판

비판을 받지 아니하려거든 비판하지 말라(마 7:1)

이제 우리가 다루게 된 이 구절에서 우리 주님의 설교의 새로운 부분이 시작된다. 그 구절이 단순한 말씀이 아니라는 사실은 주석가들이 그 구절을 다양한 방법으로 다루었던 것을 보면 알 수 있다. "비판하지 말라" 하신 주님의 금지를 가능한 한 가장 넓은 범위의 의미로 이해해서는 안 된다는 사실에 있어서 주석가들의 의견이 일치한다. 그러나 그것이 어느 점에서 어느 정도까지 제한되어야 하는지는 일치하지 않는다. 주님의 말씀의 어조를 아는 사람은 그리스도께서 우리에게 남을 비판하지 말라고 금지하신 것을 절대적인 면에서 이해해서는 안 된다는 사실을 누구나 부인하지 않을 것이다.

그러나 그들이 그 말씀의 한계를 규정하려고 한다면 상당히 많은 다양한 견해들이 나타나게 될 것이다. 이것은 우리에게 마태복음 7:1에 대하여 성급한 결론을 내리지 않도록 경고해 주며, 그 말씀을 단순한 뜻으로만 받아들여 오해하지 않도록 경계하게 한다. 그 말씀은 우리로 하여금 자비하신 하나님께 우리 마음의 편견을 꺾으시고 우리의 생각을 밝혀 주시도록 간청하면서, 이 구절을 해석하는 데 도움이 되는 다른 성경구절을 찾아보게 한다.

우리가 이 구절을 올바르게 이해하려고 노력하는 데 수고를 아끼지 않아야 한다는 것은 우리 자신의 개인적인 이익을 위해서 대단히 필수적인 일이다. 왜냐하면 우리가 하나님의 명령을 위반한다면 우리 자신에게 비난이 돌아오듯이, 우리가 성경의 어떤 부분을 잘못 이해하면 우리 자신에게 손해이기 때문이다. 그뿐만 아니라 이 말씀의 의미가 우리에게 분명하게 드러나지 않는다면, 그 말씀을 그릇되게 사용함으로써 우리에게 어떤 속박을 가하려는 자들에게 어떻게 반박해야

할지 당황하게 될 것이다. 사람들은 마태복음 7:1을 다른 어떤 구절보다도 더 자
주 인용하였으면서도 가장 제대로 이해하지 못하고 있다. 그들은 무지해서거나
혹은 악의적으로 그 말씀을 위반하는 사람들 앞에서 그 말씀을 아주 쉽게 인용하
고는 아주 쉽게 내던져 버린다. 하나님의 종이 중대한 잘못을 범하고 있는 사람
을 고발한다면 관대한 마음을 자랑하는 자들이 "비판을 받지 아니하려거든 비판
하지 말라"고 말할 것이다. 성도가 한 범죄자를 어떤 죄 때문에 성실하게 비난한
다면 그에게 반대하여 같은 말을 인용하는 것을 듣게 될 것이다.

　"비판을 받지 아니하려거든 비판하지 말라." 여기에서 '비판'이라고 표현된
말은 신약에서 자주 나타나는데 아주 다양한 의미로 사용되고 있다. 그 중의 하
나는 "나는 지혜 있는 자들에게 말함과 같이 하노니 너희는 내 이르는 말을 스스
로 판단하라"(고전 10:15)에서 발견할 수 있다. "너희는 스스로 판단하라 여자가
머리를 가리지 않고 하나님께 기도하는 것이 마땅하냐"(고전 11:13)에서의 '판
단'이라는 말은 신중하게 심사숙고하여 의견이나 견해를 취하라는 뜻이다. 그
말은 [그리스도께서 시몬에게 "둘 중에 누가 그를 더 사랑하겠느냐"라고 물으셨
을 때] "네 판단이 옳다"(눅 7:43)라고 하신 말씀에서도 나타난다. 여기에서 그 말
은 결론이 내려진 것을 의미한다. "나를 주 믿는 자로 알거든"(행 16:15)에서도
나타나는데 그것은 "너희가 나를 그렇게 여긴다면"이라는 뜻이며, "너희가 그를
데려다가 너희 법대로 재판하라"(요 18:31)에서는 "너희의 법정에서 그를 재판하
라"는 뜻이다. 로마서 14:3에 있는 '비판'이라는 말은 그 대구의 첫 구절에서 분
명히 나타나는 것처럼 경멸의 뜻을 나타내고 있다. "우리 율법은 사람의 말을 듣
고 그 행한 것을 알기 전에 심판하느냐"(요 7:51)에서의 '심판'이란 지극히 상식
적인 의미의 비난을 뜻하는 말이다. 우리 본문에 들어 있는 '비판'이라는 말은
대단히 많은 의미가 있으므로 신중하게 조사해야 하며 성급하게 제멋대로 추정
해서는 안 된다.

　이제 견해가 다양하게 엇갈리고 있는 구절을 연구할 때 제일 먼저 해야 할 일
은 그 **문맥관계**를 처음에는 먼 것부터, 다음에는 가까운 것의 순서로 조사하는
것이다. 예를 들면, '먼 것'이란 산상설교와 같이 그 말씀이 나타나는 특별한 부
분일 것이다. 우리가 이 설교의 한 부분에서 다른 한 부분으로 넘어갈 때 그 안에
들어 있는 주님의 주된 목적과 의도를 기억하는 것은 대단히 중요하다. 왜냐하면
유대인들은 서기관과 바리새인들이 지니고 있는 종교를 최상의 것으로 간주하였

는데, 주님께서는 제자들의 성품과 행동에 있어서 유대인들 사이에서 볼 수 있는 종교와는 근본적으로 다르고 훨씬 더 고차원적인 어떤 것을 요구하신다는 것을 보여주기 때문이다. 그 요점은 그리스도께서 청중들에게 "너희 의가 서기관과 바리새인보다 더 낫지 못하면 결코 천국에 들어가지 못하리라"(마 5:20)고 말씀하셨을 때 그리스도에 의해 분명히 드러난다. 우리는 주님의 설교의 앞에 나온 것과 마지막에 이르는 모든 것을 위의 말씀에 비추어서 숙고하고 해석해야 한다.

우리는 앞에서도 방금 지적한 내용에 대하여 여러 번 주의를 환기시켰는데, 주님의 설교의 이 부분에서도 그 점에 유의해야 하겠다. 바리새인들은 스스로 매우 높은 존경을 취하고 그들 편에 속하지 않는 모든 사람들을 전적으로 비난했는데, 그러한 사실은 바리새인들의 두드러진 특징이었다. 이것은 그리스도께서 누가복음 18:9에서 하신 말씀을 보면 명백하다. 거기에는 다음과 같이 진술되어 있다. "자기를 의롭다고 믿고 다른 사람들을 멸시하는 자들에게 이 비유로 말씀하시되." 그리고 곧이어 나오는 말씀에서는 바리새인과 세리 사이를 대조시켰다. 바리새인들은 자기의 허물은 보지 못하면서 성전을 드나들며, 다른 사람을 검열관 같이 부당하게 심판하는 것을 자기들의 할 일이라고 생각하였다. 그러나 그리스도의 제자라면 그와는 아주 반대의 방법으로 행동해야만 한다. 즉 자기 자신은 엄하게 심판하고, 다른 사람에 대해서는 하나님께서 심판하시도록 방해하지 말아야 한다.

마태복음 7:1과 "더 직접적으로 관련된 문맥"은 그 다음에 나오는 구절들이다. 1절 말씀의 올바른 뜻을 파악하기 위해서는 그 다음 4개의 절이 1절과 분리할 수 없는 관계가 있으며 이 다섯 개의 절이 합하여 같은 주제를 다루는 하나의 완전한 단락을 이루고 있다는 것을 알아야 한다. 2절의 내용이 1절의 주제를 계속하여 다루는 것이라는 사실은 명백하다. 한편 3절의 서두에 있는 '그리고' 라는 말과 4절의 서두에 있는 '혹은' 이라는 말은 같은 사실을 의미하며, 5절은 주님께서 그 전체를 적용하신 것이다. 1절과 다음 절들 사이가 서로 연결되고 있다는 사실은 3, 4절과 5절에서 '네 형제' 라는 말이 3중으로 언급된다는 것을 지적함으로써 그리고 거기에서 형제의 상태와 형제를 비난하는 자의 상태에 대하여 말한 것을 관찰함으로써 알 수 있다. 이 세부 사항을 기억한다면 우리는 1절 말씀을 잘못 해석하거나 잘못 적용하지 않게 될 것이다. 앞으로 다루게 될 내용에 대하여 지나치게 예견하는 것은 좋지 않기 때문에 이 제안들은 독자들 스스로 생각해 보도록 남겨 두겠다.

이 구절의 멀고 가까운 문맥을 신중하게 숙고한 후에 본문에서 그 다음 해야할 일은, 다른 사람을 비판하는 것을 취급하는 내용이나 그것에 관한 내용이 들어 있는 다른 모든 구절을 성경에서 찾아내는 일이다. 우리가 잘못 생각하지 않도록 보호받으려면 그렇게 하는 것은 대단히 필수적인 일이다. 성경 말씀의 어떤 설명은 대단히 간결하고 요약된 형태로 표현되어 있으나 다른 곳에서 보충되고 의미가 채워진다. 다른 것들은 외견상 절대적인 용어로 표현되어 있으나 다른 곳에서 제한되고 완화된다. 후자에 대한 예증으로서 제4계명을 들 수 있다. 안식일은 거룩하게 지내야 한다. 즉 "안식일 동안에는 **어떤** 일도 해서는 안된다." 그러나 그리스도의 가르침을 보면 경건한 일이나 자비를 베푸는 일이나 필요한 일은 그 날 해도 **합법적인 것임**을 알게 된다. 그것은 지금 다루는 구절에도 적용된다. 즉 우리가 그 말씀을 해석할 때 매우 조심하지 않으면 우리는 다른 데에서 요구한 일을 금지시키게 될 것이며, 다른 구절에서 명령한 일을 비판하는 것임을 알게 될 것이다.

"판단하는 능력과 평가와 의견을 형성하는 능력은 우리의 가장 가치 있는 능력 중의 하나이며 그것을 올바르게 사용하는 것은 우리의 가장 중요한 의무 중의 하나이다. '어찌하여 옳은 것을 스스로 판단하지 아니하느냐' (눅 12:57)라고 주님께서 말씀하셨다. 또 '공의롭게 판단하라' (요 7:24)라고도 하셨다. 만일 우리가 옳고 그른 것에 대하여 판단하지 않는다면 어떻게 옳은 것을 기꺼이 받아들이고 그릇된 것을 피할 수 있겠는가" (존 브라운).

만일 우리가 매끄럽게 말만 잘하는 사기꾼을 만나 그 외양에 속지 않으려면 필수적으로 우리는 "지각을 사용함으로 연단을 받아 선악을 분별[헬라어로 '철저하게 판단하다' 는 뜻]해야" (히 5:14) 한다. 우리 주님께서는 여기에서 우리에게 상식적인 신중성의 지시에 따라 행동하지 말라고 하셨거나 우리가 의무를 수행하는 과정에서 경험하게 되는 모든 일에 대하여 가치평가를 내리지 말라고 하신 것으로 생각하면 안 된다. 또한 사람들이 표명하는 원리나 그들의 가시적 행동에 따라 그들의 인품과 행위를 판단하지 말라고 금지하신 것으로 생각해서도 안 된다. 왜냐하면 바로 7장에서 그리스도께서 "그의 열매로 그를 알리라" (20절)라고 말씀하심으로써 이 규칙에 의하여 사람들을 평가하도록 **우리에게 명령하시기** 때문이다. 그리고 우리가 다른 이에게 행해야 할 많은 의무들은 우리들로 하여금 사람들의 상태와 행동에 관하여 그들을 판단하도록 절대적으로 요구하고 있다.

우리가 경험하는 일에 있어서 선한 것과 악한 것에 대하여 평가하지 않고 결정을 내리지 않는다면 우리는 선한 것을 거부하고 악한 것을 묵과하게 될 것이다. "거짓 선지자들을 삼가라 양의 옷을 입고 너희에게 나아오나 속에는 노략질하는 이리라"(마 7:15). 만일 우리가 우리에게 말하는 모든 설교자들을 하나님의 말씀에 의하여 신중하게 평가하지 않는다면 이 명령에 어떻게 주의할 수가 있겠는가. "너희는 열매 없는 어둠의 일에 참여하지 말고 도리어 책망하라"(엡 5:11). 이 말씀에 복종하기 위하여 우리는 무엇이 '어둠의 일' **인지**에 관하여 판단을 내려야 할 의무가 있다. "형제들아 우리 주 예수 그리스도의 이름으로 너희를 명하노니 게으르게 행하고 우리에게서 받은 전통대로 행하지 아니하는 모든 형제에게서 떠나라"(살후 3:6). 이 말씀은 우리로 하여금 누가 "유전대로 행하지 아니하는" 자인지 결정하게 한다. "너희가 배운 교훈을 거슬러 분쟁을 일으키거나 거치게 하는 자들을 살피고 그들에게서 떠나라"(롬 16:17). 이 말씀은 우리에게 누가 그런 범죄를 하는지 결정하라고 요구한다. 그러므로 마태복음 7:1에서 우리 주님이 명령하신 금지를 절대적인 면으로 이해해서는 안 된다는 사실은 너무나 명백하다.

말씀에 의하여 내리는 합법적이고 필수적인 4가지 판단이 있다. 두 가지는 공적인 것이며, 다른 두 가지는 사적인 것이다. 첫째로, **교회적** 판단이 있다. 이것은 하나님의 말씀을 설교할 때 사람들의 죄를 알려줌으로써 그들을 판단하는 목사에게 주로 해당되는 것이다. 목사는 성도들을 개인적으로 만났을 때 그들의 영혼에 신실해야 하며, 필요하면 책망하기도 해야 한다. 교회의 판단은 교회의 일원이 되려고 원하는 사람의 고백하는 것이 진실한 것인지를 결정할 때 실시된다. 그래서 치리를 유지하고, 교회의 책망에 유의하지 않는 자를 제외시킨다. 둘째로, **시민을 통치하기 위하여** 내리는 판단이 있다. 이것은 치안판사에게 해당되는 것이다. 그의 직책은 형사범으로 고발된 사람을 심문하는 것이다. 즉 무죄한 자는 석방하고, 범죄가 입증된 사람은 형을 선고함으로써 인간의 법률에 따라 판결을 내리는 것이다. 합법적인 **사적**인 판단은, 첫 번째로 기독교적인 방식에 따라 한 사람이 다른 사람의 죄에 대하여 그를 책망하는 것인데, 이는 주께서 요구하신 것이다(레 19:17). 두 번째로, 악명 높은 범죄자의 더 큰 잘못을 책망하는 것인데, 그렇게 함으로써 다른 사람들이 그를 조심하도록 알려 주는 것이다.

"비판하지 말라." 여기에서 금지한 것은 우리 동료에 대한 불법적인 판단을 내리는 것이다. 그에 대한 다양한 예를 들어 보겠다.

첫째로, **주제넘은 참견으로** 판단하는 것이나 **고압적으로** 판단하는 것은 불법적인 것이다. 이것은 사적인 개인의 특권의 한계를 벗어나는 것이다. 즉 이것은 다른 사람들 위에 군림하고자 하는 주제넘은 일인데 사람들은 그런 일을 허용하지 않으려고 한다. 왜냐하면 우리의 규칙은 "다 서로 겸손하게 허리를 동이는"(벧전 5:5) 것이기 때문이다. 우리는 우리의 의무를 수행하는 과정에서 본성의 법(이것은 이성과 신중성을 포함한다)과 성경의 법에 따라 사물과 사람을 판단해야 한다. 그러나 우리와 **상관없는** 일을 판단하는 것은 금지되어 있다. "조용히 자기 일을 하고 너희 손으로 일하기를 힘쓰라"(살전 4:11). 만일 우리가 하나님의 이 명령에 완전하고 적절하게 유의한다면 우리는 다른 사람의 일을 엿볼 만한 여유가 전혀 없을 것이다. 우리 본문은 우리에게 해당하는 합법적인 영역을 넘어서는 것을 금지한 것이며, 우리에게 판단하도록 맡겨지지 않은 일을 떠맡아 판단함으로써 다른 사람의 일에 간섭하는 것을 금지시킨 것이다. "너희 중에 누구든지 … 남의 일을 간섭하는 자로 고난을 받지 말려니와"(벧전 4:15)

둘째로, **추정에 근거를 두고** "비판하지 말라." 이것은 단순한 의심이나 확실하지 않은 소문을 확실한 증거가 있는 사실처럼 처리할 때 행해지는 일이다. 그리고 행동의 원인을 우리가 알 수 있는 범위의 밖에 있는 동기 탓으로 돌리려 할 때 그런 일이 일어난다. 전지하신 분 이외에는 아무도 알 수 없는 다른 사람의 동기를 판단하는 것은 크게 비난받을 만한 일이다. 왜냐하면 그것은 하나님의 특권, 즉 하나님의 판단하시는 직분을 침범하는 것이기 때문이다. "남의 하인을 비판하는 너는 누구냐 그가 서 있는 것이나 넘어지는 것이 자기 주인에게 있으매"(롬 14:4). 이 말씀은 하나님께서 그러한 행동을 금지하신다는 것을 보여주고 있다. 여기에서 금지된 것들의 유명한 예는 욥기 1장에 기록되어 있다. 하나님께서 그의 종을 사탄에게 칭찬하여 다음과 같이 말씀하셨다. "네가 내 종 욥을 주의하여 보았느냐 그와 같이 온전하고 정직하여 하나님을 경외하며 악에서 떠난 자는 세상에 없느니라." 사탄이 여호와께 대답하여 이르되 "욥이 어찌 까닭 없이 하나님을 경외하리이까 주께서 그와 그의 집과 그의 모든 소유물을 울타리로 두르심 때문이 아니니이까 주께서 그의 손으로 하는 바를 복되게 하사 그의 소유물이 땅에 넘치게 하셨음이니이다 이제 주의 손을 펴서 그의 모든 소유물을 치소서 그리하시면 틀림없이 주를 향하여 욕하지 않겠나이까"(8-11절). 이 말은 욥이 그 소유물 때문에 하나님을 섬겼다고 암시하는 말이다. 그러므로 다른 이의 **동기**를 추정적으로 판단하는 것은 마귀적인 것이다!

셋째로, **위선적으로** "비판하지 말라." 이 불법적인 비판의 형태는 특히 주님 앞에서 때때로 행해졌는데 다음에 곧이어 나오는 구절을 보면 나타나 있다. 자기 자신의 중한 죄에 대하여는 무관심하거나 알지 못하면서 다른 이의 작은 허물은 재빨리 들추어내는 사람은 부정직하다. 그들은 자기의 욕망은 멋대로 놓아두면서 면밀한 체 가장하는 자들이다. 그러한 위선은 올바른 마음을 가진 사람에게나 하나님이 보시기에 가장 비난받을 만한 것이다. "그러므로 남을 판단하는 사람아, 누구를 막론하고 네가 핑계하지 못할 것은 남을 판단하는 것으로 네가 너를 정죄함이니 판단하는 네가 같은 일을 행함이니라"(롬 2:1). 그의 사회적인 신분이 무엇이든지, 교육 수준이 어느 정도이든지, 그가 종교적인 고백을 어떻게 하든지 간에, 불공정의 죄를 범하고, 자기 자신에게 허용한 것을 다른 이에게서는 비난하는 자는 용서할 수 없으며 양심의 가책을 받을 것이다. 아무리 진실하고 뛰어난 성도라도 이 중대한 죄에 빠질 가능성이 있다는 사실은 다윗의 경우를 보면 알 수 있다. 왜냐하면 나단이, 자기의 양 떼를 남겨두고 가난한 이웃의 한 마리 양을 잡았던 한 부자의 예를 들었을 때, 다윗은 자신도 마찬가지의 가증한 죄에 빠져 있으면서 대단히 분노하여 그를 사형에 처할 만한 과실자로 판단하였다(삼하 12:1-11).

넷째로, **성급하거나 분별 없이** "비판하지 말라." 우리는 어떤 사람에 대하여 가장 나쁘게 생각하기 전에 우리의 의심이 완전한 근거가 있는 것인지, 혹은 우리가 들은 것이 믿을 만한 사실인지를 충분히 조사하고 명백한 증거를 구해야 한다. 지존자는 세상에 언어의 혼란을 일으키기 전에 그는 "사람들이 건설하는 그 성읍과 탑을 보려고 내려오셨더라"(창 11:5). 그것은 마치 그가 인간을 판결하시기 전에 그들의 행동을 개인적으로 조사하시려 한 것과 같다. 그리고 또다시 소돔과 고모라를 멸망시키기 전에 "내가 이제 내려가서 그 모든 행한 것이 과연 내게 들린 부르짖음과 같은지 그렇지 않은지 내가 보고 **알려 하노라**"(창 18:21)라고 말씀하셨다. 그러므로 하나님께서는 우리가 어떤 범죄자에 관하여 마음속으로 판단을 내리기 전에 그의 죄에 대한 확실한 증거를 찾으려 노력해야 한다고 가르쳐 주신다. 우리는 분명히 "외모로 판단하지 말라"(요 7:24)고 명령받았다.

왜냐하면 잘 알려져 있는 바와 같이 외모는 믿을 수 없는 것이기 때문이다. 그러 므로 언제나 과실을 범한 자에게 가서 그에게 자신을 밝힐 기회를 주어야 한다. "사연을 듣기 전에 대답하는 자는 미련하여 욕을 당하느니라"(잠 18:13).

다섯째로, **부당하게** "비판하지 말라." 이것은 우리 앞에 제시된 규칙의 범위 를 넘어서는 것이다. 하나님의 말씀 안에서 어떤 일은 칭찬을 받고, 어떤 일은 비 난받는다. 그러나 성경이 아무런 판단도 내리지 않는 종류의 일이 있다. 그것을 '아무래도 좋은 일'이라고 부르는데, **그러한** 일을 가지고 어떤 사람을 책망하는 것은 "지나치게 의인이 되는 것"(전 7:16)이다. 사도가 로마에 있는 어떤 성도들 을 책망한 것도 바로 그런 잘못 때문이었다. 그들은 '먹고 마시는' 것 같은 일들 을 놓고도 그들의 형제를 판단하였기 때문이다. 그래서 사도는 "세상에 사는 것 과 같이 규례에 순종하느냐 곧 붙잡지도 말고 맛보지도 말고 만지지도 말라"(골 2:20, 21)고 속박당하는 골로새인들을 나무라셨다. 성령께서는 그런 경우 형제를 판단하는 것은 "율법을 비방하는 것"이라고 지적한다(약 4:11). 그것은, **하나님 께서** 금지하시지 **않은** 어떤 것을 근거로 하여 형제를 비난하는 사람은 율법을 결 함이 있는 것으로 간주하는 것이라는 뜻이다. 왜냐하면 율법은 그러한 일을 금지 시키지 않았기 때문이다. "하나님의 말씀에 규정되어 있지 않은 어떤 일로 말미 암아 형제와 다투고 형제를 비난하는 사람은 마치 하나님의 말씀이 완전히 율법 이 아닌 것처럼 그것을 비방하는 것이 된다"(매튜 헨리).

여섯째로, **불공정하게** "비판하지 말라." 이것은 다른 사람들이 좋아하는 것은 모두 무시하고 자기 입장에서만 보아 싫은 것이라고 규정해 버리는 일이다. 어떤 경우에는, 판단을 내리는 데 필요한 모든 증거와 사실을 확보하는 것이 결코 쉽 지 않을 때가 있다. 그러나 사실이나 증거 없이 판단을 내리는 것은 또 하나의 잔 인한 불의를 행하는 것일 수도 있는 중대한 모험을 감행하는 것이 된다. 많은 사 람들은 — 모든 것을 알았더라면 그를 인정하거나 적어도 동정했을 것인데 — 다 른 이들을 성급하게 비난한다. 다시 말하지만, 성실하게 자기의 최선을 다한 사 람을 비난하는 것은 불공정한 일이다. 왜냐하면 그의 노력은 **우리**를 만족시키기 에 부족한 것일 뿐이기 때문이다. 많은 불공정한 판단은 복수심이나 해를 끼치려 는 욕망에서 나온다. 다윗이 암몬의 왕 하눈에게 그의 부친이 돌아가신 것을 위 로하려고 신복들을 보냈을 때 하눈은 그의 방백들로 하여금 다윗의 신복이 나쁜 뜻을 품고 엿보러 온 것이라고 주장하도록 묵인하였다(삼하 10장). 그 결과 끔찍한 전쟁이 벌어진 것이다. 작은 일 하나가 얼마나 큰 불을 일으켰는지 보라!

일곱째로, **무자비하게** "비판하지 말라." 한편으로 우리는, 오늘날의 너무나 많은 사람들이 그렇게 생각하는 것처럼, 근본적으로 잘못이 있는 사람이나 세속적인 사람을 좋은 그리스도인으로 간주해서는 안 된다. 그러나 다른 한편으로는 자비의 법이 우리로 하여금 의심스러운 행동에도 가능한 한 최선의 해석을 하도록 요구하며, 증거도 없이 선한 것을 악한 것으로 생각하지 않도록 요구한다. 하나님께서는 우리에게 어둠을 빛으로, 악을 선으로 부르라고 요구하신 것은 아니다. 그럼에도 불구하고 우리는 너무 죄에 가득 차 있기 때문에, 그리고 잘못을 저지르기 쉽기 때문에 빛을 어둠이라, 선을 악이라고 부르지 않도록 힘껏 경계해야만 한다. 우리는 눈을 감고 다녀서도 안 되고, 죄를 보았을 때 죄에게 눈짓을 해서도 안 된다. 그러나 비난할 어떤 것을 찾고, 사소한 것을 심하게 과장하여 말하는 것도 마찬가지로 나쁜 행위이다. 우리는 어떤 사람의 말 한 마디 때문에 그를 범죄자로 만들어서는 안 되며, 증거도 없는데 의심을 두어서도 안 된다. 많은 사람들은 판단할 증거도 없는데 개인적인 질투나 악의 때문에 다른 이를 비난한다. 그러나 그것은 사탄이 하는 짓이다. 자비하신 주님께서 필자와 독자들로 하여금 다른 사람을 부당하게 비판하지 않도록 지켜 주시기를 바란다.

제40장

다른 이를 비판하는 일

"비판을 받지 아니하려거든 비판하지 말라"(마 7:1). 앞 장에서 우리는 그 장의 내용이 너무 길어지지 않도록 하기 위하여 이 짧은 구절에 대한 첫 부분(비판하지 말라)을 다루는 것으로 끝마쳐야 했다. 거기에서 우리는 금지되지 아니한 비판과, 하나님께서 우리에게 공적으로나 사적으로 실행하라고 요구하신 합법적인 비판이 있다는 것을 보여주려고 했다. 앞에서 우리는 부당한 비판의 7가지 형태를 지적하였다. 그렇게 해서 그리스도께서 금지하신 것이 매우 함축적인 것임을 밝혀 보았다. 만일 그렇게 하는 것이 필요하다면 이것을 매우 자세하게 취급하는 이유를 밝혀 보겠다. 첫째로, '비판하지 말라' 는 이 말을 매우 빈번하게 오해하고 잘못 적용하기 때문이다. 둘째로, 여기에서 금지된 죄는 매우 중대한 것이고 지극히 보편적인 일이 되었기 때문이다. 어떤 그리스도인은 이런저런 방법으로 다른 사람보다 더 많이 그 죄를 범하는 경향이 있다. 그것은 교회에서도 범해질 수 있는 죄이다. 목사가 우리들이 어떤 특별한 의무를 행함에 있어서 악한 점이나 불이행하는 점을 책망할 때, 자기가 아닌 다른 회중에게 말하고 있는 것이라고 결론지으려는 사람이 흔히 있다. 그러나 그것은 아주 많은 사람들이 설교하는 말씀이 전하는 것을 거의 알아듣지 못하게 하는 이유가 된다.

형제나 혹은 동료 중의 한 사람을 추정적이고 위선적으로, 성급하고 근거도 없이, 부당하고 무자비하게 비판하는 것이 악한 것일진대, 하물며 큰 소리로써 그런 식으로 비판하고 그것을 다른 이에게도 전한다면 얼마나 더 가증한 일이겠는가! 우리에게 귀를 기울이는 사람들 때문에 그와 같은 것을 반복하는 것도 마찬가지로 나쁘다. "너는 네 백성 중에 돌아다니며 사람을 비방하지 말며"(레 19:16). 그러나 그런 점에 있어서 우리 중 누가 죄 없다 주장할 수 있겠는가. 그러나 슬프게도 사랑하는 마음이 너무나 적기 때문에 동료의 나쁜 소문을 퍼뜨리고, 그것을 상세히 따져 말하는 데에서 악마적인 쾌감을 얻는 자들이 참으로 많다.

"두루 다니며 한담하는 자는 남의 비밀을 누설하나 마음이 신실한 자는 그런 것을 숨기느니라"(잠 11:13). 성경이 다른 종파의 사람들을 정죄하지 않는다면 그들을 비난하고 경멸하는 것도 마찬가지로 책망받을 만한 일이다. "아무도 비방하지 말며"(딛 3:2). 이 말씀은 (성경이) 의무로서 그렇게 하도록 요구한 것이 아니라면(그런데 그것은 다른 사람들로 하여금 악행하는 자나 교의 상 타락한 자를 경계하도록 하기 위해서이다), 다른 사람에게 불명예나 불리한 것이 되는 것은 어떤 것이든지 그 사람 자신을 제외한 다른 사람에게 말하지 않도록 금지하고 있다.

우리가 다른 사람의 성격과 행동을 보고할 때 언제든지 정확하게 하는 것만이 유일한 미덕은 아니라는 것을 알아야만 한다. 어떤 사람을 이러이러하다고 평하기 위하여 "그는 이런저런 미덕을 지니고 있지, **그러나** … 글쎄 말은 적게 할수록 좋다지?" 하는 식으로 말하는 것은 아무것도 말하지 않는 것보다 더 나쁘다. 왜냐하면 그러한 말은 듣는 사람에게 우리가 언급하고 있는 당사자에게 어떤 중대한 악이 있다고 넌지시 암시하는 것이 되기 때문이다. 우리는 **사실인 것**만을 말해야 하지만 그러나 그것을 이야기하는 가운데 어떤 사람이 신뢰할 만하지 못하다는 사실을 넌지시 암시할 수도 있다. 다윗이 아히멜렉에게 시종들이 먹을 떡과 병기를 달라고 청하러 갔을 때 제사장은 그에게 골리앗의 칼을 주었다(삼상 21장). 그 사건을 보았던 도엑은 아히멜렉이 다윗과 함께 왕의 생명을 해하려는 음모에 관여했다고 암시하여 사울에게 그와 같은 사실을 보고함으로써 그가 알고 있는 정보를 사악하게 사용하였다. 그렇게 악한 동기와 방법으로 사실을 말함으로써 85명의 제사장을 죽게 하고 말았다(삼상 22:18). 다시 한 번 말하거니와 작은 일이 얼마나 커다란 불을 일으켰는가 보라!

"비판을 받지 아니하려거든, 비판하지 말라." 이 명령 다음에는 우리가 부당한 판단을 해서는 안되는 **이유**가 나타난다. 좀 더 정확히 말하면 이 구절의 전반절은 **만류하는 말**인데 후반부에서 금하고 있는 죄에 대한 경고이다. 그러나 이 경고의 정확한 본질은 무엇인가? 다시 말하면 주님께서 여기에서 말씀하고자 하시는 정확한 의미는 무엇인가? 거의 모든 주석가들은 그 구절에서 우리가 동료를 대접한 것처럼 그들도 나를 대접할 테니 그것을 각오해야 한다는 위협 이외에는 그 이상의 아무런 의미도 찾아내지 못한다. 다시 말하면, 우리가 사람을 중상하면 다른 사람도 우리를 중상할 것이다. 동료를 가혹하고 비판적으로 평가하면 그들도 우리에게 몰인정한 대우를 되돌려 줄 것이다. 반면에 우리가 다른 사람에게 자비롭고 관대하게 대하며 그들에 대하여 최선으로 생각하고 가장 나쁘게 생각하기를 더디하면, 다른 사람들도 나의 명성에 대하여 점잖고 사려 깊게 다루어 줄 것이다. 간단히 말하면, "비판을 받지 아니하려거든" 이라는 말은 사람들에게 부당하고 불공정하게 비판받지 않도록 조심하라는 뜻의 경고라는 말이다.

이제 우리는 그리스도의 경고에 대한 상식적인 해석이 그 경고에 대한 완전하고 중요한 요점을 제시한다고는 생각하지 않는다. 다음과 같은 몇 가지 이유에서 그러하다.

첫째로, 그 경고에 부합하는 일반적인 의미는 하나님과 동행하는 사람들에게는 거의 고려할 가치가 없기 때문이다. 다른 사람이 자기를 어떻게 생각하며 어떻게 평가하는지에 대하여 대단히 염려하는 신앙고백자들이 많다는 것은 사실이다. 그들은 그들의 견해가 뛰어난 것이기를 몹시 열망하며 자신의 평판을 높이기 위하여 몹시 시새우고, 만일 어떤 사람이 자기를 모욕하거나 한 마디라도 반대하여 말하면 쉽게 마음이 상한다. 그러나 이 모든 것은 **교만**과 자부심에 그 뿌리를 두고 있는 것이다. 하나님과 동행하는 사람은 그의 마음속에 있는 악함을 고통스럽게 느끼기 때문에, 그리고 하나님께서 알고 계시듯이 최소한 어느 정도는 자기 자신을 알고 있기 때문에 자신의 심한 타락과 외적·내적인 많은 결점을 매우 철저하게 자각하고 있다. 그렇기 때문에 아주 악한 다른 사람이 자기를 평가해 주는 만큼보다 자신은 훨씬 못 미친다는 것을 잘 안다. 자기 자신을 존엄하게 비판하는 사람은 다른 사람의 비평에 의해 동요를 일으키지 않을 것이다.

어떤 사람이 하나님과 진실하게 동행하고 있다면 그의 유일한 관심은 그의 거룩하신 주인께서 그를 어떻게 생각하실까 하는 점에 쏠릴 것이다. 그가 하나님을 노하시게 한 모든 것에 대하여 양심적으로 알고 있다면, 그리고 자신이 알고 있는 크고 작은 모든 죄를 하나님께 매일 고백하고 무지와 태만의 죄를 씻어 주시도록 간청한다면, 또한 순종의 길에서 행동하려고 진실로 노력한다면 흙 속의 벌레 같은 다른 사람들이 어떻게 평가하든지 그것은 그를 거의 괴롭히지 않을 것이다. 그는 하나님께서 그의 마음을 알고 계신다는 사실과, 그가 하나님의 칭찬을 받기만 한다면 그것은 모든 사람에게서 최상의 평가를 받는 것보다는 더 무한히 가치가 있는 것이라는 사실을 알고 있다. 사도 바울은 이렇게 말했다. "**다른 사람**에게나 판단 받는 것이 내게는 매우 작은 일이라"(고전 4:3). 그들의 의견은 중요한 것이 아무것도 없다. 그리고 그가 책임을 져야 할 것은 그들에 대해서가 아니었다. 그는 "나도 나를 판단치 아니하노라"라고 덧붙였다. 즉 그리스도만이 나의 주인이시요 판단자이시니 그에 의해서만 내가 서거나 넘어지리라. 우리가 사람들의 변덕스러운 의견과 평가의 굴레로부터 벗어났을 때 얻는 자유야말로 신성한 자유이다. 사람들은 오늘은 '호산나'라고 외치나 다음날에는 '십자가에 못 박는 행동'을 할 것이다.

하나님과 동행하는 것은 이기적인 생각을 일으키지 않는다. 이기심은 사람들로 하여금 자기 자신을 너무 높게 평가하여 자기는 다른 사람의 판단을 받는 범위에서 벗어나 있다고 생각하도록 인도하는 원인이 된다. 그러나 참된 동행자는 그와 반대이다. 그는 필요할 때에는 고침이나 책망을 받는 것을 무시하지 않는다. 오히려 다윗과 같이 말할 것이다. "의인이 나를 칠지라도 은혜로 여기며 책망할지라도 머리의 기름같이 여겨서 내 머리가 이를 거절하지 아니할지라"(시 141:5). 진실로 겸손한 사람은 의인이 책망하는 것을 하나님 앞에서 심사숙고할 것이다. "지혜 있는 자를 책망하라 그가 너를 사랑하리라"(잠 9:8). 왜냐하면 그는 "슬기로운 자의 책망은 청종하는 귀에 금 고리와 정금 장식이니라"(잠 25:12). 그러나 슬프게도 오늘날에는 청종하는 귀를 가진 자가 거의 남아 있지 아니한다. 필요한 책망을 기꺼이 받아들이고 그가 잘되기를 바라는 사람들의 신실한 행동을 감사하게 여기는 한, 이것은 공중의 의견에 영향을 받아 희생되는 것과는 전적으로 다른 일이다. 또한 그가 옳은 것을 행하고 있으면서도 다른 사람들이 어떻게 평가하는지 궁금해하면서 오해받지 않을까 두려워하는 것과도 전연 다른 일이다.

둘째로, 주님께서 "비판을 받지 아니하려거든 비판하지 말라"고 말씀하셨을 때 우리가 동료의 손에서 똑같은 대우를 받지 않으려면 다른 사람을 부당하게 비판하지 말라는 뜻으로 말씀하신 것이라고 생각하는데, 우리는 주님께서 말씀하신 것의 뜻이 그보다는 좀 더 신성하고 엄숙한 의미가 있다고 생각해야 한다. 그러한 경고는 대다수의 신앙 고백자에게는 거의 고려할 가치가 없는 것이며, 하나님을 경외하며 걸어가는 자에게는 전혀 고려할 가치가 없는 것이다. 왜냐하면 **하나님**을 두려워하는 마음으로 사는 사람은 인간을 두려워하는 것으로부터는 벗어나기 때문이다. 게다가 주님께서 궁극적으로는 세속적인 것에 불과한 것을 우리에게 소개하고 분명하게 드러나도록 밝히려 했다는 것은(다음 구절을 주목하라)

주님의 설교의 구체적인 어조, 즉 그 설교의 세부사항의 특성과는 전혀 조화를 이루는 것 같지 않다. 한 설교에서 바리새인의 세속적인 특성과 대조하여 그리스도인의 특성인 영성을 분명히 밝히고자 하는 주된 계획으로서 그리스도께서는 동료 인간의 변덕스러운 비판 때문에 고통받게 된다는 단순한 두려움보다는 좀 더 무게가 있는 만류하는 말을 사용하고자 하셨음이 틀림없다.

셋째로, 한층 더 결정적인 이유인데, "비판을 받지 아니하려거든 비판하지 말라"는 말씀이 이 문제에 있어서 이 세상에서 뿌린 대로 거두리라는 뜻이라고 생각한다면, 즉 다른 사람을 비방하면 우리도 비방을 당할 것이며 다른 사람을 가혹하고 비판적으로 판단하지 아니하면 우리도 그런 경험을 당하지 않을 것이라는 뜻으로 생각한다면, 그것은 성경 말씀의 증거와는 부합되지 않는 것이다. 그것을 예수 그리스도가 그의 사람들에게서 받은 대우에 적용시켜 보라. 그는 결코 다른 사람을 부당하고 무자비하게 비판하지 않았다. 그러나 사람들은 참으로 빈번히 그릇되고 잔인하게 그를 고발하였다. 그 원리를 사도 바울의 생애에 적용시켜 본다면 그것이 전혀 들어맞지 않음을 알게 될 것이다. 바울이 비판적이고 트집을 잘 잡는 사람이며 위선적인 사람이었다면 하나님께서 그로 하여금 고린도전서 13장 말씀을 쓰도록 하셨겠는가? 그러나 그는 사방에서 "비방을 당하였으며" "만물의 찌꺼기"같이 되었다(고전 4:13)! 그러므로 그러한 설명이나 이론은 성경과 그리스도인의 체험이나 오늘날의 현실을 통하여 볼 때 부적합한 것이다.

"비판을 받지 아니하려거든 비판하지 말라." 우리가 지금까지 지적해 온 것을 통하여 우리는 많은 주석가들이 하나님의 말씀의 날카로운 뜻을 무디게 함으로써 무의식적으로 진리의 이 신성한 부분을 격하시켰음을 확인하지 않을 수 없다. 왜냐하면 더 큰 경외심을 불러일으켜 주는 동기는, 주님의 생각으로는 동료에게서 당하게 될 대우라기보다는 죄를 짓지 않도록 좀 더 무게가 있는 말로 만류하는 데 있었음이 분명하기 때문이다. 우리는 그리스도께서 여기에서 지적하신 것이 인간의 판단이 아니라 하나님의 판단이며, 일시적인 판단이 아니라 **영원한** 판결이라는 것을 확신한다. 이 권고를 위반하고 다른 사람을 부당하게 비판하는 죄를 짓는 사람은 그들도 역시 부당하게 비판을 받을테니 그것을 두려워해야 한다고 사람들에게 말하는 것은, 진실로 한 조각 빵을 위해 양심을 팔게 하는 것이며 "방석을 팔뚝에 꿰어 매고" 사람들을 미혹하게 하는 짓이다(겔 13:18). 그리스도께서는 그러한 행동은 무서운 최후의 심판 날에 하나님의 심판을 받게 될 것이라고 선포하셨는데, 그것은 가장 생각이 없는 자들조차도 숙고하게 하고 가장 완강한 마음을 가진 자들조차도 두려워 떨게 할 만한 경고이다.

우리는 그리스도의 이 경고의 의미를 다음과 같은 뜻으로 이해해서는 안 된다. 즉 당신이 다른 사람을 판단할 때 관대히 하면 하나님께서도 당신을 판단하실 때 너그러울 것이나, 당신이 가혹하고 무자비하게 판단하면 하나님께서도 당신을 준엄하게 대우할 것이라는 식으로 생각하는 것은 잘못이다. 오히려 우리가 다른 사람을 어떻게 판단하든지 하나님의 판단은 "진리대로" 이루어지며 "사람의 외모로는 취하지 아니하실" 것이다(롬 2:11). 그러므로 우리는 주님이 다음과 같은 뜻으로 말씀하셨다고 생각해야 한다. 즉 형제나 동료를 그릇되게 판단하지 않도록, 특히 성급하고 무자비하게 판단하지 않도록 조심하라. 왜냐하면 당신이 내리는 모든 판단은 보좌의 엄밀한 관점에 비추어 **재조명되고**, 그로 말미암아 거기에서 당신도 판결을 받을 것이기 때문이다. 우리가 서로에 대하여 내린 그 판단은 우리의 고백이 진실한 것인지 헤아리고 우리의 성품을 심사하는데 있어서 기준이 되는 유일한 시금석은 아니다. 이것은 그 시금석들 중의 하나일 뿐이다. "네 말로 의롭다 함을 받고 네 말로 정죄함을 받으리라"(마 12:37). 이 말은 또 하나의 시금석이 된다. 다시 말하면, 마태복음 25장이 분명히 암시하고 있듯이 우리가 그리스도의 형제를 어떻게 대우하느냐의 사실도 또 하나의 시금석이다. 그러므로 당신이 다른 사람을 판단하는 것이 하나님의 판단의 엄중함을 감당해 낼 수 있는 그러한 것이 되도록 주의하여야 한다. 왜냐하면 당신의 비판이 그렇지 않은 것이라면 그 판단은 비난을 받을 것이기 때문이다.

우리가 위에서 지적한 것은 오늘날의 정통파의 집단에서 가르치고 있는 대부분의 내용과도 반대되고 있다는 것을 우리는 잘 알고 있다. 그들은 어떤 좋아하는 구절들을 대단히 크게 강조함으로써 그 밖의 다른 곳에서도 그러하듯이 여기에서도 진리의 균형을 잃어버리게 하였다. "야곱의 허물을 보지 아니하시며 이스라엘의 반역을 보지 아니하시는도다"(민 23:21). 그들이 이러한 말씀을 잘못 해석하고 있는 것도 그 예가 된다. 즉 하나님께서는 그의 백성들을 그들의 본질대로가 아니라 그리스도 안에서 보심으로써 그들이 아무런 죄도 없는 것으로 간주하셨다고 해석하는 것은 잘못이다. 오히려 그러한 생각은 성경에 의하여 단호하게 반박당할 것이다. 하나님께서는 우리의 죄를 **아시고** 다음과 같이 명백하게 선포하셨다. "만일 그의 자손이 내 법을 버리며 내 규례대로 행하지 아니하며 내

율례를 깨뜨리며 내 계명을 지키지 아니하면 내가 회초리로 그들의 죄를 다스리며 채찍으로 그들의 죄악을 벌하리로다"(시 89:30-32). 믿는 자들은 그들의 죄를 고백해야 한다. 그리고 용서하심과 깨끗하게 하심은 마땅히 그에 따르는 것이어야 한다(요일 1:9). 믿는 자들이 하나님 앞에서 완전한 지위 내지는 신분을 차지하고 있다는 것은 다행히도 사실이다. 하지만 그렇다 할지라도 그것이 그의 영혼의 상태나 현재의 실정을 완전히 무마해 주는 것은 아니다.

"그러므로 이제 그리스도 예수 안에 있는 자에게는 결코 정죄함이 없다"(롬 8:1)는 말씀이나 "내 말을 듣고 또 나 보내신 이를 믿는 자는 영생을 얻었고 심판에 이르지 아니하나니"(요 5:24)란 말씀의 영광스러운 뜻을 조금이라도 약화시켜서는 안 된다. 그러나 우리는 이 구절들을 하나님 말씀의 다른 부분, 예를 들면 "하나님의 집에서 심판을 시작할 때가 되었나니"(벧전 4:17)와 같은 말씀과 상충하는 것으로 이해해서는 안 된다. 거듭난 영혼은 그 누구도 하나님의 **영원한** 심판으로 고통받지 않을 것이다. 왜냐하면 그리스도께서 대신하여 죄를 겪으심으로써 그는 형벌에 해당하는 죽음이나 율법의 저주가 미치지 못하는 곳으로 영원히 나아갔기 때문이다. 그러나 율법의 저주에서 벗어났다 하더라도 그리스도인들은 **하나님의 통치하심**에 의해 지배를 받는데, 그 통치하심은 악행을 가볍게 여기지 않을 것이며, 공의를 행하라는 요구를 포기하지 않을 것이다. 죄는 믿지 않는 자들이 범했을 때에 못지않게 믿는 자들이 범했을 때에도 사악한 것이다. 그리고 현세에 사는 동안 하나님 앞에서 그 죄를 회개하거나 바로잡지 않는다면 다가올 심판의 날에 바로잡아질 것이다. 그리고 거룩함을 사랑하는 사람이라면 누구나 그렇게 되기를 바랄 것이다. 동료 그리스도인들 사이의 많은 불화가 이 세상에서 치유되지 않고 있는데, 그들이 하늘나라에서 함께 영생을 누리게 되려면 그 불화는 시정되어야 할 것이다.

정통파와 건전한 신학이라고 간주되는 쪽에서 주장하는 바로는, 그리스도인이 의무를 이행하는 데 있어서 제아무리 게을렀다 해도 내세에 관한 한 두려워할 것이 아무것도 없으며, 또한 제 아무리 되는 대로 헛되게 살았다 하더라도 사후에 밝은 축복이 그들을 기다리고 있다고 믿고 있는 듯한 인상을 준다. 그러나 죽음과 영원한 나라 사이에는 심판의 날이 있는 것이다! 오늘날에는 진리가 너무 모호해지고 현세적인 마음의 구미에 맞도록 변형되어서 주님의 백성들이라는 사람들은 그들에 관한 한 심판 날이 보상과 칭찬을 받게 될 날이라고 믿고 있다. 그러나 필자로서는 성경을 그렇게 해석하지는 않는다. 즉 필자는 진리의 아주 다른 면을 제시해 주는 또 다른 종류의 구절을 알고 있는데, 대부분의 사람들이 일반적으로 이 구절을 제외시키거나, 그리스도인이라고 주장하는 자들의 관심을 강력하게 집중시키려 할 때에만 특별히 "자세하게 설명한다" 할지라도, 필자로서는 이 구절들을 감히 무시하거나 사소하게 취급할 수가 없다.

"네가 어찌하여 네 형제를 비판하느냐 어찌하여 네 형제를 업신여기느냐 우리가 다 하나님의 심판대 앞에 서리라 기록**되었으되** 주께서 이르시되 내가 살았노니 모든 무릎이 내게 꿇을 것이요 모든 혀가 하나님께 자백하리라"(롬 14:10, 11). 우리는 그리스도의 심판대가 형제를 판단하지 못하게 하는 **신성한 동기**로서 믿는 자들 앞에 제시되었다는 사실에만 단순히 관심을 기울이고 있다. 그러나 우리가 심판대에서 받게 될 것이 책망뿐일 때에 그 동기는 아무런 힘이 되어주지 못할 것이다. 그러므로 이러한 경고가 곧 뒤따라 나온다. "이러므로 우리 각인이 자기 일을 하나님께 직고하리라." 직고라는 이 표현은 단순한 형식 이상의 것이라는 사실을 알아야 한다.

"각 사람의 공적이 나타날 터인데 그 날이 공적을 밝히리니 이는 불로 나타내고 그 불이 각 사람의 공적이 어떠한 것을 시험할 것임이라 만일 누구든지 그 위에 세운 공적이 그대로 있으면 상을 받고 누구든지 그 공적이 불타면 해를 받으리니 그러나 자신은 구원을 받되 **불 가운데서 받은 것 같으리라**"(고전 3:13-15). 이는 그리스도의 종의 공력이 하나님의 거룩한 심사를 받을 때 그들의 수고한 것에 대해 판결받을 것이라는 점을 지적하는 것이다. "구원을 얻되 불 가운데서 얻은 것 같으리라." 이 말씀은 분명히 행복한 경험을 하리라고 암시하는 것이 아니다. 또 이 구절 안에 로마교도들이 믿는 '연옥'을 조금이라도 지지해 주는 듯한 사실이 들어 있다고는 생각하지 않는다. 사역자들은 이 구절을 진지하게 숙고하여 참된 기도를 드리는 것이 합당할 것이다.

"우리가 다 반드시 그리스도의 심판대 앞에 나타나게 되어 각각 선악 간에 그 몸으로 행한 것을 **따라 받으려 함이라**"(고후 5:10). 여기에서 '우리'라는 말은 전적으로 은혜로 선택을 받은 자, 곧 그리스도에 의해 구속받은 자를 가리킨다. 칭찬을 받게 되는 것 이상의 어떤 일이 있으리라는 사실이 "각각 선악 간에 그 몸으로 행한 것을 따라 받으려 함이라"는 말 안에 분명하게 암시되어 있다. 그리스도께서 심판의 직무를 이행하실 때(다시 말하면 교회를 감찰하시고 판결을 내리실 때)의 경외스러운 모습은 요한계시록 1장에 나타나 있다. 우리는 거기서 "그의 눈은 불꽃같고 그의 발은 풀무에 단련한 빛난 주석 같고 그의 음성은 많은 물소리 같은"(14, 15절) 그의 모습을 볼 수 있다.

　"무슨 일을 하든지 마음을 다하여 주께 하듯 하고 사람에게 하듯 하지 말라"(골 3:23). 이 엄격한 교훈을 강조하기 위하여 제시한 진지한 동기를 고찰해 보라. "이는 유업의 상을 주께 받을 줄 앎이니 너희는 주 그리스도를 섬기느니라 불의를 행하는 자는 **불의의 보응을 받으리니** 주는 외모로 사람을 취하심이 없느니라"(24, 25절). 주님께서 강림하시는 날에 어떤 사람을 "그 앞에서 **부끄럽게** 하실 것"이라는 사실은 요한일서 2장 28절로 보아 분명하다. 주님께서 독자와 필자로 하여금 다 그리스도의 심판대 앞에 서는 날을 더욱더 생각하며 살 수 있게 해주시기를 바란다.

제41장

비판하지 말라

너희가 비판하는 그 비판으로 너희가 비판을 받을 것이요 너희
가 헤아리는 그 헤아림으로 너희가 헤아림을 받을 것이니라 어
찌하여 형제의 눈 속에 있는 티는 보고 네 눈 속에 있는 들보는
깨닫지 못하느냐 보라 네 눈 속에 들보가 있는데 어찌하여 형제
에게 말하기를 나로 네 눈 속에 있는 티를 빼게 하라 하겠느냐(마
7:2-4)

마태복음 7장의 첫 부분에 대해서는 이미 두 장에 걸쳐 설명하였다. 평소
에 우리가 했던 대로 첫째로 그것을 총론적으로 다루어 보고자 한다. "비판하지
말라"는 금지명령이 무엇을 의미하는가에 대해서 많은 혼동과 오해가 있어 왔는
데, 하나님께서는 그가 우리에게 부여해 주신 비판하는 능력을 이용하는 것을 금
하지 아니하셨고, 오히려 우리가 의무를 행하는 도중에 직면하게 되는 것을 평가
하고 그 비판 능력을 발휘하기를 요구하고 계신다는 사실을 독자들 앞에 제시하
면서, 여기에서 말씀하시는 내용에서 금하지 않는 것이 무엇이며, 우리가 비판해
야 할 것이 무엇인가를 명백히 밝힐 필요가 있다고 생각한다. 즉 우리가 어떻게
하면 거짓된 외모에 속지 않고 우리가 만나는 모든 협잡꾼에게 미혹되지 않겠는
가를 알아야 되겠다. 한편 그와 반대로 불법적으로 다른 사람들을 비판하는 경우
가 많은데, 우리는 참으로 그것을 경계해야 하며 우리가 밝히고자 하는 내용도
주로 그것이다.

둘째로, 우리는 그리스도께서 "비판을 받지 아니하려거든"이라는 이 금지 명
령을 강조하신 첫 번째 이유를 설명하고자 한다. 이것은 우리가 보통 생각하고
있는 것보다 훨씬 더 엄숙하게 제지하시는 말씀인데, 즉 우리가 우리의 동료들에

게 받게 될 그 만큼의 대우에 대해서 언급한 것이 아니라 그리스도의 심판대에서 하나님께서 비난하실 것에 대해서 말씀하신 것이다. "너희가 비판하는 그 비판으로 너희가 비판을 받을 것이요 너희가 헤아리는 그 헤아림으로 너희가 헤아림을 받을 것이니라"(2절). 이 말씀은 우리 주님께서 이 앞 절의 끝부분에서 불법적인 비판을 제지하신 것을 부연 설명하는 말씀이다. 이 말씀은 위에 계신 이의 눈이 항상 우리를 감찰하고 계시며, 우리의 하는 모든 이야기를 듣고 계신다는 것을 우리에게 경고하고 있다. 만일 우리가 이 엄숙한 사실을 더욱 심각하게 받아들인다면 그것은 우리를 강력하게 구속하는 작용을 할 것이다. 만일 그 중요한 문제에 덧붙여서 그날에 우리가 하나님 앞에서 답변을 해야 한다는 것과, 그날에 우리에 대한 그의 대우는 우리가 우리의 친구들을 어떻게 대하였는가에 따라서 규정될 것이라는 훨씬 더 두려운 사실을 부가시킨다면 우리는 우리의 행동을 더욱 조심하지 않을 수 없을 것이다.

　"당신이 다른 사람들을 비판하는 그것은 당신이 비판받게 되는 자료를 제공해 줄 것이며, 우리가 다른 사람을 헤아리는 그것은 부분적으로 우리가 헤아림을 받게 되는 근거로 쓰여질 것이다. 우리 주님께서는 마치 '비판은 그 뒤에 두렵고도 중요한 결과를 가져오기 때문에 위험한 문제이다'라는 뜻으로 말씀하신 것이다"(존 브라운).

　비록 그리스도인이 타락한 자와는 근본적으로 다르게 하나님과 생명의 관계를 맺고 있다 할지라도, 중생한 자와 중생하지 않은 자 모두가 똑같이 하나님의 의로운 나라의 백성이며, 그가 중생하지 않은 자의 죄를 눈 감아 주지 않으신 것과 같이 중생한 자의 죄도 눈 감아 주지 않으실 것이다. 진실로, 신자는 그의 죄에 대한 형벌을 당하지 않고 있고 당하지도 않을 것인데, 그 이유는 신자의 자비로운 대리자가 그 죄들을 다 담당하였기 때문이다. 또한 신자는 그가 중생하지 않았을 때에 범했던 모든 죄를 책임질 필요가 없다. 왜냐하면 양의 보혈로 말미암아 그 모든 죄가 '지워졌으며' '동이 서에서 먼 것 같이' 하나님의 면전에서 제거되었기 때문이다. 그가 그리스도인이 된 후에 범한 죄와 그가 하나님 앞에 진심으로 회개하고 하나님께 고백한 죄도 그리스도의 심판대 앞에서 그의 죄로 대두되지는 않을 것이다. 왜냐하면 그 모든 죄는 '사함'을 받고 그는 모든 불의로부터 '깨끗하여'지기 때문이다(요일 1:9). 그럼에도 불구하고 그리스도인의 회개하지 **않고** 자백하지 아니한 죄와, 그가 이 세상에서 살 동안 바르게 교정하지 않은 형제들에게 범한 잘못은 다가올 그날에 재조사되고 교정될 것이라는 사실이 성경으로부터 분명하게 입증되고 있다.

"너희가 비판하는 그 비판으로 너희가 비판을 받을 것이요 너희가 헤아리는 그 헤아림으로 너희가 헤아림을 받을 것이니라." 그리스도의 이 말씀은 그의 백성들이 불법적으로 다른 사람들을 비판하는 그러한 행동에 수반되는 좋지 못한 결과를 두려워하지 않고 그러한 행동을 해도 좋다는 것을 의미하지 않는다. 즉 그들이 부당하고 무자비하며 무정하게 그들의 동료와 형제들에게 비판을 가해도 좋으며 심판 날에 그와 같은 비난을 받을 만한 행동을 설명하라고 요구받지 않을 것이라고 스스로 위로해도 좋다는 내용이 아닌 것이다. 그와 같은 그릇된 생각은 하나님의 성품이 나타내시는 모든 빛 가운데에 즉시 드러나야만 한다. 그것은 성경의 특별한 말씀에 호소해야 할 문제라기보다는 오히려 믿음의 일반적인 원리를 명심하여 실행해야 할 문제인 것이다. 즉 말로 형언할 수 없는 하나님의 거룩하심과, 사람을 차별하지 아니하시는 그의 균등한 대우와, 공의와 심판 위에 그의 보좌를 세우셨다는 것에 대한 믿음이다. 그것은 우리로 하여금 주어진 모든 경우에 그것이 개별적으로 힘을 발휘하고 또 적용된다는 것을 직시할 수 있도록 하시는 하나님의 통치의 근본적이고 일반적인 원리이다.

하나님께서 그의 백성들을 대우하실 때에는 은혜와 의가 두드러지게 나타나는데, 반드시 이 둘은 같이 나타난다. 은혜로 말미암아 그들은 구원을 얻게 되며, 바로 그 구원은 그리스도께서 그들을 대신하여 하나님의 의가 요구하는 모든 것을 만족시키셨다는 증거가 된다. 우리의 하나님께서 "모든 은혜의 하나님"(벧전 5:10)이 되신다 할지라도 그의 은혜는 "의로 말미암아"(롬 5:21) 다스리고 우리를 향해 나타나는데, 결코 의를 희생하지 않는다. 그러므로 만일 하나님께서 그리스도의 심판대에서 그의 백성들을 대하실 때에 하나님의 의와 은혜가 **모두** 나타나게 된다면 그 사실을 이상하게 생각해야 할 이유는 없다. "그리스도의 나타나실 (재림하실) 때에"(벧전 1:13) 다행하게도 우리에게 은혜를 주실 것이라는 것이 사실이긴 하지만, 은혜를 더 현저하게 나타내기 위해서 참으로 죄의 어두운 배경이 필요하지 않겠는가? 신자가 자기의 회개하지 않은 죄와 직면하게 된다면, 그때에 당연히 받게 될 그 심판 앞에 서지 않게 될 것이라는 사실을 깨닫고, 그 심판으로부터 그를 구해주는 은혜에 대해서 놀라지 않을 수 없을 것이다. 만일 그 때에 그의 죄가 드러나지 **않는다면** "그날에 주의 **긍휼**을 얻게 하여 주옵소서"(딤후

1:18)라는 기도가 무슨 필요가 있겠는가!

위에서 말한 것을 생각해 볼 때, "하지만 하나님께서는 말을 듣지 않는 그의 백성들에게 **이 세상의** 생활에서 그들의 죄에 대해 통치하는 결과를 가져다주시지 않겠는가? 그리고 그들은 그들이 뿌린 것을 이곳에서 거두도록 되어 있지 않은가? 만일 그들이 다른 사람들에게 가혹하게 비판을 가했다면, 하나님의 통치하시고 의로우신 팔이 그들의 동료들을 통하여 그들이 똑같은 대우를 받도록 명하시지 아니하시겠는가?"라는 대답을 할 수 있을 것이다. 반드시 그 경우만은 아니라 할지라도 그들이 징벌을 두려워하여 양심에 가책을 받아 그들의 평안이 깨어지고, 그들의 기쁨도 크게 감소되지 않겠는가?

여기에 대해서, 우리는 하나님께서는 그의 주권 안에서 다른 죄인들보다 더 친절하게 우리를 대하신다는 것밖에는 그 이상 할 말이 없다. 그러나 우리가 지적하고자 하는 것은, 이 구절에는(우리가 알고 있는 한 다른 구절에서와 마찬가지로) 그리스도께서 공표하신 죄인들에게 닥칠 심판이 **이 세상**의 생활에 **한정되어** 있다고는 전혀 말하고 있지 않다는 사실이다. 그러므로 하나님께서 그것을 제한하지 아니하셨는데 우리가 감히 그것을 제한할 수는 없지 않겠는가.

앞의 의견에 대해서, 신자들의 **죄**가 다가올 그날에 다루어지게 될 것이라는(우리는 그것을 '재조사되고 교정된다'라고 표현하기를 더 좋아하지만) 생각을 정당화해 주는 성경 말씀이 어디에 있느냐고 질문을 하게 될 것이다. 그 대답은 다음과 같다. 이 앞의 기사의 끝부분에서 언급되었던 것들에 더해서 "하나님 앞과 살아 있는 자와 죽은 자를 심판하실 그리스도 예수 앞에서 그가 나타나실 것과 그의 나라를 두고 엄히 명하노니 너는 말씀을 전파하라 때를 얻든지 못 얻든지 항상 힘쓰라"(딤후 4:1, 2)는 말씀을 인용하고자 한다. 이 구절에서 사도는 디모데에게 청중들이 바른 교훈을 받지 아니하며 또 그 귀를 진리에서 돌이켜 허탄한 이야기를 좇을 때가 올 것이라고 경고해 주면서, 그가 부르심을 받은 그 일에 인내할 것을 권고하고 있다. 그럼에도 불구하고 바울은 "모든 일에 신중하여 고난을 받으라"고 말하고 있다(3-5절). 이 강력한 명령은 이 장의 처음 부분에서 그에게 제시해 준 엄숙한 문제에 의해서 강조되고 있다. 즉 산 자와 죽은 자 모두가 주님 앞에서 **심판**을 받게 된다는 사실이다. 그러나 만일 그의 사역이 그날에 철저하게 **재조사**되지 않는다면 심판이 어떻게 성실과 근면의 강력한 동기가 될 수 있겠는가? 만일 그가 자기의 직분에 대해서 충분한 설명을 하지 않아도 된다면 심판의 **엄숙함**은 어느 곳에서 찾아볼 수 있겠는가?

"너희는 자유의 율법대로 심판받을 자처럼 말도 하고 행하기도 하라"(약 2:12). 이것은 지극히 중요하고 엄숙한 권고이며, 이 부주의한 세대에 신앙을 고백하는 그리스도인들이 진지하고 정직하게 생각해 볼 필요가 있는 말씀이다. '자유의 율법'이라는 것이 도덕법(십계명)을 가리키는 하나님의 명칭인데 전후 문맥상으로 보아 분명하게 입증되고 있다. 9절에서 만일 신자들이 "외모로 사람을 취하면," 즉 편파적인 정신으로 행하며 교회의 부유한 신도들을 가난한 신도보다 더 높이 평가하면(1-5절을 보라), 그들은 죄과를 지게 되며 "율법이 범죄자로 정하게" 된다는 경고를 받고 있다. 왜냐하면 율법은 우리의 이웃을 내 몸과 같이 사랑하라고 우리에게 요구하고 있기 때문이다. 이 죄를 범하는 자들은 그 말씀을 경솔하게 생각한 것이며, 간음죄나 살인죄만큼 가증스러운 죄를 범한 자이다. 그러므로 사도는, 율법은 한 단위이며 그 권위는 균등하므로, 누구든지 온 율법을 지키다가 그 하나에 거치면 모두 범한 자가 된다는 것을(10, 11절) 그의 독자들에게 상기시켜 주고 있다.

9절에서 11절 사이에 확언되어 있는 내용을 통하여 사도는 시기에 알맞는 권고를 제시해 주고 있는데, 오늘날 사람들이 그것을 생각하고 믿는다면 그것은 참으로 놀라운 말씀이 될 것이다. 즉 주님의 백성은 머지않아 **율법으로 심판**을 받게 된다는 것을 깨닫고 지금의 그들의 인생을 관리하도록 요구받고 있으며, 만일 그들이 그때에 율법의 시험을 통과하고자 한다면 다가올 그날의 빛 가운데에서 말하고 행동을 해야만 한다. 그리스도인은 율법과 상관이 없는 것이 아니라 오히려 언젠가는 그의 행동이 율법의 요구를 얼마만큼 만족시켰는가에 대해서 그 율법으로 조사를 받게 될 것이다. 왜냐하면 신자들이 행위의 계약으로서의 율법으로부터 구원을 받았다 할지라도 율법은 여전히 그들의 행동의 규율이 되기 때문이다. 즉 그들이 율법의 공포(율법의 저주)에서 자유로워졌다 할지라도 그들은 율법의 요구로부터는 자유롭게 되지 못한 것이다. 그들은 순종을 해야만 한다. 불신자들에게 그 율법은 속박과 죽음의 율법이지만, 은혜로 말미암아 율법을 주신 이의 본성에 참예한 자에게는 자유와 생명의 법이다. 다윗은 "내가 주의 **법도들**을 구하였**사오니 자유롭게** 걸어갈 것이오며"(시 119:45)라고 말하였다.

율법이 자유의 법이기는 하지만 방종의 법은 아니다. 오히려 율법은 그리스도의 **심판**의 **규칙**이 될 것이므로 그리스도인은 다가올 그날에 율법의 시험을 견디어낼 수 있도록 말하고 행동할 것을 요구받고 있다. 우리의 행동뿐만 아니라 우리의 말도 하나님의 재판권 아래 있게 될 것이라는 사실을 아는 것은 참으로 엄숙한 문제이다. "긍휼을 행하지 아니하는 자에게는 긍휼 없는 심판이 있으리라 긍휼은 심판을 이기고 자랑하느니라"(약 2:13)라는 그 다음 구절은 훨씬 더 엄숙한 말씀이다. 무자비하게 다른 사람들을 대우하는 자들은 하나님으로부터 자비를 얻지 못할 것이지만 관대하고 자비롭게 행동하는 자들은 그때에 "긍휼히 여기는 자는 복이 있나니 그들이 긍휼히 여김을 받을 것임이요"(마 5:7)라는 약속이 성취되는 것을 볼 수 있을 것이다. 그들이 그들의 동료들을 자비롭게 대하는 것이 하나님께서 그때에 그들에게 자비를 베풀게 되는 **근거**가 되는 것은 아니지만, 바로 그들이 자비를 **얻게 되는 증거**가 된다. 자비롭게 행한 자들은 율법의 시험을 견디어낼 것이다. 왜냐하면 그들은 심판이 자비로 말미암아 완화되고 극복되어진 것을 깨닫게 될 것이며, 또한 하나님께서는 그를 본받는 자들에게 자비롭게 대하시기를 기뻐하시기 때문이다.

"너희가 비판하는 그 비판으로 너희가 비판을 받을 것이요 너희가 헤아리는 그 헤아림으로 너희가 헤아림을 받을 것이니라"(2절). 앞 문장을 부연 설명하는 이 말씀에서 우리 주님께서는 **우리가** 다른 사람을 엄격하고 엄밀하게 비판하면 할수록 **하나님께서는 우리를** 더욱더 엄격하게 비판하실 것이라고 선포하고 계신다. 바꾸어 말하면, 우리가 빛을 많이 가지면 가질수록 우리는 더욱더 다른 사람들의 행동이 우리의 규칙에 적합하고 우리의 이해의 기준에 들어맞기를 기대하며 요구하게 되는데, 하나님께서는 그에 따라 우리를 대우하실 것이라는 사실을 알아야 한다.

우리에게는 무지를 변명할 여지가 없다. 왜냐하면 우리는 우리가 가지고 있는 바로 그 빛과 다른 사람들이 걸어야 한다고 주장한 바로 그 빛에 의해서 심판을 받게 되기 때문이다. 이 원리에 대한 실례로서 누가복음 12:47, 48을 참조하라. 매튜 헨리는 야고보서 3:1에 대한 주석에서 다음과 같이 말하고 있다. "자기가 스스로 심판자요 책망자인 체하는 자들은 더 큰 정죄를 받을 것이다. 우리가 다른 사람을 비판하는 것은 우리로 하여금 더욱더 엄격하고 심한 비판을 받게 할 뿐이다. 다른 사람들의 결점을 찾아내고 싶어하고 그들을 비난하는 월권행위를 하는 자들은 하나님께서도 그들이 말하고 실수를 범한 것을 주목하실 때에 과격하게 하실 것이라는 사실을 알아야 한다."

"어찌하여 형제의 눈 속에 있는 티는 보고 네 눈 속에 있는 들보는 깨닫지 못하느냐 보라 네 눈 속에 들보가 있는데 어찌하여 형제에게 말하기를 나로 네 눈 속에 있는 티를 빼게 하라 하겠느냐"(3, 4절). 이 구절은 우리의 형제들에게 불법적으로 비난하는 것을 제지하시는 두 번째 충고이다. 간단히 말해서 그 이유는 다음과 같이 표현될 수가 있다. 즉 그 자신이 훨씬 더 큰 범죄자가 되기 때문에 다른 사람을 비난할 수 있는 자격이 있거나 거기에 합당한 자는 아무도 없는 것이다. 어떤 사람은, 이것은 너무도 명백한 것이기 때문에 이 사실에 대해서 그것을 설명할 필요도 없고 더욱이 그것을 권고할 필요도 없다고 생각할 것이다. 그러나 우리 모두가 죄로 말미암아 지극히 타락한 상태에 있고 바리새인의 흉내를 내기 쉽다는 것이 우리의 경험에 의하여 입증되고 있으므로, 우리는 참으로 거기에 대해서 경고를 받을 필요가 있으며 그 경고에 대해 진지하게 기도해야 할 것이다. 만일 우리가 우리의 본성의 타락을 조심하지 아니하며, 부패에 빠지지 않으려 하고 이 비난할 만하고 타락한 형태의 죄에서 빠져 나오려고 끊임없이 경계하지 않는다면, 우리는 우리 주님께서 여기에서 비난하셨던 바로 그러한 종류의 위선의 죄가 있다는 것을 곧 깨닫게 될 것이다. 그렇다. 만일 우리가 과거를 돌아보며 부지런히 우리 자신을 시험해 보았다면 우리들 중 어느 한 사람도 정직하게 이 죄와는 상관 없다고 주장할 수 없을 것이다.

그리스도께서 비유로 하신 이 말씀에서, 첫째로, **죄는 보이지 않는 영향을 끼친다**는 것을 배울 수 있다. 이것은 중생하지 않은 자에게서 아주 분명하게 나타난다. 왜냐하면 그들은 자신들의 무서운 상황을 보지 못하고 있음에도 불구하고 다른 사람들의 죄와 잘못을 찾아내는 데에는 빠르기 때문이다. 또한 신자들도 중생했다고 해서 이 사악한 풍조에서 자유롭게 되지 못하는데, 그 이유는 죄가 여전히 그 속에 들어 있고 그가 자신을 용서 없이 비판하지 못하는 것과는 반비례로 그는 다른 사람들을 비난하는 경향이 있기 때문이다. 둘째로, 그리스도의 이 상징적인 말씀에서 **죄에는 여러 가지 등급이 있다**는 것을 암시해 주고 있는데, 그리스도께서 서기관들과 바리새인들이 하루살이는 걸러내고 약대는 삼키는 것을 비난하실 때와 마찬가지로(마 23:24) '티'와 '대들보'라고 하는 데에서 분명하게 나타난다. 우리는 모든 죄가 다 사소한 것이라는 결론을 이끌어 내서는 안 된다. 왜냐하면 크신 하나님을 거역한 것에 사소한 죄란 있을 수 없지만 그럼에도 불구하고 다른 범죄들 가운데는 극악한 정도에 따라 여러 가지 등급이 있는데, 이

것은 마태복음 11:23, 24; 요한복음 19:11; 히브리서 10:29에서 입증된다. 그리스
도께서는 어떤 욕망에 굴복하는 자와, 어떤 결점이나 작은 범죄에 대해서 감히
다른 사람을 비난하는 자 사이에 대조가 되는 것을 지적하고 계신다.

"어찌하여 형제의 눈 속에 있는 티는 보느냐?"라는 질문과 "어찌하여 형제에
게 말하기를 나로 네 눈 속에 있는 티를 빼게 하라 하겠느냐?"고 하신 우리 주님
의 질문에는 "너는 어떤 얼굴로, 무슨 염치로 그와 같이 행동할 수가 있느냐? 너
는 어떠한 근거를 바탕으로 다른 사람들의 행동을 검사하는 자요 비판하는 자처
럼 행세하느냐? 그러한 진행과정은 선한 양심에서 나오는 것이냐?"와 같은 진의
가 담겨 있다. 여기에서 우리 주님께서는 우리의 행동과 말은 물론 바로 우리의
생각까지도 선한 동기를 바탕으로, 그리고 타당한 방법으로 생각하고 말해야만
한다는 것을 우리에게 가르쳐 주고 계신다.

전도서 5:1,2에서는 우리가 기도하는 집에서 경솔하게 말하거나 정당하게 고려
되지도 않은 것을 이야기하는 것을 금하고 있으며, 여기에서 우리 주님께서는 우
리의 형제들과 관련이 있는 우리 마음의 모든 생각과 우리 입술의 모든 말에 이
규칙을 적용시키고 계신다. 왜냐하면 여기에서의 '형제'라는 말은 믿음의 권속
중 한 사람을 가리키는 것으로 알고 있기 때문인데, 그것은 그리스도의 훈계를
더욱더 엄숙하고 엄중하게 만들고 있다. 즉 그리스도 안에 있는 형제나 자매에게
부당한 취급을 하는 것은 세상 사람에게 하는 것보다 훨씬 더 심각한 범죄이기
때문이다. 우리가 우리의 형제를 해칠 때에 우리는 바로 그리스도를 박해하는 것
이 된다(행 9:1, 4).

"어찌하여 형제의 눈 속에 있는 티는 보고." 대개의 주석가들은 여기에서의
'형제'라는 말이 단지 '이웃'을 의미한다는 견해를 취하고 있는데, 왜냐하면 그
들은 우리 주님께서 참으로 중생한 자를 가리켜 '외식하는 자'라고 하셨다는 것
을 결코 인정할 수 없다고 생각하고 있기 때문이다. 좀 난해하기는 하지만 우리
는 5절에 가서 그 문제를 다루게 될 것이다. 우리는 현재 두 종류의 그리스도인이
있다는 것을 고찰하고 있는데, 그 상황으로부터 앞에서 언급된 바 있는 '눈'이라
는 것은 (영적으로 중생한 자의 경우에) 전혀 보지 못하는 상태를 나타내는 것이
아니고 단지 제거해야 할 필요가 있는 어떤 이물질이 들어 있는 상태를 나타내는
것이다. 이 경우에 우리 주님께서 사용하신 상징을 통해서 '눈'(영적 통찰력의
지식이나 능력)은 티끌이 들어감으로 인해서 일시적으로 해를 입거나 움직이지

못하게 되지만 그 자체는 아주 정상적인 상태라는 또 하나의 사실을 알 수가 있다. 그러므로 단순하게 형제의 어떤 **외적인 행동** 때문에 **내적인 상태**를 지나치게 쉽게 고발하지 말 것을 묵시적이지만 참으로 우리에게 경고해 주고 있으며, 그 경고는 경계와 기도를 소홀히 하는 일시적인 결과 이외에 외부로부터의 유혹에도 적용된다.

여기에서 그리스도께서 첫 번째로 비난하고 계시는 것은 우리가 그러한 행동에 고의적으로 치우치는 것이다. 자기 형제에게 있는 결점을 주시해 보며 그것을 명확하게 찾아내려고 하는 자를 범죄자로 묘사하고 있다. 즉 "어찌하여 형제의 눈 속에 있는 티는 **보느냐**"고 하는 물음은, 그의 결점을 참으로 열심히 찾아내려 하고, 그것에 집착하고 있는 이 비열한 행위를 너는 어떻게 정당화할 수 있느냐? 라는 뜻이다. 왜냐하면 다른 사람의 눈 속에 있는 '티'는 그 사람을 아주 면밀하게 관찰하는 자에 의해서만 발견되기 때문이다. 그것은 마치 그가 자기 형제의 지극히 작은 잘못을 적의 있는 눈으로 바라보면서, 자기 형제 속에 있는 모든 **선한** 것을 무시하기로 작정한 것과 같은 것이다. 이것은 참으로 비참한 영혼의 상태이며, 우리가 근면하게 경계하고 열심히 기도해야 할 문제이다. 성령께서 다른 사람 속에서 역사하고 계시는 모든 것을 무시하고, 육에 속한 것에만 마음을 쏟는 것은 하나님의 마음을 상하게 하는 일이며, 형제에게 불공평한 일이고, 자기 자신의 선을 지극히 훼손시키는 일이다.

더 나쁜 것은 우리가 우리 형제를 비난하는 죄보다도 우리 자신이 더 큰 죄를 범한 죄과가 있을 때에 그와 같은 행동을 하는 것이다. 그리스도께서는 여기에서 그것을 첫 번째로 정죄하고 계신다. 눈에 거슬리는 그와 같은 비열한 행동의 부당함은 즉시 모든 공평한 마음을 가진 사람들에게 명백하게 드러날 것이다. 바로 나의 눈 속에 있는 대들보로 내가 고통을 당하면서 다른 사람의 눈에 있는 작은 티끌을 보고 탄식할 권리가 내게 어디 있겠는가? 나 자신의 훨씬 더 슬프고도 악한 상태를 완전히 무시하면서, 형제의 안녕을 염려한 나머지 그의 지극히 사소한 실수에 관심을 갖고 그의 작은 잘못을 고쳐주고자 하는 것은 철저한 위선의 일면에 지나지 않는 것이다. 그리스도께서 안식일에 병자를 고쳐 주었다고 해서 그를 비난하고, 그리스도의 제자들이 배고픔을 면하기 위해서 안식일에 이삭을 주워 '씻지 않은 손'으로 먹었다고 해서 그들을 비난하였음에도 불구하고, 자기 자신들은 사람들로 하여금 그들의 부모를 업신여기도록 조장시킨 죄과를 지니고 있는 서기관과 바리새인들의 경우가 바로 그것이다.

그러나 우리는 다시금 우리들 또한 본래부터 바리새인과 같고, 마음은 심히 부패해 있으며 경솔하게 다른 사람을 비판하는 이 죄를 범하기가 쉽기 때문에, 오직 하나님의 은혜로 말미암아서만, 즉 우리가 분명하게 날마다 간구하는 그 은혜로 말미암아서만 우리는 그 죄를 범하지 않게 된다는 사실을 명심해야 할 것이다.

제42장

잘못을 범한 형제를 돕는 일

외식하는 자여 먼저 네 눈 속에서 들보를 빼어라 그 후에야 밝히
보고 형제의 눈 속에서 티를 빼리라(마 7:5)

하나님의 말씀을 통해서 우리 앞에 제시되어 있는 행동의 규율은 어떤 일
들을 금지하고 있음과 동시에 일련의 소극적인 금지 명령보다 훨씬 더 중요한 것
을 포함하고 있다. 즉 그것은 또한 적극적인 행동 방향을 보여주고 있으며, 걸어
가야 할 길을 지시해 주고 있다. 범죄를 방지하는 것도 좋지만 실제적인 거룩을
추진시키는 것은 훨씬 더 좋은 일이며, 범죄를 방지하는 일은 실제적인 거룩을
추진시키는 수단이 된다. 포도나무 가지가 병충해와 독충을 막았다고 해서 그것
이 포도나무 가지에 충분한 것만은 아니다. 그 가지들은 그 자체에 생명력이 있
음을 나타내 보이려면 열매를 맺어야만 한다. 밭이 잡초를 막았다고 해서 할 일
을 다 한 것은 아니다. 밭이 그 소유주에게 도움이 되려면 밭은 싱싱한 채소를 많
이 내야만 한다. 그러므로 그리스도인에게 있어서 "악에게 지지 말라"는 것은 그
에게 주어진 의무의 첫 번째 일이며, "선으로 악을 이기라"는 것은 우리에게 특
별히 요구되는 말씀이다(롬 12:21). 그리스도와 그의 제자들이 참으로 자주 가르
쳐 주고 있는 이 중요한 원리는 지금 우리 앞에 있는 구절에서 실례로 나타나고
있다. 우리 주님께서는 단지 우리가 부당하게 우리 형제들을 비판하는 사악한 습
관을 정죄하시기 위하여 갑자기 멈추신 것이 아니라, 우리가 그 필요한 교훈들을
어떻게 다루어야 하는가, 그리고 특히 만일 우리가 다른 사람들에게 도움이 되는
일을 할 수 있는 자격을 얻고자 한다면 우리는 **스스로** 어떻게 행동해야 하는가에
대해서 계속해서 가르쳐 주고 계신 것이다.

마태복음 7장의 서두에서 우리 주님께서 말씀하신 것을 통하여 우리가 형제에

게 훈계하거나 그의 잘못을 고쳐 주고자 하는 일이 우리에게 허용되어 있지 않다
고 결론을 내리기가 쉬운데, 좀 더 깊이 생각해 보면 그러한 추론은 전적으로 잘
못된 것이라는 것을 알 수 있다. 그리스도께서는 "내가 율법이나 선지자를 폐하
러 온 줄로 생각하지 말라 폐하러 온 것이 아니요 완전하게 하려 함이라"(마
5:17)고 분명하게 경고하셨다. 즉 율법의 요구에 따라 행동하도록 그를 따르는 자
들에게 영감을 줌으로 말미암아(롬 3:31; 7:22) 그의 중보적이고 대속적인 사역에
서 뿐만 아니라 그의 교훈에서 그것을 완전하게 하려 하셨다.

그런데 율법은 "너는 네 형제를 마음으로 미워하지 말며 네 이웃을 반드시 견
책하라 그러면 네가 그에 대하여 죄를 담당하지 아니하리라"(레 19:17)고 명하고
있으므로 그리스도의 교훈에 그 규율을 무시하는 어떤 것이 있다고는 잠시도 생
각하지 말아야 한다. 오늘날 도덕법과 복음 사이에는 전혀 갈등이 없고 오히려
완전한 조화를 이루고 있다는 것을 아무리 강조해도 지나치지 않다. 실로 그러하
다. 그것은 도덕법의 창시자가 또한 복음의 창시자이시고, 또한 그는 '변하지 아
니하시기' 때문이다.

19세기 말의 많은 목사와 '성경교사' 들이 범한 지극히 큰 실수들 중의 하나는,
볼 수 있는 눈을 가진 사람들 앞에 지금도 만연되어 있는 끔찍한 결과이다. 그것
은 바로, 구약시대에 하나님의 백성들은 하나님의 은혜로 말미암아 구원을 받지
못한 율법의 엄격한 제도의 지배 하에 있었으며, 그리스도께서는 그 가혹한 제
도를 폐기하고 한층 더 관대한 시대(경륜)를 열기 위해서 이 땅에 오셨다고 하는
그들의 관념이었다. 그러나 그렇지 않다. 즉 그리스도께서는 "그 교훈을 크게 하
며 존귀케 하려" 이곳에 오셨다(사 42:21). 그 율법은 변명이나 수정도 필요치 않
다. 왜냐하면 그것은 "거룩하며 의로우며 선하며 신령하기" 때문이다(롬 7:12,
14). 율법의 대강령은 우리가 우리의 마음과 성품과 힘을 다하여 주 우리 하나님
을 사랑하고 우리 이웃을 내 몸과 같이 사랑하는 그것이다. 그리고 도덕법이 요
구하는 모든 것은 복음의 계율 속에 강조되어 있다. 모세 시대와 그리스도의 시
대 사이에 있는 커다란 차이점은 우리 앞에 제시된 행동의 규율에 어떠한 변화가
있다는 사실이 아니라, 지금 그 규칙을 강조함으로써 생기는 더욱 효과적인 동기
와 지금 부여해 주시는 하나님의 능력에 있다. 한 국가로서의 이스라엘은 중생하
지 아니하였으며, 그러므로 율법은 "육신으로 말미암아 연약하였던" 것이다(롬
8:3). 그러나 그리스도인은 '능력' 의 영(딤후 1:6)과 율법을 즐거워하는 거룩한

본성을 얻었다.

"너는 네 형제를 마음으로 미워하지 말며 네 이웃을 반드시 견책하라 그러면 네가 그에 대하여 죄를 담당하지 아니하리라"(레 19:17). 이 말씀의 대의는 이 연약한 세대의 감상(感傷)과 참으로 다르다. 오늘날에는 거룩의 기준과 자기 형제들에 대해서 성실하게 되기를 추구하는 자를 대개 '사랑이 부족한 자'라고 생각하고 있다. 이와 같은 이야기를 하는 사람은 영적인 사랑이 무엇인가를 알지 못하는 자이다. 영적인 사랑은 병약한 감상이 아니라 거룩한 원리이다. 하나님은 사랑이시다. 그러나 그 사랑은 그의 자녀들에게 매가 필요할 때에 그들에게 매를 사용하지 않도록 하는 것이 아니라 오히려 그것을 사용하게 한다. 자녀들에게 그들이 좋아하는 일을 하도록 허락해 주며 그들의 잘못에 대해서 그들을 결코 벌하지 않는 가장 쉬운 방법을 택하는 부모는 자기 자식에 대한 사랑이 부족한 것이다. 반면에 참으로 그들의 유익을 구하며 자기의 감정을 제쳐두고 필요할 때에는 육체의 벌을 가하는 부모는 최고의 사랑을 입증하는 부모이다. 진실한 사랑은 성실하며, 자기 자신의 관심과 감정을 없애고 항상 그 사랑의 대상의 안녕(행복)을 증진시키고자 한다.

그리스도의 형제들의 사이는 항상 그와 같아야 한다. 만일 하나님의 계율에 순종하고자 한다면 **반드시** 그렇게 해야만 하는 것이다. 형제의 잘못을 무시하고, 그의 길을 수정하기를 구하는 그 유쾌하지 않은 의무를 이행하려 하지 않는 것은 **사랑**이 아니다. 그렇다. 레위기 19:17에서 분명하게 암시해 주고 있는 바와 같이 그것은 일종의 **미움**이다. 왜냐하면 바른 것과 그른 것 사이에 어떠한 제3의 선택이 없는 것과 마찬가지로 사랑과 미움 사이에도 제3의 성질이란 있을 수 없기 때문이다. 만일 내가 마음속 깊이 내 형제의 안녕을 참으로 생각하고 있다면, 사랑은 그의 죄를 눈 감아 주지 아니하고 오히려 그 죄로부터 그를 구하여 주고자 하는 마음을 요구할 것이다. 즉 그의 창문에서 한 줄기 연기가 새어 나오는 것을 처음 발견하였을 때에 그에게 불이 난 것을 경고해 주어야 하는 것과 마찬가지이다. 경보를 울리지 않고 그의 집이 반쯤 타 버릴 때까지 기다려야 할 필요가 어디 있겠는가? 더욱이 레위기 19:17의 끝 부분에서 "이웃을 인하여 죄를 담당하지 않도록" 행동을 취하라고 암시해 주는 바와 같이 나와 친하게 지내는 사람의 죄를 무시하는 것은 (적어도 어느 정도) 그 사람의 죄에 같이 참여한 자가 되는 것이다 (딤전 5:22).

그러므로 마태복음 7장에서의 그리스도의 교훈에는 레위기 19:17과 반대되는 것이 조금도 없으며, 오히려 빛을 던져 주고 있다. 그리스도께서는 여기에서 형제에게 권고하는 행위를 금하신 것이 아니라 그릇된 방법으로 그것을 행하는 것을 금하신 것이다. 이것은 지금 우리가 공부하고 있는 "외식하는 자여 먼저 네 눈 속에서 들보를 빼어라 그 후에야 밝히 보고 형제의 눈 속에서 티를 빼리라"라는 구절에서 분명하게 입증되고 있다. 여기에서 우리 주님께서는 "적당한 때의 한 뜸은 열 뜸에 해당한다"라는 옛 말이 실제로 입증될 것 같은 사람의 경우에 우리가 참으로 도움이 되고자 한다면 우리가 꼭 따라야 할 과정을 공표하고 계신다. 즉 사람의 잘못을 고치는 데에 도움을 주는 것은 더욱더 무거운 죄를 범하는 데에서 그를 구해주는 것이다. 그러나 여기에서, 다른 사람의 눈에서 티를 제거해 주는 일은 어떤 서투른 손으로 성공적으로 해낼 수 있는 일이 아니며, 오히려 그러한 손은 다른 사람의 눈을 자극하여 더 나쁘게 할 것이다.

먼저, 이 경우에 그리스도께서 사용하신 형용사에 대해서 설명이 필요하다. 3, 4절에서 설명하고 있는 경우를 되돌아보면 거기에서는 우리 모두가 흔히 범하기 쉬운, 경솔하게 다른 사람을 비난하는 이 악한 습관에 대해서 다음과 같이 표현하고 있다. 자기 자신의 눈 속에 있는 대들보에는 무관심한 반면에 자기 형제의 눈 속에 있는 티를 불친절한 눈으로 계속해서 바라보는 행위, 즉 자기 자신은 더욱 무거운 죄를 범하는 반면에 자기 형제에게 있는 작은 잘못을 고쳐 주고자 하는 행위라고 말하고 있다. 거룩하신 우리 주님께서 그와 같은 비열한 사람을 가리켜 '외식하는 자,' 즉 배우와 같은 자요, 거룩의 요구에 대해서 매우 열심이 있는 체하는 반면에 자기 자신은 그것의 분명한 명령을 어기고 무시하면서 살아가는 사람이라고 말씀하신 것이다. 그리스도의 타협할 줄 모르는 성실성은 그것을 부드럽게 표현하기를 원치 않으셨다. 그러나 그가 베드로에게 "너는 나를 넘어지게 하는 자로다"(마 16:23)라고 말씀하신 것에서나, 그의 두 제자들에게 '미련한 자들'(눅 24:25)이라고 말씀하신 것이 중생하지 아니한 자에게 말씀한 것이 아닌 것과 같이 이 말씀이 중생하지 아니한 자에게만 적용된다는 근거는 없다.

만일 우리 주님께서 여기에서 말씀하신 대상이 중생하지 않은 영혼이라면 그는 그가 비난하셨던 자를 가리켜 '형제'라고 하시지 않으셨을 뿐 아니라 우리는 그가 여전히 죄와 허물 가운데에서 죽어 있는 자로 하여금 "**밝히 보고** 형제의 눈 속에서 티를 빼도록" 하기 위해 먼저 해야 할 일을 가르쳐 주시는 수고를 하고 계신다고 생각할 수가 없다. 그렇다. 주님께서는 그와 같은 행동을 싫어하시는 것을 나타내고, 그러한 행동을 **그가** 어떻게 생각하시는가를 우리로 하여금 알게 함으로써 우리 자신에게는 지극히 관대하기 쉬운 행동의 위험성을 우리에게 상기시키기 위해서, 다른 사람은 고쳐 주고자 할지라도 자기는 자신을 엄하게 비판하지 못하는 이 부주의한 신자를 '외식하는 자'라고 말씀하셨다는 사실이 우리에게 입증되고 있다. 배우처럼 연극하는 것이야말로 하나님께서 가장 싫어하는 일이며, 하나님과 우리의 개인적인 관계에는 충실치 못한 반면 우리 형제의 이해관계에 대해 충실한 후견인처럼 행동할 때에 우리는 바로 이러한 종류의 죄과를 범하게 되는 것이다. 위선의 반대가 되는 정직과 성실이야말로 하나님께서 보시기에 지극히 기뻐하시는 일이다.

"**먼저 네 눈 속에서 들보를 빼어라**"라는 말씀은 네 자신과의 관계에 충실하고, 하나님 앞에서 자신을 용서 없이 비판하며, 하나님께서 기뻐하지 아니하시는 것으로 알고 있는 것은 무엇이든지 모두 물리치라는 의미이다. 이것은 다른 사람을 부당하게 비판하는 병을 앓는 자에게 훌륭한 치료약이 되는데, 왜냐하면 당신이 잘못을 범한 당신의 형제에게 진심으로 어떤 도움이 되고자 한다면 그것이 제일 먼저 요구되기 때문이다. 다른 사람에게 있는 어떠한 결점을 슬퍼하는 태도를 취하는 것은 극악한 욕망에 빠진 자에게는 전혀 어울리지 않는 일일 뿐 아니라 (오만과 위선으로 인해서) 거의 전적으로 영적으로 알지 못하는 자는 자기 형제의 눈에서 티를 제거해 주는 어렵고도 고상한 일을 절대로 실행할 수가 없다. 어떤 큰 죄에 눌려 있는 자는 영적 분별력도 불분명할 뿐 아니라 영적인 감각도 무디기 때문에 고통을 당하고 있는 자를 동정할 수가 없다. 그러한 사람은 다른 사람을 비판하는 데에 부적당할 뿐 아니라, 다른 사람들의 작은 잘못을 비판하고 비난할 자격도 전혀 없다.

나의 눈에서 들보를 빼어 낸다는 것은 나는 하나님 앞에서 판단할 자격이 없다는 것을 의미한다(고전 11:31). 나의 첫 번째 책임은 부지런히 내 마음을 살피고, 나의 행동을 주의 깊게 생각해 보며, 성경의 정확한 기준으로써 나 자신을 비판적으로 헤아려 보고 정직하고 끊임없이 나의 죄를 하나님께 고백하는 것이다(애 3:40). 만일 내가 진심으로 하나님을 기쁘시게 하고자 한다면 나의 생활 속에서 그를 기쁘시게 하지 못하는 일이 무엇인가를 가르쳐 주실 것을 간구해야 한다(시 139:23, 24). 만일 내가 진실로 하나님의 칭찬을 갈망한다면(벧전 2:9), 나의 육적인 행동을 변명하지 말고 그것을 깨닫고 그것을 용서하여 주실 은혜를 열심히 구해야 할 것이다. 그리고 만일 내가 진정으로 잘못을 범한 나의 형제들에게 영적으로 도움이 되기를 원한다면, 그러한 노력을 좌절시키는 모든 것을 나에게서 엄격하게 제거해야 할 것이다. 내가 굽히지 않고 나 자신에게 충실할 때에만이 다른 사람들에게 어떤 도움이 될 것을 희망할 수가 있는 것이다. 다른 사람의 눈에서 '티'를 찾아내어 제거하려면 깨끗한 시야가 요구되며, 그것은 오직 빛 되신 하나님과 가까이서 동행하는 데에서만 얻을 수 있다(시 36:9; 요 8:12). 우리의 눈 속에 있는 들보로 말미암아 우리는 얼마나 더 고통을 받아야 하겠는가?

우리가 우리 자신의 눈에서 들보를 빼어 내는 데 있어서 왜 그토록 더딘가에 대한 한 가지 중요한 이유는, 그리스도께서 3절에서 암시하신 바와 같이 우리가 그것을 '깨닫지 못하기' 때문이다. 이 말은 분명히 우리에게 들보가 있는가를 우리가 전혀 알지 못하고 있다는 뜻이 아니라 오히려 우리가 그것을 의식하지 못하고 있다는 뜻이다. '그것을 깨닫지 못한다'는 표현은 진지하게 생각해 보고 오래 숙고해 보아야 할 어떤 문제를 파악하지 못하는 데서 기인되는 마음의 작용을 가리키는 말이다. 그것은 "백합화를 **생각하여 보아라**"(눅 12:27)라고 하신 말씀에서 사용되고 있는 말과 같은 말인데, 그것을 고려해 보고 마음속으로 그것을 깊이 숙고해 보라는 의미이다. 그것은 "거울로 자기의 생긴 얼굴을 보는 사람"(약 1:23)이라고 한 데서 사용되고 있는 말과 같은 말인데, 그것은 자세히 들여다보고 각각의 모양들을 생각하는 사람을 의미한다. 이와 같이 마태복음 7:3에서 '깨닫지 못한다'는 말은 주의 깊게 생각하고 고려하지 않는다는 뜻이다. 만일 우리가 진심으로 우리 눈에 있는 들보를 '깨닫고자' 한다면 그것을 빼어 내기 위해서 우리는 그것을 의식해야 하고, 그것이 하나님께서 보시기에 극악한 것이라는 사실을 진지하게 생각하면서, 그것에 의해서 우리의 마음이 감화를 받도록 노력해야만 한다.

우리는 자발적으로나 고의적으로 우리의 마음과 우리의 생활에서 우리가 여전히 사랑하고 소중히 아끼는 것을 물리치지 못할 것이 분명하므로, 우리의 정욕과 죄로 물든 마음이 감화를 받아서 그것들을 슬퍼하고 미워하도록 노력해야만 한다. 그 반대의 상태는 영혼의 두려운 죽음과 죄 가운데에서의 방심인데, 그 죄 가운데서의 방심에 변화가 생기지 않는다면, 분명히 그것이 치명적인 결과를 초래하지는 않는다 할지라도 지극히 두려운 상태에 이르게 된다. 이 사실에 대한 중거는 대홍수 이전의 사람들의 경우에서 찾아볼 수 있는데, 그리스도께서는 그들은 "홍수가 나서 그들을 다 멸하기까지 **깨닫지 못하였다**"(마 24:39)고 말씀하셨다. 즉 그들은 자기들의 육욕과 광기(狂氣)를 의식하고 있다고 할지라도 그들은 그것에 대해서 진지하게 생각해 보지 않았으며 자기들의 사악함을 방심한 채로 내버려 두었다. 예레미야 시대의 이스라엘에도 이와 똑같은 상태가 퍼져 있었는데, 여호와께서는 사람들이 자기의 죄를 깨닫지 못하고 그 가운데에서 방심한 채로 그냥 있는 것을 탄식하였다. "그들의 악을 뉘우쳐서 내가 행한 것이 무엇인고 말하는 자가 없고"(렘 8:6). 죄를 범하고도 그 죄로 말미암아 낮아지고자 하지 않으며 오히려 무관심한 것은 참으로 심각하고 치명적인 일이다. 죄를 마음에 새기고 슬퍼함으로써 그 죄들을 용서받고 그것을 추방해야만 할 것이다.

이 점에 대해서 보탬이 될 수 있도록 명시해야 할 것이 있는데, 흔히 하나님의 백성들의 눈에 들어 있는 '들보'가 되는 것들을 한두 가지 언급해 보겠다. 첫째로, 그리스도인의 '들보'가 되는 것은 **위선**인데 그것이 마음을 지배하는 곳에서는 어디서든지 영적인 모든 성장과 열매를 방해한다. 그리스도인은 이 나쁜 잡초가 무성하게 자라도록 내버려 두는 죄과를 그들이 알고 있는 것보다 훨씬 더 많이 범하고 있다. 이것은 우리가 주님보다도 사람들을 더 기쁘게 하려고 하는 경우이며, 즉 우리가 두 번째 돌판의 율법보다 첫 번째 돌판의 율법이 외적으로 요구하는 것을 더욱 열심히 실행하려고 하는 경우이다(그리스도께서 눅 18:20에서 부유한 젊은 관원에게 **둘째** 돌판의 계명을 어떻게 강조하시는가 주목하라). 또한 이것은 우리가 마음의 의지로 하나님을 기쁘시게 하는 것보다도 외적인 행동으로 하나님을 기쁘시게 하는 데에 더욱 관심을 갖는 경우이다.

그리고 그리스도인의 또 하나의 커다란 '들보'는 **영적인 교만**인데, 그것은 또한 우리가 관계를 가지고 있는 하나님께서 가장 싫어하시는 일이다. 우리로 하여금 우리 자신에게 만족케 하고 자신감을 갖게 하며 다른 사람들을 무시하도록 만드는 것이 바로 이것이다. 그것은 우리 속에 있는 은혜의 건강을 방해하는 내적인 독이며, 또한 바로 이것이 라오디게아 교인들의 특징이었다(계 3:17). 끝으로, 저지되지도 않고 극복되지도 않는 가장 저지르기 쉬운 어떤 특별한 죄나 욕망은 오히려 '들보'의 구실을 하며, 실제로 우리의 판단력을 가려 버린다.

이 범위에서 답변해야 할 필요가 있는 중요하고도 실제적인 질문은, 우리가 우리의 마음을 압박하는 이 '들보'의 **무게**를 깨닫기 위해서는 어떠한 과정을 따라야만 하는가이다. 그 과정은 분명하게, 우리가 우리의 죄를 가볍게 생각하고 우리가 저지르는 천성적인 잘못을 단순히 '티' 정도로 경시하는, 우리 속에 있는 그러한 성질을 좌절시키는 데서 생기며, 또한 하나님의 말씀의 빛 가운데에서 죄와 잘못들을 충실하게 시험해 봄으로써 행해지는 것이다. 우리는 우리가 범한 죄와 아담의 원죄를 더욱 자세하게 비교해야만 한다. 행동 면에서 생각해 볼 때 우리는 아담이 금지된 열매를 따 먹은 것보다도 더 사악한 일들을 우리 마음과 생활에서 허용하고 있지 않은가? 그럼에도 불구하고 그는 그 죄로 말미암아 자기 자신뿐 아니라 그의 모든 자손들까지도 죽게 하였다. 만일 우리가 죄로 가득 차 있음을 깨달았다면 우리는 골고다의 빛 가운데서 그것들을 비추어 보아야 하며, 그 죄를 대속하기 위해서 치러야만 했던 그 두려운 대가를 알아야만 한다. 끝으로, 우리는 지옥을 생각하면서 우리의 죄과와 그 극악함을 생각해 보아야만 한다. 왜냐하면 그 죄로 인해서 마땅히 받아야 할 것은 영원한 고통이기 때문이다.

우리는 우리의 죄가 지극히 무겁다는 것과, 거룩하신 이가 보시기에 그 죄가 지극히 극악하다는 것을 깨달을 때에만이 "주의 얼굴을 내 죄에서 돌이키시고 내 모든 죄악을 지워 주소서 하나님이여 내 속에 정한 마음을 창조하시고 내 안에 정직한 영을 새롭게 하소서"(시 51:9, 10)라고 참으로 외칠 수 있을 것이다. 그러나 우리가 우리의 죄를 슬퍼하며 하나님께서 그 죄들을 용서해 주실 것을 구하는 것만으로는 충분하지 못하다. 즉 우리는 반드시 우리 안에서 죄가 점점 약해지도록 싸우면서 그 죄들을 중지시키려고 노력해야만 하며, 우리의 사악한 길을 변경해야만 한다. 자기의 죄를 자복하고 버리는 자는 불쌍히 여김을 받는 자이다(잠 28:13). 바꾸어 말한다면 "내가 나의 마음에 죄악을 품었더라면 주께서 듣지 아니하시리라"(시 66:18)라는 말씀을 인용해 볼 수 있겠다. 만일 내가 나의 눈에서 들보를 빼어 내지 않는다면 어떻게 다른 사람의 눈에서 티를 뺄 수 있겠는가? 또한 만일 내가 정욕을 물리치지 못하고 그것을 극복하지 못한다면, 나는 나의 형제가 범한 죄를 비난할 수 있는 자격이 전혀 없는 것이다. "하나님이여 내 속에 정한 마음을 창조하시고 … **그리하면** 내가 범죄자에게 주의 도를 가르치리니"(시 51:10, 13), "너는 돌이킨 **後에** 네 형제를 굳게 하라"(눅 22:32).

"그 후에야 밝히 보고 형제의 눈 속에서 티를 빼리라." 다른 사람의 눈에서 '티'를 제거하기 위해서는 **그와 가까워야만** 한다. 그리스도께서는 거기에서 우리가 누구의 잘못을 고쳐줌으로써 그들의 도움이 되고자 해야 마땅한가를 암시해 주고 계시는데, 즉 그들은 생소한 사람이 아닌 우리와 가까운 사람들이며, 우리의 가족들과 친한 친구들 중의 한 사람이고, 교회에 같이 소속해 있는 사람들을 말한다. 이 분명하고도 간단한 규칙을 무시함으로써 참으로 많은 해를 받아왔다. 나의 책임은 먼저 나 자신을 위한 것이며, 그 다음으로 가까운 관계를 가지고 있는 사람들을 위한 것이다. 그런데 슬프게도 많은 사람들이 자기 자신만을 존중하고 있을 뿐 아니라 자기들에게 소중한 사람들과 신실한 관계를 가지는 것을 저지하는 경향이 있다. 그러나 내가 티를 제거해 주려고 했던 그 사람과 가깝게 지내야만 한다는 것은 그의 사랑과 존경을 얻는다는 것을 의미함과 동시에 그와 친밀한 관계를 가지고 있을 뿐 아니라 **마음도 그와 가깝다**는 것을 의미한다. 그러므로 나는 위장된 자기 우월성을 거만하게 추켜올리는 사람과는 친밀하게 지낼 수 없다고 생각한다.

이 일이야말로 더 많은 기도와, 감정의 민감함과, 영적 지혜와 온유함이 가장 필요하다. 요구되는 동기는 바로 사랑이다. 즉 하나님의 영광을 고려한 목적과 잘못한 것을 회복시키려는 것이 그 목표이다. 눈은 육체에서 가장 민감한 기관이며 가장 쉽게 해를 받는 부분이다. 그래서 침착하고 부드러운 손으로 그 눈에서 이물질을 빼어 내는 일이 요구된다. 잘못을 범한 형제에게 접근할 때에는 효과적으로 견책하기 위해서 조심스럽게 **가장 적절한 시기**를 선택해야 한다. 아비가일은 다윗에 대한 자기 남편의 야비한 행동을 비난하기에 앞서서 자기 남편이 술에서 깰 때까지 기다렸다(삼상 25:36, 37). 즉 그가 격렬하게 분노하여 있을 때에는 절대로 그의 잘못을 고치려 하지 않았다. 만일 우리가 그에게 "때에 알맞은 말"을 하게 된다면, 잘못을 범한 사람의 그 잘못의 본질이 인간의 연약함으로 인해서 생긴 것인가 또는 고의적이고 위압적인 어떤 죄인가를 고려해야만 한다. 그로 하여금 그에게 죄가 **있다**는 것과, 그가 하나님의 말씀을 거슬러 행동해 왔다는 것을 깨닫게 하기 위해서 수고해야 하는데, 이는 "범사에 오래 참음과 **가르침**으로"(딤후 4:2) 견책하고, 경계하고 그로 말미암아 우리 자신의 이름으로가 아니라 **하나님의 이름**으로 권고할 것을 우리에게 요구하고 있기 때문이다.

"형제들아 사람이 만일 무슨 범죄한 일이 드러나거든 신령한 너희는 온유한 심령으로 그러한 자를 바로잡고 너 자신을 살펴보아 너도 시험을 받을까 두려워하라"(갈 6:1). 오직 '신령한' 사람만이, 곧 자기 자신 속에 죄를 허락지 아니하며 하나님과 조용하게 동행하는 자만이 이 필수적이고 어려운 과업을 수행하기 위하여 동료 신자에게 접근하는 데에 합당한 자이다. 우리는 한 가족으로서 서로 결합하였으므로 한 사람의 나쁜 행동은 모든 구성원들과 관계가 있으며, 잘못을 범한 사람의 회복을 추구하는 것은 믿음의 전 권속들을 위한 일이라는 사실을 기억해야만 한다. 그러한 회복은 오직 '온유한 심령으로,' 즉 마음의 관대함과 겸손함으로써만 성취될 수 있다. 그렇게 함으로써만 극악함과 교만을 물리칠 수 있기 때문이다. 그가 무슨 죄를 범했든지 간에 만일 하나님의 은혜가 아니었더라면 우리도 같은 죄를 범하였을 것이라는 사실을 잊지 말자. 우리는 이것을 "**우리를** 시험에 들게 하지 마옵시고"라고 기도하며 하나님 앞에서 인정하고 있는 것이다. 우리가 그에게 할 말은 "경우에 **합당한** 말"이어야만 한다(잠 25:11).

끝으로, 만일 우리가 다른 사람의 눈에서 티를 제거해 주고자 한다면, 그 사람도 **자진해서** 우리가 그렇게 하도록 해야 한다. 즉 온갖 저항하는 마음은 그 일을 시행하지 못하게 하기 때문이다. 그리스도께서 여기에서 분명하게 사용하신 그 상징은 우리들 각자가 형제의 잘못을 고치는 데에 거리낌 없이 스스로 복종해야 한다는 것을 의미한다. "그리스도를 경외함으로 피차 복종하라"(엡 5:21). 이스라엘 백성들이 모세에게 "누가 너를 우리를 다스리는 자와 재판관으로 삼았느냐"(출 2:14)라고 비난하였을 때와 같이 우리가 그리스도의 형제들의 신실한 훈계를 원망하고 항의한다면, 그것은 매우 비난을 받을 만한 일이며 영혼의 슬픈 상태를 나타내는 일이다. "훈계를 저버리는 자에게는 궁핍과 수욕이 이르거니와 경계를 받는 자는 존영을 받느니라"(잠 13:18). "훈계받기를 싫어하는 자는 자기의 영혼을 경히 여김이라 견책을 달게 받는 자는 지식을 얻느니라"(잠 15:32). "지혜로운 사람의 책망을 듣는 것이 우매한 자들의 노래를 듣는 것보다 나으니라"(전 7:5). 즉 우매자의 노래가 우리의 귀에 더욱 **달콤하게** 들린다 할지라도 지혜자의 책망은 우리가 그것을 유념해 두기만 한다면 훨씬 더 **유익한** 것이다.

제43장

부당한 관용

거룩한 것을 개에게 주지 말며 너희 진주를 돼지 앞에 던지지 말
라 그들이 그것을 발로 밟고 돌이켜 너희를 찢어 상하게 할까 염
려하라(마 7:6)

이 구절로써 우리 주님의 설교 중 일곱 번째이자 가장 짧은 부분이 여기
에 나타나 있다. 왜냐하면 그것은 앞 부분에서 다루어왔던 것과는 다른 내용의
진리를 설명하고 있음이 분명하기 때문이다. 그리스도께서 여기에서 사용하신
언어는 이 설교에서 자주 그렇듯이 상징적인 것이지만 모호한 것은 아니다. 그러
나 그 말씀의 요점과 의미는 아마도 우리들보다는 그리스도 당시의 청중들이 더
쉽게 이해할 수 있었던 것 같다. 우리가 성경에 있는 어떤 부분의 의미를 이해하
지 못하는 것은 그 언어의 모호함 때문이라기보다는 거의 예외 없이 우리 마음의
상태 때문이다. 그러한 사례는 분명히 여기에도 해당된다. 오늘날의 기독교계에
는 하나님의 이 권고에 귀를 기울이기를 싫어하는 사람이 많은데 이것은 대단히
두려워해야 할 사실이다. 그들은 그 권고가 이해하기 어려운 것이라 핑계를 삼는
다. 그러나 알기를 거절하는 자야말로 가장 심하게 눈이 먼 자이다. 구세주께서
"자녀의 떡을 취하여 개들에게 던짐이 마땅하지 아니하니라"(마 15:26)라고 말씀
하심으로써 가나안 여인에게 취하셨던 방식대로 목사가 신자를 대우한다면, 오
늘날의 교회에서는 몹시 감정을 상해할 점잖은 체하는 신앙고백자들이 대단히
많다. 그러한 구별은 오늘날의 자유주의 시대에는 전혀 적합지 않다.

"거룩한 것을 개에게 주지 말며 너희 진주를 돼지 앞에 던지지 말라 그들이 그
것을 발로 밟고 돌이켜 너희를 찢어 상할까 염려하라"(6절). 대부분의 주석가들
은 이 구절을 해석할 때 그 용어가 모호해서가 아니라 그것이 정확히 무엇을 의

미하느냐를 규정하는 데 있어서 어려움을 겪었다. 그 말을 적용시키는 것은 그 말씀을 해석하는 것보다 더 어렵다. 우리는 그것을 적용시키는데 있어서 도움이 되는 방법을 다음과 같이 제안하겠다.

첫째로, 문맥과의 정확한 관계를 조사해야 한다. 둘째로, 주님 자신이 보여주신 모범에 비추어 숙고해야 한다. 왜냐하면 그는 설교하신 그대로 실행하셨기 때문이다. 또한 우리에게 "나를 따르라"고 말씀하셨으므로 다른 모든 곳에서처럼 여기에서도 주께서 행하신 바를 조사하는 것은 매우 필수적인 일이다. 셋째로, 그리스도의 사역자에게 어떻게 적용되는가를 살펴보아야 한다. 왜냐하면 그것은 사역자들이 말씀을 전파하는데 있어서 중요한 규칙을 선포해 주기 때문이다. 넷째로, 이 규칙이 그리스도인 개개인에게 어떻게 적용되는지를 알아보아야 한다. 진리의 성령께서 이 글을 이끌어 주시기를 기도한다.

본문과 문맥 간의 관계를 조사할 때는 좀 더 먼 문맥과 좀 더 가까운 문맥을 둘 다 살펴야 한다. 이 강해의 시리즈에서 자주 해석해 왔듯이 이 설교의 내용을 밝혀주는 주된 열쇠는 주님의 말씀에서 발견할 수 있다. "내가 율법이나 선지자를 폐하러 온 줄로 생각하지 말라 폐하러 온 것이 아니요 완전하게 하려 함이라"(마 5:17). 그러므로 우리는 본문에서 취급한 주제에 대하여 율법과 선지자는 어떻게 가르쳤는지를 마땅히 살펴보아야 한다. 우리는 제일 먼저 율법 아래에서 '개'와 '돼지'는 **불결하고 부정한** 동물이었으며, 그래서 이스라엘 사람들은 그것들을 음식으로든지 하나님께 드리는 제물로든지 사용하지 못하였다는 것을 알 수 있다. 다시 말하면, "개의 소득[즉 개를 판 돈]은 하나님 여호와의 전"에 가져오지 못하게 되어 있었다(신 23:18). 둘째로 '개'라는 용어가 무가치한 사람을 일컫는 데 사용되었다는 사실을 관찰해야만 한다(삼상 17:43; 삼하 16:9; 왕하 8:13 등).

아론의 아들들은 하나님께서 거룩한 것과 속된 것 사이에 경계를 유지시키기 위하여 "거룩하고 속된 것을 분별하며 부정하고 정한 것을 분별하라"(레 10:10)고 요구받았다. 그들은 이교도들로 하여금 하나님께서 계약을 맺으신 백성이 누리는 특권에 참여하지 못하도록 제외시키라고 명령받았다(신 23:3). 이스라엘 민족이 타락했을 때 하나님께서는 "그 제사장들은 내 율법을 범하였으며 나의 성물을 더럽혔으며 거룩함과 속된 것을 구별하지 아니하였으며 부정함과 정한 것을 사람이 구별하게 하지 아니하였다"(겔 22:26)고 책망하셨다. 즉 그들은 하나님께서 분명히 금지하신 것에 대하여 자유롭게 또는 관대하게 처리하였다. 하나님께서는 제사장에게 "내 백성에게 거룩한 것과 속된 것의 구별을 가르치며 부정한 것과 정한 것을 분별하게 하라"(겔 44:23)고 명령하셨다. 대단히 분별력을 요하는 제사장직에 예레미야가 임명되었는데, 왜냐하면 주님께서 그에게 "천한 것에서 귀한 것을 취하라"라고 요구하셨기 때문이다. 다시 말하면, 각각 거룩한 것과 속된 것 사이를 구별시킴으로써 그 한계를 명확히 하라고 명하신 것이다. 말라기에게는 다음과 같이 약속하셨다. "그 때에 너희가 돌아와서 의인과 악인을 분별하고 하나님을 섬기는 자와 섬기지 아니하는 자를 분별하리라"(말 3:18)

이제 그리스도께서는 "내가 율법이나 선지자나 폐하러 온 줄로 생각지 말라"고 말씀하신다: 나는 아버지에게서 그가 세우신 방책을 허물거나 그가 지으신 경계를 없애라는 명령은 전혀 받지 않았다. 오히려 나는 '완전하게' 하러 왔다(마 5:17). 다시 말하면, 율법을 증대시키고 명예롭게 하러 왔으며, 선지자의 정당성을 입증하고 그들이 선포한 것을 성취하러 온 것이다. 나는 그림자에 지나지 않는 것에 실체를, 상징적인 것에 실상을, 의식(儀式)에 생명을 채우러 왔다. 나는 또한 정한 것과 부정한 것 사이를 구별할 것이며, 거룩한 것과 속된 것 사이에 담을 둘 것이다. 모세는 하나님의 백성에게 우상 숭배자와 통혼하지 말라고 하지 않았느냐? 그리고 이교도들이 성전에 들어오지 못하도록 하지 아니하였느냐? 또한 제사장의 가족이 취하는 음식은 '지극히 거룩하며'(레 10:12-15) 그들의 특별한 몫이나 소유는 거룩한 것이라고 선포하지 않았느냐? 그러므로 너희에게 명하노니 "거룩한 것을 개에게 주지 말며 진주를 돼지 앞에 던지지 말라."

이제는 좀 더 가까운 문맥을 살펴보자. 우리의 본문과 그 바로 앞에 나오는 것 사이에는 분명히 어떤 관계가 있다. 그리스도께서는 여기에서 다른 사람의 눈의 '티'를 제거해 주려면 밝은 눈과 부드럽고 침착한 손 이외에 그 이상의 어떤 것이 필요하다고 암시해 주고 계신다. 우리가 앞 장의 종결 부분에서 지적했듯이, 상한 눈을 가진 사람은 자기를 도와주려 할 때 기꺼이 받아들여야 한다. 또한 과실이 있는 사람은 기꺼이 훈계를 받아들여야 한다. 그러나 많은 사람들이 그렇게 하지 않는다. 오히려 그와는 다르게 행동한다. 그는 당신의 선의적인 제안을 유감으로 생각하고 그것 때문에 당신을 욕할 것이다. 즉 그들은 당신의 훈계를 발로 짓밟고 당신에게 분노를 터뜨릴 것이다. "미련한 자의 귀에 말하지 말지니 이는 그가 네 지혜로운 말을 업신여길 것임이니라"(잠 23:9). 그래서 그리스도께서는 권고하는 **방법**을 가르쳐 주시고, 권고를 받아들일 사람과 그렇지 않을 사람이

누구인지를 알려 주신다. 불량한 자를 책망하는 것은 헛수고를 하는 것이다(삼상 25:17).

5절에서 주님은 잘못이 있는 형제를 부드럽고 온유하게 대해 주어야 한다고 가르쳐 주셨다. 책망은 겸손하고 사랑하는 마음으로 해야 한다. 그러나 그리스도께서는 여기 6절에서 사랑은 분별해서 해야만 한다고 가르쳐 주신다. 즉 모든 사람이 다 '형제' 인 것은 아니며, 너그럽게 책망한다 할지라도 모든 사람이 다 그것을 받아들여 괴로워하는 것은 아니라는 것이다. 그러므로 우리는 다른 사람을 책망하는데 있어 영적으로 자격을 갖추는 것만으로는 불충분하다. 우리는 우리가 도우려는 사람을 잃을 뿐 그보다 더 나쁠 것은 없다는 최악의 사태를 염두에 두어야 한다. 그래서 악의적인 비난을 금지시킨 후에, 여기에서 그리스도께서는 분별 없는 비난에 대해서도 경고하신다. "거만한 자를 책망하지 말라 그가 너를 미워할까 두려우니라"(잠 9:8). 그러므로 여기에 명심해야 할 필수적인 경고가 있다. 열심은 지식과 거룩한 분별심에 의해 인도되어야만 한다. 모든 사람이 다 책망받기에 적합한 사람은 아니다. 분별없는 자들은 그들의 악한 방식대로 가장 온유한 비평조차도 비웃을 것이다. 그러므로 그들에게 성경을 인용하는 것은 신성모독을 조장하는 일이 될 것이며, 진주를 돼지 앞에 던지는 것이다.

그러나 우리는 본문과 앞 구절과의 좀 더 깊은 관계를 발견해야 한다. 성급하고 가혹한 판단을 경계하면서 우리는 또한 은혜를 남용하지 않도록 조심해야 한다. 한편으로 우리가 부당하고 무자비한 비판을 하지 않도록 경계해야 한다면, 다른 한편으로는 애매하고 느슨하게 비판하는 죄를 범하지 않도록 조심해야 한다. 그리스도의 '양' 뿐만 아니라 세상의 '개' 와 '돼지' 도 있으므로 그들을 각자에 맞게 대우해 주어야 한다. 공공연히 세속적이며 분명히 현세적인 자가 교회의 일원이 되려고 지원할 때, "비판을 받지 아니하려거든 비판하지 말라"는 말씀을 내걸어서 하나님을 두려워하는 반대자들로 하여금 침묵을 지키게 한다면 그것은 아주 나쁜 일이다. 거룩한 요구를 무시하는 자에게 은혜를 허용해서는 안 된다. 그렇게 되면 부정한 자들로 하여금 어린 양의 피로 씻겨진 자들을 위해 마련된 특권을 누리도록 허락하는 것이기 때문이다. 바로 이 점에서 잘못되었기 때문에, 즉 그리스도의 이 명령에 주의하지 않음으로써 거짓된 '자비' 를 베풀었기 때문에 영적인 바벨론 성이 "각종 더럽고 가증한 새의 모이는 곳" 이 될 때까지 지극히 악한 자들조차도 하나님의 집에서 활개를 치는 것이다.

그러나 본문의 말씀이 분별없는 책망을 금지하신 것이라고만 제한하여 이해해
서는 안 된다. 오히려 그것은 광범위하게 적용할 수 있는 **일반적인 원리**를 선포
한 것이다. 왜냐하면 우리는 본문에 대한 더 나은 뜻을 파악하여 주님께서 손수
보여주신 개인적인 모범에 비추어 그것을 숙고하게 되었기 때문이다. 조사해야
할 대단히 광범위한 분야가 여기에 개방되어 있으나 이제 우리는 가장 두드러진
몇 가지의 특징에만 주의를 기울이겠다. 독자가 이 특수한 각도에서 새로이 4복
음서를 조사해 본다면 어떤 놀라운 일을 경험하게 될 것이며, 지금까지 독자가
배워온 교훈에 의지하여 독자가 기대한 것과는 정반대의 사실을 발견하게 될 것
이다. 예를 들면, 오늘날의 평범한 예배 참석자들은 주 예수께서 구원받지 못한
자에게 복음을 설교하시는데 그의 대부분의 시간을 소비했다고 생각하지 않는
가? 그리고 교회에 다니지 않는 군중을 찾아서 그들의 냉담함을 일깨우려 노력하
셨으며, 정신을 못차리는 속인들을 쫓아다니시며 그들이 사는 방식이 어리석은
것이라고 납득시키는 것이 주 예수의 할 일이었다고 생각하는 것은 아닌가? 또한
예수께서 가능한 한 접촉할 수 있는 모든 사람들에게 하나님의 사랑을 선포하셨
다고 생각하는 것은 아닌가? 그러면 이것이 사실인지 아닌지 신약의 4복음서를
조사해보자.

우리는 그리스도께서 회당과 성전에서 가르치셨다는 사실을 참으로 자주 읽을
수 있다. 그러나 비록 예수님께서는 "자기의 제자들하고만" 계실 때에는 아버지
의 사랑에 대하여 많은 말씀을 하셨다 할지라도, 그곳에서는 전처럼 죄인들에 대
한 하나님의 사랑을 언급하지 않으셨다. 그는 다가올 죽음에 대하여 제자들에게
는 자주 말씀하셨지만, 대중들에게는 속죄에 관하여 말씀하신 적이 없다. 그가
자주 야외에서(거리에서는 결코 아니었지만) 말씀하신 것은 사실이지만 그에게
찾아온 자들에게 말씀하신 것이다(막 2:13; 눅 6:17). 그는 그들과 친구가 되라고
제자들에게 결코 강요하지 않으셨다(막 7:17). 그는 군중에게 비유로 많은 것을
이야기하였으나 그에 대한 해석은 하나님의 선택하신 자들에게만 말씀하셨다
(마 13:8,9,11,36). 우리 주님께서는 속된 군중들이 보는 앞에서가 아니라 사랑하
는 몇 명의 제자들만이 보는 앞에서 그 모습이 변화되셨다. 예수님은 그의 부활
을, 믿지 않는 세상에게는 보이지 아니하셨다. 마태복음 24장과 25장의 위대한
예언도 믿는 자들 이외에 다른 사람이 듣는 데에서는 말씀하시지 않으셨다. 그는
진주를 결코 돼지 앞에 던지지 아니하셨다. 빌라도가 예수께 "진리가 무엇이냐"

(요 18:38)고 **물었을** 때조차, 그는 "내가 진리이다"고 대답하지 아니하셨고 구원받는 방법을 설명하지 아니하셨다.

그러나 이 점에서 오해하지 않아야 한다. 하나님께서는 **괴로워하는** 사람들이 그리스도를 찾아오지 못하도록 금지하는 것을 반대하셨으며, 그들이 절망에 빠져 그리스도에게 왔을 때 환영받지 못한다는 인상을 주지 말라고 하셨다. 4복음서에서 무엇보다도 가장 명백해지는 것은, 예수 그리스도께서 그를 필요로 하는 가엾은 모든 죄인에게 쉬이 가서서 언제든지 기꺼이 그들의 영혼을 고쳐 주시고자 하신다는 사실이다. "아버지께서 내게 주시는 자는 다 내게로 올 것이요 내게 오는 자는 내가 결코 내쫓지 아니하리라"(요 6:37). 이 말씀은 그리스도 자신의 신성한 선포이다. 그는 세리와 죄인들과 함께 식사하도록 초대받는 것을 꺼려하지 않으셨으며, 그에게 찾아오는 나병환자를 피하지 아니하셨다. 그러나 우리가 위에서 이야기한 것은, **그리스도를 찾지 않는 자들**이나 그에게 분명히 관심이 없는 자들, 그리고 그를 반대하는 자들에게 취하신 그리스도의 태도에 대해서이다. 바리새인들이 그를 반대하는 많은 예를 다시 읽어보라. 그리스도께서 그들에게 복음을 설교하셨던 예가 단 하나라도 있는가? 또한 그리스도를 함정에 빠뜨리려고 애쓰는 사두개인이나 율법학자들에게 그렇게 하신 예가 어디에 있는가? 그리스도께서는 그들을 침묵하게 하셨으며, 그들에게는 마음을 열지 않으셨다. 그리고 거룩한 것을 개에게 주지 아니하셨다.

셋째로, 이 본문은 그리스도의 사역자들을 통제해 주는 중요한 원리를 선언하고 있다. 그런데 우리는 이 설교가 제자들에게 최초로 적용되었던 사실을 기억해야 한다(마 5:1, 2). 그 규칙은 다음과 같이 이야기해 볼 수 있다. 즉 하나님의 말씀을 시행할 때는 **구별하여 실행해야** 한다. 오늘날 식별함으로써 "천한 것에서 귀한 것을 취해야"(렘 15:19) 하는 분별력이 요구되는 목회 사역이 가장 시급하다. 회중은 대개 두 종류로 나누어진다. 즉 하나는 하나님에게 소중한 사람들이고, 다른 하나는 하나님이 싫어하시는 자들이다. 우리는 비록 **이름**으로는 그들을 구별할 수 없지만 **특징**으로는 구별할 수가 있다. 하나님의 백성에게 말할 때, 당신은 거듭나지 않은 자들은 "그 일에 조금도 관계가 없다"는 사실을 분명하게 밝혀야 한다. 하나님의 약속에 대하여 설교할 때 하나님이 진정 좋아하시는 사람들, 즉 이 세상을 따르지 않고 자기를 부정하며 자기의 십자가를 지고 그리스도를 따르는 자들에게 나타나는 영적인 표시를 설명해 주는 것은 필요한 일이다.

청중들 각자가 어느 편에 속하는지를 알려주기 위해서는 매우 분명하게 경계선을 그어야 한다.

청중들 각자가 자기에게 합당한 몫을 구하려면 하나님의 말씀을 "옳게 분별하여야" 한다(딤후 2:15). 설교자들이 위선자들을 밝혀내려고 할 때는 그리스도의 어린 자녀들이 넘어지지 않도록 주의를 기울여야 할 필요가 있다. 또한 목사들이 절망하고 있는 성도를 위로하려 할 때는 경건치 않은 자들이 거짓된 평화를 누리지 못하도록 주의해야 한다. 만일 목사가 지극히 경건한 마음으로 조심하지 않는다면, 그는 "내가 슬프게 하지 아니한 의인의 마음을 너희가 거짓말로 근심하게 하며 너희가 또 악인의 손을 굳게 하여 그 악한 길에서 돌이켜 떠나 삶을 얻지 못하게 하였다"(겔 13:22)는 엄중한 책임을 면치 못할 것이다. 마태복음 7:6은 가장 헛된 고백을 하는 자들이 교회의 동료로 받아들여질 때 슬프게도 무시된다. 즉 '자비로운 판단'이라고 해서 우리로 하여금 어둠을 빛이라 부르도록 요구하지는 않는다. 모호하게 판단하는 것은 비판적인 것과 마찬가지로 악하다. 주님의 식탁(성찬)에 공공연한 속인들로 앉도록 허락하는 것은 이 본문의 말씀을 지독하게 위반하는 것이다. 또한 '장례식이나 장례식의 설교'에서 본문의 말씀은 참으로 자주 무시되고 있다.

"거룩한 것을 개에게 주지 말라"는 이 교훈은 하나님의 백성 **모두**에게 강조되어야 하는데, 그것은 매우 필요한 일이다. 어떤 집단에서는, 어떤 사람이 하나님의 구원하시는 은혜를 체험하면 곧 그가 알고 있는 모든 사람에게 그리스도를 전파하고 '영혼을 구하는 자'가 되도록 의무적으로 노력하라고 요구하며, 만일 그러한 '개인적인 일'과 복음적인 노력을 하지 않는다면 그것은 그가 냉정하고 이기적이며 그의 주변에 있는 사람의 영원한 행복에 대하여 무관심하기 때문이라고 가르친다. 그러나 그리스도나 그의 사도들 중에서 아직 어린 회심자에게 그런 명령을 한 사람이 누가 있는가? "하나님을 두려워하는 너희들아 다 와서 들으라 하나님이 나의 영혼을 위하여 행하신 일을 내가 선포하리로다"(시 66:16). 그 제한은 우리 마음의 지극히 신성한 체험을 아무에게나 나타내지 말라는 경고이다. 왜냐하면 중생하지 않은 자는 성령의 주권적 사역을 알 만한 능력이 없으며, 그것은 마치 돼지가 진주의 참 가치를 알지 못하는 것과 같기 때문이다. 그렇다면 아직 어린 회심자는 '그리스도의 증인'이 아니란 말인가? 분명히 그렇지는 않다. 그러면 어떻게 증거해야 하는가? "너희를 어두운 데서 불러내어 그의 기이한 빛에 들어가게 하신 이의 아름다운 덕을 **선포하게** 하려 하심이라"(벧전 2:9). 즉 변화된 생활, 비세속적인 행동이야말로 가장 효과적인 '증거'이다(마 5:16).

열심은 지식에 의해 알맞게 조절되어야 한다. 복음의 거룩한 일들을 무분별하게 입에 올려서는 안 된다. 주님께서 우리에게 드러내 보여주신 그의 사랑의 귀중한 비밀은 그의 적들에게는 전달될 수가 없다. 믿는 자들이 이 엄숙한 한계를 무시한다면, 믿음의 신비를 알게 해주려는 시도를 받는 자들이 모욕하거나 분노를 터뜨리는 것을 경험하게 된다 해도 놀라서는 안 된다. 그리스도께서는 바리새인들에 대하여 "그냥 두어라"(마 15:14)고 말씀하셨으며 그들의 그릇된 방식들로부터 그들을 회심시키려고 하지 아니하셨다. "**어떤** 의심하는 자들을 긍휼히 여기라"(유 22절). 이것이야말로 참으로 분별력이 있어야 한다는 말씀이다. 우리는 "미련한 자의 앞을 떠나"(잠 14:7), 그와 함께 논쟁함으로써 그리스도인의 위엄을 떨어뜨리지 말라고 명령받았다. 우리는 "너희 속에 있는 소망에 관해 묻는 자에게는 대답할 것을 항상 예비하고 있으라"고 명령받지 아니하였는가? 그러므로 우리는 또한 "회답할" 때(잠 22:21)는 온유와 두려움으로 할 것이며(벧전 3:15), 허풍을 떨거나 주제넘게 대답해서는 안 된다. 신약의 서신들은 "거룩한 형제"에 의해 읽혀져야 하며(살전 5:27), 속인들에게 읽어 주어야 한다는 근거는 전혀 없다.

세상에서 발생하는 현상은 영적인 왕국에서 먼저 발생한 일의 그림자로서 나타난 것에 불과한데, 그 사실은 오랫동안 필자에게 깊은 인상을 주었다. 과거 여러 해 동안 대다수의 설교자들은 하나님의 율법을 저버렸다. 그 결과로 오늘날 이 세상을 가득 채우고 있는 극도로 율법이 부재한 현상에서 우리는 필연적으로 그 현상이 반향되어 있는 현실을 보게 된다. 그들은 약속에는 열심히 마음을 기울였으면서도 계율은 무시하였다. 그래서 하나님의 자녀에게 순종하는 행동을 하도록 힘써 가르치지 못한 것으로 말미암아 현대인에게서 불순종하고 자제하지 못하는 기질을 보상으로 거두어 들이게 되었다. 교회는 성경이 금지시킨 지위를 여자에게 부여하였는데(고전 14:34), 결과적으로 모든 일에 있어서 남자를 흉내내는 자기주장을 하는 '남자 같은 여자들'의 세대가 도래하게 되었다. 오늘날 우리는 **개의 저주**를 받게 되었다(영국에서는 삼백만 마리 이상의 개가 있다). 밤에는 개들이 짖어대는 소리로 끔찍하게 되었으며, 보도는 더럽혀지고, 사람에게는 엄격하게 식량을 배급하는 실정이면서도 개들은 막대한 분량의 음식을 소비하고 있다. 도시에서는 개들은 저주가 되었다. 우리는 이 현상이 마태복음 7:6 말씀을 일반적으로 무시한 것에 대한 하나님의 심판이라고 믿는다. 어린 아이들이 거대한 마스티프(mastiff, 큰 맹견의 일종)를 끌고 다니는 것이나, 어리석은 여자들이 두세 마리의 푸들을 데리고 다니는 모습은 흔히 볼 수 있는 광경이다. "개들을 삼가라"(빌 3:2). "개들은" 거룩한 도시에서 쫓겨나 "성 밖에 있어야" 하기 때문이다(계 22:15).

마지막으로, '진주'라는 상징이 암시하고 있는 실제적인 교훈을 지적해야 하겠다. 첫째로, 그것은 이른바 하나님의 말씀의 내용을 우리의 **참된 부(富)**로 간주해야 한다는 사실을 암시하고 있다. 왜냐하면 하나님의 말씀은 그리스도의 귀중한 보물이기 때문이다. "지혜를 얻은 자와 명철을 얻은 자는 복이 있나니 이는 지혜를 얻는 것이 은을 얻는 것보다 낫고 그 이익이 정금보다 나음이니라 지혜는 진주보다 귀하니 네가 사모하는 모든 것으로도 이에 비교할 수 없도다"(잠 3:13-15). 둘째로, 그것은 현세에서 불행이나 재난에 부딪쳐도 **만족해야 한다**는 사실을 암시해 준다. 우리는 건강과 재산, 친구와 명성을 잃을는지 모르지만 이 보물은 남아 있다. 이것은 가장 어두운 밤을 밝혀 주는 등불이다(시 119:105). 우리가 지극히 쓰라린 고난 중에 있을 때 여기에서 위안을 찾아야 한다(시 119:50). 여기에서 우리는 우리의 나그네 인생행로를 위한 노래를 발견해야 한다(시 119:54). 셋째로, 그것은 우리가 말씀을 어떻게 **다루어야 하는지**를 암시해 준다. 귀중한 진주를 소유한 자는 그것을 안전하게 간수하기 위하여 큰 애를 써야 한다. 하물며 우리는 진주 중의 진주를 가졌으니 그것을 잘 간수하기 위하여 얼마나 더 애써야 하겠는가. 즉 그것을 우리의 기억 속에 쌓아두며 마음속에 간직하여 잃지 않도록 문을 잠가두어야 한다. "깨끗한 양심에 믿음의 비밀을 가진 자라야 할지니"(딤전 3:9). 이것이 다윗이 실천한 바였으며(시 119:11), 마리아도 역시 그렇게 하였다(눅 2:51). 그 보화가 또한 우리들의 것이 되기를 기도한다.

제44장

은혜를 구하는 일

❶

구하라 그리하면 너희에게 주실 것이요 찾으라 그리하면 찾아낼
것이요 문을 두드리라 그리하면 너희에게 열릴 것이니 구하는
이마다 받을 것이요 찾는 이는 찾아낼 것이요 두드리는 이에게
는 열릴 것이니라(마 7:7,8)

7-11절까지는 우리 주님의 설교의 여덟 번째 부분이다. 우리가 참고로
해온 모든 주석가들은 이 구절이 단지 **기도**의 주제만을 다루는 것이라고 생각하
고 있는데, 나는 이러한 견해들이 그것의 범위를 지나치게 제한한다고 생각한다.
7-11절에서는 분명히 하나님께 드리는 간구가 주요한 의무라고 되어 있지만, 그
것이 유일한 의무는 아니다. 우리가 볼 때, 기도의 주제는 믿는 자들이 이 세상에
서 영적으로 초자연적으로 살아갈 수 있도록 은혜를 공급해 주시기를 구하는 것
이라고 생각되는데, 비록 이러한 능력이 은혜의 보좌로부터 얻게 되는 것이라고
할지라도, 그리스도인들이 하나님께서 그의 백성들의 축복을 위해 약속하신 은
혜의 다른 모든 수단을 열심히 사용하는 것을 불필요하게 하거나 면해 주는 것은
아니라고 생각된다. 기도를 한다고 해서 다른 여러 면에서 무기력하게 되어서는
안 된다. 또한, 다른 여러 가지 의무를 수행하는 데 힘을 쏟아 버리고, 기도하는
일에 게으름을 피워서도 안 된다. 우리는 자아를 부인하고, 죄에 대항하여 싸우
고, 하나님의 전신갑주를 취하고, 믿음의 선한 싸움을 싸우기 위해서는 기도해야
하며 경성해야 한다.

본문의 구절을 전체 문맥과 관련하여 생각해 보면, 앞에서 설명한 이 구절의
범위가 더욱더 분명해질 것이다. 앞의 5:20로부터, 그리스도께서는 하나의 도덕

적 탁월성의 표준을 보여주셨는데, 그것은 단지 혈과 육으로는 도달하기 어려운 것이다. 주께서는 잇달아 한 가지 요구를 하셨는데, 그것도 타락한 인간의 본성으로는 충족시키기 어려운 것이다. 주께서는 무례한 말과 악의 있는 소원과 불순한 욕망과 복수심에 불타는 생각들을 금하셨다. 주께서는 가장 소중한 우리의 지체들을 극히 엄하게 절제시키라고 명하셨다(5:29, 30). 주께서는 우리에게 원수를 사랑하고, 우리를 저주하는 자들을 축복하고, 우리를 미워하는 자에게 선한 일을 하고, 우리를 악하게 이용하고 박해하는 자들을 위해 기도하라고 명령하셨다(5:44). 여기에 대해 그리스도인들이 "도대체 누가 이런 표준을 충족시킬 수 있단 말인가?"라고 소리칠 만도 하다. 거룩함의 이런 요구들에 나의 연약한 힘이 미치지 못한다. 하지만 주께서는 "그 일들을 어떻게 행해야 하는가"를 명령하셨다.

본문의 구절을 좀 더 자세히 살펴봄으로써, 우리는 7장의 서두에서 그리스도께서는 분명하게 정반대되는 두 가지 명령을 하셨다는 것을 알게 된다. 첫째로, 그리스도께서는 "비판을 받지 아니하려거든 비판(판단)하지 말라"고 말씀하신다. 즉, 우리의 동료들에 대하여 가혹한 비난을 하는 것을 자제하라고 말씀하신다. 둘째로, "거룩한 것을 개에게 주지 말라"고 말씀하신다. 즉, 깨끗한 자와 더러운 자를 분명하게 구별(판단)하라, 곧 하나님께서 의로운 자와 사악한 자 사이에 그어 놓으신 경계선을 망각하는 죄를 범하지 말라는 것이다. 오히려 영적인 힘뿐만 아니라 영적인 지혜 — 자연인은 소유하지 못하는 종류의 지혜 — 를 요구하는 이와 같은 어려운 문제에서는 안전하게 중용의 길을 택하라고 말씀하신다. 그렇다면, 가련한 신자는 어떻게 해야 하는가? 여기에서 주께서는 이런 어려움을 예상하시고, 이런 난국에 대한 해결책을 마련하신다. 주께서는 우리가 자신의 지혜와 힘으로 그의 명령을 지킬 수 있는 능력이 없다는 것을 잘 알고 계신다. 그러나 동시에 주께서는, 하나님께서는 사람들이 흔히 불가능하다고 생각하는 일들을 가능케 하실 수 있다는 것을 우리에게 깨닫게 하신다.

만일 우리가 하나님의 요구들을 충족시키고자 한다면 하나님의 도우심이 불가피하게 필요하다. 하나님의 도움을 얻기 위해서는 열심히 기도하고, 믿음으로 부지런히 끊임없이 추구해야 하는 것이다. 그리고 만일 이와 같이 찾아 나선다면, 헛되지는 않을 것이다. 그러므로 우리 주님이 여기에서 그의 제자들에게 권하시고 격려하셨던 것은 하나님의 은혜와 하늘의 능력을 얻게 하기 위함이었다. "구하라 그리하면 너희에게 주실 것이요 찾으라 그리하면 찾아낼 것이요 문을 두드리라 그리하면 너희에게 열릴 것이니"(7절). 앞 장에서는 그리스도께서 기도의 주제를 경고의 형식으로 언급하셨으나, 여기에서는 혈과 육과는 아주 상반되는 이 가르침에 복종하는 것이 은혜를 얻기 위한 약속된 통로라고 말씀하신다. 그리스도께서는 먼저 기도의 **의무**와 관련된 교훈을 주셨으나, 여기에서는 의무를 실행할 수 있는 귀중한 **용기**를 북돋아 주신다. 그럼에도 불구하고 만일 우리가 필요로 하는 능력과 도움을 많이 얻고자 한다면, 다른 모든 합법적인 수단이 적용되어야만 한다는 것이 성경의 일반적인 뜻이다.

"구하라 그리하면 너희에게 주실 것이요." 이 구절보다 더 심하게 곡해되어온 성경 구절은 거의 없다. 많은 사람들이 이 구절을 일종의 백지 수표라고 생각하는데, 누구나 그의 영혼의 상태나 그의 생활태도가 어떠하든지 간에 그가 원하는 만큼 정확하게 써 넣을 수 있으며, 또한 그가 이와 같이 하나님의 은혜의 보좌 앞에 나타나기만 하면 하나님께서 받아 주시기로 약속하신 일종의 백지 수표라고 생각해 왔다. 진리에 대한 이러한 곡해가 그렇게 널리 퍼져 있으므로 우리는 마땅히 그것을 논증해 보아야 한다. 야고보서 4:3에서는 "구하여도 받지 못함은 **너희가 잘못 구함**이니라"라고 분명하게 주장하고 있다. 이러한 자들은 먼저 이 세상을 구하고, 다음으로 다가올 세상에 대하여 알기를 원하는 자들이다. 즉, 자기의 죄를 버리지 않고 자비를 구하는 자들이거나(잠 28:9), 자기가 스스로 고안한 방법, 다시 말하면 거룩한 복음의 방법이 아니라 육체를 즐겁게 하는 방법으로 구원을 구하는 자들이거나, 혹은 약속된 중보자를 무시하고 자기의 이름으로 오는 자이다. 하나님께서 약속하시지 않은 것을 구하는 자나 자기의 구하는 것에 대한 필요성을 마음으로 깊이 깨닫지 않고서 형식적으로 위선적으로 구하는 자는 "잘못 구하였으므로" 받지 못한다.

그러므로 본문의 말씀은 복음을 전하는 자에게 앞의 구절의 권고에 주의를 기울일 수 있는 좋은 기회를 제공해 주며, 그리고 그가 그것을 해석하고 적용할 때에 거룩한 것을 개에게 주거나 돼지 앞에 진주를 던지는 일을 삼가야 함을 깨달을 수 있는 좋은 기회를 제공해 준다. "구하라 그러면 너희에게 주실 것이요"라는 말씀은 결코 누구나 모두에게 주는 **백지 위임장**은 아니다. 여기에서 살펴보고 있는 것은 하나님께 은혜를 공급해 주시기를 간구하는 것이며, 더욱이 만일 그러한 은혜를 얻고자 한다면 마땅히 **올바르게 간구해야 한다**는 것이다(‘잘못’ 구해서는 안 된다). 그러나 중생하지 않은 자는 이와 같이 올바르게 구하는 일이 불가능하다. 왜냐하면 그들에게는 믿음으로 구할 능력이 전혀 없을 뿐만 아니라, 하나님께 은혜를 구하는 것은 그들의 본성이나 기질과는 전적으로 반대되는 것이기 때문이다. 은혜는 죄를 전적으로 반대하는 거룩한 원리이며, 자연인은 죄 가운데 너무 깊이 빠져 있기 때문에 그가 죄를 반박하는 것을 좋아하거나 갈망하는 일은 불가능한 일이다. 가시나무가 포도를 맺을 수 없듯이 하나님을 미워하는 마음으로는 그를 따르기를 갈망할 수 없는 것이다.

그렇다면, 은혜를 **올바르게 구하는 것**은 그것에 대한 **올바른 욕구**를 전제로 한다는 사실을 분명하게 밝혀야 할 필요가 있다. 그러나 중생하지 않은 사람들은 그들의 마음속에 있는 습관적인 기질로 말미암아 모든 영적인 열망에 대해서 전혀 모르는 사람이다. 바라는 것에 대하여 참된 소망을 가지고 있으면서 동시에 영혼으로는 그것을 반대하는 일은 명백한 모순이다. 그렇다면 분명히 은혜를 간절히 바라는 마음을 때때로 갖고 있고, 자신에게조차 그들이 진심으로 은혜를 간절히 원한다는 것을 확신시키려 하는 몇몇 속물들의 예외적인 상태를 어떻게 설명할 것인가? 그것은 쉬운 일이다. 즉 그들이 참된 은혜의 본성을 모르기 때문에, 그것이 **거룩한** 원리라는 사실을 모르기 때문이며, 그리하여 그들이 자기의 생각 속에서 은혜의 거짓 형상을 그렸기 때문이며, 그리고 그들이 죄를 가볍게 생각하여 육체의 정욕에 빠지는 것을 인정하는 이 거짓 '은혜'에 **흥미를 가지고** 있기 때문이며, 이 **거짓 은혜**가 완전히 그들의 부패한 본성과 일치하기 때문이다.

반(反)율법주의의 가르침을 듣는 많은 사람들이, 하나님께서는 죄인들이 자기의 우상을 저버리지 않아도, 하나님을 대적하는 전쟁의 무기를 내버리지 않아도, 회개 없이도 그들을 구원하신다고 믿는다. 그들은, 구원이 천국으로 들어가는 유일한 허가증일 뿐아니라 죄에 대한 사랑과 지배로부터의 최초의 구조(救助)라는 것을 모른다. 또한 구원을 가져다주는 하나님의 은혜는 결국 "경건치 않은 것과 이 세상 정욕을 **다 버리고** 근신함과 의로움과 경건함으로 이 세상을 사는 것"을 가르쳐 주는 거룩한 원리라는 것을 모른다(딛 2:11, 12). 이 미혹된 사람들은 참된 은혜의 본성을 분명히 이해했는가? 더구나 그들의 타고난 본성의 모순을 더 이상 감출 수 없다는 것을 이해했는가. 바리새인들은 진실로 하나님을 사랑하고 그의 율법을 존중하고 있다고 믿었다. 그러나 그들은, 아버지의 형상을 지니고서 아버지의 율법을 존귀케 하기 위해 이 세상에 오신 하나님의 아들을 미워했다. 그러므로 그들은, 마치 오늘날 많은 사람들이 하나님의 은혜에 대하여 잘못 생각하는 것처럼, 하나님과 그의 율법에 대하여 **잘못된** 견해를 가지고 있었음에 틀림없다.

그러나 만일 우리가, 중생하지 않은 자는 아무도 본문의 약속을 주장할 수 없다는 것을 분명히 선언한다면, 이러한 가르침이 가련한 죄인들로부터 하나님께 기도할 마음과 그 밖의 다른 것들을 빼앗아 버리는 것이 아니겠는가? 그러한 질문은 대단한 무지나 그러한 사실에 대한 어떤 편견으로 말미암은 것이다. 죄인들이 자기의 본래의 상태대로 있는 한, 하나님에 대해서는 전혀 주의를 기울이지 않을 것이며, 이득을 얻게 될 것이라고 생각되는 종교적인 의무를 제외하고서는 어떤 의무도 이행하지 않을 것이다. 이와 같은 피조물에게 기도할 수 있는 여러 가지 동기를 주어 보라(참기 어려운 육체적 고통이나 사랑하는 자의 고통이나 임종 시나 그가 하나님께 자비를 구하기만 하면 그것을 얻을 수 있다고 알려주는 친구의 요청 등). 그러면 그는 오직 자신만을 받들 뿐이며, 하나님은 전혀 섬기지 않을 것이다. 불경건한 자들에게 마태복음 7:7,8과 같은 약속이 그들의 것이라고 말하는 것은, 마치 그들의 곤경의 절망적인 상태를 감추려 하고, 그들이 정욕에 사로잡혀 있는 동안에는 하나님의 거룩한 혐오의 대상이 되며 그에게 접근할 수조차 없다는 엄연한 사실을 그럴듯하게 얼버무리려 하는 그들의 분별하지 못하는 눈 속에 먼지를 뿌리는 것과 같다.

오늘날 영혼의 충실한 치료자를 어디에서 찾아볼 수 있겠는가? 오늘날의 강단을 차지하고 있는 대부분의 사람들이 창과 칼과 하나님의 율법을 사용하여 설교하는 대신 아첨으로 설교하며, 전혀 그렇지 않은데 "평안하다, 평안하다"라고 부르짖으면서 중생하지 않은 청중들을 시럽이나 마취제로 달래어 만족시키고 있다. 자기의 영광을 위해서 일하시는 성삼위 하나님께서 오직 자기만을 기쁘게 하면서 사는 자들에게 무슨 격려를 해주실 수 있는가? 그런 자들이 들을 수 있는 말은 오직 이것뿐이다. 즉, "회개하고 주께 기도하라 혹 마음에 품은 것을 사하여 주시리라" (행 8:22). 사람의 마음은 인간의 말로는 형언할 수 없을 정도로 사악하며, 만일 사람이 진심으로 그러한 상태를 회개하지 않는다면, 그에게는 아무 희망도 없을 것이다. 하나님의 종들의 임무는 거짓 위로를 베푸는 것이 아니라 거짓 자만심을 타도하는 것이다. 즉 하나님의 진노 아래 있는 자들에게 그들이 스스로 기도함으로써 구원을 받을 수 있다고 말하는 것이 아니라, 구원받지 않은 자들로 자기의 경우가 얼마나 **비참한가**를 알 수 있도록 신실하게 노력하는 것이다.

우리가 이 두 구절을 병행해서 설명하는 충분한 근거를 마태복음 7:6,7에서 찾아볼 수 있다. 구세주께서는, 그의 하나님으로서의 전지하심으로 말미암아 이 귀중한 약속, 곧 "구하라 그러면 너희에게 주실 것이요"라는 말씀이 잘못 사용될 것을 미리 아시고서, **이 구절의 바로 앞에서 분명히** 다음과 같이 강조하여 경고하셨다. 즉 "거룩한 것을 개에게 주지 말며 너희 진주를 돼지 앞에 던지지 말라." 그러나 그들은 하나님의 말씀 가운데 이 복된 약속을 이유 없이 몹시 심하게 악용해 왔다. 오늘날 혼란에 빠진 청중들에게 강조해야 할 내용은, **그리스도**께서 말씀을 듣는 '무리들'(5:1; 7:28)에게 말씀하신 바로 그것이다. 즉, 마태복음 5:17로부터 7:5에서 설명하신 바와 같이, 하나님의 율법의 영성과 그 율법의 요구의 엄중함과, 그 율법의 거룩한 요구의 넓이와 깊이를 가르쳐 주는 것이다. 말씀을 듣는 자는 하나님의 전능하신 손에 의해 겸손하게 되어서야 비로소, 하나님의 요구 조건들을 완전히 충족시키지 못하였음을 깨닫고 나서야 비로소, 그리고 그에게는 '변명할 것'도 '힘'도 없다는 것을 느끼고 나서야 비로소 본문의 위로를 완전히 받게 될 것이다.

그러므로 이제 우리는 스스로 참된 그리스도인에게 말해야만 한다. 즉 참된 그리스도인은 하나님의 자비와 능력의 기적이 그 속에서 역사한 자이며, 자기만족과 자만심을 버린 자이며, "생명을 향하여 회개한" 자이다. 이러한 사람은 하나님의 율법이 "거룩하며 의로우며 선하다"는 사실을 깨달았던 자들이며(롬 7:12), 비록 그 율법이 자기를 정죄하고 비난할지라도 그것은 의롭고 탁월한 것이라는 사실을 분명히 깨달았던 자이다. 이러한 사람이 인간에게 주의 법(시 119:174)에 대한 사랑을 전해 주었으며, 그리하여 완전히 그것을 따라 살기를 간절히 원하도록 하였다. 하지만 이러한 사람은 아직도 자기에게는 그 앞에 놓여 있는 그 숭고한 표준에 도달할 능력이 전혀 없다는 사실을 깨닫게 된다. 아니, 그는 아직도 그로 하여금 율법을 전적으로 반대하는 원리가 그의 마음속에 자리잡고 있다는 슬픔을 깨닫게 되며, 그가 선을 행하려 할 때 악이 드러나 그를 방해한다는 슬픔을 깨닫게 된다. 마음속에 자리잡고 있는 부패함이 그것에 굴복하지 않은 다른 모든 결심보다 더 강하며, 그의 정욕이 이전보다도 더 사납게 끓어오르며, 죄악들이 그를 사로잡고, 그는 혼란과 슬픔을 깨닫게 된다. 그는 당황하여 어찌할 바를 모른다.

그리스도께서 "구하라 그리하면 너희에게 주실 것이요 찾으라 그리하면 찾아 낼 것이요 문을 두드리라 그리하면 너희에게 열릴 것이니"라고 말씀하신 것은 다른 모든 사람에게가 아니라, 단지 우리가 앞에서 설명한 바로 이러한 사람에게 말씀하신 것이다. 사납게 끓어오르는 정욕을 가라앉히기 위해서는 하나님의 능력이 필요하며, 우리의 연약한 은혜에 생명을 불어넣기 위해서는 하나님의 소생시키는 힘이 필요하며, 우리의 혼란을 다스리기 위해서는 하나님의 지혜가 필요하며, 우리의 상처에는 하나님의 치료의 손길이 필요하다. 그러므로 우리는 하늘에 계신 우리 아버지께 스스로 구하며(11절), 우리에게 필요한 것을 알리고, 영혼의 갈망을 전하고, 우리의 빈곤을 구제받기를 간구하자. 그러면 그 간구는 헛되지 않을 것이다.

독자여, 바로 **이러한 간구**가 진심으로 우러나온 참된 기도이다. 이것은 단지 형식적으로 기계적으로 신앙심을 실천하기 위해서 드리는 기도가 아니다. 즉, 이것은 유창한 말을 함께 엮어서 경건하게 표현한 것이 아니다. 오히려 자기의 외적 상태를 살피는 것이라기보다는 위로부터 도움을 구하는 것이다. 참된 기도는 곤경에 빠진 영혼이 기교 없이 꾸밈 없이 억제할 수 없이 외치는 음성이다. 기도는 절박한 영혼이 부르짖는 갈망의 소리이다. 즉, 그것은 우리가 간절히 원하는 모든 갈망에 대하여 만족을 얻기 위하여 그것을 주시는 창조주에게 마음을 돌리는 것이다.

'구하라.' 이 얼마나 간결한 하나님의 명령인가! 배고픈 아이가 어머니의 젖을 찾는 것같이 구하라. 굶주린 거지가 빵조각을 구걸하듯이 구하라. 길 잃은 나그네가 맨 처음으로 만난 사람에게 구하듯이 구하라. "구하라 그러면 너희에게 주실 것이요." 이 얼마나 우리에게 용기를 북돋아 주는 하나님의 말씀인가! 하나님께 구하라. 왜냐하면 하나님께서는 "모든 사람에게 후히 주시고 꾸짖지 아니하시는" 분이기 때문이다. 구하라. 하나님께서는 "우리가 구하거나 생각하는 모든 것에 더 넘치도록 능히 하시리라"(엡 3:20). 그러나 "오직 **믿음으로** 구하고 조금도 의심하지 말라 의심하는 자는 마치 바람에 밀려 요동하는 바다 물결 같으니 이런 사람은 무엇이든지 주께 얻기를 생각하지 말라"(약 1:6, 7). '믿음으로 구한다' 는 것은 하나님의 약속을 붙들고, **하나님께** 그 약속을 이루어 주시라고 간구하며, 평강의 응답을 기대하면서, 하나님을 확실히 믿고 그의 신실함에 의지하여 구한다는 것이다. '믿음으로 구한다' 는 것은 담대하지만 겸손하게 하나님을 향하여 다음과 같이 말하는 것이다. 곧, "하나님께서는 당신의 자녀들에게 '구하라 그러면 너희에게 주실 것이요' 라고 약속하시지 않았습니까" 라고 말하는 것이다. "나는 이제 하나님께서 '말씀하신 대로 행하사' (삼하 7:25) 그 약속을 기억하시 길 간청합니다" 라고 말하는 것이다.

그러나 우리는 독자들 가운데 여러 사람이 "나는 **구하였으나** 얻지 **못하였다**" 라고 말하는 것을 듣게 된다. 아니 그뿐만 아니라 나의 상태가 이전의 상태보다 더 악화되었다고 말하는 것을 듣게 된다. 더 많은 은혜를 받게 되기는커녕 오히 려 더 적게 받게 되고, 힘이 더 강해지기는커녕 오히려 더 약해지고, 나의 정욕을 물리치게 되기는커녕 오히려 이전보다 더 자주, 그리고 더 비참하게 패하게 된다 고 말하는 것을 듣게 된다. 이것은 하나님께서 우리의 기도를 들으시지 않았다는 증거인가? 여러분은 더 많은 은혜를 구했으나, 응답으로 더 많은 빛을 얻어서, 오 히려 과거의 상태보다는 현재의 상태가 더 나빠진 것 같고 자신의 죄를 한층 더 명백하게 알게 되지 않았는가? 그렇다면 그것은 감사드려야 할 일이 못되는 것일 까? 우리는 극복할 수 있는 은혜를 구하였으나, 하나님께서는 오히려 우리에게 **겸손하게 참아내는** 은혜가 훨씬 더 필요함을 알고 계셨다. 그러므로 더 이상 자 기만을 사랑하는 것을 버리고 하나님 앞에서 흙으로 된 존재라는 것을 깨닫게 하 기 위해서, 하나님께서는 우리에게 가장 필요한 것이 겸손히 참아내는 은혜라고 인정하게 하신 것이다. 그렇다면 그것은 분명히 당신의 기도가 헛되지 않았다는 증거이다.

독자는, 그렇다, 그것은 사실일지도 모르며 하나님께서는 내가 작은 긍휼을 무 시하는 것을 금하시고 계실 것이지만, 분명히 당신은 내가 그리스도를 불명예스 럽게 하는 그러한 경험에 머물러 있도록 해서는 안 된다고 말할 것이다. 이에 대 한 대답은 다음과 같다. 너희는 자기의 부패함으로 말미암은 애통과 겸손을 '작 은 긍휼' 로 간주해서는 안 된다. 즉, 그것들은 너희가, 독선적인 바리새인들과 자 만하는 라오디게아 교인들과 또 다른 부류에 속하는 자라는 표시로서 주는 특별 한 사랑이다. 만일 하나님께서 너희 자존심을 감추고, 그 앞에서 너희를 낮추게 하신다면, 대단히 감사드려야 할 일이다. 그렇다면 '그리스도를 불명예스럽게 하는 경험' 은 무엇을 말하는 것인가? 아직도 너희의 마음속에 독립심과 자만심 을 원하는 마음이 있다는 것을 아는가? 만일 그렇다면, 너희는 그리스도를 절박 하게 필요로 한다는 사실을 깊이 깨닫지 못하는 가운데 어떤 체험을 하기를 원하

제 44 장 은혜를 구하는 일 ❶ 〈 마 7:7, 8 399

는가? 그들에게 가장 필요한 것은 치료자가 아니다. 오히려 그들이 병자라는 것을 아는 일이다. 우리가 그의 지극히 고귀한 희생의 귀중한 피를 가장 기쁘게 활용할 때, 우리가 치료를 받고 힘을 얻기 위해 그에게 나아갈 때, 그리스도께서는 가장 존귀하게 되실 것이다.

그런데 그리스도께서는 영적인 치료를 해 주시는 것만큼, 우리에게 영적인 **건강**을 주실 수는 없는 것일까? 분명히 주실 수 있다. 그렇다면 나에게는 그 영적 건강을 주께 구할 수 있는 특권이 없는 것일까? 분명히 있다. 하지만 주께서는 자기의 기뻐하시는 뜻에 따라 이렇게 행하신다. 왜냐하면 그는 어느 것이 우리에게 가장 좋은 건강의 상태인가를 알고 계시기 때문이다. 오히려 본문의 말씀을 살펴보라. 주님은 당신에게 '구하는 것' 이상을 요구하신다. 즉, "찾으라 그리하면 찾아낼 것이라"고 말씀하신다. '찾으라' 는 말은 두 가지 의미로 생각해 볼 수 있다. 첫째는, 앞의 구절보다도 더 깊이 '구하는 것' 을 강조하는 말이다. 만일 얻고자 한다면, 열심히 끊임없이 구해야만 하는 것이다. 즉, "너희가 온 마음으로 나를 구하면 나를 찾을 것이요 나를 만나리라"(렘 29:13). 둘째로, 이 말은 구하는 것의 범위를 더 확장해 준다. 즉 찾는 것이 구하는 것보다는 범위가 더 넓다. 영적 의무를 수행하기 위해 진심으로 은혜를 갈망하는 자는 결코 돌 같은 마음을 변화 없이 내버려 두어서는 안 되는 것이다. 우리는 말씀을 읽고 연구하고 외우고 묵상해야만 한다. 만일 신실한 사역자가 되려면 말씀을 들을 수 있어야만 한다. "내 마음이 내 속에서 뜨거워서 묵상할 때에", 과거의 경건한 자들의 작품들이 때때로 큰 도움을 준다.

"문을 두드리라 그러면 너희에게 열릴 것이니." 이 구절에서 주께서 말씀하시는 것은, 은혜는 결코 편안하게 얻게 되는 것이 아니라는 것이다. 마치 열심히 구하고 찾는 자가 이제 막 닫힌 문 앞에 이르게 된 것과 같다. 그리스도께서는, 그렇다 할지라도 실망하거나 낙심하지 말고 너희가 바라는 것을 끊임없이 계속해서 '두드리라' 고 말씀하신다. 이때는 마치 하나님께서 우리를 외면하시고, 자신을 감추시고, 우리로 하여금 그에게 접근하지 못하게 하는 것처럼 보이는 때이다. 이것은 우리의 진실성을 시험하는 때이며, 우리의 열심을 시험하는 때이며, 우리가 생각하는 만큼 실제로 하나님의 은혜를 갈망하는가를 입증하기 위한 것이다. 만일 그렇다면, 실망이 느껴질 때마다 오직 노력을 배가해야 할 것이다. 네 사람이 한 중풍병자를 메고 올 때에 무리들로 인하여 그리스도께 데려갈 수 없으므로 그들은 그가 계신 곳의 지붕을 뜯어 구멍을 내고 중풍병자의 누운 상을 내리니, 그리스도께서는 그들의 극성스러움을 불쾌히 여기시기는커녕 오히려 "그들의 믿음을 보시고"(막 2:4, 5) 중풍병자에게 "소자야 네 죄 사함을 받았느니라"라고 말씀하셨다. 믿음이 방해받을 때, 그것을 이겨내고, 자기의 요구가 받아들여질 때까지 끊임없이 구하고 찾고 두드리라.

은혜를 구하는 일

❷

때때로 서로 관련된 구절들을 비교해 보는 것은 도움이 된다. 왜냐하면 그 구절들 안에 들어 있는 다양성이 상호 보충적이기 때문이다. 이것은 확실히 4복음서와 관련된 사례이다. 지금 우리가 다루고 있는 마태복음 7장의 구절은 누가복음 11장에서도 발견된다. 문맥은 다르지만 그 내용을 고찰해 보면 교훈을 얻을 수 있을 것이다. 누가복음 11장은 주님의 제자 한 사람이 "주여 우리에게 기도를 가르쳐 주옵소서"라고 요청하는 말로 시작된다. 이 요청은 이방인이 한 것이 아니라 주님의 제자가 한 것이다. 이것은 믿는 자들이 올바르게 기도하려면 이 신성한 기도의 방법을 거룩하게 **배워야**만 한다는 사실을 암시해준다. 이것은 교만한 마음을 가진 자들을 대단히 겸손하게 해주는 진리이다. 기도란 그리스도인이 실천해야 할 가장 단순하고 가장 자발적인 행위인데, 그럼에도 불구하고 그들은 본성적으로 그 일을 실행하는데 있어서 부적합하다. 그 어떤 학교도 이 거룩한 일을 할 자격을 줄 수가 없다. 오직 하나님만이 하나님께서 들어주시는 기도를 하는 방법과, 그와 다른 사람에게 복을 비는 방법을 경험적이고 효과적으로 가르쳐 주실 수 있다. 필자와 독자도 이 일을 실행해야 할 절실한 필요를 느낄 수 있기를 기도한다.

"주여 우리에게 기도를 가르쳐 주옵소서"라는 이 요청이 그리스도 안에 있는 어린 아이에게만 적합한 것이라고 생각해서는 안 된다. 그것이 믿음의 초보자들이 해야 할 대단히 적합하고 필수적인 기도라는 것은 사실이다. 그러나 초보자에게 **강조해야 할 필요가 있는** 것 이상으로 믿은지 좀 더 오래되는 어떤 형제들에게도 그렇게 기도하도록 강조해야 할 필요가 있다. 믿음의 세월이 거듭되어지면 교만과 자기만족적인 태도가 증가하게 되는 경우가 매우 허다하다. 말재주나 유창한 언어 구사력, 그리고 다른 사람이 기도할 때 사용한 표현을 재빨리 기억하는 재주를 가진 많은 사람들은, **그들도** "주여 우리에게 기도를 가르쳐 주옵소서"
라고 기도해야 할 필요가 있다고 가르쳐 주면 기분 나빠할 것이다. 그러나 실상
은 그러하다. 즉 가장 오래되고 경험이 풍부한 성도라 할지라도 주님이 원하시는
올바른 기도방법을 좀 더 완전하게 가르쳐 달라고 기도해야 할 필요가 있다. "만
일 누구든지 무엇을 아는 줄로 생각하면 아직도 마땅히 알 것을 알지 못하는 것
이요"(고전 8:2). 은혜 안에서 자라고 있다는 사실은 교만함이 커지는 것에 의해
서가 아니라 점증하는 겸손함에 의해서 증명된다. 지극히 심오하게 배워온 신자
라면 다음과 같은 교훈의 필요성을 가장 잘 알 것이다. 즉 지혜의 대부분은 무지
를 깨닫는 데에서 이루어진다.

주님께서는 고맙게도 간결한 기도의 모형을 제시해 주심으로써 제자의 이 요
청에 대답하셨다. 그런데 우리는 그것을 가정기도문이라고 생각하고 싶어한다.
그때 주님께서는 다음과 같은 질문이 제기될 것을 예상하셨던 것 같다. 즉 하나
님은 실제로 우리에게 응답하시는가? 이 거룩한 일을 실행하는 것의 실제적인 의
도는 무엇인가? 그것은 우리의 내적인 이익을 위해서만 계획된 것일까? 혹은 위
로부터 실제로 축복을 가져다주는 것일까? 그것이 우리 안에서 작용함으로써 일
으켜 주는 이익으로 끝나는 것일까? 아니면 하나님의 손을 실제로 움직이게 하는
것일까? 그 대답은 비록 비유의 상태이긴 하지만 대단히 분명하게 표현되어 있
다. 귀찮게 조르는 것이 인간에게도 영향을 미치는 것이 지극히 분명한 것처럼
열렬하고 끈기 있게 구하면 확실히 하나님의 응답을 들을 것이다. 하늘의 시은좌
를 향해 간청하는 것은 헛된 일이 아니다. 다시 말하면, 우리가 드리는 기도는 허
공 중에 사라지는 것이 아니며, 단순히 우리 자신을 소모해 버리는 일은 아니다.
구하면 얻을 것이며 찾으면 찾을 것이요 두드리면 열릴 것이다. 하나님의 명령과
믿음의 기도 사이, 즉 땅에서 올라가는 요청과 하늘에서 내려오는 은혜 사이에는
어떤 관계가 있다.

아주 많은 사람들이 누가복음 11장의 비유의 의미를 깨닫지 못하는 것은 이상
하다. "또 이르시되 너희 중에 누가 벗이 있는데 밤중에 그에게 가서 말하기를 벗
이여 떡 세 덩이를 내게 꾸어 달라 내 벗이 여행 중에 내게 왔으나 내가 먹일 것이
없노라 하면 그가 안에서 대답하여 이르되 나를 괴롭게 하지 말라 문이 이미 닫
혔고 아이들이 나와 함께 침실에 누웠으니 일어나 네게 줄 수가 없노라 하겠느냐
내가 너희에게 말하노니 비록 벗됨으로 인하여서는 일어나서 주지 아니할지라도

그 간청함을 인하여 일어나 그 요구대로 주리라"(5-8절). 이 비유는 기도의 필요
성과 굽히지 않고 끝까지 기도해야 하는 교훈 이외에 그보다 좀 더 많은 어떤 것
을 우리에게 가르쳐주고 있다. 그것은 기도할 때 열렬하게 하라는 **격려**이다. 그
자세한 내용을 살펴보자. 요청을 받은 사람은 그에게 제시된 그 요청을 왜 귀찮
게 여겼는가? 그것은 가까운 친척이 아니라 친구가 그 요청을 했기 때문이다. 탄
원자가 자기 자신을 위해서가 아니라 다른 어떤 사람을 위해서 부탁했기 때문이
다. 그리고 그 부탁이 절박하고 긴급하게 필요한 것이 아니라 몇 조각의 빵 문제
였기 때문이다. 누가 한밤중에 다른 사람을 위한 빵을 빌리기 위하여 남의 집 문
을 두드리려고 생각하겠는가? 그리스도께서는 그러한 상황 아래에서 우리의 이
기적인 마음의 본성적인 경향을 보여주신다. "나를 괴롭히지 말라 … 일어나 네
게 줄 수가 없노라." 그러나 거듭하여 그 요청을 반복했기 때문에, 그리고 탄원자
가 거절을 받아들이려 하지 않았기 때문에, 다시 말하면 친구라는 관계 때문이
아니라 귀찮게 졸랐기 때문에 탄원자는 그 요청한 바를 얻은 것이다.

그리스도께서 여기에서 형식적으로 명확한 결론을 내리셨긴 하지만 ― 13절에
나타나 있는 것처럼 ― 믿음으로 그렇게 하는 것은 참으로 복된 일이다. 그리스
도인이 탄원을 드리고 있는 상태는 '친구' 이상의 관계, 즉 하늘에 계신 그의 아
버지이신 것이다. 그는 자녀들의 다양한 필요를 채워 주시는 것을 조금도 주저하
지 아니하시며 "모든 사람에게 후히 주시고 꾸짖지 아니하신다"(약 1:5). 우리가
그에게 가기에 적절하지 않은 시간이란 있을 수 없다. 왜냐하면 그는 "졸지도 아
니하고 피곤하지도" 아니하기 때문이다. 즉 우리는 언제든지 은혜의 보좌를 향
해 말씀을 드려도 좋다. 게다가 우리의 가장 작은 필요까지도 하나님 앞에서 말
씀드리는 것은 우리의 특권이다. 우리는 특출하고 중요한 사람에게 사소한 것을
부탁하는 일을 망설이게 된다. 왜냐하면 그가 그것을 싫어한다는 것을 알기 때문
이다. 그러나 "**모든 일**에 기도와 간구로 너희 구할 것을 감사함으로 하나님께 아
뢰라"는 말씀은 성도에게 보낸 왕의 초청이다. 우리는 자신에게 관련된 필요만
을 요청할 수 있는 것은 아니다. 우리는 친구들의 필요를 채워 주시도록 주님께
간청할 수 있다. 그렇게 함으로써 우리는 그를 영광스럽게 해드리고, 그가 모든
것의 통치자시요 우주적인 공급자라는 사실을 인정하는 것이다.

주님께서는 "구하라 그러면 너희에게 주실 것이요 찾으라 그러면 찾아낼 것이
요 문을 두드리라 그러면 너희에게 열릴 것"(눅 11:9)이라 선포하셨는데, 그것은

우리가 지금 다루는 마태복음의 부분과 정확하게 똑같은 말씀이다. 단순히 친구 관계인 사람에게 적절한 시간에 다른 사람을 위한 빵을 구하러 가서 승낙의 회답을 듣는다면, 하물며 불편하게 여기시는 때라고는 전혀 없으신 하늘에 계신 우리 아버지께서 자신의 사랑하는 자녀에게 얼마나 많은 구원을 베풀어 주시겠는가. 여기에서 하나님의 마음은 기꺼이 아낌없이 주시는 분이시라는 사실이 드러난다. 왜냐하면 그의 풍부하심은 고갈될 리가 없으며 그의 백성에게 "네 입을 **크게** 열라 내가 채우리라"(시 81:10)고 말씀하셨기 때문이다. 여기에 하나님의 모든 백성을 향해 넓은 문이 열려 있는데, 그것은 우리가 거의 상상할 수 없을 정도로 큰 축복의 가능성이며 최상의 것을 열렬하게 희구하라는 값없이 주신 허락이다. 우리의 기대가 제아무리 큰 것이라 할지라도 하나님의 관대한 주심을 초과하는 것일 수는 없다. 그렇다면 이것이, 그리스도인은 자기가 좋아하는 것이라면 무엇이나 구해도 좋으며 하나님께서는 그것을 주시겠다고 서약하신 것이라는 의미일까? 그것은 절대적인 약속이며 아무런 제한도 없는 것일까? 그렇지 않다. 첫째로, 우리 자신의 불신앙에 의해, 즉 그 약속들에 대한 우리의 믿음이 충분하지 못하기 때문에 그것은 제한을 받는다. 둘째로, 그것은 하나님의 친절에 의해 제한을 받는다. 즉 하나님께서 그 약속들과 더불어 제시한 유일한 조건은 실제로 우리에게 '좋은 것' 이외에는 아무것도 주시지 않으신다는 것이다(11절). 우리는 이 점에 대해 참으로 감사를 드려야 한다. 우리는 무지와 좁은 소견으로 인하여 때때로 하나님께 우리에게 해로울 뿐인 것을 요구한다. 그러나 하나님께서는 그의 자비하심으로 인하여 그 요청을 허락지 아니하신다. 하지만 하나님께서는 악한 자에게는 그렇게 하지 않으신다. 하나님을 믿지 않는 이스라엘 민족이 광야에서 고기를 달라고 요청했을 때 그들의 요청을 허락하시긴 하였으나 "그들의 먹을 것이 아직 그들의 입에 있을 때에 하나님이 그들에게 노염을 나타내셨다"(시 78:30, 31). 그 후의 시대가 왕을 요구하자 하나님은 '분노 하시며' 왕을 허락하셨다(호 13:11). 마귀들이 돼지 떼들 속으로 들어가게 해달라고 요청했을 때도 그렇게 하라고 허락하셨다(마 8:31, 32).

어떤 사람들은 이 주제에 대하여 지극히 미숙한 생각을 하고 있기 때문에 위에서 지적한 제한을 기억하는 것은 매우 중요하다. 마태복음 7:7, 8에서 단순히 표면적인 가치만을 취함으로써 어떤 사람들은 우리가 좋아하는 것은 무엇이든지 믿음으로 구하기만 하면 단순히 그 구함 때문에 하나님에게 그것을 얻게 될 것이라는 어리석은 원리를 이끌어 낸다. 그리고 그들은 "믿음으로 구한다"는 것은 그들이 탄원하는 것이 허락될 것이라는 뜻으로 생각한다. 그러나 "구하는 자에게 **좋은** 것으로 주신다"는 말씀으로써 그러한 광신에 즉시 제재를 가한다. "믿음으로 구한다"는 것은 하나님의 약속들 중의 하나를 붙잡고 하나님 앞에 탄원하라는 요구이다. 즉 그것은 우리가 구하는 것은 무엇이든지 주시리라는 기대가 아니라 그가 주신다고 약속하신 것을 허락하시리라는 확신이다. "그의 뜻대로[우리의 뜻이 아니라 성경에 나타나 있는 바와 같이 그의 뜻대로] 무엇을 구하면 들으심이라"(요일 5:14). 그러므로 우리가 믿음으로 구할 때 이것들이 우리에게 좋은 것임을 하나님께서는 아시므로 우리는 '그의 뜻대로' 구할 뿐이다.

"기도란 단순하고 거짓 없이, 겸손하고 열렬하게 하나님 앞에 우리의 마음을 열어 놓는 것이다. 기도로써 우리는 필요한 것을 구하고, 주신 것에 대하여 감사를 드리는 것이다"(순교자, 존 브래드포드 John Bradford). 모든 그리스도인에게 절박하고 항구적으로 필요한 것, 즉 모든 다른 은혜와 특권을 증진시키고 올바르게 사용하는데 있어서 없어서는 안 될 것이란 무엇인가? 그것은 **하나님의 은혜**가 아닐까? 즉 새롭게 하시는 은혜, 깨닫게 하시는 은혜, 능력을 부여해 주시는 은혜, 성화시켜 주시는 은혜가 아니겠는가? 우리를 성화시켜 주는 것이 아니라면 제 아무리 많은 재능이라도 무엇을 하겠는가? 그러므로 우리는 이 은혜를 '구해야'만 한다. 즉 그것을 주시기를 하나님께 열렬하게 간청하면서, 절실한 필요를 느끼는 것을 구해야 한다. 우리는 그 은혜를 '찾아야' 한다. 즉 결핍된 것과 매우 귀중한 것이라고 느껴지는 것을 애써 부지런히 구해야 한다. 우리는 그 은혜의 문을 두드려야 한다. 다시 말하면, 열렬하고 끈기 있게, 그러면서도 허락하시기를 지체하시는 것이나 사람들의 반대와 실망을 견디어 내면서 우리의 필요를 간청함으로써 진지하고 끊임없이 구하고 찾아야 한다. 우리는 우리의 요청이 허락될 때까지 계속하여 기도해야 한다.

단지 형식에 지나지 않을 뿐 아무것도 성취하지 못하는 '구함'이 있다. 즉 탄원자 자신이 그가 간청한 것을 한 시간쯤 지난 후에는 거의 기억하지 못한다면 어떻게 응답을 받을 것이라고 기대할 수 있겠는가? 경험이 있는 어머니가 아이의 단순한 요구에 불과한 것과 절박한 필요에서 요구하는 것 사이의 차이를 알아낼 수 있다면, 하물며 우리가 어떻게 전지자를 속일 수가 있겠는가? 그리고 또 단지 기계적일 뿐 아무것도 찾지 못하는 '찾음'이 있다. 즉 냉담하고 나태한 태도로 찾는다면 아무것도 이루지 못할 것이다. 우리는 사소한 것에 지나지 않는다고 생각하는 것을 구하려고 할 때는 거의 애를 쓰지 않는다. 그러나 찾는 것이 지극히 가치 있는 것이라든가 소중히 여겨지는 것일 때는 대단히 열심히 찾는다. 그러나 열렬하게 구하고 힘써 찾는 것 이상의 어떤 것이 요구된다. 즉 '문을 두드린다' 는 것은 더욱 열렬하게 구하고 계속하여 찾으라는 뜻이다. 만일 처음에 성공하지 못한다면 우리는 계속하여 거듭 시도해야 한다. 그것은 다음과 같은 말씀을 통해 나타나 있다. "성벽 위에 파수꾼을 세우고 그들로 하여금 주야로 계속 잠잠하지 않게 하였느니라 너희 여호와로 기억하시게 하는 자들아 너희는 쉬지 말며" (사 62:6, 7).

"모든 기도와 간구를 하되 항상 성령 안에서 기도하고 이를 위하여 깨어 구하기를 **항상 힘쓰며**" (엡 6:18). 여리고의 성벽들은 포위당하던 처음에는 무너지지 않았다. 그리고 사랑하는 성도가 하나님께 육체 속에 박혀 있는 가시를 제거해 달라고 구하던 처음이나 그 다음에는 위로의 확답을 얻지 못하였다. 그리스도인이 같은 것을 반복하여 요청하는 것은 나쁜 일이 아니기 때문에 귀찮게 조르는 것은 필수적인 일이다. 그러면 **왜** 하나님은 그의 백성들에게 귀찮게 조르며 탄원하도록 요구하시는지 살펴볼 필요가 있다. 몇 가지로 대답을 할 수가 있다.

첫째로 부정적인 측면인데, 그것은 하나님 편에 어떤 주저하시는 바가 있어서 그것을 극복해야 하기 때문은 아니다. 왜냐하면 하나님은 우리가 축복을 구하려 하는 것보다 훨씬 더 기꺼이 주시려 하기 때문이다. 그렇다. 그는 우리를 위해 우리가 구하거나 생각하는 것 이상으로 훨씬 더 풍성하게 넘치도록 주신다. 그것은 하나님이 우리를 애타게 하시려 하기 때문은 더욱 아니다. 즉 "여호와께서 기다리시나니 이는 너희에게 **은혜를 베풀려** 하심이요" (사 30:18)

둘째로 긍정적인 측면인데, 그것은 **우리가 열렬하다는 증거를 보여야 하기** 때문이다. 어떤 사람이 우리에게 어떤 것을 요청해 올 때 단 한 번의 거절로 그를 쫓아버리기에 충분하다는 것을 알게 되면 우리는 그가 그것을 그다지 열렬히 바라지 않는다고 결론을 내린다. 그러나 만일 어떤 사업가가 사무실에 늦게 도착했더니 비서가 와서, 어떤 사람이 만나기를 청하는데 그를 따돌릴 수가 없고 그가 몇 시간이고 기다려서 응답을 얻어 낼 작정이라고 알려오면, 그것은 그가 간절히 바라고 있다는 뜻이 분명하다. 그렇게 열렬하고 끈기 있는 태도는 주님을 기쁘시게 해드린다. 즉 어떤 사람이 야곱처럼 "당신이 내게 축복하지 아니하면 가게 하지 아니하겠나이다" (창 32:26)라고 말할 수 있다면 틀림없이 허락을 얻을 것이다.

"너희가 온 마음으로 나를 구하면 나를 찾을 것이요 나를 만나리라"(렘 29:13)

그러나 귀찮게 조르는 태도는 **우리의 믿음을 시험해 보는 데** 필요한 것이다. 믿지 않는 자는 곧 좌절한다. 즉 사람에게서 반대를 받거나 하나님 편에서 허락하시기를 지체하시면 기도하는 마음이 곧 사그러들고 만다. 그러나 믿는 자는 그렇지 않다. 즉 믿음은 ["너는 여호와를 기다릴지어다 강하고 담대하며 여호와를 기다릴지어다"(시 27:14)라고 말하면서] 그 사람에게 다시 용기를 북돋워 준다. 가나안 여인의 믿음이 어떻게 시험되었는지 살펴보자. 첫째로, 맨 처음 그 여인은 "주 다윗의 자손이여 나를 불쌍히 여기소서"라고 소리를 질렀다. 우리는 "예수는 한 말씀도 대답지 아니하셨다"라는 사실을 읽게 된다. 그때 제자들이 끼어들어 주님께 그 여자를 보내자고 말하였다. 그 다음에 그는 "나는 이스라엘 집의 잃어버린 양 외에는 다른 데로 보내심을 받지 아니하였다"고 말씀하셨다. 그러나 그 여자는 조금도 굽히지 않고 "주여 저를 도우소서"라고 다시 간청을 했다. 그러자 예수께서는 "자녀의 떡을 취하여 개들에게 던짐이 마땅치 아니하니라"고 대답하셨다. 그러나 그 대답조차도 그 여자를 실망하게 하지는 못하였다. 즉 그 여자는 구하며 찾았고, 부스러기라도 주시기를 간청하면서 계속하여 문을 두드린 것이다. 그리하여 드디어 "여자여 네 믿음이 크도다 네 소원대로 되리라"(마 15:28)는 승리의 결과를 얻은 것이다.

그러한 귀찮게 조르는 태도는 **우리의 인내심을 자라게 하는 데** 필요하다. 우리는 슬프게도 얼마나 참을성이 없는가! 우리의 뜻이 좌절되었을 때 얼마나 화를 내는가? 참으로 커다란 반항심이 마음속으로 몰래 숨어 들어와 작용하는 것이다! 진실로 우리는 '멍에에 익숙지 못한 송아지' 같아서 우리의 욕망을 달성하는 데 가해지는 모든 제재에 대하여 쉽사리 안달하며 성을 낸다. 그러나 우리는 인내심을 완전하게 발휘해야만 하며, 믿음의 시련이 "인내를 만들어 내게" 해야 한다(약 1:3). 참된 믿음은 하나님의 허락이 지연된다 해도 무너지지 않는다. 즉 믿음은 하나님께서 은혜를 베푸시려고 기다리고 계심을 알고 있다. 그러므로 믿음을 가진 자는 "여호와의 구원을 바라고 잠잠히 기다릴" 수 있다(애 3:26). 엘리야는 오랜 가뭄이 끝나게 해 달라고 기도하고, 사환에게 가서 비가 올 첫 조짐이 보이는지 알아보라고 명령하였다. 사환이 돌아와 "아무것도 없나이다"라고 말하자 그 주인은 "가서 일곱 번까지 다시 가라"고 대답하였다(왕상 18:43). 그래서 우리가 열렬하다는 것을 입증하며, 믿음을 시험하고 인내심을 기름으로써 허락하심이 주어질 때, 우리의 영혼은 주님의 응답을 받기에 더욱 적합해지고, 그 응답하심에 더욱더 감사할 수 있는 것이다.

그러나 그리스도인은 자신만을 위해서 뿐만 아니라 **형제**를 위해서도 열렬하고 부지런하게, 그리고 끈기 있게 하나님의 은혜를 구해야 한다. 그것은 우리가 누가복음 11장의 비유를 언급한 이유이다. 거기에서 하나님의 약속들은 필요한 친구를 대신해서 빵을 구하는 사람에 대한 비유에 의해 즉각 나타난다. 그 교훈은 너무나 명백하므로 그 의미를 놓쳐서는 안 된다. 즉 그는 그 필요를 혼자서는 해결할 수 없기 때문에 한밤중이었지만 다른 사람에게 가서 친구를 대신하여 간청한 것이다. 곧이어 그리스도께서는 다음과 같이 말씀하신다. "구하라[친구를 대신하여] 그러면 너희에게 주실 것이요." 그러므로 네 자신의 필요를 구할 때와 마찬가지로 은혜를 필요로 하는 형제를 위해서도 열렬하게 구하고, 부지런히 찾고, 끈덕지게 문을 두드려야 한다. 어린 양은 다 똑같은 귀중한 그의 피로써 그들을 샀으므로 그들은 같은 가족의 일원이다. 그러므로 그들은 당신의 사랑을 요구할 권리를 가지고 있다. 하나님의 은혜는 죄를 씻고 마음을 밝게 하며 열매를 맺고 성화되기 위하여 당신에게처럼 형제에게도 실제적이고, 크게, 그리고 절박하게 필요한 것이다.

그러나 슬프게도 우리는 바로 이 점을 실행하는 데 있어서 게을리하지 않았는가? 우리의 기도는 지나치게 자기중심적인 것은 아닌가? 기도가 아무런 효력이 없는 것이 놀랄 만한 사실이겠는가? 형제의 영적인 행복에 대해서는 거의 아무런 염려도 하지 않으면서 내 영혼을 위하여 구하는 은혜를 주님께서 주시지 않는다고 놀라야 하겠는가? 하나님께서는 이기심을 조장하시지는 않는다. "모든 기도와 간구를 하되 항상 성령 안에서 기도하고 이를 위하여 깨어 구하기를 항상 힘쓰며 **여러 성도를 위하여** 구하라"(엡 6:18). 그렇다. 우리는 내 자신과 나의 가족, 내 교회와 내가 속한 교단을 위해서 간구해야 할 뿐만 아니라 나아가 세상에 널리 퍼져 있는 하나님의 모든 자녀를 위해 간구해야만 한다. 그리고 단지 일반적인 방식으로 구하거나 일주일에 한 번씩만 구하는 것이 아니라, 은혜의 보좌 앞에서 나의 개인적인 필요를 구하는 것과 마찬가지로 명확하고 부지런하게, 열렬하고 끊임없이 구해야 한다. 이것은 그리스도께서 그의 제자들에게 거듭하여 가르치신 중요한 교훈들 중의 하나이다. "너희는 이렇게 기도하라 하늘에 계신 **우리** 아버지여 … **우리**에게 주시고 … **우리**를 사하여 주옵시고 … **우리**를 구하옵소서."

"우리는 형제를 사랑함으로 사망에서 옮겨 생명으로 들어간 줄을 알거니와"(요일 3:14). 그러므로 하늘의 시은좌 앞에서 **형제**의 사정과 동기를 **우리 자신**의 사정과 동기로 삼아 기도하는 것보다 우리의 사랑을 더 잘 표현할 수 있는 방법이 있겠는가! "에바브라가 너희에게 문안하느니라 그가 항상 너희를 위하여 애써 기도하여 너희로 하나님의 모든 뜻 가운데서 완전하고 확신 있게 서기를 구하나니"(골 4:12). 우리가 에바브라보다 더욱 많은 기도를 한다면 시온은 더 이상 지금처럼 쇠약한 상태에 머물러 있지는 않을 것이다. 만일 하나님의 백성 개개인이 열렬하고 믿음으로 가득 차서 매일 같이 믿음의 전 가족을 대신하여, 연약한 무릎을 강하게 해 달라고, 타락한 자들을 회복시키라고, 은혜가 활기차게 작용하게 해 달라고, 열매 없는 가지들을 깨끗하게 해 달라고, 그리고 반쯤 죽어 있는 목사들을 회생시켜 주시라고 하늘에 계신 하나님께 부르짖는다면, 우리는 즉시 메마른 포도원 위에 축복의 소나기가 쏟아지는 것을 보게 될 것이다. 하나님은 변하지 않는 분이시다. 즉 그의 힘은 꺾이지 아니하신다. 마태복음 7:7, 8에서 하신 약속은 오순절 때와 마찬가지로 오늘날의 믿음에 있어서도 유효한 것이다. 그러나 사랑은 쇠잔해졌고, 기도로써 모든 일을 시작하는 태도를 소홀히 여기게 되었다. "너희가 얻지 못함은 구하지 아니함이다."

교회 자체를 위해서, 그리고 그 구성원 개개인을 위해서 기도가 지금보다 더 절박하게 필요했던 적이 있었던가? 과거에 하나님의 백성에게 역사하신 가장 탁월한 구원은 주로 유력한 기도를 드린 결과로 이루어진 기념비로서 기록되어 있다. 모세의 기도에 대한 응답으로서 홍해에서 이스라엘 민족을 구원하신 일(출 14:15), 르비딤에서 아말렉을 이긴 일(출 17:12), 사무엘의 생애 동안에 일어난 블레셋족의 패망 — 그런데 그때 세워진 에벤에셀은 힘센 적들을 물리친 승리에 대한 기념비이지만 그보다 더 큰 의미는 그것이 선지자가 유력한 기도를 드려서 이루어진 일을 기념하는 것이라는 데 있다(삼상 7:5, 9, 12) — 여호사밧의 생애 동안 일어난 모압족과 아모리족의 패망(대하 20:1-13, 17, 22-24), 앗수르 왕 산헤립으로부터 구원해 주신 놀라운 사건(사 37:15-20, 35, 37) — 이 모든 사건들은 모두 기도의 응답으로서 이루어진 역사하심의 예들이다. 여호와께서는 그의 개입을 요청하는 사람들을 위해, 자신을 강하게 드러내 보여주시려고 준비하고 계심을 알려주는 그런 예들을 우리에게 보여주시면서 용기를 북돋워 준다. 그러므로 구하라, 찾으라, 그리고 두드리라!

제46장

은혜를 구하는 일

❸

> 너희 중에 누가 아들이 떡을 달라 하는데 돌을 주며 생선을 달라 하는데 뱀을 줄 사람이 있겠느냐 너희가 악한 자라도 좋은 것으로 자식에게 줄 줄 알거든 하물며 하늘에 계신 너희 아버지께서 구하는 자에게 좋은 것으로 주시지 않겠느냐(마 7:9-11)

모든 그리스도인들은 기도란 의무적으로 책임을 다해야 할 **본분**이라는 사실을 인정할 것이다. 또한 그들은 선하고 완전한 모든 선물을 주시는 분께 우리가 의존하고 있다는 사실을 고백하는 것, 즉 현세적으로나 영적으로 필요한 모든 것들을 그에게서 구하고, 주님의 선하심과 자애로우심을 승인하며 그의 수많은 자비하심에 감사드리는 것을 당연한 일이라고 인정하고 있다. 그러한 점을 이행하지 않는 일은 변명할 수 없는 일이다. 왜냐하면 그것은 우리로 하나님이 살아 계시지 않는다는 듯이 사는 사람처럼 만들어버리며 하나님께서 당연히 받으셔야 할 것을 그에게 드리지 않는 것이기 때문이다. 기도를 하지 않는 것은 단순한 결점이 아니라 회개하고 고백해야 할 극악한 죄로 간주된다. 그리스도인들은 또한 기도가 귀중한 **특권**이라는 사실을 인정할 것이다. 왜냐하면 이 의식(儀式)을 거행함으로써 그들은 높은 곳에 계신 왕을 뵈올 수 있으며, 주님 안에서 기뻐하고, 그들의 영혼을 사랑하시는 분과 친히 교제하고, 그의 앞에서 그들의 마음을 편안히 열어 놓으며, 그가 "우리의 고난의 때에 조속히 도와" 주시는 분임을 입증하는 것이기 때문이다. 그런데 슬프게도 우리는 이 특권을 거의 소중하게 생각하지 않으며 아주 소홀히 여기고 있다.

기도가 책임을 다해야 하는 본분으로서 그리고 귀중한 특권으로 자유로이 허용되어 있음에도 불구하고, 신앙고백을 하는 수많은 그리스도인들은 그 의무를 수행하고 그 특권을 그들 자신에게 유용하게 사용하는데 있어서 지극히 태만한 것이 사실이다. 이것은 어째서 그럴까? 그들은 하나님이 그들에게서 기도하는 마음을 거두어 가시고, 그에게 가까이 나아가는 자유를 거절하셨다고 말함으로써 하나님을 모독하는데, 우리는 그들로 하여금 기도하지 않는 죄에다 하나님을 모독하는 사악한 죄까지 더 범하게 해서는 안 된다. 그들은 하나님을 해칠 뿐만 아니라 모욕까지 하는 것이다. 우리는 우리의 책임을 이행하지 않은 것을 변명하기 위하여 하나님의 주권에 간청할 때 기도를 악용한다. 우리가 하나님의 얼굴의 빛을 즐거워하지 아니한다면 그것은 우리 죄가 짙은 구름처럼 우리와 하나님 사이를 가리고 있기 때문이다(사 59:2). 우리가 하나님의 손으로부터 좋은 것을 받지 못하는 것은 우리의 죄악이 하나님의 손을 막았기 때문이다(렘 5:24). 우리의 마음이 냉담하고 기도와 멀어졌다는 그것은 우리가 성령을 슬프게 해드렸기 때문이다. 그러므로 잘못은 전적으로 우리 편에 있으므로 우리는 그것을 정직하게 인정해야만 한다.

은혜의 보좌 앞으로 자유롭고 규칙적으로 나아가는 것을 방해하는 것들 중에서 **교만의 작용**을 지적할 수 있다. 교만은 독립적이고 자기만족적인 마음을 생기게 한다. 굴욕 속에 우리의 자리를 마련해 두고 빈손의 거지처럼 하나님 앞에 나아간다는 것은 본성적으로 성미에 맞지 않는 일이다. 우리가 그리스도인의 체험을 하는 초기에는 사실 그렇게 한다. 왜냐하면 우리는, 그때는 자신을 비우고 전적으로 자기의 밖으로부터 구원을 찾으려 하기 때문이다. 그러나 슬프게도 해가 거듭될수록 겸손한 마음이 점증해가는 일이란 지극히 드문 일이다. 우리가 성경 말씀에 숙달할수록 그리고 신앙의 신비에 익숙해질수록 자기 만족감이 우리를 차지하기가 쉽다. 즉 "지식은 교만하게 하는 것" 인데 우리는 더 많이 교만해지면 질수록 결핍감을 덜 느끼게 되며, 하나님의 은혜를 더 형식적으로 그리고 더 드물게 구하게 된다.

나태한 마음은 기도생활을 마비시키는 것이다. 육체와 마찬가지로 영혼도 편안한 것을 좋아한다. 그리고 그것은 우리가 "정신을 차리고 근신하여 기도하라"(벧전 4:7)는 권고를 들어야 하는 이유이다. 베드로가 맨 처음에 실패했던 것도 바로 이 점에서였다. 주님께서는 그에게 "깨어 기도하라"고 분부하셨다. 그러나 그는 그렇게 하는 대신 잠이 든 것이다. 기도란 '힘을 써야' 하는 것이며(롬

15:30), '애써 수고해야' 하는 것이고(골 4:12), '씨름하는' 것이다(엡 6:12, 18). 그러므로 무기력함이 우리를 지배하고 있을 때에는 그렇게 힘을 써 분발할 수가 없다.

불신앙의 힘도 기도하는 마음을 사그러들게 한다. 불신앙은 우리에게 싫은 생각을 일으키고 귀찮아지게 하며, 그 생각들 때문에 전적으로 하나님을 떠나게 한다. 믿음이 활발하게 활동하고 있는 곳에서만 우리는 이 거룩한 일을 실행함에 있어서 어떤 성공이라도 기대할 수가 있는 것이다. 그러나 세상적인 것과 놀아나고 육체적인 욕망에 굴복하며 사탄의 거짓말에 귀를 기울이면 믿음의 숨결은 짓눌리게 된다. 그렇게 되면 우리의 영혼은 불신앙의 더러운 분위기로 숨막히게 될 것이다.

이제 우리가 고찰하고 있는 산상설교의 이 부분을 보면 우리 주님께서는 제자들에게 기도하도록 격려하기 위하여 단계적으로 유도하신다. 첫째로, 그는 제자들에게 자비로운 초대를 하신다. 즉 "구하라 그리하면 너희에게 주실 것이요 찾으라 그리하면 찾아낼 것이요 문을 두드리라 그리하면 너희에게 열릴 것이니"(7절). 둘째로, 그는 다음과 같이 분명한 약속을 해주심으로써 응답하신다는 사실을 확실히 말씀하셨다. 즉 "구하는 이마다 받을 것이요 찾는 이는 찾아낼 것이요 두드리는 이에게는 열릴 것이니라"(8절). 셋째로, 하나님께서는 아버지가 되시기 때문에 결코 틀림이 없으시다는 사실을 단언하신다. 즉 "너희 중에 누가 아들이 떡을 달라 하면 돌을 주며 생선을 달라 하는데 뱀을 줄 사람이 있겠느냐 너희가 악한 자라도 좋은 것으로 자식에게 줄 줄 알거든 하물며 하늘에 계신 너희 아버지께서 구하는 자에게 좋은 것으로 주시지 않겠느냐"(9-11절).

그리스도께서 결론을 내리신 것에 대하여 완전한 진의를 파악하려면 "너희가 악한 자라도"라고 말씀하신 전제를 살펴보아야 한다. 우선 이 짧은 구절을 통하여 하나님께서 타락한 인간을 어떻게 평가하시는지를 살펴보아야 한다. 이 말씀은 인간의 본성이 타락하고 부패한 것임을 확언하는 것인데 참으로 인간의 자부심을 격하시키는 것이다. 철학자와 시인, 목사와 정치가들은 인간의 존엄성과 신성함, 인간 본성의 고귀함과 숭고함에 대하여 그들이 좋아하는 대로 모두 늘어놓을 수도 있다. 그러나 하나님의 아들이 선언하신 이 엄숙하고 틀림없는 판결 앞에서 그 모든 말들은 바람에 날리듯 흩어져 없어질 것이다. 그리스도께서는 그가 만나신 사람들의 그럴듯한 고백과 종교적인 겉치레에 속지 않으셨다. 왜냐하면

"많은 사람이 그의 행하시는 표적을 보고 그의 이름을 믿었으나" 그러나 "예수는 그의 몸을 그들에게 의탁하지 아니하셨으니 … 이는 그가 친히 **사람의 속에 있는 것**을 아셨음이니라"(요 2:23-25). 우리 주님께서 공공연한 적이 아니라 그 자신의 제자들에게 "너희가 악할지라도"라고 말씀하신 사실을 보면 우리는 그 말씀의 엄숙하고 놀라운 의미를 발견하게 될 것이다(눅 11:1, 2, 9, 13). 즉 그들은 본성적으로 타락해 있는 것이다.

"너희가 악한 자라도 좋은 것으로 자식에게 줄 줄 알거든." 너희는 악한 것을 **행할** 뿐만 아니라 너희 자신도 **악하다**(즉 모든 행동이 유래하는 그 근본 자체가 악한 것이다). 그럼에도 불구하고 너희는 자녀에게 친절하다. 하나님의 현명하시고 자비하신 배려로 인하여 어버이다운 사랑이 인간의 마음과 생각을 움직이는 모든 활동적인 원리들 중에서 가장 강력한 힘 중의 하나가 되었다. 어버이라는 이름으로 불릴 만한 사람이라면, 자신에게 그렇게 할 힘이 있을 때 그의 어린 자녀가 진정으로 필요로 하는 것을 주지 않으려 할 사람은 아무도 없을 것이다. 그들은 그들의 자녀들의 부르짖음을 못들은 체하지는 않을 것이며, 자녀들에게 필요하고 이로운 것을 주는 대신 쓸모없고 해로운 것을 줌으로써 그들을 조롱하지도 않을 것이다. 원죄로써 타락이라는 결과가 남겨졌음에도 불구하고, 모든 사람들은 여전히 자녀가 궁핍해 있는 것을 느끼게 되면 본능적으로 사랑이 움직여서 자녀에게 필요한 것을 주기 위해 최선의 판단을 사용할 것이다. 그러므로 하물며 거듭난 사람이라면 틀림없이 그렇게 하지 않겠는가?

그 다음으로 그리스도께서는 자식의 관계를 통하여 결론을 이끌어 내셨다. "너희가 악한 자라도 좋은 것으로 자식에게 줄 줄 알거든 하물며 하늘에 계신 너희 아버지께서 구하는 자에게 좋은 것으로 주시지 않겠느냐." 이것은 좀 더 하찮은 것에서 좀 더 위대한 것을 이끌어 내는 논법으로서 성경에서 자주 볼 수 있는 종류의 추론이다. "아버지가 자식을 긍휼히 여김 같이 여호와께서는 자기를 경외하는 자를 긍휼히 여기시나니"(시 103:13). "여인이 어찌 그 젖 먹는 자식을 잊겠으며 자기 태에서 난 아들을 긍휼히 여기지 않겠느냐 그들은 혹시 잊을지라도 나는 너를 잊지 아니할 것이라"(사 49:15). "사람이 자기를 섬기는 아들을 아낌 같이 내가 그들을 아끼리니"(말 3:17). 경건한 부모가 그 자녀들이 안타깝게 부르짖는 필요에 응답한다면, 지극히 탁월하시고, 그의 자녀들에게 친절하게 마음을 써 주시는 하나님이시니 우리는 그에게 무엇이든지 기대할 수 있지 않겠는가. 지식과 지혜, 능력과 자애로우심, 그리고 마련해 두신 바에 있어서 지상에 있는 어떤 부모라 할지라도 하늘에 계신 우리 아버지를 따를 자가 아무도 없다. 그러므로 우리는 그가 우리의 모든 필요를 채워 주신다는 사실을 지극히 완전하게 확신하면서 그에게 간청해야만 한다. 이것은 참으로 확고한 추론이다. 그리고 참으로 설득력 있는 간청인 것이다.

그러나 다음으로 하나님의 은혜를 구하는 자에게 내리시는 자비롭고 큰 격려와 바로 그 앞에 나온 것 사이의 **관계**를 살펴보자. 우리가 앞에서 지적했듯이 우리 주님께서 기도에 대하여 가르쳐 주신 것에는 단계 내지는 점진적인 발전이 있다. 특히 이러한 현상은 누가복음 11장에서 뚜렷하게 나타난다. 먼저, 초청하는 말과(7절), 그 다음에 용기를 북돋워 주는 약속이 나온다(8절). 그리고 이제 그리스도께서는 그와 반대되는 사람, 즉 대단히 어리석고 사악한 사람, 그러면서도 어떤 사람들에 의하여 높임을 받는 그러한 사람에 대하여 말씀하신다. 비탄에 빠진 마음속에서는 커다란 의심이 일어나기가 쉽다: 하나님께서는 그의 백성들의 간청을 들으시고 대개는 그들에게 자비롭게 응답하시는 것이 사실이다. 그렇지만 나는 그럴 만한 가치가 없는 사람이다. 그러니까 하나님께서는 내 기도를 불쾌하게 여기시고 나에게는 사랑 대신에 분노로써 응답하시는 것이 아닐까? 나는 틀림없이 그런 대가를 받아야 마땅하다. 내가 나의 타락을 고백하면 하나님께서는 내 입에서 나온 말로 나를 판단하시고 책망하실 테니 나는 어떻게 해야 할까? 그러나 그러한 생각은 악한 것이다. 우리가 하나님께 좋은 것을 간청했을 때 나쁜 것을 주시지 않을까 두려워한다면, 그것은 진실로 우리가 **악한** 것이다.

죄악감과 불신앙의 작용은 우리로 하여금, 우리가 하나님께 좋은 것을 구했는데도 그가 나쁜 것을 주셔서 우리를 조롱하시고, 자비로움 대신에 의롭게 판단하심으로써 어떤 것을 주시지 않을까 두려워하게 한다. 독자는 이것이 무리한 생각이며 우리가 너무 극단적이고 예외적인 경우를 예로 들고 있다고 생각하는가? 그렇다면 이렇게 묻겠다: 당신은 어떤 문제에 대하여 열렬하게 기도하였으나 그 결과는 사태가 좋아지는 대신 더 악화되고, 도움을 받는 대신 곤란이 증가하며, 그러한 일에 대하여 더 이상 기도하는 것이 두려워질 정도로 압박이 더 격렬해져 버린 경험을 한 적이 없는가? 그리고 더욱 인내할 수 있게 해 달라고 하나님께 거듭하여 간청했는데도, 그 결과는 당신에게 가장 최소한으로 남아 있는 것마저도 가져가 버리심으로써 주님께서 당신을 조롱하시는 것같이 보이던 그러한 경험을 한 적이 없는가? 만일 당신이 그러한 경험을 한 적이 없다면 나는 많은 사람들이 그와 비슷한 어떤 일을 알고 있다는 사실을 당신에게 확실히 말할 수 있다.

"너희 중에 누가 아들이 떡을 달라 하면 돌을 주며 생선을 달라 하면 뱀을 줄 사람이 있겠느냐"(9, 10절). 이 말씀은 주님께서 그러한 반대에 대하여 **반박**하신 것이다. 그는 우리에게 세상적인 부모의 행동에 대하여 숙고해 보라고 말씀하신다. 경건한 아버지라면 그의 아들이 그에게 합당한 요청을 해올 때 고의적으로 아들을 조롱하겠는가? 분명히 그렇지 않다. 그러면 그 아들은 부모에게 가서 자기의 필요를 알리는 것을 두려워하는가? 그렇지 않다. 그는 그의 부모가 다른 모든 사람들보다도 그의 이익에 대하여 진심으로 가장 큰 관심을 가진 사람이며, 다른 어떤 사람보다도 그를 더 크게 만족시킬 것이라는 사실을 확신한다. 즉 그는 그의 아버지의 선하심을 신뢰하며 그의 사랑을 믿는다. 그러므로 아버지에게 의뢰하는 것을 주저하지 않는다. 사실 아들은 그의 무지 때문에 해로운 어떤 것을 요청할 수도 있다. 그러면 그의 부모는 지혜와 사랑으로써 그것을 저지시킨다. 그러나 그가 필요하고 이로운 것을 구한다면 그것 대신 해로운 것을 주지는 않을 것이다.

영적으로 적용해 보아도 그것은 분명하다. 아이가 그 부모를 믿는 것처럼 당신도 하늘에 계신 당신의 아버지를 믿어야만 한다. "너희가 악한 자라도 좋은 것으로 자식에게 줄 줄 알거든 하물며 하늘에 계신 너희 아버지께서 구하는 자에게 좋은 것으로 주시지 않겠느냐." 하나님께서 우리보다 높은 곳에 계시는 만큼 그가 그의 사랑하는 자녀들을 실망시키지 않으신다는 것은 지극히 확실하다. 그러나 좀 더 자세히 살펴보자. 당신은 아마도 당신을 분명한 길로 인도해 주시라고, 즉 당신 앞에 하나님이 바라시는 길을 명백하게 보여주시라고 하나님께 열렬하게 구하였다. 그 결과는 지극히 낙담시키는 것이었다. 어려움이 증가하고 당신은 이전보다도 더 많은 장애물에 둘러싸인 것 같으며, 이제는 당황해서 도대체 어떻게 해야 할 지 알 수가 없다. 그러나 그렇다 해도 빵 대신 돌을 주셨다고 결론지음으로써 하나님을 성급하게 판단하지 말라. 당신의 현재의 운명은 주님에게서 온 것이다. 즉 당신의 환경은, 너무나 지혜로우셔서 잘못하실 리가 없고 너무나 자애로우셔서 불친절하실 리 없는 하나님에 의하여 분부되어진 것이다. 스펄전이 말한 것처럼 "그것은 아마도 딱딱한 것일는지도 모른다. 그러나 그럼에도 불구하고 그것은 **껍질**뿐인 빵은 아니지 않는가? 그것이 그렇다고 믿으라. 그러나 결코 아버지께서 당신을 무자비하게 다루고 계신다고 의심하지는 말라."

그러나 우리는 지금 다루고 있는 구절이 현세적인 자비나 신의 축복에 대한 것이라기보다는 오히려 영적인 것에 대한 말씀이라고 생각한다. 그러므로 우리는 '빵'은 생명유지에 필수불가결한 은혜를, '생선'은 위안을 주는 은혜를 상징하는 것이라고 생각한다. 빵은 생명에 필수적인 것이며, 회개와 믿음의 은혜는 구원에 필요한 것이다. 여기에 회개하기 위하여 분명하고 진지하게 기도한 사람이 있다고 하자. 그러나 그는, 유다가 후회는 했으나 그럼에도 불구하고 멸망했다는 말씀을 읽게 된다. 그리고 하나님의 충실한 종이 율법적인 속박과 복음적인 회개 사이, 세상적인 근심과 "하나님의 뜻대로 하는 근심"(고후 7:10) 사이의 차이를 구별한 것을 듣게 된다. 그래서 그는 그가 진실로 "생명에 이르는 회개"(행 11:18)를 하였다고 단언할 수 있을 만큼, 그 정도로 죄를 끊어버리고 몹시 미워하며 진심으로 죄를 끊어버리고 진심으로 죄를 혐오하고 있는지 의심하면서 깊이 염려한다. 그러므로 그는 은혜의 보좌에 의지하며 나아가 부르짖는다. "하나님이여 내 속에 정한 마음을 창조하시고 내 안에 정직한 영을 새롭게 하소서."

여기까지는 잘 되었다. 그러나 이제 그 다음의 일을 살펴보자. 그 사람은 자기 자신의 마음속에 있는 악함에 대하여 더 많이 알게 되었고, 하나님의 빛 안에서 전에는 알지 못하였던 타락을 마음속에서 발견하게 된다. 이제는 내재하는 죄가 점점 강력하게 나타나고 죄악이 만연하게 된다. 그는 구원을 찾지만 육체가 마지막까지 변화되지 않고 남아 있기 때문에 구원은 오지 않는다. 그는 하나님께 자기의 죄들을 고백한다. 그러나 그것은 대단히 빈번하게 기계적인 것이 되곤 한다. 그래서 그의 마음이 돌같이 단단한 것 같고, 그는 기만적이며 참된 회개와는 거리가 먼 사람인 것같이 믿어지려고 한다. 바로 그러한 경우에 대한 처방책을 제시하겠다. 당신은 어디에서 구원을 찾았는가? "은혜의 보좌에서"라고 당신은 대답할 것이다. 누구에게서 찾았는가? 어떤 피조물에게서 찾았단 말인가? 그게 아니라 하나님에게서 찾았다고 당신은 대답할 것이다. 그러면 하나님은 당신을 조롱하셨단 말인가? 당신이 단순하고 분명하게 그리고 진지하게 필요를 느껴서 구했는데도 하나님은 당신에게 돌을 주셨단 말인가? 그 생각을 버리라. 하나님께서 당신을 속여서 고통을 당하게 했다고 주장하는 것은 바로 사탄의 짓이다. 거짓말을 믿지 말라.

믿음의 은혜를 취하라. 우리는 하나님께 그의 아들 안에서 구원에 이르는 믿음을 갖게 해 달라고 간청했고 그는 우리에게 응답하셨다. 우리는 우리 마음대로 하던 모든 행동을 버리고 주 예수를 믿었다. 우리는 복음의 거울을 통하여 그가 의로운 자로서 불의한 자를 위하여 죽으신 것을 보았다. 그리고 우리는 하나님께서 우리를 용납해 주신다는 유일한 근거로서 스스로 속죄 제물이 되신 예수를 믿는다. 그러나 때때로 마음속에서 의문이 일어난다. 즉 나의 믿음은 진정 구원에 이르는 믿음일까? 내가 그리스도 안에서 용서받았다고 확신하는 것은 외람된 것이 아닐까? 역사적인 믿음이 있다. 나의 믿음도 그런 믿음에 불과한 것이 아닐까? "귀신들도 믿었다"(약 2:19)는 말씀이 있다. 내 믿음도 그러한 종류의 믿음이 아닐까? 나는 참된 믿음의 은혜를 지닌 것일까? 아니면 단지 착각하고 있을 뿐인가?

그렇다면, 친구여, 다음과 같은 시금석으로 판단의 기준을 삼으라. 당신은 믿음을 달라고 하늘에 계시는 당신의 아버지께 구하지 않았는가? 그리고 나의 믿음이 가치가 없는 것이라면 주님께서 택하신 자의 믿음이 내 안에서 자비롭게 역사하게 해 달라고 하나님께 말씀드리지 않았는가? 그렇다면 성령의 작용으로 믿음을 받았다고 확신하는 대신 하나님이 당신의 마음속에 육욕적인 뻔뻔스러움을 넣으셔서 당신을 현혹시켰다고 결론지을 수는 없을 것이다. 경건한 육신의 부모라 할지라도 그렇게 행동하지는 않을 것이다. 하물며 하늘에 계신 아버지께서야 얼마나 더 그러하시겠는가!

개인적으로 경건하게 될 수 있는 은혜를 취하라. 당신은 더욱더 거룩하게 되기를 갈망하였다. 당신은 하나님께 마음을 더욱더 청결하게 해 달라고 열렬하게 구하였다. 당신은 마음과 영혼과 육체를 전적으로 성화시켜 달라고 구하면서 은혜의 보좌 앞에 나아가 거듭하여 문을 두드렸다. 그러나 이제 당신은 크게 낙담하게 된다. 왜냐하면 당신은 전보다 더욱더 죄로 가득 찬 자신을 발견하게 되었고, 내재하고 있는 타락이 점차로 더 활발하게 작용하며 악한 생각이 끊임없이 당신을 괴롭히기 때문이다. 그렇다 할지라도 당신은 다시 한 번 이러한 생각으로 되돌아와야 한다. 즉 당신은 무엇을 구하였는가? 당신은 **어디에서** 이 축복을 찾았는가. 가엾은 천주교도들이 의지하는 것과 같은 그런 거짓된 사제들이나 중재자들에게서 구했다면 당신은 진실로 속은 것이며 그래서 실망하게 될 것이다. 그러나 당신이 위대하신 대제사장, 즉 하나님과 인간 사이의 유일한 중보자이신 분에게서 찾았다면 그가 당신에게 악한 것을 주어서 속게 하신다는 것은 있을 수 없는 일이다. 비록 당신이 그것을 알지 못한다 하더라도 그는 당신의 요청을 들어 **주셨다**. 즉 그가 당신을 더욱 거룩하게 만들어 주실수록 당신은 자신에게 더욱 만족하지 못할 것이며, 당신의 마음을 더욱 청결하게 해주실수록 마음에 침범하는 더러움을 더욱더 민감하게 느낄 것이다.

소망의 은혜를 취하라. 이것은 절망하고 있을 때 마음속에 머무르는 덕으로서 우리로 하여금 장래에 더 좋은 일이 있을 것이라고 확고하게 기대할 수 있게 해준다. "우리가 소망으로 구원을 얻었으매 보이는 소망이 소망이 아니니 보는 것을 누가 바라리요 만일 우리가 보지 못하는 것을 바라면 참음으로 기다릴지니라"(롬 8:24, 25). 즉 약속이 실현되었다는 증거는 아직 눈에 보이지 않는다. 그러나 소망은 우리로 하여금 약속이 실현되리라는 것을 확신하며 기다리게 해준다. 욥이 "그가 나를 단련하신 후에는 내가 순금 같이 되어 나오리라"(욥 23:10)라고 말하도록 이끈 것도 바로 소망의 은혜였다. 용광로는 뜨거웠을 것이며, 그 불꽃은 육체에 지극히 괴로웠을 것이다. 그리고 그 찌끼는 지글거리며 끓었을 것이다(그가 자기의 태어난 날을 저주했을 때처럼). 그러나 그는 최후의 결과에 대해서는 추호도 의심하지 않았다. 그러나 독자나 나는 감히 그러한 확신을 가질 수가 없다고 말할 것이다. 즉 "그렇게 한다는 것은 주제 넘는 일이다"라고 말할 것이다. 그렇다면 하늘에 계신 당신의 아버지께서 당신의 기도에 응답해 주시기를 기대하는 것이 억측이란 말인가? 그에게 그의 약속을 선하게 이루어 주시기를 기대하는 것이 억측이란 말인가? "너희 안에서 착한 일을 시작하신 이가 그리스도 예수의 날까지 **이루실 줄**을 우리는 확신하노라"(빌 1:6). 그러므로 그러한 우롱적인 겸손으로 하나님을 모욕하지 말라. 오히려 그분이 당신에게 **아버지**같이 행하여 주신다는 것을 신뢰하라.

이제 누가복음 11장에서 세 번째로 언급된 것을 고찰해 보자. "너희 중에 누가 아들이 알을 달라 하면 [그런데 알은 그 당시에는 부유한 자들만이 먹을 수 있었던 것이었다] 전갈을 주겠느냐"(12절). 이것은 필요한 은혜나 또는 위안을 주는 은혜, 다시 말하면 우리가 **영적인 사치품**이라고 일컫는 것까지도 구하여야 한다는 생각을 하게 한다. 왜냐하면 믿음이 자라서 성령의 지극한 즐거움과 풍요함을 더욱 담대하게 구하도록 해주기 때문이다. 그는 그가 그리스도와 더욱 가까워져서 그와 더욱 친밀한 교제를 즐거이 누릴 수 있게 해 달라고 간청한다. 그러면 어떤 형태의 응답이 주어지는가? 세상으로부터의 더 많은 박해와 친구들로부터의 더 많은 반대, 그리고 형제들로부터의 더 많은 푸대접을 받는 것이 그 응답이며 그것은 육체를 자극하고 영혼을 낙담하게 한다. 그러나 그가 당신에게 알 대신 전갈을 주셨다고 결론지음으로써 하늘에 계신 당신의 아버지를 불공평하게 판단하지 말라. 즉 하나님을 그렇게 중상하지 말라. 그보다는 오히려 이 세상에서의 그리스도와의 친교가 "그 고난에 참예하는 데" (빌 3:10) 있다는 사실을 깨닫지 못한 무지하고 어리석은 당신 자신을 책망하라. 그 고난에 참예하는 것은 그의 제자들에게 주신 가장 영광스러운 은혜이기 때문이다.

마지막으로, 이 구절이 주는 위안과 확신 속에 이르려면 우리는 믿음으로써 하나님의 아버지다운 성품과 아버지라는 관계를 견고하게 붙잡아야만 한다. 우리가 하나님을 엄격한 심판자로만, 또는 지극히 높으신 주권자로만 간주하는 한 우리는 그에게 자유로이 다가갈 수 없으며 우리에게 응답해 주신다는 확신을 가질 수가 없다. 그러므로 그의 아버지다운 선하심과 사랑하심에 대해서 어린아이처럼 신뢰해야만 한다. 그리고 그의 넉넉하심에 의지해야만 한다. 세상의 부모는 "자식들에게 좋은 것으로 줄 줄 **알지만**" 때때로 궁핍한 처지 때문에 그는 그가 원하는 대로 하지 못한다. 하지만 하늘에 계신 우리의 아버지는 그렇지 아니하시다. 즉 그는 '주실 줄 알 뿐' 만 아니라 그의 자녀들에게 **실제로 주시는** 분이시다. 그러므로 그를 의심하지 말며, 그가 참된 은혜 대신 무가치한 어떤 것을 주셨다고 생각하지 말라.

제47장

황금률

그러므로 무엇이든지 남에게 대접을 받고자 하는 대로 너희도
남을 대접하라 이것이 율법이요 선지자니라(마 7:12)

"그러므로 무엇이든지 남에게 대접을 받고자 하는 대로 너희도 남을 대접
하라 이것이 율법이요 선지자니라." 이 한 구절이 우리 주님의 설교의 아홉 번째
부분을 이루고 있다. 이 구절의 주제는 공평과 공의인데, 우리는 서로를 향하여
이 원리를 적용해야 한다. 이 설교의 간결성은 지금까지 그 누구도 말하지 못한
방법으로 말씀하신 그분의 신성한 지혜를 입증하는데, 그 이유는 그 누구도 그렇
게 적은 말로 그토록 많은 내용을 함축해서 말한 적이 없기 때문이다. 이 규율에
서 강조하고 있는 방법은 신약과 구약, 두 시대의 근본적인 통일성을 잘 나타내
준다. 즉 복음은 율법의 요구를 무시하기는커녕, 오히려 그것을 동등하게 굳게
해준다(롬 3:31). 본문의 구절을 분석해서 보면, 다음과 같은 세 가지의 내용이 포
함되어 있음을 알 수 있다. 첫째로, '그러므로'라는 말로 보아서 이것이 그 문맥
의 결론 부분이라는 것을 알 수 있다. 둘째로, 이것은 완전히 이기심이 없는 상태
의 표준을 우리에게 제시해 주는 계명이다. 즉 "무엇이든지 남에게 대접을 받고
자 하는 대로 너희도 남을 대접하라." 셋째로, 여기에는 그 표준을 추천하는 내용
이 포함되어 있다. 즉 "이것이 율법이요 선지자니라."

서두의 '그러므로'라는 말은 앞의 부분에서 그리스도께서 무엇에 대하여 말씀
하셨는가를 되돌아보게 한다(7-11절). 여기에서 우리는 거룩한 선생께서 기도의
특권과 의무는 결코 분리할 수 없는 것이며, 하나님께서 주시는 축복은 인간들에
대한 우리의 책임을 더 잘 이행할 수 있도록 하기 위함이라는 사실을 제시함으로
써, 그가 기도에 대하여 말씀하셨던 것을 실제적인 면에서 적용시키고 있음을 볼

수 있다. "공의의 율법이 기도의 율법에 덧붙여지는 것이야말로 타당한 일이다. 왜냐하면 만일 우리의 교제에 진실이 없다면, 하나님께서 우리의 기도를 들어 주시지 않기 때문이다(사 1:15, 17; 58:6, 9; 슥 7:9, 13). 만일 우리가 공평한 일을 행하지 않고 사람들에게도 사랑받고 칭찬을 들을 만한 일을 하지 않는다면, 우리는 하나님으로부터 좋은 것을 받을 수 있으리라고 기대할 수 없다. 우리는 경건해야 할 뿐만 아니라 정직해야 한다. 그렇지 않으면 우리의 헌신은 위선일 뿐이다"(매튜 헨리). 오늘날의 강단에서 이러한 일들을 거의 가르치지 않는다는 사실은 참으로 슬픈 일이다. 즉 대체로 우리가 자기의 동료들을 어떻게 대접하는가와는 아무 상관이 없이 우리의 간구에 대한 응답을 기대할 수 있다고 생각하는 것은 참으로 슬픈 일이다. 하나님께서는 우리가 경건한 행위에 있어서 진실하기를 요구하실 뿐만 아니라 시민으로서 지켜야 할 모든 의무도 양심적으로 이행하기를 요구하신다.

"하물며 하늘에 계신 너희 아버지께서 구하는 자에게 좋은 것으로 주시지 않겠느냐 **그러므로** 무엇이든지 남에게 대접을 받고자 하는 대로 너희도 남을 대접하라." 그런데 이 두 구절의 관련성은 황금률을 실천하는 데 있어서, 그리스도인들이 인간들로부터 그리고 하나님으로부터 어떠한 대접을 받기 원하는가를 생각해야 한다는 것을 보여주는데, 이것은 기독교의 가르침이 이교의 원리보다 훨씬 더 차원이 높다는 것을 나타낸다. 우리는 하나님으로부터 대접받기를 기대하는 만큼 우리의 이웃에게 베풀어야 한다. 우리가 이웃에게 긍휼을 베풀지 아니하면서, 어떻게 하나님께서 긍휼을 베풀어 주실 것을 기대할 수 있겠는가? 우리가 이기적으로 살아가면서, 어떻게 하나님께서 우리에게 관대하게 대해 주실 것을 기대할 수 있겠는가? 다른 사람들이 우리를 필요로 하는 바로 그런 일에서 우리도 하나님을 필요로 한다는 사실을 잊지 말라. 우리가 인색하게 뿌리든지 관대하게 뿌리든지, 뿌리는 대로 거두게 될 것이다(고후 9:6). 그러므로 내가 완고하고 엄격하면서 베풀어 주는 것 이상의 최고의 대우를 요구한다면, 하나님께서 나를 어떻게 대하실 것인지를 생각해 보아야 한다.

또한 우리가 동료들로부터 정당한 대접을 받으려면, 우리의 기도생활의 정당한 규칙이 필수불가결하다는 사실을 알아야만 한다. 세상을 향한 무절제한 모든 감정은 인간들에게 과도한 실천을 충동하는데, 이것은 하나님에 대한 불신에서 나온 것이다. "우리는 먼저 하나님의 나라와 그의 의를 구하며, 다음에는 하나님께서 우리에게 가장 좋다고 생각하신 것을 덧붙여 주신다는 그의 약속을 신뢰하면서, 날마다 하나님께 우리의 필요한 모든 것을 구한다면, 우리는 탐욕스럽거나 불의하게 되지 않을 것이다. 그러나 양과 같이 그의 목자의 도움에 의지하지 않고서 세상에서 먹이를 찾는 맹수와 같이 된다면, 우리는 가끔 정당하지 않은 것을 행하려 하는 것이 지혜로운 일이며 필요한 일이라고 생각하게 될 것이다"(앤드류 풀러). 오직 지존자의 은밀한 곳에 거함으로써만(때때로 방문하는 것이 아니라), 나는 이웃을 향해 적절하게 행동할 마음의 준비를 하게 될 것이다. 내가 인간들과 교제할 때에, 은혜와 의의 영이 작용하게 되는 것은 오직 빛과 사랑이 되시는 하나님과의 끊임없는 교제에 의해서만 가능한 것이다.

"하물며 하늘에 계시는 너희 아버지께서 구하는 자에게 좋은 것으로 주시지 않겠느냐 **그러므로** 무엇이든지 남에게 대접을 받고자 하는 대로 너희도 남을 대접하라." 또한 이 말씀은 다음과 같은 방법으로 생각해 볼 수 있다. 즉 하늘에 계시는 우리 아버지께서는 우리가 그에게 구할 때에 좋은 것으로 주시므로 우리도 우리의 힘이 미치는 범위 안에 들어있는 모든 사람들에게 선행을 해야 한다는 의미이다. "그러므로 사랑을 받는 자녀 같이 너희는 하나님을 본받는 자가 되라"(엡 5:1). 하나님께서 우리에게 관대하게 대하셨으므로 우리도 인간들에게 관용과 관대함을 실천하도록 하자. 우리의 동료들이 우리를 대접하는 방법에 의해서가 아니라 오히려 하나님께서 우리를 대접하는 방법에 의해서 우리의 행동을 결정하자. 그리스도께서 "서기관과 바리새인의 의"(마 5:20)보다 낫다고 말씀하신 이 거룩하고 은혜로운 표준은 참으로 측량할 수 없을 만큼 높다! 그들은 율법과 선지자로부터 참으로 멀리 벗어나 있었다! 우리는 중생하지 않은 자들이 우리의 관대함을 부당하게 이용하여 우리에게 손해를 입히게 할 것이라는 사실을 두려워할 필요가 없다. 즉 "이는 각 사람이 무슨 선을 행하든지 종이나 자유인이나 주께로부터 그대로 받을 줄을 앎이라"(엡 6:8).

그런데 나의 이웃에게 무엇이 선이 되는가를 어떻게 알 수 있는가? 그 대답은 다음과 같다. 즉 "무엇이든지 남에게 대접을 받고자 하는 대로 너희도 남을 대접하라"이다. 이 계명의 내용은 두 가지이다. 우리가 지켜야 할 것, 곧 우리가 다른 사람에게 행해야 하는 것과 그러한 행동을 조절하는 규칙, 곧 모든 사람들이 본래부터 가지고 있는 공평과 공의의 법이 그것이다. 우리가 **그들의** 위치에 있다면, 스스로 가장 좋다고 생각하는 것은 무엇이든지 그것은 **우리가** 다른 사람에게 행해야만 하는 것이다. 바로 이러한 이기심이 없는 마음의 표준이 우리의 의(義)의 규칙이다. "그리스도께서는 우리에게 알고 믿어야 하는 것뿐만 아니라 행해야 하는 것까지 가르치시기 위해 오셨다. 즉 하나님을 향해서 뿐만 아니라 인간들을 향해서 행해야 하는 것이며, 우리의 동료 제자들, 곧 우리의 무리와 계급에 속한 자들뿐만 아니라 일반적인 사람들, 곧 우리와 관계를 맺고 있는 모든 사람들을 향해서 행해야 할 것을 가르치시기 위해 오셨다"(매튜 헨리). 만일 우리가 인간들과의 관계에 있어서 마귀와 같이 행한다면, 하나님 앞에서 기도하면서 천사와 같이 말을 한다 할지라도 아무 소용이 없는 일이다.

"이 규율에는 다음과 같은 세 가지 의미가 있다. (1) 우리는 스스로 판단해서 합당하고 합리적이라고 인정하는 것을 우리 이웃에게 행해야 한다. 그리고 우리의 판단은, 입장을 바꾸어서 생각해 볼 때 우리가 바라고 기대하는 바로 그러한 것이라야 한다. (2) 우리는 다른 사람들을 자신과 같은 수준으로 생각해야 하며, 그들이 우리에게 은혜를 입은 그만큼 우리도 그들에게 은혜를 입고 있다는 사실을 상기해야만 한다. 우리도 그들과 똑같이 행할 의무가 있으며, 그들도 우리와 똑같이 은혜를 받을 자격이 있다. (3) 우리는 다른 사람들을 대접할 때에는 우리 자신도 그들과 똑같은 특별한 환경과 처지에 처해 있음을 생각해야만 한다. 만일 내가 어떤 사람과 계약을 맺는다면, 그리고 어떤 사람이 당하고 있는 고통을 내가 받고 있다면, 나는 어떤 대접을 받고자 하겠는가? 이것은 **당연한** 일이다. 왜냐하면 그들이 당하는 입장이 언제 실제로 우리의 입장이 될지를 알지 못하기 때문이다. 즉 우리가 대접받고자 하는 대로 행하지 않을 때에, 하나님께서도 우리가 다른 사람에게 행한 대로 심판하시지 않을까 하고 두려워해야 할 것이다"(매튜 헨리).

이 황금률은 모든 인간의 마음속에 심어져 있는 하나님의 증거이다. 모든 사람들은 자기가 부당한 대우를 받거나 어떤 사람이 자신을 해치려는 목적으로 비난을 하였을 때 재빨리 알아차리는 그만큼 자신을 대단히 중요하게 생각하고 있다. 그가 이 원리를 다른 사람에 대한 자기의 행위에 적용해 보기만 하면, 그의 행위의 옳고 그름은 드러나게 될 것이다. 이것에 의해서 우리는 우리 이웃의 육체나 사회적 지위나 명성에 손해를 입히는 모든 것, 가령 거짓말하며, 중상하고, 학대하는 모든 것을 삼가야 한다는 것을 알게 된다. 우리의 본성 자체가 이것을 가르쳐 준다. 왜냐하면 그들은 사람들이 **자기를** 비방하고 빼앗고 학대하는 것을 원치 않기 때문이다. 그러므로 **다른 사람**들을 비난하는 행위는 피해야만 한다. 왜냐하면 이 규율은 다른 사람들이 너희에게 대접한 대로 그들에게 대접하라는 의미가 아니라 그들이 너희에게 행하기를 **바라는** 대로 행하라는 의미이기 때문이다. 다른 사람들의 품위를 떨어뜨리고 손해를 입힘으로 자신의 일시적인 이익이나 출세를 구할 마음이 일어나게 하는 것은 본성의 부패함, 곧 죄의 성향에 굴복하는 것이다. 아, 슬프게도 이 세상은 하나님과 그의 의로부터 참으로 멀리 벗어나 있다.

이 가르침은 사람들이 부정직한 방법과 실행을 정당화하려고 노력할 때 사용하는 모든 과장과 궤변을 어떻게 제거하는가? 사람들은 그들도 역시 잠시 후면 죽어야 하고, "죽음 후에는 심판을 받아야 한다"는 이 사실을 생각하지 않으려 하면서도 참으로 자주 그들은 "우리는 살아야 한다"라고 주장한다! 여기에서 이기적인 피조물들은 자기의 동료들도 또한 살아야만 하며, 자기와 똑같은 권리를 가져야 한다는 사실을 상기해야만 할 것이다. 무법한 자들이 아무리 자기의 부정직한 상술을 변명하려고 노력한다 할지라도, 자비심이 없는 고용주들이 자기의 고용인들을 학대한 일을 아무리 변명하려고 노력한다 할지라도, 난폭한 폭군들이 "사업은 사업이다"라는 변명 하에서 과부와 고아들로부터 심하게 요구한 것을 아무리 변명하려고 노력한다 할지라도, 그들로 하여금 그들의 처지에 더 가까이 가도록 하여 과연 그들의 입장이 바꾸어진다면 그와 같은 대접을 받는 것을 좋아하겠는가를 물어보라. "고리대금업자는 가난한 자를 기쁘게 하는 체 가장하지만, 사실 그의 도움은 가난한 자에게는 아무 도움도 되지 않으며, 마치 심한 열이 있는 사람에게 차가운 물을 한 모금 주는 것과 같이 처음에는 즐겁게 보이지만 결국은 그의 고통을 더할 뿐이다"(윌리엄 퍼킨스 Perkins). 이 규율에 주의한다면, 무게를 속이거나 상품을 바꿔치기하거나 품질이 나쁜 상품이 생기지 않을 것이다.

이 규율은 베푸는 일뿐만 아니라 **용서하는 일**에도 적용된다. 왜냐하면 우리가 이 세상에 사는 동안에는 허물과 범죄가 있을 것이기 때문이다. 그러므로 서로 용서하고 용서받을 필요가 있다. "누가 누구에게 불만이 있거든 서로 용납하여 피차 용서하되 주께서 너희를 용서하신 것 같이 너희도 그리하고"(골 3:13). 만일 다른 사람들이 우리에게 흠 없는 완전함을 요구한다는 생각에 우리가 분개한다면, 우리도 그들에게 흠 없는 완전함을 요구해서는 안 된다. 만일 우리의 동료들이 나의 뜻하지 않은 실수를 사랑의 눈으로 바라보기를 원한다면, 우리도 똑같은 태도를 길러야만 한다. 만일 우리가 우리에게 과실을 범한 자를 거부한다면, 하나님께서도 우리의 과실을 용서하시지 않을 것이다(마 6:15). "또한 사람들이 하는 모든 말에 네 마음을 두지 말라 그리하면 네 종이 너를 저주하는 것을 듣지 아니하리라 너도 가끔 사람을 저주하였다는 것을 네 마음도 알고 있느니라"(전 7:21, 22). 이 말씀은 다른 사람이 너희에게 사악한 말을 할 때에 전혀 마음을 상하지 말라는 뜻이다. 왜냐하면 너희도 바로 그러한 일에 죄가 있음을 알기 때문이다. 그러므로 온유하게 참으라. 우리의 마음속에 아직도 정욕이 있다는 것을 깨달음으로 말미암아, 그리고 우리가 나쁜 버릇을 계속하고 있다는 것을 앎으로 말미암아, 우리는 자기에게 부당한 대우를 하는 자를 용서하게 될 것이다.

이 가르침이 적용되어야 할 필요가 있는 다른 면을 살펴보기로 하자. 즉 신앙적인 견해의 차이가 있는 곳에 이 원리를 적용해야만 한다. 이 원리가 적용되어 왔었다면, 여러 가지 잔인한 형태의 모든 박해가 행해지지 않았을 것이다. 자신의 양심의 확신이나 그 확신의 필연적인 결과로 말미암은 행동 때문에 박해를 받아 마땅하다고 생각하는 사람이 어디에 있겠는가? 만일 그가 자기의 입장일 때는 이러한 정죄가 부당하며 불공평하다고 생각한다면, 어떤 원리에 의해서 그는 자기의 동료들이 이러한 정죄를 받는 것이 당연한 일이라고 생각할 수 있겠는가? 사람들의 견해에 차이가 있고, 진리를 귀중한 것이라고 생각하는 한, 언제나 신앙적인 논쟁이 벌어질 것이다. 그러나 만일 그들과 함께 하고 있는 사람들이 이 황금률에 따라 행동한다면, 그들은 그렇게 행동하지는 않을 것이다. 무가치한 동기들과 상스러운 말과 인식공격과 험담과 대체로 변증적인 토론을 망쳐버리는 무가치한 모든 수단들로써 비난하기를 그친다면 분명한 말과 공평한 논증이 시작될 것이다.

이 가르침에 의해서 우리는 세상에 있는 사람들을 대접할 때에 선한 양심을 유지하는 비결을 배우게 된다. 만일 우리가 다른 사람을 대할 때에 이 규율에 따라 행한다면, 양심의 가책을 느끼지 않게 될 것이다. 성경에는 많은 특별한 말로써 우리가 무엇을 해야 하며 무엇을 하지 않아야 하는가를 가르쳐 주는 명백한 가르침이 있는데, 우리는 그것들을 엄밀히 준수해야 한다. 그러나 하나님께서 특별하게 명하시는 계명이 없는 곳에서는 이 일반적인 계명을 따라야 한다. 그리고 우리가 비슷한 환경이나 상황에 처해 있을 때, 자기의 양심에게 어떠한 대접을 받기를 원하는지 물어보고서 그들에게 그대로 행해야만 한다. 이것은 우리로 하여금 자기의 이웃의 명예를 애써 지키게 해주며, 거짓되고 해로운 말을 하지 못하게 할 것이며, 사악한 소문에 주의를 기울이거나 퍼뜨리는 일을 삼가게 할 것이다. 우리는 자신이 대접받기를 바라는 대로의 예절과 친절로써 다른 사람들을 대접해야 한다. 서로 입장을 바꾸어서 생각해 볼 때, 불쾌하고 부당하다고 생각되는 무례하고 부주의한 일을 행하지 않도록 삼가야 한다.

"우리에게 의무를 가르쳐 줄 뿐만 아니라, 또한 우리로 하여금 의무를 수행하도록 **설득하는** 데에 그 분명한 목적이 있다는 점에서 우리 주님의 이 규율은 특히 탁월한 것이다. 이것은 독특한 초청의 형식으로, 우리의 마음속에 의무를 상기시켜 준다. 이것은 지성을 밝혀줄 뿐만 아니라 마음을 감동시킨다. 이기심은 이웃에 대한 우리의 의무를 이행하는데 있어서 가장 큰 방해가 된다. 그런데 우리 주님은 이기심조차도 공의와 사랑에 공헌하게 하신다. 주님께서는 우리에게 이웃과 입장을 바꾸어 생각해 보고, 우리의 권리가 무엇인가를 알고, 이 권리가 침해를 당한다면 얼마나 부당하겠는가를 생각해 보라고 말씀하신 후에, 이웃에게도 **그의** 권리가 있는데, 우리가 그 권리를 빼앗는다면 우리는 부당한 사람이 될 것이라고 말씀하신다. 말하자면, 우리가 자신의 입장만을 생각하려 할 때에 우리 이웃의 당연한 권리가 무엇인가를 선언하셨다. 그러므로 우리가 그의 입장에서 생각해 본다면 분명히 알 수 있고, 또 우리가 빼앗긴다면 부당하고 불공평하다고 생각하는 그것을 그에게 거절한다면, 우리는 언제나 양심의 가책을 느끼게 될 것이다"(존 브라운).

지금까지 지적해 온 모든 점에서 볼 때, 다른 사람들에 의해 잔혹하고 불공평한 괴로움을 당해본 사람들이 이 계율을 이행하지 않는 경우가 그러한 괴로움을 당해보지 않은 사람들이 이행하지 않는 것보다 더욱더 사악하다는 것을 알게 된다. 왜냐하면 그것을 전해주는 단순한 개념보다는 체험에 의해서 사정을 더욱더 확실하고 분명하게 알게 되기 때문이다. 실제로 어떤 일을 시도해 본 사람은 그 일을 잘 알고, 그 일의 고통을 느끼게 된다. 그러므로 속박을 당해본 사람은 양심이 더 민감해져야 한다. 왜냐하면 그들은 압제를 당하거나 치욕을 당하는 것이 어떠한 것인가를 잘 알고 있으며, 그들이 부당한 대접을 받는 것이 얼마나 괴로운 일인가를 기억하고 있기 때문이다. "너는 이방 나그네를 압제하지 말며 그들을 학대하지 말라 너희도 애굽 땅에서 나그네였음이라"(출 22:21). 히브리 백성들은 고통스러운 체험에 의해서 무거운 짐과 잔혹한 고통 아래에서 벗이 없다는 것이 어떠한 것인지를 알았으므로, 그들은 자기의 지배하에 있는 나그네를 압제해서는 안 되었던 것이다. 가혹한 일에 시달려온 종들은, 만일 하나님의 섭리에 의해 세상에서 그들의 신분이 높아진다면, 이 세상에서 가장 친절하고, 사려 깊은 주인이 되어야 한다.

또한 이 교훈은 하나님의 다른 모든 가르침과 마찬가지로 영적인 것이며, 인간의 외적인 면뿐만 아니라 내적인 면에도 관계가 있다는 사실을 지적해야만 하겠다. 즉 우리의 말과 행동뿐만 아니라 우리의 생각에도 관계가 있다는 의미이다. 하나님의 모든 율법은 영적이다(롬 7:14). "여호와의 율법은 완전하여 영혼을 소성시키며"(시 19:7). 즉 이것은 육체의 행위뿐만 아니라 마음의 작용과 의지의 안내자이다. 첫 번째 돌판과 같이 두 번째 돌판도 그러하다. 즉 "둘째도 그와 같으니"(마 22:39). 어떻게 같은가? 그것도 첫째와 마찬가지로 영적이다. 그러므로 그 속에는 내가 무엇을 '하느냐' 뿐만 아니라 내가 다른 사람들을 향하여 무엇을 '생각하고 계획하느냐' 까지 포함되어 있다고 보아야 한다. 마태복음 5장에서 살펴본 바와 같이, 그리스도께서는 악의 있는 원한과 복수심에 가득 찬 생각으로 말미암아, 그리고 방탕한 욕망과 상상으로 말미암아 마음에서 범하는 살인과 간음에 대하여 말씀하셨다. 그러므로 우리의 이웃과 불화하지 않기 위해서는, 우리의 마음속에 감추고 있는 다른 사람들을 향한 은밀한 원한도 금지되어 있다. 즉 우리의 이웃을 자기의 몸과 같이 사랑해야 한다. 그러므로 이 교훈이 요구하는 공의와 공평은 사랑의 원리로부터 생겨나는 의(義)이다.

그러므로 이 황금률은 행동에 있어서 안내자가 될 뿐만 아니라, 또한 성도들에게는 **죄의 계시자**가 된다는 것을 알게 될 것이다. 왜냐하면 자기의 마음을 아는 사람일지라도 그 마음을 측정할 수 있는 사람은 아무도 없기 때문이다. 그러나 "습관적으로 이 율법을 무시하거나 어기는 자는 누구나 그들이 어떤 신앙고백을 하든지 간에 그리스도인이 되지 못한다는 사실을 깨닫게 하라. 지금도 그리스도께서는 '왜 나더러 주여 주여 하면서 내가 말한 것을 행하지 아니하느냐? 라고 말씀하고 계신다"(존 브라운). 이 세상에는 참된 그리스도인이 거의 없다. 참으로 많은 사람들이 자기의 권리를 주장할 때는 대단히 단호하지만, 다른 사람들의 권리는 무시한다. 그들의 채무자에게 신속하게 변제하기를 요구할 때는 매우 엄격하지만, 그들의 채권자가 당연한 권리를 요구할 때는 대단히 태만한 사람이 있으며, 비방을 받을 때에는 몹시 성을 내지만 다른 사람의 명예는 전혀 관심을 두지 않는 사람이 있으며, 곤경에 처해 있을 때 친구들이 동정해 주지 않는 것을 불쾌하게 생각하면서 그들의 이웃의 슬픔에 대해서는 매우 무관심한 사람들이 있다. 우리가 이 중요한 가르침을 거의 혹은 전혀 주의하지 않으면서, 말씀에 있어서는 자기의 교리가 정통이라고 자랑하는 것과 그리스도와 함께 교제를 나눈다고 자랑하는 것은 아무 소용이 없는 일이다. 만일 동료들을 대하는 우리의 행동이 그리스도인의 신앙고백과 모순된다면, 하나님께서 우리의 예배를 받지 않으실 것이다.

"이것이 율법이요 선지자나라." 이 구절에는 앞에 나오는 명령을 추천하는 내용이 포함되어 있다. 그리스도께서는, 내가 너희에게 제시하고 있는 이 명령은 생소하고 가혹한 것이 아니라 처음부터 하나님께서 그의 백성들에게 요구하신 것이라고 말씀하신다. 사실 이 황금률은 율법의 두 번째 돌판의 주목할 만한 요약이며 그것이 요구하는 의무들의 요약이다. "무엇이든지 남에게 대접을 받고자 하는 대로 너희도 남을 대접하라"라는 말씀은 사람들과의 사귐이나 교제와 관계가 있는 구약성경의 모든 가르침을 하나로 모아서 간추린 계명이다. 이 황금률은 인간들 세상에 공평과 공의의 법에 대하여 가르쳤던 율법과 선지자의 견해의 요지이다. "이것이 율법이요 선지자나라"라는 선언 가운데에서 그리스도께서는 구약성경의 확실성과 권위를 근거로 하여 이 말씀을 하셨다. 왜냐하면 우리 주님께서는 하나님의 말씀에 호소한 그의 가르침을 결코 철회한 적이 없었기 때문이다. 모세와 선지자의 가르침은 그리스도의 가르침과 똑같은 비중과 가치가 있는 것이다.

위의 마지막 문장은 간단한 부연설명을 요구할지도 모른다. 만일 우리가 그리스도와 모세와 선지자를 비교하려 한다면, 그들의 가르침과 인격을 구별해야만 한다. 모세와 선지자의 가르침은 두 가지 점에서 그리스도의 가르침과 똑같다. 첫째로, 진리를 확신하는 점에서 똑같다. 왜냐하면 그들은 하나님의 말씀 그 이상은 아무것도 말하지 않았는데, 그리스도께서도 마찬가지이다. 둘째로, 양심을 자극하는 효과와 권위에 있어서인데, 그들의 경우는 그리스도와 마찬가지이다. 그러나 그리스도의 인격은 모세와 선지자의 인격보다는 무한히 높다. 왜냐하면 그들은 거룩한 인간일 뿐인 데 반하여 그리스도께서는 성육신하신 하나님이시기 때문이다. 즉, 그들이 진리를 기록하는 자이며 진리를 전하는 자들인 데 반하여,

그는 진리의 창시자요 근원이시기 때문이다. 그러므로 우리는 구약성경의 가르침보다는 그리스도의 가르침에 더 순종해야만 한다. 왜냐하면 그것을 말씀하시는 분의 인격이 더욱더 탁월하시기 때문이다. 즉 이것은 히브리서(1:1, 2; 2:1, 우리가 더욱 간절히 삼갈지니)에서, 그리고 12:25(하물며)에서 강하게 주장되고 있다.

구약성경에서도 신약성경에서 만큼 강조적으로 분명하게 이웃에 대하여 선한 일을 구하는 것이 절대 필요한 의무라고 가르쳤다. 구약성경에서는 어떻게든지 이웃에게 해가 되는 것은 금한다고 분명히 반복해서 말씀하고 계신다. "원수를 갚지 말며 동포를 원망하지 말며 네 이웃 사랑하기를 네 자신과 같이 사랑하라 나는 여호와이니라"(레 19:18). "네가 만일 네 원수의 길 잃은 소나 나귀를 보거든 반드시 그 사람에게로 돌릴지며"(출 23:4). 즉 너희는 다른 사람들이 너희에게 행하기를 바라는 대로 그들에게 행하라는 원리를 분명히 선언하신 것이다. "그 가난한 형제에게 네 마음을 완악하게 하지 말며 네 손을 움켜 쥐지 말고 반드시 네 손을 그에게 펴서 그에게 필요한 대로 쓸 것을 넉넉히 꾸어주라"(신 15:7, 8). "네 원수가 넘어질 때에 즐거워하지 말며 그가 엎드러질 때에 마음에 기뻐하지 말라"(잠 24:17). "네 원수가 배고파하거든 음식을 먹이고 목말라하거든 물을 마시게 하라"(잠 25:21). 여기에서 우리는 신약성경이 구약성경보다 더 높은 도덕성과 영성을 내포하고 있다고 주장하는 자들의 과오와 어리석음을 알 수 있다.

제48장

구원의 길
❶

좁은 문으로 들어가라 멸망으로 인도하는 문은 크고 그 길이 넓
어 그리로 들어가는 자가 많고 생명으로 인도하는 문은 좁고 길
이 협착하여 찾는 자가 적음이라(마 7:13, 14)

지금 우리가 살펴보고 있는 구절은 주님의 설교의 앞 구절들과 긴밀하게 관련
되어 있는데 주님께서는 그의 왕국의 백성 된 자들의 특성을 묘사하셨고, 또 그
들이 지켜야 할 규칙들을 말씀하셨다. 그리스도께서 말씀하신 그러한 가르침은
그의 청중들이 환영했던 인기 있는 견해와는 전적으로 상이하였다. 유대인들은
자기들이 순전히 아브라함의 본래의 자손들이며 자신들의 몸 안에 언약의 표시
를 지녔기 때문에 자기들이 모두 메시야의 백성들이라고 생각하였다. 그러나 이
말씀을 통하여 주 예수께서는 사람들이 아브라함의 영적인 후사가 되기 위해서
는 육체의 혈통과 의식에 대한 순종 이상으로 필수적인 그 무엇이 필요하였음을
명백히 하셨다. 우리가 들어가야 할 좁은 문은 자연적인 출생으로 말미암아 얻게
되는 특권보다 더 좁으며, 우리가 건너가야 할 협착한 길은 서기관들과 바리새인
들이 세운 종교적인 생활보다 더 좁다. 믿음을 가지고(롬 4:16) 아브라함이 행한
일들을 하며(요 8:39), 그리스도께 속한 자들만이(갈 3:29) 아브라함의 참 자녀라
할 수 있다.

그리스도의 가르침은 그 당시의 유대인들의 가르침과는 근본적으로 달랐으며
요즘 기독교계에서 보급되고 있는 대부분의 개념들과 두드러지게 대조를 이룬
다. 유대인들이 하나님의 거룩함의 엄중하신 요구를 몰랐다 해도 우리들 세대가
그들보다 나은 지식을 가지고 있다고 이야기할 수는 없다. 그들이 아브라함의 자

손이라는 것을 자랑하였다면 우리 국민의 다수는 자기들이 '기독교 국가'의 국민임을 자부하고 있다. 그들이 할례의식이 자신들에게 하나님의 사랑을 보증해주는 것이라고 믿었다면, 교회의 대다수의 사람들은 유아세례가 하늘에 이르는 통행증을 얻게 해주는 것이라고 생각한다. 높은 교육수준의 집단에서조차도 하나님의 성육신하신 아들에 의해서 지시된 조건들보다 훨씬 더 받아들이기 쉬운 조건으로 구원을 이야기하고 있다. 이런 예는 얼마든지 들 수 있다. 왜냐하면 우리 주님을 격렬하게 반대했던 대부분의 사람들이 이스라엘의 종교지도자들이었다면, 지금 진리에 대한 극심한 적대자는 자기들이 정통이라고 크게 주장하고 있는 자들이기 때문이다.

그리스도의 교훈이 현재 기독교계에서 만연되어 있는 사상과 반대라는 주장을 뒷받침하고자 할 때는 생명을 찾는 자가 적다는 사실, 즉 **소수**의 사람만이 천국에 이를 것이라는 그리스도의 엄숙하고 명백한 선언을 인용하라. 그러나 오늘날 이 사실을 진정으로 믿는 이들이 과연 누구일까? 그러한 진리를 담대하고 분명하게 이야기하는 곳이 과연 어느 곳일까? 거의 없다고 본다. 그와는 반대로 수많은 사람들이, 그것도 인류의 대부분이 영원한 축복을 얻게 될 것이라고 여기고 있고, 또한 그러한 사실이 공공연하게 이야기되고 있다. '교회에 다니는' 어떤 사람이 죽었다고 하자. 그런데 그의 생활이 아무리 세속적이고 또 그의 사업이 부정한 수단으로 거래되었다 할지라도 그의 친구들은 한결같이 "그는 이제 안식하고 있다"고 말하지 않겠는가? 그리고 목사는 그의 장례식 설교에서 죽은 자가 "더 복되다"고 선언하지 않겠는가? 만약 누군가가 그렇게 하지 않는다면 그는 즉시 가혹하고 무자비한 자라고 비난받게 될 것이다. 물론 나무의 이름은 그 열매만 가지고서는 알 수 없고, 전문적인 정원사가 나무에 붙여 놓은 푯말을 보아서 알 수 있다.

달갑지는 않으나 성실한 반대자는 자신의 양 떼가 '적은 무리' (헬라어로는 '대단히 적다' 로 되어 있다 ─ 눅 12:32)라고 하신 우리 주님의 말씀에 주의를 기울일 것이나, 종교계에서는 그 반대자의 말에 귀를 기울이지 않을 것이다. 그는 그의 동료의 기독교적 신앙고백에 도전해서도 안 되며 이 세상에서 완전한 사람을 찾으려 해서도 안 된다. 우리 모두에게는 허물이 있으며 어떤 사람의 신앙관이 자신과 다르다 할지라도 그들의 마음은 올바르며, 또한 어떤 사람들이 어떤 임무를 수행하는데 있어서 느리다 할지라도 그들은 자신들이 그리스도의 완성된 사역을 믿고 있다고 주장하고 있으므로 누군가가 그들을 의심하는 것은 몹시 비난받을 일이라는 사실을 그로 하여금 명심하게 하라. 오늘날 기독교계의 대부분의 사람들은 **소수**만이 하늘나라에 이를 것이라는 사실을 믿기는커녕, 어떻게 해서든지 어떠한 방법으로라도 우리들 중 대다수가 그곳에 이르게 될 것이라고 생각한다. 지옥이 있다면 그곳은, 우리의 감옥이 '불운한 자들' 과 '잘못 지도를 받은 자들' 의 유일한 공간인 것처럼, 교활한 죄인과 악한들을 위해 준비된 곳이다.

그런데 **소수**의 사람만이 천국에 갈 것이라는 사실을 진정으로 믿는 사람들이 우리 중에 드문 것은 무슨 까닭인가? 거기에는 오직 하나의 대답이 있다. 즉, 오늘날 사람들은 일반적으로 그리스도께서 규정하신 조건보다 훨씬 더 쉬운 조건으로 천국을 얻을 수 있다고 생각하기 때문이다. 우리가 살고 있는 음란한 세대는, 천국으로 인도해주는 유일한 길을 걷지 않고도 그것에 닿을 수 있으며, '많은 환난' (행 14:22)을 거치지 않고 하나님의 나라에 들어갈 수 있으며, 자기를 부인하고 자기 십자가를 지고 주님을 좇지 아니하고도(마 16:24) 그리스도의 제자가 될 수 있다고 확신한다. 사람들은 만일 그들의 오른 눈이 죄를 범하면 그 눈을 빼어 내버려야 하며 그들의 오른손이 죄를 범하거든 그 손을 찍어 내버려야 한다는 (마 5:29, 30) 사실을 믿지 않으며, 또한 그들이 육신을 따라 살면 반드시 죽을 것이로되 성령을 통하여 몸의 행실을 죽이면 살 것이라는(롬 8:13) 말씀도 믿으려 하지 않는다. 그들은 두 주인을 섬길 수 있으며 '두 세계를 이용하는 데' 성공할 수 있다고 믿고 있다. 간단히 말해서, 그들은 그리스도께서 말씀하신 '좁은 문' 이나 '협착한 길' 과 같은 교훈은 좀처럼 믿으려 하지 않는다.

우리 모두가 구원받기 위해서 해야 할 '모든 것' 은 그리스도의 은혜로우신 초대에 응하는 것이며 "그리스도께 나아가는" 것이다. 오, 그러나 많은 사람들이 오해하고 또한 많은 복음 전도자들이 잘못 설명하고 있는 '모든 것' 은 결코 단순한 문제가 아니다. 우리는 탕자가 아버지께 돌아올 수 있기 전에 방탕한 생활로 세월을 보냈던 먼 나라를 떠나야 했던 것과 같이 우리의 얼굴을 그리스도께로 향하기 위하여 세상에서 등을 돌려 우리의 고질화된 모든 죄를 다 버려야 한다. 그리스도께서는 하나님의 거룩한 자이시므로 결코 죄의 사역자가 되실 수 없다. 이 세상의 것을 사랑한다는 것은 주님을 거역하여 마음을 닫아 버리는 것이다. 젊은 관원이 기꺼이 그리스도의 제자가 되겠다는 뜻을 나타낸 후에 재물을 사랑하여 슬퍼하며 그리스도를 떠난 이유는 무엇일까? 그 무엇이 혼인잔치에 초대받은 손님들로 하여금 오직 밭을 갈고 소를 판별하는 일에만 열중하게 하고, 오라는 청을 받아들이지 않게 하였던가(마 22:5)? "이와 같이 탐욕의 지배를 받고 있는 사람들은, 쓰레기더미 아래나 바다 밑바닥에서 거짓말을 일삼는 사람들이 하늘의 영광을 볼 수 없는 것과 같이 그리스도를 믿을 수 없다. 한 가지 대상에만 전념하는 것은 또 다른 하나를 보지 못하게 한다"(S. 차녹 Charnock).

빌립보의 간수가, "내가 구원받기 위해서는 무엇을 해야 합니까?'라고 물었을 때 사도가 대답한 말은 "주 예수 그리스도를 믿으라 그리하면 너와 네 집이 구원을 얻으리라"였다. 이제 우리는 그러한 질문이 세상에 여전히 빠져 있고 세상의 즐거움을 마음껏 누리는 자의 어리석은 질문이 아니라 절망한 자의 비탄에 잠긴 울부짖는 소리라는 사실을 차치하고서라도, 그리스도를 믿는다는 것은 그 자체가 간단하고 쉬운 일이라기보다는 오히려 우리 마음속의 부패함과 사탄의 유혹으로 말미암은 반대로 인하여 더욱 힘들고 어려운 일이라는 사실을 알아야 한다. 우리의 원수를 용서하고 우리를 핍박하고 모욕하는 자들을 사랑한다는 것은 머릿속으로 생각하기에는 쉬운 일인 것 같지만 막상 실천하려고 하면 도저히 그렇게 행할 수 없다는 것을 알게 될 것이다. 마음속으로 생각하기에는 우리를 돌보아 주시는 그리스도께 우리의 모든 염려를 맡기는 것은 쉬운 일이고 즐거운 일이나(벧전 5:7), 건강이 나쁘고 또 대가족을 거느린 가장의 입장에 있는 가난한 남자는 그렇게 한다는 것이 쉬운 일이 아니라고 생각한다. 그 누구도 자기 마음을 세상으로부터 떼어 놓을 수 없으며 자기가 소중히 여기는 성욕을 증오할 수 없다. 즉, 성령의 능하신 역사를 먼저 체험함으로써만이 그렇게 할 수 있다.

그리스도께서는 본문의 서두에서 "좁은 문으로 들어가라"고 말씀하셨는데, 이것은 행하기에 쉬운 일이 아니며, 또한 "좁은 문으로 들어가기를 **힘쓰라**"(눅 13:24)고 하신 또 다른 경우의 말씀에서도 그것이 실행하기 쉬운 일이 아니라는 것을 알 수 있다. 주님께서 그러한 표현을 사용해서 말씀하신 것은 이름뿐인 신앙고백자들의 특성인 태만과 부주의를 분명히 암시하고 있으며, 또한 실로 어렵고 만만치 않은 극복해야 할 장애물이 있다는 사실을 나타내고 있다. 헬라어로 '힘쓰다'(아고니조마이)라는 단어는 '번민하다'라는 뜻을 가진 매우 인상적이고 힘 있는 말이다. 이 말은 고린도전서 9:25의 "이기기를 다투는 자마다 모든 일에 절제하나니"라는 말씀에서 다시 나오고 있다. 그러한 경우는 최적의 상태를 유지하려고 피나는 극기의 훈련을 기꺼이 참아내며, 그럼으로써 현세의 왕관을 획득하리라는 희망을 가지고 마라톤 경기에 참가하는 육상 선수에 해당되는 말이다. '힘쓰다'라고 번역된 이 말이 골로새서 4:12에서는 '애써 기도하여'라고 되어 있으며, 디모데전서 6:12에서는 '싸우다'라고 번역되어 있다. 그리스도인이 된다는 것은 종교적인 모임에서 손을 들거나 '결신' 카드에 서명함으로써 이루어지는 간단한 일이 아니다. 슬프게도 수많은 사람들이 이같이 겉만 번지르르한 말에 속아 왔다.

군대가 도시를 습격하고 포획하듯 "천국은 침노를 당한다"(마 11:12). 우리는 흔히 무력으로 세상의 나라를 빼앗는다는 말을 듣는다. 그런데 천국을 그런 식으로 얻게 되다니 놀라운 일이 아닌가? 우리는 이것을 어떻게 이해해야 하겠는가? 여기에서 '침노'라는 말은 불법적인 공격을 의미하는 것이 아니라 진지하게 심사숙고한다는 뜻이다. 그것은 세상의 것을 빼앗기 위해 하는 불법적인 침노가 아니라 거룩하고 부지런한 침노이며 강렬한 바람이며, 사그라들 줄 모르는 불굴의 열심이다. 그것은 모든 어려움을 정복하고 모든 장애물을 뚫고 이겨내려는 결심이다. 그러한 침노는 그 당시에 필요했다. "화 있을진저 외식하는 서기관들과 바리새인들이여 너희는 천국 문을 사람들 앞에서 닫고 너희도 들어가지 않고 들어가려 하는 자도 들어가지 못하게 하는도다"(마 23:13). 그러나 그들이 할 수 있는 것은 오직 사람들을 가로막는 일이었다. 지금도 역시 그러하다. 즉, 불경건한 친척들과 세상의 친구들은 그리스도를 열심히 찾는 자를 방해할 것이나, 그가 찾고자 한다면 그는 그러한 방해에 굴복해서는 안 된다. "천국은 결코 게으른 자의 안일을 받아 주려고 있는 곳이 아니라 수고하는 자들의 안식을 위해 있는 곳이다"(매튜 헨리).

"좁은 문으로 들어가라." '문'에 대한 설교에 귀를 기울이거나 그 문의 구조를 연구하거나 문의 설비의 지혜를 찬미하는 것으로는 충분하지 않다. 반드시 그 문으로 **들어가야** 한다. 회개와 그리스도를 믿는 믿음에 대한 설교들은 우리의 마음을 거기에 응하도록 움직이게 하지 않는 한 아무런 유익이 되지 않는다. 여기에서 '좁은 문'이라고 번역된 헬라어는 '억제되고 속박된'이란 뜻인데, 개역성경에 번역되어 있는 '협착한'이란 뜻이 더 좋다. 그렇다면 이 좁은 문이란 무엇을 뜻하는가? '문'은 두 가지 용도로 쓰인다. 즉, 문은 들어가기도 하고 나가기도 하는 곳이다. 좁은 문은 생명으로 인도하는 길로 들어가는 유일한 수단이며, 그 문을 통하여 들어가지 않는 사람들은 영원히 하나님 앞에 나아가지 못하며 말로 다

할 수 없는 축복의 나라에서 제외된다. 또한 이 '문'의 두 번째 효용은 열 처녀 비유의 끝부분에 엄숙하게 나타나 있다. 필요한 기름(마음속의 성령의 사역)이 모자란 어리석은 처녀들이 기름을 얻으러 갔을 때 신랑이 와서 "문이 **닫혔다**"(마 25:10). 그리하여 처녀들이 주님께 문을 열어 달라고 간청하였음에도 주님께서는 "내가 너희를 알지 못하노라"라고 대답하셨다.

좁은 문으로 들어간다는 말은 무엇을 뜻하는가? 주로 세 가지 사실을 의미한다. 첫째로, 그리스도께서 말씀하신 진리와 의무와 행복에 대한 **가르침들을 받아들이는 것**이다. 즉, 거룩하고 엄중하며 육신을 죽이는 주님의 교훈을 거짓 없이 진정으로 마음에 받아들이는 것이다. 그러한 가르침들은 주님께서 강조하신 의로운 주장들과, 우리에게 요구하신 하나님의 말씀과, 우리의 타락한 상태와 주님을 반대하는 악의에 대한 주님의 권고의 말씀 안에 요약되어 있다. 성경의 영감과 권위에 대해 의심을 품거나 하나님께서 자신에게 언명하신 것에 복종하기를 거절하는 한 그 누구도 그리스도인이 될 수 없다. 우리는 구원받기를 바라기 이전에 우리가 전적으로 잃어버린 바 되었다는 사실을 알아야 하며, 하나님이 보시는 앞에서 우리가 얼마나 죄를 범하고 있는가를 알기 전에 우리에게 내리신 하나님의 죄의 선고를 받아들여야 한다. 하나님께서 우리는 다 부정한 자 같고 우리 안에는 성한 곳이 하나도 없다고 선언하신 것을 진실로 굳게 믿을 때 비로소 우리는 그 협착한 길을 건너갈 수 있다. 그것은 곧 죄악과 사탄의 거짓말을 버리고 우리가 좁은 문으로 지나갈 진리를 받아들임으로써 가능하다.

둘째로, **참되게 회개하는 일**이다. "이 때부터 예수께서 비로소 전파하여 이르시되 회개하라"(마 4:17). 이 말은 "주님의 길을 준비한" 주님의 선구자가 한 말이기도 하다. 그러면 그는 어떤 방법으로 그 길을 준비하였는가? 주님께서 "하나님의 어린 양"으로서 사람들 앞에 나타나셨을 때 사람들이 그분을 받아들이도록 준비시킴으로써 그는 주님의 길을 준비했던 것이다. 그러면 그렇게 준비하는 데에는 무엇을 행해야 했는가? 그들이 회개하고 자신들의 죄를 고백하며 요단 강에서 요한에게 받은 세례를 통하여(눅 3:1-6) 자신들이 죽어야 마땅함을 인정해야 했다. 복음은 율법 못지않게 거룩한 것이기 때문에, 우리의 마음은 지난 날 우리가 율법을 어긴 것을 슬퍼해야 하며 앞으로는 결코 죄를 짓지 않겠다는 결심을 확고하고 성실하게 해야 한다. "여러분은 반드시 죄와 분리되어야 한다. 그렇지 않으면 하나님과 화합할 수 없는 것이다. 여러분은 모든 죄악을 버려야 한다. 즉,

동굴에서 끌려 나와 태양 앞에서 죽임을 당한 가나안 왕들처럼 죄는 처리되어야 한다. 여러분은 모든 죄를 버려야 하고 두려워해야 하며, 주님께 그것들을 극복하게 해 달라고 청해야 한다"(C. H. 스펄전). 우리가 좁은 문을 통과하는 것은 우상과 죄의 쾌락을 버림으로써 가능하다.

셋째로, 그리스도 안에서 하나님을 향하여 **우리 자신을 완전히 복종시키는 것**이다. 여기에서 어떤 사람은 "주 예수는 곧 '문'이 아니신가"(요 10:9)라고 반론을 제기할 수도 있을 것이다. 그렇다, 주님은 주님의 중보자적인 임무의 주요한 세 가지 기능에 따라 문이 되신다. 즉, 그리스도는 예언자요, 제사장이요, 왕으로서 하나님 앞으로 나아가게 해주는 '문'이시다. 구원에 이르는 방법으로 그리스도를 믿는 것은 그분을 우리를 가르쳐주시는 선지자로, 우리를 위해 속죄하신 제사장으로, 우리를 다스리시는 왕으로 받아들이는 것이다. 진정으로 죄를 깊이 뉘우치는 마음으로 주님의 거룩한 가르침을 받아들일 때만이 영혼은 그리스도의 깨끗게 하시는 피를 소중히 여길 준비가 된 것이며, 주님을 제사장으로 우리 마음에 성실히 받아들이는 것은 우리가 주님의 주권에 기꺼이 순종함으로써 입증된다. 왜냐하면 주님은 여러 가지 상징으로 나타나 있는 바와 같이 **무엇보다**, 의의 왕이요 **또** 평강의 왕이기 때문이다(히 7:2). 그리스도의 깨끗하게 하시는 피는 하나님께 대항하는 싸움의 무기를 기꺼이 버리려 하지 않는 자들에게는 무용한 것이다. 그들이 용서받으려면 그 길을 버려야 한다(사 55:7). 그리스도를 통하여 하나님께 자신을 바침으로써만이 우리는 그리스도의 은혜의 풍성함을 누리는 자가 될 수 있다. 우리 자신을 하나님께 완전히 복종시킴으로써 우리는 좁은 문을 지나갈 수 있다.

"좁은 문으로 들어가라." 이 권고는 분명히 구원받지 아니한 자들에게 행해진 말씀이기 때문에 철저히 '회개'하고 '믿음'을 가지는 것이 마땅한 일이라는 말이다. '들어가라'는 이 말은 분명히 아직도 밖에 있는 자들을 가리켜 한 말이다. 그리스도께서는 누구를 위하여 그렇게 말씀하셨겠는가? 참 하나님에 대해 아무것도 알지 못하는 이교도들에게 하신 말씀이 아니다. 물론 여호와를 믿고 하나님의 참 말씀인 성경을 받아들이는 자들에게 하신 말씀이다. 또한 "아버지는 한 분뿐이시니 곧 하나님이시로다"(요 8:41)라고 증언한 자들에게 하신 말씀이다. 그러나 그들의 진리에 대한 지식과 외적인 특권을 누림에도 불구하고 그들은 생명에로 이끄는, 유일한 길로 가는 그 문으로 들어가지 않았다. 이와 같은 권고는 오늘날 신앙을 고백하고 여러 가지 일을 실천함에도 불구하고 거듭나지 아니한 많은 교인들에게 해당되는 말이다. 이 권고를 통하여 그리스도께서는 그의 사역자들에게 그들의 청중으로 하여금 자신들의 책임을 깨닫게 하고, 중생하지 않은 자들로 하여금 자신들의 의무를 이행하게 하라고 분명히 말씀하신 것이다.

"멸망으로 인도하는 문은 크고 그 길이 넓어 그리로 들어가는 자가 많다." 여기에서 우리 주님께서는 앞에서의 권고를 강조하기 위하여 그 이유를 말씀하고 계신다. 좁은 문 이외의 또 다른 문이 있는데 그 문은 좁은 문과는 전혀 다르다. 왜냐하면 그것은 '넓고' 또 큰 길로 들어가는 입구가 있긴 하나 지옥으로 인도하기 때문이다. 그것은 '이 세상의 풍속' (엡 2:2)을 가리키는 말인데 중생하지 않은 모든 자들이 다 그곳에 있다. 그것은 고집과 자기 만족의 길이다. 그것은 그리로 들어가는 데 아무런 제한이 없어서 '넓다.' 그들은 하나님께서 그들에게 경계로 정해 주신 계명을 깨뜨렸다. 육체에 속한 자들에게는 그 길을 찾기 위해 어떤 조사나 근면한 연구도 필요하지 않고 또 그 길을 걷기 위해 분석이나 인내가 요구되지도 않으며 그 길에 남아 있기 위해 자기를 부인하지 않아도 되기 때문에 그 길이 즐겁고 **쉬운** 길이다. 죽은 고기는 물 흐름에 따라 떠내려가지만 살아 있는 고기는 그것에 역행하여 떠다닐 수 있다. 그러므로 중생하지 않은 자들에게는 무거운 죄의 법을 지탱할 힘이 없기 때문에 이와 같이 기계적으로 이 길을 따르는 것이다. 또한 그것은 모두 **내리막길**이기 때문에 걸어가기가 평탄하고 수월하다.

그 길은 "그리로 들어가는 자가 많기 때문에" **붐빈다**. 그 길은 세속적인 마음에 호감을 주는 것이어서 그 폭 또한 넓다. 여기에는 제한된 '몫' 이 없고 외국인에 대한 장벽도, 색깔이나 신분이나 인종에 대한 제한도 없다. 누구나 그 길로 들어갈 수 있다. 사람들이 그들이 마음먹은 대로, 그리고 보는 대로 걷고 정욕을 지배하고, 또 자신들의 성벽을 좇아 방종한다 해도 그 누구도 그들을 방해하지 않을 것이다. 모든 인류는 본래부터 그 넓은 길에서 태어났기 때문에 그 길은 항상 붐빈다. 그 누구도 은혜의 기적이 그에게 역사하지 않는 한 그 길을 버리고자 하는 생각을 조금이라도 가질 수 없다. 소돔에서의 롯과 그의 아내처럼 우리 모두도 주께서 그를 불에서 구출하시기 위해 자신의 사자를 보내시지 않았다면 그 멸망의 도시를 떠나기를 몹시 싫어한다. 역시 그리스도인들도 멸망의 도시에 남아서 죽는 편이 더 낫다고 생각했을 것이다. 하나님께서는 이렇게 만원인 길을 보시고 "슬프다 많은 민족이 소동하였으되" (사 17:12)라고 말씀하고 계신다.

그 길은 미혹하는 길이다. 왜냐하면 그 길 위에 있는 사람들 모두가 그 길이 자신들을 어디로 데려다 주고 있는지 모르고 있기 때문이다. 그 길 위를 걷는 사람들은 자신들이 현명한 행로를 따르고 있다고 믿고 있다. 왜냐하면 그들은 자신들과 다른 길을 가는 자들을 어리석다고 여기기 때문이다. 인생은 짧고 젊음은 잠시뿐이다. 그러므로 젊은 때에 즐겁게 지내자. 즉 먹고 마시고 즐기는 것을 그들은 당연하게 생각한다. 오, "어떤 길은 사람이 **보기에 바르나** 필경은 사망의 길이니라"(잠 14:12). 그 길로 여행하는 자들은, 누군가가 협착한 길을 좋아하는 '광신자'에게 괴롭힘을 당하고 있다고 결론지은 것이 역시 옳은 일이라고 확신한다. 그러나 그 길은 **치명적인** 길이다. 왜냐하면 그 길은 "멸망으로 인도하는" 길이며 희망 없는 영원한 멸망이기 때문이다. 그 길은 무저갱과 꺼지지 않는 불과 벌레도 죽지 않는 곳으로 인도한다. 그것은 불경한 자의 길이다. 성경은 "악인들의 길은 **망하리로다**"(시 1:6)라고 명백히 선언하고 있다. 오, 독자여, 회심하고 죄와, 자신을 기쁘게 하는 일에서 돌아서서 하나님께 돌아와 거룩하게 생활함으로써만이 죽음의 길을 버릴 수 있다는 사실을 알라.

제49장

구원의 길
❷

생명으로 인도하는 문은 좁고 길이 협착하여 찾는 자가 적음이
라 거짓 선지자들을 삼가라 양의 옷을 입고 너희에게 나아오나
속에는 노략질하는 이리라 (마 7:14, 15)

그리스도께서는 멜기세덱과 아론과 다윗과 솔로몬의 원형일 뿐만 아
니라 모세와 (신 18:18) 사무엘의 원형이시므로 자신의 임무를 완수하시는데 있어
서 그의 청중들에게, "내가 너희 앞에 생명의 길과 사망의 길을 두었노라" (렘
21:8)라고 말씀하실 수 있었다. 바로 이것은 우리 본문의 내용과 꼭 같다. 주님께
서는 우리의 인생행로를 여행, 즉 현세로부터 영원에 이르는 여행에 비유하고 계
신다. 우리 각자가 목표로 삼고 여행할 수 있는 목적지는 오직 두 곳뿐이다. 왜냐
하면 우리는 하늘의 축복으로 인도해 주는 길 아니면 지옥의 영원한 고통으로 이
끌어 가는 길, 이 둘 중의 한 길을 밟고 있기 때문이다. 우리가 어떠한 길 위에 서
있는가를 알 수 있는 것은 그리스도께서 그 곳에 이르는 입구와 그 넓이와 거기
로 들어가는 사람의 숫자를 정확히 말씀하심으로써 그 각각의 길에 대해 간단명
료하게 밝혀주셨기 때문이다. 하나님께서는 이 세상 후에 사람들이 최후에 거처
할 곳을 서로 다른 두 곳으로 정하시고, 그 사이에 아무도 이곳에서 저곳으로 건
너갈 수 없도록 구렁을 끼워 놓으셨다 (눅 16:26). 또한 사람들을 인도하는 그 두
길 사이는 멀고 큰 차이가 있으며, 한 길과 또 다른 길을 따라 걷고 있는 사람들의
성격과 행위 또한 큰 차이가 있다. 왜냐하면 전자는 하나님의 자녀인 반면 후자
는 마귀의 자손이기 때문이다.

이렇게 철저히 선을 그어 구별하고 그 한계를 분명히 한 것은, 멸망으로 이끄

는 넓은 길을 따라가는 자들로 아무도 들어오지 못하게 하기 위함이다. 그들은 자신들의 성격이 백색이 아니라는 것을 알고 있지만, 잠시라도 자신들이 검정이라는 것을 시인하지 않으며, 자신은 그 중간에 위치하고 있는 그늘이라고 믿고 있다. 그들은 자신들이 천국에 갈 정도로 착하지도 또 지옥에 갈 정도로 악하지도 않다고 확신한다. 바로 그 점이 천주교도가 만들어낸 '연옥'이 대다수의 사람들에게 인기가 있는 이유이며, 어리석게도 천주교도가 천국과 지옥 이외에 또 다른 **장소**가 있다고 믿는 것과 같이 그들은 성도와 죄인 이외에 또 다른 **계층**이 있다고 생각하기를 좋아하는 것이다. 그러나 우리가 성경의 가르침에 따라 생각한다면, 우리는 빛이냐 어둠이냐, 진리냐 거짓이냐, 그리스도냐 벨리알이냐, 거룩함이냐 죄악이냐, 구원이냐 저주냐 하는 엄숙한 양자택일의 문제에 직면하여 함구하지 않을 수 없게 된다.

예수께서 "좁은 문으로 들어가라"(마 7:13)는 권고로 그 설교의 엄숙하고 면밀한 부분을 시작하고 계시는데, 우리는 그 뜻하는 바를 다음과 같이 이해할 수 있다. 첫째로, 이 정죄의 선고에 굴복함으로써 너희 자신의 생각을 버리고 어린아이와 같이 진리를 받아들이라(마 18:3). 둘째로, 너희는 자신을 기쁘게 하는 행동을 버리고 하나님을 거역하는 것을 슬퍼하며 너희의 마음을 죄에 대항하여 곧게 세우라. 셋째로, 너희 자신을 하나님의 의로우신 말씀에 굴복시키고, 그리스도의 주되심에 전적으로 의지하라. 그리스도의 그 같은 권고는 다음과 같은 이유, 즉 "멸망으로 인도하는 문은 크고 그 길이 넓어 그리로 들어가는 자가 많고 생명으로 인도하는 문은 좁고 길이 협착하여 찾는 이가 적음이니라"는 이유 때문에 강력히 주장되고 있다. 회심하지 않은 모든 이들은 그 길을 따라 간다. "그 안에는 사람들의 서로 다른 기질과 성향에 알맞은 여러 가지 길이 있다. 탐욕스러운 자와 방탕한 자와 위선자와 반(反)율법주의자와 바리새인과 쾌락의 자녀들과 교만한 철학자들과 점잖은 도덕주의자들과 파렴치한 난봉꾼들은 여러 길을 걷고 있으며, 자신들이 선택한 무리들과 함께 한다. 그들은 서로를 경멸하고 비난하지만 주님의 거룩한 길에 반대하는 데에는 뜻을 같이 함으로써 서로의 체면을 세워준다"(토머스 스코트).

넓은 길이 현재의 대중에게 즐거움을 주는 것이라 할지라도 그 길은 종말에 말할 수 없는 슬픔과 영원한 고통을 준다. 우리 각자가 "네 모든 길을 든든히 하라"(잠 4:26)는 명령에 주의하는 것은 참으로 필요한 일이다. 사람들은 현세적인 일에는 충분히 그렇게 행한다. 그런데 영적인 일에는 어찌하여 그와 같이 행하지 않는가? 그들은 처음에 기차나 버스의 행선지를 확인하지 않고 그것을 타지는 않는다. 그런데 왜 그들은 멈추어 서서 "이렇게 불경건한 생활태도가 나를 어디로 데리고 가는 것이오?" 라고 묻지 않는가. 나의 발길은 어느 쪽을 향하고 있는가, 즉 천국행인가 지옥행인가? 천국과 지옥 사이는 엄청나게 멀고 생명과 멸망 또한 크게 차이나는 것이므로 우리는 전자를 얻고 후자를 피하기 위해서라도 하나님께서 명하신 모든 수단을 활용하는 데 최대한의 주의와 양심을 가지고 실천할 필요가 있다. 우리가 지금 살펴보고 있는 구절에서, 예수께서는 우리에게, 만일 우리가 복된 집에 도달하려는 정당한 희망을 가지고 있다면 우리는 "다수를 따라 악을 행하지 말라" (출 23:2)는 명령에 유의해야 한다고 경고하신다.

14절과 그 다음 문맥과의 정확한 관련성에 대해 흠정역 성경의 역자들은 확실하게 이해하지 못했던 것 같다. 왜냐하면 그 서두에 '이유' (because)를 나타내는 말이 '방법' (how)을 암시하는 뜻으로 사용되어졌기 때문이다[AV에 그렇게 되어 있음]. 앞 절에서 우리 주님께서는 그와 같은 권고의 말씀을 강조하시기 위하여 엄숙한 이유를 들어 간결하면서도 강력한 권고를 하셨다. 그렇다면 분명히 본래의 권고로 돌아오는 14절의 명백한 강조점은 무엇인가? 맨 끝의 번역을 볼 것 같으면 14절은 넓은 길과 그 넓은 길을 택하는 대다수의 사람들에 대해 서술하고 있는 비탄에 잠긴 **외침**이라고 볼 수 있다. 그러나 번역문에 나타난 그대로의 의미로 그리고 우리가 그럴 듯하다고 생각하는 바대로 본다면 14절은 **부연**하는 말이다. 첫째로, 좁은 문으로 들어가는 것은 목적이 아니라 거기에 도달하려는 수단일 뿐이라는 것을 우리에게 알려주고 있다. 왜냐하면 좁은 문은 생명을 얻기 위해서 건너가야 할 '협착한 길' 의 입구이기 때문이다. 둘째로, 14절은 '소수' 의 사람만이 그 길을 찾는 데 성공하기 때문에 협착한 길 위를 걷는 것이 어렵고 외로운 일이라는 것을 분명하게 말해주고 있다. 셋째로, 이 구절은 협착한 길로 여행하는 자들에게 그 길의 맨 끝에 생명이 있다는 것을 확증함으로써 격려 내지는 강한 자극을 주고 있다.

14절과 문맥의 관계를 확인하는 또 다른 방법이 있다. 즉 "그리로 들어가는 자가 많고 생명으로 인도하는 문은 좁고 길이 협착하여 찾는 이가 적음이니라" 는 앞 절 전체와 연결시켜 보는 것이 아니라 하반절과 연결시켜 보는 방법이다. 그렇게 연결시켜 볼 때에 그 말은 대다수의 사람들이 멸망으로 인도하는 길을 좋아하는 **이유**가 무엇인가를 제시해 주는 **설명**이 된다. 그 두 길 중 오직 하나만을 택해야 한다는 사실이 그들을 불쾌하게 한다. 들어가는 입구가 좁고 통로가 협착한 길은 육적인 방종과 세상의 일과 쾌락을 사랑하는 자들에게 호감을 주지 못한다. 반대로 생명으로 인도하는 길은 그러한 자들의 성향과는 정반대이다. 그들은 수많은 이유를 들어 자기들이 왜 협착한 길을 찾지 않았는지를 변명할 수도 있으나 실제 이유는 그들이 그 협착한 길에 마음이 없기 때문이다. 고기가 사람에게 잡혀 육지에 오게 되면 본래의 활동 영역 밖에 놓여지듯이 중생하지 않은 자도 경건함을 좋아하지 않는다. 오직 새로운 본성을 받은 자만이 거룩함의 길을 따라 살고자 한다.

"문은 좁고." 우리는 이 말을 이미 앞 장에서 살펴본 바 있으나 조금밖에 이해하지 못하고 있으며, 그 말에 대해 좀 더 자세하게 설명해 주어야 할 복음전도가 오늘날 인기에 영합함으로써 그 말을 대단히 왜곡시키고 있다. 이 말씀 다음에 "부자는 천국에 들어가기가 어려우니라"(마 19:23)는 우리 주님의 또 다른 말씀을 첨가해 보라. 오늘날 만연되고 있는 사상과 이 말씀은 참으로 거리가 멀다. 인생의 행로, 즉 세상의 일에서나 교회의 일에서 주도권을 가지고 있는 수많은 사람들은 부자와 가난한 자 둘 다 '하나님께서 자기 아들에 대해 말씀하신 기록을 단순히 믿는 것'으로 족하다고 생각함으로써 부자도 가난한 사람과 마찬가지로 쉽게 구원을 얻을 수 있다고 생각하지는 말라. 오, 독자 여러분, 귀신들도 그러한 기록을 전부 믿으며(약 2:19) 주님의 신성을 믿으며(마 8:29) 그분의 동정녀 탄생과 속죄의 죽음과 승리의 부활을 믿는다. 그러나 그들의 믿음이 마귀적 성격을 감소시킨 적이 있었던가? 그리스도를 자신들의 개인적인 구주로 받아들이겠노라고 고백하는 자들 중 대다수의 사람들이 또한 그러하다. 그들이 복음을 믿음으로써 좀 더 육적이고 세속적인 면이 적어져 가고, 더욱 진실되고 그들의 사업에 더욱 정직해지고, 이기적인 면이 좀 더 줄어드는가? 만일 그렇지 않다면 도대체 그들의 '믿음'이 무슨 소용이 있겠는가? 전혀 쓸모없는 믿음이다.

구원에 이르는 믿음이 단지 마음의 행위이며 신성의 증거에 대해 동의하는 것이라면 백만장자가 구원을 얻는 일도 가난한 자처럼 쉬울 것이다. 그러나 "사람이 **마음**으로 믿어 의에 이르고"(롬 10:10) 또한 마음은 감정의 중심인데 어떻게 자신이 사랑하는 것을 미워하거나 미워하는 것을 사랑할 수 있겠는가? 단순한 '의지의 행위'로 그렇게 할 수 있겠는가? 물론 그렇지 않다. 그것은 본성과는 반대이다. 그의 마음은 새롭게 되어야 하고 먼저 은혜의 기적이 그 사람 안에서 나타나야 하며, 마음의 감정이 다른 방향으로 움직이기 전에 곧바로 근본적인 것부터 변화되어야 한다. 우리는 "제자들이 그 말씀에 놀라는지라"는 말씀을 보게 되는데, 그들 역시 구원을 어느 누구나 받을 수 있는 간단한 문제라고 잘못 생각하고 있었다. "예수께서 다시 대답하여 가라사대 얘들아 하나님 나라에 들어가기가 어떻게 어려운지 약대가 바늘귀로 들어가는 것이 부자가 하나님 나라에 들어가는 것보다 쉬우니라 하신대." 믿음은 하나님을 향한 마음의 자세인데, 마음이 현세적인 공급과 관련된 물질적인 부로 가득 차 있는 곳에서 어떻게 그러한 경향을 바꿀 수 있으며, 어떻게 영적이고 영원한 것들을 위하여 하나님을 의지할 수 있겠는가?

"약대가 바늘귀로 들어가는 것이 부자가 하나님의 나라에 들어가는 것보다 쉬우니라." 사랑하는 독자여, 이제 솔직히 문제를 직시해 보자. 주 예수의 선언은 구원을 쉽게 얻을 수 있는 것, 즉 사람이 마음만 먹으면 어느 때고 누구나 구원받을 수 있다는 말씀인가? 이것은 '구원'에 대한 말씀이다. 그것은 제자들이 "누가 구원을 **얻을** 수 있는가"(막 10:26)라고 즉시 질문하는 것으로 보아 분명하게 알 수 있다. 예수께서는 "사람으로는 할 수 없으되 하나님으로는 그렇지 아니하니 하나님으로서는 다 하실 수 있느니라"고 대답하셨다. 그러므로 인간의 구원의 문제가 전적으로 사람의 뜻에 달려 있다는 가르침은 참으로 그릇된 것이다. 구원을 얻는 것이 쉽고 간단한 일이라고 무지하고 경솔하게 말하고 다니는 자들은 영혼들을 속이는 자요 소경을 인도하는 소경이다. 그렇다, 구원을 얻는 것은 모든 것 중에 가장 어려운 일이다. 또한 사람으로는 **불가능하며** 우리가 이 사실을 빨리 깨달으면 깨달을수록 우리는 더욱더 빨리 우리의 무릎을 꿇고 성령의 초자연적인 사역을 위해 진심으로 하나님께 매달릴 수 있게 된다.

재물을 의지하는 것만이 사람이 하나님의 구원을 구하는 것을 방해하는 것은 아니다. 또 다른 경우에 그리스도께서는 "너희가 서로 영광을 취하고 유일하신 하나님께로부터 오는 영광은 구하지 아니하니 어찌 나를 믿을 수 있느냐"(요 5:44)라고 말씀하셨다. 명예를 사랑하고 인간들의 인정을 구하는 것은 구원을 얻는데 있어서 또 하나의 방해물이다. 마태, 마가, 누가복음을 주의 깊게 읽어 본다면(요한복음은 그리스도인의 편에서 기술하고 있다. 1:16) 주 예수께서 천국에 이르는 일이 간단한 문제라고 가르치시지 않았다는 것을 알 수 있을 것이다. 주님께서는 마태복음 5:29, 30에서 오른 눈이 실족케 하거든 빼어 내버리고(음욕을 품으면), 오른손이 실족케 하거든 찍어 내버리라고(우상을 사랑하면) 말씀하셨다. 주님께서는 그리스도인을 '창수'와 '바람'에 부딪힐 때 견뎌내야 하는 '집'으로 비유하셨다(마 7:25). 그리스도께서는 주님의 제자가 되려면 자기를 부인하고 자기 십자가를 지고 주님을 좋아야 한다고 선언하셨다(마 16:24). 주께서는 자신을 따르는 자들에게 이 세상에서의 순탄한 항해를 약속하신 대신에 "집 주인을 바알세불이라 하였거든 하물며 그 집 사람들이랴"(마 10:25)고 말씀하셨으며, 단순한 믿음만으로 천국을 얻는 데 충분하다고 가르치시는 대신에 "그러나 끝까지 견디는 자는 구원을 얻으리라"(마 24:13)고 말씀하셨다. 또한 사람들로 하여금 믿음을 갖도록 재촉하시는 대신 "먼저 앉아 **그 비용을** 계산하라"(눅 14:28)고 명하셨다.

그 문은 좁다. 그 문은 하나님을 거역하는 배반의 무기를 등에 진 자들에게 허락되어지지도 않으며, 또한 그들은 세상과 짝하여 살아가도 뚫고 나아갈 수 없다. 그 문으로 들어가기 위해서는 마음을 겸손하게 가져야 하며, 죄에 물든 쾌락을 버리고 세상의 친구들을 멀리 해야 하며, 자기의 모든 직무를 수행하시는 그리스도를 받아들여야 한다. 또한 이 문은 생명으로 인도하는 길을 들어가도록 허락해 주는 입구라는 사실을 주목하라. 그리스도께서는 그 길을 '협착한 길'이라고 묘사하셨는데 그것이 문 자체보다 더 수월하지도 넓지도 유쾌하지도 않다는 것을 가르쳐 주시기 위해서 그렇게 묘사하셨던 것이다. 데살로니가전서 3:4에서 같은 말이 '받을 환난'으로 번역되어 있다. 순례자가 아버지의 집으로 인도되는 것은 안락한 꽃 침대 위에서가 아니다. 오히려 그 순례자는 살을 자르고 찢는 가시덤불을 헤치고 나아가야 한다. 그 길은 구속자의 길일 뿐만 아니라 구속받은 자의 길이기도 하다(요 10:4). 주님의 길은 환난의 길이었으므로 우리가 주님께서 우리에게 보여주신 모범을 따르려면 우리 역시 환난의 길을 걸어야 한다. 만약 우리가 그렇게 하지 않는다면 우리는 하늘에 계신 그분과 연합하지 못할 것이다.

"생명으로 인도하는 문은 좁고 길이 협착하여." 그리스도의 거룩한 가르침을 마음에 성실하게 받아들임으로써 이 길로 들어갈 수 있듯이 마음과 생활을 끊임없이 통제함으로써 그리스도의 그 길을 가르침에 의하여 건너갈 수 있다. 이 협착한 길을 걷는 자들은 불경건한 자의 권고를 듣지 아니하며(시 1:2), 자신의 명철을 의지하지 않으며(잠 3:5), '열방의 규례' (렘 10:3)를 따르지 않는다. 오히려 믿는 자의 생각은 성경에 의해 형성되며, 그의 행위는 성경의 법규에 의해 인도 된다. 그러므로 하나님의 말씀은 믿는 자에게 실제로나 경험상으로 "그의 발에 등이 되고 그의 갈 길에 빛이" 되어 준다. 협착한 길은 하나님의 말씀에 명시되어 있으며, 그리스도인은 그 길을 따라 우편으로나 좌편으로나 치우치지 말고 나아 가야 한다(잠 4:27). 그가 원수를 만나게 될 때 그 원수를 굴복시켜야 한다. 그렇 지 않으면 그가 그 원수에게 굴복하게 될 것이다. 그 길이 곧장 오르막길이기 때 문에 앞으로 나아간다는 것은 불요불굴한 일이며 힘든 일이다. 그렇지 않다고 생 각하는 자가 있다면 그로 하여금 존 번연의 「천로역정」을 읽고, 깊이 교화를 받 은 영혼이 순례의 행로를 순탄한 천국의 도시로 그리고 있는지 아닌지 보게 하 라. 슬프게도 오늘날의 대부분의 설교는 그와 같이 신실하고 유익한 작품 속에 들어 있는 내용과 반대로 행해지고 있다.

그런데 그 길은 왜 그렇게 '협착한'가? 죽음의 길이 여러 갈래로 난 잡다한 길 인 반면에 그 길은 단일한 길이기 때문이다. 거짓된 것이 머리 여럿 달린 괴물인 반면 진리는 오직 하나인 것과 같이 거룩함의 길 역시 멸망으로 인도하는 넓은 길에 나 있는 수많은 도로와 대조를 이루고 있다. 그 길이 '협착한' 이유는 그 길 이 모든 육적인 방종과 불법적인 자유를 배척하기 때문이다. 그 길이 '협착한' 이유는, 그것을 믿음으로만 걸을 수 있으며, 믿음은 시각과 감각과 자기 의지와 자기를 기쁘게 하는 것과 반대가 되기 때문이다. 또한 그 길이 '협착한' 이유는 다른 모든 관심사는 하나님을 기쁘시게 하는 일 다음에 두어야 하기 때문이다. 이와 같이 그것은 어려운 길이며, 타락한 본성에게는 유쾌하지 못한 길이다. 왜 냐하면 우리의 정욕은 어떠한 제한에도 잠잠히 있지 못하기 때문이다. 영혼보다 육신에 대해 더 많이 관심을 갖고, 또 다가올 일보다는 현재의 일에 정신이 쏠려 있는 것은 자연스러운 일이며, 이러한 자연적인 경향은 습관에 의해 자라난다. "구스인이 그의 피부를, 표범이 그의 반점을 변하게 할 수 있느냐 할 수 있을진대 악에 **익숙한** 너희도 선을 행할 수 있으리라" (렘 13:23)

협착한 길을 따라 걷는 것은 믿음 안에서 꾸준히 인내하며, 그리스도 안에서 하나님께 순종하는 것을 말한다. 그것은 모든 반대를 극복하는 것이며, 번연이 '샛 길의 초원'이라고 부른 곳으로 빗나가려 하는 모든 유혹을 거절하는 것이다. 비록 그 길이 나의 유익에 커다란 방해가 된다 할지라도 우리는 그 협착한 길을 따라가야 한다. 우리의 마음과 우리의 애정과 뜻과 말과 행동은 모두 하나님의 거룩하신 말씀과 그분의 율법과 복음의 범위 안에서 이루어져야 한다. 우리의 자유는 율법에 의해 열 가지의 기본적인 사항으로 제한되어 있는데, 복음 역시 엄격하기는 마찬가지이다. 자신감과 자만과 자기만족과 자기 의에 가득 찬 우리들의 본성적인 욕구는 율법으로 말미암아 단호히 억제된다. 주님께서 명하신 의무들은 성실하고 주의 깊게 이행해야 한다. 우리의 생각과 감정에는 그 한계가 규정되어 있다. 즉, 어떤 일들이 비록 합법적이라 할지라도 반드시 유익한 것은 아니며, 또한 중요치 않은 일이라 할지라도 그 일을 과도하게 하면 우리는 거기에서 죄를 짓게 되는 것이다. 선한 일들은 거룩한 원리와 거룩한 방법과 목적 안에서 수행되어야 하며, 만약 그렇지 못한 경우에는 죄를 짓게 된다. 왜냐하면 '과녁을 맞추지 못한 것'은 죄가 되기 때문이다.

그리스도인의 순종은 규칙이 엄격히 지켜져야 할 뿐만 아니라, 하나님을 기쁘시게 하고 영광되게 하는 일과 같이 그 동기 또한 순수해야 하기 때문에 아주 엄밀하다. 우리는 기도할 때에도 하나님의 뜻에 따라야 하며, 그렇지 않은 경우에 우리의 기도는 응답되지 않는다. 이와 같이 행하는 자들은 단일하고 특정한 생각을 가져야 한다. 그들의 주님은 이전에 그들에게 분명하게 경고하셨다. 즉, "세상이 너희를 미워하면 너희보다 먼저 나를 미워한 줄을 알라 너희가 세상에 속하였으면 세상이 자기의 것을 사랑할 것이나 너희는 세상에 속한 자가 아니요 도리어 내가 너희를 세상에서 택하였기 때문에 세상이 너희를 미워하느니라"(요 15:18, 19). 독자여, 이 사실을 잘 새겨 두라. 그리스도를 미워한 자들은 불경한 이교의 세계가 아닌 신앙을 고백한 종교인들이었고, 지금도 여전히 그러하다. 비록 여러분이 은혜로 말미암아 협착한 길을 걸을 수 있다 할지라도 "그러한 엄격함은 필요치 않아요. 나는 당신이 우리에게서 떨어져 나가기를 원하는 이유를 도대체 알 수 없소"라고 말한 사람들은 바로 교인들과 신앙을 고백하는 그리스도인들이다. 여러분이 그들의 방종함을 본받기를 거절한다면, 그들은 여러분의 "신앙심 깊은 엄격함"을 비웃고, 그러한 행위를 "시대에 뒤떨어진 청교도주의"라고 조롱할 것이다. 협착한 길을 따라 여행한다는 것은 인기 있는 여론의 경향에 **역행하여** 나아가는 것을 의미한다.

"생명으로 인도하는 문은 좁고 길이 협착하여." '생명'이란 말은 하나님과 구름 한 점 없는 친구 관계를 유지하는 영광스러운 상태를 의미하며, 또한 마음이 하나님께 만족하여 하나님의 말할 수 없는 탁월하심을 깨닫고, 하나님 바로 곁에서 기쁨이 충만하여 있는 것을 의미한다. 오늘날에도 참된 그리스도인, 물론 그 중에서도 지극히 진실한 자는 생명에 대한 약속을 가지고 있다. 그러나 충만함과 순수한 축복과 그리고 이루 말할 수 없는 극치의 생명은 '멸망' 과는 반대의 위치에 있는 것이기 때문에 미래에 완성될 것이다. "생명으로 인도하는 문은 찾는 이가 적음이니라." 그러므로 성도들은 자신의 길이 인기가 없고 외로운 길이라 해서 낙심하지 않도록 하라. 주님께서도 그 길이 외로운 길이라고 말씀하셨다. 이것이야말로 그가 올바른 길 위에 있다는 가장 분명한 표시 중의 하나이다. 그런데 생명으로 인도하는 문을 '찾는' 이가 적은 까닭은 무엇인가? 극히 소수의 사람만이 근면하게 그것을 찾기 때문이다. 신앙을 고백하는 대다수의 사람들은 자신들이 이미 그 길 위에 있다고 생각하여 "옛적 길 곧 선한 길이 어디인지 알아보고 그리로 가라"(렘 6:16)라는 말씀에 주의를 기울이지 않는다. 우리는 그 길에 대해 **탐구해야** 한다. 어디에서 찾을 것인가? 하나님의 말씀 안에서 물어보고 우리가 안 사실은 실천에 옮김으로써 그 길을 **따라가야** 한다.

하나님의 종이 신앙을 고백하는 그리스도인들에게 협착한 길에 대해 이야기할 때조차도 그들은 그의 말에 주의를 기울이지 아니하고, 오히려 복음은 율법을 굳게 하는 것이며 율법의 원수가 아니라는(롬 3:31) 사실을 알지 못하고서, 하나님의 종에게 행위로 말미암은 구원과 영혼을 속박하는 일을 가르친다고 비난한다. 구원에 이르는 믿음은 그리스도를 신뢰하는 것뿐만 아니라 그리스도를 따르는 것이며, 하나님의 약속을 믿는 것뿐만 아니라 그의 교훈에 복종하는 것이다. 구원에 이르는 믿음은 선한 일을 많이 함으로써 좋은 열매를 맺는다. 또한 구원에 대한 믿음을 가지고 있는 자는 시련을 참고, 마귀를 저항하며, 세상을 이길 수 있다(요일 5:4). 생명에 이르는 경건이 그들의 주된 관심사요 생활의 주된 임무라고 생각하는 자들만이 협착한 길을 걸을 수 있다. 여기서 우리는 우리 동료들 중 대다수가, 즉 신앙을 고백하는 (명목상의) 그리스도인 가운데 대다수가 왜 천국에 이를 수 없는지 그 이유를 알게 된다. 즉, 그들은 성경에 따라 살기보다는 육욕을 만족시키기를, 거룩함보다는 죄악을, 그리스도보다는 자아를, 하나님보다는 세상을, 협착한 길보다는 넓은 길을 더 좋아하기 때문이다. 그들은 자신들의 죄를 모두 버리고, 자신들의 우상을 파괴하고, 세상에서 등을 돌려 주 되신 그리스도께 복종하기를 싫어한다.

제50장

거짓 선지자들

❶

> 거짓 선지자들을 삼가라 양의 옷을 입고 너희에게 나아오나 속
> 에는 노략질하는 이리라(마 7:15)

만일 우리가 성경에서 그 문맥을 아주 주의 깊게 살펴보고 귀 기울여야 할 구
절이 있다면, 우리가 지금 다루려고 하는 말씀이 바로 그런 구절이 될 것이다. 일
반 독자들은 주님께서 여기에서 앞 절과는 조금도 관계가 없는, 전적으로 새로운
주제를 시작하신다고 생각할지도 모른다. 본문의 말씀이 그리스도의 설교에서
별다른 한 부분의 시작이 된다는 것은 사실이다. 그러나 본문은 주님이 방금 전
에 말씀하신 내용과도 직접적인 관계가 있다. 삶의 방법을 아주 엄숙하고 엄중하
게 묘사하신 후에 계속하여 그리스도는 충실한 인도자처럼 우리에게 그 길을 가
는데 있어서 방해가 되는 주요 요소들 중의 하나, 곧 거짓 안내자들을 조심하라
고 경고하셨다. 그들은 우리에게 하나님의 길을 인도해 주는 것 같으나 우리가
그들의 말에 귀 기울인다면 우리는 치명적인 속임을 당하게 될 것이다. 모든 시
대에 특히 오늘날에는 속기 쉬운 많은 영혼들이 진리의 교사요 그리스도의 종이
라고 자처하는 자들의 유혹을 받아 멸망으로 인도하는 넓은 길로 빠져들고 있다.
그러나 이들은 그리스도의 영을 소유하지도 않은 자들이었다. 즉 소경을 인도하
는 소경들로서 속기 쉬운 자들과 함께 도랑에 빠지는 자들이다.

"거짓 선지자들을 삼가라." 인간 본성은 어느 시대에나 똑같기 때문에 인류의
역사는 언제나 되풀이되어 왔음을 생각하면서, 이 내용에 대한 구약성경의 말씀
을 살펴본다면 우리는 이 권고가 참으로 유효함을 더욱 잘 깨달을 수 있을 것이
다. "이 땅에 무섭고 놀라운 일이 있도다 선지자들은 거짓을 예언하며 제사장들

은 자기 권력으로 다스리며 내 백성은 그것을 좋게 여기니 마지막에는 너희가 어찌하려느냐"(렘 5:30, 31). "여호와께서 내게 이르시되 선지자들이 내 이름으로 거짓 예언을 하도다 나는 그들을 보내지 아니하였고 그들에게 명령하거나 이르지 아니하였거늘 그들이 거짓 계시와 점술과 헛된 것과 자기 마음의 거짓으로 너희에게 예언하는도다"(렘 14:14). "내가 예루살렘 선지자들 가운데도 가증한 일을 보았나니 그들은 간음을 행하며 거짓을 말하며 악을 행하는 자의 손을 강하게 하여 사람으로 그 악에서 돌이킴이 없게 하였은즉 그들은 다 내 앞에서 소돔과 다름이 없고 그 주민은 고모라와 다름이 없느니라 … 만군의 여호와께서 이와 같이 말씀하시되 너희에게 예언하는 선지자들의 말을 듣지 말라 그들은 너희에게 헛된 것을 가르치나니 그들이 말한 묵시는 자기 마음으로 말미암은 것이요 여호와의 입에서 나온 것이 아니니라"(렘 23:14, 16). "그 가운데에서 선지자들의 반역함이 우는 사자가 음식물을 움킴 같았도다 그들이 사람의 영혼을 삼켰으며 재산과 보물을 탈취하며 과부를 그 가운데에 많게 하였으며"(겔 22:25). 거짓 선지자들은 이스라엘의 배교와 타락을 가져온 주요 요인들 중의 하나였으며, 위의 구절들은 우리를 훈계하고 경고해 주기 위하여 기록되었다.

이러한 미혹자들이 모세의 시대가 끝남과 함께 사라져 버렸다고 생각해서는 안 된다. 주 예수와 그의 사도들은 오늘날의 이 기독교 시대에도 거짓 선지자들이 있을 것이라고 말하였었다. 그리스도는 "거짓 선지자가 많이 일어나 많은 사람을 미혹하게 하겠으며"라고 말씀하셨는데, 정말로 그들은 아주 훌륭한 표적을 보이어 "할 수만 있으면 택하신 자들도 미혹하리라"(마 24:11,24). 바울은 "내가 떠난 후에 사나운 이리가 여러분에게 들어와서 그 양 떼를 아끼지 아니하며 또한 여러분 중에서도 제자들을 끌어 자기를 따르게 하려고 어그러진 말을 하는 사람들이 일어날 줄을 내가 아노라 그러므로 여러분이 일깨어 내가 삼 년이나 밤낮 쉬지 않고 눈물로 각 사람을 훈계하던 것을 기억하라"(행 20:29-31)고 말하였다. 또다시 그는 "형제들아 내가 너희를 권하노니 너희가 배운 교훈을 거슬러 분쟁을 일으키거나 거치게 하는 자들을 살피고 그들에게서 떠나라 이같은 자들은 우리 주 그리스도를 섬기지 아니하고 다만 자기들의 배만 섬기나니 교활한 말과 아첨하는 말로 순진한 자들의 마음을 미혹하느니라"(롬 16:17, 18)고 말하였다. 베드로는 "그러나 백성 가운데 또한 거짓 선지자들이 일어났었나니 이와 같이 너희 중에도 거짓 선생들이 있으리라 그들은 멸망하게 할 이단을 가만히 끌어들여 자기들을 사신 주를 부인하고 임박한 멸망을 스스로 취하는 자들이라 여럿이 그들의 호색하는 것을 따르리니"(벧후 2:1, 2)라고 예언하였다. 요한은 "영을 다 믿지 말고 오직 영들이 하나님께 속하였나 분별하라 많은 거짓 선지자가 세상에 나왔음이라"(요일 4:1)라고 경고하였었다.

씨 뿌리는 자의 비유를 말씀하신 직후에 그리스도는 "그 원수가 와서 곡식 가운데 가라지를 덧뿌리고 갔더니"(마 13:25)라고 말씀하셨는데, 이 말씀은 가라지에는 열매가 맺히지 않았음을 알게 될 "추수 때까지 함께 자라게 두어라"고 명령하신 말씀과 아주 흡사하다. 이 비유들을 나란히 놓으심으로써 주 예수께서는 그의 원수들이 사용하는 방법과 순서를 폭로하셨다. '얀네와 얌브레'(바로의 마법사들)가 모세의 기적들을 흉내냄으로써 "모세를 대적한 것같이"(딤후 3:8) 하나님께서 복음을 전파하라고 그의 종을 보내실 때에, 마귀도 곧 그의 사자를 보내어 "다른 복음"을 퍼뜨리게 한다. 하나님께서 말씀하실 때에, 마귀는 곧 이를 흉내내어 말한다. 사탄은 진리를 드러내놓고 부인하기보다는 그를 위조함으로써 훨씬 더 효과적으로 일할 수 있음을 알았다.

그러므로 모든 시대마다 '거짓 선지자들'이 많이 있다. 그러므로 우리는 오늘 이 시대에도 그들이 많이 있으며, 또 성공한다고 하여 놀라서도, 이에 걸려 넘어져서도 안 된다. 우리는 다음의 앤드류 풀러(Andrew Fuller)의 말에 완전히 동의한다. "'거짓 선지자들을 삼가라'는 말씀은 모든 시대의 그리스도인들을 위해 주어진 말이므로, 여기에서 '선지자들'로 번역된 말은 일반 선생들을 가리키는 뜻으로 쓰여져 있으며, 다른 곳에서도 흔히 이런 뜻으로 쓰여진다."

"거짓 선지자들을 삼가라"는 말씀은 이 시대에서는 거짓 선생들, 곧 이단적 설교자들을 경계하라는 뜻이다. 비록 오늘날에도 받은 은사와 특별한 사역에 있어서 선지자에 가까운 하나님의 종들이 몇몇 있기는 하지만, 이 단어의 엄밀하고 전문적인 의미에 있어서의 '선지자들'은 더 이상 존재하지 않는다. 우리가 삼가야 한다고 여기에서 이야기되고 있는 자들은 거짓 위탁을 받은 자, 즉 그들이 지금 관여하고 있는 일을 하도록 하나님의 부름을 결코 받지 않은 자들이다. 그들은 그릇된 사상을 전파하는데 이것은 '경건에 관한 교훈'(딤전 6:3)을 파괴하는 것이다. 그들이 맺는 열매는 성령의 열매를 모방할 뿐이다. 거짓 선지자들은 평안이 없을 때에도 언제나 "평안하다 평안하다"(렘 23:17; 미 3:5; 살전 5:3)라고 말해왔는데, 바로 이것이 그들을 알아보게 하는 주요한 표시이다. 그들은 죄인들의 상처를 가볍게 여기며(렘 8:11) '회칠' 로 꾸민다(겔 13:14; 22:28). 그들은 천국으로 가는 쉬운 길을 고안해 내고, 인간의 타락한 본성에 영합하여 '부드러운 말'을 예언한다(사 30:10). 그들의 설교 중에는 양심을 살피게 하고, 헛된 고백자들을 불편하게 하고, 청중들로 하여금 겸손하게 하나님 앞에 애통하게 하는 것은 하나도 없다. 그 대신 청중들로 의기양양하게 하고 스스로에 만족하고 거짓된 확신에 안주하게 만든다.

'거짓 선지자들' 의 일반적인 특징은, 그들은 지극히 중요한 경건을 실제보다도 덜 엄격하고 더욱 편한 것으로 만들어서 타락한 인간의 본성에 더욱 잘 적합하게 하고, 이로써 중생하지 못한 자로 하여금 참 은혜에 미치지 못하는 그 어떤 것에 만족해 버리도록 부추긴다는 사실이다. 바리새인들이 지극히 엄격하였음에도 불구하고 이러하였였고(마 23:25), 천주교도들이 그들의 고행을 뽐냄에도 불구하고 이러하였으며, 아르미니우스주의자들도 선한 일을 행하고자 하는 표면상의 열심이 있음에도 불구하고 이러하다. 반(反)율법주의자들(Antinomians) 또한 훨씬 더 많은 빛을 받고 기쁨, 열심, 확신이 있음에도 불구하고 이러하다. 이것이 모든 거짓 선생들의 공통적인 표시이다. 즉 하나님의 길을 거부하고 그들은 자신에게 알맞는 길을 꾸며낸다.

그리고 그들 각자는 서로 크게 다르다 할지라도, 경건의 행실과 그리스도인의 생활을 성경이 가르치는 것보다 쉬운 것으로 만들고, 구원을 싼 값에 제시하며, 그리스도와 그의 사도들이 했던 것보다 문을 더욱 열어 젖혀 천국으로 가는 길을 더욱 넓게 하는 데 있어서는 모두 다 한마음이 된다. 이것이 바로 그들이 사람들의 인기를 얻는 비결이다. "그들은 세상에 속한 고로 세상에 속한 말을 하매 세상이 그들의 말을 듣느니라"(요일 4:5). 그러나 그리스도는 이러한 자들에 대하여 '삼가라' 고 자기 백성에게 경고하신다. 왜냐하면 그들은 말씀의 순전한 젖으로가 아니라 독으로써 영혼들을 먹이기 때문이다.

"양의 옷을 입고 너희에게 나아오나 속에는 노략질하는 이리라." 이 말씀을 통하여 그리스도는 이 거짓 선지자들의 **위험**, 즉 그들은 방심한 자를 미혹하기 위하여 그들의 성품을 잘 꾸몄다는 것을 강조하셨다. 주님은 여기에서 이전 시대의 거짓 선지자들이 하나님의 참된 종들의 특이한 복장을 함으로써 선지자로서 가장하였던 방법을 언급하신 것이다. 그의 의복 때문에 엘리야는 '털이 많은 사람'이라고 불리었다(왕하 1:8). 그러므로 세례 요한이 "엘리야의 심령과 능력으로"

왔을 때에(눅 1:17) 그는 "약대 털옷을 입고" 있었다고 기록되어 있다(마 3:4). 그 당시 사탄의 사자들이 참된 선지자들로 가장할 때에는 그들의 복장을 위조하여 백성들을 더욱 쉽게 속이려고 하였는데, 이것은 "그날에 선지자들이 예언할 때에 그 이상(異象)을 각기 부끄러워할 것이며 사람을 속이려고 털옷도 입지 아니할 것이며"라고 여호와께서 말씀하신 스가랴 13:4로부터 분명히 알 수 있다. 이것을 언급하심으로써 그리스도는 이교 선생들의 그럴듯한 겉치레, 즉 그들이 자신의 진짜 성품과 의도를 숨기려고 사용하곤 했던 속임수를 암시하신 것이며, 이로써 그들이 참으로 **위험한** 존재들이며 그의 백성은 그들을 멸망으로 이끌려고 애쓰는 자들을 끊임없이 경계해야 할 절박한 필요가 있음을 강조하셨다.

"양의 옷을 입고 너희에게 나아오나 속에는 노략질하는 이리라." 그들은 그들의 진짜 모습과는 정반대의 모습을 취한다. 그들은 악한 자의 사자들이지만 거룩하신 분의 종이라고 주장한다. 그들의 본거지는 변방, 곧 숲이나 산에 있으면서도 그들은 양 우리에 들어온다. 이것은 그들이 아주 교활하나 겉으로는 경건한 체하고 있음을 암시해 준다. 사람들은 그들이 천국 가는 길을 가르쳐 주고 있다고 생각하나 실상 그들은 지옥으로 이끌어가고 있는 것이다. 이들을 식별하기는 매우 어렵다. 왜냐하면 그들은 "남의 집에 가만히 들어가 어리석은 여자를 유인"(딤후 3:6)하기 때문이다.

실제로 사도 시대에조차도 그들 중의 어떤 이들은 성도들의 회중에 성공적으로 "가만히 **들어**" 갔다(유 4절). 바울은 이들에 관하여 "저런 사람들은 거짓 사도요 속이는 일꾼이니 자기를 그리스도의 사도로 가장하는 자들이니라 이것이 이상한 일이 아니니라 사탄도 자기를 광명의 천사로 가장하나니 그러므로 사탄의 일꾼들도 자기를 의의 일꾼으로 가장하는 것이 또한 큰 일이 아니니라 그들의 마지막은 그 행위대로 되리라"(고후 11:13-15)고 말하였다. 그들은 '양의 옷' 을 입었다 할지라도 이리처럼 포악하고 잔인하다.

그들이 아주 교활하고 교묘하며 또 흔히는 여기에 아주 매력적인 인품과 외견상으로 성자연하는 태도가 따르는 것 외에도, **그리스도인 자신 안에** 이들의 거짓에 반응하고 찬동하는 것이 있기 때문에, 실제로 이 거짓 선지자들의 미혹을 받고 그들의 잘못된 가르침을 받아들일 위험이 있다. 이로 말미암아 우리는 더욱 심각한 위험에 빠지게 된다. 아첨하는 것은 육을 즐겁게 하지만, 창피를 받는 것은 싫은 일이다. 바울은 고린도 사람들에게 바로 이 일을 불평하고 있다. 어떤 사람은 바울이 첫 번째 편지에서 그들의 죄를 질책하며 분명하게 말한 내용에 대하여 분개하였다. 그리하여 그는 두 번째 편지에서 "원컨대 너희는 나의 좀 어리석은 것을 용납하라"(11:1)고 말하고 있다. 갈라디아인들도 바울에게서 처음에는 복음을 몹시 기쁘게 받아들여서 그에게 유익이 되기만 한다면 자기들의 눈이라도 빼어주려 하였지만(4:15) 그들은 곧 유대화주의자들의 그릇된 사상을 흠뻑 흡수하여서 사도가 이 일을 꾸짖을 때에, 그는 그들에게 "그런즉 내가 너희에게 참된 말을 하므로 원수가 되었느냐"(16절)고 묻지 않을 수 없었다. 구세주께서도 이와 똑같이 당하셨다. 수많은 무리가 호산나를 부르며 그를 환호하였으나 1주일도 못 되어서 그들은 "없이 하소서 그를 십자가에 못 박게 하소서"라고 외쳤다. 이처럼 인간의 마음은 변덕스러우며 믿을 수 없는 것이다.

그래서 우리 주님은 "너희가 무엇을 듣는가 스스로 삼가라"(막 4:24)고 명령하신 것이다. 부패한 본성은 그릇된 사상을 아주 좋아하며, 그리고 참된 교리보다는 거짓을 더욱 쉽사리 열렬하게 받아들일 것이다. 어느 누가 우리의 이 진술에 대하여 의문을 표한다면, 우리는 그들에게 "선지자들은 거짓을 예언하며 제사장들은 자기 권력으로 다스리며 내 백성은 그것을 좋게 여기니 마지막에는 너희가 어찌하려느냐"(렘 5:31)는 말씀을 들어 보일 것이다. 그리스도는 유대인들에게 "내가 진리를 말하므로 너희가 나를 믿지 아니하는도다"(요 8:45)라고 말씀하셨다. 이것이야말로 타락한 인간 본성에 대한 논평이다. 그리스도께서 **거짓**을 전파하셨더라면 그들은 재빨리 그를 받아들였을 것이다. 슬프게도 인간은 바로 이런 존재인 것이다. 즉 그는 새롭고 놀라운 것은 탐욕스럽게 좇지만 복음의 옛이야기에는 곧 싫증을 느낀다.

그리스도인은 참으로 연약하고, 그의 믿음 또한 희미하며, 방임된 상태에서는 참으로 변덕스럽고 불안정하다. 사도들 중에서도 신앙고백을 하는데 있어서 가장 용감하고 진취적이었던 베드로도 하녀의 도전을 받아 그의 주님을 부인하였다. 이스라엘 사람들이 처음에는 만나를 즐겨 먹었지만 곧 그것에 싫증을 내고 애굽의 고기를 갈망하였던 것처럼, 진리를 사랑할 마음이 부여되었음에도 불구하고 우리는 여전히 새로운 것과 잘못된 것들에 몹시 "탐을 낸다." 그러므로 "거짓 선지자들을 삼가라"는 이 명령에 귀를 기울여야 하는 일이야말로 실제적이고 긴박한 일이다.

이제는, 이 장의 서두에서 표현하였던 생각을 부연 설명해 보자. 그리스도는 이 앞 부분에서, 넓은 길과 그리로 가는 사람 그리고 좁은 길과 그 길을 찾는 소수의 사람을 대조하여 말씀하신 직후에, "거짓 선지자들을 삼가라"고 말씀하셨다. 생명으로 인도하는 좁은 길은 구원의 길이다. 그러므로 우리에게 주어진 경고 말씀은 잘못된 구원의 길을 가리키거나 제시하여서 청중들의 영혼을 지극히 위험한 상태에 빠뜨리는 자들과 관계가 있음에 틀림이 없다. 왜냐하면 거짓된 가르침을 받아들이는 일이야말로 **치명적인** 일이 되기 때문이다. 그러므로 우리가 지금 살펴보고 있는 구절이 지극히 중요하다는 것은 즉시 자명해진다. 베드로후서에서 인용한 구절이 말하여 주듯이, 거짓 선지자들이 선전하는 것은 "멸망케 할 이단"이다. 그들도 구원의 문제를 가르치고 있기 때문에, 하나님께서 개입하사 은혜의 기적을 베풀어 주시고 그들에게 속기 쉬운 자들을 깨우쳐 주시지 않는다면 (이것은 극히 드문 일이다) 그들의 거짓말을 받아들이는 자의 종국은 파멸이다. 그러므로 우리 각자는 "나는 이 거짓 선지자들의 미혹을 받지 아니하였는가? 나는 내가 보기에는 '바르나' 하나님의 보시기에는 '사망'이 되는 길을 걷고 있지 않은가?(잠 14:12)"라고 진지하게 물어 보아야 한다. 우리가 어느 '길'을 걷고 있는지를 명확하게 알려 주실 것을 진지하고 열심히 하나님께 구하여야 한다.

그러므로 하나님의 종들이 해야 할 일은 바로 지극히 중요한 이 문제에 있어서 번민하고 있는 영혼들을 도와주고, 이 '거짓 선지자들'의 거짓말을 밝히 드러내고, 구원의 길을 명백히 하는 것이다. 구원과 **선한 행실** 사이의 관계를 규정하고 설명하는 것이 이 일을 해내는 가장 훌륭한 방법이다. 왜냐하면 사탄의 사자들은 다른 점에서보다도 바로 이 점에서 영혼들을 치명적으로 미혹하기 때문이다. 지금까지 이 문제가 발전되어져온 주된 잘못은 두 가지 항목, 즉 행함에 의한 구원과 행함이 없는 구원이라는 제목으로 요약될 수 있다. 천주교도들은 그리스도인이 선한 행실이 공로가 되어 천국 가는 자격을 얻을 수 있다고 주장하면서 주로 행함에 의한 구원을 전파해 왔다. 그리하여 그들은 하나님께서 우리를 받아들이도록 하기 위해서는 그리스도의 피와 의 외에도 우리 편의 어떤 것이 필요하도록 하여 그리스도의 영광을 제거해 버렸다. 천주교도들은 하나님의 은혜나 그리스도의 구속을 전적으로 부인하지는 않지만 구원의 효력은 그들 교회의 의식과 피조물의 선행에 있다고 함으로써 이 둘(전자)을 무가치하게 만들었다. 로마서 11:6; 에베소서 2:8,9; 디모데후서 1:9; 디도서 3:5와 같은 성경 말씀은 이러한 오류를 분명히 거부하고 있다.

　지난 세기 동안에 행함이 **없는** 구원이라는 잘못된 복음을 전파한 자들은 정통이라는 이름으로 많은 청중들을 확보하였는데, 만일 그들의 본성이 의심받았더라면 그 청중들은 결코 그들의 말을 듣지 않았을 것이다. 그들은 천주교도와는 정반대되는 극단으로 치우쳐서, 행함에 **의한** 구원을 주장하는 천주교도들의 거짓말처럼 진리에서 동떨어진 '복음'을 전파하였다. 그들은 그리스도인들의 선한 행실이 확실히 바람직하기는 하지만 절대 필요한 것은 아니며, 선한 행실을 하지 않는다는 것은 단순히 '천년왕국'의 명예의 상실과 관계가 있기는 하지만, 천국 그 자체를 잃는 것은 아니라고 가르쳤다. 그들은 "다 이루었도다"는 그리스도 말씀을 잘못 해석하여서, 그리스도가 죄인들로 회개하고 우상을 버리고 구원받기 전에 이 세상을 단념하는 일을 하지 않아도 되게 하는 그 어떤 일을 십자가상에서 이루셨다는 듯이 많은 영혼을 거짓 평안에 안심하도록 하였다. 다시 말하면, 그들은 믿음으로써 단순히 그리스도를 받아들이기만 하고 더 이상 어떤 일을 할 필요는 없으며, 그들이 일단 "그리스도께서 이루신 일"에 안식한다면 그 이후의 그들의 생활이 어떻게 되든, 그들은 "영원히 안전"하다고 하였다. 사람들이 이 치명적인 교리를 아주 널리 받아들이고 이 "노략질하는 이리들"이 아주 철저하게 "양의 옷을 입고" 신앙심 깊은 자들을 미혹하였기 때문에, 이 지독한 악을 비난하는 사람은 누구나 거의 예외 없이 '율법주의자' 혹은 '유대화주의자' (Judaizer)라는 비난을 받았다.

　선한 행실이 구원과 관계하여 어떤 위치에 있는지를 살펴보기 전에, 몇 년 전에 이 잡지에 실렸던 간단한 기사에서 몇 구절을 인용해 보자. "다 이루었도다: 이 복된 말씀은 그리스도께서 하나님의 거룩의 요구를 크게 만족시키셨으므로 이 거룩은 더 이상 우리에게 실제로 그리고 절실히 요구되는 것이 아니라는 것을 의미하는가? 우리에게 법이 없어도 되게 하시려고 그리스도는 '그 교훈을 크게 하며 존귀하게'(사 42:21) 하셨는가? 그는 우리로 전심으로 하나님을 사랑하고 우리의 모든 재능으로 그를 섬기지 않아도 되게 하기 위하여 모든 의를 이루셨는가? 그리스도는 우리로 스스로 즐겁게 하며 살도록 하나님의 은혜를 확보하시기 위하여 죽으셨는가? … 그리스도는 죄에 대한 나의 슬픔과 증오를 쓸모없게 하기 위하여 죽으신 것이 아니다. 그리스도는 하나님에 대한 나의 책임을 완전히 면제하기 위하여 죽으신 것이 아니다. 그리스도는 나로 계속하여 세상과 친교를 나누도록 하기 위하여 죽으신 것이 아니다. … 만일 나의 죄성을 슬퍼하는 양심이 내 마음을 찢어놓지 않는다면 그리스도께서 '다 이루신 일'은 내게 아무 소용이 없다. 내가 여전히 세상을 사랑하고(요일 2:15) 그리스도 안에 있는 새로운 피조물이 아니라면(고후 5:17) 그것은 내게 아무 소용이 없다."

행함에 **의한** 구원과 행함이 **없는** 구원이 모두 구원에 대한 **하나님의** 길과는 정반대가 된다면, 한 영혼의 구원과 '선한 행실'은 어떤 관계에 있는가? 먼저 그 용어를 정의해 보자. '선한 행실'이라는 말은 하나님의 뜻에 순종하기 위하여 실행하는 우리 마음과 손의 작용을 말하며, 이것은 복음적 원리에서 비롯되고 하나님의 영광을 위한 것이다. '구원'이라는 말은 (이에 대한 우리 경험의 시작에 불과한) 중생뿐만이 아니라 성화와 천국에 실제로 들어가는 것까지를 의미한다. 그러므로 "하나님의 뜻대로 하는 근심은 후회할 것이 없는 구원에 이르게 하는 회개를 이루는 것이다"(고후 7:10). 그리스도께서 주가 되심에 대한 완전한 굴복(마 11:29; 눅 14:33), 믿음의 순종(롬 16:26; 히 5:9), 건전한 교리 안에서 끝까지 인내하는 것(딤전 4:16), 하나님에 대한 사랑(마 24:12, 13), 그리고 거룩의 길(히 3:15), 이 모두는 '선한 행실'이며, 우리가 영원한 지옥 불을 피하려 한다면 반드시 필요한 일이다. 선한 목자는 자기 양을 "앞서 가며"(요 10:4), 그 양이 하늘에 계신 목자와 합하기 위해서는 "그를 **따라야**" 한다. 즉 "너희에게 본을 끼쳐 그 자취를 따라오게 하려 하셨느니라"(벧전 2:21). 그곳으로 인도하는 유일한 길, 곧 거룩의 대로(大路)를 밟지 않고는 천국에 이를 수 없다.

우리가 지금 다루고 있는 주제는 너무도 중요하여 몇 가지 간단하고 일반적인 진술로써는 요약할 수 없다. 그러나 지면이 얼마 남아 있지 않으므로, 이 단락으로 끝을 맺고 다음 장에서 상세히 살펴보기로 하자. 선한 행실이 구원의 제일 되는 요건도 아니며, 구원을 획득하게 하는 원인도 아니라는 것을 인정한다. 그렇다고 해서 선한 행실이 전혀 필요 없다는 것은 아니다. 그것은 구원의 열매가 된다. 우리가 명백하게 부인하고 있는 것은 그것이 구원에 이르는 수단이 되지 못한다는 것이다. 한편으로 선한 행실은 하나님의 은혜와 그리스도의 공로에 엄격하게 종속되어져야 한다. 다른 한편으로는, 이 선한 행실을 전적으로 부인해서는 안 된다. 씨를 뿌렸기 때문에 수확을 하는 것이다. 그런데 땅의 기름짐과 하늘로부터의 비와 햇빛이 수확하기 위해서 필요불가결하다는 것 또한 사실이다. 그러나 좋은 씨앗과 기름진 땅과 최적의 기후가 주어졌다 하더라도, 농부가 땅을 갈지 못하고 씨를 뿌리지 않는다면 그는 무엇을 수확할 수 있을까? 그렇다면, 농부가 자랑할 거리가 있을까? 분명히 그렇지 못하다. 그러면 그에게 씨와 땅을 제공해 주며, 또 그에게 건강과 힘을 주어서 그의 수고한 대가를 얻게 해주시는 자가 있지 않겠는가? 그럼에도 불구하고 그가 활동하지 않는다면, 전혀 수확을 얻지 못할 것이다.

제51장

거짓 선지자들

❷

먼저, 앞 장을 다시 간략히 살펴보도록 하자. 거짓 선지자 혹은 오류를 설교하는 자들에 대한 이 경고는 13, 14절에서의 '좁은 문' 과 '협착한 길' 에 대한 주님의 가르침에 덧붙여진 내용이다. 이 거짓 선지자들의 위험은 그들이 꾸민 성품 안에 나타난다. 즉 그들이 '양의 옷' 을 입은 것은 방심한 자들을 미혹하기 위해 철저히 계산된 것이다. '골수 정통파' 에서도 그들을 발견할 수 있는데 그들은 영혼들을 열렬히 사랑하는 체하나 실상은 구원의 길에 관하여 수많은 사람들을 치명적으로 속이고 있다. 사람들이 이처럼 쉽게 이 사탄의 희생물이 되고 마는 것은 선한 행실과 구원 사이의 관계에 대한 가르침이 거의 없었기 때문이다. 한편에는 (천주교인들처럼) 행실**로써** 구원을 획득할 수 있다고 주장하는 자들이 있으며, 다른 한편에는 (자기의 '믿음의 건전성' 을 크게 자랑하면서) 행함이 **없이도** 구원을 보장받을 수 있다고 주장하는 자들이 있다. 그리고 오늘날에는 이 중간의 참된 자리에 위치하고 있는 자들은 좀처럼 찾아볼 수 없다. 이 중간의 자리는, 하나님의 은혜가 인간의 책임을 배제하지는 않고, 복음은 율법을 반대하지 않으며, 그리스도께서 '다 이루신 일' 로 인하여 천국 가기를 원하는 자들이 선한 일을 할 필요가 없게 되는 것은 아니라는 사실을 가르쳐 준다.

구원을 얻기 위해서는 선한 행실이 필요한가? 그렇지 않기도 하고, 그렇기도 하다. 성경은 우리의 이 대답을 보증해 준다. 겉으로는 모순처럼 보이는 이 역설을 해결하기 위하여, 우리는 먼저 '선한 행실' 이라는 말의 정의를 내리고, 그 다음에는 '필요하다' 는 말이 무엇을 의미하는가를 신중하게 설명해야 하며, 마지막으로 지극히 중요한, 즉 '구원' 이라는 말이 무슨 뜻을 담고 있는지를 보여주어야 한다.

몇몇 독자들에게 이처럼 상세하게 다루는 일이 정말로 시간을 낭비하는 일이며, 또한 실제로는 단순하고 쉬운 문제를 복잡하고 어렵게 만드는 것처럼 보일지도 모른다. 그러한 사람들은 우리의 처음 질문에 대하여 명백하고 단호하게 '아니오' 라고 대답하며 더 이상 필요한 것은 없다고 결론지을 것이다. 그들은 "너희는 그 은혜에 의하여 믿음으로 말미암아 구원을 받았으니 이것은 너희에게서 난 것이 아니요 하나님의 선물이라 행위에서 난 것이 아니니 이는 누구든지 자랑하지 못하게 함이라"(엡 2:8, 9)는 말씀을 인용하고 이 말씀이 이 문제를 **종결시켜주었다고** 말할 것이다. 그러나 어떤 말씀을 인용하는 것과 그 말씀을 올바로 이해한다는 것은 별개의 문제이다. 그럼에도 불구하고, 에베소서 2:8, 9의 말씀은 애매모호한 점이 하나도 없고 의심할 여지도 없이 확고하기 때문에 이 말씀이 다루는 주제에 대하여 힘든 연구를 시작할 필요가 없는 것처럼 보인다. 그러면 왜 우리는 이 질문을 더욱 자세하게 살펴보아야 하는가?

그 이유는, 많은 성도들이 이 문제에 관하여 혼동하고 있으며, 그들에게는 "하나님의 길을 좀 더 완전하게" 설명할 필요가 있기 때문이다. 다른 이유는 다른 곳에서처럼 여기에서도 진리의 균형이 나타나 있기 때문이다. 만일 우리가 그 진리의 반쪽을 무시한다면 그 진리는 곡해되고 영혼들은 미혹되기 때문이다. 또 바로 이 점에서 '거짓 선지자들' 이 치명적인 일을 시작하기 때문이다. 만일 우리가 미리 경고받지 않는다면 그에 대비할 수도 없기 때문이다. 또 목사는 하나님의 계획 중에 마음에 드는 부분만 아니라 '하나님의 모든 계획' 을 선포해야 하기 때문이다. 또 다른 이유는, 한편으로 선한 행실을 부당하게 너무 강조하는 것은 하나님의 은혜를 거부하는 것이며, 다른 한편으로 선한 행실을 성경이 제시하는 자리에서 배제해버리는 것은 하나님의 은혜를 색욕거리로 바꾸는 것이 되기 때문이다. 또 한 가지 이유는, 하나님의 말씀을 '선한 행실' 이라고 부르고 있는 것이 기독교계에서 거의 사라져가고 있으므로 이것을 강조할 필요가 절실하기 때문이다. 또 다른 이유는, 신앙을 고백하는 그리스도인들 대다수가 이 점에서 치명적으로 미혹되고 있으며 "그들의 오른손에 거짓 것을" 가지고 지옥으로 내려가고 있기 때문이다.

"구원을 얻기 위하여 선한 행실이 필요한가" 라는 질문에 대한 우리의 첫 번째 대답은 **'아니다'** 라는 것이었다. 이제 이를 부연설명해 보기로 하자. 아담의 후에는 어느 누구도 하나님의 사랑에 넘치는 배려를 받을 **자격이 있게 해주는** 어떠한 행위도 할 수 없다는 것을 강력히 주장하는 바이다. 그가 이 세상을 창조할 수 없었던 것과 마찬가지로 그는 자신의 행실로써는 천국에 갈 수 있는 자격을 얻을 수 없다. 그는 자선 행위로 말미암아 영원한 천국의 기쁨을 누릴 수 있게 되기보다는 차라리 지존자께서 거하시는 처소에 접근할 수 있게 해주는 사다리를 더 쉽게 만들 수 있을 것이다. 그는 이 세상에 타락하고 부패한 피조물로 들어오며 태아 때부터 그는 자기의 영혼의 옷을 더럽혀 왔다. 그는 그리스도의 피를 의지함이 없이 자기 옷의 얼룩을 깨끗이 하는 것보다는 에디오피아인의 피부를 하얗게 만드는 일을 더욱 쉽게 할 수 있을 것이다. 새 생활을 시작하는 것만으로는 이전 생활의 얼룩을 지울 수 없을 것이다. 오늘부터라도 죄 없이 살 수 있다고 할지라도 이로 인하여 어제의 죄를 지우지는 못한다. 나는 하나님께 일만 달란트 빚진 자인데 그것을 갚을 동전 한 닢도 갖고 있지 않다. 그러므로 하나님의 주권적 은혜가 나를 동정하여 값없이 모든 것을 주시지 않는다면 내게는 소망이 전혀 없다.

분명히 독자들은 "그것이 바로 내가 믿는 바이다"라고 말하면서 위 단락에 대하여 전심으로 동의를 표하려 할 것이다. 그리고 소수의 사람은 여기에 덧붙여, 여기에 반대할 만한 더 나은 것을 제시할 수 없으리라 생각한다고 말할 것이다. 그런데 지금 우리는 하나님의 의에 대하여 말하고, 그의 공평과 공의에 대해 논하고 있다고 생각해 보라. 우리 주님과 지상의 대부분의 군주와 권위자들 사이에는 참으로 영광스러운 대조가 있다. 즉 그들은 부정직한 일을 하도록 매수당하거나 영향을 받을 수 있으나 하나님은 사람을 차별대우하는 분이 아니다. 각 사람에게 마땅한 것을 주시며 언제나 옳은 일을 하신다. 그러나 **이것이** 하나님의 심판자로서의 직분과 율법의 집행자로서의 직분에 속하는 일이라는 것을 지적해 두어야 한다. 그러나 하나님은 또한 주권자이시며, 그가 기뻐하는 대로 어떤 사람에게는 한 달란트를, 또 어떤 사람에게는 두 달란트를, 또 다른 사람에게는 다섯 달란트를 주시면서 자기의 사랑을 나누어 주신다. 아르미니우스주의자들은 즉시 필자가 스스로 모순에 빠지게 되었다고 항의할 것이다.

이번에는 내가 창조, 섭리, 은혜 안에 나타난 대로의 하나님의 놀라운 자비와 사랑에 대하여, 즉 하나님의 선하심과 사랑의 친절하심이 사방에 나타나 있다고 말하고 있다고 생각해 보라. 그러나 나는 하나님은 거룩하고 죄를 미워하시기 때문에 자기에게 계속 반항하는 자들을 영원한 불에 던질 것이라는 것을 지적해야만 한다. 만인구원론자들(universalist)은 즉시 "당신은 지금 모든 일을 그르치고 말았다"고 말할 것이다. 아마도 어떤 사람들은 이 장의 나머지 부분에 대하여도 똑같은 비난을 할 것이다.

앞에서 우리는 에베소서 2:8,9의 말씀이 아주 명확하고 단호하므로 그 말씀에 대하여 세밀히 조사해 볼 필요가 없는 것처럼 보인다고 말하였었다. 요한복음 3:16에 대하여도 마찬가지로 잘못된 결론을 이끌어 내면서 같은 말을 할 수 있을 것이다. 우리는 성경의 모든 구절구절들을 기도하는 마음으로 매우 신중하게 살펴보아야 한다. 그렇지 않으면 어느 누구도 그 말씀을 올바로 이해할 수 없을 것이다. "그 은혜를 인하여 … 구원을 얻었나니"라는 말씀은 절대적인 진술로서 고립되어 있는 것이 아니라 '믿음으로 말미암아'라는 말씀으로 즉시 제한을 받는다. 그러므로 여기에서 말하고 있는 구원은 믿음으로 말미암아 얻은 것 이상의 구원은 아니다. 이로 말미암아 우리는 '구원을 얻었나니'라는 말이 이 구절에서 구원의 가장 넓은 범위의 의미로서 사용되지 **않았음**을 즉시 알 수 있다. 믿음 자체는 하나님의 '지극히 크신 구원'의 일부분이다. 그러나 믿음은 '믿음으로 말미암아' 얻어지지 않는다. 중생 또한 구원의 중요한 부분이다. 그러나 믿음으로 말미암아 우리가 중생하는 것이 아니라 영혼이 거듭날 때, 즉 하나님께서 소생시키실 때에 믿음이 생기게 된다. 또 "그 은혜를 인하여 믿음으로 말미암아 구원을 얻었으며 얻게 될 것이다"가 아니라 "그 은혜를 인하여 … 구원을 **얻었나니**(are saved)"라는 말로 제한되어 있음을 주목해 보라. 동사의 시제를 보면, 여기에서의 구원은 신자가 **현재** 즐기고 있는 구원을 가리키고 있음을 알 수 있다. 즉 여기에서의 구원은 믿는 자의 장차의 영화와 천국으로 들어가는 것은 포함하고 있지 않다.

방금 지적한 내용으로부터 '구원을 얻었다' 혹은 '구원'이라는 단어가 담고 있는 의미를 설명하는 일이 중요함이 자명해진다. 먼저, 이 단어는 신약성경 전체를 통하여 한 가지 단일한 의미와 범위에서 쓰여지고 있지 않음을 지적해야 한다. 어떤 때에는 좀 더 넓은 의미를 담고 있으며, 다른 때에는 그보다 좁은 뜻으로 쓰여지고 있다. 예를 들면, "하나님이 처음부터 너희를 택하사 성령의 거룩하게 하심과 진리를 믿음으로 구원을 받게 하심이니"(살후 2:13)라고 기록되어 있는데, 이때의 '구원'이라는 말은 구속에 관계된 모든 은혜, 즉 우리를 향한 그리고 우리 안에 있는 하나님의 모든 은혜로우신 사역을 내포하는 가장 넓은 범위의 뜻으로 이해해야 한다. 그러나 "하나님이 우리를 구원하사 거룩하신 소명으로 부르심은 우리의 행위대로 하심이 아니요 오직 자기의 뜻과 영원 전부터 그리스도 예수 안에서 우리에게 주신 은혜대로 하심이라"(딤후 1:9)는 말씀에서의 '구원하사'라는 단어는 좀 더 제한된 의미에서 생각해야 한다. 왜냐하면 여기에서의 구원은 우리를 효과적으로 부르신 것과는 구별되어 있기 때문이다.

'구원'은 상대적인 것이기도 하고 사적인 것이기도 하며, 법적인 것이기도 하고 체험적인 것이기도 하며, 하나님께서 자기 백성을 위하여 행하신 일이기도 하고, 그가 그들 안에서 이루시는 것이기도 하다. 즉 전자는 택하심, 양자 삼으심, 칭의, 사랑하는 자 안에서 받아주심을 포함하고, 후자는 그들의 중생, 성화, 견인, 영화를 포함한다.

하나님이 자기 백성을 위하여 행해 주신 일과 그가 지금 그들 안에서 행하시고 계신 일을 혼동해서는 안 되듯이, 우리는 그리스도인이 구원 얻을 권리나 **자격**을 가지고 있는 것과 그가 실제로 구원을 **소유하고 있는 것**을 구별해야 한다. 그리스도를 믿는 것은 이 세상에서든 혹은 내세에서든 구원의 모든 혜택에 관계되어 있음을 보장해 주지만, 그렇다고 하여 이 믿음으로 지금 그 모든 혜택에 참여하게 되는 것은 아니다. '소망으로' 얻는 구원이 있다(롬 8:24). 즉 이것은 장차 실현이 될 것을 누릴 법적 권리를 말한다. 그리고 지금 '얻은' 구원이 있다(딤후 2:10). 신자가 누릴 자격을 가지고 있을 뿐만 아니라 그가 미래에서와 마찬가지로 지금 완전히 소유하고 있는 몇 가지 혜택들이 있다. 칭의가 그런 유의 혜택이다. 즉 그가 장차 천국에서 재판관이 보시기에 의로운 것과 마찬가지로 그는 지금도 의로운 존재이다. 그러나 그때 가서야 그는 완전히 그것을 즐기게 될 것이다. 지금도 우리는 '하나님의 아들들'이다. 그러나 이에 따르는 모든 은혜는 아직 다 드러나지 아니하였다(요일 3:2). 완전한 성화는 영원 전부터 택하심 안에 은혜로써 예비되어 있다. 그러나 지금 지상에 있는 택하심 받은 자는 어느 누구도 완전히 성화를 체험하는 것은 아니다. 그러므로 우리는 신자가 자격상으로는 어떤 신분인가 하는 것과, 단계적으로 이루어지고 또 마침내 그에게 유익이 되는 것 사이를 구별지어야 한다.

다시 한 번, 우리는 구원의 여러 가지 원인들과 수단들을 예리하게 구별할 수 있어야 한다. 구원의 **최초의** 원인은 하나님의 주권적 의지이다. 왜냐하면 하나님께서 창세 전에 작정하지 않으셨더라면 어느 누구도 구원에 이를 수 없기 때문이다. **공로적** 원인은 그리스도의 중보적 사역이다. 그는 율법에 완전히 순종하고 희생적 죽음을 드림으로써 자기 백성을 위하여 구원의 모든 축복을 구입하여, 그들을 위한 "영원한 구속을 얻으셨다"(히 9:22). **효과적** 원인은 성령의 여러 가지 작용이다. 성령은 택함 받은 자들에게 그리스도가 사셨던 혜택들을 적용시키어 그들로 하여금 이 혜택들을 누릴 수 있게 하며, 빛 가운데서 성도들의 기업을 받기에 합당하게 하신다. **사역적** 원인과 수단은 말씀의 전파이다(약 1:21). 왜냐하면 이 말씀 전파를 통하여 우리는 구원을 어디에서 얻을 수 있는지를 발견하게 되기 때문이다. **도구적** 원인은 믿음이다. 이 믿음으로 말미암아 영혼은 그리스도와 그의 구속 안에 있는 유익을 받거나 소유하고 얻게 된다. 이와 같이 구별하는 일은, 신학자들에게나 해당하는 전문적인 일이 아니라 성도들에게 일단 전하여진 믿음의 일부분이 된다. 그러므로 이것을 이해하지 못한다면 성도들은 그들에게 친절히 다가와 성경을 인용하는 거짓 선지자들에게 미혹당하기 쉽다.

그리스도인이 구원을 얻을 자격, 즉 하나님의 작정의 본래적 계획 안에 놓여 있는 그대로의 온전하고 완전한 상태의 구원을 얻게 되는 것은 전적으로 은혜로 말미암은 것이다. 왜냐하면 그는 이것을 얻을 수 있는 일을 조금도 행하지 못했으며, 또한 그렇게 할 수도 없기 때문이다. 우리는 우리의 믿음 **때문에** 구원을 받는 것이 아니다. 왜냐하면 그 믿음 또한 성령이 우리 안에 이루어 놓으신 하나님의 선물이기 때문에, 그 믿음에는 공로적인 가치가 전혀 없기 때문이다. 우리는 은혜를 인하여 믿음으로 말미암아 구원을 얻는다. 왜냐하면 믿음은 구원을 받아들이는 손이 되어서 그 구원을 가져오기 때문이다. 그러나 믿음이 없이는 구원이 없다. 믿기 전까지는 어느 누구도 구원받지 못한다. 우리가 율법의 저주로부터 구원을 얻고 영원한 생명과 의를 누릴 자격을 받게 되는 것은 바로 은혜를 인한 믿음으로 말미암아서이다.

토머스 굿윈(Thomas Goodwin)은 에베소서 2:8에 관한 훌륭한 주석에서 다음과 같이 말하고 있다. "우리는 현재의 우리의 **권리**를 부여해 주는 믿음, 혹은 심판자로서의 하나님께서 우리에게 부여해 주신 바로 그 믿음을 통하여서 구원받는다. 그런데 우리가 구원을 받는 시기는 그 믿음이 조금이라도 행위를 나타내기 이전에, 즉 단순히 믿는 그 행위만으로 구원을 받는 것이다. 그러나 우리는 성화와 선한 행실로 말미암아 구원을 **소유**할 수 있도록 인도된다." 에베소서 2:8, 9 다음에는 즉시 "우리는 그가 만드신 바라 그리스도 예수 안에서 **선한 일을 위하여** 지으심을 받은 자니 이 일은 하나님이 전에 예비하사 우리로 그 가운데서 행하게 하려 하심이니라"는 말씀이 따른다는 것을 잊어서는 안 된다. 때때로 사람들은 하나님이 미리 정하셨기 때문에 우리는 선한 행실을 **하게 될** 것이라고 말한다. 그것은 사실이다. 그러나 천국에 가기 위해서는 우리가 그렇게 **행해야** 한다는 것 또한 사실이다.

구원을 얻기 위하여 선한 행실은 필수적인가? 이에 대한 우리의 대답은 아니오 와 예, 둘 다였다. 독자는 이제 겉으로는 모순된 것처럼 보이는 이 대답에 있어서 우리에게 더욱 동조할 마음이 되어 있으리라 생각한다. 하나님이 우리에게 사랑 을 보이도록 하기 위하여 우리가 어떠한 행위도 할 필요가 없다는 것은 분명하 다. 또한 우리의 칭의를 위해서도 행위가 필요한 것은 아니다. 왜냐하면 행위는 우리가 하나님 앞에서 갖게 되는 의의 일부분도 되지 못하기 때문이다. 또한 우 리는 이 행위로 말미암아 천국 갈 자격을 얻을 수도 없다. 그러나 선한 행실이 어 느 한 가지 특별한 목적을 위해서는 불필요하기 때문에 그 외의 다른 어떤 목적 을 위해서도 전혀 필요하지 않다고 생각하는 것, 즉 그것이 아무 공로가 되지 못 하기 때문에 쓸모가 없는 것이라고 생각하는 것은 큰 잘못이다.

그렇다, **선한 행실은 정말 필요한 것이다.** 선한 행실은 지옥으로 이끄는 생활 태도와 행위로부터 우리를 지키기 위해서는 꼭 필요한 것이다. 또한 하나님을 영 화롭게 하고 그의 은혜를 찬미하기 위해서도 필요하며, 우리를 하늘로 인도하는 유일한 길에 있도록 하기 위해서도, 우리의 믿음의 질과 우리의 신앙고백의 진실 됨을 증거하기 위해서도, 또 우리의 부르심과 택하심을 확실히 하기 위해서도 필 요하다. 또 복음을 비난하는 자들을 침묵시키기 위해서도 필요하다.

우리가 사악한 길을 버릴 때에야 비로소 용서가 있으며(사 55:7) 또 우리가 회 개하고 하나님께로 돌아설 때에야 비로소 우리의 죄가 씻어지듯이(행 3:19), 생 명으로 인도하는 유일한 길 곧 순종의 길을 밟지 않고서는 생명에 들어갈 수가 없다. 그리스도인이 이 세상에 살고 있는 한, 그는 위험한 곳에 있는 것이다. 지 옥으로부터 구원을 받는 것은 구원의 시작일 뿐이며 천국에 이르기 전까지 그 구 원은 완성되지 않는다. 칭의와 영화 사이에는 끊임없는 투쟁과, 정복해야 할 원 수들과, 쟁취해야 할 승리가 있으며, 상은 오직 승자에게만 돌아간다.

"회심은 올바른 길로 돌아서는 것이다. 그 다음의 일은 그 길을 걷는 것이다. 매일 그 길을 걷는 것은 바라던 목적지까지 도착하기 위해서 그 출발만큼이나 중 요한 일이다. 한 번 먼저 쳤다고 해서 싸움이 끝난 것은 아니다. 면류관은 이기는 자에게만 약속되어져 있다. 경주를 시작하는 것은 아무 일도 아니다. 많은 사람들이 그렇게 하였으나 실패하고 말았다. 그러나 승리의 지점에 도착할 때까지 계속하는 것이 중요하다. 견인이야말로 인간의 **구원**에 있어서 회심만큼이나 **필요한** 것이다"(C. H. 스펄전).

그러면 **어떤 의미**에서 선한 행실은 구원, 즉 최종적이고 완전한 구원을 얻기 위하여 필요한 것인가? 첫째로, 최종적 구원을 이루는 **방법**으로서 필요하다. 목적지를 향하여 여행함이 없이는 목적지에 다다를 수 없는 것처럼, 좁은 문을 통하여 협착한 길을 밟지 않고서는 생명으로 들어갈 수가 없다. 즉 천국에 이르기 위해서는 거룩의 길을 통과해야 한다. 둘째로, 선한 행실은 하나님께서 정하여 주신 **수단들**의 일부로서 필요하다. 즉 선한 행실은 영적 견인의 수단이다. 선한 일을 하지 않으면 악한 일을 할 수밖에 없으며, 악한 행실은 그 악행자를 죽인다. 즉 죄는 파괴적이다. "너희가 육신대로 살면 반드시 죽을 것이다"(롬 8:13; 갈 6:8 참조). 셋째로, 선한 행실은 완전한 구원을 얻기 위한 **조건**으로서 필요하다. 계약에 규정된 것과 같은 조건이 아니라 두 가지 일 사이를 연결시켜 주는 것으로서 필요하다는 뜻이다. 즉 육체에 영양을 공급하기 위해서는 음식물을 먹어야 하고, 수확을 거두기 위해서는 씨를 뿌려야 하는 것처럼, 면류관을 얻기 위해서는 회개와 믿음과 함께 순종이 선행해야 한다. 넷째로, 선한 행실은 믿음의 진실성에 대한 **증거**로서 필요하다. 즉 열매로서 나무를 증거해 주어야 한다.

어떠한 의미에서든 선한 행실이 구원을 얻기 위해서 필요하다는 것을 부인하는 사람들은, 십자가상의 강도의 경우를 예로 들어, 그는 구주를 단순하고 단 한 번 믿음으로 의지하였을 뿐이라고 주장한다. 그러나 우리는 그 강도의 경우는 아주 예외적이었다는 것(왜냐하면 하나님께서 믿는 자를 즉시 천국으로 옮겨 주신 예는 드물기 때문이다)과 예외를 내세워 규칙을 정하는 것은 승인할 수 없다는 것을 지적함으로써 그러한 주장을 해결할 수 있다. 그 대신에, 우리는 그의 주장이 스스로 모순되고 있다는 것과 그의 확신이 잘못되었다는 것을 알 수 있다. 그 강도에게는 단순히 구주를 바라보는 것 이상의 것이 있었다. (1) 그는 "네가 하나님을 두려워 아니하느냐"(눅 23:40)라고 그의 동료를 꾸짖었다. (2) 그는 "우리는 우리의 행한 일에 상당한 보응을 받는 것이니 이에 당연하거니와"(41절)라고 자기의 죄를 회개하였다. 그는 자신이 당연히 죽음을 당해야 할 것이라고 생각하고 스스로 정죄하였다. (3) 그는 "이 사람의 행한 것은 옳지 않은 것이 없느니라"고 공중 앞에 증거하였다. (4) 적개심에 가득 찬 군중 앞에서 그는 "예수여 당신의 나라에 임하실 때에 나를 생각하소서"라고 그리스도의 주 되심과 왕 되심을 증거하였다.

맨턴(Manton)은 에베소서 2:10에 관한 그의 설교에서 다음과 같이 말한다. "우리의 선행이 하나님을 향한 **첫 번째** 회복이라고 한다면, 그 선행은 구원의 **결과**이다. 그러나 구원의 완성 또는 모든 악으로부터의 **최종적인** 구원을 생각해 볼 때는 그 구원이 있기 **전에** 선행(善行)이 있어야 한다. 그렇다고 해서 이것이 어떤 공로적 효과가 있다는 것이 아니라 단지 순서상 그렇다는 것이다. 선행이 불필요하다고 생각하는 것은 사람들이 실제로 선행을 하는 것과 그 선행의 유익함을 너무 경시하는 것이며, 또 선행으로 구원을 얻을 수 있다고 생각하는 것은 그 선행이 마땅히 받을 만한 가치 이상의 것으로 너무 높이는 짓이 된다. 사도는 이 두 극단의 중용을 취하였다. 선한 행실은 필요하나 공로적인 것은 아니다. 선행은 영생에 선행(先行)되어야 한다. 그러나 그것은 그 원인이 아니라 하나의 방법일 뿐이다."

이제 다음과 같이 요약해 보도록 하자: 하나님은 자기 백성에게 구원을 약속해 주셨다. 그리스도는 그들을 위하여 그것을 사셨다. 믿음으로 구원의 자격을 얻는다. 선한 행실은 구속의 완전하고 최종적인 혜택을 실제로 얻을 수 있게 보장해 주며, 또 그렇게 할 수 있도록 성령께서는 날마다 신자를 새롭게 해주신다.

제52장

거짓 선지자들
❸

어떤 독자들은 이 문제에 관한 앞 장의 내용이 마태복음 7:15와는 전혀 관계가 없으며, 우리는 그 구절에 대한 설명을 하는 대신 그와는 전적으로 다른 주제와 극히 소수의 사람만이 이해할 수 있는 전문적인 내용을 다루고 있다고 생각할지도 모른다. 그러나 우리는 앞 장에서 마태복음 7:15에 대하여 설명하였었고, 그 장의 끝부분에서, 거짓 선지자들이 특히 선한 행실과 구원의 관계에 대하여 영혼들을 치명적으로 미혹하고 있다고 주장하였음을 상기해 보자. 즉 그들 중 한 부류는 구원은 행함에 **의한다**고 가르쳤으며, 다른 한 부류는 구원은 행함이 **없이도** 이루어진다고 주장하였었다. 이와 같이 제기된 문제는 아주 중요한 것이어서 이에 대한 몇 가지 단호한 진술만으로 대강 처리하고 마는 것은 옳지 않다고 본다. 더욱이 오늘날에는 종교계에 극심한 언어의 혼동이 있고 정통파 성직자가 취하는 방법조차 지극히 피상적이어서(그들은 무엇에 대하여 **가르친다**기보다는 단지 '설교'만 하는 자들인데) 주님의 백성조차도 이에 대한 가르침을 절실히 필요로 하고 있다. 이러한 가르침은 가르치는 자 편의 근면과 수고로운 연구를 필요로 하며, 그 가르침을 받으려는 자 편의 주의 집중과 인내를 요구한다. 우리는 진리를 '사야만' 한다(잠 23:23).

앞 장에서 우리는 구원과 선한 행실의 관계를 규정하고 설명하려고 하였었다. 첫째로, 우리는 선한 행실이 아무 공로적 가치가 없다는 것을 지적하였었다. 이 말은 선한 행실로는 하나님으로부터 아무것도 얻어낼 수 없으며 우리의 구속에는 아무 도움도 공헌도 될 수 없다는 것을 의미한다. 둘째로, 우리는 선한 행실이 필요하다는 것, 즉 선한 행실이 없이는 구원을 얻을 수 없다는 것을 주장하였었다. 하나님께서 우리를 받아들이도록 하기 위해서는 우리 편의 선한 행실이 조금도 필요하지 않으며, 또한 선한 행실로 우리의 과거의 실패나 죄를 보상할 수도 없다. 그러나 천국에 들어가려면 순종의 길을 걸어야 한다. 선한 행실은 완전하고 궁극적인 구원을 확실하게 하기 위하여 절대로 필요하며, 천국에 실제로 들어가기 위해서도 그러하다. 우리의 몇몇 친구들에게는 이런 말이 이상하게 들릴 것이며 '율법주의' 적인 냄새가 날 것이라는 것을 잘 알고 있다. 그러나 바로 성경이 그리스도는 "자기에게 **순종**하는 모든 자에게 영원한 구원의 근원" 이 되신다고 분명히 말하고 있다면(히 5:9), 우리가 이처럼 분명한 말씀을 사용하고, 그 말씀을 강조하는 데에 주저할 필요가 있겠는가?

여기에서 우리가 감히 나타내 보이고 있는 견해는, 진짜 정통파의 교리에서 벗어난 것이 아니라 지극히 건전한 하나님의 종들이 이전에 제기하였던 교리인 것이다. 앞 장의 마지막 부분에서 우리는 굿윈(Goodwin)과 맨턴((Manton)의 말을 인용하였었다. 이제 다른 청교도들의 말을 들어보자. "만일 우리가 인내, 사랑, 온유함 등의 은혜로운 모든 행위를 생각해 본다면, 우리는 그러한 일을 하는 자들에게 축복이 약속되어 있음을 보게 된다. 그러한 행위가 그들을 의롭게 하는 것이 아니라, 의로워진 사람들은 그러한 일을 하지 않을 수가 없다. 그러한 행위들은 우리가 영생에 이르기 위하여 사용하도록 정하여진 수단들이다. 그리스도의 의를 받아들이는 것은 오직 믿음뿐이다. 그러나 이 믿음은 거룩한 생활과 분리될 수 없다"(A. 버제스 Burgess, 1656). "모든 택한 자들에게는 정죄함이 없다고 하나님께서 친히 명백하게 확언해 주셨다고 해서(롬 8:32, 33) 순종이 **필요**치 않다거나 불법이나 불순종에 대한 죄책이 가벼워진다는 뜻은 전혀 아니다" (존 오웬, 1670). "그리스도는 자기의 왕적 권위와 율법에 진실되이 순종하는 자들만을 구원하실 것이다" (월터 마샬 Walter Marshall, 1692). 그러나 슬프게도 이처럼 훌륭한 사람들의 가르침과는 동떨어진 내용이 널리 전파되어 왔다.

오늘날 수많은 사람들이 기독교의 첫째 원리들에 대하여 무지한 상태에 있는 것은 바로 자기의 명예를 더럽힐 만한 가치도 없는 자들이 이전에는 아주 충실하고 담대하게 선포되었던 진리에서 슬프게도 돌아서 버렸기 때문이다. 이제 우리가 진실로 자명한 것을 상세히 논할 필요가 있게 된 것은 바로 19세기의 목회자와 전도자들과 저술가들이 하나님의 거룩의 표준을 제멋대로 낮추어 버리고, 세속적 정신에 맞게 하기 위하여 복음의 질을 떨어뜨렸기 때문이다. 뒤늦게 오늘날에 와서야, 하나님의 백성이 흡수한 반(反)율법주의자(도덕률폐기론자)들의 독을 씻어주기 위하여 몇 장을 계속해가며 설명해야 한다는 것은 참으로 슬픈 일이다. 선행이 없이도 천국에 들어갈 수 있다고 기대하는 것은 마치 그리스도가 없이도 천국에 갈 수 있다고 생각하는 것과 마찬가지이다. 그러나 주님께서는 "누구든지 자기 십자가를 지고 나를 따르지 않는 자도 능히 내 제자가 되지 못하리라"(눅 14:27)고 말씀하셨다. 주 예수께서는 자기 제자들이 평안하게 영광에 들어갈 수 있도록 하기 위해 그토록 수고하셨단 말인가? 구주께서는 자기의 제자들이 게으름을 피울 수 있도록 하기 위해 열심히 활동하셨단 말인가? 우리가 순종하지 않아도 되게 하기 위하여 그는 죽음에 이르기까지 순종하셨는가?

도움을 얻고자 열망하는 자들의 앞에 놓인 거침돌을 제거해 주어야 할 필요가 있으므로, 우리는 여기에서 주님의 백성의 마음속에 일어날 수 있는 두세 가지 의문점들을 해결해 보기로 하자.

1.어떤 사람들은, 우리가 사람들로 하여금 행실로써 스스로를 구원에 이르게 할 수 있다고 가르친다고 반대할지도 모른다. 그러나 성경의 말씀대로 우리가 행하기를 꺼려할 필요가 있겠는가? 사도가 "너희가 이 패역한 세대에서 [스스로] **구원을 받으라**"(행 2:40)고 말씀하셨을 때, 그는 율법주의자였는가? 바울 사도가 디모데에게 "네가 네 자신과 가르침을 살펴 이 일을 계속하라 이것을 행함으로 네 자신과 네게 듣는 자를 **구원**하리라"(딤전 4:16)고 명하였을 때, 그는 그리스도의 영광과 하나님의 은혜를 훼손시키고 있었는가? 그러나 디모데가 이런 권유를 받았을 때 그는 이미 구원받은 사람이 아니었는가? 그는 중생되었고 의로워졌으나 완전히 성화되고 영화되지는 아니하였었다. 그러면 우리가 (하나님의 궁극적 구원과 마찬가지로) 그리스도인 자신의 인내(견인)를 강조한다고 하여 우리가 그를 자신의 보호자로 만들고 있단 말인가? 그러면 지금 우리가 성경의 범위를 벗어나고 있는가? 다윗은 "나는 주의 입술의 말씀을 따라 **스스로 삼가서** 포악한 자의 길을 **가지 아니하였사오며**"(시 17:4)라 말하지 않았는가? 바울은 "내가 내 몸을 쳐"(고전 9:27)라고 말하지 아니하였는가? 유다는 "하나님의 사랑 안에서 자기를 지키며"(21절)라고 권고하고 있지 않는가?

우리가 이 글에서 자주 논박하고 있는 것은 바로 **불성실한 편파적인** 경향에 대해서이다. 어떤 구절들만을 생각하고 다른 구절들은 무시함으로 말미암아 막대한 손상을 끼치게 되었다. "당신은 진리라고 생각하나 당신의 친구는 그것을 믿지 않고, 만일 당신이 그것을 받아들이면 당신을 이단이라고 생각할 것이므로, 그것을 더 이상 조사해 보려고 생각하고 있지 않은 교리가 있는가? 친구여, 그러한 모든 불성실을 제거해 버리자. 그러한 불성실이 너무도 교회에 많이 들어와 있으므로 많은 사람들이 지극히 명백한 것들을 보려 하지 않는다. 그들은 진리가 그들에게 값비싼 희생을 치르게 할 것이라 생각하고, 그것을 보려 하지 않는다. 그들은 교회와의 관계 혹은 어떤 모임에서의 자기의 지위 때문에, 그들이 이해하기 어려운 성경 말씀은 감추어 버리고 숨겨 버린다"(스펄전). 만일 스펄전 목사가 그 당시에 하나님의 말씀에서 이처럼 어느 한 부분만을 선택하는 잘못된 방법을 소리 높여 질책할 필요가 있다고 생각하였다면, 불성실과 위선으로 가득 찬 바로 이 세대에서는 그와 같은 질책을 더욱 필요로 할 것이다.

2. 만일 구원을 얻기 위하여 선한 행실이 필요하다면, 이것은 우리를 행위의 계약, 즉 "이것을 행하라 그러면 네가 살 것이다"라는 계약으로 되돌아가게 하는 것이 아닌가? 절대로 그렇지 않다. 그러나 하나님은 언제나 언약을 통하여 자기 백성과 교제하기를 기뻐하셨으며, 이 세상 끝날까지도 이와 똑같은 방법으로 하실 것이라는 사실을 잊지 말아야 한다. 현대 '복음 전도'에서는 **언약을 가르치는 일**이 거의 없었기 때문에 오늘날의 이와 같은 큰 무지가 초래된 것이다. 오늘날 "이 여자들은 두 언약이라"(갈 4:24)는 말씀의 의미를 설명할 수 있는 설교자들은 참으로 적다. 그리스도께서 '중보'(히 8:6)가 되시는 '더 좋은 언약'을 실제로 이해하고 있으며, 또 '새 언약'(히 12:24)과 옛 언약의 차이가 어디에 있는지를 이해하고 있는 그리스도인들이 몇 퍼센트나 될까? '영원한 언약의 피'(히 13:20)라는 말씀의 축복을 이해하는 사람은 참으로 적다. 그러나 언약의 축복뿐만 아니라 언약의 의무도 있음을 간과해서는 안 된다. 즉 우리가 하나님과 '언약한'(시 50:5) 언약이 있으며, 또 한편에는 우리가 '지켜야 할' 언약이 있다(시 25:10; 103:18).

새 언약 또는 은혜의 언약은 원래 하나님과, 그의 백성의 머리로서의 그리스도 사이의 계약으로 이루어진 것이다. 그 언약은 복음 안에 공표되어 있으며, 우리가 그 언약의 조건에 복종하고 그 언약이 요구하는 의무들을 충족시킬 때에, 그 언약의 혜택이 적용된다. 사도가 갈라디아서 3:8에서 '복음'이라고 말한 것을 17절에서는 '언약'이라고 부르고 있음에 주목해 볼 만하다. 언약이라는 것은 두 편 혹은 그 이상이 맺은 계약 또는 약속이다. 즉 한편이 다른 편과 계약을 성취하기 위하여 어떤 일을 행하거나 무엇을 주기로 동의하는 것이다. 그러므로 복음을 통하여 그리스도는, 자기의 주 되심에 기꺼이 복종하려는 자들을 구원하려는 자기의 마음을 알려 주신다. 그러므로 회심은 "네 신혼 때의 사랑"이라고 불린다(렘

2:2). 이때 영혼은 결혼 계약에 서명하는 것처럼 오직 주님만 사랑하며 그에게 죽도록 충성하겠다는 서약을 한다. 이렇게 그리스도를 섬기며 그를 사랑하려고 그에게 자신을 내어주는 것을 "언약을 굳게 지키는 것"(사 56:6)이라고 말하고 있다. 그러므로 만일 우리가 그 언약의 혜택들을 받기 위해서는 그 언약을 **지켜야** 한다.

존 플라벨(John Flavel)은 자기에게 반대하는 자들과의 논쟁의 핵심을 다음과 같이 정의하고 있다. "우리들 사이의 쟁점은 다음과 같다. '즉 새로운 언약에서 우리의 행위가(그것들이 공로가 되지도 못하고 우리들의 힘으로 할 수 있는 것도 아니지만) 약속의 결과인 축복이나 특권을 얻기 위해 필요한가 필요치 않은가, 또 의무 이행의 여부가 약속된 축복을 연기시키는 특성이 있는가. 그러하면 그것은 복음적 조건의 참된 특성이 아니지 않는가' 라는 것이다." 여기에 대해 플라벨은 긍정적인 입장이고, 그의 반대자(케리 Carey)는 부정적 입장을 취한다. 새로운 언약의 축복에도 어떤 조건이 있다는 것을 입증하기 위해 플라벨은 다음과 같이 말한다. "우리는 새 언약의 혜택과 특권들을 제한시키는 데 자주 사용되고 있는 '만일 … 아니하면' '만일 … 하면' ' … 외에는' '오직 … 만' 과 같은 거룩한 단어들은 오직 **조건을 나타내는** 말이라고 보는 것이 가장 타당할 것이다."

새롭고 더 좋은 언약에 대하여 살펴볼 때에, 우리는 반드시 그리스도 안에 있는 그 언약의 첫 번째 조건과 그의 백성에 대한 그 언약의 혜택들의 **적용** 사이를 뚜렷이 구별지어야 한다. 청교도인 토머스 보스턴(Thomas Boston)은 다른 어느 누구보다도 설교와 저서를 통하여 하나님의 은혜를 찬미하였는데, 그는 「은혜의 언약에 대한 고찰」이라는 그의 저서에서 다음과 같이 말하고 있다.

"하나님은 **그들이 순종**하는 가운데 언약의 상급을 주신다. 하나님은 자기 백성에게 일하고 수고하도록 하신다. 그러나 죄에 사로잡힌 자들이 하듯이 헛된 것을 위하여 열심히 일하라고 하신 것은 아니다. 그들은 곡식을 밟아 떠는 소처럼 수고해야 한다. 그러나 그들에게는 재갈이 물려 있는 것이 아니라 일하면서 먹을 수가 있다. 시온의 왕을 위해 행한 봉사는 내세에서 뿐만 아니라 금생에서도 상급을 받는다. 언약의 **명령**에 의하여 어떤 의무를 수행하였을 때, 그에 대한 상급으로서의 특권이 약속되어 있다. 그런데 이 명령은 그 나라와 왕이 발하신 명령이다. 따라서 그리스도는 애통하는 의무(마 5:4)를 불러일으키기 위한 위로의 특권과, 거룩한 사랑의 생활(요 14:21)을 하게 하기 위하여 하늘의 특별한 사랑을 약속하신다. 이와 마찬가지로 거룩한 순종을 하게 하기 위하여 주님은 내세에서의 완전한 상급을 제시하신다(고전 9:24; 계 3:21)."

새 언약은 옛 언약처럼 실제로, 진실로 순종을 요구한다. 그래서 하나님은 그와 새 언약을 맺는 자들의 마음에 그 언약의 법을 기록하신다(히 10:16). 하나님과 이 언약을 맺는 자들은 "내가 범사에 모든 주의 법도들을 바르게 여기고"(시 119:128) 라고 말하면서, 그들이 알고 있는 한 하나님의 전체 율법을 승인한다. 그들은 "내가 주의 계명들을 금 곧 순금보다 더 사랑하나이다"(119:127)라고 말하면서, 그들이 하나님의 모든 율법에 대하여 알고 있는 한 그들의 마음을 다 그에 기울인다. 그들은 "내 길을 굳게 정하사 주의 율례를 지키게 하소서"(119:5)라고 외치면서, 그들이 하나님의 모든 율법을 아는 대로 진심으로 그에 순종하려고 한다. 율법이 한 인간의 마음판에 새겨져 있다면, 그는 그의 일상생활을 통하여 그 율법을 되풀이하게 될 것이다. 그들의 영혼은 그들이 아직 알지 못하는 것에 대하여는 마음을 활짝 열고 "나에게 주의 법도들의 길을 깨닫게 하여 주소서"(119:27)라고 기도한다.

그러나 새 언약의 축복들과 혜택들의 (전부가 아닌) 많은 부분이 우리의 순종과 충성에 따라 부여되는 조건에 있다면, 이 언약과 옛 언약 곧 아담의 언약, 행위의 언약과의 **차이**는 어디에 있는가? 다음과 같은 점에서이다. 첫째로, 옛 언약 아래에서는, 행위가 기업을 얻게 해주는 공로가 있었다. 즉 아담이 율법을 지켰더라면 그와 그가 대표하는 자들은 모두 법적 권리로서 영생을 얻었을 것이다. 반면에 새 언약 아래에서는 자기 백성들에게 어떤 행위를 요구하기 전에, 그리스도는 그들을 위해 기업을 사 놓으셨다. 둘째로, 옛 언약 아래에서는 사람들은 그 자신의 힘으로만 일해야 했다. 그러나 새 언약 아래에서는 힘써 구하는 자들은 충만한 은혜와 능력을 얻을 수 있다. 셋째로, 행위의 언약 아래에서는, 실패했을 경우를 위해 아무 준비도 마련되어 있지 않았다. 즉 완전하고 영원한 순종이 요구되었다(갈 3:10). 반면에 은혜의 언약 아래에서는 하나님은 우리의 순종이 진실하기만 하다면 그것이 불완전하더라도 받아들이신다. 왜냐하면 그리스도의 피가 우리의 결점을 보상해 주고, 우리가 불순종을 진실로 회개하고 버리기만 한다면 그것 또한 용서받기 때문이다.

3. 선한 행실이 궁극적인 구원을 얻기 위해서 필요한 것이라면, 가련한 영혼은 어느 때에나 자기가 충분한 선행을 했다고 확인할 수 있겠는가? 새로운 마음을 가진 자는 이러한 질문을 하지 않을 것이다. 오히려 그는 자기의 열매 맺지 못함과 무익함을 슬퍼할 것이다. 그는 하나님의 아들이라는 이루 말로 표현할 수 없

는 선물을 주신 하나님께 결코 충분히 감사를 표할 수 없음을 느낀다. 그는 그리스도인이 됨으로써 그에게 요구되는 희생이나 부딪치게 될 역경을 꺼려하기보다는, 그 같은 주님을 섬기고 그를 위하여 인내하는 것을 인간으로서 받을 수 있는 최고의 명예로 여긴다. 그러나 흠잡기를 좋아하는 반대자들에게 성경은 "우리가 시작할 때에 확신한 것을 끝까지 견고히 잡고 있으면 그리스도와 함께 참여한 자가 되리라"(히 3:14)고 말하고 있다. 그리스도의 병사들은 이 세상에서는 휴가나 '휴식'을 얻을 수 없다. 그들은 싸움이 끝날 때까지 갑옷을 벗을 수 없다. 그들은 주님이 어느 때 오실지를 알지 못한다. 그러므로 그들은 끊임없이 허리띠를 매고 등불을 준비해 두어야 한다.

그러나 하나님이 요구하시는 것은 양이 아니라 **질**이라는 것을 말해야겠다. 하나님은 그리스도의 이름으로 어린아이 하나에게 냉수 한 컵을 주는 것을 경건치 못한 부자가 사회 단체에 백만 파운드를 기부하는 것보다 훨씬 더 기쁘게 여기신다. 한편에는, "사람 중에 높임을 받는 그것은 하나님 앞에 미움을 받는 것이니라"(눅 16:15)고 기록되어 있고, 다른 한편에는 "사람은 외모를 보거니와 나 여호와는 중심을 보느니라"(삼상 16:7)고 기록되어 있다. 하나님에 대한 사랑에서 나오는 것, 즉 하나님의 선하심에 대한 감사를 표현하는 것이 하나님 보시기에 기쁜 것이다. 즉 양이 아니라 질이다. 그리스도께서 "만일 너희에게 믿음이 겨자씨 한 알 만큼만 있어도 이 산을 명하여 여기서 저기로 옮겨지라 하면 옮겨질 것이요"(마 17:20)라고 말씀하실 때의 요점은 바로 이것이 아니겠는가? 겨자씨보다 작은 것은 무엇이며, 산보다 더 큰 것은 무엇인가? 전자는 겉으로는 연약하고 하찮게 보이는 것이고, 후자는 육중하고 거대하게 보이는 것이다. 그러나 전자는 **살아 있는** 것이고, 후자는 생명력이 없는 덩어리이다. 전자는 활기에 넘치고 자라가는 것이지만, 후자는 정지되어 있다. 이것은 질과 양의 차이이다.

4. 궁극적 구원을 얻기 위하여 선한 행실이 필요하다면, 우리가 그 선행에 대해 자랑할 근거가 있지 않겠는가? 그렇다. 만일 우리의 선한 행실이 완전하고 흠이 없으며 전적으로 우리의 힘으로 이루어진 것이라면, 우리는 이로써 하나님을 우리의 채무자가 되게 할 수 있을 것이다. 이에 대하여 부정적인 대답을 하기 전에, 이와 같은 맥락에서 거룩한 천사들의 경우를 생각해 보자. 사탄이 하늘의 천사들 중 3분의 1을 이끌어 타락시켰을 때, 남은 자들은 하나님에 대한 충성을 확고히 지켰다. 그렇다면 그들은 그러한 충성심을 자랑하였는가? 천사들에 관한 모든 이

야기는 항상 그들이 "여호와의 말씀을 행하며 그의 말씀의 소리를 듣는다"(시 103:20)고 전해준다. 그러나 그들이 자기의 순종을 자랑하였다고는 성경 어디에서도 찾아볼 수 없다. 오히려 그들은 하나님의 존전에서 그들의 얼굴을 가리고 "거룩하다 거룩하다 만군의 여호와여"라고 서로 창화하였고(사 6:3), 보좌 앞에 엎드려 하나님께 경배하였음을(계 7:11) 알 수 있다. 그렇다면 지옥에 가야 마땅한 죄인으로서 어린 양의 피로 구속함을 받은 자들은 자기 행위에 대하여 스스로 만족할 이유를 찾지 못할 것이다.

궁극적 구원을 얻기 위하여 행한 선행을 자랑하게 될 어떤 위험은 없는가? 만일 우리가 아무리 훌륭한 행실을 하였다 하더라도 그것은, 하늘조차도 그에게는 깨끗하지 못한 곳이 되는, 하나님이 보시기에는 더러운 넝마조각에 불과하다는 것을 명심한다면, 그런 위험에 빠지지 않을 것이다. 또 우리가 스스로는 경건한 생각을 하기에도 충분하지 못하며(고후 3:5) 더더구나 그것을 실행하기는 더욱 어렵다는 것을 기억한다면 그런 위험에 빠지지 않을 것이다. 즉 그리스도가 없이 우리는 "아무 일도 할 수 없다." 또 우리가 "네게 있는 것 중에 받지 아니한 것이 무엇이냐"(고전 4:7)라는 질문에 정직하게 직면하여 솔직하게 대답한다면 그 위험에 빠지지 않게 될 것이다. 또 우리가 그리스도의 "이와 같이 너희도 명령받은 것을 다 행한 후에[우리들 중의 그 누구도 그것을 다 행하지는 못한다] 이르기를 우리는 무익한 종이라 우리의 하여야 할 일을 한 것뿐이라 할지니라"(눅 17:10)는 말씀에 귀 기울인다면, 그러한 위험을 피할 수 있을 것이다. 그렇다. 우리는 결코 하나님을 우리의 채무자가 되게 할 수 없는 '무익한 종들'이다. 다른 어느 누구보다도 주님을 위하여 많은 기적을 행한 사람이 "내가 아니요 오직 나와 함께 하신 하나님의 은혜로다"(고전 15:10)고 말하였다.

독자에게는 또다시 '그러나 이 모든 것이 마태복음 7:15과는 어떤 관계가 있을까?'라는 의문이 생길 것이다. 이에 대하여 우리는, 이것이 그것과 큰 관련이 있으며 (하나님께서 허락하신다면) 다음 장에서 이것을 설명하겠노라는 대답을 할 수 있을 뿐이다. 지금으로서는, 우리가 이 장과 앞 장에서 강조하여 온 것은, 오늘날의 '거짓 선지자들'이 분명하게 거부해 온 내용이라는 것을 말하는 것으로 충분하다. 거짓 선지자들은, 우리의 구원에 있어서 선한 행실은 **어떤** 자리도 있다는 것을 단호하게 부인하며, 복음을 **믿는 것**만이 죄인에게 천국을 보장해주는 데 필요한 **전부**라고 생각한다.

제53장

거짓 선지자들
❹

우리는 앞의 두 장에서 주로 궁극적 구원과 선한 행실 사이의 관계를 설명하였다. 그런데 오늘날에는 많은 '거짓 선지자들'이 우리가 주장하였던 모든 내용을 분명히 거부하고 있기 때문에 이 일은 매우 적절하고 필요한 일이었다. 그들은 "복음을 믿는 것만이 죄인이 하늘에 들어가기 위해 필요한 **전부**"라고 독단적으로 주장한다. 그런데 그렇지 않은가? 분명히 그렇지 않다. 첫째로, 복음을 제시하는 데에는 **순서**가 있으며, 그 순서를 지켜야 하는 것은 바로 복음을 전파하는 자의 할 일임을 지적할 필요가 있다. 그들이 이렇게 하지 않는다면 혼란이 계속될 것이며, 그들이 아무리 수고한다 할지라도 가짜 회심만이 그 열매가 될 것이다. 만일 하나님의 말씀에 우리가 충분히 주의를 기울여 본다면, 그 순서가 어떠한지를 발견하는 일은 어렵지 않다. 즉 하나님의 율법을 선포하고 강조하는 것이 하나님의 복음을 공표하는 일보다 **선행한다**. 대체적으로 말해서, 구약성경은 율법을 설명하고 있으며, 반면에 신약성경은 복음의 실체와 혜택들을 말하고 있다.

복음은 '좋은 소식'에 대한 메시지이다. 누구에게 전해지는 것인가? 죄인들에게다. 그러나 어떤 죄인들에게인가? 경솔하고 무사태평한 자들, 즉 하나님의 요구에 대하여 전혀 생각하지도 않는 자들에게인가? 그리고 그들이 앞으로 지내게 될 영원의 세계는 도대체 어떤 곳이 될 것인가? 분명히 그렇지 않다. 복음은 **그들**에게 기쁜 소식을 전해주지 않는다. **그들의** 귀에는 복음이 즐겁게 들리지 않는다. 그들은 복음의 매력에 대하여 알지 못하는 자들이다. 그 이유는 그들은 자신이 구주를 필요로 한다는 것을 깨닫지 못하고 있기 때문이다. 그러나 눈을 열어 하나님의 이루 말할 수 없는 거룩과 하나님 보시기에 추악한 자신의 모습을 조금이라도 보려고 하는 자, 자신에 대한 하나님의 의로운 요구와 그 요구를 충족시키는 일에 있어서 태만히 한 죄에 대하여 조금이라도 알고 있는 자, 자신의 타락

과, 도덕적으로는 스스로를 회복시킬 수 없음에 깊이 뉘우치고 있는 자, 양심에
견딜 수 없는 죄짐을 지고 있는 자, 다가올 진노라는 절박한 위험에 두려워하고
있는 자, 그리고 능력의 구원자가 자신을 구원하지 않는다면 자신에게는 파멸이
예정되어 있음을 알고 있는 자들만이 복음을 음미하고 환영할 자격이 있는 자이
다. "건강한 자에게는 의원이 쓸데없고 병든 자에게라야 쓸데 있다."

그런데 자연인은 자기 영혼이 불치의 병에 걸려 있다는 사실을 깨닫지 못하고
있다. 그는 영적인 건강이 무엇인지를, 즉 개인적인 거룩에 대하여는 전혀 알지
못한다. 하나님의 표준으로 진지하게 자신을 측정해 본 적이 전혀 없으므로, 그
는 자기가 모든 점에서 그 표준에 크게 미치지 못함을 알지 못한다. 그의 생각 속
에서는 하나님이 자리를 차지하고 있지 못하므로, 그는 자신이 하나님 보시기에
얼마나 불쾌한 존재인지를 이해하지 못한다. 그러므로 그는 자신을 창조하고 유
지시켜 주시는 분을 영화롭게 하려는 대신에, 오직 자신만을 만족시키며 살고 있
다. 그러면 그에게 빛을 비추어 주기 위한 수단은 무엇인가? 그의 비뚤어진 성품
을 보여주기 위한 확실한 '측량줄과 저울추'(사 28:17)는 무엇인가? 하나님의 **율
법**을 전파하는 것이다. 왜냐하면 하나님의 율법은 불변의 행동규칙이며, 의의 표
준이기 때문이다. "율법으로는 죄를 깨달음이니라"(롬 3:20). 즉 율법으로는 하
나님께 반역한 죄의 본성, 하나님의 거룩에 반대되는 엄청난 죄성, 영원한 형벌
을 받기에 마땅한 죄의 무한한 악 등을 깨닫는다.

한때 자기의 성실성과 의로움을 자긍하였던 자가 "율법으로 **말미암지 않고는**
내가 죄를 알지 못하였으니"(롬 7:7)라고 고백하고 있다. 하나님의 율법은 외적
인 순종뿐만 아니라 내적인 순종도 요구한다. 즉 하나님의 율법은 우리의 행동을
규정할 뿐만 아니라 우리 마음의 동기에 대하여도 언급한다. 그러므로 우리는 내
적 외적으로 율법에 순종하느냐 그렇지 않느냐에 따라서 죄가 없거나 죄가 있거
나가 결정되게 되는 것이다. 우리가 하나님의 율법에 대하여 잘못된 견해를 갖고
있는 한 우리는 자신의 성품에 대하여 잘못된 판단을 하게 된다. 또 우리가 율법
이 완전하고 영원한 순종을 요구한다는 것을 깨닫지 못한다면, 우리는 자신이 두
려울 정도로 불순종하고 있음을 알지 못하게 될 것이다. 또 우리가 율법의 영성
과 엄격성을 깨닫지 못하고 있으며 또한 율법이 음탕한 생각을 간음이라고 하며
또 이웃에게 까닭 없이 분노를 터뜨리는 것을 살인한 것이라고 선포하고 있음을
깨닫지 못하는 한, 우리는 자신의 두려운 범죄성을 의식하지 못할 것이다. 그리

고 또 우리가 두려운 천둥소리와 같은 율법의 저주를 전혀 듣지 못한다면, 우리
는 자신의 두려운 위험을 감지하지 못할 것이다.

다음의 견해는 대단히 옳다고 본다. "복음은 하나님의 율법과 깊은 관계가 있
어서 후자는 전자의 이유와 근거가 된다. 그리고 율법은 복음의 지혜와 영광에
필수적인 요소가 되므로 율법을 모르는 자는 복음을 이해할 수 없다. 그러므로
우리가 하나님의 율법에 대하여 잘못된 관념을 가지고 있는 한 복음에 대한 우리
의 생각과 이해는 잘못되고 그른 것이 될 것이다"(S. 홉킨스 Hopkins). 우리가 율
법은 완전하고 치우치지 않는 순종을 요구하고 있으며 그렇지 않을 경우엔 영원
한 저주를 받게 되고, 또 이러한 요구는 올바르고 영광스러우므로, 결국 죄는 지
극히 저주스럽고 가증스러운 것임을 알게 될 때에야 비로소 우리는 중보자의 탁
월성을 깨닫게 된다. 그러므로 율법을 영예롭게 하고 크게 하기 위해서, 또 그 율
법에 대하여 그의 백성이 잘못 행한 것들을 속죄하기 위해서는 중보자의 사역이
필수적이었다. 그러므로 이 율법을 거부하거나 그것을 그 율법의 참된 빛 가운데
에서 바라보지 않는 사람은 분명히 복음의 지혜와 영광을 전혀 알지 못하는 것이
다. 왜냐하면 그들이 죄의 가증함과 참으로 저주를 받아야 마땅함을 결코 깨닫지
못한다면, 그들은 자신이 하나님의 치료를 절실히 필요로 하고 있음을 깨달을 수
없기 때문이다.

그리스도가 이 지상에 오셔서 자기 백성을 위해 값을 치르신 구원은 성령을 선
물로 주셔서, 첫째로는 하나님의 율법에 대한 그들의 적개심을 극복하게 하고(롬
8:7), 그들 안에 율법에 대한 사랑을 낳게 하셨다(롬 7:22). 그리고 바로 **이것**으로
말미암아 우리는 자신이 중생하였는지 그렇지 않은지를 알 수 있다. 둘째로는,
그들로 하여금 율법에 충심으로 동의하게 하셔서 참된 그리스도인들로 하여금
"내 자신이 마음으로는 하나님의 법을 섬기노라"(롬 7:25)라고 말할 수 있게 하신
것이다. 셋째로는, 율법에 불순종하였던 그들의 죄를 위해 죽으심으로써 그들을
율법의 저주에서 구원하신 것이다. 그 자신이 그들을 대신하여 율법의 형벌을 받
으셨다(갈 3:13). 그 결과로서, 하나님의 율법에 대하여 체험적으로 알지 못하고,
그것에 "거룩하고 의롭고 선하다"고 마음을 다하여 동의하지 않는 자는 결코 죄
가 참으로 가증하고 저주스러운 것임을 깨달을 수 없고, 자기 속에서 역사하는
은혜의 초자연적인 사역의 대상이 결코 될 수 없으며, 아직도 어둠 가운데 있고,
그리스도께서 알지 못하는 자이고, 여전히 죄 가운데 있으며, 죄의 세력도 복음

의 능력도 느낄 수가 없는 자이다.

복음을 제시할 때 지켜야 할 순서는 또한 **세례 요한**의 약속 안에 예시되어 있다. 그는 "여호와의 길을 예비하기 위하여"(사 40:3) 앞서 온 그리스도의 선구자였다. 요한은 '회개하라'(마 3:2)고 부르짖으면서 '의의 도로'(마 21:32) 왔다. 구원에 이르도록, 그리스도를 믿기 이전에 죄가 참으로 가증스럽다는 것과 저주받아 마땅하다는 것을 마음 깊이 느껴야 한다. 커튼이 내려진 창문으로는 햇빛이 들어오게 할 수 없듯이, 참회하지 않은 마음으로는 더 이상 그리스도를 받아들일 수 없다. 겸손하게 죄를 뉘우치며 상한 마음으로 회개하는 사람만이 언제나 주 예수의 위로를 받으며, 또 이러한 사람들만이 언제나 주를 바라고 그를 구할 것이다. 그리스도께서 친히 다음과 같은 불변의 순서를 제시하셨다. "회개하고 [그리고 나서] 복음을 믿으라"(막 1:15). 또 주님은 "너희는 이것을 보고도 끝내 뉘우쳐 믿지 아니하였도다"(마 21:32)라고 엄숙하게 단언하셨다. 사도는 먼저 "하나님께 대한 회개 [그 다음에는] 우리 주 예수 그리스도께 대한 믿음"(행 20:21)에 대하여 유대인과 이방인들에게 증거하였다.

그리스도께 빈 손의 거지처럼 나와서 모든 것에 충분한 구주로서 그를 받아들이는 일 외에 죄인이 필요로 하는 일은 아무것도 없다고 사람들은 흔히 말해왔다. 그러나 이러한 주장으로 인하여 영혼이 치명적으로 잘못 인도되지 않으려면 여기에 대하여 두 가지로 분류하고 부연 설명해야 할 필요가 있다. 그리스도께 빈 손으로 나아오는 것은 내가 스스로 꾸며낸 의를 버릴 뿐만 아니라 내가 사랑하는 우상을 버린다는 것을 의미한다. 죄인이 이 세상에 단단히 고착되어 있거나 그가 좋아하는 어떤 죄에서 떨어져 나오지 못한다면, 그는 빈 손을 내밀 수 없다. 사망을 낳는 것들은, 그가 '영생을 붙잡을 수' 있기 전에 버려야만 한다. 더욱이 우리는 그리스도의 일부분만 받을 수 있는 것이 아니라 그의 인격과 직분의 전체를 받아들여야 한다. 우리는 그를 '주, 곧 구세주'로서 받아들여야 한다. 그렇지 않으면 우리는 그를 결코 구원에 이르도록 받아들일 수 없다. (그의 피를 신뢰하는 것뿐만 아니라) 그리스도의 권위에 복종하고, 그의 왕권에 굴복하며, 그의 멍에를 메는 것이 있어야 한다. 그렇지 않으면 우리는 '영혼의 안식'을 결코 얻지 못할 것이다.

"영접하는 자 곧 그 이름을 믿는 자들에게는 하나님의 자녀가 되는 권세를 주셨으니"(요 1:12). 오늘날 스스로 '복음전도자'가 된 자들은 이 구절을 자주 **인용**

하지만 그것을 **설명**하는 일은 거의 없다. '영접' 이란 단어를 강조하는 대신 '**그를 영접**' 이라는 말에 더욱 주의를 기울여야 한다. '그것을 영접한다' 는 것이 아니다. 즉 어떤 정신적인 제안이나 교리를 영접한다는 것이 아니다. 또한 '그의 것' , 즉 어떤 은사나 혜택을 영접한다는 것이 아니다. 곧 '그를' , 즉 여러 가지 직분을 가지고 있고 복음에 소개된 그대로의 그의 인격 전체를 영접한다는 것이다. 여기에서 말하고 있는 대로 '영접한다' 는 것은 빛의 비추임을 받은 이해, 죄를 깨달은 양심, 새로워진 감정, 사랑의 실천, 의지의 행위, 새 주인을 선택함, 그의 명령을 받아들인다(눅 14:26, 27, 33)는 의미를 내포하고 있다.

수많은 사람들이 바로 이 점에서 멈추어버리고 만다. 그래서 주님께서는 "너희는 나를 불러 주여 주여 하면서도 어찌하여 내가 말하는 것을 행하지 아니하느냐"(눅 6:46)고 말씀하셨고, 주를 따르고자 하는 자들에게 "먼저 앉아 그 비용을 계산하라"(눅 14:28)고 명하신 것이다. 그 순서는 먼저 그리스도의 인격이며, 그 다음은 그의 선물이다(롬 8:32). 이와 같이 하나님께서 주시는 순서대로 우리는 받는 것이다.

그러므로 죄인이 하늘에 들어갈 수 있기 위해 필요한 것은 단지 복음을 믿기만 하는 것이라고 말하는 자들은 '거짓 선지자들' 이며 거짓말쟁이이고 영혼을 미혹하는 자들이다. 또한 구원에 이르는 믿음은 고립된 한 행동이 아니라 **계속적인** 일임을 지적할 필요가 있다. 사도가 배교자와 참된 성도들을 대조시킬 때, 그는 참된 성도들을 "오직 영혼을 구원함에 이르는 믿음을 가진 자"(히 10:39)라고 묘사하고 있다. 여기에서의 동사의 시제에 주목해 보라. 과거 어느 때에 '믿음을 가졌던' 자가 아니라 지금 활동하고 있는 믿음을 '가진' 자라고 되어 있다. 이 믿음 안에서 그는 그의 주님이 하신 '바른 말을 본받아' (딤후 1:13) 지켜왔다. 왜냐하면 그는 "모세가 광야에서 뱀을 든 것 같이 인자도 들려야 하리니 이는 그를 **믿는** 자마다 영생을 얻게 하려 하심이니라"(요 3:14, 15; 3:18, 36; 5:24 참조)는 가르침을 받았었기 때문이다. 이와 마찬가지로 다른 사도는 "너희가 주의 인자하심을 맛보았으면 그리하라 보배로운 산 돌이신 예수에게 **나아와**['나아온 적이 있었다' 가 아님]"(벧전 2:4)라고 말하고 있다. 즉 매일 나아오는 것, 이것이 언제나 필요하다.

구원에 이르는 믿음은 어떤 인간의 남은 여생을 충분히 만족시키는 고립된 행위가 아니라 그것을 만족시킬 수 있는 유일한 대상을 추구하면서 계속하여 활동하며 살아 있는 원리이다. 또한 그 믿음은 고립되어 있는 것이 아니라 선한 행실과 영적 열매들을 통하여 그 결과가 나타나는 **생산적인** 원리이다. "이와 같이 행함이 없는 믿음은 그 자체가 죽은 것이라"(약 2:17). 하나님의 훈계에 순종하지 않는 믿음은 하나님이 택하신 자들의 믿음이 아니다. 구원에 이르는 믿음은 하나님이 나를 사랑하고 그리스도가 나를 위해 죽으셨다는 것을 믿으면서 단순히 복음에 정신적으로 동의하는 것과는 근본적으로 다르다. 마귀들도 하나님의 모든 계시에 동의한다. 그러나 이것이 그들에게 무슨 유익이 되는가? 또한 거짓 선지자들이 내세우는 '믿음'은 아무 가치도 효력도 없다. 그러나 독자여, 구원에 이르는 믿음은 '마음을 깨끗이 **하는**' 것(행 15:9)이며 '사랑으로 역사**하는**' 것(갈 5:6)이며 '세상을 이기**는**' 것(요일 5:4)이다. 인간은 이러한 믿음을 일으키거나 조절할 수 없다. 이러한 믿음이 하나님으로부터 **당신**에게 전해졌는가?

우리가 위에서 관심을 가져왔던 진리의 여러 면들에 대하여 반대하는 자들을 우리는 거짓 선지자들이라고 생각할 수 있다. 그들은 똑같은 형태로 복음을 전파하지는 않는다. 이와는 정반대다. 하나님의 종들이 여러 가지로 은사를 받듯이, 즉 어떤 사람은 복음을 전하고, 어떤 사람은 가르치는 일을 맡고, 또 어떤 사람은 훈계와 충고하는 은사를 받듯이, 사탄도 그의 사자들이 만나는 여러 유형의 사람들에게 적합하도록 적응시킨다. 한편에서, 천주교도들과 다른 율법주의자들은 율법에 순종함으로써 구원을 얻을 수 있고 회개와 선한 행실이 공로가 된다고 가르치고 있는 반면에 다른 한편에서는, 율법은 전적으로 유대주의적이며 이방인들은 그 율법 아래 있지 않고 또 그와 아무 관계도 없다고 주장하는 자들이 있다. 그러나 바리새인들과 사두개인과 헤롯 당원들이 서로의 견해는 크게 달랐다 할지라도 그리스도에게 적대하는데 있어서는 공통된 동기를 가지고 있었듯이, 거짓 선지자들도 그들의 이단 교리가 획일적인 것은 아니라 할지라도 진리를 반대하는데 있어서는 모두 하나가 된다. 그와는 반대로, 받은 은사가 서로 다르고 섬기는 영역이 서로 같지 않다고 하더라도 하나님의 참된 종들은 성도들에게 한 번 전하여진 믿음에 충성하는데 있어서는 언제나 똑같다.

우리가 여기에서 그 정체를 폭로하고 사람들로 하여금 경계하도록 하려는 거짓 선지자들은 특별히 더 간교하고 사람들로부터 의심을 별로 받지 않는 부류이다. 지나간 2, 3세대 기간 동안에 그와 같은 자들은 이미 축출되었으리라고 생각되던 회중에 '양의 옷을 입은 이리들'이 나타났다. 그들은 겉으로는 건전한 것처럼 보이는 믿음으로써 수많은 사람들을 미혹하였다. 그들은 '고등비평'과 진화론과 크리스천 사이언스, 여호와의 증인을 비난하였다. 그들은 성경이 하나님의 영감으로 된 것이라고 주장하였고, 하나님의 자비와 그리스도의 속죄의 피를 중요시하였다. 그러나 그들은 하나님의 구원의 방법을 변조하였다. 그리스도는 청중들에게 "좁은 문으로 들어가기를 힘쓰라[필사적으로 애쓰라]"(눅 13:24)고 명령하셨는데, 이들은 이렇게 힘쓰는 일이 전혀 불필요한 일이라고 말한다. 그리스도는 "너희도 만일 회개하지 아니하면 다 이와 같이 망하리라"고 말씀하셨는데, 그들은 회개 없이도 죄인들이 구원받을 수 있다고 말한다. 성경은 "의인이 겨우 구원을 얻으면"(벧전 4:18)이라고 질문하고 있는데, 그들은 누구나 쉽게 구원얻을 수 있다고 주장한다. 성경은 한결같이 신자가 거룩 안에서 인내하지 않으면 천국을 잃게 될 것이라고 가르치고 있는데, 그들은 단지 '천년 왕국의 면류관'을 상실하게 될 뿐이라고 주장한다.

어떤 청교도가 재미있고도 진실 되게 표현한 것과 같이 "잘못된 사상의 얼굴에는 방심한 자에게 매혹적으로 보이기 위하여 분이 발려져 있다." 거짓 선지자들은 천주교에 속하였든지 개신교에 속하였든지 간에, 구약의 바리새인들이 금식과 기도를 하며 "교인 한 사람을 얻기 위하여 바다와 육지를 두루 다니면서"(마 23:15), 한편으로는 헌신과 경건을, 다른 한편에는 열심과 열정을 과시한다. 그들은 그들이 전복시키려고 하는 진리들을 '율법적인 교리들'이라고 이름을 붙이고, 그 진리들을 변호하는 자들을 '유대화주의자들'(Judaizers)이라고 비난하면서 그 진리들을 믿지 않게 하려고 부지런히 힘쓴다. "이같은 자들은 … 교활한 말과 아첨하는 말로 순진한 자들의 마음을 미혹하느니라"(롬 16:18). 그들은 '은혜'에 대하여 많은 것을 말하지만, 그것은 "의로 말미암아 왕 노릇 하는" 하나님의 은혜가 아니다(롬 5:21). 또한 그 은혜는 사람들에게 "경건치 않은 것과 이 세상 정욕을" 버리도록 효과적으로 가르치지 않는다(딛 2:11, 12). 그들은 '간사하게' 진리 안에 굳게 서 본 적이 전혀 없는 영혼들을 '유혹하려고'(엡 4:14) 하면서, 성경의 인용을 과시하고, 그들의 말을 듣고 회심한 자를 '사랑하는 형제'라고 부르면서 '교묘한 말'로 속이려 한다(골 2:4).

개신교의 많은 거짓 선지자들은 그들에게 미혹된 추종자들에게 설교할 수 있는 자유를 줌으로써 인기를 얻었다. 교회의 역사를 읽어본 사람들이 잘 알고 있는 바와 같이, 모든 시대의 거짓 선지자들은 그의 말을 듣고 회심한 자들의 수고를 통하여 그릇된 신념을 퍼뜨리는 방법을 가장 많이 사용하였다. 즉 그들은 그들의 말을 듣고 회심한 자들의 '재능' 과 '능력' 에 대하여 말함으로써 그들의 자만심에 비위를 맞추고, **풋내기** 설교자들을 많게 함으로써 많은 사람들로 그들의 제자가 되게 하였다. 이처럼 자격도 없는 초심자들은 진리의 ABC도 모르는 자들이었지만, 이기적이고도 주제넘은 생각에서 자신이 믿음이 깊은 신비들을 설명할 자격이 있는 자라고 생각하였다. 이처럼 재능이라고는 자기를 신뢰하는 것밖에 지니지 못한 건방진 자들로 성직자의 신성한 임무를 수행하게 하는 것보다는 차라리 무지한 시골뜨기로 하여금 약국에서 그가 잘 이해하지도 못하는 여러 가지 성분을 섞은 약을 만들어 그의 이웃들에게 복용시키게 하는 일이 훨씬 더 안전하고 용서받을 수 있는 일일 것이다. 후자는 사람들의 신체를 망치지만 전자는 사람들의 영혼을 독살한다.

"그런 사람들은 거짓 사도요 속이는 일꾼이니 자기를 그리스도의 사도로 가장하는 자들이니라 이것은 이상한 일이 아니니라 사탄도 자기를 광명의 천사로 가장하나니"(고후 11:13, 14). 진리를 반대하는 모든 활동 가운데에는, 진리의 성령이 하시는 일인 드러내고 가면을 벗기는 그러한 일을 하는 자도 있다. 만일 그리스도의 복음보다도 '다른 복음' (갈 1:6)이 전파된다면, 그것은 사탄의 힘의 열매이며, 그 복음을 전하는 자의 마음과 뜻은 마귀에게 사로잡혀져 있다. 사탄은 위선자의 대장, 사악의 왕일 뿐만 아니라 표리부동의 왕이기도 하다. 사탄이 지극히 뻔뻔스럽게도 주 예수를 유혹하려고 하였을 때 사탄은 '기록하였으되' (마 4:6)라고 말하면서 하나님의 말씀을 들먹였다. 사탄의 왕국이 어둠의 왕국이라 할지라도 빛을 흉내내는 기술이 있으므로 그의 사자들도 속임으로써 활동한다. 그들은 '그리스도의 사도[사자]' 라고 자칭하나 그들은 그리스도로부터 부름도, 부탁도 받은 일이 없다. 또한 우리는 거짓말의 아비가 인간을 지배하고 있음을 기억하고 그들의 거짓됨을 이상하게 생각해서는 안 된다.

"그러므로 사탄의 일꾼들도 자기를 의의 일꾼으로 가장하는 것이 또한 대단한 일이 아니니라 그들의 마지막은 그 행위대로 되리라"(고후 11:15). 그들은 '궤휼의 역군' 들이다. 왜냐하면 그들은 진리의 승리자인 체하며 또한 그들의 모든 행위를 영혼들에 대한 깊은 사랑에서 우러나온 것처럼 꾸미기 때문이다. 죄가 스스로를 죄라고 드러내지 않고, 또한 그 죗값을 사망이라고 여기는 것이 아니라 오히려 즐겁고 바람직한 것으로 나타내듯이 그리고 사탄이 결코 자기의 본색을 공개적으로 드러내지 않듯이, 사탄의 '사자들'도 이 세상에 대하여는 죽은 체하고 또 매우 자기희생적인 듯이 보이면서, 신성의 외투를 입는다. 그들은 간악하고 그럴 듯하며 교활하고 위선적이다. 그러므로 손에 성경책을 들고 우리에게 찾아 오는 말솜씨 좋고 '우아한' 모든 사기꾼들에게 미혹되지 않도록 조심해야 할 필 요가 절박하다. "범사에 헤아리라"(살전 5:21)는 훈계에 우리는 크게 유의해야 한다.

독자여, 하나님의 율법을 거부하고, 회개가 구원의 한 조건이 되지 못한다고 부 인하며, 경솔하고 경건하지 못한 자들에게 하나님의 사랑을 받고 있다고 확신시 켜주고, 구원에 이르는 믿음은 모든 사람이 실행할 힘을 가지고 있는 의지의 행 위에 지나지 않다고 말하는 설교자들은 틀림없이 거짓 선지자이며, 우리는 마치 치명적인 염병을 피하듯이 그들을 피해야 한다.

제54장

거짓 선지자들
❺

> 거짓 선지자들을 삼가라 양의 옷을 입고 너희에게 나아오나 속
> 에는 노략질하는 이리라 그들의 열매로 그들을 알지니 가시나무
> 에서 포도를, 또는 엉겅퀴에서 무화과를 따겠느냐 이와 같이 좋
> 은 나무마다 아름다운 열매를 맺고 못된 나무가 나쁜 열매를 맺
> 나니 좋은 나무가 나쁜 열매를 맺을 수 없고 못된 나무가 아름다
> 운 열매를 맺을 수 없느니라 아름다운 열매를 맺지 아니하는 나
> 무마다 찍혀 불에 던져지느니라 이러므로 그들의 열매로 그들을
> 알리라(마 7:15-20)

"거짓 선지자들을 삼가라 양의 옷을 입고 너희에게 나아오나 속에는 노략질
하는 이리라"(15절). 이것은 무익하고 쓸데없는 경고의 말씀이 아니라 하나님의
영광에 관심을 가지고 있거나 자신의 영원한 이익을 소중히 여기는 사람들이 진
지하게 마음에 새겨두어야 할 말씀이다. '거짓 선지자들'은 그 수가 적은 것이
아니라 '많으며'(요일 4:1), 그들은 평판이 나쁜 이단적인 집단에만 속해 있는 것
이 아니라 성도 사이에 '숨어 들어와' 거의 모든 정통파 교회도 지배하기까지 이
르렀기 때문에, 우리는 실제적이고 매우 긴급한 위험 가운데에 있다. 만일 우리
가 그들의 미혹을 받고 그들의 거짓말을 받아들인다면 그 결과는 거의 치명적일
것이다. 왜냐하면 치명적인 독이 인간의 신체에 영향을 끼치는 것과 마찬가지로
잘못된 사상은 인간의 영혼에 작용하기 때문이다. 이 사기꾼들은 '양의 옷'을 입
고 그리스도의 종으로 가장하기 때문에, 방심하여 의심하지 않는 자는 더욱 큰
위험에 처하게 된다. 이러한 이유 때문에 우리 스스로 경계해야 할 필요가 절실

하다. 그러나 적절한 경계를 하려면 올바로 알고 있어야 한다. 즉 이러한 미혹자들을 간파할 수 있는 방법을 알아야 한다. 주님 또한 우리에게 다음 여러 절을 통하여 이 중요한 점에 대해 설명하고 있다.

"그의 열매로 그들을 알지니." 이 말씀에서 세 가지 질문을 생각해 볼 수 있는데, 그리스도께서 여기에서 제시한 이 규칙을 우리가 우리에게 유익이 되도록 사용할 수 있으려면, 이 질문들에 대한 정확한 대답을 알아야 할 필요가 있다. 첫째로, 여기에서 말하고 있는 지식은 어떤 유의 지식인가? 그 지식은 상대적인 것인가, 절대적인 것인가? 우리가 가르침을 받고 또 그 저서를 숙독하는 선생들에 대하여 믿을 만하고 신뢰할 만한 판단을 내리는 것을 말하는가, 또는 우리가 잘못을 범하지 않도록 확실하게 식별하는 것을 말하는가? 둘째로, 이러한 지식은 어떻게 얻을 수 있는가? 그것은 하나님이 주시는 것인가, 아니면 인간 스스로 얻는 것인가? 그 지식은 중생할 때에 수반되는 영적 선물 중의 하나, 즉 그리스도인에게 주어지는 영적 인식의 감각인가, 아니면 우리가 수고한 후에 뒤따르는 것, 즉 우리 자신의 근면으로써만 얻어질 수 있는 것인가? 셋째로, 거짓 선지자들이 맺는 '열매'는 무엇을 말하는가? 그들의 인품이나 행위를 말하는가, 아니면 그 외의 다른 어떤 것을 의미하는가? 실제로 우리가 가장 중요하게 생각해 보아야 할 것은 이 세 번째 질문이지만, 그 전에 앞의 두 질문에 대하여도 간단히 살펴보기로 하자.

첫 번째 질문에 대한 대답은 매우 분명하다. 왜냐하면 인간을 신격화하는 오늘날조차도, 로마교회의 대 사기꾼을 제외하고는 자신에게 아무 과오가 없다고 주장하는 자는 아무도 없기 때문이다. 그러나 여기에서의 '안다'라는 말은 정확무오하게 안다는 뜻은 아니지만 그렇다고 하여 애매모호하고 불확실하게 안다는 뜻도 아니다. 이러한 말씀으로써 우리 주님은 한 가지 규칙을 정하고 계시며, 다른 모든 일반 규칙들과 마찬가지로 우리는 우리에게 유리하게도 불리하게도 이 규칙을 잘못 적용할 수가 있다. 그리스도께서 여기에서 자기 백성이 소유하고 있다고 말씀하시는 지식은 그들에게 설교자나 교사라고 나타나는 자들을 어떻게 대해야 하는지를 알려주고, 또 그들의 주장을 시험하고 그들의 메시지를 신중하게 고려해 볼 수 있게 해주는 확신을 말한다. 그러나 이 지식을 소유한다고 하여 언제나 사기꾼들의 가면을 꿰뚫어 볼 수 있는 것은 아니지만, 이 지식이 그의 의심을 불러일으키고 더 나아가서는 미혹하는 자들의 희생물이 되지 않도록 지켜

주는 것으로 충분하다. 이것은 그리스도인들이 종교적인 유혹자들의 미혹을 받지 않도록 튼튼한 요새를 만들어 주는 지식이다.

그러면 어떻게 이 지식을 얻을 수 있는가? 이 지식은 주어지는 것이기도 하고 획득하는 것이기도 하다. 즉 하나님께서 주시는 지식이며, 우리의 노력으로 얻는 지식이기도 하다. 영적 분별력은 신생(중생)에 수반되는 것 중의 하나이다. 분명히 그렇다. 왜냐하면 중생은 어둠 가운데에서 하나님의 놀라운 빛 가운데로 옮겨지는 것이기 때문이다. 이 빛 속에서 그리스도인은 이전에는 그에게 가리어진 바되었던 것들을 인식할 수 있다. 그러나 어둠 가운데로 다시 빠지지 않으려면 그는 빛이신 분과 함께 반드시 동행해야 한다. 빛에는 여러 등급이 있으며, 우리의 영적 조명은 우리와 '의의 해' 사이의 거리가 멀어질수록 그 밝기가 떨어진다. 더욱이 명확히 보기 위해서는 시력도 빛만큼이나 중요하다. 성령으로 새로워진 각 영혼은 영적 인식의 능력을 가지고 있지만, 그 능력을 사용하지 않으면 그것은 곧 쓸모없게 되어버린다. 사도는 건강하지 못한 성도와 건강한 성도를 대조시키면서, 후자를 "지각을 **사용**함으로 **연단**을 받아 선악을 분별하는 자들"(히 5:11-14)이라고 말했다. 우리가 더욱 빛 가운데에서 행하고 우리의 영적 능력을 더욱 사용할수록, 우리는 우리 길에 놓인 함정과 걸림돌을 더욱 쉽게 깨달을 수 있다.

"그의 열매로 그들을 알지니." 우리는 거짓 선지자들을 그들이 맺는 열매로써 알아볼 수 있다. 그들의 '열매'라는 말은 주로 **그들의 신조, 성품,** 그리고 **그들의 말을 듣고 회심한 자** 등을 의미한다. 바로 이 세 가지로 우리는 참된 선지자들을 알아볼 수 있지 않을까? 하나님의 참된 종은 그들이 선포하는 **교리**로써 그들이 하나님의 위탁을 받았음을 증거한다. 그들이 설교하는 것은 진리의 말씀과 완전히 일치한다. 또 그들의 일상생활도 그와 조화를 이루므로 그들의 매일매일의 삶은 실천적인 경건의 모범이 된다. 성령께서 소생시키시고 그들의 설교를 듣고 교화되게 하시는 자들은 그들에게 말씀을 전하는 자들의 모습을 닮고 그 목자들의 모범을 따른다. 이와는 반대로 사탄의 사자들은 진리의 승리자인 체 꾸미고 있으나 그 진리에 적대하고 그것을 부패시킨다. 즉 어떤 자들은 진리의 신적 권위를 부인하고, 어떤 자들은 그 진리를 인간의 유전과 혼합시키며, 또 어떤 자들은 그 진리를 왜곡시키거나 그 진리의 중요한 부분들을 드러내지 않는다. 그들의 외적 행동은 지극히 훌륭하지만, 그들의 내적 성품과 그들의 행동을 낳게 하는 영은 **이리**처럼 교활하고 잔인하고 흉포하다. 그들의 말을 듣고 회심한 자나 그들의 제자 또한 그들과 같다.

참된 선지자는 **하나님께 정당한 자리**를 내어드린다. 그는 하나님을 만왕의 왕과 만주의 주 곧 "모든 일을 그 마음의 원대로 역사하시는 자"로 여긴다. 그는 하나님이 하늘과 땅의 주권적 통치자 곧 모든 피조물과 모든 사건들이 그의 뜻에 달려 있으며, 그의 기쁨을 위하여 만물을 창조하셨고(계 4:1), 그의 뜻은 정복될 수가 없으며 그의 능력 또한 불가항력적인 분이라고 고백한다. 그는 하나님의 이름에서 뿐만 아니라 사실상의 하나님이라고 선포한다. 즉 우리에 대한 그의 주장은 지고하고 논의의 여지가 없는 분이며, 최고의 경외심을 받으실 분이며, 두려움으로 섬기며 떨림으로 기뻐해야 할 분(시 2:11)이시다. 거짓 선지자들은 바로 이런 하나님을 믿지도 아니하며 전파하지도 않는다. 반대로 그들은, 이 일을 행하고 싶어하고 저 일을 하기를 원하나 피조물들이 그것을 허락하지 않을 것이므로 그렇게 행할 수 없는 하나님에 대하여 말한다. 그들은 또 다음과 같이 말한다. "인간은 자유의지를 부여받았으므로 강요를 받거나 억압을 받아서는 안 된다. 그러므로 신에게는 친절한 마음이 가득하나 그는 그 마음을 실행할 수는 없다. 인간은 그 자신의 운명을 만드는 자이고, 그 자신의 앞날을 결정하는 자이며, 하나님은 단지 관객일 뿐이다."

참된 선지자는 **그리스도에게 정당한 자리**를 내어드린다. 이것은 그리스도의 인격에 관하여 건전한 교리를 갖는 것보다 훨씬 더 중요하다. 천주교도들은 그리스도의 신성과 인성에 대하여는 대다수의 개신교인들보다 더 정통이다. 그러나 후자만큼이나 전자도 그리스도의 직분적 위치에 대하여는 지극히 이단적이다. 참된 선지자는 주 예수를 자기 백성의 **언약의 머리**, 즉 자기 백성을 대신하여 은혜의 언약의 모든 조건들을 충족시키고, 또 자기 백성을 위하여 그 언약의 모든 축복들을 확보하시기로 창세 전에 세움을 입으신 분이라고 선포한다. 하나님은 그리스도를 **언약**의 '보증'과 '중보'(히 7:22; 8:6)로, 즉 하나님의 언약의 약속들을 성취하기 위하여 지상에 오신 분으로 세우셨다. "내가 … 하나님이여 보시옵소서 하나님의 뜻을 행하러 왔나이다." 이것은 자발적인 행위였으나 신성한 계약을 수행한 것이었다. 그리스도께서 여기 이 지상에서 행하신 모든 일과 지금 하늘에서 행하고 계시는 일은 모두 영원한 계약을 이룬 것이었고, 또 이루어 가고 있는 것이다. 교회의 구원에 관련된 모든 일은 영원한 삼위일체 사이의 언약의 조항에 의해 계획된 것이었다. 그 어느 것도 우연에 맡겨진 것이 없고, 그 어느 것도 불확실하지 않았으며, 그 어느 것도 피조물이 행한 어떤 일에 따라 변하도록 하지 않았었다. 이 영광스럽고 근본적인 진리에 대하여 거짓 선지자들은 완전히 **침묵**을 지킨다.

보증(Surety)이 성육하신 것은 곧 그가 하나님의 성약을 수행하기에 알맞도록 하기 위해서이다. 그리스도께서 율법 아래 있게 되고 그 율법의 요구를 충족시키며 자기의 언약의 백성을 대신하여 그 율법의 형벌을 견디도록 되신 것은 바로 율법의 저주에서 그의 백성을 구원하기 위해서였다. 그가 그의 보배피를 흘린 것은 다른 누구가 아니라 바로 그들을 위해서였다. 그가 그의 언약의 의무들을 충실하고 완전히 수행하였으므로 아버지께서는 "그가 자기 영혼의 수고한 것을 보고 만족하게 여길 것이라"(사 53:11)고 엄숙하게 말씀하시며, 그리스도가 위하시는 모든 자들은 영원히 구원을 받을 것이고 그들 중의 하나도 멸망치 않을 것이라고 맹세하셨다. 하나님은 그리스도와 언약을 맺으셨고, 또한 그리스도 안에서 그의 백성과 언약을 맺으셨는데 그것은 "만사에 구비하고 견고하게 된 영원한 언약"이다(삼하 23:5).

그러나 거짓 선지자들은 이 모든 것을 바꾸어 놓는다. 그들은 그리스도의 구속적 사역을 모호하고 불분명하며 일반적이고 뒤죽박죽인 일로서, 확실한 것은 하나도 없는 것으로서 거짓 설명을 한다. 그들은 그리스도가 베드로를 위해서와 같이 유다를 위해서도, 또 바울을 위해서와 같이 진실 되게 빌라도를 위해서도 그의 피를 흘리셨다고 믿는다. 그들은 불확실하고 불확정적인 구원을 전파하고, 그것이 마치 모두를 위한 것이거나 그 누구도 위한 것이 아니라고 말한다. 즉 그것은 인간의 변덕에 따라 결정된다고 말한다. 그리스도께서 그 구원을 제공하셨고 우리가 그것을 받아들이면 좋고 선한 일이지만, 그렇지 않을 경우에는 그리스도께서 실망하실 것이라고 말한다.

참된 선지자는 **인간을 그의 적합한 자리에 둔다.** 그는 인간이 타락하였고 파멸되었으며 잃어버린 바 된 피조물이며 죄와 허물 가운데에 죽어 있다고 말한다. 그는 인간이 하나님으로부터 소외되어 있고, 그의 마음은 하나님께 적대하고 있으며, 하나님께 상습적으로 반역을 일으키는 자임을 지적한다. 그는 이것이 이교도 가운데에서 뿐만 아니라 기독교 세계에서 태어난 자들에게도 똑같이 사실임을 보여준다. 즉 "의인은 없나니 하나도 없으며 깨닫는 자도 없고 하나님을 찾는 자도 없다"(롬 3:10, 11)고 말한다. 그는 인간이 완전히 파멸되어 있으며, 그의 존

재 중 어느 부분도 그가 태초에 그의 창조주께 반항하였던 것의 두려운 결과로부
터 빠져나올 수 없음을 말한다. 그의 이해는 어두워졌고, 감정도 부패되었으며,
그 의지도 노예가 되었고 마귀의 포로가 되었다. 인간은 참되고 살아 계신 하나
님에 대한 사랑을 지니고 있지 않으며, 그 대신 그의 마음은 하나님께 대한 증오
로 가득 차 있다. 하나님을 바라고 그를 구하기는커녕 그는 온갖 수단을 다 동원
하여 자기의 생각 속에서 하나님을 추방하려고 노력한다. 그는 하나님의 탁월함
에 대해서는 눈멀고, 그의 목소리에 대해 귀먹었으며, 그의 권위에 도전하고, 그
의 영광에 조금도 관심을 갖지 않는다.

　참된 선지자는 여기에서 더 나아가 다음을 설명한다. 그는 죄인의 실제 상태
그대로의 모습을 묘사할 뿐만 아니라, 인간은 자신을 조금도 변화시킬 수 없으며
그의 처지를 조금이라도 낫게 할 수가 없다고 말한다. 그는 인간에게는 '힘이 없
음'을, 또 그는 자신을 하나님의 율법에 복종케 **할 수 없으며** 하나님이 보시기에
기쁜 행동을 전혀 할 수 없음을(롬 8:7, 8) 엄숙하게 알린다. 그는 악을 행하는 데
익숙한 사람이 선한 일을 행할 수 있기보다는 차라리 구스인이 그 피부를, 표범
이 그 반점들을 변화시키는 일을 더욱 쉽게 할 수 있을 것(렘 13:1, 23)이라고 주
장한다. 요컨대 주권적 하나님이 인간에게 은혜의 기적을 베풀어 주시지 않는다
면 그는 어찌할 도리가 없으며 돌이킬 수 없이 잃어버린 바 되리라고 단언한다.
그러나 거짓 선지자들은 이와는 정반대로 말한다. 그들은 '부드러운 것들'을 말
하고 청중들의 비위를 맞추며, 그들의 처지는 그 실제 상태대로 절망적인 것은
절대 아니라고 믿게 한다. 거짓 선지자들이 타락을 분명하게 거부하지 않지만,
혹은 그것을 (진화론자들처럼) '진화'라고 부르지 않지만, 그들은 그것을 크게
경시하여서 그 타락이 인간 자신의 노력에 의해서 회복될 수 있는 경미한 사건인
것처럼 보이게 하고, 인간은 그 타락에 의해서 전혀 영향을 받지 않으며, 인간은
여전히 "그리스도를 받아들일 수 있는 능력"을 소유하고 있다고 말한다.

　인간의 타락에 대한 관념이나 전파 내용에 따라, 구속에 대한 필요와 그의 성
격에 관한 인간의 개념도 그렇게 될 것이다. 인간의 타락의 정도를 어떻게 보느
냐에 따라 전파되는 복음의 내용도 달라진다. **선택**의 진리를 생각해 보자. 하나
님의 뜻 혹은 나의 뜻, 어느 것이 결정요인인가? 나에게 자유의지가 있고 내가 지
금 그것을 사용하고 있다면, 내가 이 지극히 중요한 능력을 사용하는데에 모든
일이 달려 있어야 한다. 그러나 이것이 성경과 일치될 수 있는가? 그렇다, 성경을

조금만 왜곡시키면 된다. 거짓 선지자들이 '선택'이라는 단어를 싫어하는 것은 사실이다. 그러나 그들도 궁지에 몰리면, 하나님께서 구원에 이르도록 선택하시는 자들은 그들이 그리스도를 기꺼이 받아들일 것이라고 하나님께서 미리 아신 자들이라고 말함으로써 그 궁지에서 벗어나려고 할 것이며, 그들의 설명은 그들의 말을 듣는 거의 모든 사람을 만족시킬 것이다. 그러나 진리는, 하나님께서는 인간들을 제멋대로 놓아두면 **아무도** 그리스도를 받아들이지 **않을** 것(롬 9:29)임을 미리 아셨으므로 그들 중에서 주권적이고 무조건적인 선택을 하셨다는 것이다. 하나님이 영원히 나를 선택하지 않으셨더라면 분명히 나는 결코 하나님을 선택할 수 없었을 것이다.

중생에 대해서도 똑같은 말을 할 수 있다. 죄인은 자기의 노력과 도움에 관한 한, 영적으로 무능한 자이며 절망적인 처지에 있고, 무덤 속의 부패한 시체가 자신을 살릴 수 없는 것과 마찬가지로 그는 자신을 영적으로 소생시킬 수 없다. 죽은 자는 능력이 없다. 바로 이것이 신앙을 가지고 있든지 그렇지 않든지 간에 모든 인간의 본래의 상태이다. 즉 "죄와 허물 가운데 죽어 있다." 이 일에 관련된 한에 있어서 한 개인은 그가 맨 처음 이 세상에 태어났을 때와 마찬가지로 그의 신생에 있어서도 아무 도움이 될 수 없다. 그리스도께서 이것을 분명히 말씀하셨다. "이는 혈통으로나[경건한 부모로부터 유전되거나] 육정으로나[그들 자신의 결단에 의해서] 사람의 뜻[설득력 있는 설교자에 의해서]으로 나지 아니하고 오직 하나님께로부터 난 자들이니라"(요 1:13). 어느 누구나 그리스도 안에서 새로운 피조물이 되기 위해서는 먼저 하나님의 창조 행위가 있어야 한다. 그러나 거짓 선지자들은 인간이 타락에 의해서는 단지 '상하였거나' 기껏해야 불구가 된 것뿐이므로 자기의 개인적 구주로서 그리스도를 단순히 받아들이기만 하면 거듭나리라고 주장한다. 그러나 이 일은 사망에서 생명으로 옮겨져야 비로소 할 수 있는 일이다.

참된 선지자는 아주 명확하게 **칭의**라는 중대한 진리를 알린다. 루터는 "믿음에 의한 칭의는 교회의 생사가 걸린 교리이다"라고 올바로 말하였다. 왜냐하면 이것을 왜곡시키는 자는 복음의 중심을 부패시키기 때문이다. 인간의 타락하고 부패한 상태와, 하나님의 율법에 죄악을 범하여 그 율법의 무서운 저주 아래 놓여 있음을 보고 "그런즉 하나님 앞에서 사람이 어찌 의롭다 하며"(욥 25:4)라고 옛 사람은 질문하였다. '의롭게' 되는 것은 용서함을 받는 것보다 훨씬 중요한 일이다. 즉 믿는 자는 **의로우며**, 그러므로 그는 율법의 상급을 받을 자격이 있다고 선 포하시는 이는 바로 하늘의 심판관이시다. 그러나 인간이 스스로는 의롭지 못하 고 그 어느 열매도 맺을 수 없다면 어떻게 이것이 가능한가? 그 대답은 그리스도 께서 그 자신의 육체 안에 하나님이 택하신 자들의 죄를 지셨을 뿐만 아니라 그 들을 대신하여 율법에 완전히 순종하셨으므로 그들이 그를 믿는 순간에 그의 순 종이 그들의 것으로 여겨지므로, 그들은 "의와 힘은 여호와께만 있나니"(사 45:24)라고 말할 수 있다는 것이다. 그러나 거짓 선지자들은 그리스도로 말미암 아 전가된 의라는 이 기본 진리를 부인하고 조롱한다.

참된 선지자는 **성령께 정당한 자리를** 내어준다. 즉 아버지와 아들과 함께 영원 하며 동등하신 신성(神性) 안에 있는 분으로서 뿐만 아니라 구원과 관련하여서도 그에게 정당한 자리를 내어준다. 구원은 삼위일체 하나님의 선물이다. 즉 아버지 는 그것을 계획하셨고, 아들은 그것을 구입하셨으며, 성령은 그것을 전달하신다. 하나님의 참된 종은 매우 분명하게, 성령의 사역은 그리스도의 사역만큼 필수불 가결한 것이라고 말한다. 즉 그리스도는 자기 백성을 위하여 일하며, 성령은 그 들 안에서 활동하신다. 하나님이 택함받은 자들의 지성에 빛을 비추어 주고, 그 들의 양심을 살피게 하고, 그들의 타락하고 범죄한 상태를 뉘우치게 하는 것은 바로 성령의 독특한 직분이다. 그들 안에 회개를 일으키고, 믿음을 전달해 주며, 그들의 마음을 그리스도께로 이끌어 내는 것이 그의 직분이다. 이 세상에서 가장 건전하고 충실한 설교라 할지라도 성령께서 살리시는 능력으로 그것을 적용시키 시지 않는다면 그것은 아무 소용도 없게 될 것이다. 가장 매력적인 제안과 설득 력 있는 호소도 성령이 들을 수 있는 귀를 주시지 않는다면 무익하게 될 것이다. 참된 선지자는 이것을 안다. 그러므로 그는 자기의 능력을 신뢰하지 않고 그에게 성령의 능력이 임하기를 열심히 겸손하게 기도로써 구한다. 그러나 영혼을 미혹 하는 자들은 이와는 참으로 다르다.

하나님의 참된 종은 "이는 힘으로 되지 아니하며 능력으로 되지 아니하고 오직 나의 영으로 되느니라"(슥 4:6)는 말씀이 자신의 수고의 결실에 관계하여서도 사 실임을 깨달을 뿐만 아니라 그 자신이 개인적으로도 성령의 가르침을 받을 필요 가 있음을 깊이 깨닫고 있다. 그는 자신이 거룩한 일을 다루기에 지극히 부적합 하며, 말씀의 영적인 의미를 논하려면 하나님께서 그의 영혼 안에 가르쳐 주셔야 한다는 사실을 알고 있다. 진리에 대한 심오하고 체험적인 지식을 갈망하는 자들은 성경의 문자를 단지 지적으로만 연구하는 것에 만족할 수 없으며, 그는 또한 청중들에게 지적으로 가르쳐 주는 것만으로도 만족하지 못한다. 그가 몹시 원하는 것은 바로 부드러운 양심과, 하나님과 그리스도에 대한 마음을 다한 지식인 것과 마찬가지로, 그는 바로 청중들의 마음과 양심에 말을 하고 있는 것이다. 그러나 거짓 선지자들은 이와는 반대이다. 그들은 순전히 외적 신앙고백과 성경 문자에만 매달려 있다. 그들이 전하는 메시지에는 심오한 연구도 조사도 없으며, 세속적인 신앙인들을 괴롭게 만드는 것도 없다.

거짓 선지자들을 알아볼 수 있게 하는 또 다른 표적은 그들이 설교나 가르침을 통하여 **예언**을 너무 중시한다는 것이다. 교회의 역사에 정통한 사람들이 잘 알고 있는 바와 같이 이것은 신앙의 협잡꾼들이 가장 잘 이용하는 수단이었다. 그러므로 인간의 본성을 간파하는 자들은 이것을 보고 놀라서는 안 된다. 하나님은 미래에 대하여 아무도 꿰뚫어 볼 수 없는 베일을 드리워 놓으셨으므로 어느 누구도 "하루 동안에 무슨 일이 일어날는지" (잠 27:1) 알 수 없다. 그러나 인간은 미래의 사건에 큰 호기심을 가지고 누군가 그들에게 그에 대해 알려 주려는 듯하면 그에게 쉽게 귀를 기울인다. 한편에서 불신앙적인 사람들이 점성가와 점쟁이에게로 몰려간다면, 다른 한편에서 신앙적인 사람들은 계시록의 신비한 내용을 설명할 수 있다고 주장하는 자에게로 몰려들 것이다. 전쟁이나 국가적인 재앙이 닥친 시기에는, 호기심이 많은 자들은 쉽게 다니엘서를 들먹이는 자들의 미혹을 받는다. "때와 시기는 아버지께서 자기의 권한에 두셨으니, 너희가 알 바 아니요" (행 1:7) 라고 주님이 분명히 금지하셨으니, 그의 백성은 그런 문제를 잘 알고 있다고 주장하는 자들에게 귀를 기울여서는 안 된다.

이 장에서 우리는 거짓 선지자들을 일반적으로는 다루지 아니하였으나 '양의 옷'을 입고 그리스도의 양 떼를 공격하는 자들에 대하여 주의를 기울여 왔다. 이들은 자기들의 믿음의 건전성을 자랑하고, 지극히 정통파에 속한다고 생각하는 자들 가운데에서 청중을 얻는다. 지금까지 우리는 그들의 신조, 즉 그들이 믿고 가르치는 것에 대하여 생각해 왔다. 다음 장에서는 그들의 성품의 독특한 특성 몇 가지를 묘사하고 나서, 그들이 만들어낸 회심자의 유형을 살펴봄으로써 '열매'로써 거짓 선지자들을 간파하는 문제에 있어 도움을 받는다는 것을 지적해 보고자 한다. 우리가 이처럼 상세하게 다루는 목적은, 젊은 그리스도인들에게 이 미혹자들의 자세한 모습을 알려주고, 우리가 이들을 비난하는 것은 그들이 우리와 한두 가지 사소한 문제에 있어서 의견을 달리 하기 때문이어서가 아니라 그들이 교리를 철저하게 부패시켰기 때문이라는 것을 명백히 하기 위해서이다. 더욱이, 우리가 앞에서 부지런히 수고하여 온 것은 바로 우리 자신을 위하여 하나님의 말씀을 철저하게 알기 위함이었음을 밝혀 두어야겠다. 그렇지 않다면 어떻게 우리가 이 영혼을 미혹시키는 자들을 간파할 수 있겠는가? 사도행전 17:11을 숙고해 보라.

제55장

거짓 선지자들
❻

주 예수는 그의 지상사역 동안 이상적인 인간으로서 뿐만 아니라 완전한 설교자로서의 모범을 보이셨다. 그러나 사람들은, 특히 미래의 설교자들을 훈련시키는 일을 맡은 책임자들은 이 사실에 충분한 주의를 기울이지 못하였다. 우리는 설교술에 관한 수많은 저서들을 정독하였지만 그리스도께서 그의 공적·사적 대화를 통하여 취하셨던 방법들을 분석하고 요약하려고 시도하였던 책을 결코 만나보지 못하였다. 만일 신자가 그의 경건한 생활에 지침이 되고 그를 풍부하게 하기 위하여 구주의 기도들을 숙고하는 일이 필요하며 은혜로운 일이라고 생각하고 있다면, 분명히 복음을 전하는 성직자도 주님이 죄인들과 성도들에게 어떻게 접근하시고 어떻게 말씀하셨는지에 관한 면밀한 연구를 하는 일이 매우 중요하고 유익하다고 느껴야 할 것이다. 만일 그렇게 한다면 그는 그리스도께서 성경을 사용하신 방법, 지극히 간단한 자연물로부터도 풍부한 예를 끌어내신 것, 그가 크게 강조하신 진리의 특별한 면, 그가 호소하신 여러 가지 동기들, 그가 언급하신 인간의 복잡한 인체의 여러 가지 부분들, 그가 필요하다고 여기신 반복된 내용들, 그가 흔히 하신 마음을 살피게 하는 질문들, 그의 평범한 비유들, 그리고 날카로운 대조들을 발견하게 될 것이다.

산상설교에만 주의를 기울여 본다고 하더라도 우리는 이 독특한 설교의 범위가 참으로 넓다는 것과, 참으로 많은 주제를 다루고 있다는 것과, 참으로 다양한 인물들이 논의되고 있으며, 따라서 주님의 사역이 참으로 다방면에 걸친 것임을 깨닫게 될 것이다. 먼저, 주님은 하나님의 축복이 임하는 자들을 그들의 성품과 행위에 따라 묘사하셨다. 그 다음으로는, 그의 종들의 역할과 목적을 규정하셨다. 즉 그들은 세상의 소금이며 세상의 빛이다. 그 다음으로, 주님은 율법과 선지자에 대한 자신의 태도를 밝히셨고, 그의 왕국의 기본 율법을 가르치셨다(20절).

그 다음에는 율법의 영성을 설명하시고, 하나님께서 결코 낮추시지 않을 높고 거룩한 표준을 나타내 보이시면서, 그 율법은 행동뿐만 아니라 마음의 순종을 요구한다는 것을 보여주셨다. 그 다음에는 외식, 특히 기도와 금식에 관련된 외식에 대한 경고가 뒤따른다. 또 하늘에 있는 보물은 이 땅의 보물과 대조되며, 두 주인을 섬기려는 일이 무익함을 보여준다. 탐심과 염려에 대한 훈계가 뒤따른다. 남을 판단하는 문제가 다루어지고, 영적 열망은 격려를 받고, 황금률이 선포된다. 또 사망과 생명의 길이 충실하게 묘사되어 있다.

그 다음에 엄숙한 경고로 시작되는 본문이 나온다. 율법을 강조하고 복음을 설명하는 것으로는 충분하지 않다. 신자들에게 여러 가지 의무를 제시하고 그것을 수행하도록 요구하는 것만으로는 설교자들은 그의 임무를 완성할 수 없다. 원수들에 대한 경고를 해 주어야 한다. 분명히 하나님의 풍요로운 은혜와 구속자의 탁월함과 영광들을 부연 설명하는 것은 참으로 즐거운 일이다. 그러나 우리가 주의를 기울여야 할 다른 문제들도 있다. 그리스도와 그의 사도들의 모범을 따르려면 성도들은 그들을 유혹하려는 자들, 곧 "간사한 유혹으로 속이려고 기다리고 있는 자"들(엡 4:14)을 경계해야 한다. 구원은 진리를 아는 데 이름으로써 얻어진다(딤전 2:4). 그리고 거짓말을 믿도록 속임을 받는 자는 심판을 받게 될 것이다(살후 2:11, 12). 영원한 운명은 우리의 믿는 것과 관련된다는 사실만으로도 여기에서 다루는 문제가 지극히 중대함을 알기에 충분할 것이다. 영혼을 염려하는 자는 경종을 울리는 데 수고를 아끼지 말아야 한다.

"거짓 선지자들을 삼가라 양의 옷을 입고 너희에게 나아오나 속에는 노략질하는 이리라"(15절). 여기에서 우리는 그들의 '간사한 유혹'을 본다. 그들은 제 본색을 드러내지 아니하고 교묘하게 변장을 한다. 그들은 주님의 백성의 진실한 친구인 체하나 실상은 그들의 치명적인 적이다. 그들은 자신이 참된 그리스도인이라고 주장하나 실상은 사탄의 사자들이다. 그들은 진리의 선생들인 체하나 그들의 목적은 거짓을 주입시키는 것이다. 그들은 외부의 불경한 세계에서 일하지 아니하고 성도들의 모임 가운데에서 일하며, 하나님의 가르침을 크게 받은 듯이, 정통교리의 대가인 듯이, 사랑으로 가득 차고 영혼들의 유익을 열심히 구하는 자인 듯이 꾸민다. 이들을 삼가라고 양의 목자장께서 말씀하신다. 왜냐하면 이들은, 안으로는 노략질하는 이리처럼 잔인하고 무자비하며 양 떼의 파멸을 추구하기 때문이다. 이 사실을 깨닫고 깨어 우리의 위험을 감지하고 그에 대하여 방심하지 않고 경계하도록 하자. 우리 자신이 속임을 받지 않도록 조심하자.

그러면 이 엄숙한 경고에 주의를 기울이기 위하여 우리가 취해야 할 가장 좋은 과정은 무엇인가? 이 영혼의 살인자들로부터 보호받기 위해 따라야 할 가장 지혜로운 정책은 무엇인가? 이러한 교활한 위선자들을 탐지하고 식별해 낼 수 있기 위해 필요한 지혜를 우리는 어떻게 얻을 수 있는가? 우리가 이 질문들에 대한 올바른 대답을 얻는 것은 지극히 중요한 일이다. 첫째로, 우리는 주님이 그의 설교 중 어느 **부분**에서 이 경고를 하고 계신지를 충분히 살펴보도록 하자. 이 경고는 처음 부분이 아니라 거의 끝 부분에서 주어진다. 이 사실에서 어떤 교훈이나 위안을 얻을 수 있지 않겠는가? 이 사실은 우리가 앞 부분에서의 그리스도의 가르침을 정말로 마음에 새겨두었다면, 우리는 그가 여기에서 경고하시는 위험에 대하여 튼튼한 방벽을 쌓게 될 것이라는 것을 시사하지 않는가? 우리가 열심히 그리스도의 앞의 훈계들에 주의를 기울이고, 부지런히 내면의 거룩함을 함양시키려고 노력하고, 주님이 제시하신 규칙에 따라 행동하려고 노력하고, 또 **우리가** 그리스도의 참된 제자가 된다는 것이 무엇인지를 개인적이고 체험적으로 알고 있다면, 우리가 거짓 선지자들을 식별하는 데 아무 어려움이 없다는 것을 시사해 주고 있지 않은가?

"눈은 몸의 등불이니 그러므로 네 눈이 성하면 온 몸이 밝을 것이요"(6:22). 이 말씀은 우리가 위에서 언급했던 원리를 분명하게 말해준다. 여기에서의 주님의 말씀은 비유적이기는 하지만 그 의미는 아주 분명하고 단순하다. 몸의 활동은 눈을 통하여 받은 빛에 따라 인도된다. 그러므로 몸의 기관이 건전하고 올바르게 기능을 발휘하여 사물을 있는 그대로 인지하여야, 온 몸은 밝아져서 그 임무를 수행할 수 있게 된다. 왜냐하면 이때에야 우리는 안전하고 신중하게 움직일 수 있기 때문이다. 이와 마찬가지로 영혼의 기능도 주로 지성의 명령에 따라 인도된다. 그러므로 이 지성이 성령의 조명을 받고 진리의 지배를 받을 때에야 우리는 사탄의 올무와 세상의 거침돌로부터 보호를 받을 수 있게 된다. '성한' 눈의 유일한 대상은 하나님이다. 곧 그를 기쁘게 하고 영화롭게 하는 것이다. 그러나 "눈이 나쁘면 온 몸이 어두울 것이다." 이렇게 '성한' 눈은 **거룩한** 눈이며 악하거나 세속적인 눈과는 대조된다.

'눈'이 오직 빛이신 분만을 바라보면, 그 소유자는 서로 다른 것들을 구별할 수 있고 사람들과 사물들에 대하여 건전하고 올바른 판단을 내릴 수 있게 된다. 우

리의 가치 판단은 우리의 마음이 하나님의 빛의 비추임을 받았느냐 아니면 아직
도 자연의 어둠 가운데 있느냐에 따라 결정된다. 영혼이 진리의 규제를 받는 곳
에서는 그 영혼의 소유주에게는 선과 악을 구별할 수 있게 해주는 지혜가 부여된
다. 그때의 지성은 참된 것과 거짓 것을 식별하는 기능이 되는 것이다. "주의 계
명들이 항상 나와 함께 하므로 그것들이 나를 원수보다 지혜롭게 하나이다"(시
119:98). 언제나 하나님의 권위에 복종하면 이생에서 그 상급을 얻는다. 그 상급
의 하나는 사기꾼들로부터 보호를 해주는 영적 분별력이다. 지성이 말씀의 지배
를 받을 때 온 몸은 '빛으로 가득' 하게 되어서 그의 모든 기능은 그 빛의 은혜로
운 영향 아래 있게 된다. 즉 양심은 깨달음을 얻게 되고, 감정은 그의 정당한 대상
에게 향하게 되며, 의지도 올바른 방향으로 움직이게 된다. 하나님의 광명 중에
우리가 "광명을 본다"(시 36:9). 즉 좋은 것과 나쁜 것의 차이를 깨달으며 구해야
할 것과 피해야 할 것들을 알게 된다.

"사람이 하나님의 뜻을 행하려 하면 이 교훈이 하나님께로부터 왔는지 내가 스
스로 말함인지 알리라"(요 7:17). 영적 지식과 분별력과 확신을 얻기 위한 근본적
인 조건은 우리의 일상생활을 통하여 하나님께서 계시하신 뜻을 실행하려는 참
된 결심이다. "여호와를 경외함이 지혜의 근본이라 그의 계명을 지키는 자는 다
훌륭한 지각을 가진 자이니"(시 111:10). 진리와 거짓을 구별하는 능력은 지성의
활력이나 자연적인 학식에 있는 것이 아니라 하나님의 뜻에 자신을 복종시키려
는 진지한 의욕과 열정적인 소망에 있다. 하나님의 권위에 진실로 복종하고 주를
기쁘게 하려는 깊은 소원이 있을 때에는, 그것이 우리의 세속적인 이익과 세상적
인 관점에는 직접적으로 부딪치는 것처럼 보이고, 또 우리의 원수들로부터의 무
서운 반대와 우리의 친구들로부터의 배척을 불러일으킨다 할지라도 그곳에는 영
적 분별력과 확신이 있게 될 것이다. 마음이 다른 모든 것에 우선해서 하나님의
영광을 구한다면, 그 마음이 고상해져서, 자만심과 자기애와 인간적인 두려움과,
중생하지 못한 자의 지성을 어둡게 하고 편견에 사로잡히게 하는 육적인 갈망들
로부터 구원받게 될 것이다. "그러므로 우리가 여호와를 알자 힘써 여호와를 알
자"(호 6:3)는 것은 확실한 약속이다.

백스터(Bagster)의 원문 대조 성경은 요한복음 7:17에 대하여 좀 더 문자적인
번역을 하고 있다. 즉 "하나님의 뜻을 실천하기를 원하는 자는 누구든지 그 가르
침이 하나님으로부터 왔는지 그렇지 않은지에 대하여 알게 될 것이다." 여기서

'원하다'로 번역된 헬라어는 순식간에 지나가는 인상이나 충동이 아니라 깊이 뿌리를 내린 결심을 의미한다. 하나님의 일에 관련하여서는 분명한 것을 알아야 하지만, 그렇게 하기 위해서는 마음이 먼저 하나님을 향하여 올바로 되어야 한다. 즉 마음이 하나님께 복종하여야 한다. 어떤 희생을 치르더라도 하나님의 뜻을 실행하겠다는 결심이 있을 때에는 진리를 분별하고 맞아들일 수 있으며, 거짓을 간파하고 거절할 수 있는 능력이 있게 될 것이다. 우리가 원수의 유혹과 거짓말을 받아들이느냐 또는 냉담하게 되느냐는 바로 우리의 영혼의 상태에 좌우된다. 즉 마음이 하나님께 복종하고 그의 뜻에 순종할 때에는 사탄의 속임수를 간파하는 데 아무 어려움이 없다. 그러나 "미혹하는 영과 귀신의 가르침"(딤전 4:1)에 쉽사리 희생물이 되는 자들은 바로 자기 의지의 지배를 받고 자기를 기쁘게 하는 일에 몰두하는 자들이다. 진리는 미혹을 벗어나게 한다. 그러나 오직 그 진리를 소유하고 그에 동화될 때에만 그것이 가능하다.

"[너희는] 그의 열매로 그들을 알지니"(16절). 예수님이 **누구에게** 이 말을 하셨는지 주목해 보자. 주님은 이것이 단지 믿음을 고백하는 모든 사람에게 해당된다고 말씀하지 않으신다. 이것은 기독교 세계의 모든 사람에게 해당되는 지식이 아니다. 여기에서의 '너희는'이라는 말은 분명히 하나님 자신의 백성, 즉 이 말씀 바로 위의 문맥에서의 좁은 문으로 들어가 협착한 길을 걷는 자들만을 제한하여 말한다. 그들도 역시 경계해야 할 필요가 있는 것은 사실이다. 그러나 그들이 실천하려고 하면서 그리스도의 이 경고에 귀를 기울인다면, 그들은 즉시 이 사기꾼들을 알 수 있을 것이다. **너희는** 그들을 알 것이다. 그러나 다른 사람들은 그렇지 않다. '그들이 그의 음성을 아는' 것은 바로 양은 선한 목자를 '따르기' 때문이며, 그들은 그의 음성을 알기 때문에 "그들은 낯선 자를 따르지 않을 것이고, 그들은 낯선 자의 음성을 알지 못하므로 그에게서 도망칠 것이다"(요 10:14, 15). 참된 목자와 거짓 목자의 음성을 구별짓는 것은 바로 오직 순종하는 귀뿐이다. 만일 그 귀가 성경의 훈계들에 귀를 기울인다면 그 귀는 신앙의 협잡꾼들의 궤변을 거부할 것이다.

"그들의 열매로 그들을 알지니 가시나무에서 포도를, 또는 엉겅퀴에서 무화과를 따겠느냐 이와 같이 좋은 나무마다 아름다운 열매를 맺고 못된 나무가 나쁜 열매를 맺나니 좋은 나무가 나쁜 열매를 맺을 수 없고 못된 나무가 아름다운 열매를 맺을 수 없느니라 아름다운 열매를 맺지 아니하는 나무마다 찍혀 불에 던져

지느니라 이러므로 그들의 **열매로 그들을 알리라**" (16-20절). 이 말씀을 통하여 주님은 그의 백성들이 거짓 선지자들을 간파하는 데 아무 어려움이 없을 것임을 시사하신다. 단지 일상적인 경계를 하기만 한다면, 우리는 우리의 틈을 노리는 사기꾼들을 간파할 수 있을 것이다. 변장하며 나아오는 자들을 우리는 그들의 '열매' 로써 알 수 있다. 멀리서 보면 나무들은 거의 똑같은 모습으로 보인다. 그러나 가까이 가서 살펴보면 우리는 열매를 맺은 것과 열매 맺지 못한 것을 구별할 수 있고, 또 그 열매가 온전한지, 상처 입은 것인지도 알 수 있다. 이와 마찬가지로 우리 앞에 하나님의 종으로서 나타나는 자들을 주의 깊게 조사해 볼 필요가 있으며, 참된 종들을 거짓 종들과 구별짓도록 조사해 볼 필요가 있다.

앞 장에서 우리는 거짓 선지자들이 맺는 '열매' 로써 세 가지, 즉 그들의 신조, 성품, 그들의 말을 듣고 회심한 자를 생각해 볼 수 있다고 하였다. 첫 번째에 대하여는 어느 정도 논해 보았으므로 이제는 두 번째와 세 번째에 대하여 간략히 살펴보기로 하자. 이 사람들의 성품은 그리스도께서 "속에는 노략질하는 이리라" 라고 묘사하신 말씀에 분명히 나타나 있다. 잘난 체하는 이 세대가 '거친 말(언어)' 이라고 칭한 것을 채택하신 분은 바로 사랑의 주님이셨다. 사랑은 온화할 뿐만 아니라 신실하다. 그리고 그리스도께서 그의 양 떼들의 원수의 가면을 찢어 그들의 본색을 드러내게 하신 것은 바로 그의 백성에 대한 그의 사랑 때문이었다. 서기관과 바리새인들을 '위선자' 와 '소경된 인도자' 로, 또한 헤롯을 '저 여우' (눅 13:32)라고 비난하신 분은 이 간교한 미혹자들을 '노략질하는 이리' 라고 부르기에 주저하지 않으셨다. 치명적인 독이 담긴 병이 치료약 사이에 놓여 있을 때에는, 그 이름을 분명하게 표해 놓아야 할 필요가 있다

그리스도가 여기에서 그의 종들이 따라야 할 모범을 남겨 주셨다는 것은 사도 바울의 경우를 보면 분명히 알 수 있다. 에베소 교회의 장로들과 작별 인사를 하면서 사도는 그들에게 "내가 떠난 후에 사나운 이리가 여러분에게 들어와서 그 양 떼를 아끼지 아니하며 또한 여러분 중에서도 제자들을 끌어 **자기를 따르게 하려고** 어그러진 말을 하는 사람들이 일어날 줄 내가 아노라" (행 20:29, 30)라고 경고해 주었다. 이 마지막 구절에서 우리는 거짓 선지자들의 또 다른 표지를 찾아볼 수 있다. 그들은 상습적으로 사람들을 개종시키려고 한다. 그들은 끊임없이 사람들의 관심을 끌려고 하며 언제나 집에 가만히 들어가 "어리석은 여자를 유인하여 여러 가지 욕심에 끌리게" 한다. 그들은 항상 그들의 모임에 나오라고 달콤

한 말로 유혹한다. 그러나 참된 선지자는 결코 간계를 부리려 하지 않으며, 사람들에게 자기 예배에 참석하라고 강요하지도 않는다. 그는 단지 그의 주님의 실례를 따르는 데에 만족한다. 즉 "들을 귀 있는 자에게 듣게" 할 뿐이다. 그리고 그들을 영접하지 않는 곳에서는 "자기를 좇는" 제자들을 끌어 모으기 위하여 설득하고 주장하고 힘써 구하는 대신에 "자기의 길을 갈" 뿐이다(눅 10:10).

"속에는 노략질하는 이리라." 이 말은 매우 엄숙하면서도 시사적(示唆的)이고 폭로적인 말이다. 이리는 여우와 마찬가지로 교활하고 믿을 수 없으며 음흉하고 방심할 수 없다. 그러므로 이것은 에베소서 4:14에서 "속이려고 기다리며" 거짓된 것을 가르치는 자들의 '간사한 유혹' 이라고 표현한 것과 같다. 그들은 세상의 정직한 사람들이 경멸하는 불명예스러운 술책과 속임수를 사용하기를 주저하지 않는다. 이리는 잔인하고 무자비하다. 영혼의 미혹자들도 그러하다. 그들은 사랑에 대하여 수다를 떨지만, 그들의 정체를 폭로시키는 자들에 대하여는 증오로 가득 차 있다. 그들은 탐욕스러우며 물릴 줄 모르는 식욕을 소유하고 있다. 거짓 선지자들은 만족할 줄 모르는 야망과 칭찬받기를 갈망하며 탐욕스러운 자들이다. 예레미야 23:32에서 그들은 '헛된 자만', 혹은 불경에 대하여 말하고 있으며, 스바냐 3:4에서 "그 선지자들은 위인이 경솔하고 간사한 자요"라고 말하고 있다. 그들의 성품은 건전하고 엄숙하기는커녕 경솔하고 천박하다. 이렇게밖에 될 수 없는 것은 그들이 하나님을 두려워하지 않기 때문이다.

"그의 열매로 그들을 알지니." 그들의 신앙고백, 경건한 체함, 열정이 아니라 그들의 '열매' 로써 알게 된다. 셋째로, 그들이 **회심시킨 자**들로써 알 수 있다. 유(類)는 유를 낳는다. 부모의 모습은 다소간 그의 자녀 안에 나타난다. 예레미야 23:16에서는 거짓 선지자들에게 귀를 기울이는 자들에게 "그들은 너희에게 헛된 것을 가르치나니"라고 말하고 있다. 그들 자신이 자기 본위적이기 때문에 그들의 제자들 또한 자만에 빠져 있다. 즉 그들은 성경 문자에 대한 지식에 자부심을 느끼고, 그들의 정통성에 대하여 자랑하며 '인간이 만든 제도' 안에 있는 자들은 가지고 있지 않은 빛을 가지고 있다고 주장한다. 그러나 그들의 행위는 이와 모순된다. 즉 그들에게는 겸손의 모습이 없으며, 죄에 대한 슬픔도, 자신의 마음의 질병에 대한 체험적 지식도 없다. 그들은 자기의 확신에 대하여 크게 자랑하나 성경적 확신이 근거하고 있는 증거를 보여주지 못한다.

그들은 영원한 안전에 대하여 지껄이나, 자기의 마음을 조사하고 자신이 믿음 안에 있는지 그렇지 않은지를 살펴보기를 거절한다. 그들은 그들의 평안과 기쁨에 대하여는 할 말이 많은 자이나 로마서 7장의 탄식에 대하여는 알지 못하는 자들이다. 그들은 그들이 "율법 아래 있지 않다"고 자랑하며, 그들의 성품과 행동으로써 이를 증거하고 있다.

결론으로, 우리는 다음의 질문을 예상해 볼 수 있다. 왜 하나님은 기독교 세계에 그러한 파괴를 가져오는 이 거짓 선지자들이 있도록 허용하시는가? 이것은 매우 엄숙한 질문이며 우리는 이에 대한 대답을 성경이 말하는 것에만 제한시켜야 한다. "너는 그 선지자나 꿈꾸는 자의 말을 청종하지 말라 이는 너희의 하나님 여호와께서 너희가 마음을 다하고 뜻을 다하여 너희의 하나님 여호와를 사랑하는 여부를 알려 하사 너희를 시험하심이니라"(신 13:3). 이 말씀을 통하여 하나님께서는 자기 백성을 박해하는 자에게와 마찬가지로 또한 거짓 선생들도 참으신다는 것을 분명히 알 수 있다. 즉 자기 백성의 사랑과 충성을 시험하고, 그들이 그에게 충성한다면 그들이 그의 원수들에게 귀를 기울이지 않을 것이라는 것을 가르쳐주기 위한 것이다. 잘못된 사상은 언제나 진리보다도 인기가 있다. 왜냐하면 그것은 쉽고 육적 탐욕을 지지해 주기 때문이다. 그러나 바로 이런 이유 때문에 경건한 자는 그것을 증오한다. "나는 성실한 길을 택하였다"고 은혜로써 말할 수 있는 사람은 "내가 주의 증거들에 **매달렸사오니**"(시 119:30, 31)라고 말할 수 있을 것이다. 그 어느 것도 그를 그 길에서 벗어나게 할 수 없다.

"너희 중에 파당이 있어야 너희 중에 옳다 인정함을 받은 자들이 나타나게 되리라"(고전 11:19). 잘못된 사상은 알곡과 겨를 분리시키는 도리깨의 역할을 한다. 말씀씨가 좋은 설교자들에게 해묵은 거짓 사상에 새 옷을 입혀서 가지고 나오게 해보라. 그러면 거짓 신앙고백자들이 즉시 그에게로 몰려들 것이다. 그러나 믿음 안에 확고히 서 있는 자는 그렇지 않다. 그러므로 하나님은 거짓 선지자들이라는 수단으로써 진리를 진지하게 붙잡고 있는 사람들이 누구인지를 나타내신다. 즉 그들은 '편견 없는' 길로 들어서라는 모든 유혹에도 불구하고 하나님에게 충실하다. 순금은 그에게 가해지는 모든 시험을 잘 견딘다. 이와 같이 중생하지 못한 '회심자'도 드러나게 된다. 즉 가짜 금은 불을 견딜 수 없다. 새로움에 이끌렸던 자들은 오래 지속하지 못하고 그보다 더 새로운 혁신에 매혹될 것이다. "그들이 우리에게서 나갔으나 우리에게 속하지 아니하였나니 만일 우리에게 속하였더라면 우리와 함께 거하였으려니와 그들이 나간 것은 다 우리에게 속하지 아니

함을 나타내려 함이니라"(요일 2:19). 그러므로 정통을 외면하고 이단으로 돌아
서는 사람을 참된 그리스도인이라고 생각해서는 안 된다.

거짓 선지자들에게는 진리의 사랑을 받지 못한 자들에 대한 하나님의 형벌이
정해져 있다. "이러므로 하나님이 미혹의 역사를 그들에게 보내사 거짓 것을 믿
게 하심은 진리를 믿지 않고 불의를 좋아하는 모든 자들로 하여금 심판을 받게
하려 하심이라"(살후 2:11-12). 아합은 하나님의 종인 엘리야와 미가야의 말을 참
을 수 없었기 때문에 바알의 제사장들을 좇아 멸망하고 말았다.

마태복음 24:5, 11에서 분명히 알 수 있는 바와 같이, 이스라엘 한가운데에 수
많은 유대인들을 치명적으로 미혹한 거짓 그리스도(메시야)들이 많이 나타난 뒤
에 그들은 그리스도를 거부하고 말았다. 초기의 참된 기독교가 버림을 당한 뒤에
야 비로소 로마교회라는 괴물이 교계를 병들게 하였다. 오늘날 거짓된 사이비 종
파에 속한 수많은 사람들이 한때는 믿음 가운데 있었던 교회의 회원이었거나 규
칙적으로 그에 참석하였던 사람들이었다. 그러므로 독자여, 당신이 하나님의 진
리를 멸시한다면, 당신은 사탄의 거짓말을 사랑하게 될 것임을 알라.

제56장

참된 신앙고백

❶

> 나더러 주여 주여 하는 자마다 다 천국에 들어갈 것이 아니요 다
> 만 하늘에 계신 내 아버지의 뜻대로 행하는 자라야 들어가리라
> 그 날에 많은 사람이 나더러 이르되 주여 주여 우리가 주의 이름
> 으로 선지자 노릇 하며 주의 이름으로 귀신을 쫓아내며 주의 이
> 름으로 많은 권능을 행하지 아니하였나이까 하리니 그 때에 내
> 가 그들에게 밝히 말하되 내가 너희를 도무지 알지 못하니 불법
> 을 행하는 자들아 내게서 떠나가라 하리라 그러므로 누구든지
> 나의 이 말을 듣고 행하는 자는 그 집을 반석 위에 지은 지혜로운
> 사람 같으리니 비가 내리고 창수가 나고 바람이 불어 그 집에 부
> 딪치되 무너지지 아니하나니 이는 주추를 반석 위에 놓은 까닭
> 이요 나의 이 말을 듣고 행하지 아니하는 자는 그 집을 모래 위에
> 지은 어리석은 사람 같으리니 비가 내리고 창수가 나고 바람이
> 불어 그 집에 부딪치매 무너져 그 무너짐이 심하니라(마 7:21-27)

"나더러 주여 주여 하는 자마다 천국에 다 들어갈 것이 아니요 다만 하늘에
계신 내 아버지의 뜻대로 행하는 자라야 들어가리라"(21절). 우리 주님께서는 이
말씀으로서 그 유명한 설교의 열두 번째이자 마지막 부분을 시작하셨다. 이것은
아마도 그 설교 중에서 가장 엄숙하고 중대한 부분인 것 같다. 여기 우리의 어떤
거짓으로도 속일 수 없는 분이 진실하지 않으면 안 된다는 가차 없는 요구를 알
려주신다. 여기 마침내 온 세상의 심판자로서의 직분을 수행하실 분이, 장엄한
심판 날에 자기 자신을 속이고 다른 사람을 미혹시킨 모든 자들의 진상이 드러나

게 될 것이라고 선포하신다. 그의 전지하신 눈 앞에서 모든 일이 숨김없고 분명하게 드러나기 때문에 우리 마음속의 모든 생각과 상상을 다 아시는 분께서, 입술로만 예배하는 것은 아무런 가치도 없으며, 제아무리 그럴듯한 행동일지라도 생명력 있고 실제적인 경건함이 결여되어 있으면 무가치한 것이라고 분명히 밝혀주신다. 많은 사람들이 이 구절을 '유대인'에게 해당하는 것이라느니 '이 시대에는 적합하지 않은 것'이라느니 하며 제외시키는데, 이 구절들을 신중하게 숙고할수록 우리는 그것이 옳지 않다는 것을 발견하게 될 것이다.

우리 현대인들은 마태복음 5~7장의 말씀을 하나님 말씀의 다른 어떤 부분보다도 가장 싫어하는데, 이 구절들이야말로 다른 어떤 구절보다도 더욱 절박하게 필요한 말씀들이다. 오늘날처럼 이름뿐인 그리스도인이 그렇게 많았던 적도 없었으며, 오늘날처럼 참된 그리스도인이 그렇게 적었던 적도 없다. 위대한 종교개혁이 일어나 그 사태를 좀 더 나은 현상으로 크게 변화시키긴 했지만 루터와 칼빈의 시대 직전에도 기독교계에는 '외양으로만 경건'할 뿐 그 변화시켜주는 참된 힘을 깨닫지 못한 자들이 넘쳐 있었다. 사실 하나님의 분노가 그들 위에 머무르게 될 때 그들만은 무사하리라고 믿고 있는 사람들이 교회 안에 대단히 많이 있는데, 기독교 시대의 역사에 있어서 그랬던 적이 또 있었던가 진정 의심스럽다. 우리 주님은 산상설교의 이 종결부분을 통하여 그런 일들에 대하여 충실하게 설명하심으로써 그들의 그릇된 생각을 깨우쳐 주고 있는데, 이 구절들이야말로 그 사실을 알 수 있게 해주는 좋은 말씀이다.

이 구절들과 문맥의 관계는 쉽사리 발견된다. 좀 더 먼 문맥을 취해보면 이 마지막 부분은 그 설교 전체의 적절한 결론이다. 그런데 우리는 이 설교가 군중들에게 행해진 것이라고 기억하는데(마 5:1; 7:28), 좀 더 직접적으로 그의 '제자들'에게 해당하는 것이다. 그것은 매우 적절한 클라이막스였다. 그리스도께서는 하나님을 시인하는 자들의 특성을 설명하시는 것으로써 시작하여 영원한 판결을 받을 사람들에 대하여 말씀하시는 것으로 끝마쳤다. 여기에서 우리는 사도 바울이 그의 주님의 모범을 본받아 사도직을 수행하였다는 것을 발견할 수 있다. 그가 사람들에게 설교했던 것은 한편으로는 '사랑'이 그로 하여금 그렇게 하도록 이끌었기 때문이며, 다른 한편으로는 '주님을 두려워하는 마음' 때문이었다. 그러므로 그가 벨릭스 앞에 서서 "의와 절제와 장차 오는 심판을 강론하니" 그 통치자가 두려워하였다(행 24:25). 슬프게도 이 타락한 시대에 있어서는 사람들을 그렇게 충실하게 대해 주는 일이 참으로 적다. 즉 그렇게 엄밀하게 양심을 성찰하는 일도 참으로 적으며, 무서운 심판이 불경건한 자들을 기다리고 있다는 사실을 분명하게 말해주는 일도 거의 없고, 치명적인 자기 만족에 빠져 있는 자들을 두려워 떨게 하는 일도 참으로 드물다.

이제 좀 더 가까운 문맥을 살펴본다면 우리는 이 엄숙한 설교의 결론의 적절성에 대하여 점점 더 감동하게 될 것이다. 우리 주님께서는 거짓 선지자들을 조심하라고 경고하셨는데 우리는 그들이 맺은 '열매'로 그들을 알아볼 수 있다. 다른 말로 바꾸면, 그들이 만들어낸 '회심자', 즉 그들을 따르도록 이끈 제자들이라 할 수 있다. 그 속에 자신들의 참 모습을 감추기 위하여 "양의 옷을 입고 너희에게 나아오나"라는 우리 주님의 말씀에서 좀 더 특별하게 드러나는 것은 반(反)율법주의(도덕률폐기론)적인 위선자들이다. 그 무리들은 그런 방식으로 경건한 체하는 태도로 가장하고 지극히 신성한 말을 사용한다. 그리고 어디를 가든지 성경책을 가지고 다니면서 제멋대로 그 말씀을 인용한다. 그들은 대단히 경건한 용어로 구속자(Redeemer)를 언급하며, 특히 '주님'이라는 칭호를 부른다. 그럼에도 불구하고 공정하게 살펴보면 그들에게는 결핍된 것이 있다. 바로 생명력 있는 경건함이 부족하다는 점이다. 그들의 마음은 새로워지지 않았고, 의지를 하나님께 굴복시키지 않았으며, 그들의 행동은 그들이 내세우는 숭고한 주장들과는 일치하지 않는다.

마태복음 7장19절과 20절은 나란히 위치하고 있는데, 그것은 우리로 하여금 20절의 뜻을 좀 더 분명하게 알 수 있게 해준다. 구세주께서 16절에서 "그의 열매로 그들을 알리라"고 말씀하셨으면서도 20절에서 사람들을 미혹시키는 자의 정체를 드러내주는 표시를 반복하여 설명하신다. 그리고 곧이어 "나더러 주여 주여 하는 자마다 다 들어갈 것이 아니요"라고 덧붙이신다. 이 설교 두 부분 사이의 긴밀한 관계는 너무나 분명해서 그 의미를 놓칠 수가 없다. 즉 거짓 선지자들에 의해 이루어진 회심자는 말만 많이 하는 자들일 뿐 행동은 거의 하지 않는 자들이다. 그들은 그리스도를 열렬하게 따른다고 주장하지만 그들의 주장은 공허한 것이며, 그것을 신뢰하도록 필요한 증거가 뒷받침되지 못하고 있다. 그들의 번지르르한 말은 그리스도인다운 행동을 수반하지 않기 때문에 그 말만으로는 하나님의 나라에 들어가는 것을 허락받기에 충분하지 못하다. 만일 장님이 장님을 인도한다면 둘 다 도랑으로 빠질 것이다. 어떤 사람이 그리스도의 종이 되려면 단순히 '양의 옷을 입는 것' 이상의 어떤 것을 취해야 하며, 그리스도께서 어떤 사람을 그의 참된 제자로 인정하시기 전에 말뿐인 예배를 드리는 것 이외에 그 이상의 어떤 일을 해야 한다. 여기에서 그리스도께서는 공허하고 말뿐인 신앙고백자들을 드러내 주신다.

"나더러 주여 주여 하는 자마다 천국에 다 들어갈 것이 아니요 다만 하늘에 계신 내 아버지의 뜻대로 행하는 자라야 들어갈 수가 있다." 우선 이 말씀을 직접 들었던 자에게 적용시켜 보자. 많은 유대인들은 그리스도께서 행하신 기적을 보고 깊이 감동을 받아서, 구원과 하나님의 나라에 들어가는 데 필요한 일에 대해서는 무지하고 그것에 대한 그리스도의 교리는 실상 반대하면서도 그들은 그리스도의 제자라고 자처하였다. "유월절에 예수께서 예루살렘에 계시니 많은 사람이 그의 행하시는 표적을 보고 그의 이름을 믿었으나 예수는 그의 몸을 그들에게 의탁하지 아니하셨으니"(요 2:23, 24). 니고데모는 다음과 같이 말함으로써 좀 더 학식 있는 자의 태도를 취하였다. "랍비여 우리가 당신은 하나님께로부터 오신 선생인 줄 아나이다 하나님이 함께 하시지 아니하시면 당신이 행하시는 이 표적을 아무도 할 수 없음이니이다"(요 3:2). 그러나 예수께서는 니고데모가 그를 '하나님께로서 오신 선생' 임을 인정했으니 예수께서 주시려고 오신 그 축복을 받을 것이 확실하다고 즐거이 생각하도록 결코 허락하지 않았다. 오히려 예수께서는 그에게, 거듭나지 아니한 자는 그 누구도 하나님의 나라를 볼 수도 들어갈 수도 없다고 솔직하게 말씀하셨다.

그리스도께서 떡 다섯 덩이와 작은 물고기 두 마리로 많은 군중을 먹이셨을 때 그들은 매우 깊이 감동하여 다음과 같이 말했다. "그 사람들이 예수의 행하신 이 표적을 보고 말하되 이는 참으로 세상에 오실 선지자라 하더라." 그러나 "그러므로 예수께서 그들이 와서 자기를 억지로 붙들어 임금으로 삼으려는 줄 아시고 다시 혼자 산으로 떠나 가시니라"(요 6:14, 15). 우리가 지금 다루고 있는 부분을 엄숙하게 선포하시도록 직접적으로 이끈 것도 바로 이 점이었다. 그는 사람들이 일시적이고 피상적으로 그의 은혜 안으로 기울어진 것을 결코 이용하지 않으셨다. 즉 솔직하게 말씀하시고 정직하게 대우하신 것은 그를 따르는 자들에 대한 그의 전반적인 취급방법이었다. 이렇게 함으로 사람들로 하여금 그를 선지자로 혹은 그들이 이해하고 있던 메시야로 생각하지 못하게 할 수 있다. 그는 이 점에 있어서 사람들로 하여금 그들의 하나님의 뜻을 행한 후에 그의 신령하고 영원한 왕국의 축복에 참여할 자격을 얻게 된다고 확신시키셨다.

우리가 다루고 있는 구절들이 우선적으로는 그리고 부분적으로는 그리스도 시대의 유대인에게 말해진 것이라 할지라도 그러나 그것들은 좀 더 광범위하게 적용될 수 있으며, 우리 시대의 이방인 성도들에게도 해당되는 것이 분명하다. 우리는 이 설교를 한 부분 한 부분씩 다루어 오면서 우리 주님의 말씀의 진의와 경건성을 거듭 지적하고 분명히 밝히려고 노력했다. 왜냐하면 그 구절들은 그 설교를 직접 들은 청중에게도 관계가 있지만 또한 우리들 자신에게도 적절하며 영향을 미치는 것들이기 때문이다. 우리 주님의 가르치심에는 편협하거나 일시적으로만 해당되는 내용은 하나도 없다. 즉 그것은 모든 민족과 모든 세대들을 대상으로 계획된 것이었으며, 그러므로 그것에 의해서 모든 사람들이 심판을 받을 것이다(요 12:48). 그리스도의 이 선포는 모든 나라와 모든 세대를 통하여(즉 복음이 사람들에게 성찰되고 받아들여지도록 제시된 곳이라면 어디에서든지) 모든 사람에게 해당하는 중요한 교훈들을 가득 담고 있다. 어떤 사람들, 아니 많은 사람들은 단지 입으로만 신앙고백을 하는 것에 지나지 않게 행동한다. 그러나 그 결과로 인해 그들은 하늘나라에서 쫓겨나게 될 것이다. 그런데 그것은 그리스도께서 오신 초기에 있어서 사실이었듯이 오늘날에도 마찬가지로 사실이다. 그리고 세상이 지속되는 한 그런 현상은 계속될 것이다. 즉 하나님의 말씀대로 행하는 사람만이 기독교 신앙이 주는 축복의 즐거움 속으로 들어갈 수가 있다.

'천국' 이라는 이 표현을 설명하기 위하여 우리는 그렇게 오랜 시간을 끌 필요는 없겠다. 왜냐하면 앞 장에서 그 의미를 설명했기 때문이다. 여기에서 그 말은 요한복음 3:3에 나타나 있는 '하나님 나라' 와 같은 것을 나타내는 뜻으로 사용되었는데, 그것은 마태복음 18:3과 누가복음 18:17을 비교해 보면 분명하게 드러난다. 그것은 메시야에 의해 소개된 사물의 새로운 질서를 가리키고 있다. 그런데 그것은 유대교와 좋은 대조를 이루면서 유대교를 계승하는 것이다. 사물의 새 질서는 이 현세의 삶에 있어서의 시작으로서 숙고되어야 하며, 내세에서 완성될 것이다. 그것들은 하나의 경륜 아래 있는 두 가지 양상이다. 즉, 전자는 은혜의 왕국을, 후자는 영광의 왕국을 가리킨다. 구시대의 대부분의 주석가들은 우리가 지금 다루고 있는 구절 속의 '천국' 이라는 말이 후자의 측면을 가리키고 있다고 이해하였다. 그래서 천국이란 하늘의 행복된 생활의 상태라고 생각하였다. 그러나 필자가 개인적으로 생각해 볼 때 이렇게 제한시켜서 이해해야 할 아무런 이유도

없다. 단순히 입으로만 신앙 고백을 하는 사람은 현세에서도 기독교의 특권에 참
여할 보장을 받지 못한다. 왜냐하면 그런 고백을 하는 사람은 하나님과의 화해를
이루지 못하고, 죄를 용서받지 못하며, 진실로 회심한 사람들이 현세에서 받을
몫인 거룩한 행복의 즐거움을 얻지 못하기 때문이다. 그러므로 필연적으로 땅에
서 은혜의 왕국에 들어가지 못한 자들은 하늘에서의 영광의 왕국에도 들어갈 수
가 없을 것이다.

"나더러 주여 주여 하는 자마다 천국에 다 들어갈 것이 아니요." 우리는 이와
같은 내용의 말씀을 누가복음 6:46에서도 읽을 수 있다. "너희는 나를 불러 주여
주여 하면서도 … ." 이 표현은 그리스도를 선생과 주인으로서 인정하는 것이며
나아가서는 하나님의 아들, 죄인들의 유일한 구세주라고까지도 인정하는 것이
다. '주여 주여' 라는 말 속에는 의도적인 강조의 의미가 들어 있다. 왜냐하면 그
것들을 통해 단순한 고백뿐만 아니라 명확하고 공공연하며 습관적인 고백이 표
현되기 때문이다. 그러므로 그리스도께서는 여기에서 이렇게 선포하신다. 즉 그
의 인격에 대한 진리를 단순한 말로만 인정하든지 또는 그의 제자라고 입으로만
고백하든지 간에 그것은 그리스도의 가르침을 받아들일 준비를 한 것이 된다. 그
러나 그 고백이 제아무리 명백하고 공공연하며 자주 반복하여 이루어졌다 할지
라도 그것이 진실한 회개와 참된 회심의 결과라는 것이 입증되지 않는다면, 그리
고 아버지의 뜻을 실행하는 데 있어서 그 고백에 부합하는 행동과정이 수반되지
않는다면 그것은 그의 나라가 주는 특별한 축복에 이르는 길을 열어주지 못할 것
이다. 가장 정통적인 종교에서 이루어지는 외적인 고백조차도 생명력 있는 경건
함과 진실한 복종이 수반되지 않는다면 그것은 쓸모없는 것이다. 마귀조차도 그
를 '하나님의 아들' 이라고 인정하였다(마 8:29). 하지만 그것이 그들에게 무슨
유익이 되었던가?

그리스도를 '주님' 이라고 **인정하지** 않는다면 하나님의 나라에 들어가는 것이
전연 불가능하다는 사실을 새삼 지적할 필요는 없겠다. 그리스도를 단지 이상적
인 인간에 지나지 않는다고 생각하여 그리스도를 부인하는 유니테리언들이나 오
늘날의 '현대인들' 은 틀림없이 구원의 대상에서 제외될 것이다. "우리가 지금 다
루고 있는 말씀은 성경의 다른 부분에서도 아주 분명하게 진술되어 있듯이, 우리
가 제자로서의 특권을 누리기 위해서는 예수 그리스도의 제자임을 고백하는 행
위와, 생각으로든지 마음으로든지 예수 그리스도에게 순종한다는 인정의 행위

가 절대적으로 필요하다는 사실을 분명히 가르쳐준다. 그리스도를 '주여 주여' 라고 부르지 않는 자들은 아무도 하나님의 나라에 들어갈 수가 없다. 즉 그의 주장을 무시하는 사람, 이 주장을 소홀하게 취급하는 사람, 이 주장을 거부하는 사람, 또는 이 주장이 옳다는 것을 인정하면서도 세상적인 동기 때문에 그것을 인정하지 않는 사람들 ― 그러한 사람들은 그 누구도 땅에서든지 하늘에서든지 그의 제자로서의 특별한 축복에 참여할 수가 없다"(존 브라운 ― 우리는 위에서 어떤 것을 설명할 때 그의 말을 인용하였는데 앞으로도 그렇게 될 것이다). "너희가 나를 선생이라 또는 주라 하니 너희 말이 옳도다 내가 그러하다"(요 13:13). "지나쳐 그리스도의 교훈 안에 거하지 아니하는 자는 다 하나님을 모시지 못하되"(요이 9절).

그러나 그리스도를 주님이라고 인정해야 할 필요성이 그의 말씀들 중에 분명히 나타나 있지만, 그 말씀들이 좀 더 직접적으로 가르쳐주고 있는 진리는 그것을 고백하는 것이 믿음과 순종에 관련된 대단히 필요한 일이라 할지라도, 그 자체만으로는 새로운 경륜 아래에서의 영적인 축복에 참여할 수 있는 보장은 될 수가 없다는 것이다. 어떤 사람이 그리스도의 가르침을 받아들인다고 제아무리 큰소리로 표명한다 할지라도 그가 그 말씀대로 **실천하는 사람**이 아니라면 그의 공언은 아무런 가치도 없는 것이다. 진실한 마음을 요구하는 사람은 실체가 아닌 그림자를 원하지 않으며, 실상 대신 단순한 외형에 불과한 것, 그리고 실천 대신 말뿐인 것을 싫어한다. 공허하고 예외적인 것에 지나지 않는 찬사는 말할 가치가 없다. 참된 힘이 결여된 외형뿐인 거룩함을 신뢰하는 자는 모래 위에 희망의 집을 짓고 있는 것이다. 공허한 고백은 영혼을 구하기에 불충분할 뿐만 아니라 그리스도 자신을 모욕하는 것이다. 자기 자신을 즐겁게 하는 것만을 계속 행하면서도 그리스도를 주님이라고 부르는 것이나, 그의 명령은 무시하면서도 그에게 복종한다고 고백하는 것은 가공할 만한 조롱이다. 어떤 사람이 그리스도의 제자임을 증명해주고, 사탄의 신하와는 다르다는 구별을 표시해 주는 것은 바로 **순종**이다.

이제는 **신앙고백자들의 서로 다른 유형**을 살펴보자. 첫째로, 단순히 **이름뿐인** 신앙고백자들이 있다. 그들은 '그리스도인' 이라는 이름은 가지고 있으나 단지 그것이 전부이다. 그들은 우연히 기독교가 우세한 종교인 나라에 태어났을 수도 있으며 또는 기독교를 어느 정도 알고 그것을 승인하는 것이 체통에 맞는 표시라고 간주되고 있는 나라에 태어났을 수도 있다. 그들이 아기였을 때 목사가 그들에게 몇 방울의 물을 뿌려서 세례를 주었고 어린 시절 동안에 종교의 원리에 따라 어떤 종류의 교훈을 배웠을 것이다. 그러나 어른이 된 후에는 때때로 교회를 방문하는 것 이외에는, 즉 '크리스마스' 때나 '부활절' 을 제외하고는 거의 교회에 가지 않는다. 그러나 그들에게 소신을 밝혀 달라고 요청했을 때 기꺼이 자기들이 '그리스도인' 이라고 단언한다 할지라도 그것은 그들이 단지 유대인이나 이교도, 또는 공공연한 불신자가 아니라는 것 이외에는 아무런 이유도 없다. 그러한 사람들은 대개 믿음의 근본원칙을 극심하게 무시하며, 때때로 존경받을 만한 이교도들의 생활을 보고 자신의 생활을 부끄럽게 생각한다. 그러한 사람은 틀림없이 하나님 나라 밖에 있다. 그들은 땅에서든 하늘에서든 그 축복에 참여할 수가 없다. 설령 그들이 축복을 누린다 해도 그 축복은 영적인 것은 아니다.

둘째로, **형식적인** 신앙고백자들이 있다. 이 부류는 그들 자신이 첫 번째 부류보다 대단히 앞서 있다고 간주한다. 그들은 어떤 요리문답을 반복하여 말할 수 있거나 또는 최소한 그리스도의 교훈과 율법에 대해서도 지적인 설명을 할 수 있다. 그들은 일정한 교회의 일원은 아닐지라도 최소한 교회를 '지지하는 자들' 이며 예배에 규칙적으로 참석하는 자들이다. 그들은 그리스도의 권위에 복종한다고 주장하며, 그리스도의 제자의 특징을 이루는 모든 외적인 예배행위를 준수한다. 그러나 그들은 주님과의 교제를 통해 누리는 축복에 대해서는 아무것도 알지 못하며, 그리스도를 기뻐하는 것이 그들의 힘이 되지는 않는다. 그들의 종교는 단지 정통적인 신조를 지적으로 동의하는 것에 불과하며, 일련의 외적인 의식들을 완전히 지키는 것에 지나지 않는다. 그들은 그들의 사랑과 의지를 지배하는 중심적인 힘을 가진 진리를 찾는 욕구가 거의 없다. 또한 그들 대부분은 경험적인 경건함을 유일하게 참된 기독교로 생각하고, 하나님을 좀 더 깊이 아는 것을 열망하는 사람들을 미혹된 열광주의자요, 점잔빼는 말투를 사용하는 위선자라고 간주한다. 그들도 역시 천국 밖에 있다. 그리고 천국을 바라볼 수 있게 해주는 유일한 힘인 성령의 역사에 대하여 전혀 알지 못하는 자들이다.

셋째로, **미혹된** 신앙고백자들이 있다. "스스로 깨끗한 자로 여기면서도 자기의 더러운 것을 씻지 아니하는 무리가 있느니라" (잠 30:12). 이런 부류에 속하는 자들은 위에서 서술한 신앙고백자들을 바리새인적인 동정을 품고 바라본다. 이들은 그들 자신이 좀 더 잘 배웠다고 생각한다. 그들은 몇 방울의 물만 뿌린 유아 시기의 세례를 믿지 않으며 가장 경건한 신앙고백조차도 동의하지 않는다. 그러면서도 오히려 그들은 성경 말씀에 지적으로 동의한다고 스스로 자부하고 있다. 그들은 그리스도께서 그들을 위해 죽었다는 것과 그들이 그리스도를 개인적인 구주로 영접했다고 확신한다. 아무도 그들의 그 확신을 흔들리게 할 수 없다. 그러나 온유함이나 겸손함은 그들의 특징이 아니며, 서로 간에 참아주고 서로 간에 용서하는 일에 있어서는 문외한들이고, 그들 매일의 생활에서 성령의 열매와 실제적인 경건함이 결여되어 있다. 그들의 동료들은 그들을 '형제' 니 '자매' 니 하고 부르는데 그들은 그것만으로 만족한다. 그러나 내가 생활필수품을 구입할 자금이 없다면 부자라는 명성을 들은들 무슨 소용이 있겠는가? 또한 질병이 나의 생명기관을 먹어 들어가고 있는데 건강한 사람이라고 불린들 무슨 소용이 있겠는가? 그리스도께서 나를 향하여 천국의 문을 닫아거신다면 어떤 사람의 보증이라 할지라도 나를 천국에 들어가게 해주지는 못할 것이다.

넷째로, **위선적인** 신앙고백자들이 있다. 우리가 생각하기로는 이 부류에 속하는 자의 수는 앞에서 언급한 부류의 사람들보다 훨씬 더 적다. 그리고 그들에게는 삶이 지속되는 한 어떤 희망이 있다. 그러나 그들은 그것 때문에 아무것도 알아볼 수가 없다. 위선적인 신앙고백자들은 일부러 어떤 역할을 맡아 일한다. 즉 그들은 의식적으로 어떤 역할을 수행한다. 그들은 자신이 그리스도인이 아니라는 사실을 알고 있지만, 한두 가지 이유 때문에 그들의 동료들로 하여금 그들이 그리스도인이라고 믿도록 하고자 몹시 애를 쓴다. 그들 중 어떤 사람은 우선 한두 종류의 단체에 소속한다. 그런 다음에는 그들의 고백이 공허하다는 것을 발견하거나 또는 자신이 미혹되었다는 것을 알게 된다. 그러나 그들은 너무나 진실성이 없어서 그들 자신이 그리스도인으로서의 자격이 부족하다는 것을 시인하지 못한다. 하지만 그들은 점차로 다른 사람들에게 자신이 신앙심이 있다고 주장하기가 고통스러워진다. 그들은 일련의 단조롭고 형식적인 의무수행을 하는 데에서 만족하지 않고 하나님의 일에 깊은 관심을 가지고 있는 듯한 외양을 꾸미거나, 그를 위한 일을 도모하는데 있어서 열성적인 것 같은 태도를 꾸민다. 이것은 우리가 지금까지 설명해온 네 가지 부류 중에서 비길 바 없이 가장 타락한 종류이다. 그러한 행동은 불합리한 것인데, 그에 못지않게 경멸받아 마땅한 것이다. 하나님께서는 속으실 리가 없으시다. 그리고 그의 전지하심을 불명예스럽게 해드리는 것이야말로 가장 극심하게 행사된 모욕이다. 그 위선자들이 받을 몫은 '바깥 어두운 데' 로 쫓겨나 거기서 이를 갈며 우는 것이다.

다섯째로, **참된** 신앙고백자가 있다. 이는 참된 그리스도인으로서 여기 은혜의 왕국에서의 축복을 누리며 장차 영광의 왕국의 축복도 누리게 될 사람들이다. 그는 행실과 행위에 있어서 "하늘에 계신 내 아버지의 뜻대로 행하는 자"이다. 두 가지 사항을 지적해야 하겠다. 즉, 여기에서 아버지의 뜻이란 무엇을 의미하며, 그의 뜻을 행하는 것이란 무엇을 뜻하는 것일까? "하나님의 뜻을 행하는 것의 근본적인 요소는 다음과 같은 말씀 속에 드러나 있다. '이는 내 사랑하는 아들이요 내 기뻐하는 자니 너희는 그의 말을 들으라'(마 17:5). 이 말씀이 응해지는 곳이라면 그 밖의 다른 모든 일은 저절로 이루어질 것이다"(존 브라운). 아버지의 뜻은 성육신된 말씀에 의해 완전하게 드러나 있다. 왜냐하면 그는 하나님의 최후의 대변인이시기 때문이다(히 1:1, 2). 아버지의 뜻은, 우리가 우리 죄를 버리고, 그의 아들을 믿으며, 그의 멍에를 지고, 그를 따르는 것이다. 왜냐하면 거의 실천은 하지 않으면서 그를 주님이라고 부른다면 대단히 끔찍한 조롱이기 때문이다. 아버지와 아들이 하나 되심은 너무나 완전하고 친밀한 것이어서 그리스도께서는 다음과 같이 말씀하셨다. "그러므로 **나의** 이 말을 듣고 행하는 자"는 그 집을 반석 위에 지은 지혜로운 사람 같으니라(마 7:24; 눅 6:46 참조).

아버지의 뜻을 행하는 것이란 무엇을 뜻하는 것일까? 분명히 그것은 그 뜻을 따라 온전하고 결함 없이 실천하는 것이라는 뜻은 아니다. 왜냐하면 이 온전함에 조금도 부족함이 없는 것이 우리의 표준이기는 하지만 현세의 삶에서 그처럼 탁월한 경지에 도달한 그리스도인은 아무도 없기 때문이다(마 5:48). 그것은 나의 마음과 뜻을 그리스도의 주장에 굴복시켰다는 것을 의미하며, 진실로 그가 나의 "왕이 되시어"(눅 19:14) 나의 생활을 주관하시기를 열망하는 것을 뜻한다. 그것은 나를 그의 권위에 복종시키고, 그 권위가 나의 마음을 움직이는 중심적인 경향이며, 범사에 그를 기쁘고 영광스럽게 해드리려고 항구적으로 노력하는 것이라는 뜻이다. 그것은 내가 외적으로든지 내적으로든지 진정으로 그의 거룩한 형상을 닮고자 목표삼는 것이며, 그가 노하시는 일들을 했을 때 그것이 나의 가장 큰 슬픔이 되는 것이라는 의미이다. 그것은 내가 나의 생각과 사랑과 행동이 진실로 그의 계율에 의해 통제되기를 구하는 것을 뜻한다. 그것은 외적으로 죄가 없는 그런 복종이 아니라 진정으로 따르는 복종이다. 그것은 강요되었으므로 따르는 것이 아니라 사랑으로 인하여 고무되어 따르는 것이다. 그것은 단순히 하나님의 명령을 외적으로만 따르는 것이 아니라 "마음으로 하나님의 뜻을 행하는 것"을 뜻한다(엡 6:6).

제57장

참된 신앙고백
❷

"**나더러** 주여 주여 하는 자마다 천국에 다 들어갈 것이 아니요 다만 하늘에 계신 내 아버지의 뜻대로 행하는 자라야 들어가리라." 앞 장에서 우리는 이 구절에 대한 해설을 모색했었다. 즉 거기에 쓰여진 용어의 의미를 설명하고, 그 당시 유대인들에게 해당되는 바를 지적하며 우리 자신에게 적용시켜 보고자 하였다. 이 기회에 우리는 이 말씀을 **주제적인** 방법으로 좀 더 다루어 보았으면 한다. 명백하게 이 점은 그리스도의 제자라는 신분에는 부적당하게 단순히 입술로만 고백하는 행위를 주제로 하고 있다. 그리고 바로 이러한 점에 있어서 너무도 많은 사람들이 치명적으로 잘못 생각해 오고 있는 까닭에 우리는 한 장을 할애하여 이 사항을 주제로 다루어 보는 것이 좋으리라고 생각한다. 우리는 이제 형식주의자들이 도달할 수 있는 것들에 대해 설명하고자 하며, 그들이 그리스도의 나라에 실제로는 들어가지 못하면서 얼마나 가까이까지 접근해 나가는지 지적하고자 한다. 우리가 주로 고려하는 자는 고백자들의 세 번째 부류로서, **미혹된** 자들이다. 우리는 네 가지의 간단하면서도 기본적인 관점에서 그들을 조사하고 검토해 보고자 하며, 그리고 그들 각자가 그 점에 있어 거듭난 자의 체험과 정당한 몫에 미치지 못함을 증명하고자 한다.

1. 지식

영적인 일과 하나님의 일에 대한 지식에는 두 가지 다른 등급, 혹은 유형이 있으며 그들 사이에 있는 차이점은 단계에 있어서 뿐만 아니라 또한 종류에 있어서의 차이이고, 근본적이면서도 지극히 중요한 차이임이 성경의 가르침에서 명백하다. 거기에는 하나님과 그의 말씀에 대한 구원에 이르는 지식이 있는 반면에 또한 그에 대한 구원에 이르지 못하는(비록 정확하며 광범위한 것이기는 할지라도) 지식이 있다. 따라서 자신의 영혼을 소중히 여기는 모든 사람은 이들 두 가지 유형의 지식 사이에 있는 근본적인 차이에 관해 올바르게 가르침 받아야 하며, 그래서 스스로를 부지런히 성찰하여 그 지식들 중 **어느 것을 자신이 가지고 있는 지** 확인해 보는 일이 대단히 중요하다. 위와 같은 구별은 우리들이 마음대로 하는 임의적인 것이나 상상적인 것이 아님을 성경의 많은 구절들에서 명백하게 알 수 있다. 바울 사도가 골로새에 있는 성도들에게 **"참으로 하나님의 은혜를 깨달은"**(1:6)이라고 말했을 대, 그는 분명히 구별되는 언어를 구사한 것이었다. 왜냐 하면 하나님의 은혜를 단지 **이론적으로만** 깨닫는 사람들도 있기 때문이다. "영생은 곧 유일하신 참 하나님과 그가 보내신 자 예수 그리스도를 아는 것이니이다"(요 17:3). 이것이 구원에 이르는 지식이다. "하나님을 **알되** 하나님으로 영화롭게도 아니하며." 오히려 우상 숭배자가 되어 하나님에게서 버림받았을 경우(롬 1:21-24) 그것은 하나님을 알기는 해도 구원에 이르지 못하는 지식이다.

"내가 예언하는 능력이 있어 모든 비밀과 모든 지식을 알고 … 사랑이 없으면 내가 아무것도 아니요"(고전 13:2). 이런 일이 실제로 있을 수 있다. 자연인이 진정한 그리스도인들의 대다수가 이해하는 것보다 진리에 대한 좀 더 온전하고, 좀 더 지적인 파악을 획득하는 것이 가능하다. 그가 만일 우수한 지력을 부여받았다면, 그리고 훌륭한 교육을 받아왔다면, 만일 그가 성경 연구에 전념하고 있다면(예술 내지 과학의 한 분야에 대해 하듯이), 그렇다면 그는 성경의 문자적 지식이나 개념적인 이해에 있어 전문가와 같이 숙달할 수 있을 것이다. 인내심 있는 근면으로 그는 성경이 본래 쓰여진 언어인 히브리어와 헬라어에 능통할 수 있으며, 정통적인 신학 서적들을 읽고 또 읽음으로써 진리에 대한 전체적 교리체계를 확실히 이해할 수 있다. 유능한 주석가들의 의견을 참고로 하여 해석이 곤란한 구절들에 대한 조명을 받을 수도 있다. 그는 죄악과 경건의 비밀에 대한 이해에조차 도달할 수 있으며, 그리하여 참된 신앙에 있어서 아주 건전하다. 그리고 만일 그가 유창한 언변가라면, 아무도 이치를 따져 그의 정설에 대해 이의를 제기할 수 없을 정도로 하나님의 일에 대해 강론할 수 있다. 그렇다. 많은 사람들이 그의 설교가 본받을 점이 많고 유익하다는 것을 발견할 것이다.

또한 설교를 들음으로써 말씀에 대한 폭넓은 지식을 얻을 수 있는 거듭나지 않은 사람들도 매우 많이 있다. 상당수의 사람들이 종교적인 지식을 획득하려는 물릴 줄 모르는 호기심과 욕망에 사로잡혀 있으며, 교회에 정기적으로 출석함으로써 그리고 그들이 들은 것에 대한 세심한 주의와 좋은 기억력의 도움으로 영적인 것에 대해 잘 가르침 받게 된다. 그리고 특히 이것은 상당한 양의 경건한 저술들을 읽음으로써 보충되어진다. 거듭나지 않은 자들일지라도 복음의 전 개요에 대한 명확한 견해를 가지고 있으며, 명석한 정신을 부여받은 자들은 종종 하나님의 자녀 되는 많은 이들이 이해하는 것보다 진리의 심오한 측면에 대해 좀 더 잘 파악해 낸다(왜냐하면 하나님의 택하신 자 가운데는 '육체를 따라 지혜 있는 자가 많지 아니하기'[고전 1:26] 때문이다). 그리고 그들은 구원받은 자들보다도 진리의 보고(寶庫) 속으로 좀 더 깊이 파고 들어가 더욱 위대한 깨달음을 성취한다. 그들은 자신들의 판단에 만족해 할 만큼 그렇게 확연하게 사물을 파악할 수 있으며, 다른 사람들을 확신시킬 정도로 명료하게 그들의 생각을 표현할 수 있다. 그렇다. 그들은 자신들과 의견을 달리하는 사람들을 잠잠하게 만들 만큼 그렇게 힘 있게 그들의 신념을 옹호하고 효과적으로 주장할 수 있다.

이와 같은 지식이 진리의 교리적인 면에만 국한되는 것은 아니다. 그들은 하나님의 성품과 속성에 대한 조화로운 개념, 그리고 그리스도의 인격과 사역, 성령의 직분과 그 사역에 대한 정확한 견해를 가질 수 있다. 하나님의 종들의 충실한 설교를 들음으로써, 엄밀하게 명시되어 있는 신조들을 읽음으로써 그들은 그 체험적인 면에 대해서도 훌륭하게 이해할 수 있다. 그들은 중생의 기적에 대해 완벽하게 해명할 수 있으며, 마치 자신들의 영혼 안에 새로운 피조물의 형상을 가지고 있는 듯이 그렇게 생활에서 참으로 그 특징을 드러낼 수 있다. 그들은 자신들의 마음속에 은혜의 체험을 가지고 있는 양 그렇게 똑같이 그 행위를 나타낼 수 있다. 그들은 육과 영 사이의 갈등이 자기들 속에 자리잡고 있는 것처럼 보여 줄 수 있으며, 자신들이 그리스도인의 미덕을 소유하고 있는 양 그에 대해 열렬하게 말할 수 있다. 그들은 어떠한 은혜의 행위들을 마치 자신들의 힘으로 하기나 한 것처럼 떠들어댈 수 있다. 그들은 그들의 마음속에 이 모든 것들 가운데 아무것도 없으면서 그들의 머리로는 이러한 것들에 대한 정확한 개념과 참된 생각을 가질 수 있다.

그러나 이와 같이 거듭나지 않았으면서도 정통적인 설교자이자 경청자요, 저자이자 독자인 이들에 대해 위에 서술한 모든 것에도 불구하고 그들은 "항상 배우나 끝내 진리의 지식에 이를 수 없는"(딤후 3:7) 자들이다. 즉 그들은 진리의 지식에 속한 **구원에 이르는** 지식에 도달하지 못했으며 그럴 수도 없다. 그러면 어찌해서 그러한 것인가? 그들이 진리의 지식에 도달하는데 있어 필수적인 능력을 가지고 있지 못하기 때문이다. "육에 속한 사람은 하나님의 성령의 일들을 받지 아니하나니 이는 그것들이 그에게는 어리석게 보임이요, 또 그는 그것들을 알 수도 없나니 그러한 일은 영적으로 분별되기 때문이라"(고전 2:14). 진리에 대한 구원에 이르는 지식은 거듭나지 않은 자들에게는 불가능하다. 도구와 그 소임, 그리고 동인과 그 결과는 반드시 서로 적합해야 한다. 동물이 인간의 지성이 이해할 것에 고개를 들이밀 수 없으며, 영적인 능력이 없는 자가 **영적인** 방법으로 영적인 것을 받아들일 수가 없다. 자연인은 사물에 대한 이론적이고 관념적인 지식에는 도달할 수 있으나 영적이며 구원에 이르는 지식에는 도달할 수 없다. 왜냐하면 그에게는 영적인 생명이 전적으로 결여되어 있기 때문이다.

이제 다음 질문에 대답해 보기로 하자. 즉, 이들 두 종류의 지식 사이에 있는 근본적인 차이점은 무엇인가? 하나님의 일에 대해 자연적이고 관념적인 지식이 영적이며 구원에 이르는 지식에 미치지 못하는 것은 어떤 점에서인가? 다음 말씀을 생각해 보라. "내가 주께 대하여 귀로 듣기만 하였사오나 이제는 눈으로 주를 뵈옵나이다"(욥 42:5). 이 말씀에 대한 해설을 시도하지는 않겠다. 그러나 이를 다음과 같은 대조에 예증적으로 응용하고자 한다. 어떤 사람이 수년간 설교를 들었다 하자. 그러나 영혼이 실제로 자기 **속에** 나타내신 그리스도를 접했을 때(갈 1:16), 그 사람은 일찍이 그에 대해 풍문으로 들었던 지식과 살아 있는 실체로서 영혼에 분명하게 임하신 그리스도에 대한 영적인 인식 사이에는 엄청난 차이가 있음을 알게 된다. 인간의 문제로 유추하여 더 간단한 예를 들어 보자. 한 어린 아이가 눈이 먼 채로 태어났다. 그는 좋은 교육을 받았으며, 주변의 사랑하는 사람들은 자기들의 눈을 그를 위하여 쓰고자 하였고 그에게 자연의 아름답고 경이로운 것들을 설명해 주려고 애썼다. 그들이 말로 설명한 그림들로 인하여 그는 많은 것들에 대해 명료한 개념을 얻게 되었다. 그런데 전문의가 성공적인 개안수술을 집도하여 그가 볼 수 있게 되었다고 생각해 보라. 장엄한 일몰 광경을 자신의 눈으로 보았을 때 그것은 전에 가졌던 선입견과 너무도 엄청나게 다르리라!

친구들이 일몰 광경을 아무리 세밀하고 정확하게 묘사하였더라도 그가 스스로 그 장면을 바라보았을 때와는 얼마나 생생하게 대조되겠는가! 그와 똑같이 실제적인, 그와 똑같이 근본적이고 생생한 차이가 바로 진리에 대해 간접적으로 전해들은 지식과 진리의 능력에 대한 개인적인 만남 내지 체험 간에 있다. 앞의 유추 해석을 좀 더 진전시켜 보기로 하자. 눈이 먼 동안에 그는 친구들이 해지는 광경의 웅장함에 대해 과장하였다고 생각할 수도 있다. 그러나 스스로 그 장면을 보게 되는 즉시, 그는 어떠한 시인의 시구나 어떠한 화가의 붓으로도 그 광경을 정확하게 묘사해 낼 수 없음을 알게 된다. 그는 혹 친구들이 단지 그들의 상상을 이야기하거나 꾸민 이야기로 자신을 즐겁게 하려 애쓰는 것이 아닌지 생각하면서 그 자체에 대해 의심하는 마음을 품기까지 할 수 있다. 하지만 이제 그 모든 반신반의는 끝이 났다. 거듭난 영혼과 그리스도도 서로 그러하다. 한때 죄로 어두워진 그의 눈이 열려져 속죄양을 바라보게 되었을 때 고대의 한 기자와 마찬가지로 소리 높여 외친다. "내가 **알기에는** 나의 구속자가 살아 계시니." 그리스도에 대한 구원에 이르는 지식은 영혼을 매료시키며 주 예수 그리스도를 아는 지식의 가장 고상함에 비하여 다른 모든 것을 쓸모없는 것으로 여길 정도로(빌 3:8) 그에게 마음을 쏟게 한다.

어느 라플란드[스칸디나비아 반도의 최북부 지역] 사람이 꿀에 대해 읽을 기회가 있다 하자. 그러나 그것이 무엇을 말하는지 그가 실제로 알게 되는 것은 그것을 먹어보고 난 후이다. 영혼이 하나님을 참으로 알게 되는 것도 "주의 인자하심을 **맛보았**"(벧전 2:3)을 때이다. 형식주의자는 하나님의 전지하심을 알고 있을 뿐이지만, 그리스도인은 저희 마음의 거짓됨과 감추어진 은밀한 죄들을 하나님께서 간파해 내심으로 말미암아 그의 전지하심을 내적으로 체험하고 있다. 이와 같이 지식의 한 종류는 이론적이고, 다른 한 종류는 실제적이다. 하나는 단지 관념적일 뿐이며, 다른 하나는 체험적이다. 하나는 간접적으로 전해 들은 것이며, 다른 하나는 직접적으로 전달된 것이다. 하나님께서 "예수 그리스도의 얼굴에 있는 하나님의 영광을 아는 빛을 우리 마음에 비추셨느니라"(고후 4:6). 육적인 지식은 교만하게 한다. 하지만 영적인 지식은 겸허하며, 영혼으로 하여금 그 영적 무지를 괴롭도록 의식하게 한다. 시편 119편에서 다윗이 "나를 가르치소서"라고 여덟 번씩이나 간구하고 있음을 눈여겨보라. 육적인 지식은 아무런 영적인 열매도 맺지 못한다. 그리고 만일 거룩한 생활이 수반되지 않는다면 영적 지식에 대해 자랑하는 것은 헛될 뿐이다.

2. 회개

회개에는 네 가지 주요한 행위와 과제가 있다. 즉 죄의 고백, 죄를 미워함, 죄를 슬퍼함, 죄에 대항하려는 결의이다. 이들 각각은 거듭나지 않은 자들도 실행할 수 있으며 또한 그리하여 왔다. 가인은 자신의 죄의 무거운 압박감과 고통스러움으로 인해 "내 죄짐을 지기가 너무 무거우니이다"(창 4:13)라고 외쳤다. 바로 왕은 자신의 죄를 인정하였으며 그에 대해 스스로를 질책하였다(출 9:27). 이스라엘 백성이 하나님을 노엽게 하였을 때 그들 역시 그렇게 하였다(민 14:40). 사울 왕도 마찬가지였고(삼상 15:14), 유다 또한 그러했다(마 27:3). 죄를 미워하는 일에 대하여 말하자면, 예후는 바알의 우상들을 몹시 싫어하여 모두 멸하였으되 그의 마음은 곧바르지 아니하였다(왕하 10:26-28, 31). 바벨론에서의 오랜 포로생활 후에야 이스라엘 백성은 우상 숭배에 대한 그들의 사랑으로부터 벗어났다. 그리하여 성령께서 "우상을 가증히 여기는 네가"(롬 2:22)라고 말씀하고 계신다. 여기에는 불의와 압제, 무자비와 잔인함, 거짓말과 부정직을 싫어하는 많은 사람들이 포함된다. 죄를 슬퍼함에 대한 예를 들어보자면, 이스라엘 백성은 금송아지를 경배한 후에 슬퍼하였다(출 33:4). 그들은 하나님을 심히 노엽게 한 후에 "크게 슬퍼하였다"(민 14:39). 그리고 나서도 그들의 하나님을 노엽게 하는 도발을 계속하였다(44절). 아합은 자신의 사악함에 대해 깊은 비탄을 나타낸 바 있다(왕상 21:27). 죄에 대항하려는 결의에 관해서는 그 강력한 한 예를 발람에게서 찾아볼 수 있다(민 22:18, 38).

만일 거듭나지 않은 자가 이와 같이 회개의 방법에 있어 멀리까지 나아갈 수 있다면 그들의 모자람은 어떠한 점에서인가? 만일 그들의 회개가 "생명을 얻는 회개"(행 11:18)가 아니라면 그것은 무슨 회개일까? 구원에 이르는 회개는 **죄를 슬퍼함**에서 시작된다. 반면에 형식주의자의 슬픔은 이러한 점에서 볼 때 결점이 있다. 첫째로, 그들은 **죄 그 자체를 슬퍼하지 않으며**, 단지 죄의 결과에 대해 슬퍼할 뿐이다. 즉, 그들의 행위로 하나님께 반역하였고 그의 율법을 범했으며 그의 거룩한 뜻을 위반했기 때문이 아니라, 그들이 불유쾌한 결과에 빠뜨려졌다는 이유로 슬퍼한다. 둘째로, 그 결과로 **하나님에 대해서 슬퍼하는 것이 아니라** 그들 자신의 처지에 대해 슬퍼한다. 다시 말하여, 하나님께서 불명예스럽게 되셨고 그의 권위가 완전히 무시되어졌기 때문이 아니라 피조물을 하나님보다도 우선시하여 슬퍼한다. 만일 그들이 하나님이 기뻐하지 않음으로 인해 슬퍼하였다 해도 그것은 그의 진노하심의 결과를 우려해서이다. 그들은 사탄이 만족해한다는 사실을 생각지도 않으며, 그리스도께서 그들이 스스로의 인격과 재산에 대해 괴로워하지 않는 것을 비난하셨던 이유에 관심을 기울이지도 않는다. 셋째로, 그들은 결국 **자기 자신에 대해서도 슬퍼하지 않는다.** 그것이 영혼을 더럽히고 하나님으로부터 멀리 떨어져 있게 하며 마음을 완고하게 하고 거룩한 소임을 잘 이행할 수 없게 하기 때문이 아니라, 단지 그것이 자비를 박탈하고 불행에 처하게 하기 때문에 슬퍼한다.

그들이 **죄를 미워함**에 있어서도 결함이 있다. 그 미워함의 범죄가 모든 죄에 대해 미치지 않는다. 즉 그들은 "내가 모든 거짓 행위를 미워하나이다"라고 말할 수 없다. 그들은 국가가 유죄로 선고하는 그러한 커다란 죄는 미워하지만 그보다 더 작은 죄에 대해서는 추파를 던진다. 그들은 공공연한 사악함은 미워할지 모르지만 은밀한 잘못에 대해서는 그렇지 않다. 도둑질과 부정함을 증오하긴 해도 자만과 독선적인 태도에 대해서는 아무런 양심의 가책도 느끼지 않는다. 그들은 지금 함께 살고 있는 사람들이 비난하는 그러한 일을 하는 것은 미워할지라도 만일 지구상의 다른 지방으로 이사를 간다면 기꺼이 그 같은 일에 참여할 수 있다. 그들은 손해를 받게 되는 죄는 미워할지라도 그들에게 소득을 가져오는 죄에 대해서는 몸을 사리지 않을 것이다. 그들은 자신의 독특한 기질과 상반되는 죄를 미워할 수는 있다. 하지만 자신의 체질에 맞는 죄에 대해서는 그렇지 않을 것이다. 그들은 유다가 마리아에게 허비한다고 불평했듯이 그들 자신의 죄보다는 다른 사람의 죄를 더 미워할 수 있다. 그런데 그와 같이 미워하는 것은 다른 사람의 죄에 대해서라기보다 오히려 그 사람 자체에 대한 것이다. 그들이 죄를 미워하는 것은 피상적이다. 그것은 그들의 마음을 다한 것이 아니다. 그들이 죄를 미워하는 것은 본성의 타락 자체에 대한 것이 아니며 그것을 극복하려는 노력도 없다.

그들의 **죄에 대항하려는 결의** 역시 불완전하다. 우선 결의의 **근원**에 있어 그러하다. 그 결의가 새롭게 된 마음에서, 그리고 거룩함과 그리스도에 대한 사랑이라는 원칙에서 시작되는 것이 아니라 불유쾌한 결과 내지 미래의 파멸에 대한 두려움에서 비롯되고 있다. 그렇지 않으면 그것은 하나님의 견제하시는 능력에서 나오는 것이다. 이는 그들로 하여금 죄에 대항하려는 온전한 결의에 있게 하는 것이기보다 죄를 짓고자 하는 생각을 제지하는 것이다. 다시 말하여, 그들의 결의는 능동적이라기보다도 수동적이다. 발람의 경우가 바로 그러하다. 그는 "나는 하지 않겠다"라고 말한 것이 아니라 "나는 할 수 없다"고 말하였다(민 22:18, 38). 이는 그가 할 마음을 가지고 있었으나 하나님께서 그렇게 하는 것을 금하셨다는 의미이다. 그들의 결의가 불완전함은 또한 그 **지속성**에 있어서도 보여진다. 그들의 훌륭한 결의는 완전한 실행으로 이어지지 않으며 쉽게 무너진다. 그들의 결의를 하게 된 이유가 지속적인 것이 아니며, 따라서 그 결과도 쉽게 사라지게 되는 것이다. 그 결의가 비롯된 근본 이유가 없어지게 될 때 그 결의도 더 이상 계속되지 않는다. 그 근본 이유란 단지 일시적인 분노나 일순간의 두려움 같은 것이며, 이러한 것이 사라질 때 그들의 결의는 실패로 끝난다. 그들의 인애는 한낱 '아침 구름'이나 '쉬 없어지는 이슬'과 같을 뿐으로(호 6:4) 재빨리 사라져 버린다. 다윗은 기도할 때에 이러한 위험을 두려워하였다. "주께서 이것을 주의 백성의 심중에 영원히 두어 생각하게 하시고 그 마음을 **준비하여** 주께로 돌아오게 하시오며"(대상 29:18).

3. 믿음

우리는 "이스라엘의 하나님을 의지하면서"(사 48:1, 2) "성실치 아니하고 의로움이 없는"(1, 2절) 자들에 대해 읽어보게 된다. 이는 그들이 완악하며 그 목이 '무쇠'와 같기 때문이다. 의롭다 여김을 받는 자와 아주 유사한 믿음을 가지고 있어서 그들 스스로 그 믿음이 하나님의 선택된 자의 믿음과 똑같으리라 여기며, 그리스도인조차도 그렇게 생각하게 되는 그런 믿음의 소유자가 있다. 가령 마술사 시몬은 "믿고"(행 8:13), 빌립과 그 지방 교회가 그들의 공동체와 특권에로 그를 받아들였을 정도로 그렇게 믿음을 고백하였다. 바위 위에 씨앗을 뿌림을 받은 자들도 "잠깐 믿었으며"(눅 8:13), 그에 대한 설명에 따르면, 뿌리가 없다는 것 외에는 구원에 이르는 믿음과 아무런 차이점이 없다. 즉, 이는 드러나는 차이점이 아니라 밑바닥에 놓여 있는 차이점이다. 거듭나지 않은 자가 성경을 하나님의 말씀으로서 의심 없이 받아들이는 믿음을 가질 수 있다. 유대인들도 성경이 순전한 하나님의 말씀이었음을 의심하지 않고 기꺼이 받아들였다. 아그립바는 선지자들의 말이 진실임을 믿었으며 의문 없이 그들의 증언을 받아들였다(행 26:26, 27). 그들은 그리스도를 그들 자신의 주로 삼으며 자신의 주로서 그를 경배하는 믿음을 가질 수도 있다(마 7:21). 그들은 강한 확증을 주는 믿음을 가지는 것조차 가능하다. 그리스도를 적대한 자들도 자신들이 "아브라함의 자손"이며 사탄의 종이 아님을 전적으로 확신하고 있었다(요 8:33, 34).

이와 같은 믿음이 구원에 이르는 믿음에 미치지 못함은 어떠한 점에서인가? 그러한 믿음의 어디에 결함이 있는 것인가? 그것은 단지 성경의 문자에 대한 지적인 동의에 지나지 않으며, 그리스도께서 우리 마음에 계시도록(엡 3:17) "마음으로"(롬 10:10) 하는 것이 아니다. 이는 마치 어떤 사람이 역사적 저술을 읽고 신뢰할 수는 있지만 그것에 의해 어떠한 영적인 결실도 거둘 수 없는 것과 같다. 그것은 그 자체가 죽은 믿음이다(약 2:17). 왜냐하면 다른 은혜들이 함께 나타나지 않기 때문이다. 반면에 구원에 이르는 믿음은 그와 동반되는 사랑, 온유함, 거룩함, 인내 등을 보여주고 있다. 또한 그러한 믿음은 그리스도 전체를 받아들이는 것에 찬성하지 않는다. 그 믿음은 그리스도를 구세주로서 맞아들이기는 할지라도 그가 왕으로서 자신들을 다스리도록 하지는 않을 것이다. 그와 같은 믿음을 가진 자들은 그리스도의 용서는 바라지만 그의 왕권은 원하지 않으며, 그의 평화는 갈망하면서도 그의 멍에는 구하지 않는다. 그들은 자신들을 지옥으로부터 구해주는 그리스도는 받아들일지라도, 하나님께서 가증히 여기시는 모든 것을 그들의 성전에서 몰아내고 거룩하게 하시는 그리스도는 맞아들이지 않을 것이다. 그들은 제자로서의 신분에 대한 그리스도의 조건, 곧 자아를 부정하며 십자가를 짊어지고 그리스도께서 이끄시는 곳에는 어디든지 따라가야 하는 조건에 주의를 기울이려고도 하지 않는다. 그들은 그러한 조건들을 가혹하고 불필요한 것으로 생각한다.

형식주의자 내지 헛된 신앙고백자의 믿음은 생명이 없으며 열매를 맺지 못하는 것이다. "영혼 없는 몸이 죽은 것 같이 행함이 없는 믿음은 죽은 것이니라"(약 2:26). 이 말씀이 기록된 장에서 사도는 다음 사항을 지적하고 있다. 첫째로, 그저 말뿐인 자선의 무익함이다. 도움을 필요로 하는 형제에게 "평안히 가라, 더웁게 하라, 배부르게 하라"고 명하면서 그가 필요로 하는 것을 주지 않고 좋은 말로만 대접하는 것은 잔혹한 위선이다(15, 16절). 마찬가지로 만일 우리가 거룩한 분과 심판의 날을 믿는다고 말하면서도 여전히 경건치 않게 살고 있다면 그러한 믿음 역시 놀림감이다(17절). 둘째로, 그와 같은 믿음은 귀신들보다도 못한 것이다. 왜냐하면 귀신들도 "믿고 떨기" 때문이다(19절). 그런 반면에 헛된 신앙고백자들은 하나님을 조롱하는 일을 두려워하지 않고 있다. 셋째로, 그러한 믿음은 모든 믿는 자의 아버지인 아브라함이 소유하고 연단받았던 것과 근본적으로 다르다. 그는 하나님의 명령에 전적인 복종을 표했다(21-24절). 마음을 깨끗하게 하지 않는 믿음(행 15:9), 사랑으로 역사하지 않으며(갈 5:6), 세상을 이기지 못하는 믿음(요일 5:4), 그리고 하나님께서 인정하실 만한 열매를 맺지 못하는 믿음은 어떠한 사람도 하늘나라로 인도하지 않을 것이다.

4. 선한 행위

거듭나지 않은 자가 종교의 실제적인 면에 대해 대단히 훌륭한 태도를 보여줄 수 있다. 즉 하나님에 대한 태도에서나 사람들과의 관계에서나, 혹은 공적으로나 사적으로나 똑같이 그 양면에 걸친 그들의 품행에 있어서 그럴 수 있다. 그들은 도덕적인 교훈에 대해서나 단호한 가르침에 대해서 하나님의 계시된 뜻을 겉으로 보기에 분명하게 준수할 수 있으며, 의의 법칙에 외면적으로 복종할 수도 있다. 바리새인들의 외적인 태도는 그리스도께서 친히 증언하셨던 바에 의하면 '아름다운'(마 23:27) 것이었고, 그리고 유대인들 사이에서 그들은 두드러지게 거룩한 사람으로서 존중되었다. 그러한 태도는 단지 모든 커다란 죄들을 삼가는 것에 그치지 않으며, 도덕성과 경건성의 모든 형식적인 요구사항에도 부합되는 것일 수 있다. 사도 바울도 자신이 회심하지 않았을 때에 율법을 준수하는 문제에 있어 "흠이 없는 자"였다고 단언한다(빌 3:6). 그리고 부유한 젊은 관원은 계명에 대하여 "이것은 내가 어려서부터 다 지키었나이다"(눅 18:21)라고 확언하였으며, 그런 그를 그리스도께서도 헛된 자랑을 한다고 질책하지 않으셨다. 그들은 그노스티스파(영지주의)에 속한 사람들이 "붙잡지도 말고 맛보지도 말고 만지지도 말라"(골 2:21)고 저희 규율을 정하였듯이 육신을 억제하기 위하여 극도로 엄격한 생활을 해나갈 수도 있다. 광신적인 정신이 그들 가운데 일부 사람들로 하여금 순교하도록 유발할 수도 있다(고전 13:3)

거듭나지 않는 자들의 행위는 어떤 점에서 결함이 있는가? 첫째로, 그것을 수행하는 **사람의 상태**에 결함이 있다. 그들은 하나님과 화해하지 않고 있는데 어떻게 하나님께서 자신의 적대자에게서 무엇인가를 받으시겠는가? 각 사람은 자신의 손에서 하나님께서 어떤 것을 취하시도록 하려면 먼저 그와 화해해야만 한다. "여호와께서 아벨과 그의 제물은 받으셨다"(창 4:4)라는 말씀을 상기하라. 둘째로, 그들의 행위가 비롯된 그 **근본**에 결함이 있다. 그들의 열매는 변종된 포도나무에 제멋대로 열린 포도송이에 지나지 않는다. 그들이 영적인 어떤 결실을 거둘 수 있으려면 속사람이 새로워져야 한다. 셋째로, 그 행위가 유발되는 **동기**에 결함이 있다. 그들의 행위는 사랑에서보다는 노예근성에서 비롯된 두려움에서, 혹은 율법 고수의 정신에서 나온 것이다. 감사에서 우러나온 것인 대신 지옥에 대한 두려움 내지 천국에 들어가기 위한 시도로써 행해진 것이다. 넷째로, 그 행위가 고려하고 있는 **목적**에 결함이 있다. 그들의 행위는 하나님의 명예를 높이고자 하는 것이 아니라 이기적인 것이다. 그것은 하나님을 영화롭게 하기보다 그를 진정시키는 것이다. 다섯째로, **그리스도의 미덕을 결여**하고 있다는 점에서 결함이 있다. 그들의 행위는 오로지 그리스도를 위하여 행해진 것도, 그의 이름으로 행해진 것도 아니다. 아무도 그로 말미암지 않고는 아버지께로 나아올 자가 없는 까닭에(요 14:6), 그들의 모든 행위는 가인의 제물이 열납되지 않았던 것과 마찬가지로 받아들여지지 않는다.

제58장

참된 신앙고백

❸

하나님의 모든 말씀 가운데서 마태복음 7:21-23까지의 말씀보다 더 준엄한 구절은 드물다. 이는 근실한 신자로 하여금 두려움과 떨림으로 자신의 구원을 성취하도록 권유하려는 의도를 지니고 있다. 확실히 필자는 이 구절이 덤벙대며 대충 읽고 지나가기에는 너무도 중요하다고 생각한다. 이 구절들에서 주님은, 단지 자신들이 하나님의 자녀들과 어떠한 유사점을 지니고 있다는 이유로 스스로를 진정한 그리스도인으로 생각하는 사람들이 있음을, 그리고 또한 단순히 그들이 기독교의 원칙과 의식을 외견상으로 준수하고 있다는 이유로 다른 사람들에 의하여 그렇게 간주되는 이들이 있음을 알려주시며, 그렇지만 이들에게 그리스도는 '불법을 행하는 자들'이라고 힐책하심을 깨닫게 하신다. 그들은 천국이 저희 것이라고 굳게 확신할 정도로 그렇게 주제넘은 자들이다. 그렇다. 그들은 그들이 들어오지 못하도록 심판관께서 문을 닫으실 때에 심판대에서 자신들의 요구를 청원하면서, 그리고 자신들이 의의 영원한 행복에서 제외되는 것은 불공평하다는 듯이 주장하면서 그에게 불평하고 있는 것으로 본문 말씀에서 표현되었다. 따라서 이 말씀은 그들이 자신들은 하나님의 인준받은 자들이며 다가올 진노로부터 완벽하게 안전하다는 온전한 확신을 가지고 살다가 죽었음을 분명하게 암시하고 있다.

이같이 치명적으로 잘못된 생각을 비교적 소수의 사람들만이 마음에 품고 있는 것은 아니다. 왜냐하면 주님은 본문에서 자신들의 구원에 대해 절대적인 확신을 가지고 있는, 그럼에도 불구하고 그의 입으로부터 "내게서 떠나가라"고 하는 저 무서운 말씀을 듣게 될 '많은' 사람들이 있다는 명백한 암시를 주고 계시기 때문이다. 그렇다면 그들의 열심은 어떻게 설명할 수 있을 것인가? 일반적인 답변은 다음과 같다. 즉 인간의 마음의 미혹됨, 그리고 거기에다 사탄의 궤변이 덧붙여진 것이다. 그러나 이같이 중대한 문제에 대해서 우리는 일반화 이상의 어떤 것을 필요로 한다. 사려 깊은 사람은 어떤 위험한 질병이 공동사회를 위협하고 있음을 알았을 때 그 병의 성격과 징후, 그리고 특히 그에 대한 예방법과 스스로를 보호하는 최선책에 관해서 자신이 할 수 있는 한 모든 것을 배우기를 원한다. 만일 우리가 육체적인 질병에 대해 우리 자신을 지키는데 있어서 수고나 주의를 아무리 기울여도 지나치지 않는다고 생각한다면, 필자가 중요한 문제, 곧 그러한 돌이킬 수 없이 치명적인 확신을 어떻게 생각해야 할 것인지에 대해 좀 더 명확하고 상세한 답변을 하느라고 진행이 느려지는 것을 독자는 불평하겠는가? 우리는 그러한 미혹된 생각을 하게 하는 근거를 지적해 내고, 그 비참한 실수를 피할 수 있는 방법을 추구하고자 한다.

1. 무지

앞 장에서 우리는 성경의 문자를 단지 지적으로 아는 것만으로는 불충분함을 상당한 지면을 할애하여 설명했었다. 하지만 그 사실로부터 진리에 대한 관념적인 지식은 구원에 이르는 지식에 미치지 못하기 때문에, 더군다나 나태함에 대한 용기를 만들어주기 때문에 아무런 가치가 없다고 결론지어서는 안 된다. 하나님께서 종종 영혼들과 만나기를 기뻐하시는 것은 수단들을 통해서이며, 그들이 자신들의 마음을 비추어주는 그의 말씀을 읽고 묵상하는 동안이다. 성경은 무지나 나태함에 대해 상금을 주지 않는다. 만일 그러한 지식이 사람을 천국으로 인도하지 않는다면 지식을 얻으려는 수고는 어떠한 목적을 갖는 것인지 반문하지 말고 그보다는 다음과 같이 자기 자신에게 말해보라: 만일 내가 바로 그 지식조차 가지고 있지 못하다면 나는 천국에서 얼마나 멀리 떨어져 있는 것인가! 우리가 앞 장에서 진리에 관한 관념적인 지식에 대하여 다룸에 있어 얻은 것은 무지의 상태에서 안락하게 지내는 대신에 오히려 두려움과 떨림으로 거기에서 깨어나야 한다는 것이다. 만일 그렇게도 많은 지식이 구원을 보장할 수 없다면 그가 소유하고 있는 것조차 나는 결여하고 있을 때, 나의 처지는 너무도 나쁜 것이다. 만일 바라다 보일 만큼 왕국에 가까이 나아온 자들이 들어갈 수가 없다면 거기에서 멀리 떨어져 있는 채로 만족하는 사람들에게는 무슨 희망이 있겠는가.

무지한 자는 바로 그 그늘 안에 있을 정도로 지옥에 너무도 가까이 있다. "흑암 … 과 사망의 그늘"은 성경에서 함께 연합되어 있다(마 4:16). 무지는 영적인 어둠이며 곧 영원한 사망의 그늘이다. 영적인 무지에 깊이 빠져 있는 자와 지옥 그 자체 사이는 단지 종이 한 장의 차이일 뿐이다. 무지는 내적 어둠으로, 말하자면 지옥 그 자체와 이웃해 있기 때문에 지옥은 **"바깥** 어두운 데"(마 8:12)라고 불린 다. 그것은 참으로 서글픈 상태이다. 만일 그 훌륭한 열매를 맛볼 정도로 가나안 에 가까이 이르렀던 자들이 광야에 떨어져 결코 가나안에 들어가지 못하게 되었 다면, 애굽의 흑암에서 움직이기조차 거부한 자들은 어떻게 가나안에 들어갈 수 있겠는가? 많은 지식을 가진 사람이 어쩌면 멸망받을 수도 있다. 하지만 영적인 것에 대하여 완전히 무지한 사람은 **확실히** 멸망받는다. 하나님께서는 "이 백성 이 지각이 없으므로"라고 말씀하시면서 동시에 "그들을 지으신 이가 불쌍히 여 기지 아니하시며"(사 27:11)라고 덧붙이셨다. "모르는 것이 약이요, 어리석음이 곧 지혜라"는 말이 이 문제와는 전혀 상관없는 말이다.

우리는 오늘날 이교도들처럼 그렇게 동떨어져 있는 것은 아니다. 기독교 세계 안에는 수많은 사람들이 있다. 그렇다, 헤아릴 수 없을 정도로 많은 교회 다니는 사람 내지 교인이 있는데, 그들은 영혼이 천국에 다다르는데 있어 무엇이 필수적 인지 알지 못하고 있다. 그들은 거듭남이 절대 필요함을, "사람이 거듭나지 아니 하면 하나님 나라를 볼 수 없음"을 알지 못한다. 물고기가 물을 떠나서 사는 것은 그 자신의 요소로부터 떨어지는 것이기 때문에 불가능하듯이 사람도 거룩한 분 안에서 새로워지기까지는 그와 교제하기에 전적으로 부적절함을 그들은 알지 못 한다. 그들은 새로운 창조, 곧 타락한 인간을 새로운 피조물로 만들기 위해 영혼 에서 행해지는 은혜의 기적이 있어야 함을, 그리하여 "이전 것은 지나갔으니 보 라 새것이 되었도다"(고후 5:17)라는 말씀이 그들에게 임해야 함을 알지 못한다. 새 예루살렘은 새로운 피조물들을 위해 있다. 그들은 어떠한 거룩한 감정, 행위 혹은 열매가 있으려면 하나님께서 그 마음에 거룩함의 원리를 전해 주셔야만 함 을 깨닫지 못한다. 거룩함이 없이는 아무도 주를 보지 못하며(히 12:14), 또한 본 래부터 인간은 그 거룩함의 최소한의 특성도 가지고 있지 않다.

건전하고 정통적이라고 평판받는 자리에 있는 사람들조차 그들 중 대다수가, 누구든지 그리스도의 제자가 되려면 자기를 부인해야만 함을 알지 못할 정도로 그렇게 무지하다. 즉, 우리 자신의 지혜와 의, 능력, 욕망, 의지 그리고 이익에 대 한 거부가 필요하다. 그들은 누구든지 하늘의 영광을 버리고 베들레헴의 말구유 로 내려오신 그분의 제자가 되기 위해서는 세상에 대한 단념이 선행되어야 함을 깨닫지 못한다. 다시 말하여, 우리는 세상에 대해 십자가에 못 박혀져야 하며, 세상은 우리에게 대해 못 박혀져야 한다. 그렇지 않으면 우리는 그리스도께서 십자가에 못 박히심으로 인해 획득된 은혜와 축복에 들어갈 수 없게 된다. 그들은 오른 눈을 뽑아내고 오른손을 잘라내야 함을, 감정과 욕망을 지닌 육체를 억제해야 함을, 그리하여 매일같이 죽어야 함을 알지 못한다. 누구든지 그리스도를 따르려면 십자가를 짊어져야 함을, 그것은 그들로 하여금 경건치 않은 동료들을 잃게 하며, 자칭 신앙고백자들의 경멸을 받게 하고, 많은 눈물과 한숨을 맛보게 하는 것임을 그들은 알지 못한다. 그들은 그리스도인의 생활이 격심한 씨름(엡 6:12), 곧 계속되는 싸움임을, 면류관을 얻기 위하여 전력을 다하여 달려야만 하는 경주임을 알지 못한다. 만약 그들이 이러한 사실들을 참으로 알고 있었다면 천국에 대해 그렇게 과신하지 않았을 것이다. 왜냐하면 그들은 천국에 합당한 생활을 하기에는 너무나 문외한이었기 때문이다.

2. 태만과 나태

이상에서 언급한 내용들에 대해 애매모호하고 일반적인 개념을 가지고 있는 사람들은 너무나 게을러서, 그것을 더 명확하게 이해하고자 마음에 새기고 그들의 주요한 관심사로 삼으며, 기도하는 마음으로 묵상할 수 없는 자들이다. 만일 그들이 그것을 알고 있다 할지라도 그들을 그것에 의해 자신의 상태를 시험해 보고자 진정으로 수고하지 않을 것이다. 다시 말하여, 그들은 그들의 마음을 하나님의 법칙과 비교해 보는 고생을 하지 않을 것이다. 그들은 자신들이 하나님의 말씀이 그들에게 요구하는 것에 들어맞는지 아닌지의 여부를 엄중하게 자문해 보는데 몇 시간을 할애하지 않을 정도로, 그렇게 영원한 복락에 대해 관심이 적은 자들이다. 자신의 영혼과 영원한 상태에 관한 그 많은 사람들의 비참한 무관심이라니 서글픈 일이다. 그들은 마치 하나님이 계시지 않는 양, 심판의 날이 없는 양, 불못이 없는 양 행동하면서 스스로 무신론자로 처신한다. 그들은 그림자를 좇으면서, 폭약을 가지고 장난하고, 구덩이 가에서 놀면서 스스로를 미친 사람으로 몰고 간다. 그들은 실로 제정신을 못차리고 있으며(눅 15:17), "마음 … 근심하는 마음"(딤후 1:7)을 전혀 가지고 있지 않다. 만일 그들이 제정신이었다면 구원에 대한 가르침을 깨닫기 위해 말씀을 공부하고, 그 가르침을 스스로 시험해 보았을 것이다.

그들의 바로 그 같은 무관심과 부주의는 우리의 많은 동료들이 실제적인 무신론자들 내지 영적인 미치광이들임을 증명한다. 만일 그들이 정상이었다면 천국이나 지옥, 둘 중의 어느 한 쪽이 그들의 영원한 거처가 되는 것에 깊은 관심을 가졌을 것이다. 그들은 너무도 열중해서 자신들이 어디를 향해 여정을 밟아 나가고 있는지, 자신들의 일신상의 상태가 거기에 적합한지 확인해 보는 일이 번거롭다고 생각하지 않을 것이다. 그들은 쏜살같이 지나가는 시간 중의 일부를 움켜쥐고 부지런한 탐색 내지 자기 검증에 할애했을 것이다. 그들은 게으른 변명을 대거나 임무에 늑장부리지 않으며, 즉각적으로 성실히 임무에 착수했을 것이다. 단지 영적인 지각과 이성을 잃은 자들만이 그 결말이 영원한 생명인지 아니면 영원한 죽음인지에 대한 문제를 무시하기 마련이다. 그런데 그렇게 하지 않았다. 그들은 진지하게 스스로를 그런 일로 괴롭히기보다 모든 것이 잘 되어가고 있다고 만족스럽게 가정하며, 자신들이 천국에 속한다는 신뢰를 가지려 한다. 그들이 그러한 신뢰를 가지는 유일한 근거가 사탄의 거짓말, 그리고 그들 자신의 미혹된 마음이 불러일으킨 것인데도 말이다. 그리하여 그들은 자기의 영원한 세계를 함정에 빠뜨리고 있으며, 저희 영혼의 영원한 관심사를 그림자에 고정시켜 놓고 있다.

이 점을 더욱 변명의 여지가 없게 만드는 것은 바로 이들 동일한 인물들이 **현세적인** 일에 대해서는 아주 유능하며 수고를 아끼지 않고 있다는 사실이다. 만일 새로운 지위가 그들에게 주어지면 그들은 책임을 떠맡기 전에 주의 깊게 조회해 본다. 만일 그들이 투자를 시도하려 한다면 그 안정성을 확인하는데 있어 많은 수고를 아끼지 않는다. 만일 부동산을 구입하려고 생각하면 그들은 그 권리증과 값어치에 대해 완벽하게 조사해 놓는다. 그러나 영원한 것에 대한 문제에 이르러서는 그들은 꾸물거리며 되는 대로 부주의하게 처리해 버리며, 마음 내키지 않아하고 게을러진다. 그들은 그들의 하나님을 만나기 위한 아무런 진지한 준비도 하지 않으며, 그의 부르심이 임하는 때에야 비로소 그것이 자신들에게 결핍되어 있음을 알아차린다. 그들은 게으른 자들이며, 따라서 게으름뱅이에게 주어지는 몫과 숙명이 그들의 차지가 될 것이다. 이와 같이 남녀를 불문하고 모든 사람이 자신의 영혼에 대해 태만하고 무관심할 때, 자신의 상태에 대해 진지하고 엄중하게 자문해 보려 하지 않을 때, 우리는 실상은 오직 지옥이 그들을 위해 마련되어 있는데도 자신들에게 천국을 확신하는, 너무도 비참한 실수를 범하는 사람이 그리도 많다는 사실에 놀랄 것 없다.

3. 하나님에 대한 오해

사람들이 무지한 곳, 그리고 그들이 너무나 바보스러워서 그들의 무지를 몰아내는 어떠한 실제적인 진지한 노력도 할 수 없는 곳에서는 하나님의 성품에 대한 그릇된 개념들이 자리잡기 마련이다. 무지에는 등급이 있으며, 따라서 사람들이 하나님에 대해 형성하는 잘못된 개념들에도 상당한 차이가 있음에 틀림없다. 그러나 거듭나지 않은 자들이 형성한 잘못된 개념들은 그것이 이교의 조악(粗惡)한 것이든 아니면 기독교의 좀 더 세련된 것이든 간에 모두 거짓임은 마찬가지이다. 타락한 마음과 정신이라는 얼룩진 렌즈를 통하여 하나님을 바라봄으로써 그들은 하나님을 그들의 타락한 성향에 적합한 존재로 맞추어 낸다. 그들은 죄를 경히 여기시는 하나님을 만들어 내며, 그들의 제멋대로 하는 행동에 대해 관대하게 보시는 하나님, 약간의 종교적 수행을 그들이 빚이 있는데도 불구하고 충분한 보상으로 받아 주시려는 하나님으로 지어낸다. "네가 나를 너와 같은 줄로 생각하였도다"라는 말씀은 바로 하나님께서 그들에게 제기하신 비난이며, 그것은 다음과 같이 이어진다. "내가 너를 책망하여 네 죄를 네 눈앞에 낱낱이 드러내리라"(시 50:21).

그들은 하나님께서 가차 없이 공정하심을, 그리하여 "결단코 죄인을 깨끗하게" 하지 않으실 것임을 믿지 않고 있다. 하지만 모든 죄와 불순종은 죄 없는 속죄양이 그들을 위하여 대신 보상하지 않는 한 마땅한 응보를 받아야만 한다. 그들은 하나님을 조롱하면 반드시 벌을 받게 된다는 것을 믿지 않는다. 곧 그들이 심은 대로 거둠을, 그러므로 만일 그들이 육체에 대하여 심었다면 당연히 썩을 것을 거두어야 함을 믿지 않는다. 그들은 하나님의 전지하심을, 즉 "여호와의 눈은 어디서든지 악인과 선인을 감찰하심"을 믿지 않는다. 만일 그들이 믿었다면 그것이 그들을 통제하는 고삐 역할을 하였을 것이다. 그들은 하나님께서 그들이 한 '무슨 무익한 말'이더라도 모두 그 책임을 물어 심문하실 정도로 그렇게 엄격하심을 믿지 않으며, 하나님께서 행동의 근원이며 그것을 유발하는 동기인 그들의 심령을 감찰하심(잠 16:2)을 믿지 않는다. 그들은 하나님께서는 이루 말할 수 없이 거룩하신 분이며, 그리하여 행위로 한 죄나 생각으로 범한 죄, 그리고 저지른 죄나 행하지 아니한 죄나, 그에게는 마찬가지로 가증한 것임을 믿지 않는다. 그들은 하나님이 "소멸하는 불"(히 12:29)이심을, 그래서 이 세상의 모든 일은 다 불에 타고, 생명책에 그 이름이 기록되지 않은 모든 사람은 불못에 던져질 것임을 믿지 않는다. 그들은 하나님께서 절대적인 주권자이심을, 그리하여 "하나님께서 하고자 하시는 자를 긍휼히 여기시고 하고자 하시는 자를 완악하게 하심"(롬 9:18)을 믿지 않는다.

죄인들에게 그들이 하나님의 법에 이르지 못한다는 것을 계시해 주는 충분한 조명과 확신이 있는 곳에서조차, 그리고 말씀이 증거하는 바에 의하면 그들 자신에게는 구원을 이룰 만한 것이 없음을 스스로 알고 있는 곳에서조차, 그들은 잘못된 희망을 버리는 대신 하나님은 성경에서 나타나 있는 것보다 더 자비로우신 분이라고 스스로 확신한다. 그러한 경우에 있어 죄인들은 천국으로 가는 길은 좁고 하나님의 나라는 단지 "많은 환난을 겪어야"(행 14:22) 들어갈 수 있음이 사실이지만, 자신이 비록 여기저기에서 실패하고 이러저러한 것에서 부족하다 해도 하나님께서 구하여 주실 것이라고 말하고 있다.

하나님께서는 물론 자비로우시다. 하지만 그는 단 한 번의 죄로 인하여 우리의 첫 조상을 에덴동산에서 추방하신 분이시다. 하나님은 자비로운 분이지만, 그러나 한 번의 죄에 대해 함과 그 자손에게 저주를 내리신 것 또한 사실이다. 하나님은 자비로우시지만, 한 번의 죄 때문에 롯의 아내가 소금 기둥으로 바뀌게 되었으며, 아간과 그의 가족이 돌에 맞아 죽었고, 그리고 게하시는 문둥병으로 저주받았으며, 아나니아와 삽비라가 시체로 변하게 된 것 역시 모두가 사실이다. 하나님은 자비로우시다. 하지만 그는 불경한 세상에 홍수를 보내셨으며, 소돔과 고모라가 있는 평지 성읍에 유황과 불을 비같이 내리셨다. 그의 천사를 보내사 사람과 짐승을 물론하고 애굽에서 처음 난 것을 다 치셨으며, 홍해에서 바로와 그 많은 군대를 멸하셨다.

그들은 비록 이러한 죄 가운데에 스스로 처할지라도, 그리고 철저히 자기 의지대로 하며 자기 만족을 구하고 있을지라도 스스로에게 하나님은 관대하시다고 말한다. 그들은 하나님의 의가 그들에게 요청하시는 바를 무시하고 있으면서, 그리고 하나님의 거룩한 요구에 응하는 어떠한 노력도 하지 않으면서 하나님은 은혜로우시다는 생각으로 스스로를 안심시킨다. 그들은 하나님의 신실한 종들이 단언하는 바대로 그렇게 하나님께서 엄격하고 엄정하신 분이라고는 인정하기를 거부한다. 그들은, 자신이 어떤 사람들처럼 그렇게 정확하고 청교도와 같이 엄격하지는 않을지라도, 그들이 구원받을 때에 자신도 구원받지 않겠는가 라고 성급하게 묻는다. 비록 내가 그들의 기준에 미치지 못할지라도, 하나님께서는 대단히 궁휼이 많으신 분이시며, 내가 너무도 연약함을 잘 아시기 때문에 나를 위하여 기준을 더 낮추어 주실 것이고, 그리하여 나는 그들과 마찬가지로 구원받게 되지 않겠는가 라고 묻는다. 미혹된 가련한 영혼들, 만일 그들의 전 희망이 바로 이것뿐이라면 그들의 처지는 실로 가망이 없는 것이다. 하나님께서 친히 모순된 일을 하실 정도로, 자신의 말씀을 위반하실 정도로 그렇게까지 자비로우시겠는가? 하나님께서 자신의 진리를 무시하고 스스로를 거짓말쟁이로 만드실 만큼 그렇게까지 많은 자비를 그들에게 보여주시겠는가? 천국에 대한 희망을 갖게 해줄 만한 것은 전혀 없이 오직 하나님에 대한 명백한 불경만을 지니고 있는 그들은 참으로 두려워해야 할 것이다.

4. 이기심과 자만심

이것은 위에서 언급한 사항들 가운데 자기기만의 근거들만큼이나 그렇게 많고 또한 강력하다. 죄인들은 자기 자신을 그들의 동료들과 비교하며 매번 자기에게 최고점을 매긴다. 부도덕한 사람은, 가난한 자를 학대하고 과부를 강탈한 자들보다는 자신이 낫다고 생각한다. 거짓말쟁이 내지 도둑은 스스로 살인자가 아니라는 사실에 긍지를 갖는다. 겉으로 종교적인 체하는 사람은 공공연하게 불경스러운 자보다는 자신이 훨씬 더 뛰어난 것으로 생각한다. 각 사람은 독선적인 바리새인들과 같이 말할 이러저러한 근거들을 찾아낸다. "내가 이 세리와 같지 않음을 하나님께 감사합니다." 이는 그들이 잘못된 기준으로 자기 자신을 평가했기 때문이다. 더러운 손수건도 진창길에 떨어져 있을 때는 비교적 깨끗하게 보이기 마련이다. 하지만 방금 내린 눈 위에 놓여 있다면 그 더러움은 이내 명백하게 드러나게 된다. 자신의 통탄할 만한 상황을 알지 못하는 자들도 바로 이와 같다. 하지만 자기 자신에 대하여 그렇게 높은 점수를 매기고 있는 사람들, 그들은 만일 하나님의 말씀의 법칙에 따라 스스로를 평가하고 자신의 상태를 검증해 보도록 인도된다 해도 자기에게 유리한 선입견과 편견으로 그 일에 임한다. 이기심이 자신의 영혼을 공평무사하게 취급하도록 내버려 두지 않을 것이다.

그들은 성경의 어떤 경책(警責)적인 구절을 읽었을 때, 그 구절이 자신에게 해당되는 것이라고 인정하기를 거부한다. 특별히 엄격하고 엄중한 설교를 들었을 때 그것을 자신에게 적용시키지 않고 자기 동료들 중 어떤 이들에게 적용시킨다. 만일 그들이 어느 정도 하나님에 대한 죄의 두려움으로 일깨워지고, 그러한 죄에 대해 마련된 무서운 징벌을 생각하여 불안해하게 될지라도, 이러한 기분은 단지 변덕스러운 것이며 쉽게 사라지고 만다. 왜냐하면 그들은 재빨리 그러한 죄 가운데 어떤 것도 자기에게는 없다고 스스로 재확신해 버리기 때문이다. 갑작스러운 죽음이 자기 동료 중 어떤 이에게 임할지라도 자기기만이 자기 자신의 위험에 대해서는 눈을 멀게 한다. 하나님으로부터 오는 명백한 심판이 자기 이웃에게는 떨어질지라도, 그러나 자기는 다가올 진노의 위험에 처해 있지 않다고 확신한다. 모든 희망을 포기하고 완전한 절망에 몸을 내던지며 그들은 영원히 불에 탐을 체험하게 되고, 오직 아주 적은 무리만이 거기에서 피할 수 있으리라고 결론짓는 사람이 참으로 극히 드문 것이 사실이다. 많은 사람들이 하나님께 반항하며 높이 쳐든 손으로 범죄하기를 계속하고, 구덩이로 인도하는 길을 따라 걸어 나아가고 있으면서도 그들 각자는 이러저러한 수단들에 의해 자신이 거기에 빠지지 않을 것이라고 확신하고 있다. "그가 스스로 자랑하기를 자기의 죄악은 드러나지 아니하리라"(시 36:2).

그렇다, 죄인들은 "**스스로 자긍하고**" 있다. 만일 그들이 그렇지 않았더라면 무서운 고통과 번민 가운데 있을 것이었다. 만일 그들이 참으로 자신이 지옥의 위험에 처해 있다고 믿었다면 그토록 즐겁고 쾌활하게 나아가지 않았을 것이다. 그러나 그들은 자신에 대해 스스로 너무도 좋게 평가하고 있다. 즉 그들은 자신이 그러한 파멸을 당할 만한 어떤 일을 한 적이 있다고 생각하지 않으며, 자신이 그와 같은 자리에 족히 처할 만큼 나쁘지 않다고 확신한다. 그들은, 악덕을 행하며 살고 있지 않고 오히려 예의바른 시민이자 좋은 이웃이라고 자긍하고 있다. 그들은 하나님께서 **자신들**에게 진노하실 만한 이유를 전혀 알 수가 없다. 그들은 하나님의 이름을 망령되이 일컫지 않으며 신앙을 비웃지도 않는다. 그렇다, 그들은 하나님의 마음에 들 만큼, 그리고 그의 인정을 얻을 만큼 많은 일을 해 왔다고 자긍한다. 그들은 이따금 성경을 읽으며 기도하고 있다. 그들은 교회에 출석하며, 교회의 유지를 위하여 헌금한다. 그들은 자녀들을 주일학교에 보내고 있다. 그들은 후에 자신들이 한층 나아져서 철저히 그리스도를 위하게 될 것이라고 결심한다. 하지만 그러는 동안에도 그들은 세상을 조금이라도 더 즐기기 원하며 "자기를 의롭다고 믿고"(눅 18:9), 스스로 비교적 깨끗한 자로 여기면서 오히려 그 더러운 것을 씻지 않고 있다(잠 30:12).

또한 자신들이 진정한 그리스도인이라고 자긍하는 많은 사람들이 있다. 그들은 자신이 지난 과거에 대해 회개하였으며, 복음을 믿어왔고, 그들의 죄는 용서 받았다고 확신한다. 그 결과로 그들은 엄중한 어떤 내용을 듣거나 읽을지라도 그에 대해 아무런 새로운 충격을 받지 않는다. 이기심과 자만심이 자신의 진정한 상태를 직시하지 못하게 한다. 그들이야말로 "나는 부자라 [영적으로] 부요하여 [은혜에 있어 상당한 진전을 보이며 성장하여] 부족한 것이 없다"고 말하는 라오디게아 교인들이다. 그렇지만 주께서 단언하신 대로 그들은 "네 곤고한 것과 가련한 것과 가난한 것과 눈 먼 것과 벌거벗은 것을 알지 못하는" 자들이다(계 3:17). 그리고 그 무엇도 그들의 자기만족으로부터 그들을 흔들리게 할 수 없다. 그들은 "자기 죄악이 드러날" 때까지, 곧 지옥에서 미몽을 깨우치게 될 때까지 스스로 자긍하기를 계속한다. 눈 먼 사람이 색을 구별할 수 없는 것처럼 자기에게 유리한 편견을 가진 사람은 독선적이어서 자신의 영혼에 인쳐진 것이 하나님의 형상인지 아니면 마귀의 형상인지 그 모양을 판별하는 것이 불가능하다. 어떤 이가 잘 지적하였다. "사탄이 한 눈을 멀게 하며, 자기애(自己愛)가 나머지 한 눈을 닫게 한다. 또한 죄의 미혹이 그 두 눈을 봉한다. 그리하여 그들은 지옥으로 가는 높이 들린 길 위에 있으면서도 천국으로 가는 중이라고 스스로 확신한다." 의심할 여지 없이 그러한 많은 사람들이 바로 이 글을 읽을 것이며, 이것으로 전혀 자신을 세심히 살펴보지 않고, 이러한 것은 **자신의** 경우에는 해당되지 않는다고 확신할 것이다.

끝으로, 그리스도인 독자에게 말하고자 한다. 이상에서 언급한 네 가지 사항은 영혼의 상태를 미혹하는 좀 더 직접적인 요인들 가운데서도 중요한 것들이다. 그러므로 거듭난 자들은 이러한 관점에서 자기 자신을 대단히 진지하게 검토해 보아야만 하며, 그러한 것들이 자신에게 해당되지 않음을 확실히 해두어야 한다. 만일 그것이 하나님과 영원히 거하게 하는 것이라면 "나는 구원받기 위하여 무엇을 해야만 하는가"라는 질문에 대한 **온전한** 대답을 얻기 위해 요한복음 3:16이나 로마서 10:13 같은 그러한 구절에만 제한하지 말고, 이사야 55:7이나 사도행전 3:19, 히브리서 5:9 같은 말씀과 비교하면서, **하나님께서 요구하시는 바**에 대한 성경의 가르침의 일반적인 방침을 확인하고자, "인생을 의지하지 말고" 편견 없이 성경을 면밀히 살펴보아야 한다. 우리는 자신이 희망의 근거들을 검토하고, 우리 안에 참으로 하나님의 말씀과 부합되는 것이 있는지, 그리고 우리의 의가 종교적인 형식주의자보다 나은지(마 5:20) 판정하면서 자기 자신을 주의 깊게 양심적으로 살펴보아야 한다. 그러한 일을 소홀하게 성급히 이행해서는 안 된다. **"더욱 힘써** 너희 부르심과 택하심을 굳게 하라"(벧후 1:10)고 성경은 말하고 있다. 다시 말하여, 진심으로 우리는 이 일에 임해야만 한다.

"여호와께서 이와 같이 말씀하시되 지혜로운 자는 그의 지혜를 자랑하지 말라 용사는 그의 용맹을 자랑하지 말라 부자는 그의 부함을 자랑하지 말라 자랑하는 자는 이것으로 자랑할지니 곧 명철하여 **나를** 아는 것과 나 여호와는 사랑과 정의와 공의를 땅에 행하는 자인 줄 깨닫는 것이라"(렘 9:23, 24). 그렇다, 너희 자신의 감각으로 만든 환상이 아닌 살아 계신 하나님, **"나를** 깨닫는 것"이다. 자기 자신의 상상에 의해서만 존재하는 하나님을 믿는 것이 오늘날 교회에 있는 많은 사람들의 실상이다. "너는 하나님과 화목하고 평안하라"(욥 22:21). 허구적인 하나님의 형상을 마음에 품는 것은 허구적인 평안을 낳는다. 영생은 곧 "유일하신 **참** 하나님과 그가 보내신 자 예수 그리스도를 아는 것"(요 17:3)이다. 우리는 하나님에 대한 그러한 지식을 얻기 위해 참으로 애써야 하지 않겠는가! 끝으로, 만일 이기심과 자만심이 나 자신에 대한 공정한 검토를 실제로 방해한다면, 만일 "허탄한 마음에 미혹되어 자기의 영혼을 구원하지 못하며 나의 오른손에 거짓 것이 있지 아니하냐 하지도 못하는"(사 44:20) 것이 내 많은 동료들의 처지라면, 하나님께 진리를 알고자 갈망하며, 오직 진리만이 있기를 원하는 정직한 마음을 주시기를 기도하라.

제59장

참된 신앙고백
❹

지금 우리가 공부하고 있는 구절들과 그 바로 앞 구절 사이에는 어떠한 관계가 있는가? 매튜 헨리는 21-23절에 대한 그의 해석에서 다음과 같이 말하고 있다. "(1) 그리스도께서 여기서, 외적인 신앙고백은 그것이 아무리 훌륭하다 할지라도 만일 천국과 서로 상응하는 교제가 이루어지지 않는다면 우리는 천국에 들어가지 못한다는 것을 분명하게 충고하고 계신다. (2) 외식하는 자는 순종 대신 다른 것들을 제시하면서 이 법이 너무 엄격하다고 탄원하고 있다. (3) 이 탄원은 어리석은 것으로 거절된다."

나는 윌리엄 퍼킨스가 22, 23절과 21절 사이의 관련성을 좀 더 분명하게 알고 있다고 생각한다. "이 두 구절에서 그리스도께서는 구원받지 못할 그 신앙고백자들에 관한 이 앞 구절의 첫 번째 결론을 다시금 설명하고 계시며 확증하고 계신다. 그 말씀은 두 부분으로 되어 있다. 첫째로 사람들을 그들의 행위에 따라 구분하고 계시며, 둘째로 그들을 정죄하고 계신다."

우리는 지금 우리 앞에 있는 이 구절들이, 지극히 훌륭한 은사를 받았고 뛰어난 신앙고백을 한 자들이라 할지라도 하나님 나라의 근본적인 요구를 만족시키지 못한다면 그들은 특별한 자로 대우를 받지 못할 것이라는 사실을 설명하고 있고, 이 앞 구절에서 확언하신 말씀을 예증하고 부연 설명하고 있다고 생각한다.

이 앞 구절에서 그리스도께서는 "나더러 주여 주여 하는 자마다 천국에 다 들어갈 것이 아니요 다만 하늘에 계신 내 아버지의 뜻대로 행하는 자라야 들어가리라"라고 선포하셨다. 영적인 축복에 참예하기 위해서는 단순한 입술의 신앙고백보다 훨씬 더 중요하고 근본적인 어떤 것이 필요하며, 그리스도께 자신을 온전히 내어 주고 하나님의 명령을 이행하는 것도 마음에서 우러나와야 할 것이다. 그러나 지금 주님께서는 훨씬 더 엄숙하고 엄중한 어떤 것을 계속해서 확언하고 계신다. "그 날에 많은 사람이 나더러 이르되 주여 주여 우리가 주의 이름으로 많은 권능을 행치 아니하였나이까 하리니 그 때에 내가 그들에게 밝히 말하되 내가 너희를 도무지 알지 못하니 불법을 행하는 자들아 내게서 떠나가라 하리라." 여기에서는 그리스도를 따르는 자라고 부르짖는 일반대중들뿐 아니라 그들 가운데 가장 세력이 있는 자들, 즉 그들의 **지도자**와 **설교자**들에 대해서 말하고 있다. 그리스도께서는 몇몇 예외적인 사례를 뽑아내신 것이 아니라 '많은 사람'들이 탁월하고 권위적인 위치를 차지하고 있다는 것을 선포하고 계시며, 그리스도의 이름으로 기적을 행하였으나 그의 칭찬을 얻지 못하는 자들을 불법을 행하는 자들이라고 고발하고 계신다.

먼저, 이 사람들의 재능과 사역은 성경 시대에 행하여졌던 일들의 특징에 따라 서술된 것이라는 것을 지적해야만 하겠다. 엄격하게 말하자면 오늘날에는 '예언' 하는 것과 같은 일은 없으며, 지난 18세기 동안에도 행해지지 않은 일이다. 선지자는 하나님의 대변자였다. 성령의 영감으로 그는 하나님의 계시를 이야기하였다. 바꾸어 말해서, 그는 하나님의 영감으로 말미암아 이야기하였던 것이다. 그것은 평범하고 육적인 재능이 아니라 특별하고 영적인 재능이었다. 그것은 성경의 정경이 완성되었을 때에 회수되었는데, 왜냐하면 지금 우리가 가지고 있는 하나님의 기록된 말씀에는 믿음과 행실의 온전한 규칙이 들어 있으므로 하나님께서는 그 말씀으로 온전하게 계시하여 주시기 때문이다(딤후 3:16, 17). 결과적으로 오늘날 하나님으로부터 어떤 특별한 메시지를 받았다고 주장하면서 하나님의 선지자인 것처럼 행세하는 모든 자는 협잡꾼이거나 광신자이다. 즉 그러한 자들은 부주의한 사람들을 속이려고 하는 사탄의 앞잡이이며, 그를 광신자가 되게 하는 정신병자요, 자기 자신에게 주의를 돌려주기를 원하며 남의 주목을 끌기를 좋아하는 이기주의자이다.

성경 시대에는 사람들이 하나님의 영감으로 말미암아 말하였기 때문에 그것이 그가 중생하였다는 증거는 되지 못하였다. 다른 모든 곳에서와 마찬가지로 여기에서도 하나님께서는 그가 좋아하시는 대로 그의 대변자를 고용하시어 그의 주권을 행사하셨다. 우리는, 이스라엘과 메시야에 관해서 주목할 만한 예언을 하였고, 여러 나라들에 유명했던 예언자 발람에게서 그와 같은 경우를 찾아볼 수 있다. "여호와께서 발람의 입에 말씀을 주시며"(민 23:5) 그는 "지극히 높으신 자의 지식을 아는 자, 전능자의 환상을 보는 자"(민 24:16)가 되었음에도 불구하고, 그는 "불의의 삯을 사랑하여"(벧후 2:15) 여호와의 원수들 가운데에서 멸망하였다(민 31:8). 또한 이스라엘의 배교한 왕의 경우에서도 찾아볼 수 있는데 "하나님의 신이 그에게 크게 임하므로 그가 예언을 하니" "사울도 선지자들 중에 있느냐"는 말이 속담이 되었다(삼상 10:10, 11). 더욱더 주목할 만한 것은 가야바의 경우인데, 그는 빌라도의 손에서 구속자를 인도해 낸 사람이었다. "이 말은 스스로 함이 아니요(하나님의 영감으로 말미암은 것이니) 그 해에 대제사장이므로 예수께서 그 민족을 위하시고 또 그 민족만 위할 뿐 아니라 흩어진 하나님의 자녀를 모아 하나가 되게 하기 위하여 죽으실 것을 **미리 말함이러라**"(요 11:51, 52).

"주의 이름으로 귀신(또는 악령)을 쫓아내며." 이것은 초기 기독교 시대의 사람들에게 부여된 여러 가지 초자연적인 재능과 능력 중의 하나였으나 그것은 중생한 자에게 한정된 것은 아니었다. 우리는 누가복음 9:49에서 "요한이 여짜오되 주여 어떤 사람이 주의 이름으로 귀신을 내어 쫓는 것을 우리가 보고 우리와 함께 따르지 아니하므로 금하였나이다"라고 한 것을 볼 수 있으므로, 여기에서 언급하고 있는 사람이 그와 같은 경우인가에 대해서 최소한의 의심을 품기 시작할 것이다. 그러나 이 점에 대한 더욱 분명한 경우는 우리 주님을 배반한 자의 경우이다.

마태복음 10:1에서 우리는 "예수께서 그 열두 제자를 부르사 더러운 귀신을 쫓아내는 권능을 주시니라"라고 한 것을 분명하게 볼 수 있는데 그 제자들 중의 한 사람이 바로 가룟 유다였다. 유다가 이 공적을 수행하지 못하였다면 그의 동료 사도들은 즉시 그를 의심하였을 것이며, 구세주께서 "너희 중에 한 사람이 나를 팔리라"고 공표하셨을 때에 그들은 "주여 내니이까"라고 묻지 않고도 유다를 가리켜 말씀하셨다는 것을 즉시 알게 되었을 것이다. "주의 이름으로 많은 권능을 (또는 '능력의 사역'이나 기적을) 행하지 아니하였나이까." 즉 권능이라는 말은 그리스도의 '놀라운 사역'과 관련하여 마태복음 11:20에서 다시 나타나는 헬라어이다. 이 능력 역시 유다에게도 부여되었었다.

만일 하나님께서는 중생하지 않은 자를 그의 대변자로 쓰시면서까지 왜 그토록 현저하게 그들에게 권능을 부여해 주셔야만 하였을까? 라는 질문을 하게 된다면 여러 가지 답변을 할 수가 있다. 첫째로, 위에서 암시하여 준 바와 같이 제지할 수 없는 하나님의 주권과 그가 모든 인간의 소유자이심을 입증하기 위해서이다. 그는 그의 피조물들을 그가 좋아하시는 대로 쓰실 수 있으며 그가 뜻하시는 그의 대리자요 그의 도구로 선택하실 수 있는데, 그의 뜻을 거역할 수 있는 자는 아무도 없다. 둘째로, 그의 무적의 권능을 보이기 위함이다. "왕의 마음이 여호와의 손에 있음이 … 그가 임의로 인도하시느니라"(잠 21:1). 만일 왕의 마음이 여호와의 손에 있다면 모든 사람의 마음도 그러하다. 그러나 오늘날 이 사실을 깨닫는 자는 지극히 적다. 발람은 그의 뜻을 거역할 수 없는 하나님의 손에서 놀아나는 꼭두각시에 불과했다. 가야바는 그리스도의 원수였으나 그에 관해서 놀라운 예언을 말하게 되었다. 셋째로, 초자연적인 은사나 재능이(비록 그것이 사람들 가운데에서 아무리 높이 평가된다 할지라도) 하나님의 은사 중 가장 귀중한 것은 아니라는 사실을 나타내기 위함이다. 즉 더 무한한 가치가 있는 것은 그의 영원하신 사랑의 대상으로 지정되는 것이다. 발람의 예언과 구속받은 자의 입에서 나오는 '새 노래'를 어떻게 비교할 수 있으며, 유다가 행한 기적과 빛 가운데에 있는 성도의 기업에 해당하게 되는 것을 어떻게 비교할 수가 있겠는가?

우리 주님께서는, 사람들은 그와 같이 그의 이름으로 행동하면서 동시에 임명받은 그의 종으로서 처신하며 가장 주목할 만한 재능을 부여받고 초자연적인 사역을 수행하였음에도 불구하고 그들은 구원받지 못하였다는 사실을 분명하게 암시해 주고 계신다. 교회시대의 초기에도 그와 같았으며 지금도 역시 그러하다. 우리 주님께서 이 중생하지 않은 신앙 고백자들에 대해서 사역자들이 특별한 재능을 부여받아 초자연적인 권능을 행사하였던 1세기의 용어에 따라 서술하고 있다는 이유 때문에, 이 20세기에 신앙을 고백하는 그리스도인들 가운데 지도자들에게는 직접적으로 적용되지 않는다고 결론을 이끌어 내는 것은 큰 잘못이다. 22절의 내용이 오늘날에는 본질상 있을 수 없는 상태라고 해서 그 말씀이 오늘날 종교계에서 탁월한 자들에게 직접적으로 적용될 수 없다는 증거는 되지 못한다. 오히려 우리는 만일 사람들이 지극히 놀라울 정도로 재능을 부여받았던 교회의 초기에 그와 같은 두려운 경고가 필요했다면, 이 타락한 세대에 더 적은 재능과 능력을 가진 자들에게 그것이 얼마나 더 적절한 경고인가를 생각해야만 한다.

오늘날 그리스도의 이름으로 예언하는 것과 동등한 일은 그의 이름으로 **설교하는 일**이다. 귀신을 쫓아내는 일들이 오늘날에는 우리가 "도시를 복음화시킴"으로써 사탄의 노예들을 구해 내는 일에 해당된다. 즉 술주정뱅이를 회심시키고, 타락한 여인들을 교화시키며, 마약 중독자들을 회복시키는 일들이다. 그러나 또 한편으로 권능을 행한다는 것은 수많은 교인들이 출석하는 화려한 건물을 가진 교회와 이교도 땅에서의 '선교사'들의 놀랄 만한 업적을 가리킨다고 볼 수 있다. 그러한 일에 종사하는 모든 사람들이 다 중생한 사람이기를 바라지만 이 일을 하는 많은 사람들을 자세히 관찰해 보고 그들과 개인적으로 접하여 보면, 그들 중의 많은 사람들이 참으로 거듭난 사람들인가에 대해서는 심각하게 의심을 품게 된다. 뿐만 아니라 우리는 이 사실에 대해서 전혀 놀라지도 않고 있다. 또한 주님께서도 전혀 놀라지 않고 계신다. 우리 주님께서는 친히 그의 이름으로 그와 같은 봉사를 하는 '많은 사람'들에 대해서 "내가 너희를 도무지 알지 못한다"고 분명하게 선포하셨으며, 또한 만일 그 말씀이 기독교 시대의 가장 번영하던 시대에 일을 수행하였던 사람들에게 실제로 해당되는 일이라면 오늘날 기독교 세계가 그토록 배교하고 있는 상태에서 그러한 상태가 똑같이 해당된다고 생각한다고 해서 이상할 것이 있겠는가?

그러므로 이 두려운 구절 가운데에서 가장 엄숙한 말씀은 바로 이것이다. 즉 많은 설교자들과 기독교의 지도자들과 사역자들이 천국에서 쫓겨날 것이라는 사실이다. 13절에서의 우리 주님의 말씀에 비추어 생각해 볼 때 그 수가 대단히 많은 것이다. 이 사실이 아무리 슬프고 놀라운 일이라 할지라도 오늘날의 기독교 세계의 많은 분파들과 일반적으로 행하여지고 있는 일들을 볼 때에 그것이 놀라운 일이라고는 말할 수 없다. 그리스도인의 신앙을 고백하는 자들 중 목사를 지망하는 자들과 목사를 지망하지 않는 자들 중 중생한 자의 비율이 어느 쪽이 더 크겠는가? 우리는 그들이 모두 외식하는 자들이라고는 생각하지 않는다. 의심할 바 없이 수많은 사람들이 사회적인 명성과 그것이 제공해 주는 재정적인 보수 때문에 목사직을 그들의 본업으로 선택하고 있다. 그러나 말씀을 '기쁨으로' 받아들이는(마 13:20) 많은 젊은이들은 그들의 신앙적인 열정과 하나님으로부터의 부르심에 대한 열심과 영혼들에 대한 사랑에 대해서 오해하고 있고, 지식보다도 열심이 더 많으며, 충고를 해주는 친구보다도 격려를 해주는 친구가 더 많은데, 그들은 참으로 큰 잘못을 범하고 있는 것이다.

젊은이들이 일단 목사 후보생으로 받아들여지면 암암리에(거의 예외 없이) 그가 중생했다고 묵인된다. 그러면 어떠한 방법으로 그의 미혹된 눈을 뜨게 해 줄 수 있겠는가? 어떤 교파에서는 학위를 얻기 위해서 몇 년 동안 대학에 다닐 것을 요구하며, 거기에서 그들은 영혼을 위한 것은 아무것도 포함되어 있지 않으며, 게다가 지적인 자만을 조장시키기 쉬운 그러한 과목들을 공부하는 데에 시간과 정력을 열심히 소모하고 있다. 육적인 야망과 열정을 하나님의 부르심으로 오해하고 있는 자는 사회학이나 심리학이나 논리학이나 철학 등의 학과과정을 밟을 것이 아니라 스스로 각성을 해야 할 것이다. 또한 그가 대학에 꼭 가지 않아도 되는 경우라 할지라도 그는 반드시 '신학' 과정을 밟아야만 한다. 바꾸어 말하면, 그는 그의 지적 능력을 닦을 수 있는 과목으로서, 또한 그가 자세하게 공부해야 할 교과서요, 거기에 따르는 시험을 통과하기 위해서 숙달해야 할 내용이 담긴 교과서로서 신학이라는 신성한 학문을 받아들여야 한다. 대부분의 경우에 그는 그 학문에 싫증을 내어, 안수를 받은 후에는 다시금 신학에 관한 논문을 읽지 않게 된다.

인간적인 판단으로 말하자면 그가 일단 임명을 받고 의무에 부르심을 받은 후에는 자기의 잃어버린 상태에 대해 깨닫게 될 것이라는 기대는 전혀 할 수 없다. 만일 그가 거기에서 의무를 이행하고자 한다면 그는 자기가 이행해야 할 많은 직무들로 말미암아 자기 자신의 영혼을 신중하게 시험해 볼 기회가 거의 없다는 것을 깨닫게 될 것이다. 그가 감독해야만 할 교회의 많은 부서들이 있고, 매주 준비해야 할 많은 설교와 연설이 있으며, 그가 심방해야 할 많은 가정들이 있기 때문에 그는 자신을 살필 여유가 거의 없는 것이다. 그는 다른 사람들의 관심사와 그들의 요구에 온통 마음을 쏟고 있기 때문에 "**네 자신**과 가르침을 살펴 이 일을 계속하라"(딤전 4:16)는 목사로서의 훈령에 유의하는 일은 거의 뒤로 밀려나게 된다. 오늘날 수많은 목사들에게 "내 어미의 아들들이 나를 노하여 포도원지기로 삼았음이라 **나의 포도원**은 내가 지키지 못하였구나"(아 1:6)라고 슬퍼하게 되는 동기가 발생하는 현상은 참으로 두려운 일이다. 그러나 이 비극적인 숙명에 대해서 어떠한 동기나 이유가 있다 할지라도 거룩한 심판자께서는 그의 이름으로 설교하고 일을 수행하였던 많은 사람들에게 "내가 너희를 도무지 알지 못한다"고 말씀하실 것이라는 사실에는 변함이 없다.

"그 때에 내가 너희에게 밝히 말하되 내가 너희를 도무지 알지 못하니 불법을 행하는 자들아 내게서 떠나가라 하리라"(23절). 여기에는 그 누구도 올바르게 논평할 수는 없겠지만 우리가 주의를 기울여 보아야 할 다섯 가지 사항이 있다. 첫째는 '그 때에'라는 시간의 표시이며, 둘째는 여기에서 인간의 심판자로서의 그리스도의 신분을 나타내고 있다는 것이고, 셋째는 그리스도께서 "내가 너희를 도무지 알지 못한다"는 엄숙한 판결을 공표하고 계신다는 것이며, 넷째는 "내게서 떠나가라"는 두려운 선고를 내리신 것이고, 다섯째로 종교적인 형식주의자들을 사실상 "불법을 행하는 자들"이라고 부르셨다는 사실이다. 이것들보다 더욱 중요한 다섯 가지 사항은 찾아볼 수가 없을 것이다. 어느 누가 이토록 두려운 주제들에 대해서 논평을 할 수가 있겠는가? 이것은 필자와 독자가 모두 다같이 경건해지고 엄숙해져야 할 문제인 것이다.

'그 때에'라는 말은 이 앞 구절의 '그날에'라는 말을 상기시켜 준다. 이 말은 최후의 심판 날을 의미하는데, 그 때에는 '모든 사람'들의 공력이 다 드러나게 될 것이다. "그 날이 공적을 밝히리니 이는 불로 나타내고 그 불이 각 사람의 공적이 어떠한 것을 시험할 것임이라"(고전 3:13). 그날은 "진노의 날 곧 하나님의 의로우신 심판이 나타나는 그날"인데(롬 2:5) "이는 정하신 사람으로 하여금 천하를 공의로 심판할 날을 작정하셨음이니라"(행 17:31). 뉘우치지 않는 반역자들과 정체가 탄로난 위선자들과 환상을 깨우친 형식주의자들이, 두려운 법정 앞에 불려 나온 모든 사람들과 함께 서도록 강요받을 때에, 어느 누가 그들의 대경실색을 상상할 수가 있겠는가? 그때에는 책들이 펼쳐질 것이며, 마음의 모든 비밀들이 드러나게 되고, 어둠 속에 숨겨 두었던 일들이 폭로되어질 것이다. 그때에는 하나님의 율법을 유린하고 유일한 중보자를 거절하며 은혜로우신 성령을 무시한 모든 사람들은 각각 자기들의 참 모습을 드러내게 될 것이며, 자기 동료들을 속였던 거짓 행동이 드러나게 될 것이다. "하늘이 그의 죄악을 드러낼 것이요 땅이 그를 대항하여 일어날 것인즉"(욥 20:27). 그들은 죄로 말미암아 말할 수 없게 되고 완전히 압도당할 것이며 "심판을 견디지 못할 것이다"(시 1:5).

"그때에 **내가** 그들에게 밝히 말하되 내가 너희를 도무지 알지 못하니 불법을 행하는 자들아 내게서 떠나가라 하리라." 말씀하시는 이는 주 예수님이시나 그는 죄인들의 구주로서 자신을 나타내지 아니하시고, 오히려 그들의 심판을 공표하시면서 그들의 심판자로서의 직무를 행하고 계신다. 이 엄숙한 구절에서 우리 주님께서는 그가 인간보다 더 크신 분이심과, 다름 아닌 모든 인간의 영원한 상태의 심판자이신 것을 분명하게 암시해 주셨으며, 그의 판결에 대해서는 그 어느누구도 상소할 수 없다. 그가 비천한 신분으로 나타나신 사실이나 그가 처해 있던 외적인 환경과, 그의 주권과 능력을 알 수 있는 이 말씀은 참으로 놀라운 대조를 이루고 있다. 그리스도께서는 이 산상설교를 말씀하시는 동안에 갈릴리의 목수로서 사람들의 눈앞에 나타나셨으나, 그 말씀의 어조와 대의를 통해서 그가 다름 아닌 임마누엘이시라는 것과, 육체를 입고 나타나신 하나님이신 것을 알 수 있다. "예수께서 이 말씀을 마치시매 무리들이 그 가르치심에 놀라니 이는 그 가르치시는 것이 권세 있는 자와 같고 그들의 서기관들과 같지 아니함일러라"(28, 29절)는 말씀을 볼 때에 그 사실을 의심할 여지가 없다. 그러므로 필자와 독자는 모두 언젠가는 바로 이 심판자 앞에 나서야만 하는 것이다.

"내가 너희를 도무지 알지 못하니." 이 말은 그리스도께서 그들의 인격과 성품과 행동을 전혀 알지 못하셨다는 의미가 아니다. 오히려 이 말은 그가 그들을 시인하지 아니하셨고 그들을 받아들이지 아니하셨다는 것을 나타낸다. "무릇 의인들의 길은 여호와께서 인정하신다"(시 1:6)라는 말씀을 읽을 때에 우리는 그가 그 길을 기뻐하신다는 사실도 알아야만 한다. 그러므로 그는 여기에서 "내가 너희를 도무지 알지 못하니"라는 두려운 판결을 내리셨다. 즉 네가 나의 이름으로 말씀을 전파하고 일을 행하였다 할지라도 나는 너희를 도무지 알지 못한다. 너는 네 자신과 네가 섬겼던 사람들을 속였으나 나를 속일 수는 없다고 말씀하신 것이다. "내가 그들에게 **밝히 말하되**"라는 말씀에서는 그가 반어적으로 말씀하고 계신다고 생각된다. 즉 **너희는** 많은 것을 고백하고 나의 이름을 자유롭게 사용하였으며 교회 안에서 지도자로서의 너희의 위치를 지켜왔으나 이제는 나의 말을 들으라고 하는 의미이다. "내가 너희를 **도무지 알지 못하니**"라는 말씀은 그들의 영원한 과거로 거슬러 올라가 회고해 볼 때에 그들이 은혜로부터 타락한 자들은 아니었다는 것을 확실하게 입증해 주고 있다. 즉 그들은 아예 처음부터 거듭나지 아니하였으며, 복음적으로 회개하지 아니하였고, 구원적으로 믿지 아니하였으며, 세상이 창조되기 전에 하나님께서 허가해 주신 혜택받은 교제를 나누지 아니하였던 것이다.

"내게서 떠나가라." 여기에서는 두려운 선고를 내리고 있다. 그들은 교회 안에서 지극히 존경을 받고 있으나 주 그리스도에게는 미움의 대상이 되고 있다. 그들은 그들의 입술로 자주 그의 이름을 부르지만 그들의 마음속에는 그의 이름이 내재하지 않기 때문에 그들은 전적으로 하늘의 법정에 설 자격을 잃게 되었다. "만일 이 세상에서 가장 존경받는 유능한 설교자라 할지라도 그의 설교자로서의 능력과 성공보다 자신의 회심에 대해서 더 나은 증거를 보이지 못한다면, 그는 다른 사람들에게 설교한 후에 자신이 버림받은 자임을 알게 될 것이다"(토머스 스코트). "내게서 떠나가라"는 말씀은 그들을 공정하게 정죄하는 말씀이다. 그들

은 그들의 신앙고백과 교회 안에서 차지하고 있는 지위로 말미암아 하나님과 가
까이 지내왔다. 그러나 이제는 그들에게 합당한 곳으로 가야만 하는데, 그것은
거룩하신 이로부터 추방되는 것이다. 여기에서 우리는 '둘째 사망' (계 21:8)이라
는 무시무시한 표현의 위력을 깨닫게 될 것이다. 그것은 존재의 소멸이나 영혼의
절멸이 아니라 그리스도와 영원히 분리되는 것이며, 하나님의 생명으로부터 떨
어지는 것이다. 그것은 "주의 얼굴과 그의 힘의 영광을 떠나 영원한 멸망의 형벌
을 받는" 것이며(살후 1:9), 축복을 주시는 이에게는 영원히 떨어져 불못 속에서
고통을 당하게 되는 것이다.

"불법을 행하는 자들아." 하나님의 평가와 인간의 평가는 참으로 다르다. 이
설교자들과 지도자들은 자기들이 많은 '이적' 을 행하지 않았느냐고 탄원하였으
나 그것은 새로워진 마음에서 우러나온 행동이 아니었고, 하나님의 영광을 위해
서라기보다는 자기 동료들의 칭찬을 얻기 위해서 행하였기 때문에 어느 누구도
결코 속일 수 없는 이가 그들을 '불법을 행하는 자들' 이라고 선포하셨다.

독자들이여, 우리들은 외모를 높이 평가하고 숭배할지라도 언젠가 우리를 심
판하실 이는 "중심을 보신다" (삼상 16:7). 그러므로 "사람 중에 높임을 받는 그것
은 하나님 앞에 미움을 받는 것이니라" (눅 16:15). 즉 비록 자연인의 의라 해도 하
나님께서 보시기에는 '더러운 누더기' 에 불과하다.

> "뽐내고픈 자랑거리 아무리 커도
> 주님 보시기엔 죄일 뿐이며,
> 소자에게 물 한 그릇 작은 일이
> 그를 위해 한 일이라 칭찬하시네"

외식하는 자의 외적인 큰 죄뿐 아니라 오만과 자부심과 신앙적인 행위도 모두
가 '불법의 행위' 이다.

여기에 대해서는 이 앞 장에서 이야기하였으므로 더 이상 길게 이야기할 필요
가 없으리라고 본다. 위에서 말한 내용에서 우리가 명심해야 할 중요한 교훈은
가장 많은 재능을 부여받았다 할지라도 그것은 참으로 불완전하다는 사실이다.
그럼에도 불구하고 교회 안에서 특별한 능력을 행하는 것이 훌륭한 영성을 입증
해 주는 것이라고 생각하는 사람들이 얼마나 많은가. 천성적으로 부여받은 비범

한 재능이라고 해서 반드시 도덕적인 가치를 수반하는 것만은 아니듯이 탁월한 능력을 갖는 것이 중생의 증거가 되지는 못한다. 우리는 이적을 행하는 것과 영적인 은혜를 소유한 것을 분별할 줄 알아야만 하는데, 그것은 이적을 행하는 일이 영적인 은혜를 소유하고 있다는 보증이 되지 못하기 때문이다. 뛰어난 재능은 사람을 그의 동료들이나 심지어 참된 그리스도인들보다도 높이 세워주지만, 만일 그가 하나님의 성령으로 말미암아 살아가지 않는다면, 그것들이 무슨 가치가 있겠는가? "내가 예언하는 능력이 있어 모든 비밀과 모든 지식을 알고 또 산을 옮길 만한 모든 믿음이 있을지라도 사랑이 없으면 내가 아무 것도 아니요"(고전 13:2). 그러므로 우리는 그리스도께서 "내가 너희를 도무지 알지 못하니"라고 말씀하게 될 사람들보다 더 나은 어떠한 면이 있는가에 대해서 자신을 살피고 깨달아야 하겠다. 우리는 귀신을 쫓아내고 병자를 고치는 능력보다도, 외면적인 경건한 행실에 의해서 입증되는 내면적인 거룩의 원리를 더 좋아해야만 한다. 하나님과의 개인적인 교제는 대중 앞에서 설교를 하는 것보다도 측량할 수 없을 만큼 더 큰 특권이다.

제60장

참된 신앙고백
❺

24-27절 말씀은 우리 주님의 설교의 종결 부분이다. 스펄전은 이 구절들에 대하여 이렇게 말하였다. "이것들은 우리 구세주의 대단히 유명한 산상설교 중 종결 부분이다. 어떤 설교가들은 열변을 토하여 설교의 결론을 맺는 수법을 써서 그들의 설교를 끝마치려고 전력을 다해 노력한다. 그 수법이란 강렬해진 감정을 수사적으로 격발시키는 것을 뜻하는데, 연사는 그 영광 속에서 끝을 맺는다. 그들은 그런 방식으로 끝맺는 것이 정당하다고 생각하는데, 사실은 그리스도께서 여기에서 하신 것과는 다르다. 이것은 우리 구세주의 열변적인 결론이기는 하지만 그 설교 중 다른 어떤 구절보다도 가장 단순한 것이다. 거기에는 인위적인 웅변술의 흔적이라고는 전혀 없다. 그의 산상설교 전체의 어조는 몹시 열렬하며 마지막까지 그 열렬함이 지속된다. 그렇기 때문에 종결의 말씀은 불이 달아오른 석탄과 같고, 활에 재어진 날카로운 화살과 같다. 우리 주님께서는 그의 웅변술의 능력을 과시하면서 설교를 끝마치신 것이 아니라 그의 말씀을 듣고서 그 듣는 것만으로 그칠 뿐 더 나아가 그 말씀을 실천에 옮기지 않는 자들에 대한 단순하고 애정 깊은 경고를 하심으로써 끝마치신다."

"그러므로 누구든지 나의 이 말을 듣고 행하는 자는 그 집을 반석 위에 지은 지혜로운 사람 같으리니 비가 내리고 창수가 나고 바람이 불어 그 집에 부딪치되 무너지지 아니하나니 이는 주추를 반석 위에 놓은 까닭이요"(24, 25절). 이 말씀은 단순한 것인데도 불구하고 많은 사람들은 그 의미를 오해하고 그 중요성을 인식하지 못하였다. 이 구절에 대해서는 단 두 사람의 주석가도 똑같은 해석을 하지 않고 있다. 그리고 더 오래되고 가장 건전한 주석가들 사이에서는 그 해석에 있어서, 본질적인 면에서는 다소간 의견이 일치하지만 그 외에는 그들 사이에서조차도 상당히 큰 견해 차이를 보이고 있다. 좀 더 최근의 저자들, 특히 광범위하게 분류해서 '근본주의자들'에 속한다고 볼 수 있는 사람들의 견해를 살펴본다면 이 구절에 대하여 훨씬 더 많은 주장을 하고 있다. 그러나 우리는 개인적으로 생각해 볼 때 그것이 **그릇된** 주장이라고 확신한다. 그 견해에 대하여 우리가 조사해 온 바로는 그들은 이 구절을 그 안에 들어 있지 않은 의미로 해석하는 반면, 들어 있는 의미는 전혀 찾아내지 못하였음을 지적하지 않을 수 없다. 그런데 그 이유는 그들이 문맥을 무시함으로써 이 구절의 의도를 깨닫지 못하였기 때문이다.

이 구절에 대한 반(反)율법주의자들의 해석에 따르면, 우리 주님께서는 이렇게 말씀하셨어야 했다는 것이다. "복음을 믿고 나의 속죄하는 피를 믿는 자는 누구든지 반석 위에 집을 지은 지혜로운 자로 여기리라. 그러나 나의 계율에만 귀를 기울이려 노력하고 하나님께서 그를 용납하시는 근거로서 그 사람 자신의 선행에 의지하는 자는 누구든지 모래 위에 집을 지은 어리석은 자로 여기리라." 그러나 우리가 다루고 있는 이 구절을 통하여 그리스도께서는 그와 같은 종류의 뜻으로 말씀하신 것은 아무것도 없다. 왜냐하면 그는 이 구절을 통하여 하나님께서 죄인들을 용납하시는 근거가 무엇인지를 전달하려고 한 것이 아니라, 더 신성하고 엄숙한 어떤 것을 다루셨기 때문이다. 그리스도의 희생을 구원에 이르는 근거로 믿는 모든 죄인들은 지혜로운 자라는 것, 그리고 그는 영원히 안전하리라는 것, 그것은 온전하고 다행스러운 사실이다. 영원한 지복의 나라로 들어가는 통행권을 얻기 위해 하나님의 명령에 완전히 복종하는 것에만 의지하는 사람은 어리석은 자라는 것도 마찬가지로 사실이다. 왜냐하면 시험하는 날에 그가 어떤 자인지 입증될 것이기 때문이다. 그러나 다시 한 번 말하지만, 그리스도께서는 여기에서 구원에 이르는 믿음의 대상이나 근거에 대하여 말씀하신 것이 아니라, 그보다는 훨씬 더 엄숙하고 계시적인 어떤 것을 말씀하신 것이다. 우리가 이 두 가지를 혼동한다면 모든 것이 다 매우 혼란스러워질 것이다.

우리가 지금 다루고 있는 구절의 **용어**에 대하여 고찰하기 전에 우선 우리는 그 **범주**를 조사하고 결정해야만 한다. 그런데 그것을 하려면 문맥에 대하여 신중하게 주의를 기울여야 한다. 바로 앞 구절들에서 보여주고 있는 것은 신앙고백을 분명히 시험한다는 사실, 즉 모든 표면적인 외양 뒤에 가려져 있는 진상을 명백하게 드러나도록 할 것이라는 사실이다. 그리고 이 설교의 마지막 부분에서 그리스도께서는 계속하여 참되고 살아 있는 그리스도인과, 이름뿐이고 생명이 없는 그리스도인 사이를 구별지어 주는 것이 무엇인지를 알려 주신다. 어떤 구절들에서는 '집'이나 가정이라는 표현은 사랑이 있고 휴식을 취하는 장소의 상징이지만 여기에서는 폭풍으로부터의 안전지대 내지는 피난처를 뜻하는 것이라고 생각된다. 어떤 집의 안정성과 견고성은 그 집의 기초가 얼마나 튼튼하냐에 달려 있다. 왜냐하면 만일 거기에 어떤 결함이 있다면 그 집을 지은 재료가 아무리 좋다 하더라도, 그리고 그 집을 지은 사람들의 기술이 아무리 믿을 만하다 할지라도 폭풍이 닥치면 그 집은 쓰러질 것이다. 모든 주석가들은 이 분명한 사실에 대해서는 잘 파악하였지만 우리 주님께서 사용하신 '반석'이라는 주추가 무엇을 의미하는지에 대해서는 아주 다른 견해를 보이고 있다.

많은 독자들은 이 문맥을 읽으면 아마도 즉시 이사야 28:16 말씀이 떠오를 것이다. "그러므로 주 여호와께서 이같이 이르시되 보라 내가 한 돌을 시온에 두어 기초를 삼았노니 곧 시험한 돌이요 귀하고 견고한 기촛돌이라" 즉, 사도행전 4:11과 베드로전서 2:5-7을 통해서도 알 수 있는 바와 같이 그 귀한 '돌'과 '견고한 기촛돌'이 뜻하는 것은 곧 그리스도 자신이라는 것을 알 수 있다. 그러나 '기촛돌'이라는 말을 담고 있는 신약성경의 **모든** 구절을 이사야 28:16의 말씀으로 되돌아가 그에 비추어 고찰해야 한다거나, 또는 이사야서의 바로 그 말씀과 똑같은 것을 가리키는 것이라고 생각한다면 큰 잘못을 범하는 것이다. 전혀 그렇지 않다. "하나님의 견고한 터는 섰으니 인침이 있어 일렀으되 주께서 자기 백성을 아신다 하며[그런데 안다라는 것은 사랑한다는 것이고 그러므로 보호한다는 뜻이다]"(딤후 2:19). 즉 앞 구절과 비교해 볼 때 여기에서의 '터'는 하나님의 명령, 또는 하나님의 약속을 뜻하는 것인데 그 사실은 뒤바뀔 수 없는 것이다. "너희는 사도들과 선지자들의 터 위에 세우심을 입은 자라 그리스도 예수께서 친히 모퉁잇돌이 되셨느니라"(엡 2:20). 여기에서의 '터'란 사역자의 터, 즉 선포된 진리를 가리킨다. 히브리서 6:1은 "죽은 행실을 회개함에 대한 터"에 대해서 언급하고 있다. 왜냐하면 우리는 그곳에 터를 두고 난 후에야 비로소 실제적으로 경건하게 되는데 있어서의 첫출발을 하기 때문이다. 그러므로 서로 다른 뜻을 가진 문맥을 구분해 줄 교사가 필요하다.

이제는 이 문맥에 있어서 고려해야 할 중요한 다른 한 구절이 있다. 그것은 다음과 같다. "네가 이 세대에서 부한 자들을 명하여 마음을 높이지 말고 정함이 없는 재물에 소망을 두지 말고 오직 우리에게 모든 것을 후히 주사 누리게 하시는 하나님께 두며 선을 행하고 선한 사업을 많이 하고 나누어 주기를 좋아하며 너그러운 자가 되게 하라 이것이 장래에 자기를 위하여 좋은 터를 쌓아 참된 생명을 취하는 것이니라"(딤전 6:17-19). 사람들은 어찌하여 이 구절을 그리 자주 인용하지 않으며, 좀 더 자주 상세하게 설명하고 강력하게 주장하지 않는 것일까? 그 이유는 그 구절에 대하여 언급할 때마다 "이 닦아 둔 것 외에 능히 다른 터를 닦아 둘 자가 없으니 이 터는 곧 예수 그리스도라"(고전 3:11)라는 말씀을 수없이 인용함으로써 그 구절의 의미를 약화시키려 하기 때문이다. 그 말씀(딤전 6:17-19)을 그렇게 취급하는 것은 올바른 것일까? 전혀 그렇지 않다. 그런데 교회들은 강단에서 행해지는 그런 불충실함 때문에 크게 괴로움을 겪어왔다. 이 구절은 복음의 사역자들에게 해당되는 말씀으로서 사역자의 직분에 있는 자로서 마땅히 수행해야 할 모든 의무들 중의 하나를 상술한 것이다. 그러나 과거 50여 년 동안 그것을 양심적으로 이행해 온 목사가 백 명 중에 한 명 꼴이나 될는지 의심스럽다. 수많은 목사들이 교회의 부유한 자들에게 아첨함으로써 그들이 가장 해야 할 필요가 있는 일을 하지 못하도록 저지한 것은 아닌가?

그렇다면 이 구절은 우리에게 우리가 하나님께로부터 '공로'를 얻기 위하여, 혹은 우리 스스로 하나님의 은혜를 사기 위하여 자선의 행동을 해야 할 필요가 있다고 가르쳐주는 것일까? 아니면 어떤 사람이 그렇게 말했듯이 "우리로 하여금 천국으로 붕 떠올라가게 해주는 황금 먼지구름을 일으켜야 한다"고 가르쳐 주는 것일까? 분명히 그렇지는 않다. 즉 여기에는 천주교도들이 치명적으로 착각하고 있는 교리를 뒷받침해 주는 것은 하나도 없다. 그럼에도 불구하고 거기에는 우리가 무시해서는 안 되는 중대한 교훈이 들어 있다. 즉 이 세상에서 부한 자들은 바로 **그리스도인**이므로 다음과 같이 실행해야 할 책임이 있다. "마음을 높이지 말고" 즉 그들이 가난한 교우들보다 우월하다는 티를 보이지 말고, 신속하게 사라져버릴 "정함이 없는 재물에 소망을 두지 말며," 변하지 아니하시므로 우리의 참된 재산이신 "살아 계신 하나님" 소망을 두어야 한다. 그는 우리에게 "모든 것을 후히 주사 누리게 하셨으나" 함부로 낭비하도록 주신 것은 아니다. 하나님께서 그들에게 맡기신 것으로 "선한 일을 행하라"고 하셨으니 그들의 청지기 직을 충실하게 이행해야 한다. 그리고 그들의 양심, 즉 그들이 소망을 두기에 믿을 만한 기반이요, 그들이 옳다는 것을 확신하는데 있어서 견고한 기초인 그들의 양심에 "자기를 위하여 좋은 터를 쌓아 두고," 그렇게 함으로써 그들이 그리스도에게 개인적으로 관심이 있다는 것을 확실하게 해야 한다. 왜냐하면 '선한 일'을 행하는 것은 우리의 믿음이 참되다는 것을 증명해 주는 것이기 때문이다.

"장래에 자기를 위하여[하나님 앞에서가 아니라] 좋은 터를 쌓아 두라." 그렇게 하면 당신이 재정적으로 실패하여 역경에 부딪칠 때 당신이 도와준 적이 있는 사람이 당신을 기꺼이 도와주려고 나서게 될 것이다. 또는 오랫동안 병석에 누워 있을 때라 하더라도 당신의 양심이 당신을 이기적이고 무정했었다고 고발하는 것 때문에 괴로움이 더해지지는 않을 것이다. 그리고 바로 죽음의 시각에 이르렀을 때 당신은 자신에게 맡겨진 청지기직을 충실하게 이행하였고 그래서 가난한 사람들이 당신을 복되다 일컬어 주리라는 사실을 앎으로써 위안을 얻게 될 것이다. 또한 다가오는 날에 선한 일을 행한 자는 '생명의 부활'에 이르게 될 것이며 (요 5:29), 그들이 행한 '선한 일'로 인하여 온 세상을 심판하시는 자로부터 인정을 받고 상을 받게 될 것이다. "그들은 참된 생명을 취하는 것이니라." 즉, 참된 생명을 좀 더 견고하게 의식하며 붙잡도록 해야 한다. 왜냐하면 그리스도인의 '선한 일'은 천국에서 그가 받을 몫을 증명해 주는 큰 증거가 되기 때문이다. 우리의 사랑을 그리스도에게 두며 우리의 참된 재산을 그에게 두고, 지혜로운 상인같이 행동하자. 즉 그림자에 지나지 않는 것과 불확실한 것을 붙잡지 않고 우리에게 맡겨 주신 것을 그의 영광을 위한 일과 동료를 위한 선한 일에 사용하자. 그렇게 함으로써 우리 자신을 위하여 "하늘에 보물"(마 6:20)을 쌓아 두는 것이다. 그러면 우리는 이미 "영생"의 "계약금"을 지니고 있다는 확신을 더하여 얻게 될 것이다. **그러한** 사람들의 집은 **반석** 위에 지어진 것이다.

앞의 네 단락을 통하여 우리는 '터'라는 용어를 서로 다른 관계에서 발견할 수 있으며, 항상 정확하게 같은 것을 의미하는 것으로 사용되지는 않았다는 것을 살펴보았다. 그러므로 그 말이 들어있는 곳에서는 그것이 어떤 의도와 어떤 의미로 사용되었는지를 조사해서 각 구절에 맞게 그 취지를 파악해야 한다. 그런데 그것은 무경험자가 할 일이 아니라 경험이 있는 주석가가 해야 할 일들이다. 그렇다면 마태복음 7:24, 25에 해당하는 **의미의 범주**(즉 중심적인 주제와 의도)는 무엇인가? 이미 설명하였듯이 그것은 **신앙고백을 시험하는 것**, 즉 그 고백이 진실한 것인지 무가치한 것인지를 밝혀 줄 증거를 제공해 주는 것이다. 앤드류 풀러는 적절하게도 이렇게 지적하였다. 즉 이 구절들에서 "우리 주님께서는 우리가 믿음에 의해 의롭다 함을 얻을 것이라는 내용을 말씀하신 것이 아니라 행한 것에 따라 심판받게 될 것이라는 내용을 말씀하신 것이다. 그런데 선행이란 의로움 그 자체가 되는 것은 아니지만 그 자체가 전적으로 무가치한 것은 아니다. 그러므로 그것을 혼동해서는 안 된다. 거기에서 서술된 사람은 복음을 독선적으로 거부하는 자가 아니라 복음을 듣고 그것을 믿는다고 고백은 하면서도 그것에 부합하는 열매를 맺지 못하는 자들이다. 그것은 천주교도들의 오류를 드러내 주기에 적합한 구절이 아니라 반(反)율법주의자들, 즉 '오로지 믿기만 하여라. 그러면 모든 것이 잘 될 것이다' 라고 주장하는 자들에게 강조해 줄 필요가 있는 구절이다."

우리가 지금 다루고 있는 구절은 '그러므로' 라는 말로 시작된다. 그 말은 우리 주님께서 지금까지 말씀해 오신 것들로부터 결론을 이끌어 내셨다는 것을 암시해 준다. 앞 구절들에서 그는 행동만을 좋아하는 자들, 즉 하나님께서 그들을 용납해 주신다는 근거로서 그들의 선행과 종교적인 실천만을 믿는 자들에게 말씀하신 것이라고 볼 수는 없다. 오히려 그는 그의 청중들에게 좁은 문으로 들어가라고 말씀하셨고 (13, 14절), 거짓 선지자들을 삼가고(15-20절), 헛된 신앙고백을 하지 말라고 경고하셨다. 바로 그 앞 절에서는(23절) 자기 자신을 온유하게 죄인들을 구하는 구속자로서 나타내지 아니하시고, 위선자에게 "불법을 행하는 자들아 내게서 떠나라"고 말씀하심으로써 심판자로 나타나신다. 그런데 이 구절이 하나님의 은혜의 복음을 소개하고 죄인들의 영혼이 안식할 수 있는 구원에 따르는 터를 자기 자신이 이루신 일이라고 갑자기 말씀하신 것이라고 보는 것은 아주 이상하다. 그렇기 때문에 서두의 '그러므로' 라는 말은 전혀 그런 뜻으로 말씀하신 것이 아니다. 게다가 바로 다음 구절을 보면 그리스도께서는 그의 속죄하는 피를 믿어야 한다고 말씀하시지 않고, 그 대신 그의 계율에 복종하는 것이 참으로 필요하다고 말씀하신 것이다.

유명한 스코틀랜드 주석가 존 브라운은 우리 주님이 사용하신 '그러므로' 라는 말의 의미를 앞에 나온 구절과 뒤에 나온 것 사이를 관련지어서 아주 분명하게 설명하였다. "분명히 그리스도를 '주여 주여' 라고 부르는 자마다 모두 천국에 들어가는 것은 아니다. 오직 하늘에 계신 아버지의 뜻을 실행하는 자라야만 천국에 들어갈 수가 있다. 다시 말하면 그들이 '우리가 그리스도의 이름으로 선지자 노릇하며 귀신을 쫓아내며 많은 권능을 행하였다' 하더라도 불법을 행한 자들에게는 그의 심판을 내려 그들의 최후의 상태를 선포하심으로써 이렇게 말씀하실 것이다. 즉 '나에게서 떠나라 내가 도무지 너희를 알지 못하노라.' 그러므로 이 말씀 뒤에 '주님의 말씀을 듣고 실행하는 자는 지혜로운 자요 그의 말씀을 듣고 실행하지 않는 자는 어리석은 자이니라' 라는 말씀이 뒤따라 나오는 것은 자연스러운 일이다. 전자는 영혼의 구원과 영원한 행복을 얻고, 후자는 그것들을 잃을 것이다." 매튜 헨리도 또한 이렇게 지적하였다. "이 구절의 의도는 우리에게 다음과 같은 사실을 가르쳐 준다. 즉 우리의 영혼을 구하고 영원한 생명을 얻기 위한 확실한 일을 하는 유일한 방법은 주 예수의 말씀을 듣고 그것을 실행하는 것이다." 그의 명령을 무시하면서도 구원에 이르는 그리스도의 피를 믿는다고 생각하는 자는 스스로 치명적인 미혹에 빠진 것이다.

마태복음 7:24-27은 많은 점에서 25:1-12의 말씀과 비슷하다. 이 구절들은 둘다 신앙을 고백하는 그리스도인에 대하여 다루고 있다. 각각의 경우에 있어서 신앙고백자들은 지혜로운 자와 어리석은 자라는 두 부류로 나누어진다. 각각의 경우에 있어서 이들은 근본적으로 다른 점과 어떤 공통점을 가지고 있다. 즉 앞 구절에서는 둘 다 건축가로 비유되며 각각은 집을 짓는다. 뒤의 구절에서는 둘 다 '처녀' 라는 용어로 비유되며 각각은 손에 등불을 들고 신랑을 맞으러 나간다. 각각의 경우에 있어서 후자는 증거를 제시해야 할 때 결핍된 것을 발견하게 되고 회복할 수 없는 재난에 부딪친다. 즉 앞 구절에서는 폭풍이 몰아칠 때 어리석은 자의 집은 무너지고, 뒤의 구절에서는 신랑이 도착했을 때 어리석은 자의 면전에는 문이 닫혀져 있게 된다. 각각의 경우에 있어서 두 부류 간의 차이점은 외견상으로는 아무것도 없으나 **보이지 않는 곳**에 그 차이점이 있다. 즉 앞 구절에서는 '기초' 에 결함이 있고, 뒤의 구절에서는 그들의 '등' 에 기름이 없었다. 우리는 이 두 구절들 사이의 일치점을 지적하기 위해서, 그리고 뒤의 구절이 앞 구절을 설명하는데 있어서, 또한 그 해석을 규정하는데 있어서 도움이 되기 때문에 이것들을 비교해 보았다.

여기에서 그리스도께서는 지혜롭다고 일컬어지는 자들, 즉 "나의 말을 듣고 그말을 **이해하는 자**" 또는 "나의 말을 듣고 **나를 믿는 자**" 에 대하여 말씀하신 것이 아니라는 사실에 충분히 주목해야 한다. 오히려 그가 **말씀하신 바로 그것은** 그보다는 훨씬 더 의미 깊은 것이다. 그리스도를 믿으면서 그의 계율을 실천하지 않는 사람이 아주 많다. 같은 방식으로, 인도에는 부처를 믿는 자들이 아주 많고, 중국에는 공자를, 아프리카에는 마호메트를 믿는 자들이 수백 만 명에 달하며, 기독교 세계에는 그리스도를 믿는 자가 헤아릴 수 없이 많다. 그리고 "그들은 그리

스도를 믿기 때문에" 그들에 관한 모든 것이 다 좋으며 죽더라도 천국에 가리라
고 생각하고 있다. 이 땅 위에는 그들을 깨우쳐 줄 사람이 그다지 많이 남아 있지
않다. 오늘날과 같은 배교의 시대에 있어서 대단히 많은 설교자들은, 잘못 생각
하고 있는 자들에게, 하나님께서 요구하시는 것이란 복음을 믿고 그리스도를 그
들의 개인적인 구주로 받아들이는 일이 전부라고 가르침으로써 미혹된 자들의
수를 더욱 증가시키고 있다. 그들은 '믿으라' 는 말을 담고 있는 요한복음 3:16과
사도행전 16:31 같은 구절을 인용한다. 그러나 회개하고 죄를 용서받으며 자기를
부인하고 복종하라고 강조하고 있는 많은 구절에 대해서는 떳떳치 못하게도 침
묵을 지키고 있다.

　　예를 들면, 우리는 유대교의 의식 준수나 기독교의 세례와 성찬식들은 모두 다
하나님 앞에서 죄인들을 의롭게 하는 데 아무런 가치도 없다는 것을 올바르게 보
여주고자 하는 자들이 "할례나 무할례가 아무 것도 아니로되 오직 새로 지으심을
받는 것만이 중요하니라"(갈 6:15)라는 구절을 매우 자주 인용하는 것을 들을 수
있다. 그리고 그다지 자주 인용되는 것은 아니지만 "그리스도 예수 안에서는 할
례나 무할례나 효력이 없으되 사랑으로써 역사하는 믿음뿐이니라"(갈 5:6)라는
구절을 인용하면서, 믿음이란 그것을 얻기 위해서 행동하는 합법적인 동기를 통
해 얻어지는 것이 아니라 형언할 수 없는 선물을 주신 하나님께 감사드리는 것으
로부터 얻어진다고 주장하는 말을 들을 수 있다.

　　그러나 "할례 받는 것도 아무 것도 아니요 할례 받지 아니하는 것도 아무 것도
아니로되 **오직 하나님의 계명을 지킬 따름**이니라"(고전 7:19)라는 이 구절은 거
의 언급되지 않고 있다. 그들은 우리가 하나님의 권위에 복종하고 있는지 염려해
야 한다는 것, 즉 우리의 행동을 그의 뜻에 복종시켜야 한다는 것은 애써 표면에
나타내지 않고 있다. 그러나 그러한 편협성은 지극히 비난받을 만한 일이다. 우
리는 이 세 구절을 나란히 놓고 고찰함으로써 완전하고 균형 잡힌 견해를 얻게
될 것이다. 우리는 거듭나지 않았다면 그리스도와 생생하게 결합된 것은 아니다.
즉 "사랑으로써 역사하는" 믿음을 가지지 못했다면 우리는 거듭나지 않은 것이
다. 그리고 "하나님의 계명을 지킴으로써" 증거를 보이지 않는다면 우리는 이 구
원에 이르는 믿음을 지니지 못한 것이다.

　　강단에서 그렇게 부정직한 일이 많이 벌어지고 있을 때 청중석에 앉아 있는 자
들 사이에도 그만큼 많은 부정직함이 있다는 사실은 놀랄 일이 아니다. 구원받지

못한 자는 때때로 "누구든지 주의 이름을 부르는 자는 구원을 받으리라" (롬 10:13)라는 말을 들을 것이다. 그러나 그들에게 **회개하지 않는 마음으로**는 아무도 그를 '불러' 구원에 이르려고 해서는 안 된다고 말해 줄 만큼 충실한 사람이 과연 누가 있는가? 그리스도께서는 "자기에게 순종하는 모든 자에게 영원한 구원의 근원이 되신다" (히 5:9)는 말씀을 그들에게 상기시켜 줄 사람은 더구나 찾아볼 수가 없을 것이다.

같은 방식으로, 대단히 많은 목사들이 그리스도인이라고 고백하는 자들에게 설교할 때, 하나님의 위안을 주는 약속에 대해서는 커다랗게 강조하면서, 그의 거룩한 요구에 대해서는 거의 언급하지 않고 있다. 또한 "너희는 내가 명하는 대로 행하면 곧 나의 친구라" (요 15:13, 14)라고 덧붙이지는 않는 어떤 부류의 칼빈주의자들이 있다. 그리스도에 대한 사랑에 대하여 유창하게 말을 잘하는 자는 참으로 많으나 "우리가 그의 계명을 **지키면** 이로써 우리가 그를 아는 줄로 알 것이요 그를 아노라 하고 그의 계명을 지키지 아니하는 자는 거짓말하는 자요 진리가 그 속에 있지 아니하다" (요일 2:3, 4)는 말씀을 상기하는 자는 아주 드물다.

우리가 지금 다루고 있는 구절에서 그리스도께서는 실제적인 경건함이 절실하게 필요하다고 계속하여 주장하신다. 그는 그의 계율에 유의하거나 무시하는 일에 대해서, 튼튼한 기초 위에 집을 짓는 것이라든가 또는 가치 없는 기초 위에 집을 짓는 것이라고 비유하신다. 그리고 그 결과는 시험하는 날에 우리의 수고를 증명해 줄 폭풍에다 비유하셨다. 그가 명령한 것을 실제로 행한 자들만이, 즉 그의 율법에 진실로 복종한 자들만이 그 시험을 견디어 낼 것이다. 그리스도가 말씀하신 것을 듣고 회개에 대하여 말은 하면서도 결코 회개하지는 아니한 자, 즉 그리스도께서 말씀하신 율법은 칭송하면서도 그 계율에 개인적으로 복종하지 아니하는 자는 위기가 닥쳐오면 큰 혼란에 빠질 것이다.

마지막으로, 우리 주님께서는 이 설교에서 "너희 의가 서기관과 바리새인보다 더 낫지 못하면 결단코 천국에 들어가지 못하리라" 말씀하셨던 내용을 강조하셨다. 그가 가르치신 실제적인 의를 칭송하는 것만으로는 충분하지 않다. 즉 우리는 우리의 개인적인 성품과 행동으로 그것을 구현하고 표현해야 한다. 구원에 이르는 믿음이란 그리스도께서 가르치신 진리를 실천적으로 믿는 것인데, 그것은 우리가 전심으로 그의 권위에 복종함으로써 이루어진다.

제61장

참된 신앙고백

⑥

마태복음 7:24-27 말씀을 고찰해 보면 우리는 다음과 같은 질문에 대답을 찾아야 할 필요가 있음을 알게 될 것이다. 첫째로, 서두의 '그러므로' 라는 말의 진의는 무엇일까? 둘째로, '지혜로운 자' 와 '어리석은 자' 란 어떤 사람을 가리키는 것일까? 셋째로, 집의 주추가 되는 '반석' 과 '모래' 는 무엇을 나타내는 것일까? 넷째로, 각인이 세운 '집' 이란 무엇을 뜻하는 것일까? 다섯째로, 집에 몰아쳐 와 그 견고성을 시험하는 바람이란 무엇을 의미하는 것일까? 이 질문들은 아주 간단한 것이라 할지라도 그 대답을 어떻게 하느냐에 따라 이 구절에 대한 해석이 합리적인 것이 되느냐 불합리한 것이 되느냐가 결정된다. 이 질문에 대한 답을 찾으려면 우리는 누가복음 6:47-49의 병행구에 의존해야만 한다. 누가복음의 이 구절은 많은 세부사항을 부가적으로 보충설명해 줄 것이다. 우리가 경험해 온 바로는 1590년, 가장 초기의 청교도 중의 하나인 윌리엄 퍼킨스가 분석했던 것이 이 구절에 대한 가장 좋은 연구였다. 그는 세 가지 사항에 유의하였다. 첫째로, 되풀이하여 설명한 의무인 순종, 둘째로, 이 의무를 실행하는 데 있어서 필요한 지혜, 셋째로, 그 보상으로 주어지는 안전성이다. 이 지혜의 세 요소는 깊이 땅을 파서, 반석 위에 안전하게 주추를 놓고, 그 위에 집을 짓는 것이다.

첫째로, 서두의 '그러므로' 라는 말의 진의가 무엇인지 살펴보자. 우리는 앞 장에서 그것에 대한 좀 더 일반적인 특징들을 살펴보았는데 이제는 그리스도께서 여기에서 21-23절을 통해 엄숙하게 말씀하신 내용으로부터 명백하고 엄중한 결론을 내리셨다는 점을 지적해야 하겠다. 그 구절들에서 그리스도께서는 그가 주님이심을 입술로만 표현한다고 해서 그런 사람들이 모두 천국에 들어갈 것이 아니요 아들에 의해 알려진 아버지의 뜻을 행하는 자라야 들어갈 수 있다고 선포하셨다. 그렇다. 그 명령에 실제적인 순종을 하는 대신 설교와 놀라운 일을 행하는 자가 많이 있는데, 그러나 그리스도께서는 그러한 자들에게 "불법을 행하는 자들아 내게서 떠나가라"고 말씀하셨다. 그리고 즉시 이렇게 덧붙여 말씀하신다. "**그러므로** 누구든지 나의 이 말을 듣고 행하는 자는 그 집을 반석 위에 지은 지혜로운 자 같으니라." 이 두 구절 사이의 관계는 대단히 명백하게 나타나 있다. 그러므로 우리 주님께서 지금 우리가 다루고 있는 이 구절들을 통해 드러내시려 한 의도와 의미는 지극히 분명하지 않은가? 21-23절에서 그리스도께서는 그 두려운 날에 행해질 불의 심판을 받고서 살아남을 자가 누구인지를 알려주심으로써 그가 심판자로서의 직분을 이행하리라는 것, 즉 신앙고백자들을 시험하시리라는 것을 드러내신다. 그리고 24-27절에서는 지혜롭고 성공적으로 그 날에 대비하려면 어떤 길을 따라 걸어야 하는지를 알려 주신다.

시험하는 그 날에는 우리가 말한 것이 아니라 하나님의 뜻에 **순종하여 행한 것**만이 증거로서 받아들여질 것이다. 즉 우리가 말한 신앙고백이 아니라 그리스도인다운 행동을 통하여 그 고백을 뒷받침해 준 증거, 또는 우리가 믿었던 교리가 아니라 매일의 생활에서 낳은 **열매들**만이 시험에서의 증거로서 받아들여질 것이다. 우리가 특별한 은사를 지녔고 '그리스도인의 사역' 안에서 그 은사들을 사용하였다고 호소할지라도, 즉 교회에서 지도자 역할을 했고 그리스도의 이름으로 많은 일을 행했다고 호소할지라도, 우리가 그리스도의 멍에를 지고 우리에게 제시해준 모범을 따르지 않았다면 아무 소용도 없을 것이다. 참된 실천적인 경건만이 그 날에 옳다함을 받을 유일한 것이다. 개인적인 경건은 이 세상에서는 별로 높은 평가를 받지 못하지만 하늘에서는 가장 귀한 것이 될 것이다(히 12:14). 다가올 그 날에 온 세상의 심판자가 "각 사람에게 그가 **행한** 대로 갚아 주리라"(계 22:12). 그러므로 이제 지혜롭게 행하는 자란 그리스도의 명령을 양심에 새기고 그 명령에 따라 자기의 행동을 통제하는 사람이다. 그러나 반대로 하나님의 계시된 뜻을 무시하고 자신을 즐겁게 하는 것만 따르는 자는 어떠한 종교적인 외양을 갖추고 있다 해도 어리석은 자의 역할을 하는 것이며, 마침내 영원한 파멸을 당하게 될 것이다.

두 번째 질문에 대한 답은 앞 장에서 기술한 바로부터 충분히 예상할 수 있었을 것이다. '지혜로운 자'란 그리스도의 '이 말을 듣고서' 세상과 사탄을 숭배하는 행위를 버리고, 그에게 '나아와'(눅 6:47) 그것을 '행하는' 사람이다. '이 말' 이라는 표현에는 강조적인 의미가 들어 있는데 특별히 산상설교의 앞 부분에서 설명한 그리스도의 원리들과 거기에서 거듭 강조된 그의 계율을 가리키는 것이다. 여기서는 그리스도인의 **실천**에 대하여 설명한 것이기 때문에 기독교의 **교리**를 배우려고 한다면 신약의 다른 부분에 의존해야 할 것이다. 톨스토이와 같은 사람들은 서신서들을 무시하고 이 설교를 불공정하게 확대시켜 생각한다. 반면에 세대주의자와 같은 다른 사람들은 이 설교보다 서신서들을 더 높이 생각한다. 그러나 후자는 전자와 마찬가지로 비난받을 만한 일이다. 성경의 한 부분은 다른 부분과 상충되는 것이 아니기 때문이다. 이 설교와 서신서들은 둘 다 하나님의 계시된 진리에 있어서 본질적인 부분이다. "사도의 서신서들을 통하여 좀 더 분명하고 완전하게 제시된, 복음의 교리를 확고하게 믿는 사람들 이외에 전 시대를 통하여 우리 주님의 이 말씀에 전적이고 정직하게 순종한 사람이 누가 있는가?" (토머스 스코트).

그러므로 '지혜로운' 자란 그리스도에게 나아와 그의 가르침을 듣고 그것을 행하는 사람이다. 그리스도께서 명령한 것을 **행하는** 것이란 우선 그것을 믿는 것, 즉 그의 계율을 생활 전반에서 분명하게 적용시키는 것을 가리킨다. 그리고 그 계율을 이해하는 것을 포함하는데, 그렇게 하기 위해서는 지적인 날카로움보다는 오히려 겸손함과 온유한 마음이 요구된다. 즉 말씀을 행하는 것이란 그리스도의 말씀을 묵상하고 그에게 "제가 알지 못하는 것을 당신이 제게 가르치시옵소서"라고 부르짖는 것이다. 또한 그것은 계율을 마음에 새기는 것, 즉 그리스도의 이 말씀이 내가 지혜롭게 귀를 기울여야 할 좋은 권고를 담고 있을 뿐만 아니라 그 말씀을 소홀하게 여길 때 위험하게 될 수 있다는 그리스도의 엄숙한 경고임을 깨닫는 것이다. 그것은 그리스도께서 금지하신 일들을 피하고 그가 상세하게 설명한 의무들을 실제적으로 실천에 옮기는 것을 의미한다. 다시 말하면 "너희가 이것을 알고 행하면 복이 있으리라"(요 13:17). "우리는 그리스도께서 하신 모든 말씀들, 즉 그가 제정하신 율법뿐만 아니라 계시하신 진리도 실행해야만 한다. 그 말씀들은 우리의 눈에도 등불이 될 뿐만 아니라 그것을 행동으로 옮기는 발걸음을 비춰주는 등불이기도 하며, 우리로 어떻게 판단해야 할지를 알려주고 우리의 마음과 생활을 개혁시켜 주기 위해서 계획된 것이다"(매튜 헨리).

우리는 지금 다루고 있는 구절 속의 **행한다**는 말을 매우 중요한 말로 간주하고 있는데, 그 의미를 부당하게 제한하여 해석하지 않도록 주의를 기울여야 할 필요가 있다. 우리 주님의 말씀을 **행하는** 것이란 그리스도께서 요구하신 행위들을 단순히 수행하는 것 이상의 훨씬 더 깊은 의미가 있다. 즉 우리의 내적이고 외적인 전체적인 인간성이 그 말씀대로 따라야만 한다. 다시 말하면, 우리의 성품이 그 말씀들에 의해 형성되어야 하고, 우리의 사랑은 그것에 의해 통제되어야 하며, 우리의 의지는 그것에 의해 지배되어야 하고, 생각하는 습관도 그 말씀에 따라 좌우되어야 한다. 그리스도의 말씀을 우리 안에 '거하게' 해야 하는데, 그것도 '풍성하게' 거하도록 해야 한다(골 3:16). 그리고 그 영적인 성장과정은 원예와 도 같아서 그 진행에 따라 잘 돌보아야만 한다. 우리는 "모든 더러운 것과 넘치는 악을 내버리고 너희 영혼을 능히 구원할 바 마음에 심어진 말씀을 온유함으로 받 아야 한다"(약 1:21). **'마음에 심어진 말씀'** 이라는 말에 충분히 주목해야 하겠 다. 즉 그것은 우리에게 말씀해 주신 것을 우리 안에 뿌리내리게 하고 영혼 안에 서 자라나게 해야만 하며 그 자체의 줄기로부터 모든 수액을 끌어올리는 것, 즉 '우리 안에 있는 모든 것이' 그 말씀을 섬겨야 한다는 뜻이다. 그렇게 함으로써 "너희는 마음을 새롭게 함으로 변화를 받아야 한다"(롬 12:2). 이것이야말로 참 된 '회심' 이며 이에 미치지 못하는 것은 그 어떤 것도 참된 회심이 될 수 없다.

우리가 위에서 고찰해 온 바에 의하면, 첫 단락에서 제시했던 질문들에 대한 몇 가지 답들은 서로 간에 대단히 밀접한 관계가 있으며, 필연적으로 서로로부터 자연스럽게 이끌어져 나오고 있다는 것을 알 수 있다. 우리 주님께서 반석 위에 그 집을 지은 자는 지혜로운 자라고 말씀하실 때 사용하신 '반석' 이라는 말이 무 엇을 뜻하는지 이제 독자는 스스로 결정할 수 있지 않겠는가? 지금 우리가 다루 고 있는 구절의 범위와 문맥과의 관계를 기억한다면 24절의 전반부는 후반부의 의미에 대한 결정적인 지침이 아니겠는가? 여기에서의 '반석' 이란 우리가 이해 하고 믿으며 순종하는 그리스도의 바로 '이 말' 이다. "이 말이란 영원한 진리와 의에 대한 명령이다. 그러므로 차라리 산들이 들리울지언정 이 말씀들 중의 단 한 가지라도 땅에 떨어지지는 않을 것이다. 이것은 지혜로운 건축자가 그 위에 건물을 세우는 기초이다. 즉 지혜로운 자는 그 자신의 추측이나 추론을 따르지 않으며 또한 다른 사람들의 논지와 추론에도 따르지 않고 다만 '하나님의 진실하 고 충실한 말씀' 을 따른다"(존 브라운). 그리고 여기에 덧붙여 말하자면, 지혜로 운 사람은 자기의 마음이 원하는 현세적인 욕망을 따르지 아니한다. 그런데도 독 자가 여전히 여기에서의 '반석' 이 그리스도 자신을 뜻하는 것이라고 주장한다면 나는 이렇게 대답하겠다. 만일 그렇다면 당신은 그리스도를 대제사장이 아니라 단지 하나의 예언자로, 구세주가 아니라 단지 주님으로, 그리고 구속자가 아니라 단지 **선생**에 불과한 것으로 간주하는 것이다.

비록 그것을 **어떻게** 설명하느냐에 대하여 그 범위의 한계가 어느 정도 자유롭게 허용되어져 있긴 하지만 여기에서 건축자가 '반석' 위에, 혹은 그리스도의 '말씀' 위에 세우는 '집'이란 **무엇을** 뜻하는지를 결정하는 것은 거의 어렵지 않을 것이다. 가장 훌륭한 주석가들이 이루어 놓은 그것에 관한 주요한 정의를 살펴보면 다음과 같다. 즉 그가 말한 **신앙고백**, 말씀에 따라 형성한 **성품**, 그리고 말씀에 의지하여 간직한 **소망**이라고 할 수 있다. 이 세 가지 생각들을 분석해 보면 근본적으로 다른 것은 거의 없다. 어떤 사람이 말한 신앙고백은 이 설교를 통해 말씀하신 그리스도의 전체적인 가르침에 따라 형성한 성품에 의해, 즉 그 가르침에 부합하여 행동함으로써 참된 것으로 드러나게 된 그의 성품에 의해 그것을 증명해야만 효력이 있다. 그리고 어떤 신자가 간직한 소망, 즉 하나님께서 그 사람을 그의 사랑하는 자로서 받아들이셨다고 믿는 확신도 또한 그것이 이 '반석' 위에 기초를 둔 것이 아니라면, 다시 말하면 그가 주장하는 그러한 소망이 영원한 축복을 기대하는 것을 정당하게 해주는 참된 성품에 근거를 둔 것이 아니라면, 그의 소망은 단지 위장이거나 단순히 현세적인 확신에 불과한 것이다. 게다가 선한 소망을 간직하는 것, 즉 나는 하나님의 자녀임을 평화로이 확신한다고 고백하는 것은 그리스도의 '말'을 생활 속에서 충실히 적용하고 그에 동화됨으로써 형성한 참된 성품의 본질적인 요소이다.

그리스도의 가르침에 따라 그리스도인의 성품을 형성하는 것을 설명하시기 위하여 사용한 '집을 짓는다는' 상징은 사도행전과 서신서들에서 자주 발견된다. 바울은 에베소의 장로들과 작별할 때 "너희를 능히 **든든히** 세우시는"(행 20:32) 하나님과 그의 은혜의 말씀에 그들을 부탁하였다. 그리고 골로새 성도들에게는 "그러므로 너희가 그리스도 예수를 주로 받았으니 그 안에서 행하되 그 안에 뿌리를 박으며 세움을 받으라"(골 2:6, 7)고 권하였다. 반면에 유다도 성도들에게 "너희의 지극히 거룩한 믿음 위에 자신을 세우라"(20절)고 명령하였다. 여기에서 '건축하다'로 표현된 말은 '덕을 세우다'라는 말을 달리 바꾼 것이다. 그것은 다음의 예들을 통해 나타난다. "우리가 화평의 일과 서로 덕을 세우는 일을 힘쓰나니"(롬 14:19). "우리 각 사람이 이웃을 기쁘게 하되 선을 이루고 덕을 세우도록 할지니라"(롬 15:2). "무릇 더러운 말은 너희 입 밖에도 내지 말고 오직 덕을 세우는 데 소용되는 대로 선한 말을 하라"(엡 4:29). "그러므로 피차 권면하고 서로 덕을 세우기를 너희가 하는 것 같이 하라"(살전 5:11). 디모데는 다음과 같은 교훈을 들었다. "신화와 끝없는 족보에 몰두하지 말게 하려 함이라 이런 것은 믿음 안에 있는 하나님의 경륜을 이룸보다 도리어 변론을 내는 것이라"(딤전 1:4). 우리는 서로 대화할 때 우리의 말하는 것이 영적으로 건설적인 성품을 이루는 것이 되고, 파괴적인 것이 되지 않도록 대단히 주의를 기울여야 한다.

그러면 '집' 이란 우선은 어떤 사람이 말한 신앙고백을 뜻하는 것이라고 보아도 좋겠다. 그런데 그것은 시험하는 날에 증거로서 제시될 것이다. 혹은 좀 더 정확히 말하면, 집이란 어떤 사람으로 하여금 그리스도인의 신앙고백을 하도록 만든 그의 성품을 뜻하는 말이다. 그런데 '성품' 이란 그의 믿음, 감정, 사랑 그리고 활동적인 습관 등 그를 이루고 있는 총체적인 골격이라 할 수 있다. 그는 진리에 대한 믿음으로써 유일하면서도 견고한 주추를 놓았으므로 그 위에 자기의 사고와 감정 그리고 의지의 건물을 세운다. 그는 "너희에게 전하여 준 바 교훈의 본" 을 따라 형성될 것이다(롬 6:17). 그는 자기 자신의 현세적인 욕망에 의해 조정되지 않으며, 동료의 견해나 모범에 의해서도 아니고 그리스도의 견고하고 권위 있는 계율에 의해 통제된다. 따라서 그는 "영생의 소망"(딛 1:2)을 간직한다. 그리고 그것은 "은혜로 주신 좋은 소망" 이다(살후 2:16). 왜냐하면 그것은 믿을 만한 주추에 기초를 둔 것, 즉 주님의 계율과 약속에 근거를 둔 것이기 때문이다. 즉 우리는 그 계율을 붙잡고 실천으로 옮겼으며, 그 약속을 믿음과 합하여 자기 자신의 것으로 삼았기 때문이다. 그런 소망은 시험의 기간에 '견고하고 확고한 것' 으로 입증될 것이다.

서로 다르기는 하지만 지금까지 살펴온 바에 의하면 모든 해석은 '행하다' 라는 말을 중심으로 고찰되며, 그 말에 따라 결정되는 것으로 보인다. 즉 **그 말**은 이 구절의 열쇠가 되는 말이다. 그러므로 이 구절의 중심적인 주제는 우리가 하나님의 뜻을 실천적으로 따르는 것이 되겠다. 하나님께서 순종에 부여한 중요성과 가치는 "순종이 제사보다 낫고 듣는 것이 숫양의 기름보다 나으니"(삼상 15:22)라는 구절에 나타나 있다. 하나님의 명령대로 따르는 것은 어떤 외적인 종교의식보다도, 또는 세상에서 이루시고자 하시는 그의 대의가 이루어지도록 지극히 관대하게 기부하는 것보다도 하나님을 더욱 기쁘게 해드린다. 토머스 스코트는 레위인의 제사에 대하여 적절하게 지적하였다. 즉 "그것들의 가치는 전적으로 하나님이 해주신 약속에 의해서 살아나는 것이다. 하나님께 순종하며 회개하고 믿고 그리고 경건한 마음으로 바치는 것이 아니라면 그 제사들은 받아들여지지 아니하였다. 그러므로 경건하게 지내는 대신에 그것들을 바친 것이라면, 혹은 목적을 소홀히 한 것을 보상하기 위하여 제사의 수단을 사용하였으면서도 그것이 상 받을 만한 것이라고 믿는다면 그 제물이 아무리 값 비싸고 많다고 하더라도 하나님께서는 그것을 아주 싫어하셨다." 그것은 오늘날에도 마찬가지이다.

그리스도께서도 마찬가지로 순종에 대하여 계속하여 강조하셨다. 그리스도께서 청중들에게 말씀하고 계셨을 때 한 사람이 말하기를, 그의 어머니와 형제들이 그와 이야기를 원하며 밖에 서 있다고 알려오자 그리스도께서는 손으로 '그의 제자들' 을 가리키며 이렇게 말씀하셨다. "나의 어머니와 나의 동생들을 보라 누구든지 하늘에 계신 내 아버지의 뜻대로 하는 자가 내 형제요 자매요 어머니이니라 하시더라"(마 12:49-50). 그것은 그리스도께서 말씀하신 것처럼 영적으로 그에게 가장 가깝고 가장 사랑스런 사람이 그의 '제자들' 이라는 뜻이다. 그리고 하나님의 뜻을 **따르는** 자들이 그의 제자들이라는 말이다. 또 하나의 예를 들면, 어떤 여자가 그에게 "당신을 밴 태와 당신을 먹인 젖이 복이 있나이다"라고 말하자 그는 이렇게 대답하셨다. "오히려 하나님의 말씀을 듣고 지키는 자가 복이 있느니라" (눅 11:27, 28). 하나님께서 축복을 내려주시는 사람은 그의 말씀을 지키는 사람이다. 즉 그것을 가장 귀한 신앙고백으로 간직하는 사람, 그것을 생각으로 자주 묵상하는 사람, 그리고 생활 속에서 그것을 실천의 규칙으로 삼는 사람이다.

양심적인 사람들은 그들의 순종이 대단히 불완전하고 결함이 많다는 것을 느끼기 때문에 바로 이 점에서 괴로워하는 것 같다. 그러므로 우리는 그들의 두려움을 편안하게 해주기 위해서 노력해야 하며, 이 말을 듣고 **행하는** 자라고 말씀하신 것을 통해 **의미하는** 바는 무엇이고 의미하지 **않는** 바는 무엇인지를 밝히려고 노력해야 한다. 우리 주님의 말씀은 그의 제자들이 영구적이고 흠 없이 그의 계율을 이행해야 한다는 뜻이 아니다. 왜냐하면 그는 사람들이 중생했어도 그들에게서 현세적인 본성을 없애지 아니하셨으며, 또한 그들이 죄 없는 순종을 할 수 있을 만큼 그 정도로는 이 세상에서 그들에게 그의 은혜를 허락하지 아니하셨기 때문이다. 하나님께서 그것을 좋다고 생각하셨더라면 이 두 가지 은혜를 다 주셨을 것이다. 그러나 이 세상에서 본래적으로 허락된 의(義)보다는 전가된 의를 높이는 것이 하나님이 기뻐하시는 뜻이다. 모든 성도들은 하나님의 율법이 전체적으로 요구하는 순종을 전적으로 바치지 못할 뿐만 아니라 단 하나의 명령조차도 온전히 순종하지 못한다. 그것은 우리가 이행하는 모든 의무와 나아가 우리가 바치는 최상의 예배행위라 할지라도 죄로 더럽혀지기 때문이다. 지극히 거룩한 사람이라 하더라도 타락으로 인하여 본연의 순결을 잃고 있으며, 탐욕의 세력이 그들이 바라고 추구하는 완전한 거룩함을 해치려고 대적하며 활동한다(롬 7:18-21 ; 갈 5:17).

그리스도인들은 영과 진리 가운데, 완전한 것은 아니라 할지라도, 즉 글자 그대로 온전하게 실행하는 것은 아니라 할지라도 **진정으로** 그리스도의 말씀을 이행한다. 그리스도께서 사도들의 아버지 되신 하나님께 "그들은 아버지의 말씀을 **지키었나이다**"(요 17:6)라고 말씀하셨을 때도 제자들이 그리스도께서 행하셨던 것만큼 그렇게 결함 없고 탁월하게 이행하였다는 뜻은 아니었다. 그리고 "우리가 그의 계명을 지키면 이로써 우리가 그를 아는 줄로 알 것이요"(요일 2:3)라는 말씀에서도 우리는 현세에서 부분적으로 **"그를 알"** 뿐이기 때문에(고전 13:12), "그의 명령도 **부분적으로** 지킬 뿐이라고 이해하는 것이 일관성 있는 생각이다. 선하게 행하려는 **참된 의지(뜻)**가 있으면(롬 7:18; 히 13:18; 딤전 6:18) 하나님께서는 그것을 행한 것이나 다름없이 그대로 받으신다(고후 8:12). 그의 백성이 그의 법을 자기 마음에 기록하였기 때문에(히 10:16), 또한 그들이 자기의 속사람으로 하나님의 법을 즐거워하기 때문에(롬 7:22), 그리고 그들이 주의 율례를 굳게 지키려 하고(시 119:5), 주의 계명을 첩경으로 행하려 하며(시 119:35), 그들의 불순종을 회개하고 자복하여 아뢰었기 때문에(시 32:5), 하나님께서는 그의 은혜의 계약에 따라 그리고 그리스도를 인하여 그들의 불완전한 순종을 받아들여 기뻐하시고, 그들의 참된 뜻만으로 그들이 율법을 지킨 것으로 간주하신다.

앞 단락에서 그릇된 결론을 내리지 않기 위하여 두 가지 사항을 지적해야 하겠다. 첫째로, 하나님께서 우리의 결함 있는 순종을 받으시기 위하여 그의 표준을 낮추신 것이라고 추정해서는 **안 된다**. 그 표준은 **액면 그대로 탁월한** 것이며 결코 변하지 않을 것이다. 그러나 하나님이 백성의 보증인이신 그리스도께서 그 표준을 완전하게 이행하셨고, 그래서 그의 완전한 순종은 그를 구원에 이르는 방법으로 믿는 자들의 것으로 간주된다. 그리하여 그리스도의 순종이 전가됨으로 말미암아 그의 백성들은 율법의 눈으로 보더라도 흠 없이 의로운 것이다. 본래 그들은 율법을 온전하게 승인하고 그 안에서 기뻐하며 전체적인 율법에 전심으로 순종하려고 진정으로 애쓴다는 의미에 있어서 의로운 것이다. 즉 그들이 의로운 것은 "율법의 요구를 그들 **안에 이루어지게** 하려 하기 때문이다"(롬 8:4). 그러나 그들 안에 남아 있는 타락 때문에 그들은 그들의 원하는 바를 실현하지 못하고 (빌 3:12), 그들의 죄로 인하여 슬퍼하며 그들의 죄를 고백한다. 그리고 그리스도로 인하여 용서받는다. 그들은 현세에서 하나님께 흠 없는 순종을 드리려고 하기보다는 하나님께로부터 잘못을 용서받으려고 하는 쪽에 더 적극적이다. 어떤 옛날 주석가들은, 그리스도인의 현세적인 완전함은 그들이 불완전하다는 사실을 참회하며 자백하는 데 있다고 말하곤 하였다.

둘째로, 우리는 진실하나 불완전한 이 순종의 본성과 의미를 보충하여 정직하게 설명할 필요가 있다. (1) 그리스도인이 주님의 '이 말'에 따르는 것은 외적일 뿐만 아니라 **내적이고 영적인** 일이다. 어떤 사람이 그리스도의 적극적이고 소극적인 모든 계율에 외적인 행동으로는 따르지만 내적인 성품으로는 그 계율로부터 아무런 영향도 받지 않는다면, 그것은 영혼이 없는 육체, 즉 시체와 같은 것이다. 어떤 사람이 적절하게 표현했듯이 영혼의 순종이란 순종의 영혼이다. 성도들의 의가 서기관이나 바리새인보다 나았던 것은 특히 바로 이 점에서였다. 왜냐하면 서기관과 바리새인들은 외적으로는 율법에 전적으로 순종했지만 그들의 내부에는 제재를 가하지 아니한 탐욕이 가득 차 있었기 때문이다. 율법이란 '신령한' 것이다(롬 7:14). 그래서 영적으로 따르는 것이 요구된다. 하나님께서 받으시는 유일한 예배는 "영과 진리로" 드리는 것이다(요 4:24). 그럼에도 불구하고 우리의 순종은 영적인 묵상과, 우리의 정욕을 절제하고 은혜를 자라게 하는 것을 생각하는 것으로만 이루어지는 것은 아니다. 즉 진리 안에서의 외적인 행동도 있어야만 한다.

(2) 진정한 순종이란 **치우치지 않는** 것이다. 그러므로 구약과 신약의 계율과 권고를 통해 나타나 있는 전체적인 율법에 전반적으로 다 적용된다. 하나님께 속하는 일에는 대단히 헌신적이면서도 인간에게 속하는 일에는 양심과 공정성이 결여된다면 그것은 가공할 위선이다. 바리새인들은 이 점에서 악명이 높았다. 즉 그들은 긴 기도를 하면서도 과부의 집을 탈취하였고, 일주일에 두 번씩 금식하면서도 그의 제자들에게는 견디기 어려울 정도의 과중한 짐을 지게 했다. 또한 그들은 십일조는 헌금하면서도, 하나님께 맹세로 드렸다면 그 부모를 공경할 것이 없다고 가르쳤다(마 15:5-6). 그러므로 독자여, 당신이 매일 '새벽기도회'에 나가

고 '금식' 한다 하더라도 사람들에게 사악하고 욕심 사납게 대한다면 그것은 극악한 모욕이다. 당신이 찬송으로써 그리스도의 인격과 완전하심을 노래하고 칭송한다 하더라도 거짓말하고 도둑질한다면 그것은 하나님의 면전에서 풍기는 악취인 것이다. 다른 한편으로 당신의 동료에게 제아무리 정직하고 진실하게 대한다 하더라도 하나님이 받으셔야 할 순종과 기도와 찬송을 드리지 않는다면 당신의 마음은 부패한 것이다. 세례 요한의 부모에 대해서 이렇게 적혀 있다. "이 두 사람이 하나님 앞에 의인이니 주의 모든 계명과 규례대로 흠이 없이 행하더라" (눅 1:6).

(3) 참된 순종은 **보편적**이다. 그것은 실천한 것뿐만 아니라 믿은 것도 포함하는 것을 의미한다. 그러므로 그것은 "믿어 순종하는 것" 이라 일컬어진다(롬 1:5). 하나님의 명령은 사악한 일을 금지시킨 것이라는 것만으로 제한되는 것이 아니라 그릇된 교리를 믿어서는 안 된다는 점으로까지 확대된다. 서신서들을 주의 깊게 읽어보면 사도들이 음란한 생활을 하는 자들에게 그랬던 것처럼 그릇된 것을 가르치는 사람을 고발하는데 있어서도 대단히 단호하고 엄격했으며, 또한 선하고 순결한 양심을 열렬하게 강조했던 것처럼 올바르고 거룩한 믿음의 필요성을 강조했다는 사실을 발견하게 될 것이다. 진실한 마음을 가진 사람은 죄 있는 행동을 반대하는 것처럼 이단에 대해서도 분명하고 열렬하게 반대하였고, 이단에 대해서 그랬던 것처럼 죄 있는 행동에 대해서도 그러했다. 불경건에 대해서는 반대하지만 그릇된 교리에 대해서는 무관심한 사람은 그의 마음이 올바른지에 대해서 의심할 만하다. 또한 그릇된 교리에 대해서는 고발하면서도 자기 자신이나 가족들의 사악함을 보고 그냥 지나치는 사람은 그의 신앙고백이 정당한 것인지에 대해 물어야 할 진지한 이유가 있다. 그리스도인들은 품행에서와 마찬가지로 믿음의 문제에 있어서도 방종해서는 안 된다. 완고한 이단자들도 공공연하게 부도덕한 자들과 마찬가지로 교회에서 쫓겨나야 한다.

이 장의 길이가 이미 너무 길어졌으므로 이제 우리는 다섯째 질문, 즉 '집'에 몰아쳐 와 그 견고성을 시험하는 폭풍은 무엇을 뜻하는 것인지의 질문에 대해서는 27절 말씀을 고찰할 때 대답하기로 하고 미루어 두어야 하겠다.

제62장

참된 신앙고백

❼

"**나의** 이 말을 듣고 행하지 아니하는 자는 그 집을 모래 위에 지은 어리석은 사람 같으리니 비가 내리고 창수가 나고 바람이 불어 그 집에 부딪치매 무너져 그 무너짐이 심하니라"(마 7:26, 27). 우리 주님께서는 여기에서 비유적인 언어를 사용하셨다. 그러나 그가 사용하신 상징의 진의는 무엇일까? 모래 위에 집을 짓는 것이라는 이 표현은 무엇을 뜻하는 것일까? 그것은 분명히 그의 제자라고 주장하지만 그 고백의 이면에 그것을 뒷받침해 줄 진실이 없는 자들을 의미한다. 즉 그것은 천국에 가기를 기대하지만 불완전한 기초 위에 희망을 두는 사람들, 즉 시험의 기간에 그들을 낙담시키게 될 어떤 것을 믿는 자들을 가리킨다. 이 구절들은 형언할 수 없을 정도로 엄숙한 말씀으로서 자기의 영혼을 가치 있게 생각하는 모든 독자들로 하여금 이 구절에 접했을 때 두려워 떨게 하며, 자기 자신을 철저하게 수없이 재성찰하도록 해준다. 또한 이 구절들이 나의 끔찍한 상태를 설명하고 있는 것은 아닌가 의심해 보도록 이끌어 주는 말씀이다.

이 설교의 마지막 부분에서 우리 주님께서는 다음과 같이 말씀하셨던 본문의 뜻을 강조하셨다. 즉 "내가 너희에게 이르노니 너희 의가 서기관과 바리새인보다 더 낫지 못하면 결코 천국에 들어가지 못하리라"(5:20). 그렇다면 어떤 점에서 '의'가 결핍되어 있는 것일까? 첫째로, 내적인 상태에 대하여 전적으로 소홀히 여긴 데 있다. "화 있을진저 외식하는 서기관들과 바리새인들이여 회칠한 무덤 같으니 겉으로는 아름답게 보이나 그 안에는 죽은 사람의 뼈와 모든 더러운 것이 가득하도다"(마 23:27). 그들이 육욕을 전혀 절제하지 않은 데에 결함이 있다. 둘째로, 그들은 제일 중요한 것을 우선적으로 생각하지 않았다. "너희가 박하와 회향과 근채의 십일조는 드리되 율법의 더 중한 바 정의와 긍휼과 믿음은 버렸도다"(마 23:23). 셋째로, 그들은 그들 자신에게 유익이 되는 원리에 따라서 자신의 영예를 위하여 일하였다. 즉 하나님께 순종하고 그에게 영광을 드리기 위하여 일한 것이 아니라 "그들의 모든 행위를 사람에게 보이고자 하였다"(23:5). 넷째로, 그들은 그들 자신이 가르친 것을 실천하지 않았다. 즉 "말만 하고 행하지 아니하였다"(23:3). 그들의 말은 다 선량하였지만 행동은 전적으로 악하였다.

서기관과 바리새인들은 영혼의 영성, 마음의 순결함, 행위의 고상함 등에 관해서 전혀 유의하지 않았다. 그들은 금식하고, 길모퉁이에 서서 기도하고, 남들에게 보라는 듯이 요란하게 구제하는 일에는 재빨랐다. 그러나 그것은 모두 사람들 사이에서 그들의 평판을 높일 목적으로 행해진 것이었다. 그리고 우리는 **그들의** 신앙에서 세상 사람들이 가지고 있는 것과 같은 본성적인 신앙, 즉 외적인 의무 수행을 하는 것만으로 확실히 영원한 축복을 받기에 충분하다고 믿고 있는 듯한 증거를 찾아볼 수 있다. 말로는 이것을 부인하면서도 행동으로는 이것을 실증하고 있는 사람들이 의심할 여지 없이 많이 있다. 그들은 몸은 기도하는 집에 오지만 영혼을 동반하지는 않는다. 즉 입으로는 예배를 하지만 "영과 진리로"는 예배하지 않는다. 즉 그들은 침례나 새벽기도회에 나가는 것은 그 형식을 고수하면서도, 전력을 다하여 마음의 상태에 주의를 기울이는 일에는 전혀 마음을 쓰지 않았다. 그들은 자신의 정통적인 교리는 자랑하지만 그러나 그리스도의 계율은 무시한다. 신앙고백을 하는 수많은 그리스도인들은 외적인 폭력 행위는 피하지만 이웃에 대하여 나쁜 소문을 퍼뜨림으로써 이웃의 명예를 손상시키는 일은 주저하지 않는다. 그들은 '목사의 사례비'는 규칙적으로 내면서도 "사업은 사업이야"라고 말하며 상품을 부정하게 팔고 고객을 속이는 것은 피하지 않는다. 그들은 하나님의 율법보다 인간의 율법을 더 중요시한다. 왜냐하면 그들은 하나님을 두려워하지 않기 때문이다.

앞 장에서 '지혜로운' 건축가에 대하여 대단히 길게 고찰하였으므로 보통 '어리석은' 자라고 분류되는 집단을 알아보는 데는 별 어려움이 없을 것이다. 그들은 어떻게 신앙고백을 하고 어떤 겉치레를 꾸민다 해도 그리스도의 '말씀'을 행하지 **아니하는** 자들이다. F. W. 그랜트(Grant)조차도 이 구절에 대하여 간략하게 언급하였다. "그의 말을 생명력 있게 실천하는 자는 폭풍에 견딜 수 있는 집을 지은 것이다. 그 밖에 누구도, 그리고 그 밖에 아무것도 폭풍에 견디지 못할 것이다." 그런데, 그의 저서「숫자로 본 성경」을 읽은 수많은 사람들 중에서 단 두 사람도 그러한 일을 전혀 믿지 아니한다는 것은 매우 두려운 사실이다. '지혜로운'

건축가에 대한 누가복음의 말씀을 통해서 그 설명이 부가적으로 설명된다. "내게 나아와 내 말을 듣고 행하는 자마다 누구와 같은 것을 너희에게 보이리라 집을 짓되 **깊이 파고** 주추를 반석 위에 놓은 사람과 같으니"(눅 6:47, 48). '어리석은' 자들은 '깊이 파지' **않는다.** 이것은 두 부류를 구별지어 주는 중요한 점이기 때문에 '깊이 판다' 는 말이 무엇을 뜻하는 것인지 살펴보아야 한다.

과거 어느 땐가 신앙고백을 하는 그리스도인에게 '깊이 판다' 는 이 말을 강조할 필요가 있었다면 그것은 오늘날에도 마찬가지이다. 우리는 피상성과 천박함이 특징을 이루고 있는 시대에 살고 있는데, 이 시대에는 종교 그 자체도 단순히 피상적인 것으로 타락해 버렸다. 깊이 쟁기질하는 일도 전혀 없고 삽질하는 일도 없으며 기초공사를 하지도 않고 마음을 다치는 일도 없다. 그러나 제멋대로 사는 나의 삶을 슬퍼하지 않는다면 기쁨을 누리기 위한 견고한 토대도 갖지 않는 것이다. "깊이의 결여, 진지함의 결여, 신앙에 대한 열성의 결여 — 이것은 우리 시대의 전반적인 결핍증이다. 믿음으로 하나님을 알아보는 눈이 없는 것, 우리의 영혼을 진지하게 생각하지 않는 것, 우리 마음의 잘못을 도려내기 위해 란셋(수술용 칼)을 사용하는 일이 없는 것, 하나님께서 죄를 반대하여 내놓는 제재신호를 무시하는 것, 그리스도에게 의지하며 사는 태도에 무심한 것, 즉 그리스도에 대해 많이 읽고 말은 많이 하지만 그의 살을 먹고 피를 마시는 일은 거의 없는 것, 이러한 일들은 모두 다 동요하는 신앙고백의 원인이 되며 기초가 없는 소망이다." 1870년대에 스펄전이 그러한 일을 고발하였다면 그 이후로는 그 슬픈 사태가 얼마나 더 악화되었겠는가!

그리스도를 구원에 이르도록 아는 것 또는 그리스도를 붙잡는 것이란 많은 사람들이 생각하는 것처럼 그렇게 간단한 일은 아니다. 우리는 간청하는 자로서 구속자에게 나아가기 전에 지극히 겸손하게 자신을 낮추어야 한다. 하나님의 율법은 죄인들을 그리스도에게로 인도해 주는 지정된 교사이다. 그러나 아주 많은 사람들이 학교에서 도망가거나 무단으로 결석한다. 많은 사람들이 그리스도 위에 건물을 세우려고 시도하지만 적합한 기초공사는 하지 않는다. 그래서 시험하는 날에 반대와 박해와 거센 물결이 그들의 마음과 그리스도 사이로 밀려들어올 것이며, 여러 가지 유혹들이 들어와 그들의 신앙고백으로부터 그들을 단절시킬 것이다. 본래 우리의 마음은 자기애와 자기 연민 그리고 자기 만족감으로 가득 차 있으며, 그래서 그리스도를 받아들일 여지가 없다. 어떤 여자가 돈 때문에 어떤 남자와 결혼하는 것처럼 많은 사람들은 그리스도의 인격에 대한 사랑도 없고, 그를 주님으로서 인정하거나 자기를 굴복시키려고 결심하지도 않고서, 그가 주는 이익 때문에 그리스도를 기꺼이 받아들인다. 바울이 취한 순서를 살펴보자. "내가 그를 위하여 모든 것을 잃어버리고 배설물로 여김은 그리스도를 얻고 그 안에서 발견되려 함이니 내가 가진 의는 율법에서 난 것이 아니요 오직 그리스도를 믿음으로 말미암은 것이니 곧 믿음으로 하나님께로부터 난 의라"(빌 3:8, 9). 그러므로 먼저 그리스도요, 그 다음이 그리스도의 의이다.

1. '깊이 파는' 사람은 그리스도인이라는 신앙고백을 성급하고 경솔하게 하지 않는 자이며, 대신 "먼저 앉아 그 비용을 계산하는" 사람이다(눅 14:28). 자기가 잃어버린 자라는 사실에 대하여 어떤 것을 깨닫기 이전에 구원을 받았다고 말하는 자들이 그리스도의 왕 되심에 대한 주장에 관해서는 아무것도 알지 못하면서 그를 영접했다고 고백하는 자들도 있다. 그리스도의 제자 신분에 필요한 용어에 대해서는 아무것도 알지 못하면서 세례를 받으려고 나오는 자들이 있다. 그들은 성급하게 종교적인 신앙고백을 하는데 대부분의 경우 다시 성급하게 종교로부터 떨어져 나간다. 그들은 죄에 대한 고통스런 자각과 더불어 말씀을 받아들이기보다는 오히려 '기쁨'으로만 말씀을 받아들인다. 그러나 그들은 "그 속에 뿌리가 없어서" 오로지 "잠시 견딜 뿐이다"(마 13:20, 21). 그러므로 어떤 사람이 그리스도에게 "어디로 가시든지 저는 좇으리이다"라고 말하자 그리스도께서는 "나는 머리 둘 곳이 없도다"라고 대답하셨다. 또 다른 사람이 "주여 내가 주를 좇겠나이다"라고 경솔하게 말했을 때에도 "손에 쟁기를 잡고[그런데 쟁기질을 하는 것은 결코 쉬운 일이 아니다!] 뒤를 돌아보는 자는 하나님의 나라에 합당치 아니하니라"고 대답하셨다(눅 9:58-62). 그리고 그의 사도들에게도 "롯의 처를 생각하라"고 경고하셨다(눅 17:32).

2. '깊이 파는' 사람은 독선과 자만심, 그리고 자기만족을 버리려고 노력하는 사람이다. 죄인은 무엇보다도 그가 그리스도에게 **나아갈** 능력이 없다는 사실을 깨달을 필요가 있다. 즉 하나님께서 그로 하여금 그리스도를 그를 통치하는 왕으로서 기꺼이 영접할 마음을 주셔야만 한다는 것을 깨달을 필요가 있다. 주님 자신도 이 사실을 청중들에게 어떻게 강조하셨는지 살펴보자. "나를 보내신 아버지께서 이끌지 아니하시면 아무도 내게 올 수 없으니"(요 6:44). 그러나 오늘날과 같이 인간의 '자유의지'를 그토록 소리높이 부르짖는 시대에 그것을 믿는 자가

누가 있는가! "건강한 자에게는 의사가 쓸 데 없고 병든 자에게라야 쓸 데 있느니라"(마 9:12). 자신이 약하다는 것을 알지 못하는데 무엇 때문에 힘을 얻기 위해 위대한 의사를 찾겠는가. 그리고 내가 더럽다는 것을 전혀 알지 못하는데 깨끗함을 얻기 위해서 의사를 찾을 이유가 있겠는가? 오직 하나님만이 우리의 타고난 교만과 자기만족을 굴복시킬 수 있다. 그리고 그렇게 되기 위하여 하나님께서 그의 능력을 자비롭게 베푸시도록, 그리고 내 안에서 그에게 반대하여 일어나는 것들을 이기시도록 그와 더불어 영혼의 격렬한 싸움을 할 필요가 있다.

3. '깊이 파는' 사람은 진리에 대한 경험적이고 내적인 지식을 얻으려고 노력하는 사람이다. 진리에 대하여 단순히 개념적이거나 신학적으로만 아는 것은 그를 만족시키지 못할 것이다. 그는 진리가 그 안에 깊이 뿌리를 내리고 그의 '중심'에 안식처를 마련하도록(시 51:6) 진리에 대하여 실천적인 지식을 가지려고 열망한다. 진리는 사야만 한다(잠 23:23). 지혜로운 건축자는 필요한 값을 아주 기꺼이 치를 것이다. 즉 그것을 사기 위하여 세상적인 이익을 기꺼이 희생할 것이다. 그 점에 대하여 스펄전은 다음과 같이 말했다. "하나님의 진리의 내적으로 역사하시는 체험을 추구하라. 그 진리가 네 안에서 불타오르도록 구하여라. 자유의지를 웅변적으로 주창하는 자들에게 동의하면서, 은혜의 교리를 추구하는 것을 단념하는 이유가 무엇일까? 정통적인 신조를 부인하는 영리한 이론가들과 접촉하면서 정통적인 신조를 버리는 이유는 무엇일까? 그것은 말씀이 그들의 마음 속에 굳게 새겨지도록 하기 위하여 성령의 능력 안에서 말씀을 받아들이지 않았기 때문이다. … 신조를 아는 것과 진리를 마음의 돌판에 새기는 것과는 전연 별개의 일이다. 많은 사람들은 진리를 경험적으로 자기 것으로 만들지 않았기 때문에 이 점에서 실패한다."

4. '깊이 파는' 사람이란 굴욕을 당하는 일에 부딪혔을 때 좌절하지 않고, 굴욕을 당한 위대한 모범으로서 그리스도를 따르는 사람이다. 구세주께서 속죄하시기 위하여 죄 없는 육체로 고통을 겪으셨으니, 구원받지 못한 자들이야 죄 죽임을 위하여 그 타락한 육체로 고통을 겪어야만 하지 않겠는가? 우리 안에 있는 육체는 굴욕을 달가워하지 않는 것이 사실이다. 그리스도의 거룩한 인성도 "이 잔을 내게서 옮기시옵소서"라고 하였다. 그러나 그의 영혼은 가장 절실한 갈망을 십자가에 못 박으면서 기꺼이 "아버지의 원대로 되기를 원하나이다"라고 부르짖으셨다. 그리스도께서는 폭력에 의한 죽임을 당하셨다. 그러므로 죄는 편안

하고 안락하게 죽어서는 안 된다. 그리스도의 육체는 영혼이 그 육체로부터 분리될 때까지 나무에 못 박혀 있었다. 그러므로 죄의 육체도 죄 있는 영혼, 즉 죄를 지으려는 마음과 죄를 사랑하는 마음이 육체에서 떠날 때까지 그렇게 못 박히는 고통을 겪어야 한다(벧전 4:1). 그리스도께서는 고통과 고뇌 속에서 괴로워하시며 죽었다. 그러므로 죄도 '날마다' 굴욕을 더하여 당하면서 조금씩 소멸되어야 한다. 그러나 슬프게도 자기를 부인하면서 그리스도에게 나아가기에 충분할 만큼 그렇게 깊이 파는 사람은 실로 거의 없다.

5. '깊이 파는' 사람은 범죄치 아니하려 하여 하나님의 말씀을 그의 마음에 두는 사람이다(시 119:11). 여기에서 마음에 '둔다' 는 이 표현은 감춘다는 뜻이 아니라 그것을 유지하려고 소중하게 간직해 둔다는 뜻이다. 그러므로 마음에 '둔다' 는 것은 첫째로, 말씀을 영적으로 이해하려고 하는 것이다. 그렇게 하기 위해서는 근면과 노력이 요구된다(잠 2:1-4). 그런 다음에야 '지혜' 가 마음속에 들어오며 지식이 영혼에 즐거움이 된다(잠 2:10). 둘째로, 말씀은 믿음에 의해 화합되었을 때에야 마음에 간직된다. 그렇지 않으면 그것은 쉽게 사그러든다. "들은 바 그 말씀이 그들에게 유익하지 못한 것은 듣는 자가 믿음과 결부시키지 아니함이라"(히 4:2). 셋째로, 말씀은 환영할 때에야 마음속에 간직된다. 그리스도께서는 유대인들에게 "내 말이 너희 안에 있을 곳이 없으므로 나를 죽이려 하는도다"(요 8:37)라고 비난하셨다. 넷째로, 말씀이 깊이 뿌리를 내리고 사랑 안에 안착되어서 "마음에 심어진 말씀"(약 1:21)이 될 때에야 마음에 간직된다. 우리는 호기심이나 다른 사람들을 가르칠 목적으로 말씀을 연구해서는 안 되며, 우리의 위안을 구하려고 배워서도 안 된다. 오히려 다음과 같이 분명하게 나타나 있는 것을 가장 우선적인 목적으로 삼아 연구해야 한다. 즉 거룩한 것을 마음에 간직해 두고 '그 새겨진' 것으로 사탄의 유혹을 물리치며, 말씀의 약속이 시험의 때에 우리를 뒷받침해 줄 수 있도록 하기 위해서 말씀을 배워야 한다.

6. '깊이 파는' 사람은 죄를 보았을 때 죄악감을 민감하게 느낄 수 있는 마음을 가지려고 진지하게 노력하는 사람이다. 죄는 하나님께서 미워하시는 혐오스러운 것이며 그리스도의 죽음을 초래한 것이고, 우리 자신의 모든 비참함의 원인이기 때문에 믿는 자는 죄에 대하여 더욱 절실하게 두려워하고 죄를 미워하는 마음을 가지려고 한다. 이 목적을 성취하기 위하여 그는 최초의 죄가 에덴 동산으로 들어와서 인간의 본성의 성향을 근본적으로 얼마나 타락시켰는지를 자주 상

기하며, 그 가공할 비극을 자주 묵상한다. 그는 영원한 형벌에 비추어서 죄를 보려고 노력한다. "나는 죄에 대하여 경솔하게 이야기하는 신앙 고백자를 보면 그들이 기초가 없이 건물을 세웠다는 것을 확실하게 느낀다. 그들이 죄를 뉘우치게 하는 상처내고 죽이는 성령의 칼을 한 번이라도 느껴본 적이 있다면 그들은 사자에게서 도망치듯이 죄로부터 달아날 것이다. 진실로 용서받은 죄인들은 불에 덴 아이가 불을 무서워하듯 악의 모습을 두려워한다. 피상적인 회개는 항상 부주의한 생활을 낳는다. 상한 심령을 얻기 위하여 열렬하게 기도하라"(스펄전).

7. '깊이 파는' 사람은 하나님께서 그의 말씀을 마음속에 새겨 주신 것을 견고하게 하기 위하여 부지런히 추구하고 내면을 철저하게 성찰하는 사람이다(고후 13:5; 벧후 1:10). 그는 영원한 행복에 대하여 깊은 관심이 있으며 사람의 마음의 기만성을 아주 잘 안다. 그래서 감히 아무것도 당연한 것으로 받아들이지 아니한다. 그는 은혜의 초자연적인 역사가 자기 속에서 진실로 이루어지고 있는지를 알기 위하여 스스로 시험해 본다. 그는 영혼의 정원에서 중생의 열매가 진실로 맺어지고 있는지 알아보려고 말씀에 비추어 자기를 성찰하는 데 수고를 아끼지 아니한다. 그는 하나님께 "여호와여 나를 살피시고 시험하사 내 뜻과 내 양심을 단련하소서"(시 26:2)라고 부르짖으며, 또한 모든 중요한 일에 있어서 하나님의 도우심을 열렬하게 구한다. 즉 "나로 하여금 잘못을 범하지 말게 하시고, 자비로우신 은혜로써 나로 나의 참된 상태를 알게 하여 주옵소서. 내가 진정 당신이 구속하신 자들 중의 하나라면 당신의 거룩하신 성령으로 하여금 내가 당신의 자녀라는 것을 내 영혼에게 증언하여 주옵소서"라고 열렬하게 구한다. 그리고 구하는 자가 진정으로 그리고 거듭하여 간구한다면 그의 요구는 헛되지 않을 것이며, 또한 그의 요청은 하나님의 귀에 들리지 않을 수 없을 것이다.

이제 '어리석은' 건축자의 몇 가지 부류에 대하여 고찰해 보자.

첫째로, 일련의 종교적인 실천에다 소망의 근거를 두는 자는 '모래 위에' 집을 짓는 자이다. 영원한 나라에 들어가는 것을 보증해 주는 데 필요한 것으로서 자기가 교회의 일원이라는 것과 교회에 참석한다는 것, 그리고 기도하고 성경을 읽는 것이 전부라고 생각하는 사람은 부러진 갈대에 의지하는 자나 마찬가지이다. 그것은 바리새인들이 하던 행동이었다. 그들은 금식하고 십일조를 바치며 많은 기도를 하고, 교회의 의식에 참여하는 일에는 일일이 형식을 따져 지키는 자들이었다. 그러나 그들은 하나님의 자비를 입을 수 있는 경계 밖에 있었다. 그가 제아무리 '성도 간의 교제'에 열성적으로 참석했다 하더라도, 또는 선교사를 돕는 일에 제아무리 인색하지 않았다 해도, 그리고 하나님의 대의에 제아무리 충실했다 해도 "사람이 거듭나지 아니하면 하나님의 나라를 볼 수 없다"(요 3:3). 내가 그리스도를 나의 선지자로, 대제사장으로, 그리고 왕으로 받아들이는 마음을 가질 때에야, 그리고 그리스도를 진심으로 사랑하고 그에게 순종하는 마음을 가질 때에야 비로소 나에게는 소망이 있는 것이다.

둘째로, 환상과 꿈, 그리고 행복감에 소망의 근거를 두는 자는 '모래 위에' 집을 짓는 것이다. 기독교 세계에는 그러한 것들에다 신뢰를 두는 부류의 사람들이 보통 생각하는 것 이상으로 대단히 많다. 그들에게 경험한 것을 말해 달라고 요청하면, 그리고 하나님께서 그들에게 구원에 이르는 은혜를 주셨다고 생각하는 근거가 무엇이냐고 묻는다면 그들은 어떤 신비한 환영을 보았다거나 놀라운 꿈을 꾸었다는 근거를 댈 것이다. 또는 아무것도 흔들어 놓을 수 없는 기쁨과 확신의 황홀경으로 그들을 이끌어갔던 "네 죄를 사하여 주노라"라고 말하는 소리를 몇 년 전에 들었다는 근거를 댈 것이다. 우리는 그들이 그러한 것을 상상함으로써 현혹되었다고 절대적으로 단언하지는 않겠다. 그러나 우리는 사탄이 '광명의 천사'로 변형해서 놀라운 인상을 줄 수도 있다는 것을 지적해야만 하겠다. 당신이 과거에 어떤 놀라운 경험을 했다 할지라도 **지금** 이 순간 그리스도의 피와 그리스도의 의를 믿지 아니한다면, 그리고 그의 가르침을 **실천하려고** 노력하지 아니한다면 당신은 다가올 날에 당신을 낙담시키게 될 뿐인 그 무엇을 믿고 있는 것이다.

셋째로, 그리스도에게 순종하지 않으면서 '그리스도를 믿는 것'에 소망의 근거를 두는 자는 '모래 위에' 집을 짓는 것이다. 그리스도께서는 그러한 자들에게 "너희는 나를 불러 주여 주여 하면서도 어찌하여 내가 말하는 것을 행하지 아니하느냐"(눅 6:46)라고 엄중하게 말씀하신다. 복음에 대하여 단순히 지적으로만 동의하는 것이나 또는 역사적인 그리스도만을 믿는 것은 무가치한 것이다. 왜냐하면 그것은 아무런 영적인 열매도 맺지 못하기 때문이다. 말씀을 듣고 동의하고서는 그것을 실천하지 않는 것은 하나님을 조롱하는 것이다. 예수께서 오셨을 때 "많은 사람이 그 행하시는 표적을 보고 그 이름을 믿었으나" 구세주께서는 "그의 몸을 그들에게 의탁하지 **아니하셨다**"(요 2:23, 24). 오늘날에도 구원에 이르는 믿음을 갖지 아니하고, "일의 뿌리"(욥 19:28)를 그에게 두지 않는 자들이 수없이 많다. 하나님께서 택하신 자의 믿음이란 생명력 있고 실천적인 방식으로 경건함에 속한 진리를 인정하는(딛 1:1) 것이다. 그리고 그것으로 인하여 저희 마음을 깨끗이 하고(행 15:9), 사랑으로써 역사하며(갈 5:6), 세상을 이기는 것이다(요일 5:4). 오직 **그러한** 믿음만이 현세와 내세를 충족시키는 믿음이다.

넷째로, 진리를 단지 지적으로만 아는 것에 소망의 근거를 두는 자는 '모래 위에' 집을 짓는 것이다. 신학적인 지식과 실천적인 지식은 본질적으로도 차이가 있고 정도 면에서도 그러하다. 신학적인 지식은 동요하며 일시적인 것이고 끊임없이 변하는 것이다. 그러나 실천적인 지식은 뿌리가 깊고 영원한 것이다. 타오르는 불길의 효과를 일단 한 번 체험하기만 하면 그 어떤 궤변적인 논설로도 그것이 해롭다고 나를 설득시킬 수는 없을 것이다. 주님의 자비하심을 일단 한 번 맛보기만 하면 아무도 그가 계시지 않다고 나를 확신시킬 수는 없다. 두 가지 지식 사이의 차이점은 초래하는 결과에 있어서도 너무나 판이하다. 빌라도는 유대인들이 그리스도를 사형에 처하려고 그에게 제시한 증거와는 반대되는 신학적 지식을 가졌었다. 그러나 가이사와 관련하여 결과가 자기에게 이익이 될 것이라는 것을 알자(요 19:12) 그의 실제적인 판단은 자기의 위신을 세우는 쪽으로 내려졌다. 교훈에 대하여 신학적으로만 알고 있는 자는 그것에 대하여 말을 잘한다. 그러나 실천적인 지식을 가진 자라야만이 교훈을 따라 산다. 진리에 대하여 신학적인 지식을 가진 자는 진리를 칭송할 테지만, 실천적인 지식을 지닌 자는 진리를 위해 죽으려 할 것이다.

다섯째, 죄를 고백함에 있어서 '양심적'이지 아니한 자는 '모래 위에' 집을 짓는 것이다. 중생하지 못한 자와 중생한 자 사이에는 이 점에서 근본적으로 다르다. 전자는 하나님을 향하여 죽어 있고 죄를 단순히 가볍게 생각하기 때문에 그 무게로 짓눌리지 아니한다. 그러나 후자에게 있어서 죄는 가장 무거운 짐이며 그러므로 주님께 그들의 죄를 다 고백할 수 있는 것을 감사한다. 그리스도께서는 그들로 하여금 아버지께 "우리 죄를 용서하소서"(눅 11:4)라고 기도하도록 명령하셨다. 성경은 그들에게 "자기의 죄를 숨기는 자는 형통하지 못하니라"(잠 28:13)라고 경고하였다. 그러므로 다윗은 "내가 입을 열지 아니할 때에 종일 신음함으로 내 뼈가 쇠하였도다"라고 고백하였다. 그리고 계속하여 "내 허물을 여호와께 자복하리라 하고 주께 내 죄를 아뢰고 내 죄악을 숨기지 아니하였더니 곧 주께서 내 죄악을 사하셨도다"(시 32:3, 5)라고 말하였다. 베드로는 비참한 타락을 한 후에 밖에 나가 "슬피 울었다." 로마서 7장의 후반부를 읽고 바울이 내재하는 타락 때문에 얼마나 통렬하게 괴로워하였는지 살펴보라. 믿는 자는 민감한 양심을 가지고 있어서 하나님께 신속하게 죄를 고백한다. 그러나 믿지 않는 자의 양심은 부패한 것이어서 죄에 대하여 슬퍼하지도 않고 죄를 고백하지도 않는다.

이제 요약해 보자. 비록 내가 그 어떤 경험을 했다 하더라도, 혹은 나의 성품이 어떻고 나의 믿음이 얼마나 강하든지 간에, 혹은 나의 확신이 얼마나 깊고 견고하든지 간에, 혹은 나의 재능이 제아무리 탁월하다 해도, 이 모든 것이 그리스도에게 실천적으로 순종하는 삶을 이끌지 않는다면 죽음이 우리에게 닥쳐왔을 때 그것들은 아무런 소용이 없을 것이다. 그것은 우리가 내린 엄격한 판단이 아니라 하나님의 아들이 내리신 결정이다. 즉 "나의 이 말을 듣고 **행치 아니하는** 자는 그 집을 모래 위에 지은 어리석은 사람 같으니라." 그리스도인이라 해도 말씀을 온전하게 **실천하지는** 못한다. 왜냐하면 "우리가 다 실수가 많기" 때문이다(약 3:2). 그리스도인은 말씀을 실천해야 하고 변명하지 않아야 한다. 하지만 그보다는 오히려 잘못을 슬퍼하며 고백해야 한다. 그리스도인의 순종이 결점이 없는 것은 결코 아니지만 그 순종은 참되고 실제적인 것이다. 그것은 흠이 없는 것은 아니지만 진정한 것이다. 그것은 **범사에** 그리스도를 기쁘시게 하려는 참된 열망이며 결심이요, 그리스도인으로서의 노력이다. 그리고 그가 그리스도를 노하시게 했을 때 가장 슬퍼하는 것이다. 주여, "나로 하여금 주의 계명들의 길로 행하게 하소서 내가 이를 즐거워함이니이다"(시 119:35).

제63장

참된 신앙고백

⑧

이제 '지혜로운' 건축자의 '집' 과 '어리석은' 건축자의 '집' 에 불어오는 폭풍이 무엇을 의미하는지를 살펴보아야 할 일이 남았다. 전자의 집에 대해서는 **"비가 내리고 창수가 나고 바람이 불어 그 집에 부딪치되 무너지지 아니하나니 이는 주추를 반석 위에 놓은 까닭이요"**(25절)라고 말한다. 후자에 관해서도 마찬가지의 사실을 말하나 그 결과에 있어서만 다르다. 즉 "무너져 그 무너짐이 심하니라." '지혜로운' 자와 '어리석은' 자, 전자의 '깊이 파는 것' 과 후자에게 이 점이 치명적으로 부족하다는 것, '반석' 위에 주추를 놓은 것, 그리고 각인이 세운 '집' 에 대하여 아주 자세하게 살펴보았으므로, 이제 폭풍이 의미하고 있는 일반적인 취지가 무엇인지를 발견하는 데 거의 어려움이 없을 것이다. 비록 상징적인 언어를 사용하긴 했으나 그 의미는 분명하다. 폭풍에 의해서, 그 '집' 이 견고하고 안정성이 있는지 또는 허술하고 불안정한지가 밝혀진다.

폭풍은 각인의 한 일을 시험하고 그가 지혜로운지 어리석은지를 명백하게 밝혀주는 것이다. 그러므로 한 번 더 말하거니와 우리가 지금 다루고 있는 것은 '신앙고백을 시험하는 것' 이며 그것이 가치 있는 것인지 무가치한 것인지를 명백하게 밝혀주는 것임이 분명하다. 이것은 7:13부터 계속되는 주님의 설교의 중심주제이다. '좁은 문' 과 '협착한 길' 은 깊이 파는 것이나 반석 위에 주추를 놓는 것과 일치한다. 반면에 '큰 문' 과 '넓은 길' 은 깊이 파지 않는 것 또는 모래 위에 주추를 놓는 것과 일치한다. 같은 방식으로서 '지혜로운 건축자' 라는 표현은 '좋은 열매' 를 맺는 '아름다운 나무' 와 일치하고, '어리석은 건축자' 라는 표현은 '악한 열매' 를 맺는 '못된 나무' 와 일치한다. "하늘에 계신 내 아버지의 뜻대로 행하는 자" 라는 말 속에서 우리는 그것이 집을 견고하게 세운 자를 의미함을 발견하게 될 것이다. 반면에 그리스도께서 많은 사람들에게 "내가 너희를 도무지 알지 못하니 불법을 행하는 자들아 내게서 떠나가라"라고 말씀하신 것 속에서는 그 것이 폭풍에 의해 쓰러질 집을 지은 자들을 의미한다는 것을 알 수 있다.

비록 어떤 주석가들은 그 안에서 좀 더 깊은 의미를 거의 발견하지 못하였다 할지라도 우리는 우리 주님께서 폭풍이 집에 불어온다는 상징을 통해서 그리스 도인의 신앙고백을 시험한다는 것 이외에 그 이상의 아무것도 뜻하시지 않는다 고 결론지어서는 안 된다. 좀 더 먼 문맥과 전반적인 문맥에서는 말할 나위도 없 고 직접적인 문맥에 온당하게 주의를 기울인다면 우리의 견해의 폭을 넓히게 될 것이다. 폭풍의 **결과**에 대하여 생각해 보라. '지혜로운' 자의 경우에는 폭풍이 집에 불어닥치지만 그것은 헛될 뿐이다. 폭풍이 제아무리 거세어도 그가 세운 집 은 견고하게 서 있다. 왜 그랬을까? 그것은 '반석' 위에 주추를 놓았기 때문이다. 그러면 그것은 무엇을 뜻하는 것일까? 지혜로운 자는 말씀을 듣는 것 이상의 어 떤 일을 하였다. 즉 그것을 **실천한** 것이다. 그는 그 경고에 유의하고 그 권고에 응답하였으며 그 계율을 실천하였고, 그의 성품과 행동은 그 가르침에 의해 형성 되고 통제된 사람이었다. 그리스도께서 우리가 다루고 있는 구절의 서두에서 주 장하시는 것은 바로 이것이며, 그 외의 아무것도 아니다. "누구든지 나의 이 말을 듣고 **행하는** 자는 그 집을 반석 위에 지은 지혜로운 사람 같으니라."

그리스도의 '이 말'에는 육체를 가진 인간에게는 특히 싫은 어떤 것, 즉 타락한 인간의 본성의 경향과는 정면으로 모순되는 어떤 것이 들어있다. 오른 눈을 빼어 내버리라는 것, 원수를 사랑하라는 것, 우리를 저주하는 자를 축복하라는 것, 우 리를 증오하는 자에게 선을 행하라는 것, 우리를 악용하고 박해하는 자들을 위해 기도하라는 것, 이런 일들은 말처럼 그렇게 간단한 것은 아니다. 그러므로 우리 주님께서 그러한 일을 설명하기 위하여 사용하신 '깊이 파는 것'이라는 비유가 얼마나 적절한가. 은밀하게 구제하고 기도하는 것, 우리가 우리에게 죄 지은 자 를 사하여 준 것 **같이** 우리 죄를 사하여 주시라고 아버지께 요청하는 것(그런데 그것은 우리가 용서하지 않으면 우리도 용서받지 못할 것이라고 들었기 때문이 다), 내일 일을 걱정하지 말고 괴로운 근심으로부터 벗어나 편안한 마음을 가지 라는 것, 하나님의 무한히 주시는 바를 깊이 신뢰하여 그가 우리의 모든 필요를 채워 주시리라고 진실로 믿는 것 ― 이것들은 우리의 능력을 극한으로 발휘해 야 실천할 수 있는 의무들이다. 그렇다, 그러나 오직 그러한 계율을 실천하는 자 만이 잃어버린 자가 되지 않을 것이다.

"그 집이 무너지지 아니하나니 이는 주추를 반석 위에 놓은 까닭이요." 이 말씀은 우리가 여기에서 파악하고자 하는 요점이다. 실로 여기에 **격려**가 있다. 그 길의 협착한 점에 지나치게 마음을 쓰는 대신 당신의 행동을 이끌어가는 영광스러운 목표, 즉 생명을 향하여 당신의 시선을 두라. 굴욕스러운 일들의 고통스러움에 대하여 염려하는 대신에 오히려 그것은 "지옥에 던져지지 않도록"(마 5:29) 당신을 구해 주는 지정된 수단이라는 것을 상기하라. 순종하는 어려움에 대하여 불평하는 대신 그 풍요한 보상에 대하여 숙고하라. 하나님께서는 그의 명령을 지키면 "상이 크다"(시 19:11)고 말씀하셨다. 다시 말하면, '선한 양심의 응답'이나 영혼의 평화, 그의 칭찬의 즐거움 등과 같은 큰 상이 있으리라고 우리에게 분명하게 단언하셨다. 그리스도께서 여기에서 유의하라고 강조하신 것도 바로 진리의 이 측면이다. 그의 '말'이 시험과 심판을 하는 날에 **안전**을 보장해 줄 것이다. 그러한 사람의 '집'은 폭풍에 무너지지 않을 것이며 무너질 리도 없다. 그러므로 **그것은** 얻으려고 노력할 가치가 충분히 있는 것이 아니겠는가?

산상설교를 통하여 주 예수께서는 도덕성과 영성의 지극히 높고 독특한 표준을 제시하셨다. 그런데 그 표준은 그것에 도달하고 그것이 명령하는 바를 실천하려고 열심히 노력하는 자들에게 참된 자기희생을 요구하는 것이다. 그러나 여기에서 예수께서는 그의 멍에에 자기를 굴복시키는 자에게 돌아갈 상이 얼마나 큰지를 알려주신다. 지혜로운 자의 집의 안정성과 견고성이라는 표현에서 우리는 순종하는 행동이 맺는 주요한 열매 중의 하나를 설명했다. 즉, 그리스도의 이 '말'을 실천하는 자는 마귀와 세상, 그리고 육체로부터 오는 치명적인 공격으로부터 구해질 수 있다. 이 생각은 우리로 하여금 기꺼이 그리고 즐겁게 순종을 실천할 수 있도록 이끌어 준다. 왜냐하면 이것은 인간의 어떤 군주도 부여해 줄 수 없는 이익이기 때문이다. 부나 교육, 또는 사회적 특권은 그 어느 것도 영혼을 안전하게 해줄 수 없다. 아니 오히려 그런 것들은 그것을 소유한 자들을 파괴시키게 된다. 인간의 수완이나 그 어떤 결심의 단호함도 시련과 환난의 때에 안정성을 보장해 줄 수가 없다. 오직 그리스도의 이 말을 지키는 것만이, 즉 그의 말을 **행하는** 것만이 그것을 얻는 일이 될 것이다. 이 약속은 참으로 우리를 격려해 주며, 우리로 하여금 전적으로 순종하도록 고무시켜 준다.

그리스도께서 여기에서 사용하신 상징의 진의는 튼튼한 집에서 살고, 재난을 초래하는 홍수와 폭풍을 한 번도 경험해 보지 못한 지역의 현대인에게보다는 그

당시에 그 말을 직접 들은 청중들에게 훨씬 더 인상적이었을 것이다. "유대 지방
에는 동방의 다른 나라들에서처럼 이따금씩 비가 내린다. 비가 내릴 때면 때때로
억수로 쏟아지며 그 기세가 조금도 줄지 않고 아주 여러 날 동안 계속하여 내린
다. 그 결과로 아주 미미한 산속 개울물에 지나지 않던 것이 거대한 힘을 가진 강
물이 된다. 즉 대홍수가 되어 어마어마한 기세로 움직이며 높은 언덕에서 평지로
쏟아져 내려온다. 그래서 평지를 넓은 바다로 변화시킨다. 대개가 진흙을 햇볕에
말려 딱딱하게 굳힌 것으로 지은 주민들의 오두막집은 커다란 위험에 처하게 된
다. 그 집들은 문자 그대로 때때로 큰 비로 인해 녹아버리거나 폭풍의 거센 강타
를 받고 쓰러져 버린다. 그래서 견고한 바위 위에 주추를 놓지 않으면 저항할 수
없는 폭우로 인하여 집들은 뿌리째 뒤집혀 휩쓸려가 버린다. 그러한 지방에서는
그의 살 집을 짓기 위하여 주추를 견고하게 하려고 관심을 갖는 것이 지혜로운
자의 할 일이다. 이 경고에 주의를 기울이는 사람은 그렇게 하는 것이 이롭다는
것을 발견하게 될 것이다. 그러나 이 경고를 소홀하게 생각한 사람은 어리석은
자로서 비싼 대가를 치를 것이다"(존 브라운).

스펄전은 다음과 같이 잘 표현해 주고 있다. 즉 "당신의 믿음이 참된 것인지 거
짓된 것인지는 **시험**될 것이다. 그것이 알곡인지 쭉정이인지는 커다란 키가 타작
마당에 모아 놓은 모든 것들 위로 바람을 일으킬 때 틀림없이 알게 될 것이다. 당
신이 하나님과 교제해 왔으면 당신은 '소멸하는 불'을 견디어낼 것이다. 당신이
참된 그리스도인인지 이름뿐인 그리스도인인지는, 즉 당신이 그리스도에게 가까
이 나아갔는지 아닌지는, 은을 시험하듯이 그리스도께서 당신을 시험하실 것이
다. 심판은 하나님의 집에서 시작될 것이 틀림없다. 그리고 당신도 하나님의 집
으로 들어가려면 당신에게서 심판이 시작되어야 한다."

하나님의 이름을 믿는다고 하는 사람을 모두 다 시험하고 입증하는 것도 바로
하나님의 뜻이 그렇게 하시는 것이다. 아담과 하와는 사탄에게 유혹을 받고 시험
되었다. 하나님께서는 아브라함에게 그의 하나뿐인 사랑하는 아들을 데려다가
모리아 산상에서 번제물로 바치라고 명령하심으로써 아브라함을 시험하셨다(창
22장). 욥의 믿음과 인내심을 시험하기 위하여 하나님께서는 욥과 그의 생명을
제외한 모든 소유물을 사탄의 손에 넘겼다. 바벨론의 사신이 히스기야에게 하나
님께서 이스라엘 땅에서 하신 일이 얼마나 놀라운지를 물으려고 왔을 때 하나님
께서는 히스기야를 시험하고 그의 마음속에 무엇이 있는지 알려 주시려고 그를

떠나셨다(대하 32:31).

 '집'이라는 이 시험을 죽음의 시간이나 심판의 날에 해당되는 것으로만 **제한시켜** 이해하는 사람의 견해를 받아들여서는 안 된다는 사실은 위에서 고찰한 것들로 미루어보아 분명할 것이다. 죽을 때에 "영은 그것을 주신 하나님께로 돌아가리라"(전 12:7)는 것은 사실이다. 그리고 그때 그것은 천국으로 들어가든가 그렇지 않으면 저주받은 자들이 사는 곳에 맡겨질 것이다. 장엄한 심판 날에는 신앙고백이 가치 있는 것인지 무가치한 것인지가 온 우주 앞에서 밝히 드러나게 될 것이다. 그러나 우리가 지금 다루고 있는 구절 속에 있는 폭풍이라는 말이 최후의 시험을 의미하는 것이라고 제한시켜서 이해하는 것 이외에 아무런 뜻도 발견하지 못하는 것은 잘못이다. 그와 반대로 한편으로는 참된 신앙고백과 공허한 신앙고백은 다양한 방식과 서로 다른 정도 면에서 **이 세상**의 삶 속에서도 시험될 것이라는 사실을 분명하게 알려 주는 내용이 성경에 많이 있다. 우리 주님께서 사도들에게 "사탄이 너희를 밀 까부르듯 하려고 요구하였다"(눅 22:31)고 선포하셨을 때, 그리스도께서는 그것이 그의 모든 백성들에게 적용된다는 것을 말씀하셨다. 금이 불에 연단을 받듯이 성도들의 믿음도 환난에 의해 시험되어야 한다는 것은 필수적인 조건이다(벧전 1:7).

 사도가 신도들에게 "사랑하는 자들아 너희를 연단하려고 오는 불 시험을 이상한 일 당하는 것 같이 이상히 여기지 말라"(벧전 4:12)고 말했을 때 그는 성도들이 이 세상에서 겪게 될 경험, 즉 그 언어가 나타내고 있듯이 결코 예외적인 것이 아니라는 사실을 지적한 것이다. 예를 들면, 정통파에 속하는 유대인이 그리스도를 믿는다고 공공연하게 고백하는 것은 항상 불명예와 치욕을 동반하는 것이었다. 그의 가족은 그에게서 상속권을 박탈하고 그와의 관계를 끊어버렸으며, 모든 형제들이 보는 데에서 그는 '만물의 찌끼' 같이 여겨졌다. 주후 처음 2세기 동안은, 그리스도인이 되는 것은 빈번하게 여러 가지 고난을 수반하는 것이었다. 즉 시민권을 박탈당하고 재산을 몰수당했으며 사자에게 던져지거나, 최소한 '궁핍과 환난을 당하며' 동굴에서 살아야 하는 대가를 수반하였다. 그러나 그러한 시련에도 불구하고 하나님의 택하심을 받은 자의 믿음은 흔들리지 않았다. 지난 세기 동안에 주님의 백성, 그리고 특히 그의 종들은 좀 더 교묘한 방법으로 시험당하였다. 즉 그들은 불가지론의 과학자들과 소위 '현대학문'의 이론이라는 것을 믿지 않기 때문에, 쉽게 믿고 어리석은 자라는 비난을 받았으며, 절망적으로 시대에 뒤떨어져 있다는 비난을 받음으로 인하여 고통을 겪어왔다. 그런데 민감한 감수성을 가진 사람이라면 그 비난이 육체적인 고통보다 더 견디기 어려운 고통이라는 것을 발견할 것이다. 오늘날의 시대에 있어서의 시험이란, 매혹적인 세상의 유혹에 저항하고, 타협을 거부하는 데 있다.

지금까지는 본문에 대하여 일반적으로 고찰해 왔으므로 이제는 몇몇 세부사항에 대하여 좀 더 자세하게 고찰해보자.

첫째로, "비가 내리고"라는 구절을 살펴보자. 이것은 그리스도인이라는 이름을 가진 자를 시험해 보는 하나님의 섭리적인 시련과 역경의 때에 대한 상징이라고 생각할 수 있다. "비란 **하늘에서 내려오는 고통**을 상징하는 것이다. 하나님께서는 당신에게 비와 같은 역경을 보내실 것이며 이슬방울 같이 수많은 시련을 보내실 것이다. 신앙을 고백하는 이들이여, 현세와 천국 사이에서 당신은 세차게 몰아쳐 오는 폭풍을 경험할 것이다. 다른 사람들처럼 당신의 육체는 병들 것이다. 그렇지 않으면 당신의 가정에 시련이 부딪칠 것이다. 아이들이나 친구들이 죽을 것이며, 또는 재산이 스스로 날개가 돋친 듯 독수리처럼 날아가 사라질 것이다. 당신은 하나님의 손에서 오는 시련을 겪어야만 한다. 그리고 그리스도에게 의지하지 아니하면 당신은 그 시련을 견디어 낼 수 없을 것이다. 당신이 참된 믿음으로 그리스도와 더불어 하나가 되지 아니하면 하나님의 비는 당신이 감당하기에 너무나 엄청난 것이 될 것이다"(C. H. 스펄전). 마음의 반응, 다시 말하면 역경에 부딪쳤을 때에 우리가 취하는 행동은 우리의 상태가 어떤지를 나타내 준다. 거듭나지 아니한 자, 즉 믿지 않는 마음을 가진 자는 세속적인 사람이 취하는 방식대로 행동함으로써 그 마음 자체를 저버리게 될 것이다. 즉 우리의 슬픔을 현세적인 쾌락 속에서 잊어버리려 하거나 절망에 빠져버릴 것이다.

둘째로, "창수가 나고", 또는 누가복음 6:48에 나타나 있는 "큰물이 나고"라는 구절을 살펴보자. 그러므로 여기에서 뜻하는 바는 지상에서 일어나는 일, 즉 **세상으로부터 오는 반대**이다. 신앙고백자는 또한 이것에 의해서 그가 그리스도인이라고 주장하는 것이 참된 것인지 아닌지를 시험당한다. 과거의 시대에서는 박해의 홍수가 오늘날의 시대에 있어서보다 훨씬 더 격렬하게 밀려왔던 것이 사실이다. 그럼에도 불구하고 그들은 그 시험에서 전혀 굴복하지 아니하였다. 세상의 반대는 여러 가지 형태를 취하고 있다. 즉 경건치 아니한 자의 조롱과 비웃음이 육체적인 모양을 내려 하는 아름다운 자들의 '집'으로 참으로 자주 덮쳐왔다. 잔

인한 조롱이 하나님의 백성에게 아직도 여전히 행사되고 있다. 또 다른 세상의
반대는 비난과 중상 또는 '냉담한 대우', 배척의 형태로 다가온다. 오로지 반석
위에 주추를 놓은 사람들만이 그러한 것들을 견뎌 낼 수 있다. 신앙고백을 전적
으로 방해하는 것은 외적으로 드러나는 형태의 시험만이 아니다. 때때로 그들은
그리스도인의 **이름**은 고수하지만 박해를 피하기 위하여 세상과 타협한다.

셋째로, "바람이 불어 그 집에 부딪치되." 여기에서 활동하는 것은 바로 "공중
의 권세 잡은 자"이다(엡 2:2). 다시 말하면, 구원받았다고 주장하는 자에게 공격
해 오는 사탄이다. 때때로 사탄은 교활한 계교와 신성모독적인 제안으로 공격해
오면서, 특히 하나님의 섭리가 우리를 거스르는 것같이 여겨질 때 우리의 영혼을
하나님의 선하심과 신실하심에 대한 의심으로 가득 채우려고 하면서 인간의 마
음에 낙담의 구름을 덮어씌운다. 또 다른 때에는 그의 그릇된 생각으로 우리를
기만하려고 하는데, 오직 진리 안에서 확고하게 자리하고 있는 사람만이 사탄을
견뎌 낼 수 있다. 그는 다양한 술수를 사용하는데 때로는 뱀의 형태로 접근하거
나, 또는 울부짖는 사자의 형태를 취하여 우리를 두려워하게 하려고 한다. 그는
세속적인 것으로 우리를 유혹하며 육적인 본성에 호소한다. 그래서 '보물'을 진
정 하늘에 쌓아 둔 자만이 금박을 입힌 싸구려를 비웃을 수가 있다. 사탄은 두 세
계로부터 최상의 것을 만들어 주겠다고 제안하며, 또는 두 주인을 섬기라고 타협
을 제시한다. 그렇기 때문에 진실로 "그리스도 예수를 주로 받은"(골 2:6) 자를
제외하고는 아무도 사탄에게 저항할 수 없다.

주님께서는 이 구절에서, 자기가 그리스도인이라고 고백했다고 생각하는 사람
은 이 세상에서 폭풍과 같은 험난한 노정을 걸을 것을 예상해야 한다고 가르쳐
주신다. 성육신한 진리이신 분께서는 제자 직분에 관련된 것에 대하여 거짓되거
나 실제 이상의 모습을 제시하지 않고, 엄격한 시험과 시련이 그의 제자라고 고
백하는 자들을 기다리고 있다고 경고해 준다. 그들은 '안락한 꽃방석'에 앉아 하
늘로 데려가지는 것이 아니라 세상과 육체, 그리고 마귀로부터의 맹렬한 반대와
맞부딪칠 것을 예상해야 한다. 사람에게 속고 거절당하며, 마귀에게 시험받고 세
상의 증오를 받으며, 종교 지도자들에게 반대당하고, 그의 편에 서 있어야만 할
사람들에 의해 버림당하신 분이신 그리스도께서는 "종이 상전보다 크지 못하니
라"고 말씀하셨다. "우리가 하나님의 나라에 들어가려면 많은 환난을 겪어야 할
것인데"(행 14:22), 이것을 부인하는 자는 거짓 선지자이다. "무릇 그리스도 예수

안에서 경건하게 살고자 하는 자는 박해를 받으리라"(딤후 3:12). 그러나 그러한 박해는 합력하여 그들의 유익을 위한 것이 될 것이다.

"그 집이 무너지지 아니하나니." 여기에 진실로 위안과 보상이 있다. 그들의 '집'이 가혹하게 공격당하고 흔들리게 되어도 그것은 결코 쓰러지지 않을 것이다. 왜 그럴까? "이는 주추를 반석 위에 놓은 까닭이라." 즉, 그의 신앙고백은 참된 것이었고, 그러므로 모든 시험을 견디어 내며 그 속에서 살아 남을 것이기 때문이다. 이 폭풍과도 같은 체험을 통과하며 사는 것은 안락한 일은 아니다. 아는 사람이 조소하는 것, 친구를 잃는 것, 세상의 반대, 그리고 사탄의 적개심을 견디어 내는 것은 유쾌한 체험이 아니다. 그러나 이 모든 것은 가치 있는 것이 아니겠는가? 그리고 다니엘의 세 친구처럼 해를 끼치지 못하는 시련의 불을 뚫고 견디어 나간다면 훨씬 더 가치 있는 일이 아니겠는가? 내가 그리스도의 '말'을 **행한다**면 사탄은 나에게서 아무런 유익도 얻지 못할 것이다. 내가 순종의 길을 따라 살면 '육체'는 부인되며, 그것(육체)은 파멸을 가져올 리가 없을 것이다. 이 세상에서와 죽음의 때에도, 그리고 심판의 날에도 그러한 자의 '집'은 무너지지 아니할 것이다.

"비가 내리고 창수가 나고 바람이 불어 그 집에 부딪치매 무너져 그 무너짐이 심하니라"(27절). 여기 엄숙한 대조된 점이 있다. 모래 위에 집을 세운 자에게 닥쳐오는 가공할 결과가 여기에 나타나 있다. 안전하지 않은 주추에 소망을 두고, 무가치한 것에 믿음의 근거를 둔 모든 자에게 닥쳐올 확실한 운명이 여기에 나타나 있다. 공허한 신앙고백자에게 닥쳐올 가공할 결과가 여기에 나타나 있다. 그리스도의 '말'을 양심에 새기지 않고 신앙 고백한 것을 실천에 옮기지 아니한 자, 그리고 하나님의 계명의 길을 따라 살지 아니한 자는 영원한 저주를 향해 머리를 둔 것이다. 공허한 신앙고백자는 평화롭고 번창하는 시기에 닥쳐오는 좀 더 가벼운 반대의 바람결은 이겨낼 수 있으나, 한때는 확신했던 마음을 이제 와서는 파괴하는 많은 사람들이 그것을 증명해주고 있듯이 그는 자기의 목숨이 내던져졌을 때 겪어야 할 유혹의 폭풍은 전혀 견디어 내지 못할 것이다. 자기 자신을 계속하여 그리스도인이라 부르면서 주님의 멍에를 지려고 하지 않는 자는 죽음의 때에 그들을 기다리고 있는 심판으로부터 피할 곳을 찾을 수 없을 것이다.

때때로 하나님께서는 훌륭한 신앙고백을 한 자에게 양심의 고통과 마침내 겪게 될 지옥의 고통을 미리 맛보게 하심으로써 그들 주위의 사람들에게 그들의 모습을 폭로시킬 때가 있다. 이에 대한 유명한 예는 17세기의 프란시스 스피러 (Francis Spira)를 들 수 있다. 몇 주일 동안 그는 육체적인 고통이 아니라 영혼의 고뇌로 인하여 신음하며 침상에 누워 있었다. 수많은 하나님의 종들이 그에게 이야기를 하고 그와 더불어 기도를 했어도 아무런 구원을 얻지 못하였다. 그는 그의 침상의 곁에 있는 사역자와 친구들에게 이렇게 말하였다. "신자에게 합당한 거룩하고 결백한 삶을 만들어 내지 못하는 믿음에 의지하지 않도록 조심하시오. 내 말을 들으시오. 그런 믿음은 실패할 것이오. 나도 그런 믿음을 위해 노력하였소. 나는 올바른 믿음을 얻은 것 같았소. 나는 그것을 다른 사람에게 설교했소. 그것을 뒷받침해 주는 것이 들어 있는 성경의 모든 구절을 다 기억하였소. 나는 내 스스로 견고하다고 생각했소. 그리고 그럭저럭 하는 동안에 불경하고 부주의하게 살았소. 이제 보시오. 하나님의 심판이 내게 내려졌소. 바로잡기 위해서가 아니라 저주가 내려진 것이오." 그는 이 세상에서 거의 아무도 경험해 보지 아니한, 그의 영혼 속에서 타오르고 있는 하나님의 진노의 불길을 느꼈다. 그리고 그 속에서 숨을 거두었다. 그의 집은 '무너졌다.' 그것도 아주 심하게 무너진 것이다.

우리가 지금까지 다루어 온 것은, 세상적인 것이 미치는 영향을 쫓아내고, 우리로 하여금 자기 심판을 하도록 이끌며, 하나님의 말씀을 피상적으로 사용하지 않도록 경고하는 것이었다. 우리는 사탄의 세상이 우리에게 스며들도록 허용한다면, 그래서 그것을 즐기기 위하여 악과 삶의 거룩함을 구별지어주는 그리스도의 규칙을 무시하는 것에 동조한다면 그 결과는 아주 무서운 것이다. 이와 같은 구절은 우리로 하여금 불순종의 가증성과 광란성을 절실하게 느끼게 해주며, 회개하는 마음으로 그 죄를 고백하게 해주고, 그럴 수 있을 동안에 주님의 용서를 청하게 한다. 마지막으로, 우리는 독자에게 하나님의 뜻, 즉 그가 지정하신 표준은 단지 성경을 무심코 훑어보거나 이따금씩 훑어보는 것만으로는 알 수 없다는 사실을 강조해야 하겠다. 그런데 자기에게 호소하는 바가 있는 마음에 드는 구절들만을 골라내기를 좋아하는 자가 너무나도 많다. 우리가 하나님의 모든 뜻을 발견할 수 있는 것은 바로 성경을 주의 깊고 진지하게 탐구함으로써, 그리고 말씀을 체계적이고 지속적으로 숙고함으로써 얻어진다. 그렇게 하는 사람들은 은혜로써 그의 영혼을 지키게 될 것이며, 시련의 날에 그리스도의 능력으로써 격려를 받게 될 것이고, 죽음이 찾아왔을 때 그들의 시간과 노력을 그러한 일에다 기울인 것을 후회하지 않게 될 것이다.

제64장

결론

예수께서 이 말씀을 마치시매 무리들이 그의 가르치심에 놀라니
이는 그 가르치시는 것이 권위 있는 자와 같고 그들의 서기관들
과 같지 아니함일러라(마 7:28, 29)

이제 우리는 긴 내용이었지만 즐거웠던 작업을 마무리지어야 되겠다. 마태복음 5장에서 7장까지에 대해 63장을 이미 썼으므로 이제 결론을 내리기로 하자. 마태복음의 이 세 장은 일반적으로 주님의 산상설교라고 일컬어지는 말씀을 기록하고 있다. 실상 그것은 설교라기보다는 메시야의 선언 내지 그의 나라의 대헌장(혹은 '헌법')으로 불리어지기에 적절한 것이다. 왜냐하면 거기에서 주님은 우리가 그의 나라로 들어가는데 요구되는 법칙과 조건을 밝히셨기 때문이다. 이미 이 책의 두 번째 장에 이 설교는 그 성격과 의도를 그대로 유지하면서, 열두 부분(곧 **통치의** 수이다)으로 나뉘어져 있음을 지적한 바 있다.

그것은 다음과 같이 나타낼 수 있다. ① 하나님의 축복이 임하는 자의 성격(5:3-11). ② 성직자의 임무(5:12-16). ③ 도덕법의 영성과 권위(5:17-48). ④ 실제적인 의, 혹은 선한 행위(6:1-19). ⑤ 탐욕에 대한 경고(6:20-34). ⑥ 부당한 비판(7:1-5). ⑦ 부당한 관대함(7:6). ⑧ 은혜를 구하는 일(7:7-11). ⑨ 황금률(7:12). ⑩ 구원의 길(7:13, 14). ⑪ 거짓 선지자(7:15-20). ⑫ 참된 신앙고백(7:21-27)

앞에 제시한 본문 말씀에서 우리는 주님의 설교가 그것을 들은 많은 무리에게 미친 효과를 알게 된다. 필자는 종종 눈을 감고 성경에 제시된 여러 장면들을 떠올려 보곤 한다. 이 경우에 있어 그 당시 유대인들에게 단지 '나사렛의 예수'라고 알려졌을 뿐인 성육신하신 하나님의 아들은 산중턱에, 아마도 모든 사람이 좀더 잘 보고 들을 수 있도록 약간 도드라진 부분에 앉으셨다. 이제 마태복음 5장에

서 7장까지 전체를 통하여 그를 좇으며 그의 설교를 듣는 무리의 감정이 되도록 해보라. 그의 머리 둘레에는 어떠한 영광스러운 후광도 없음을, 그는 그들의 눈에 단순히 갈릴리의 시골뜨기로 비쳐졌을 뿐임을 기억하라. 하지만 그는 몇 번이고 "옛 사람에게 말한 바 … 하였다는 것을 너희가 들었으나"라고 하면서 그에 대해 "나는 너희에게 이르노니"라는 당당하고 명령적인 말씀을 주고 계신다. 그는 바리새인들을 '외식하는 자'라고 비난하셨다. 그리고 그는 다가올 그 날에 헛된 신앙고백자들에게 "내가 너희를 도무지 알지 못하니 불법을 행하는 자들아 내게서 떠나가라"고 말씀하시리라고 단언하셨다. 사람들의 영원한 운명은 "나의 이 말"을 얼마나 준수하는가, 그 정도에 따라 달려 있다고 주장함으로써 말씀을 마치셨다.

"예수께서 이 말씀을 마치시매 무리들이 그의 가르치심에 놀라니 이는 그 가르치시는 것이 권위 있는 자와 같고 그들의 서기관들과 같지 아니함일러라(7:28, 29). 이 말씀은 주님의 설교가 그 무리 가운데 불러일으킨 감명을 우리에게 알려주고 있다. 그들은 깜짝 놀랐으며 그러는 것은 당연했다. 그 설교자는 랍비 학교를 이수하지도 않았으며, 산헤드린 공회로부터 '설교허가'를 받은 적도 없다. 그러면서도 그는 "내가 율법이나 선지자나 폐하러 온 줄로 생각지 말라 폐하러 온 것이 아니요 완전하게 하려 함이로라"고 단언했다. 그리고 나서 덧붙이기를 "내가 너희에게 이르노니 너희 의가 서기관과 바리새인보다 더 낫지 못하면 결단코 천국에 들어가지 못하리라"고 하였다. 그는 이유 없이 노하는 것은 살인의 시초요, 음욕을 품는 자는 간음한 것이라고 확언하기에 이르며, "너희 원수를 사랑하며 너희를 핍박하는 자를 위하여 기도하라"고 명하셨다. 그는 자신이 그들에게 하신 말씀은 단순히 좋은 권고 내지 유익한 조언이 아니라 오히려 단호한 요구사항임을 분명히 하셨다. 그는 의의 왕으로서 말씀하셨던 것이었다.

무리는 그가 설교한 내용에 대해서나 그 방식에 대해서나 모두 놀랐다. 이는 그가 무게 있게, 확신을 주는 진지함으로 위엄 있게 설교했기 때문이었다. 그들은 잠시 놀라움으로 가득 찼다. 그렇지만 그들이 회개하였다거나, 그를 믿었다고, 혹은 그의 제자가 되었다고는 기록되어 있지 않다. 우리는 그 전체에 걸쳐서 내내 진리에 대한 완벽한 조화를 지속하고 있는 그의 설교의 비할 바 없는 지혜에 경탄해 마지 않는다. 우리는 그 설교의 영역에 감탄하지 않을 수 없다. 즉 그는 모든 계층과 모든 상황의 사람들, 그들이 그리스도 안에서 잃어버린 바 된 자이거나 구원받은 자이거나, 어린 아이이거나 아니면 성인이거나 간에 그 모두에게 적절한 것을 포함하면서 그렇게도 짧은 사이에 참으로 많은 분야를 망라하고 있다. 우리는 그 언급, 곧 '지옥'과 '지옥 불'에 대한 반복된 언급의 무시무시한 엄숙성에 떨게 되는 것이 마땅하다. 우리는 이 설교의 마지막 부분으로부터 최후의 심판 날에, 이 설교자(그리스도)가 하나님의 뜻에 복종하지 않은 자들에게 파멸을 언도하면서 사람들에 대한 심판을 몸소 집행하실 것임을 알게 될 때 엄숙해지게 된다. 다른 경우에 있어 그리스도를 잡아 오도록 바리새인들이 보낸 하속들이 그냥 돌아와 "그 사람이 말하는 것처럼 말한 사람은 이 때까지 없었나이다"(요 7:46)라고 한 것도 놀라울 것 없다.

"무리들이 그 가르치심에 놀라더라." 우리는 그들이 '놀람'에 그쳤다는 사실 그 자체에 놀랄 만한 충분한 이유를 가지고 있지 않은가? 그들은 자신들에게 설교한 자가 인간 이상이었음을 자각하면서 그의 발치로 경배하며 나아오는 것이 당연하지 않겠는가? 그들은 그의 가르침에 의해 죄를 깨닫고 회심하여야 하지 않았겠는가? 통회함으로 그에게 돌아오면서, 그리고 자비를 호소하면서 그들은 그러한 거룩함의 기준에 너무도, 너무도 미치지 못함을 깊이 깨달을 수 있어야 하지 않겠는가? 서글프게도 인간이란 어떤 존재인지, 성육신하신 진리의 입술로부터 진리에 대해 들을 때에조차 그러했으니! 하나님의 메시지가 외부로부터 자신의 귀에 떨어질 때 그에 대해 감명받을 수는 있지만 그 메시지의 조명 아래 자신의 내적인 부패와 비참함을 자각할 수는 없는 존재이다. "사람이 거듭나지 아니하면 하나님의 나라를 볼 수 없다"(요 3:3)는 것은 참으로 사실이다. 그렇다, 볼 수 없다. 그 나라가 왕 자신에 의해 그에게 가까이 다가왔을 때조차 볼 수 없다. 그렇다면 우리는 가장 충실하고 진지한 설교로 인해 일시적인 효과가 일순간 불러일으켜졌을 때에 놀라지 말자. 그리고 그보다는 그 메시지가 **우리**의 심령 속에서 지속적인 거처를 마련했을 때에 깊이 감사하도록 하자.

다음과 같이 물어볼 수 있다. 왜 그리스도는 그에게 있는 하나님의 능력을 발휘하여 그의 설교를 듣는 자들의 마음을 자신에게 돌리지 않았는가? 만일 오순절 날 베드로의 설교에서 삼천 명이 회심하였다면(행 2:41), 왜 이 구세주의 설교에 의해서는 최소한 비슷한 수의 무리가 죽음으로부터 생명으로 나아오게 되지 않았는가? 분명히 그는 할 수 있었으며, 그렇게 하기를 기뻐할 수 있었고 그 무리 전체에게 진리에 대한 구원에 이르는 지식을 전해 줄 수 있었다. 그렇다면 왜 그는 기꺼이 그렇게 하지 않은 것일까? 왜 사도들이 그가 행한 것보다 더 "큰 것" (요 14:12)을 하였던 것인가? 이는 "**종의 형체**"(빌 2:7)를 가지셨기 때문이다. 그런 까닭에 그는 "내가 하늘에서 내려온 것은 내 뜻을 행하려 함이 아니요 나를 보내신 이의 뜻을 행하려 함이니라"(요 6:38, 39)고 증언하셨다. 그가 하나님의 속성을 발휘하시는 일은 전적으로 아버지의 뜻에 종속되어진다. 그는 자신을 위하여 기적 행하기를 거절했을(마 4:3, 4) 뿐만 아니라 위에서부터 그렇게 하도록 명령받은 대로 오직 자신의 능력을 다른 사람의 유익을 위하여 행사하였다. 그리스도의 이 아름다운 완전성, 이것은 그의 중보자로서의 거룩함의 영광인데 그는 마땅한 응대를 받지 못했다.

그리스도께서는 아버지의 마음과 뜻에 따라 전심으로 순종하였고 하나님께서 그에게 명하신 모든 의무와 일을 즐겁고 기쁜 마음으로 수행하였다. 그가 친히 "나의 양식은 나를 보내신 이의 뜻을 행하며 그의 일을 온전히 이루는 이것이니라"(요 4:34)고 확언하신 대로이다. 이러한 말씀은 성도들에게 익숙한 것이긴 해도, 그리스도의 복종의 **완전함**을 깨닫거나, 그가 사람들 사이에 임시로 거한 삼십삼 년 동안의 **모든 행위**는 분명하게 계획되어진 하나님께 대한 복종이었음을 아는 자는 너무도 드물다. 그러나 이 사실은 만일 독자가 복음서를 통하여 종종 반복된 표현인, 곧 "선지자로 하신 말씀을 이루려 하심이라"는 구절을 추적하여 보고 이 말씀의 취지를 곰곰이 생각해 본다면 좀 더 자명해질 것이다. 그리스도께서 나아가신 전 과정은 그를 위하여 예정된 것이었다. 그리하여 예수께서 "가버나움에 가서 사신"(마 4:12-14) 것이었다. 주 예수께서 공생애의 본거지로 그 장소를 택하게 된 것은 상황적인 요인이 아니었으며 개인적인 의향의 결과도 아니었다. 그 도시는 하나님께서 그가 세상에 오기 오래 전에 이미 그를 위하여 선택하신 곳이었으며, 그가 그 곳에 간 것은 하나님의 뜻에 대한 복종에서였다. 그리스도는 그의 생애의 한 큰 임무를 수행함으로써 아버지께 순종하신 것이었다.

그의 자비로운 여러 가지 기적들은 아버지의 계시된 뜻에 대한 복종에서 행해졌다. "저물매 사람들이 귀신 들린 자를 많이 데리고 예수께 오거늘 예수께서 말씀으로 귀신들을 쫓아내시고 병든 자들을 다 고치시니 이는 선지자 이사야를 통하여 하신 말씀 … 을 **이루려 하심이더라**"(마 8:16,17). 이 말씀이 우리에게 알려주는 진리의 독특한 양상은 얼마나 놀라운 것인가! 그리스도는 온화하시고 동정적이시며 연민으로 가득 차신 분이다. 그렇지만 그로 하여금 병든 자를 고치도록 마음을 움직이게 하는 우선적인 동기는 하나님의 뜻이 이루어져야 한다는 바로 그것이다. 성경이 그에 대하여 기록하고 있으며 그리하여 그는 "나의 하나님이여 내가 주의 뜻 행하기를 즐기오니"(시 40:7, 8)라고 말하였다. 이에 대한 놀랍고도 아름다운 예증을 요한복음 11장에서 찾아볼 수 있다. 나사로는 중한 병에 걸렸다. 그래서 그의 누이들은 주님께 "주여 보시옵소서 사랑하시는 자가 병들었나이다"(3절)라는 다급한 전갈을 보내었다. 그 다음에 우리는 "예수께서 본래 마르다와 그 동생 나사로를 사랑하시더니"라고 쓰여져 있음을 읽게 된다. 그런데 바로 그 다음에 기록되어 있는 것은, "나사로가 병들었다 함을 들으시고 그 계시던 곳에 이틀을 더 유하시고"라는 구절이다. 이해할 수 없는 지체(遲滯)가 아닌가! 그러나 그 이해할 수 없는 불가사의는 그 자신의 선언 곧 "이 병은 죽을 병이 아니라 하나님의 영광을 위함이요"(4절)라는 말씀에 의해 풀려진다. 아파서 괴로워하는 영혼에 대한 그분의 애정조차도 하나님 아버지의 시간이 이르기까지는 그로 하여금 그들의 호소에 응하도록 그의 마음을 움직이지 못한다.

마찬가지로 그리스도께서 죄인들을 구속하시는 일도 하나님께 대한 복종의 표현이다. "아버지께서 내게 주시는 자는 다 내게로 올 것이요 내게 오는 자는 내가 결코 내쫓지 아니하리라 내가 하늘에서 내려온 것은 내 뜻을 행하려 함이 아니요 나를 보내신 이의 뜻을 행하려 함이니라"(요 6:37-38). 이 말씀이 그리스도의 구속 사업에 대하여 실로 어떠한 견해를 우리에게 제시해 주고 있는지! 이 말씀은 그를 위임하신 자에 대한 그의 복된 복종을 참으로 여실히 보여주고 있다. 그리고 이 말씀에는, 왜 그가 산상설교에서 무리들 모두를 회심시키고자 자신에게 있는 하나님의 능력을 행하지 않았는지 그 설명이 나타나 있다. 그것은 그가 아버지로부터 그렇게 하라는 명령을 받지 않았기 때문이다. 그렇게도 완벽하게 종으로서 자신의 임무를 이행하신 영광의 주를 찬양하라. 그는 하나님께 대한 온전한 복종의 모범을 남겨 두셨다.

독자는 우리가 한 걸음 물러나서 다음과 같이 묻기를 원하는가? 아버지의 성육신하신 아들이 그렇게도 자주 자신에게 있는 하나님의 속성을 행사하기를 중지하고, 자신의 능력을 발휘하기를 억제하는 것이 어찌해서 아버지의 기쁨인가? 분명히 우리가 위에서 지적한 사실보다 더 좋은 답변은 없을 것이므로 위의 내용으로 족하리라 본다. 다시 말하여, 아들과 아버지의 완벽한 일체성을 보여주는 것, 전자는 후자와 독자적으로 행동하지 않음을 증명하는 것, 그의 도덕적인 완전성을 명백히 나타내는 것, 그리고 그렇게 함으로써 그의 백성에게 모범을 남겨 주는 것이다.

그러나 성육신하신 아들에게 있는 하나님의 영광을 베일로 가리는 것이 왜 적절한지 또 다른 이유가 있다. 그때는 그가 만왕의 왕이요, 만주의 주로서 세상을 다스리러 오신 때가 아니라 단지 "머리 둘 곳"도 없는 그의 굴욕의 시기였다. 그는 굴종과 복종의 자리로 들어오셨다. 그렇다. 그는 "죽기까지 복종하셨으니 곧 십자가에 죽으심"(빌 2:8)을 당하셨다. 그리고 이를 위하여 그가 자기 땅에 왔으나 자기 백성이 영접하지 아니함(요 1:11)은 필연적인 것이었다. 그렇다. 그는 "멸시를 받아서 사람에게 싫어버린 바" 되어야 했다. 그는 "법 없는 자들의 손을 빌려 못 박아 죽임"(행 2:23)을 당하기 위해, 동시에 자신을 하나님께 희생 양으로 드리며, 그의 백성을 위한 죄의 제물로 바치기 위해 하늘로부터 땅으로 내려왔다. 그리고 그때는 그가 **한꺼번에** 사람들을 회심시키고 사탄의 왕국을 전복하여 그의 사로잡힌 바 된 자들을 인도해 내는 시기가 아니었다. 많은 열매를 맺기 위해서는 그 전에 한 알의 밀이 땅에 떨어져 죽어야만 했다(요 12:24). 그리고 적당한 시기에 하나님께서 "[영적인] 이스라엘에게 회개함과 죄 사함을 주시려고 그를 오른손으로 높이사 임금과 구주를 삼으신다"(행 5:31). 그런 다음에 시온에서부터 '주의 권능의 홀'을 내어 보내시고 '주의 권능의 날'에 주의 백성들로 즐거이 헌신하게 하신다(시 110:2, 3).

또한 그에게 있는 하나님의 능력을 은폐함으로써, 그러면서 동시에 하나님의 진리를 위하여 할례의 수종자로 행동함으로써, 조상들에게 주신 약속들을 견고케 하시고, 이방인으로 그 긍휼하심을 인하여 하나님께 영광을 돌리기 위하여(롬 15:8, 9) 놀랄 만한 시험이 사람들에게 주어진 것이었다. 비록 그는 그들의 마음을 새롭게 함에 이르지 않으셨지만 그러나 하나님의 마지막 대변자(히 1:1, 2)로 행동함으로써, 사람들에게 그처럼 말한 사람이 전에는 없었을 만큼 놀랍게 말함으로써, 그리스도는 설교 듣는 자들의 책임에 대해 본격적으로 권면하신 것이었다. 빛이 한낮에 그 광휘를 발하였으나 어둠은 그것을 깨닫지 못하였다. 어찌해서 그런 것인가? 사람들이 빛보다 어둠을 사랑했기 때문이다. 거기에서 그들의 진정한 속성이 오해의 여지 없이 드러난다. 즉 하나님께 대하여 완고하게 상습적으로 반항하며 친히 아들을 통하여 그들에게 말씀하실 때조차 그에 대하여 무쇠처럼 강곽한 성격이다. 그들은 그리스도가 메시야 자신이었다는 명백한 증거가 결여되었다는 것을 이유로서 내세워 항변할 수도 없다. 왜냐하면 그가 행한 기적들이 명확하게 그의 신임장을 공고히 해주었기 때문이다. 따라서 이처럼 그러한 설교에 대해 회심하지 않은 그들은 "핑계치 못할" 것이다. 그리스도께서는 그때에 그들을 거듭나게 하기 위하여 자신의 능력을 사용하지 않으셨다. 첫째로, 이 것은 아버지로부터 그렇게 하도록 위임받지 않으셨기 때문이었다. 둘째로, 그가 그의 대권을 행사하는 때가 이르지 않았기 때문이었다. 셋째로, 그 무리들로 하여금 그들 자신의 뜻대로 행하도록 내버려 둠으로써 그들의 책임이 증거로 회부되고, 그들의 완전한 부패 행위가 증명되었기 때문이었다.

그러나 더 나아가서는 다음과 같은 이유들에서였다. 즉, 아버지께서는 아들이 그의 공적인 사역에서조차도 그에게 있는 신성의 능력을 제한하기를, 그리하여 그의 복종의 시기가 끝났을 때 그것이 좀 더 명백하게 입증되어지기를, 그리고 그가 충만한 기름 부음과 거역할 수 없는 힘을 부여받게 되기를 기뻐하신 것이었다. 부활 후에 그리스도는 "하늘과 땅의 모든 권세를 내게 주셨다"(마 28:18)고 확언하셨다. 그리고 오순절 날 성령이 무리에게 공적으로 내리신 후에 베드로는 다음과 같이 전하였다. "이스라엘 온 집은 확실히 알지니 너희가 십자가에 못 박은 이 예수를 하나님이 주와 그리스도가 되게 하셨느니라"(행 2:36). 여기에서 "되게 하였다"라는 것은 "만들어 냈다"는 의미가 **아니라** "**명백히 나타냈다**"는 뜻이다. 왜냐하면 그리스도로부터 성령이 주어졌기 때문이다(33절). 하나님께서는 그의 백성들에게, 중보자는 하늘로 올라가서 "높은 곳에 계신 위엄의 우편에 앉으사" "그의 능력의 말씀으로 만물을 붙들고"(히 1:3) 계시는 곳에서 왕으로서 다스리실 뿐만 아니라 또한 말씀과 영으로 자신의 교회를 통치하심(계 3:1)을 일깨워 주려 하셨다. 이러한 이유로 해서 주님은 사도들에게 그가 한 것보다 더 "큰 것"도 할 수 있으리라고 약속하실 때, 그 증거의 방법으로 "이는 내가 아버지께로 감이라"(요 14:12)라고 덧붙이셨던 것이다. 곧 거기에서 그의 백성들을 다스리시며, 자기 원수들로 자기 발등상이 될 때까지 기다리게 하기 위해서이다.

끝으로, 왜 이 설교에 의하여 한 영혼도 거듭나지 않은 것인지(이 영감으로 기록된 말씀이 우리에게 알려주는 바에 의하면) 더 엄숙한 또 다른 이유를 여전히 우리는 찾아볼 수 있다. 우리는 마태복음 5장으로부터 7장까지에서 우리가 가지는 바 확신, 말 그대로 세밀한 그림 같은 장면 묘사, 특유한 표현, 최후의 심판에 대한 예고를 자신에게서 떨쳐 버릴 수 없다. 산 위에 앉으신 그리스도는 곧 심판의 보좌 위에 앉아 계신 그의 모습이었다. 제자들과 앞에 나아온 많은 '무리' 들에 둘러싸인 모습은 다가올 두려운 날의 한 장면을 보여주고 있다. 이 설교의 내용은 그때 행해질 진행의 절차와 판결이 내려지는 근거, 둘 다를 드러내 보여준다. 즉 "그의 백성"은 축복의 말("복 받은 자"라고 선언된다)에 의해 입증된다. 그리고 다른 모든 사람들은 저울에 달아져 주께서 이 설교에서 선언하신 바로 그 법칙의 평균치에 모자람이 드러난다. 사람들에게 미치는 감명의 효과는 이때에나 그때에나 서로 같을 것이다. 왜냐하면 그 날에 그리스도의 나타난 형상이 아주 다를지라도, 비록 '그 눈이 불꽃 같고' 머리에는 '면류관'을 쓴 모습으로 보여질지라도(계 19:12), 그러나 아무도 그러한 '놀라운' 광경에 의해 회개와 믿음에 이르지 못할 것이기 때문이다. 그들은 자기들이 경시하고 거부했던 사람이 누구인지 알게 됨으로써, 그리고 "저주를 받은 자들아 나를 떠나 … 영원한 불에 들어가라"는 그의 말씀을 들음으로써 무서움에 압도될 수는 있다. 그러나 그러한 광경과 말씀으로 인해 그 누구도 구원될 수는 없다.

"이는 그 가르치시는 것이 권위 있는 자와 같고 그들의 서기관들과 같지 아니함일러라." 분명히 놀라움 이상의 더 깊은 감명이 사람들에게 일어나지 않았으나, 그 감정은 그들로 하여금 그리스도와 서기관들 사이에 가당치 않은 구별을 짓게 하였다. 서기관들은 주로 "사람의 유전" 내지 회향과 근채의 십일조, 단지와 접시를 격식에 맞게 씻는 법 등과 같은 문제들에 대해 길게 논하며 강론해 온 자들이었다. 그리스도께서 권위 있게 가르치신다 함은 예언서에 암시되어 있다. 곧 이는, 여호와께서 자신의 말씀을 그의 입에 두며, 그리고 그는 자신에게 명해진 것을 이스라엘 사람들에게 다 고하리라(신 18:18)고 하신 언약이 공표된 것이었다. 그의 적대자들조차도 다음과 같이 증언하였음은 놀랄 만한 일이다. "선생님이여 우리가 아노니 당신은 참되시고 진리로 하나님의 도를 가르치시며 아무도 꺼리는 일이 없으시니"(마 22:16). "비록 그리스도께서는 여기에서 낮고 비천한 상태에 있으시긴 했지만 그러나 가르치심이 결함 있게 여겨지는 것을 그냥 두지 않으셨으며 그에 대해 은혜로 응하셨다"(윌리엄 퍼킨스, 1590. 우리는 이 강해서를 진행함에 있어 이 사람의 글을 많이 인용한 바 있다). 여기에서 그리스도는 자신의 종들에게 한 모범을 남겨 두신 것이다. 왜냐하면 복음의 사역자는 "권면하며 모든 **권위**로 책망하도록"(딛 2:15) 명해졌기 때문이다. 그리고 이는 오직 그가 말씀에 가까이 나아가고, 그리스도의 이름으로 권면함으로써만 할 수 있다.

끝으로, 우리의 생각을 다음과 같이 정리해 봄으로써 마무리짓고자 한다. 즉 마태복음 5장으로부터 7장까지에 있는 '권세' 있는 말씀은 처음 그것을 들었던 사람들에게와 마찬가지로 **우리에게도** 직접적으로 권고되고 있다! 이 가르침과 규칙에 따라서 우리의 행위가 인도되어야만 한다. 그 약속과 격려에 의해서 우리의 영혼이 유지되어야 한다. 왜냐하면 바로 이 말씀을 척도로 **우리**는 심판의 날에 저울에 달아질 것이기 때문이다. 우리에게는 이 설교가 팔레스타인에서 그것을 들었던 자들에게보다 더 큰 권위로서 다가올 수 있다. 그의 뜻의 영원한 기록으로서 이 말씀을 성경에 기재하도록 성령으로 사도들을 감동시키신 그리스도께서 하늘에서 우리에게 말씀하고 계시기 때문이다. 바로 이 같은 사실에서 다음 권면이 주어지고 있다. "너희는 삼가 **말씀하신** 이를 거역하지 말라 땅에서 경고하신 이를 거역한 그들이 피하지 못하였거든 하물며 하늘로부터 경고하신 이를 배반하는 우리일까 보냐" (히 12:25). 그렇다면 우리는 이 설교에 대해 '놀라움' 이상의 어떤 것이 있도록, 즉 이를 우리의 지성과 감정에 받아들여 매일 생활에 구현할 수 있는 은혜를 구하자.

● 독자 여러분들께 알립니다!

'CH북스'는 기존 '크리스천다이제스트'의 영문명 앞 2글자와
도서를 의미하는 **'북스'**를 결합한 출판사의 새로운 이름입니다.

아더 핑크 클래식 2

아더 핑크 산상수훈 강해

1판 1쇄 발행 2010년 1월 25일
2판 1쇄 발행 2015년 8월 3일
2판 3쇄 발행 2023년 5월 1일

발행인 박명곤 **CEO** 박지성 **CFO** 김영은
기획편집 채대광, 김준원, 박일귀, 이승미, 이은빈, 이지은, 성도원
디자인 구경표, 임지선
마케팅 임우열, 김은지, 이호, 최고은
펴낸곳 CH북스
출판등록 제406-1999-000038호
전화 070-4917-2074 **팩스** 0303-3444-2136
주소 서울시 강서구 마곡중앙6로 40, 장흥빌딩 10층
홈페이지 www.hdjisung.com **이메일** main@hdjisung.com
제작처 영신사

ⓒ CH북스 2010